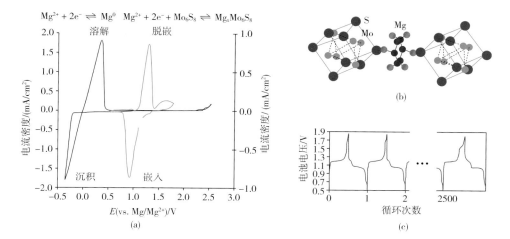

图 7.9　镁电池：（a）蓝线：电解质溶液 [0.25mol/L Mg（AlCl₂BuEt）₂溶于 THF]
的稳定性，Pt 电极，20mV/s；红线：可逆的镁沉积与溶解，0.005mV/s；

（b）谢弗雷尔相 $Mg_x Mo_6 S_8$（正极）的晶体结构中具有 12 个镁嵌入的位置；

（c）可充 $Mg/Mo_6 S_8$ 电池恒电流（$C/8$）循环稳定性

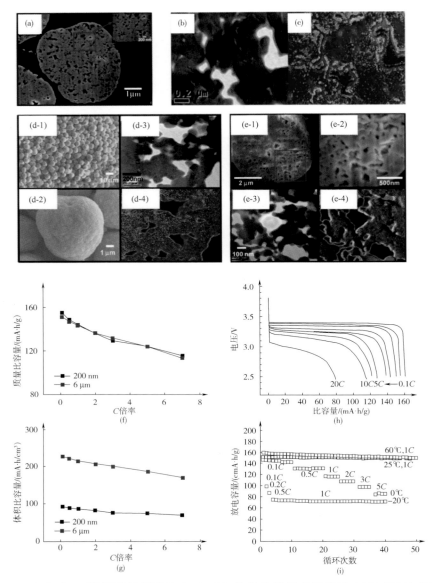

图 9.13 （a）在 800℃ 下煅烧得到的 C-LiFePO₄ 的聚焦离子束显微镜（FIB-SEM）图（碳源：沥青）；浸碳、纳米多孔的微米 LiFePO₄ 横截面的（b）TEM 图和（c）对应的 EELS 元素分布图；脱水的 FePO₄ 在（d-1）低和（d-2）高放大倍数下的 SEM 图。（a）～（c）转载自 Oh 等（2009），2009 年由 The Electrochemical Society 授权。脱水的 FePO₄ 横截面的（d-3）TEM 图和（d-4）对应的 EELS 图（其中，红：C，蓝：Fe，绿：P）；LiFePO₄ 在（e-1）低和（e-2）高放大倍数下的 SEM 图；LiFePO₄ 横截面的（e-3）TEM 图和（e-4）对应的 EELS 图（其中，红：C，蓝：Fe，绿：P）（d）、（e）转载自 Oh 等（2010a），2010 年由 Wiley-VCH Verlag GmbH & Co. KGaA 授权。纳米 LiFePO₄（200nm）和纳米多孔的微米 LiFePO₄（6μm）的（f）质量比容量和（g）体积比容量的比较。（f）、（g）转载自 Oh 等（2009），2009 年由 The Electrochemical Society 授权。（h）Li/C-LiFePO₄ 电池的倍率能力：不同倍率下的电压曲线；（i）不同温度下循环的容量输出。电流密度是 17mA/g（0.1C 倍率），电压上下限为 2.5～4.3V。0℃ 下的循环性能是在每个循环的充电倍率都是 0.1C 下测得的。（h）、（i）转载自 Oh 等（2010a），2010 年由 Wiley-VCH Verlag GmbH & Co. KGaA 授权

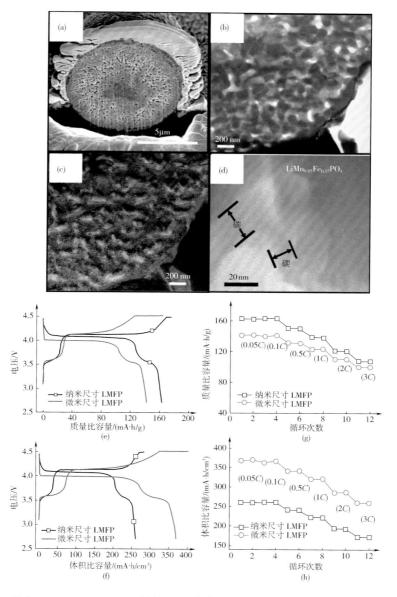

图 9.15　微米 LiMn$_{0.85}$Fe$_{0.15}$PO$_4$ 颗粒的（a）横截面 SEM 图，（b）横截面 TEM 图，（c）对应的 EELS 图（其中，红：C，蓝：Fe，绿：P）和（d）高分辨 TEM 图（显示了表面碳层）；纳米 LiMn$_{0.85}$Fe$_{0.15}$PO$_4$ 和微米 LiMn$_{0.85}$Fe$_{0.15}$PO$_4$ 的（e）质量比容量和（f）体积比容量的初始充放电曲线的比较，每个电池在 $C/20$ 的恒定电流下充电到 4.5V，然后恒定在 4.5V 下直到电流下降到 $C/100$，再在 $C/20$ 下放电到 2.7V；纳米 LiMn$_{0.85}$Fe$_{0.15}$PO$_4$ 和微米 LiMn$_{0.85}$Fe$_{0.15}$PO$_4$ 的（g）质量比容量和（h）体积比容量的倍率能力的比较，每个电池在 $C/20$ 的恒定电流下充电到 4.5V，然后恒定在 4.5V 下直到电流下降到 $C/100$，再从 $C/20$ 到 3C 的倍率下放电到 2.7V。（a）～（h）转载自 Sun 等，2011 年由 Wiley-VCH Verlag GmbH & Co. KGaA 授权

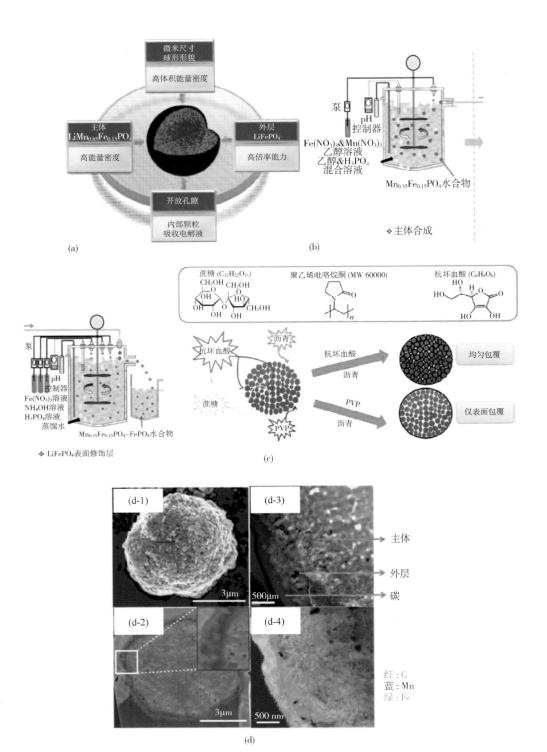

(a)

微米尺寸球形形貌

高体积能量密度

主体 LiMn₀.₈₅Fe₀.₁₅PO₄

高能量密度

外层 LiFePO₄

高倍率能力

开放孔隙

内部颗粒吸收电解液

(b)

泵

pH 控制器

$Fe(NO_3)_3$&$Mn(NO_3)_3$ 乙醇溶液 乙醇&H_3PO_4 混合溶液

$Mn_{0.35}Fe_{0.15}PO_4$水合物

❖ 主体合成

(c)

蔗糖 ($C_{12}H_{22}O_{11}$)

聚乙烯吡咯烷酮 (MW 60000)

抗坏血酸 ($C_6H_8O_6$)

泵

pH 控制器

$Fe(NO_3)_3$溶液 NH_4OH溶液 H_3PO_4溶液 蒸馏水

$Mn_{0.35}Fe_{0.15}PO_4$-$FePO_4$水合物

❖ LiFePO₄表面修饰层

抗坏血酸

沥青

抗坏血酸 沥青

均匀包覆

蔗糖

PVP 沥青

仅表面包覆

PVP

(d-1) 3μm

(d-3) 500μm

主体

外层

碳

(d-2) 3μm

(d-4) 500 nm

红：C 蓝：Mn 绿：Fe

(d)

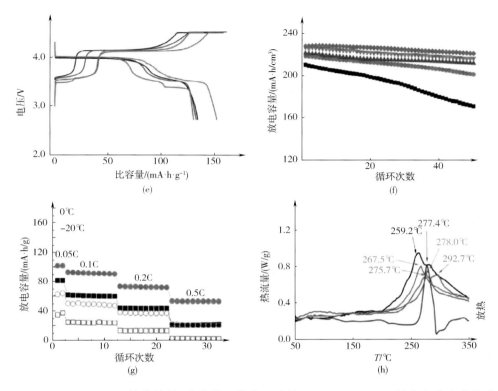

图 9.16 （a） LiFePO₄ 修饰的核-壳结构、微米尺寸的 LiMn₀.₈₅Fe₀.₁₅PO₄ 及其各个部分的作用；（b） 用于 LiFePO₄ 修饰的双结构、微米尺寸的 LiMn₀.₈₅Fe₀.₁₅PO₄ 的共沉淀反应器的示意图。（a），（b） 转载自 Oh 等（2012），2012 年由 Wiley-VCH Verlag GmbH & Co. KGaA 授权。（c） 不同分子量碳源的覆碳作用示意图；核-壳 LiMn₀.₈₅Fe₀.₁₅PO₄-LiFePO₄（外层厚度 0.5μm）的（d-1） SEM 图，（c） 转载自 Oh 和 Sun（2013），2013 年由 Elsevier 授权。（d-2） 由聚集离子束得到的横截面 SEM 图，（d-3） 横截面 TEM 图和（d-4） 对应的 EELS 图；（e） 本体 LiMn₀.₈₅Fe₀.₁₅PO₄（黑线）、LiMn₀.₆₇Fe₀.₃₃PO₄（蓝线）、双结构 LiMn₀.₈₅Fe₀.₁₅PO₄-LiFePO₄（红线；外层厚度 0.5μm；LiMn₀.₆₅Fe₀.₃₅PO₄ 是双结构 LiMn₀.₈₅Fe₀.₁₅PO₄-LiFePO₄ 的平均组成）和 LiMn₀.₈₅Fe₀.₁₅PO₄-LiFePO₄ 混合物（绿线；质量比 76:24）在 25℃ 下的首次充放电曲线；（f） 本体材料和双结构 LiMn₀.₈₅Fe₀.₁₅PO₄-LiFePO₄ 在 60℃ 下的循环稳定性与壳层厚度（本体：黑，0.2μm；红，0.3μm；蓝，0.5μm；紫，0.8μm；棕）之间的关系，电流密度为 85mA/g（0.5C 倍率），电压范围为 2.7~4.5V；（g） 本体（黑色实心：0℃，黑色空心：−20℃）和双结构（红色实心：0℃，红色空心：−20℃）电池在低温下循环稳定性的比较，充电电流密度为 8.5mA/g（0.05C 倍率）；（h） 微分扫描量热法（DSC）曲线，显示了电解液同完全充电的本体 LiMn₀.₈₅Fe₀.₁₅PO₄（黑）、具有不同外层厚度（0.2μm：紫，0.5μm：红，0.8μm：棕）的双结构 LiMn₀.₈₅Fe₀.₁₅PO₄-LiFePO₄ 和 LiFePO₄（蓝）反应的热流量。（d）~（h） 转载自 Oh 等（2012），2012 年由 Wiley-VCH Verlag GmbH & Co. KGaA 授权

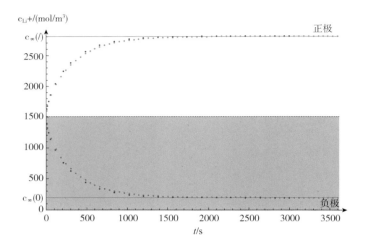

图 16.2 负极（灰色背景上的红点）和正极的离子浓度分布图以及负极 $[c_\infty(0)]$ 和正极 $[c_\infty(l)]$ 的稳态解

（两者都是近似解。蓝点是参考 Danilov 和 Notten（2008）提供的解决方案）

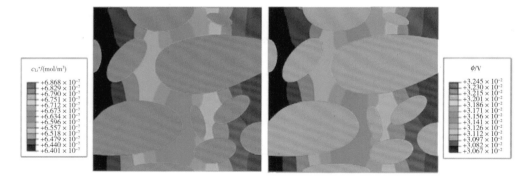

图 16.7 电解质溶液中稳态（$t=3600\mathrm{s}$）条件下，微尺度离子浓度 $c_{\mathrm{Li^+}}$ 和电势 ϕ 的分布

Advances in Battery Technologies for Electric Vehicles

电动汽车用先进电池技术

[意]　布鲁诺·斯克罗沙廷（Bruno Scrosati）

[德]　约尔根·加尔谢（Jürgen Garche）　　　　著

[德]　韦尔奈·德尔梅兹（Werner Tillmetz）

胡信国　　等译

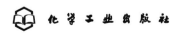

化学工业出版社

·北京·

本书详细论述了电动汽车与传统车辆相比的优劣势和市场前景，同时对用在电动汽车上的电池类型和下一代电池类型进行了详细阐述，对提高现有电池的性能，尤其是提高锂离子电池性能进行了着重介绍，同时系统介绍了车用高压电池系统的设计、精确估算电池状态的电池管理系统、电池组热管理设计、电池寿命的仿真模拟、电池的梯次利用和电池回收等内容。还对电动汽车用电池的测试标准和法律法规等内容进行了综述。通过本书可以系统了解电动汽车用电池系统的发展现状和趋势，以及电动汽车用电池系统的最先进技术。

本书可作为高等院校、科研人员，特别是企业技术人员的重要参考书。

Advances in Battery Technologies for Electric Vehicles，1st edition
Bruno Scrosati，Jürgen Garche，Werner Tillmetz
ISBN：978-1-78242-377-5
Copyright © 2015 by Elsevier Ltd. All rights reserved.

电动汽车用先进电池技术（胡信国 等译）
ISBN：978-7-122-32124-4
Copyright © Elsevier Ltd. and Chemical Industry Press.

北京市版权局著作权合同登记号：01-2016-5815

图书在版编目（CIP）数据

电动汽车用先进电池技术/（意）布鲁诺·斯克罗沙廷（Bruno Scrosati），（德）约尔根·加尔谢，（德）韦尔奈·德尔梅兹著；胡信国等译. —北京：化学工业出版社，2018.8
书名原文：Advances in Battery Technologies for Electric Vehicles
ISBN 978-7-122-32124-4

Ⅰ.①电… Ⅱ.①布… ②约… ③韦… ④胡… Ⅲ.①电动汽车-蓄电池-研究 Ⅳ.①U469.720.3

中国版本图书馆 CIP 数据核字（2018）第 096817 号

责任编辑：成荣霞　　　　　　　　　　　文字编辑：向　东
责任校对：王素芹　　　　　　　　　　　装帧设计：王晓宇

出版发行：化学工业出版社（北京市东城区青年湖南街 13 号　邮政编码 100011）
印　　装：三河市航远印刷有限公司
710mm×1000mm　1/16　印张 29　彩插 3　字数 576 千字
2018 年 11 月北京第 1 版第 1 次印刷

购书咨询：010-64518888　　　　售后服务：010-64518899
网　　址：http://www.cip.com.cn
凡购买本书，如有缺损质量问题，本社销售中心负责调换。

定　　价：188.00 元　　　　　　　　　　　　　　　版权所有　违者必究

著译者名单
The list of translators

一、著者名单

C. Arbizzani　　意大利博洛尼亚大学

E. Cabrera Castillo　　TUM-CREATE 研究中心，新加坡

M. A. Danzer　　德国 ZSW 公司，斯图加特，德国

F. De Giorgio　　意大利博洛尼亚大学

M. Fetcenko　　巴斯夫电池材料-奥瓦尼科公司，美国

J. Garche　　FCBAT 乌尔姆，德国

T. Goldbach　　Auf den Elfmorgen　　达尔海姆，德国

D. Grazioli　　意大利布雷西亚大学

A. Hauser　　TUM-CREATE 研究中心，新加坡

H. Helms　　IFEU 海德堡能源与环境研究所有限公司，海德堡，德国

F. Herrmann　　弗劳恩霍夫 IAO 工业工程学院，斯图加特，德国

C. Huber　　电能存储技术研究所，慕尼黑，德国

C. Kämper　　IFEU 海德堡能源与环境研究所有限公司，海德堡，德国

E. Karden　　福特研究与先进工程欧洲部，亚琛，德国

H. Kim　　汉阳大学，首尔，韩国

M. C. Kintner-Meyer　　美国太平洋西北国家实验室，华盛顿，美国

J. Koch　　巴斯夫电池材料-奥瓦尼科公司，美国

R. Kuhn　　TUM-CREATE 研究中心，新加坡

P. Kurzweil　　德国应用科学大学

U. Lambrecht　　IFEU 海德堡能源与环境研究所有限公司，海德堡，德国

V. Liebau　　BMW 集团，慕尼黑，德国

C. Linse　　　TUM-CREATE 研究中心，新加坡

B. Lunz　　　电力电子与电力传动学院（ISEA），亚琛工业大学，亚琛，德国

F. Maglia　　BMW 集团，慕尼黑，德国

M. Mastragostino　　意大利博洛尼亚大学

P. T. Moseley　　ILZRO，奇尔顿，英国

M. Müller　　乌尔姆大学，乌尔姆，德国

S. M. Oh　　汉阳大学，首尔，韩国

A. Perner　　BMW 集团，慕尼黑，德国

A. Püttner　　德国 ZSW 公司，斯图加特，德国

F. Rothfuss　　弗劳恩霍夫 IAO 工业工程学院，斯图加特，德国

A. Salvadori　　布雷西亚大学，布雷西亚，意大利

D. U. Sauer　　电力电子与电力传动学院（ISEA），亚琛工业大学，亚琛，德国；
　　　　　　　发电和存储系统研究所（PGS），亚琛工业大学，亚琛，德国

B. Schott　　德国 ZSW 公司，斯图加特，德国

B. Scrosati　　意大利技术学院，热那亚，意大利

Y. K. Sun　　汉阳大学，首尔，韩国

J. Vetter　　BMW 集团，慕尼黑，德国

V. V. Viswanathan　　美国太平洋西北国家实验室，华盛顿，美国

M. Zelinsky　　巴斯夫电池材料-奥瓦尼科公司，美国

二、译者名单

胡信国　戴长松　程新群　张　勇　丁　飞　张　亮　田　爽　王秀利　马玉林
霍　华　李秉文　贾　铮

译者的话
The translator's words

受到高度关注的新能源汽车，作为汽车制造业创新发展的必然产物，已经得到广泛共识，且初具规模。在经历了十几年的技术探索和市场检验后，得出的一致结论就是，动力电池是新能源汽车的核心部件。2016年6月30日，中国国家动力电池创新中心在北京成立，作为《中国制造2025》五大工程之首，制造业创新中心建设将第一站选在动力电池领域，可见，开发能够更全面满足新能源汽车应用需求、具有先进技术水平的动力电池，意义重大。

目前，可应用在电动汽车上的电池类型有铅酸电池、镍-金属氢化物电池和锂离子电池等，这些技术种类的电池各具特点又各存问题，还不能满足电动汽车对电池的性能需求，锂离子电池是目前应用比较广泛的电池类型，进一步提高性能和下一代电池的研究是重点方向，目前的研究已经在能量密度提升、快充和安全性等方面取得了长足的进展。

编写原书的作者是世界知名研究机构和企业的39位行业专家，全书涵盖了近年来电动汽车用电池组系统、电池和电池管理系统的最新研究成果和进展、世界最新研究文献的概括和综述。全书详细论述了电动汽车与传统车辆相比的优劣势和市场前景，同时对应用在电动汽车上的电池类型和下一代电池类型进行了详细阐述，对提高现有电池的性能，尤其是提高锂离子电池性能进行了着重介绍，同时还系统介绍了车用高压电池系统的设计、精确估算电池状态的电池管理系统、电池组热管理设计、电池寿命的仿真模拟、电池的梯次利用和电池回收等内容。同时对电动汽车用电池的测试标准和法律法规等内容进行了综述。通过此书可以系统了解电动汽车用电池系统的发展现状、趋势和最先进技术。此书是高等院校、科研人员，特别是企业技术人员的重要参考书。

本书由哈尔滨工业大学胡信国教授负责组织翻译，由胡信国、杨春巍负责全书核校。

感谢原书作者同意并促成我们组织翻译此书，感谢化学工业出版社对本书的出版给予了大力的支持和帮助。

由于译者的水平和能力所限，同时译者基于忠于原文又能使读者易理解的原则翻译，不足之处也在所难免，恳请读者批评指正。

译者

2018 年 5 月 于哈尔滨

目录
Contents

第 **2** 篇　电动汽车用电池的类型

8　混合动力电动汽车和电动汽车用锂离子电池 / 150

9　电动汽车用锂离子电池高性能电极材料 / 165

第 3 篇　电池设计和性能

13 电动汽车用电池的热管理 / 282

14 电动车锂离子电池老化 / 309

第 1 篇　绪论

F. Herrmann，F. Rothfuss

1　混合电动车辆、 纯电动车辆和越野电动车介绍

1.1　电移动：未来的移动

1.1.1　解决未来众多挑战的电移动的重要性

如今讨论的流行话题就是如何去解决未来社会带来的众多挑战，包括气候变化和化石燃料的有限性。解决方案之一就是在未来数年内针对常规车辆 CO_2 排放制订更严格的监管法案。例如，在欧盟（EU），汽车的 CO_2 排放占总体 CO_2 排放的大约 12%，"它是主要的温室气体"（European Commission，2013）。2009年欧盟立法规定和 2012 年 7 月欧盟议会明确的 CO_2 减排目标是到 2015 年所有新车平均排放能够达到每公里不超过 130g CO_2。到 2021 年，这个目标被定为每公里不超过 95g CO_2（European Commission，2014）。

其他因素包括城镇化强力推进和普通民众对环保问题关注的提升；这些因素表明了采用无污染排放车辆替代由传统的内燃机驱动的车辆的需求（United Nations，2012；Foth 和 Hellwig，2011）。另外，人们明显开始关注车辆所有权的改变和接受新的出行方式，例如拼车，而这些都为当今社会使用电动车提供了可能（Bratzel 和 Lehmann，2010）。

同时，还存在对今后客车以及公共汽车和越野车辆改变的要求。所有这些都得益于近期在电动推进系统的发展。另外，油价上涨的问题，传统车辆整个生命周期内运行成本也是巨大的，而上述问题恰恰被认为可以用基于电移动的解决方案来很好地解决。

1.1.2　现存技术基础和潜在发展路径

每套电动推进系统包括众多使其能够运行的核心部件，其中重要的部件是能

量存储设备（电池系统）、电机、大功率电子设备和合适的充电设备。

通常，能量存储设备扮演着一个重要角色，因为它决定了车辆性能和续航里程等技术参数。能量存储设备通过二次电池（如铅酸电池、镍氢电池、锂离子电池）、电容器，或是使用由燃料电池作为能量来源提供的氢气作为动力。不同的电池体系它们的比能量（W·h/kg）和比功率（W/kg）是不同的。对比其他能量源（如氢气或天然气），二次电池的能量密度明显是低的。然而，其劣势能够在一定程度上得到补偿，是因为其电动驱动效率比传统内燃机要高。

用户在车上必须要安装一些电池组来保证一定的续航里程，而在现有技术状态下这将使得车辆有更大的装备质量（Spath 等，2011；Eckstein 等，2010）。除了能量密度之外，在选择合适的存储系统时，还必须考虑功率密度、寿命、安全性、实际容量（深度放电）和这套系统的价格（Oertel，2008；Spath 等，2011）。为了确保性能，电池系统内许多不同的子系统（如电池管理系统或热管理系统）已经被开发出来。

在现有发展状态下，合适的能量存储设备不是仅仅一种。可用的不同类型系统都有其独特的优势和劣势，选择其中任一系统都要考虑到整体的动力单元结构和应用的要求。

在一个电驱动系统里，作为核心部件的电机在不断地被改进、发展以使其可以作为驱动源替代内燃机。例如，在增程式车辆、纯电动汽车和燃料电池车的概念中，电动机被定义为一个独立驱动源。

不同于内燃机，电机有突出的扭矩特性（最大扭矩可在 0r/min 处获得），对于车用驱动电动机，这些特性使得电机是一个不错的选择。而且，电机的特点是效率高（90% 或更高），坚固耐用且寿命长，维护费用低和噪声水平相对低（Spath 等，2011；Franke，2011）。

电机分为直流电机和交流电机。从车辆实际应用出发，我们将关注交流电机的功能。交流电机是通过三相交流电进行驱动。为了达到这种驱动功能，三相交流电电压每个相位差互差 120°。电机内部，电流通过定子线圈产生旋转磁场，磁场驱动电机转子。电池放出的直流电为了让电机使用而转变成交流电，这种情况下需要使用所谓的逆变器，它是电力电子学中重要元器件之一（Freialdenhoven，2009；Mathoy，2010；Hofmann，2010）。

另外，对于电池系统和牵引电机，功率型电子元器件被认为是在电动汽车中的关键技术之一（Strehlitz，2012）。在电动驱动系统中，功率电子模块对混合动力电动汽车和纯电动汽车的总体经济性和运行效率起到重要的作用。上面提到，直流电流从电池组系统中流出，要通过逆变转变成交流电给电机供电（反之亦然）。这些功能是主要功能之一。功率电子模块也必须转变成不同条件下的电压（升压或降压）来确保主板能量供应。而且，这个能量电路对于充电过程也是至关重要的（Spath 等，2012）。

充电设备通过电网给电动汽车进行外部充电。这个设备必须让充电电压到达电池包充电的电压。当前，基于一种技术角度，存在两种不同方式的充电选择。充电机安装在车上（叫作车载充电），或是作为外部设备安装在充电桩上（叫作外部充电）。车载充电设备已经在现在电动车辆上广泛应用（3.6～22kW）。外部充电设备多数可能给快速充电使用，它的功率能够达到50kW或者更高。不同的充电方式对于充电过程都是可以采取的，这就导致需要对充电过程，对设备的必要元件和连接系统标准化进行讨论。图1.1为一组电路和电池组与电机之间相互关系的拓扑结构图。

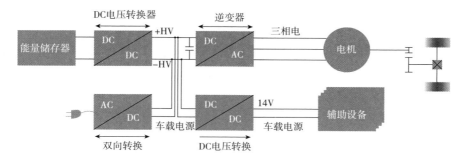

图1.1　电动驱动结构图（Spath等，2011；Hofmann，2010）

1.2　不同电动驱动动力系统概述

驱动动力系统对于不同车辆通常分为传统系统（通过内燃机进行驱动）和电动驱动系统。所有电动驱动动力系统可以按照纯电动驱动的距离进行分类，无论它们用的能量是锂电池还是燃料电池（Spath等，2011）。

电动驱动系统种类很多，按照不同的混合程度进行区分（微混、中混、纯电和插电式）或是按照整车结构区分。从结构角度而言，动力整车元件包括内燃机、线束、电动机（包括电路）、发电机或电池，这些元件的结构布局也是很重要的（Hofmann，2010）。按照内部结构，分为串联式、并联式和混联式混合三种类型。图1.2是电动驱动系统的混合范围，从中可以看到不同的内部驱动结构（Braess，2013；Hofmann，2010；Spath等，2011；Spath等，2012；Wallentowitz，2010）。

1.2.1　并联式或混联式混合动力系统

并联式混合或混联式混合是一种经典的混合概念。对于发动机来讲，这个电动机起到辅助支援的作用。这种驱动结构要么是并联式混合，要么是混联式混合。在多种情况下，纯电动驱动在短距离条件下是可能的，电池通过充电功能得到恢复。按照电动机起到辅助功能的程度，混合动力汽车可分为微混或是全混。

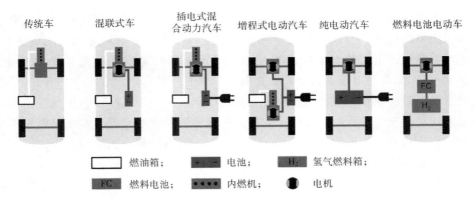

图 1.2　与传统内燃机车不同的电动驱动系统（Spath 等，2011）

鉴于在微混条件下，电动机功率范围通常在 5～20kW，全混现在安装的电机功率在 30～50kW 左右，电池包容量通常在 1～2kW·h。

1.2.2　插电式混合动力汽车

插电式混合动力汽车（PHEV）的驱动概念是一种普通发动机加电动机的完美结合。基于电池的大小和应用，独立的电动驱动系统能够使汽车行驶足够长的里程。加之经典的混合，它有能在电网充电的优势。对比微混和全混，插电式混合动力汽车通常有更大功率的电机。这个功率范围通常被设定在 30～80kW。同时，电池容量更高，通常容量范围在 3～10kW·h。

1.2.3　增程式电动汽车

增程式电动汽车（REEV）由更强功率的电动机推进。它有一个已经限定功率的较小内燃机，能给牵引电池包充电。作为串联混合系统，其内燃机没有连接到驱动轴。对于可利用电网对电池充电所带来的这种选择也已经在上面的概念中给出。现在增程式电动汽车要有更大功率的电牵引式电动机（通常大于100kW），同时电池包容量大约为 15kW·h。

1.2.4　电池电动车

电池电动车（BEV）有一个强大的电动机和一套合理大小的电池系统。车辆驱动只通过电动机，因此车里没有燃油发动机、油箱或排气系统。车辆要么通过能量回馈充电，要么通过电网充电。对于纯电动车来说，定义车辆有一个宽广的范围，根据电机或是电池包容量这些技术特点来进行区分。紧凑型车通常电池容量在 15～25kW·h，然而更高端的车型能够安装容量在 60kW·h 或是更高容量的电池组。

1.2.5　燃料电池电动车

对比之前讨论的电动车系统，燃料电池电动车（FCEV）的推进原理是用氢气作为能量来源，氢气则被储存在一种特殊的氢气箱中。燃料电池体系作为一个能量转换器给电机供电。燃料电池电动车中的牵引电机功率范围在 30～100kW。这种推进方案有一个小型的电池包（1～2kW·h），它起到吸收回馈能量的作用。

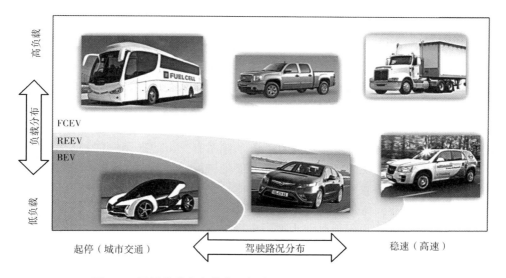

图 1.3　不同推进方案的应用领域（Eberle 和 Helmolt，2010）

　　上面众多的不同推进方案能够证明，这里不仅仅有一个明确的应用。依据电动车方案，在个人交通工具如乘用车或摩托车，公共交通工具如大巴车，或是越野车移动工作设备的不同种类之间存在不同之处。对于每种应用环境，不同的推进方案要分析其适用性。图 1.3 显示一种替代方法，它能够决定在推进系统和应用场所之间是否合适。因此，在"汽车概况"和"负载概况"的二维维度中进行选择。

　　我们已经看到，对于未来的移动工具不仅仅有一种解决方法。不同推进系统的存在和它们在各种应用环境下的使用都需要广泛的技术知识，而这些技术需从多个方面进行更深入的研究。

1.3　电动汽车的优势和劣势

　　电移动可视为垮行业发展。虽然内燃机技术已经完全工业化，电动驱动系统在汽车和越野工业中仍然处于其工业化的早期阶段。另外，对于车辆中重要零部件的改变，当谈论到电动汽车的优点和缺点时，一些方面的问题就不得不考虑。能源消费和供给的新方式已经讨论过。当谈论到未来交通工具时，电的来源很大程度上依靠化石能源，这种情况是最重要的议题。提高可再生能源的比例，电能来源于可再生能源和氢气被认为是合适的替代方式（Thiesen，2011）。另外，关于信息技术和车联网领域有新的研究内容和活动，在用电动驱动系统时它们周围的环境能够从中受益。同时，这些技术能够给通常知道的和一般驱动车辆提供令人瞩目的移动技术解决方案。

　　电动汽车与原来针对传统内燃机的解决方法相比，具有十分明显的优点和缺点。一方面，在解决系统效率的问题时，电动推进系统的功能原理会产生一些明显的优势。对比基于内燃机的系统，电动推进系统工作效率更高。一些电动机能够达到95％或更高的的效率，是内燃机效率的三倍（Spath 等，2011）。另一方面，特别在混合动力条件下，电动推进系统的相对重量是一个很大的缺点。电动机（和在一些条件下是电动发电机）、功率电器和沉重的电池包总重已经超过内燃机的重量。作为对沉重电池系统的一个补偿，也是另一个对于存储设备的优势，就是它的可充放电性能。其充放电过程通过能量回馈功能来进行或是通过电网进行。谈论到舒适性或是车辆特点，电动体系有杰出的提速性能和功率传输性能，这个优势超过传统体系。目前电池的能量密度相对低，这是源于电池科学界复杂的开发过程，是它的主要缺点。电池能量密度在过去一年内从电池材料、电池设计和工艺过程几方面得到了提升。

　　因为电动车工业化处于早期水平，车辆里程有限和整体市场销售量低，现有发展状态下电动汽车的售价是一个短板。电动汽车的一个重要零部件，电池系统是很贵的。在现有产品市场，品质保障方面还有许多工作要做。然而，电动车的生产成本不仅是标准，还能够用来评估购买车辆的经济可行性。工作周期的成本也要斟酌。在考虑电动车生命周期内所有成本的时候，较低保养成本和降低能源诉求是不小的优势。

　　另外的优势是电动车辆的零排放。特别是在城市地区，这个优势是一个核心优势；电动车的使用减少了在城市中的污染，使环境优美。但是，为了能够发挥电动推进系统的全部潜力，现有动力发电条件下能量来源成混合状态。通过提高可再生能源的比例，能够让现有发电系统变成一个更加可持续发展的系统。另外，要控制车辆全生命周期的碳排放，也要优化整个生产链条上二氧化碳的减排，使得电动车能体现出它们的潜力（Sammer 等，2011；Spath 等，2011）。

　　表1.1总结了电动汽车的优势和劣势。表中不仅包括单纯技术特质的优点和缺点，也包括了生态和耐用性特点。另外电池车有更多的优点，在其平常使用条件下不同的应用，对于电动乘用车和电动越野车来说有明显优势。在城市地区物流行业电动车的使用就是个很好的范例。

表 1.1　电动汽车的优势和劣势

领域	优势	实例	劣势	实例/理由
动力性和续航	动力系统的高效率	效率达到90％或更高（对比内燃机30％效率）	多数电动推进系统很重，例如混动	大型电池系统支撑必要续航里程

续表

领域	优势	实例	劣势	实例/理由
电池技术	电池系统可充电	电网或是能量回馈对其充电	限定循环时间和复杂的电池技术	电池领域的复杂性发展（例如材料，充电）
舒适性/驾驶特点	与内燃机汽车相比，有杰出的提速性能和动力匹配性能	电动机扭矩特点	限定供电范围	如今电池低的能量密度
车辆概念	新型车辆概念被定义	用途设计（BMWi3）	更加关注新设计概念	新车用技术的实践应用和材料需求（例如碳纤维增强塑料）
成本	降低使用周期成本	更低的保养成本	高零部件成本	例如电池估价每度电250～600美元（根据电池尺寸和类型）
环保性/可持续性	电动车本地零排放	使用中无 CO_2 排放	如今的总体碳排放量	如今能量混合（不是100%环保）
能量（续航，充电）	智能能量解决方案	电动车一体化接入智能电网	如今的基础设施	仅有很少的充电站

在郊区物流运输中，电动汽车最大续航里程达不到运输距离要求，这个原因导致需要储备相当多高品质燃料。在这种情况下，对比单位质量柴油的成本，能够节省大约20%的燃料储备。电动汽车的另外一个优点是在城市交通中能够快速提速，且由于推进系统的机器部分更少，实现较低的保养成本成为可能（交通部，2010）。

1.4　在电动公路车和电动非公路车范围内的应用

电动公路车和电动非公路车的种类众多，下面的章节给出的所有种类总览是依据车辆特点和已知的应用来区分的。在欧洲，以车辆技术要求为基础对车辆进行分类，就存在了一个数量庞大的集合。因此，欧洲分类的总体目的是对于注册、销售和车辆售后准入工作提供支持（EG，2007）。

（电动）公路车被定义为设计在公共运输领域进行行驶的任何类型车辆。最为重要的类型是乘用车、摩托车、商用车和大巴车。每个类型中大量电动替代车辆正在开发或已经市场化。上文已经提到，在乘用车市场中的现有电动汽车类型包括混合动力系统、锂电池系统和燃料电池系统。

通常，商用车被广泛应用在运输的众多领域。它们中的一些车型将显著得益于从电动车带来的新发展。特别是垃圾收集或其他市政业务中，混合动力或纯电动车能够替代原来使用的内燃机卡车。

就公共汽车而言，就存在多种形式的混合动力系统。另外，一个典型的动力单元结构带有一个中央电机，它可用电动轮毂电机替代。在公共运输中，梅赛德斯-奔驰 Citaro G BlueTec 混合动力车就是一个例子（Mercedes Benz，2013；图 1.4）。

在电动公路车领域，有之前所描述的应用领域，但对于一些或多或少的新应用，车辆不能够简单定义为之前所划分的类型。在之前欧盟委员会细分了乘用车市场，把它划分为各种等级，从最初的 A 级（所谓迷你汽车）到最后的 J 级（运动型多用途车）（欧盟委员会，1999）。新型电动车如 Renault Twizy 就不太适合归到摩托车类型或是乘用车类型，该车引起了一场关于是否有必要划分出一个新车型的讨论。另外一个例子就是电动助力车的车辆概念。

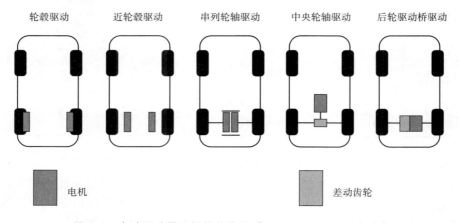

图 1.4　电动驱动器配置的替代品［Hofmann（2014）授权］

对比公路车的分类，能够关注到的信息来源中大部分都趋向把非公路车辆定义为设计能够离开公路行驶的任何类型的车辆，行驶路面是高低起伏的地势，如土路、小路和海滩。非公路车辆不仅包括沙滩车和四驱车，也包括叉车、起重机、装载机和其他更多类型（我们称为移动工程机械）（Beck 和 Grunbeck，2012）。

这些移动工程机械对于许多工业领域是必需的，如林业、农业和特种城市车辆领域。特别是在农业领域（Nijs，2013），一些应用场合的发展情况受到即将实施的污染排放标准等级 Tier 4 很大程度的影响。为了满足上述要求，减少二氧化碳排放的新解决方案正在研发之中。安装上功率大于 50kW 电机的农业机械正在被讨论中。对于这套电动系统一个有效解决方案是使用一个传动轴发电机，这个发电机能在机械牵引机和电动设备之间起到桥梁的作用（Herlitzius，2013）。

对比包括乘用车和货车在内的电动公路车辆的发展要求，前面提到的非公路车辆中的一些，例如叉车就已经有很长的使用电动推进系统的历史了。建筑物内部如工厂里不允许排放废气，这种要求导致了目前叉车的现状。除了刚才说的叉车，电动推进系统集成化的趋势也在非公路车辆应用中能够看到。

例如一个轮式装载机、柴油机和电动机的结合使得油耗降低和废气排放减少。同时，内燃机已经被缩减，燃油节省量估计提高到 30% 以上。通常，混合动力车对那些低平均功率和短时间内高峰值功率的应用要求是很实用的。出于这种原因，轻混驱动也能够使用到其他非公路车辆，如挖土机、起重机或机场摆渡车中。所有上述提到的车辆都按频繁提速、短续航里程和高负载峰值类型区分。当功率峰值出现时，混合系统的这些特点能够让内燃机衔接电动机使得功率输出达到要求。

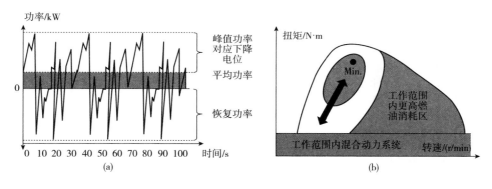

图 1.5　移动工程设备的负载曲线（Brun，2008）**(a)** 和
内燃机调整到最佳工况点（Nijs，2013）**(b)**

另外，这种非公路车辆也趋向于经常性的急刹车。这就存在，由于刹车操作带来的多余能量被回馈到锂电池中（Geimer 和 Synek，2013；Brun，2008）。自从第一款混合动力装载机进入市场后，对于一款非公路车辆使用轻混系统的概念已经习以为常了（装备世界，2013）。

混合驱动系统已经使用在装载机和拖拉机中，但是车辆在全载荷条件下，这套系统就不能够 100% 替代机械推进技术，这样的车辆如钻车、农业拖拉机和收割机，它们经常是在全载荷条件下工作。非公路车辆中一些车辆类型应用混合推进系统，电机能够提供能量给旁路集合，而原来这些能量都是由内燃机提供的。在持续和满载条件下，使非公路车辆能够一直在其最佳设备操作点下运行［图 1.5（b）］（Geimer 和 Synek，2013；Albers 等，2008）。

鉴于国际货运的活动持续增长，港口不得不发展和扩张。在这个时候，限制排放污染物的标准也正好被制定。在这方面上，港口大部分应用车辆能够安装混合推进系统，这样的车辆包括龙门起重机、集装箱正面吊、码头牵引车、叉车、移动式起重机、库房堆垛机和自动导引车（AGVs）。在一些例子中，这些车辆已经应用了。例如，洛杉矶港口、汉堡港口和 Logistik 公司正投资到减排技术和可持续发展。另外，对比原来使用内燃机的方案，燃油节省 30％ 以上，这些公司从使用混合动力系统得到了如下益处：降低了噪声污染，提高了元器件寿命，保养成本更低和更加实用。对比在林业和农业中混合动力非公路车辆的数量，在港口混合动力移动工作设备的应用范围非常广。其他工业领域有机会可借鉴港口上应用混合动力移动工作设备的发展（Geimer 和 Synek，2011）。

虽然已经有了一定数量的应用，但是集成化混合推进技术的开发也才刚刚开始，包括非公路车辆也是一样。到现在，锂电池能够满足那些针对技术性能提出的要求，如超级电容器和液压混合动力系统，这些针对非公路车辆的短时能量存储方案已经被用在混合系统中（Geimer 和 Synek，2011）。

1.5　结论

电动驱动系统的大部分种类已经得到了应用，已经成为通常熟知的内燃机系统的替代者。

在电动公路和非公路车辆领域，众多应用能够从这套推进系统中得到益处。这些应用指的不仅仅是乘用车也包括商用车和非公路车辆。另外，关于车辆电动化上熟知的优势，在当前技术下也存在一些缺点。电池系统是电动传动体系的一个重要零部件，它能满足一些需求和适用于不同的应用环境。针对不同条件下电动系统的应用范围做了简短的概述，下面的章节将对电动公路和非公路车辆中电池技术的重要研究领域进行进一步的介绍。

1.6　信息来源

［1］ Automobiltechnische Zeitschrift-ATZ offhighway，Sonderausgabe ATZ，Oktober 2013. ISSN 1862-1791-70934.

［2］ Hofmann P. 2014. Hybridfahrzeuge. Ein alternatives Antriebssystem für die Zukunft，2. Aufl. Wien：Springer.

［3］ Spath D，Rothfuss F，Herrmann F，et al. 2011. Strukturstudie e-mobil BW 2011. In：Fraunhofer IAO，e-mobil BW—Landesagentur für Elektromobilität und Brennstoffzellentechnologie，Stuttgart.

［4］ Spath D，Bauer W，Voigt S，et al. 2012. Elektromobilität und Beschäftigung-Wirkungen der Elektrifizierung des Antriebsstrangs auf Beschäftigung und Standortumgebung（ELAB）. In：Abschlussbericht. Stuttgart：Fraunhofer Verlag，ISBN：978-3-8396-8755-0.

［5］ Wallentowitz，et al. 2010. Strategien zur Elektrifizierung des Antriebstranges：Technologien，Märkte und Implikationen（ATZ/MTZ-Fachbuch）Henning

Wallentowitz；Arndt Freialdenhoven；Ingo Olschewski［Hrsg］．Wiesbaden：Vieweg＋Teubner Verlag．

参考文献

［1］Albers A，Ott S，Seifermann A. 2008. Potenziale von Hybridantrieben in mobilen Arbeitsmaschinen. Universität Karlsruhe，Institut für Produktentwicklung.

［2］Beck H，Grünbeck W. 2012. Bremsen von Off-Road Radfahrzeugen. In：Bremsenhandbuch B B，Bill K H（Hg）．Wiesbaden：Springer.

［3］Braess H H，Seiffert U. 2013. Vieweg Handbuch Kraftfahrzeugtechnik，Wiesbaden：Springer，7. aktualisierte Auflage. Bratzel S，Lehmann L. 2010. Jugend und Automobil. In：unter Mitarbeit von Adler K，et al. Eine empirische Studie zu Einstellungen und Verhaltensmustern von 18 bis 25-Jährigen in Deutschland，FHDW Center of Automotive，Bergisch Gladbach：Arbeitspapier. 2010-03.

［4］Commission of the European Communities，1999. http：//ec. europa. eu/competition/mergers/cases/decisions/m1406 _ en. pdf. 2013-11-15.

［5］Department of Transport，2010. The Scottish Government：The Benefits of Operating Electric Vehicles in an Urban Environment. http：//www. transportscotland. gov. uk/files/documents/roads/freight/The _ benefits _ of _ operating _ an _ electrical _ vehicle _ in _ an _ urban _ environment. pdf . 2013-11-15.

［6］Brun M. 2008. Mit Strom und Sprit—Entwicklung von Hybridantrieben für mobile Arbeitsmaschinen. In：dSPACE Magazine，2. dSPACE GmbH，Paderborn.

［7］Eckstein L，Schmitt F，Hartmann B. 2010. Leichtbau bei Elektrofahrzeugen. Automob Z，112（11）：788-795.

［8］Eberle U，von Helmolt R. 2010. Sustainable transportation based on electric vehicle concepts：a brief overview. Energy Environ Sci，3：689-699.

［9］Equipment World，2013. http：//www. equipmentworld. com/an-in-depth-look-at-john-deeres-644k-electric-hybrid-wheel-loader-woc-2013/. 2013-11-15.

［10］EG，2007：RICHTLINIE 2007/46/EG DES EUROPÄISCHEN PARLAMENTS UND DES RATES. http：//eurlex. europa. eu/LexUriServ/LexUriServ. do? uri ＝ CONSLEG：2007L0046：20110224：DE：PDF. 2013-11-15.

［11］European Commission，2013. http：//ec. europa. eu/clima/policies/transport/vehicles/cars/index _ en. htm. 2013-10-10.

［12］European Commission，2014. http：//ec. europa. eu/clima/policies/transport/vehicles/cars/index _ en. htm. 2014-4-10.

［13］Foth J，Hellwig B. 2011. Herausforderungen an den Antriebsstrang der Zukunft-Verbrauch，Emissionen，Hybridisierung，Freiburg：5. ÖPNV-Innovationskongress，2011. http：//innovationskongress-bw. de/wp-content/uploads/2012/12/2. -Vortrag _ Dr. -Joachim-Foth _ Bert-Hellwig. pdf.

［14］Franke J. 2011. Prozessentwicklung für die Serienfertigung von elektrischen Fahrantrieben. Präsentation beim 4. E-Motive-Expertenforum am 7. /8. 09. 2011 in Aachen.

［15］Fraunhofer ISE，2011. http：//www. ise. fraunhofer. de/de/presse-und-medien/presseinformationen/presseinformationen-2011/sonne-effizient-in-den-tank-packen-fraunhofer-ise-entwickeltladegeraet-fuer-elektrofahrzeuge-mit-97-wirkungsgrad. 2013-11-15.

［16］Freialdenhoven A. 2009. Wie reagiert die Automobil-und Zulieferindustrie auf die Herausforderung Elektromobilität? In：Erdmann G，Herausforderung Elektromobilität.

［17］ Geimer M，Synek P. 2011. Hybridantriebe für mobile Arbeitsmaschinen，Karlsruhe：KIT，3. Fachtagung.

［18］ Geimer M，Synek P. 2013. Hybridantriebe für mobile Arbeitsmaschinen，Karlsruhe：KIT，4. Fachtagung.

［19］ Herlitzius T. 2013. Antriebstechnik muss der Prozesseffizienz dienen. In：ATZ offhighway，Sonderausgabe ATZ，Oktober 2013. S：22-24. ISSN 1862-1791-70934.

［20］ Hofmann P. 2010. Hybridfahrzeuge. Ein alternatives Antriebskonzept für die Zukunft. Wien：Springer-Verlag. ISBN：978-3-211-89190-2.

［21］ Hofmann P. 2014. Hybridfahrzeuge. Ein alternatives Antriebssystem für die Zukunft. 2. Aufl. Wien［ua］：Springer.

［22］ Mathoy A. 2010. Grundlagen für die Spezifikation von E-Antrieben. In：MTZ-Motortechnische Zeitschrift，71 (9)：556-563.

［23］ Mercedes Benz，2013. http：//www. mercedesbenz. de/content/germany/mpc/mpc _ germany _ website/de/home _ mpc/bus/home/new _ buses/models/regular _ service：busses/_ citaro/fascination/multimedia _ special/citaro _ G _ BlueTec _ Hybrid. html. 2013-11-15.

［24］ Nijs M. 2013. Mehr Motor mit weniger Diesel ? Optimierter Verbrennungsmotor für Hybridantriebe. In：TEAM-Effizienz treibt uns an. Entwicklung von Technologien für energiesparende Antriebe mobiler Arbeitsmaschinen. Infobroschüre.

［25］ Oertel D. 2008. Energiespeicher-Stand und Perspektiven. Sachstandsbericht zum Monitoring Nachhaltige Energieversorgung，Arbeitsbericht Nr. 123. http：//www. tab-beim-bundestag. de/de/pdf/publikationen/berichte/TAB-Arbeitsbericht-ab123. pdf. 2013-10-15.

［26］ Renault，2013. http：//www. renault. de/renault-modellpalette/ze-elektrofahrzeuge/twizy/twizy/einfuehrung/. 2013-11-15. Sammer G，Stark J，Link C. 2011. Einflussfaktoren auf die Nachfrage nach Elektroautos. In：Elektrotechnik &. Informationstechnik，Ausgabe，128 (1-2)：22-27.

［27］ Sauer D. 2009. U Elektrische Energiespeicher in Hybrid-und Elektrofahrzeugen. http：//lexikon. kfz. tu-berlin. de/kfz-seminar/downloads/vortrag _ tu _ berlin _ 29012009. pdf. 2009-10-15，9：02.

［28］ Spath D，Rothfuss F，Herrmann F，et al. Strukturstudie e-mobil BW 2011，Fraunhofer IAO，e-mobil BW-Landesagentur für Elektromobilität und Brennstoffzellentechnologie，Stuttgart，2011.

［29］ Spath D，Bauer W，Voigt S，et al. 2012. Elektromobilität und Beschäftigung-Wirkungen der Elektrifizierung des Antriebsstrangs auf Beschäftigung und Standortumgebung（ELAB）. Abschlussbericht，Fraunhofer Verlag，Stuttgart. ISBN 978-3-8396-8755-0.

［30］ Strehlitz M. 2012. Leistungselektronik-Starke Leistung. VDE dialog-Das Technologie-Magazin，E-Mobility. Hürden und Herausforderungen auf dem Weg in die Zukunft，S：24-25.

［31］ Thiesen L. 2011，Elektromobilität mit Batterie und Brennstoffzelle. http：//lexikon. kfz. tu-berlin. de/kfz-seminar/downloads/Opel _ Elektromobilit%C3%A4t _ 17112011. pdf.

［32］ United Nations，2012. World Urbanization Prospects-The 2011 Revision，United Nations，New York. http：//esa. un. org/unup/pdf/FINAL-FINAL _ REPORT% 20WUP2011 _ Annextables _ 01Aug2012 _ Final. pdf. 2013-11-8.

［33］ Wallentowitz H. 2010. Schlüsseltechnologien für Elektrofahrzeuge und deren Dimensionierung. In：Wallentowitz H，Freialdenhoven A、Olschewski I. Strategien zur Elektrifizierung des Antriebstranges：Technologien，Märkte und Implikationen（ATZ/MTZ-Fachbuch）. Wiesbaden：Vieweg + Teubner Verlag.

2 通过电动汽车减少二氧化碳的排放及能量消耗

H. Helms，C. Kämper，U. Lambrecht

2.1 引言

2.1.1 欧洲运输的能量消耗和二氧化碳排放量

流动性是许多经济和私人活动的重要基础，因而是我们生活的重要组成部分。然而，流动性也是能源消耗的过程，因而导致了大量的环境问题。2010 年，交通部门的能量消耗超过了 EU27 最终能量消耗的 30%（如图 2.1 所示）。此外，运输造成的二氧化碳排放量超过 EU27 的 20%（国际燃油不包括在内；EEA，2013）。

在许多工业化国家，流动性的需求主要取决于道路交通。现代车辆和广泛的道路网络，允许高强度的个人流动。道路交通能耗超过 EU27（2010）总交通运输能耗的 70%［如图 2.1（b）所示］，并且该能量消耗的 90% 以上都是基于化石燃料的使用［如图 2.1（c）所示］。因此，已经采取了各种措施来减少道路车辆 CO_2 的排放量。在欧盟，443/2009 将新客车平均 CO_2 排放量限制在每公里 130g CO_2，这一规定在 2015 年取得成效（EU，2009a）。建议在 2020 年进一步限制在每公里 95g CO_2。然而，减少道路运输的 CO_2 排放量仅表现出缓慢的进展，运输部门对化石燃料的强烈依赖，不仅造成了与气候相关的 CO_2 的排放量，而且也面临着有限的自然资源导致政治依赖的问题。

通过一系列的政治措施，使得生物燃料的使用在欧盟第一次作为气候友好的替代品：欧盟生物燃料指令（2003/30/EC）（EU，2003）设置了一个到 2010 年生物燃料要占所有能源燃料的 5.75% 的目标。2009 年，欧盟生物燃料指令被可再生能源指令（2009/28/EC）（EU，2009b）取代，从而建立一个可再生能源到 2020 年要占交通运输部门能源 10% 的目标。但是，最近生物燃料受到了更多的争议，这是因为在用于食品或燃料的生物数量与直接或间接土地利用的改变对生命周期平衡存在潜在的不利因素。因此，当前可再生能源指令通过加强可再生电力的应用（为目标值的 2.5 倍）已经促进了电力在运输方面的应用。

除了能源消耗和温室气体（GHG）排放，欧盟道路运输也导致了城市地区的空气污染。在许多交通热点，空气质量经常超过欧盟 2008/50 的规定。该指令

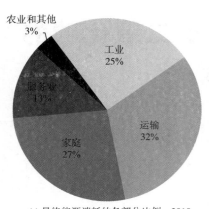

(a) 最终能源消耗的各部分比例, 2010

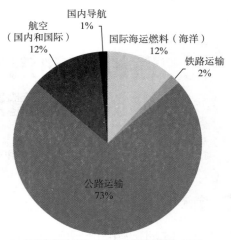

(b) 交通运输方式造成的最终能源消耗, 2010

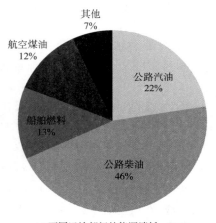

(c) 不同运输部门的能源消耗, 2010

图 2.1　2010 年 EU27 的能源消耗分配图

限制 NO_2 和 PM_{10} 年平均浓度为 $40\mu g/m^3$（EU，2008）。更进一步的，每年 PM_{10} 浓度超过 $50\mu g/m^3$ 的天数也不能超过 35d。然而，根据 EEA（2013），2010 年超过 6% 的欧盟人口受到了年平均浓度超过 $40\mu g/m^3$ NO_2 的影响，21.3% 的欧盟人口超过 35d 受到浓度超过 $50\mu g/m^3$ 的 PM_{10} 的影响。因此，需要更进一步的措施来达到空气质量标准并把它定为当地空气清洁计划的一部分。

当前，道路运输、能源安全、气候保护和空气质量面临着挑战，需要新的技术来改进传统的内燃机。这为替代动力传动系统的电动汽车等概念奠定了基础。

2.1.2　电气传动系统的概念及其特点

在任何可以获得电力的地方，电力运输一直是首选：长距离的火车运输、短距离的有轨电车或地铁运输，甚至建筑里的电梯和自动扶梯。然而，对于道路交通来说，长期以来存在的问题是电力的移动存储。电池的重量和低能量密度，使得电动汽车只有很短的行驶范围。

笔记本电脑和手机等消费性电子产品新技术的引进和发展，使得电池的性能得到相当大的改善。目前，电动车被认为最有可能替代传统车辆。

电动汽车被视为可持续交通的关键技术：高效的混合动力汽车已经出现并被视为新的清洁汽车。全电动汽车也已经进入市场，并且具有很多优点：安静的引擎，零排放，以及在交通运输中使用不同能源（目前无法使用的能源）的潜力。

传统内燃机到全电动汽车之间的车辆电气化可以分成几个阶段（如图2.2所示）。所谓的微型混合动力汽车只有一个起停功能，以节省燃料，由于没有电动机，因而严格来说不属于混合动力汽车。在轻度混合动力车时期，开始时由电动机推进内燃机，一个带有小电池的发动机使得能量再生。全混合动力汽车拥有更大的电池和能驱动的电动机，但是只能短距离行驶。电力和内燃机的组合能够在任何给定的情况下选择最有效的传动系统。但是，混合动力汽车的概念仍然依赖于燃料作为主要能源。所有的电力都在电池内部产生。

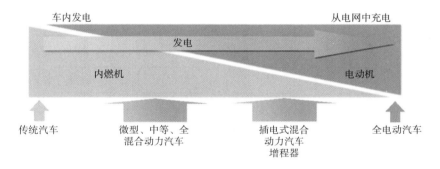

图2.2 车辆动力传动系统的电气化

插电式混合动力电动汽车相对而言将成为电力传动的下一个方向，这是因为它允许使用来自电网的电力。因此，插电式混合动力车（以及类似的"增程器"的概念）介于混合和全电动汽车（纯电动汽车）之间。由于小型内燃机可作为增程器使用，所以电池可以远小于现在全电动汽车中的电池。这可能会造成有利的重量和成本。但是，与混合动力相比，大电池允许全电动汽车行驶更远的距离。根据个人的使用模式，市场份额高的电驱动占约80%是可能的（IFEU，2013）。在充电过程结束时，相比于插电式混合动力汽车，全电动汽车只有一个含有超大电池的电动机。然而，这样的纯电动车，与其他概念（包括燃烧发电机）相比，目前只有一个有限的行驶范围。

2.1.3 车辆比较的方法

在这部分着重讨论了电动汽车中的全电动汽车，包括它们与使用内燃机的传统车辆相比的能量消耗和温室气体排放量。在比较两种动力传动系统时，我们不仅要考虑车辆使用过程中不同的能量消耗和温室气体排放量，还要考虑能量的供应及车辆制造过程。这需要一个覆盖整个车辆寿命的生命循环途径：从使用阶段材料的消耗及车辆的产物（考虑车辆产生的相关能量及分配）到车辆寿命终结（如图 2.3 所示）。

这部分首先简要讨论了车辆产物中不同的能量消耗和 CO_2 排放。随后，详细讨论了电动汽车使用过程中的能量消耗。能量消耗和 CO_2 排放的全面比较在一个生命周期中得以呈现，考虑了 EU27 的平均水平、自然电力的选择和可再生电力使用的潜力。最后，讨论了大规模市场中电动汽车在能量产生方面的未来前景，阐述了市场焦点和未来发展趋势。

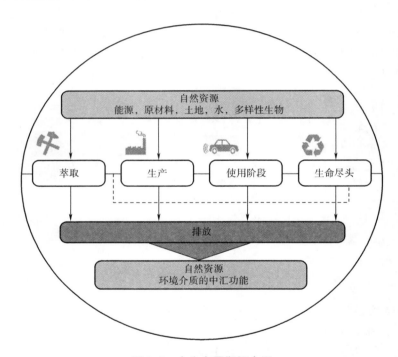

图 2.3　全生命周期概念图

2.2　汽车制造过程中的能量消耗和 CO_2 排放量

在车辆开始使用之前，不同动力传动系统的制造导致了不同的能量消耗和 CO_2 排放量。原则上电动汽车可以和传统车辆使用同样的车辆外壳，它们的主要区别在于驱动技术（使用电动机而不是内燃机）和能量存储（电池而不是燃料缸）（如图 2.4 所示）。此外，还需要一些额外的零件，包括高压电缆、电池充电器、电表、发电机、动力电子设备和补偿加热，其他的组成可以省略，比如排气系统（和后处理系统）、照明发电机和（部分的）传统齿轮传动装置。

图2.4 电动汽车和传统汽车的对比图

此外，原材料的提取和生产，车辆的组装和运输过程也是必须要考虑的。制造清单结果显示一辆传统汽车和一辆电动汽车制造过程中的能量消耗量和 CO_2 排放量相差很多：生产一辆燃汽油的传统汽车会产生 5t 的 CO_2 和 100GJ 的能量消耗，而生产一辆电动汽车会产生 8t 的 CO_2 和 180GJ 的能量消耗（如图 2.5 所示）。这些车辆的主要区别在于锂离子电池的制造过程，该过程能产生大约 3t 的 CO_2。特别是电池材料的获取和生产以及能量密集的电池组装过程是造成 CO_2 排放的主要因素（IFEU，2011，2013）。此外，电动汽车特殊的组成部分会导致更高的 CO_2 排放量，这主要取决于电子设备（如高压电缆）中铜的大量使用。

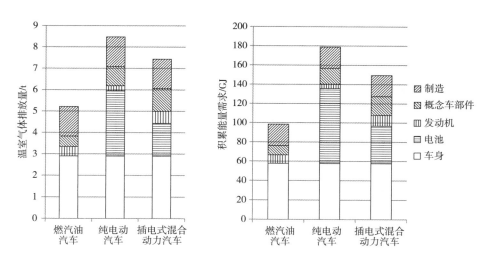

图2.5 不同车型的 CO_2 排放和能量消耗对比图

插电式混合动力汽车的额外排放量和能量消耗稍微偏低，即使其特定组成导致从两个动力传动系统产生更高的 CO_2 排放量。这是由于内燃机的存在并没有限制行驶的范围，所以假设平分了电池的容量（12kW·h）。这些方面证明电池尺寸的重要影响，它甚至可以抵消插电式混合动力汽车的额外动力传动系统。

随着动力学在电池技术方面的发展，生产过程对电动汽车的影响将在未来的大规模市场中减小。一方面，这些影响的减少可能导致比传统车辆更好的生命周期；另一方面，一些新的方法，比如轻量化很可能在流水生产过程中产生更多的排放量。

2.3　电动车的能量消耗

至今为止，只有极少来自大规模生产的电动车能在市场中实际应用。2011年，8702电动车在EU27以新的方式注册，在这一年中只占注册车辆总份额的0.07%（EEA，2012）。因此，关于电动车能量消耗，只有很少的可靠数据，这些数据大部分来自科学上的原始数据和生产厂商。生产数据大部分以新欧洲标准行驶循环测试得到，这是一种涉及低动力学（不考虑辅助消耗如车辆的加热和冷却）的标准形式。因此，这样的描述并没有考虑到现实的使用情况，所以并没有得出实际的消耗值（如表2.1所示）。

表2.1　现有电动汽车的能量消耗数据

生产厂家	模型	能耗/（kW•h/100km）
Smart	For two electric drive	15.1
Peugeot	iOn	12.6
Mitsubishi	i-MiEV	13.5
Citroen	C-Zero	12.6
Nissan	Leaf	15.0
BMW	I3	12.9
Ford	Focus Electric	15.4
Volkswagen	e-up!	11.7
Renault	Zoe	14.6

因此，一些研究（IFEU，2011）使用自建模型的方式来获得真实的电动车能量消耗数据。这样的实际模型包括辅助消耗，结果显示一辆小型电动汽车（Volkswagen Golf type）每100km消耗大约20kW•h的能量（如图2.6所示）。能量消耗很大程度上取决于车辆的行驶速度，在高速行驶过程中，它会急速上升，大约30kW•h/100km。当与使用内燃机的车辆比较，具有如此大的不同的原因是电动机有更高的效率，这在城市交通中是非常引人注意的。尽管相对内燃机而言，能量需求在更快行驶速度下增加，但是却通过更高负载下的能量效率的增加而抵消，电动机效率保持在相同的范围。然而，额外的每千米能量消耗在车辆

高速行驶下减小，大多数这样的能耗具有固定的功率需求，不依赖于车辆的行驶速度。

环境中的空气温度是很大程度上影响电动车能量消耗的另一方面。如图 2.7 所示，加热和冷却的功率需求依赖于环境中的空气温度。数据通过最新的 20 辆大众汽车的混合电动汽车测试得到（IFEU，2013）。功率需求在 20℃（约 600W）达到最低，这是因为在这个温度下加热和冷却都是很不容易满足的。因此，在更高或者更低温度下功率需求迅速增加到大概 2000W。由于内燃机产生的热量是无用的，所以电动车的功率需求是非常高的。

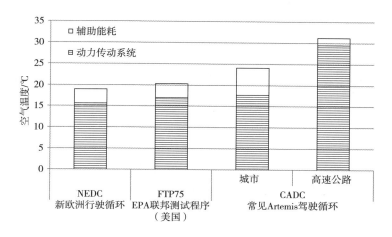

图 2.6 不同行驶循环测试期间的电动汽车的能量消耗图❶

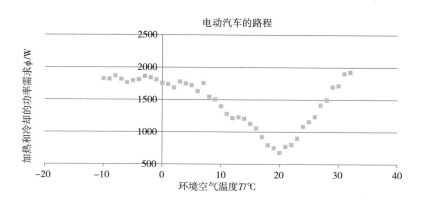

图 2.7 环境温度对电动汽车能量消耗的影响图

对于插电式混合电动车，能量消耗通常包括两个能量运输设备，因此它通过

---

❶ 此图纵坐标、名称与单位原著有遗漏。——译者注

两个数值来恰当地进行描述：燃料消耗和电力消耗。驾驶者对车辆的使用以及充电模式很大程度上影响了不同能量供应设备的分配使用。然而，能耗数值在只有电力行驶和使用更好的内燃机行驶时呈线性变化。在能够进行测试的样品中，大多数使用能耗随着递减曲线线性变化（如图 2.8 所示）。

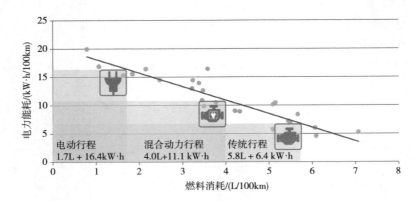

图 2.8 不同汽车类型的能量消耗图

影响电动车能量消耗的更进一步的因素为车辆普遍存在的阻力，这主要由车的重量、空气动力学特性和轮胎的转动阻力决定。轮胎阻力和空气动力学特性在很大程度上不依赖于动力传动设备，额外的电池重量在一定程度上增加了电动车的能量消耗，因此限制了行驶范围，其主要依赖于电池的容量。能量消耗和车辆行驶范围是相互依赖的，应该在车辆设计过程中重点考虑。

在通常情况下，与传统内燃机相比，电动汽车具有效率高的优点（如图 2.9 所示）。从电网获得的 100% 的电力，大约 70% 能够用于车轮来推动车辆的行驶。内燃机的效率通常低于 30%。在最终能量消耗方面，这些优势是十分明显的。因此电动车的能量消耗比使用内燃机的车辆少一半。然而，能量的产生也应计入总数，这将会在接下来章节中的循环周期结果中进行讨论。不同车型的能量消耗对比图如图 2.10 所示。

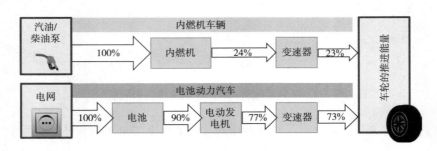

图 2.9 电动汽车和传统汽车的效率图

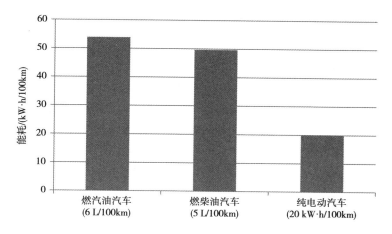

图 2.10　不同车型的能量消耗对比图

2.4　生命周期能源消耗和 CO_2 排放对比

正如前面讨论的，电动汽车的原始生产导致其受到较高的环境影响，可以在使用阶段进行补偿以获得更高的效率。然而，发电也必须考虑。尽管原则上电动汽车允许使用可再生电力，但目前欧洲，燃煤电力在发电中仍占据较大的份额，例如在欧洲的电动汽车，由交通领域产生的 CO_2 排放并没有包括在欧盟排放交易计划内，而这些 CO_2 应受到排放限制。理论上，这将导致"证书"价格上涨并因此而减排（例如，通过安装新的装置用于可再生能源发电）。然而在实践中，"证书"价格非常低且对电力行业的影响是值得怀疑的。另外，由于 2020 年后，交通领域的额外电力需求，使得现在没有任何的手段来阻止 CO_2 排放量上限的调整。此外，"清洁发展机制"项目只是探讨温室气体减排影响，这个项目对 CO_2 排放量上限调整的影响也是值得怀疑的。因此，用于电动汽车的电力通常不能算作零排放。一辆汽车的整个生命周期必须包括电力产生，同时提供一个全面的环境分析。

图 2.11 为欧洲不同动力驱动系统小型汽车的生命周期的温室气体的排放比较，假定生命周期内的里程为 150000km。与同等小型汽车相比，PHEV 具有较大的车重，因此尽管 PHEV 只使用了内燃机，仍具有较高的排放量，故生命周期排放更好的还是使用电驱动以及使用 EU27 网栅混合设备。因此，PHEV 生命周期的排放强烈依赖于电力驱动的份额。

如果使用 EU27 极板网栅混合设备，全电动车相较于柴油机汽车显示出稍好的温室气体排放平衡。通过对比可知生命周期方面有着很大的不同：例如，在德国使用煤、核能和可再生能源，与 EU27 具有相似的性能，在波兰由于大量使用煤燃料，因而具有更高的相关排放量。相反地，排放量在奥地利（大量使用混合能源）和法国（大量使用核能）是相对较低的。

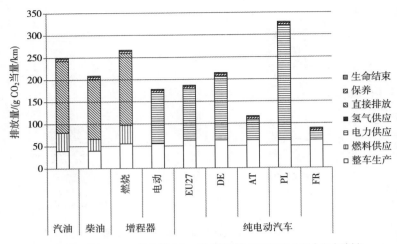

(假设：①150000km的使用寿命；②在使用阶段EU27电力混合电力消耗)

图2.11　欧洲不同动力驱动系统小型汽车的生命周期的温室气体排放比较图

然而，电动车增加的能量需求，有望影响未来电力的产生。一个非常重要的问题是哪些现有的能量装置可用于产生额外的电力用于电动车，并且将安装什么样的能源装置。在接下来的部分将针对德国的情况进行讨论。

2.5　具有高能的电动汽车一代的潜力：来自德国的一则研究案例

电动汽车的引入与交通领域的终端能源消耗的减小联系了起来。然而，在此情况下电力行业必须考虑车辆的能源供应的转变。那么未来衍生出来额外的能源需求将会在交通和电力领域产生显著的影响。在短期内，这将影响到能源结构的具体收费，并且从长远来看未来电厂服务网络的结构将会受到电力领域的影响。

在电力的产生和消耗之间没有直接的物理连接。因此，分析一个特定的混合电力充电汽车是一个因果关系的分配问题。电动汽车作为新的电力消耗品，将产生额外的需求。如果这类汽车继续在汽车种类中扮演一个次要角色，那么它对电力领域的影响将被忽略。但是，如果电动移动在未来获得更大的意义，那么电力消费也会随之增加。为了服务这些额外需求，必须建立新发电厂或使用现有更高容量的设施，这会把之前丢弃的电厂引入到网络中来。这些所谓的边际发电厂可能是年限久远的烟煤电厂或者新的、高效的燃气电厂。此外，电厂的类型在很大程度上会受到收费模式的影响。

为了阐明这些潜在影响，必须采用"边际的方法"，研究由电动汽车所产生的额外能源需求的平均分电以及特殊电混合。在本章中我们沿着来自德国的一则研究案例的线路对该方法的结果进行讨论：两种模式的组合所允许的长期影响分析（例如电厂设施的结构变化）以及短期市场的影响。

2.5.1 德国案例研究：对电厂结构的额外的电力需求和影响

在德国由电动汽车造成的额外能源需求预计在 2020 年后大幅上升，2030年，额外的电力需求在分析的场景中将达到 34TW·h，这大约是现在德国550TW·h 总产量的 6%（非洲联合银行，2013 年）。电动汽车对电厂结构的投资决策的影响被来自珀尔修斯的工业生产研究所的 PERSEUS 模型所计算出（卡尔斯鲁厄理工学院技术）。在欧洲，计算电动汽车的额外电力需求约 400TW·h。这将占欧盟总电力需求的 10%。

目前，燃料价格按照世界能源展望 2010 所定（国际能源机构，2010）。按照这些假定，燃气电厂和可再生能源（新）工厂将在欧洲建设直到 2030 年（IIP，2012）。然而，额外的服务需求、核能和燃煤电厂也将在欧洲建立。图 2.12 展示了到 2030 年德国电动汽车的市场预测和相应的能源需求。

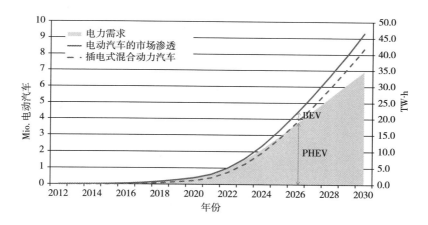

图 2.12　到 2030 年德国电动汽车的市场预测和相应的能源需求

普遍认为 2030 年，德国电厂结构将会更强地偏向于可再生能源。自德国政府签署了一份合同退出核能的使用后，新型化石容量主要由燃气发电厂提供，以及在未来从燃煤发电厂产生的能量应该减少。到 2030 年，风力发电机的装机容量（在岸和离岸）将从 30kW 增加至 100kW 左右。

电力混合的另一个重要影响在于 CO_2 证书的价格，这是由 PERSEUS 模型计算得出的。这些计算考虑到欧洲气候变化目标（欧盟指令 2009/29/EC）以及德国核能的逐步淘汰。在此假定下，到 2030 年每吨 CO_2 证书的价格将上升至 60 欧元（IIP，2012）。一般来说，电动汽车对 CO_2 证书价格的影响有限，但是对能源结构的影响意义重大。由于目前较低的 CO_2 证书价格和某种不确定的政治因素，采纳一种较为敏感的方法，其假设一种较低的每吨 CO_2 45 欧元的证书价格。

2.5.2 电动汽车对电厂结构操作的影响

依据德国政府和可再生能源发展目标和由 PERSEUS 计算出的关于未来电厂结构的假设，下一步是进一步分析电站运作和由电动汽车产生额外能源需求的负载因素。为了得到一个准确的随时间变化的结果，我们通过使用 PowerACE（Sensfuss，2008）模型进行计算。在考虑电厂结构和分析可再生能源供应边际成本的基础上，分析了两种不同的收费模式：

① 最后一次行驶之后进行充电：电动汽车在最后一次行驶后进行直接充电，并且是在没有管理系统的情况下。例如，在晚上从工作场所回家的最后一次旅途（场景："最后一次旅途"）。

② 用电需求管理（DSM）：假定一种与证券交易所市场能源价格绑定的负载管理激励体系。这个充电过程将会延续或者被沿袭到某一时期，例如当可用风能和对一般电力需求较低时。

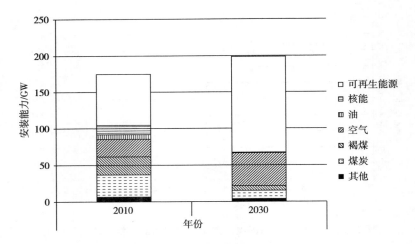

图 2.13 到 2030 年德国电厂结构发展图 [ISI（2012）和 IFEU（2013）]

这些结果表明如果电动汽车在最后行驶后直接充电，在可再生能源贵的前提下，现代天然气发电厂在混合能源中的份额将会上涨，如果要是考虑边际电力混合的情况下，这点尤为明显（图 2.13）。在这种情况下，边际电力混合预算模型是一种特殊的电力，可用于不同电源的充电电动车，即使在其他相同情况下它们会有额外的能源消耗。平均电力混合被定义为一年之内发电厂的平均能源混合。如果电动汽车进入这领域，这个平均混合不会显现出重大的变化。但是如果对边际混合深度分析，结果表明如果能源是直接属性，那么 66% 的额外需求是由现代气体和蒸汽直燃型发电提供。

如果假设一个高的证书价格（60 欧元），DSM 内的电力混合仍将保持大体相同。燃气轮机发电贡献的减少得力于现代火力发电厂更高的份额。但是，如果证书价格保持在较低的水平，在大的储量下，利用 DSM 系统去运行较旧的燃煤发电厂（如图 2.14 所示），可再生能源份额由 5% 升高至 10% 左右。高峰负载将会减少到 12GW。

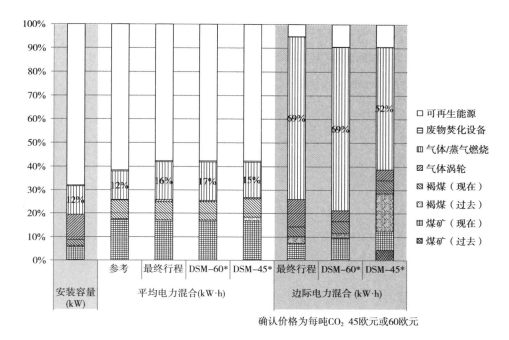

确认价格为每吨 CO_2 45 欧元或 60 欧元

图 2.14　电动汽车平均和边际电力混合图 ［ISI（2012）和 IFEU（2013）］

虽然过剩的可再生能源集成于"DSM"中，但是可以看出相比于"最后的旅途"其有少许的提高。这是由于同时集成了更多的可变成本较低的燃煤电厂。此外，如果"证书"的价格低（"DMS 低"），相比较于没有管理体系而言，需求管理将会产生更多的排放。这种影响是由于支持较旧燃煤发电厂的"证书"价格所致。在这种情况下将会产生边界能源组合甚至上升至大约相当于 600g CO_2/（kW·h），其数值接近于当今德国的排放值。

图 2.15 从能源产生的方面展示了全球变暖的可能性，也区分平均边际混合和特定边际电力混合。尽管大约 600g CO_2 等同于德国 1kW·h 能量的产生，参照此说法，在 2030 年这个数量将会降低一半。这个发展情况是由于可再生能源有很强的扩张，将会在 2030 年占据约 60% 的发电。因此，之后会有一个由煤炭向燃气电厂的转变。然而，来自于电移动的额外电力需求将主要由化石能源（特别是天然气）满足，但是，这将会导致德国平均全球变暖的可能性小幅度增加，其中全球变暖的可能性来自于电移动。如果考虑边际混合的情况下，全球变暖的可能性将会更明显。

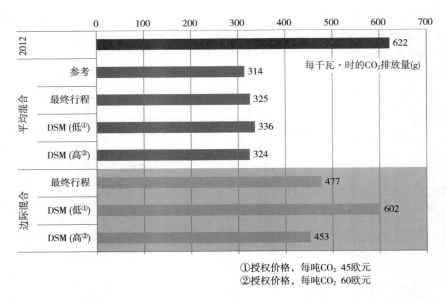

图 2.15 由平均和边际电力混合而区分的不同方式为电动汽车生产电力所导致的
全球变暖的潜在可能（eLCAr on basis of ISI，2012）

2.6 展望

如今，如果使用当前 EU27，电动汽车整个生命周期内温室气体的排放主要由发电产生，但是，来自于交通领域排放的 CO_2 将转移至 CO_2 排放的总量中，它们并没有包括在欧盟排放交易计划中，电力领域所释放的 CO_2 将会被掩盖。理论上这将导致"证书"价格上涨从而减排（例如，通过安装新的可再生能源发电装置）。然而，实践中目前"证书"价格低，并且对电力领域的影响是存在问题的。同样因为 2020 年后来自交通领域的额外电力需求导致没有任何手段来预防 CO_2 排放量的调整。此外，部分被认为对温室气体减排有影响的"清洁发展机制"项目是可疑的。因此，电动汽车通常不能算作无排放。因此，如果当今平均发电被考虑，温室气体电动汽车与传统内燃机汽车相比的优点在大多数国家仍然有限。改善温室气体的平衡，对（在使用阶段）几乎零排放的汽车需要进一步安装可再生能源装置来满足电动汽车额外的电力需求。在欧盟 CO_2 法规中提及可以使用政治手段来促进这样一个发展，其中电动车辆可以被视为无排放。这些优势可能与可再生能源发电厂的安装（或投资）有关，不然，由于平均 EU27 CO_2 的因素，电动车能源消耗可能增加得更多。较深层次的手段存在于国家级层面，如税收计划。

可再生电力的应用常常是当前讨论（讨论内容包含关于电动汽车对气候的影响）的焦点，但是能源效率也应考虑。只要化石能源资源也用于电动汽车，对于全球温室气体排放量（GHG）平衡来讲，能量效率仍是一个相当重要的问题。可再生电力的可用性仍然是有限的，这将变得更加重要。因此，在交通领域不需要的可再生电力可以用于其他领域来替代化石能源资源。进一步降低电动汽车的能源消耗通常是可能的，例如，通过轻量化，降低电池的损失和节能辅助消费。然而，采用立法措施目前在欧洲当前较低，这是因为能源监管是通过 CO_2 排放监管。这样一个电动汽车的优势可能适合在一个政治理想的早期市场阶段，但从当前角度而言不合适。

此外，除了关注温室气体排放外，我们将会考虑对生命周期评估（LCA）的其他影响类别做全面的环境评估，例如酸化和富营养化。其他影响类别并没有都绘制在一个图中。在土地酸化的情况下，电动汽车的优点并不是很明显，但也许在未来会有所发展。另外，在欧洲范围（如资源高效的欧洲的公交路线图，EC，2011）内，考虑到自然资源的消耗应遵循各自的政策。由于其庞大的电池量，电动汽车的生产将会耗尽大量的原始材料，并且也包含许多至关重要的可用性原料。在这种情况下，特别注意的是通过对主要原材料进行有效利用和选择来减少投入量，如对汽车和电池材料进行回收。

参考文献

[1] ADAC，2013. Elektroautos：Marktübersicht/Kenndaten. Munich. http：//www. adac. de/_mmm/pdf/27373 _ 46583. pdf. 2013-10-28.

[2] DLR/IWES/IfnE，2012. Leitstudie 2011——Langfristszenarien und Strategien für den Ausbau der er- neuerbaren Energien in Deutschland bei Berücksichtigung der Entwicklung in Europa and glob- al. Deutsches Zentrum für Luft-und Raumfahrt，Institut für Technische 34 Advances in Battery Technol- ogies for Electric Vehicles Thermodynamik，Fraunhofer Institut für Windenergie und Energiesys- temtechnik，Ingenieurbüro für neue Energien. Stuttgart，Kassel，Teltow.

[3] EC，2011. Roadmap to a Resource Efficient Europe. COM（2011）571 Final. European Commission， Brussels. http：//ec. europa. eu/environment/resource _ efficiency/pdf/com2011 _ 571. pdf. 2014-06-05.

[4] EEA，2012. Monitoring CO_2 Emissions from New Passenger Cars in the EU：Summary of Data for 2011. European Environment Agency，Denmark. http：//www. eea. europa. eu/publications/monitoring-CO_2- emissions-from-new. 2013-10-29.

[5] EEA，2013. Airbase Version6. European Environment Agency，Copenhagen. http：//www. eea. euro- pa. eu/data-and-maps/data/airbase-the-european-air-quality-database-6. 2013-10-21.

[6] EU，2003. Directive 2003/30/EC of the European Parliament and of the Council of 8 May 2003 on the Promotion of the Use of Biofuels or Other Renewable Fuels for Transport. EuropeanUnion，Brussels.

[7] EU，2008. Directive 2008/50/EC of the European Parliament and of the Council of 21 May 2008 on Am- bient Air Quality and Cleaner Air for Europe. European Union，Brussels.

[8] EU，2009a. Regulation（EC）No 443/2009 of the European Parliament and of the Council of 23 April 2009 Setting Emission Performance Standards for New Passenger Cars as Part of the Community's In- tegrated Approach to Reduce CO_2 Emissions from Light-Duty Vehicles. European Union，Brussels.

[9] EU，2009b. Directive 2009/28/EC of the European Parliament and of the Council of 23 April 2009 on the

Promotion of the Use of Energy from Renewable Sources and Amending and Subsequently Repealing Directives 2001/77/EC and 2003/30/EC. European Union, Brussels.

[10] IEA, 2010. World Energy Outlook 2010. International Energy Agency, Paris. http://www.worldenergy-outlook.org/media/weo2010.pdf. 2014-06-05.

[11] IFEU, 2011. In: Helms H, Jöhrens J, Hanusch J, et al. UMBReLA: Umweltbilanzen Elektromobilität——Grundlagenbericht. Wissenschaftlicher Grundlagenbericht gefördert durch das Bundesministerium für Umwelt, Naturschutz und Reaktorsicherheit. Institut für Energie-und Umweltforschung, Heidelberg. http://www.emobil-umwelt.de/. 2013-08-02.

[12] IFEU, 2012. In: Knörr W, Heidt C, Schacht A. Aktualisierung "Daten-und Rechenmodell: Energieverbrauch und Schadstoffemissionen des motorisierten Verkehrs in Deutschland 1960-2030" (TREMOD, Version 5.3). Institut für Energie-und Umweltforschung, Heidelberg.

[13] IFEU, 2013. In: Helms H, Lambrecht U, Jöhrens J, et al. Ökologische Begleitforschung zum Flottenversuch Elektromobilität——Endbericht. Institut für Energie-und Umweltforschung, Heidelberg.

[14] IIP, 2012. In: Babrowski S, Jochem P, Heinrichs H. Flottenversuch Elektromobilität. Ergebnispräsentation zum Expertenworkshop am 31.10.2012 in Heidelberg. Institut für Industriebetriebslehre und Industrielle Produktion, Karlsruhe.

[15] ISI, 2012. Modelling Results from Powerace. Fraunhofer Institut für System und Innovationsforschung, Karlsruhe.

[16] Sensfuss F. 2008. Assessment of the Impact of Renewable Electricity Generation on the German Electricity Sector: An Agent-Based Simulation Approach, vol.16, no.188. VDI Fortschritt-Berichte, Karlsruhe.

[17] UBA, 2013. Entwicklung der spezifischen Kohlendioxid-Emissionen des deutschen Strommix in den Jahren 1990 bis 2012. Climate Change 07/2013. Umweltbundesamt, Dessau-Roßlau.

[18] VCD, 2013. VCD Auto-Umweltliste: Die VCD Elektroauto-Liste. Verkehrsclub Deutschland e V, Berlin.

3 电动汽车电池市场

B. Schott，A. Püttner，M. Müller

3.1 引言

电动汽车的历史很长且不稳定。1831 年法国人 Gustav Trouve 在巴黎首次介绍了具有实用性和市场特色的电动汽车（Mom，2004；Kirsch，2000）。在接下来的几年中，电动汽车与其他技术相互竞争，例如"马车"、蒸汽机、内燃机（ICE），其中内燃机是由戈特利布·戴姆勒于 1856 年发明的，并且从一开始就占据了一个巨大的市场份额。这个技术首次消失于 20 世纪 30 年代。我们目前看到的电动汽车的复出是通过调查和其他人预测而来的（BCG，2009）。根据 Santini（2011，汽车制造公司）和 IEA（2013a）的电动汽车的历史，我们可以将其分为三波或三个年代。

3.1.1 电动汽车的早期

第一波，即电动汽车的开始，覆盖了 20 世纪初至 30 年代。20 世纪初，4192 辆新型注册汽车中大约 40% 都是纯电动的（Mom，2004：31）。电动汽车的使用在 1913 年和 1914 年达到顶峰，将近生产出 4715 辆电动乘用车，并且超过 20000 辆电动汽车在美国已被注册，尤其是在美国东北部，人口最稠密的一部分——集中在纽约。相比之下，1914 年只有 1600 辆电动乘用车用在欧洲（Mom，2004：252）。有几个原因可以解释为什么在动力化年代的早期电动汽车没有成功，并且丧失了与内燃机竞争的能力（Kirsch，2000；Mom，2004；Santini，2011；Shnayerson，1996）。一是电池技术发展慢（能量密度低）；二是随着交通基础设施的扩展，汽车使用范围越来越广，导致了汽车对电池的更高需求。电起动机和低比功率的电发动机的引进提高了内燃机汽车的竞争能力。当然，汽油基础设备的扩展比充电网络发展得更快些。尽管混合动力汽车已经被发明并且引入市场，但是与内燃机相比，由于竞争劣势而开始消失，其中费迪南·保时捷于 1900 年发明了"Lohner-Porsche"，比利时亨利·派珀于 1906 年发明了"Auto-Mixte"。

3.1.2 电动汽车的天堂

根据 Santini（2011）的描述，电动汽车的第二波是在美国引起的，在一个马斯基法（Muskie-Act）/清洁空气法修正案（Clean Air Act Amendments）的政府互动会和 20 世纪 60 年代及 70 年代的石油危机中推动了这一波，其中修正案的内容旨在提高城市空气质量。1976 年，美国政府建立了电动和混合动力汽车研究、开发和示范法。引导电动汽车的开发和发展过程的公司为通用汽车公司（General Motor）和马自达公司（Mazda）。混合动力和纯电动汽车已经开始发展，但并没有有关的商业汽车引入到市场中。20 世纪 90 年代，加利福尼亚（California）城市内的空气质量变差、石油与天然气价格升高，加利福尼亚开始引进零排放汽车（ZEV）的制造任务，之后经济危机开始缓和，并且汽车公司停止了其他的研发工作。尽管关于电动汽车的研发工作从本质上已经增加，并且商业汽车已经被引进现场试验，但是市场引入并不是很成功，其中通用公司的 EV1 作为第一个商用电动汽车在 1996 年被引进，而且这是那段时间最受欢迎的一个例子。由于来自汽车产业的反对声开始增加，ZEV 的制作过程开始改善，并延伸到混合动力汽车和燃料电池汽车行业。在 20 世纪 80 年代和 90 年代，在没有任何成功的试验前提下，欧洲不少国家也开始尝试实施制造电动汽车，例如法国（Callon，1983）、瑞士（Knie 等，1999），在德国吕根岛进行了现场试验（Voy 等，1996）。

3.1.3 电动汽车的复出

到今天，关于 HEV 成功的故事开始于丰田普瑞斯（Toyotas Prius），这是因为丰田普瑞斯于 1997 年开始重新引入市场。Toyota 已经出售了超过 600 万辆混合动力汽车，其中超过 2/3 是瑞普斯模式。然而，电动汽车的第三波莫名其妙地开始得比较晚。根据大部分专家的测量标准，2008 年特斯拉的公布是第三波的起点（Santini，2011），并且目前全世界开始研究电动汽车。有几个国家，例如中国（Lewis，2011）、美国（DOE，2011）、德国（BReg，2011；NPE，2011）、法国（Premier Ministre，2009；Présidence de la République，2009）和日本（Tsujimoto，2010）已经建立了高预算项目和产业贷款来支持产业的竞争，并建立了供应链。进一步来说，许多国家已经出台了鼓励购买电动汽车的措施，并建立了全国性的示范项目，包括建立充电基础设施。此次发展的主要因素是多方面的，包含国际气候的变化和国际社会的压力、发展中国家市场的需求和技术开发，尤其是在锂离子电池领域。所有的 HEVs 模型在之后的几年都装配上了镍氢电池，但是这项技术却转向了锂离子电池，如此便增强了这项技术发展的驱动力。电动汽车的许多驱动器和电池都是国家专用的，这就限制了个人发展的积极性（Schott 等，2011）。

本节的主要目的是描述一些主要国家最先进水平的市场发展及汽车行业动态，这些发展已经达到了之前的发展水平（3.2 节）。为了解释这些发展，电动车专用的市场驱动力和阻力将在 3.3 节讲述。这个章节的最后一部分总结了对不同电池驱动的市场潜力的评价与判断，包括燃料电池汽车（3.4 节）以及由于改变了汽车行业的价值链，燃料电池汽车造成的经济影响（3.5 节）。

3.2　当前市场的形势

本节对电动汽车在全世界的发展情况以及过去几年最相关的 EV 市场做了一个简短的综述。此外，我们对 EV 在不同国家的保有及销售情况进行了分析，分析说明了汽车制造商已经将他们的 EV 汽车模型成功地投入到这些市场之中。

EV 市场目前正在有序地增加，尽管以一个较低的水平开始，但是 EV 在过去两年中销量增速很快。在 2011 年，EV 在全世界销售约 45000 辆，在接下来的几年中，销售量增加到 113000 辆（IEA，2013a），这显示 EV 增加了 150％的市场份额，不过该市场增加必须以一个透视图的形式存在。全球 EV 的保有量总计有 180000 辆，因此只占全世界汽车保有量的 0.02％。关于汽车销售量，EV 销售量占其 0.14％的份额。但是，这些数据中只包括乘用车。其他部分也对 EV 的扩展有重大的影响，例如，公交车、轻型和重型车辆。比如在德国，这部分车辆占 EV 总保有量的 1/5。

接下来我们将更加详细地分析 EV 主导市场情况。这个结果是以公共资源为基础的，所以分析也许并不是很详细。目前的数据来自于不同数据库的研究结果，以确保在国际水平上的可比性，并且仅包括乘用车以及轻型汽车的相关数据，例如雷诺 twizzy 或丰田出租车。

表 3.1 和图 3.1 数据来自于 Schott 等（2013），数据说明了 2010～2012 年电动汽车在主要市场内的保有量和销售量的发展情况。

我们可以看到，2012 年美国和日本分别销售了超过 53000 辆和 22000 辆 EV，几乎占据了整个汽车销售量，这是由于在这两个国家中 PHEV 和电池电动汽车（BEV）市场占的份额比较大。根据国际能源署（IEA，2013a）数据，全世界 PHEV 市场的最大份额是美国，主要是由于雪佛兰伏特（Chevrolet Volt）的销售量大。第二大 PHEV 市场份额是日本，这是因为丰田瑞普斯混合动力（Toyota Prius Plug-in Hybrid）的销售。挪威和法国的 PHEV 市场占最低的份额。

然而在 BEV 市场，日产"聆风"的销售使得日本成为份额最高的国家，美国紧随其后。

然而，当涉及总汽车销售量，相对于小型车辆保有情况，挪威和荷兰具有最大的 EV 销售（3.28％，1.01％）和保有（0.46％，0.08％）份额。除了挪威和荷兰，EV 在其他国家全国市场的总份额在 0.02％～0.07％。因此，电动汽车在全世界汽车市场还是只占有很小的一部分。但是上述提到的所有 EV 销售量数据说明，EV 在全世界已经变得越来越重要。

表 3.1　2010～2012 年部分国家电动汽车的保有量与销售量变化表

项目	2012	2011	2010	项目	2012	2011	2010
中国				荷兰			
EV 销售量	12.791	6.192	1.905	EV 销售量	5.093	819	395
BEV	11.375	5.579	1.905	BEV	767	804	395
PHEV	1.416	613	0	PHEV	4.326	15	
市场份额	0.08%	0.04%	0.01%	市场份额	1.01%	0.15%	0.08%
EV 保有量	27.800	15.009	8.817	EV 保有量	6.307	1.214	395
BEV	25.787	14.396	8.817	BEV	1.966	1.199	395
PHEV	2.013	613	0	PHEV	4.341	15	0
市场份额	0.05%	0.03%	0.03%	市场份额	0.08%	0.01%	0.00%
丹麦				挪威			
EV 销售量	6.209	2.420	541	EV 销售量	4.525	2.116	564
BEV	5.356	2.154	541	BEV	4.367	2.116	564
PHEV	853	266	0	PHEV	312		
市场份额	0.20%	0.08%	0.02%	市场份额	3.28%	1.53%	0.44%
EV 保有量	10.614	4.807	2.307	EV 保有量	10.832	6.311	3.981
BEV	9.514	4.541	2.307	BEV	10.520	6.311	3.981
PHEV	1.100	266	0	PHEV	312		
市场份额	0.02%	0.01%	0.01%	市场份额	0.46%	0.27%	0.17%
法国				英国			
EV 销售量	11.409	4.531	980	EV 销售量	2.757	1.082	27
BEV	10.764	4.531	980	BEV	1.765	1.078	27
PHEV	645	0	0	PHEV	992	4	
市场份额	0.60%	0.21%	0.04%	市场份额	0.13%	0.06%	0.00%
EV 保有量	17.774	6.365	1.834	EV 保有量	5.367	2.610	1.543
BEV	17.129	6.365	1.834	BEV	4.371	2.606	1.543
PHEV	645	0	0	PHEV	996	4	0
市场份额	0.06%	0.02%	0.01%	市场份额	0.02%	0.01%	0.00%
日本				美国			
EV 销售量	22.465	N.A	N.A	EV 销售量	53.172	17.821	345
BEV	15.937	N.A	N.A	BEV	14.587	10.150	19
PHEV	6.528	N.A	N.A	PHEV	40.585	7.671	326
市场份额	0.49%	0.00%	N.A	市场份额	0.36%	0.14%	0.00%
EV 保有量	40.967	18.502	N.A	EV 保有量	73.388	18.216	395
BEV	31.467	15.530	N.A	BEV	24.806	10.219	69
PHEV	9.500	2.972	N.A	PHEV	48.582	7.997	326
市场份额	0.07%	0.03%	N.A	市场份额	0.06%	0.01%	0.00%

注：Schott 等（2013）。

除了对上述几个主要 EV 国家在全世界的销售及保有量进行了一定的分析，我们接下来还会对一些主要汽车制造商的市场份额做简单的总结。但是对汽车制造商的市场份额的相关分析比较困难，一方面 EV 模型的销售数据只有部分是有效的，甚至对于汽车模型往往不通过驱动技术区分。这将特别适合使用作为 ICE 相同平台的电动汽车，例如 Smart 汽车。不过，下一部分我们将对一些主要 EV 国家的汽车模型销售情况做一个简单的总结。中国市场除外，因为直到今天这个市场仍然是由中国制造商提供。

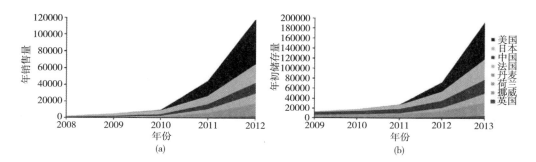

图 3.1　部分国家 2008～2012 年电动汽车销售量（Schott 等，2013）

(a) 销售量的发展情况；(b) 与 2009～2013 年电动汽车保有量

图 3.2 说明了美国和日本制造商的 EV 销售量情况：日产"聆风"（27%）、雪佛兰伏特（17%）、丰田瑞普斯混合动力（13%）拥有最高的电动汽车销售量。到 2012 年底，生产 Opel Ampera（欧宝车）和 Smart Fortwo ED 的德国 OEM（原始设备制造商）已经有一个相对较小的市场份额，其中 Opel Ampera 尽管是坐落在德国，但是属于美国通用汽车公司。目前，德国汽车制造商的 EV 模型的选择范围仍然很狭小，但是在未来 EV 模型的样式将会有一个较大的增加（例如 BMW i3）。

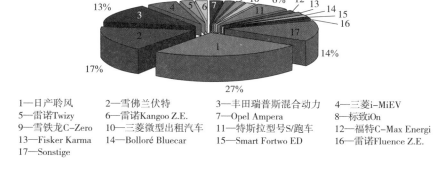

1—日产聆风　　　　2—雪佛兰伏特　　　　3—丰田瑞普斯混合动力　4—三菱i-MiEV
5—雷诺Twizy　　　　6—雷诺Kangoo Z.E.　　7—Opel Ampera　　　　8—标致GOn
9—雪铁龙C–Zero　　10—三菱微型出租汽车　11—特斯拉型号S/跑车　12—福特C-Max Energi
13—Fisker Karma　　14—Bolloré Bluecar　　15—Smart Fortwo ED　　16—雷诺Fluence Z.E.
17—Sonstige

图 3.2　2013 年 EV 模型的市场份额分布图（Schott 等，2013）

一个不令人惊讶但仍然有趣的结果是国内电动汽车模型在区域市场的主导地位。在日本和中国，所有的 EV 都是源自于国内。法国 OEM 在全国市场有大约 78％的市场份额，在美国，每秒钟生产的 EV 都源自于国内 OEM。如此发展的首要原因与产品上市、政策以及汽车使用者的爱好有关。在德国，只有约 1/4 的道路上的电动汽车是源自于德国。这也许是导致德国电动汽车有限利用的原因。

3.3　市场推动力和电池

根据 3.2 节描述的当前的市场情况，在大多数国家 HEV（混合电动汽车）已经占据了一个很大的市场份额，大多数专家认为在接下来几年中这个市场发展情况将会继续如此。对于 HEV 来说，过去的电池限制了有效模型的范围、具有较高的市场价格、各种技术问题例如安全问题，但是这些方面对现在来讲都可以解决，更没有基础设施问题发生（Johnston，2005）。因此，HEV 就可以和常规的 ICE 相提并论，并且许多国家的环保意识开始增加，满足了对低排放车辆的要求。在本节，我们仅针对 PHEV 和 BEV 的市场推动力和电池情况做了一些分析。

对于 PHEV/增程式电动汽车（REEV）和 BEV 的看法仍旧不是很明确，这是由对客户验收和技术发展具有较高的不确定性造成的。对于电动汽车（例如在加利福尼亚和法国），与之前的市场引进的努力成果相比，可以发现现在的情况有几点与之前不同。一是目前全世界所有国家都在推动电动汽车发展及其市场，然而只有一种汽车在引导市场，例如在加利福尼亚总以燃料电池汽车著名，新市场很难在其中被认同。二是主要的驱动力已经发生了改变。尽管焦点更多的是从全球的视角来看，但是驱动力仍旧是很有影响力的国家特色，包括增强人们的环保意识、增强汽车产业的竞争力、提高燃料价格、当地空气污染问题等等其他方面（Schott 等，2011）。过去常常促进电动汽车的政治活动主要依赖于当地的环境问题，如较高的环境污染问题、国家工业和环境的政策（Calef 和 Goble，2007）。然而，今天可以以一个更全球的视角来鉴定三个主要的推动力。

3.3.1　气候变化

20 世纪 90 年代开始，全球温室气体排放量（GHG）一直在增加，2010 年已达到历史新高。政府间气候变化专门委员会（IPCC）的第四条和第五条报告说明了限制 GHG 的重要性，尤其是二氧化碳（IPCC，2007，2013）。对于全球升温最大 2℃ 来说，全球 CO_2 减排 80％～95％ 是必要的。所有能源部门对这项减排目标作出了一定贡献。全球 CO_2 排放量的 1/4 以及全球 GHG 排放量的 15％ 是由交通部门排出的（IEA，2010；UNEP，2011）。但更戏剧性的是全球交通的排放情况在过去 20 年中发展得最快。1990～2008 年，CO_2 排放量增加了 44%，如果公交车还是像以前一样运行的话，CO_2 排放量将会进一步上升。为了避免这样发展，常规汽车的效率需要提高，并且有必要使用产生低量 CO_2 的可再生燃料。有一项技术能够同时满足上述两项要求。电气传动系统的使用具有非常高的效率，并且可再生能源的使用例如风能、光能，能够允许充电电池零排放操作油井到车轮（van Vliet 等，2011；Helms 等，2010；Hacker 等，2009）。

3.3.2 能源资源—石油峰值

运输部门消耗了全球液体燃料的 50% 以及化石能源燃料的 95%（IEA，2010；UNEP，2011）。根据世界能源展望（IEA，2013b）我们已经通过了"石油峰值"，也就是说传统石油的生产能力会达到最大值，并且可以预测到石油价格也会提高。目前新能源也不会探索出低成本，并且还会使得现在的价格情况变得更紧张。燃料价格上涨是替代燃料和电动汽车的主要驱动力，如此在操作过程中就可以减少对化石燃料的依赖，并提供成本优势（McKinsey，2010a）。

3.3.3 城市化

在发展中国家，80% 的城市空气污染是由于交通部门引起的。今天已经有超过一半的世界人口居住在城市中，并且 20 多个大城市将会拥有超过 100 亿的居民。未来的城市发展特别是发展中国家的城市将会加强处理人口数量降低问题，同时也有拥堵和流动问题（UNEP，2011；UN HABITAT，2008）。电动汽车能够提供较低的 GHG 和噪声排放量，有利于解决有关城市化的一些问题。McKinsey 分析得到，在 2015 年电动汽车第一市场将会出现在最大的城市。

以下的发展情况将会影响并加强全球所有涉及的有关驱动力的发展：

到 2050 年，全球所有的乘用车将会从 8 亿辆增加到 20 亿～30 亿辆；到 2020 年全球汽车市场有望以每年 1 亿辆汽车的速度增加；发展中国家的经济增长将会增加海、陆、空的运输量。

这些全球性的发展带动了替代燃料和动力系统技术的需求发展。在复杂且多变的驱动力环境中，电动汽车必须能够对抗其他技术。

在如此错综复杂的环境中，当地汽车产业的竞争也是主要的一方面。主要障碍已经存在，并且仍是存在于一个产业的引入层面——关于如此颠覆性技术如电动汽车的引进。在欧盟（EU），制造商的自愿协议——关于新乘用车的 CO_2 排放量于 2005 年减少到 120g/km，并不是很成功。因此，在 2009 年，对于新型乘用车和轻型汽车，欧盟、美国、日本和中国立法规定强制汽车产业来限制 CO_2 排放量于 2015 年减少至 130g/km，2020 年减少至 95g/km（目前正在讨论）。目前欧盟立法要求多种电动汽车达到减排指标。

虽然科技的发展已经带动了电动汽车的发展，市场引入的主要障碍仍然是可见的，并没有改变很多，但是也许在今天会更容易解决上述问题。大部分的市场障碍都是国家特有的，但是我们目前能确定其中三大类障碍，即气候变化、能源资源-石油峰值和城市化。

3.3.4 模型供给范围

正如已经讨论过的，许多国家的汽车产业都面临着 CO_2 排放标准的问题，这确实是一个主要的推动力，它可以在已建立的、主要依靠 ICE 的产业中，用于克服公司内部和部门内部阻力（Cowan 和 Hulten，1996；Fontaine，2008）。在供应链和产业的核心竞争中，电力驱动车辆的改变对产业来说是一个重大的变化。电动汽车的发展历史说明，除了 19 世纪初，电动汽车之后的发展历程和生产过程是通过政治手段引入市场。

另外，无论是过去还是现在，从来没有一种真正的市场拉动效应来推动汽车产业的创新活动。到目前为止，随着 ICE 的有效发展和充电设备最小化，提高环保意识已经能够很成功地解决增值创新问题。丰田普锐斯与本田 Insight 一样，是市场上仅有的混合动力汽车，而丰田普锐斯的市场成功是一个很好的例子，即对新技术市场的成功推广来说，一系列车辆的广泛调色板是不需要的。

自从 2008 年以来，发展动态已经与电动汽车的广泛供给相结合。与过去的发展和 HEV 的市场引进相比，2011 年已经出现大量的 BEV 供应商以及产品模型（图 3.3、图 3.4）。对于今天的市场引入来说，电动汽车的供应问题将不再是主要的障碍。

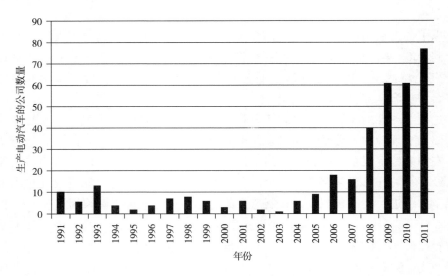

图 3.3　1991～2011 年生产电动汽车的公司数量图（Sierzchula 等，2012）

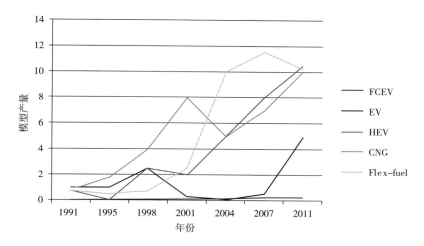

图 3.4 平均每 3 年替代燃料汽车的不同模型的产量变化图 (Sierzchula 等，2012)

3.3.5 经济又实用的障碍：顾客需求

电动汽车的发展历史说明了对于认可电池操作车辆，存在几个重要的障碍，特别是顾客这一方面，这不能通过单独的技术发展来解决 (Santini，2011；IEA，2002)。通过客户调查和研究分析得到，为了满足顾客的需求，电动汽车面临许多挑战 (Kampmann 和 van Essen，2011；Bozem 等，2013；Roland Berger，2010；Mock，2010；Jonuschat 等，2012)，例如成本低、安全、舒适、里程焦虑、充电时间、新技术的不确定性等其他挑战，并且对于不同客户群体来说，这些挑战是多样化的。在此，我们简单介绍了几种挑战并对一些主要的问题进行了解释。第一个挑战是，电动汽车 BEV 和 PHEV 的所有成本都高于可与之比较的 ICE 汽车。相关研究 (McKinsey，2010a；Bickert 等，2011；Bakker 等，2012；Propfe 等，2012) 表明在接下来的 10～15 年 BEV 和 PHEV 在总拥有成本 (a total cost of ownership，TCO) 方面会变得有优势。其中主要的原因就是降低了成本：对电力车辆的电池和其他部分的估算将会反映出成本下降，即在 2020 年会从每千瓦时 1000 美元减少至 200 美元 (Guenther 等，2013；McKinsey，2013；Barnett 等，2011；Nelson，2012；Roland Berger，2011)。在所有价值链和进一步技术发展 (能量密度) 阶段，主要的驱动力将会不断促进生产量的增加。如今，电动汽车的市场价格已经达到了一个非常低的水平，在每千瓦时 200～300 美元，从而低于生产成本。原因是对电动汽车的需求、强烈的竞争环境和新型电池制造商都表现出较高期望，从而使得电动汽车产能太高而过剩。自从 2009 年，约 30 家公司投资过 100 亿美元的"新生力"(Pillot，2013)。亚洲电池制造商主要将电动汽车作为战略目标。

此外，PHEV 和 BEV 由于在操作过程中能耗低而具有显著的成本优势。后者推动了经济的竞争力，但由于石油价格上涨而被迫限制，不过我们可以通过增加电力价格得到一定的补偿,这将是未来最好的预期结果。另一个主要的问题是限制驾驶范围——人们称为"里程焦虑"(WordSpy,2011),尽管事实上,驱动模式通常适用于电动汽车的范围。例如,在不同国家的分析表明,一天中约5%的时间乘用车在移动,而90%的旅行驾驶距离还不到100km(Kempton 和 Letendre,1997;BMVBS,DLR,infas,2010;Linssen 等,2012;Jonuschat 等,2012)。

3.3.6 基础设施和标准

建立充电基础设施是客户接纳和电动汽车的实用性的前提条件。尽管这是没有任何问题的,但是涉及的是公共充电网络是否是必需的和需要多少充电基础设施的问题(Teichmann 等,2012)。在德国该领域测试的结果表明80%的充电是在家或工作时进行的(Günter,2011;Weber,2010)。一些专家把它看作一种心理效应,这对市场开始引进充电设备是必要的过程。

在所有国家的基础设施首次展示了从标准充电(3.6kW)到快速充电(上升到135kW)的过程。2013年初,欧盟公布了一项与众不同的"清洁燃料"的基础设施战略。例如,到2020年准备在德国建立150000个充电站,在欧盟建立500000个充电站以及插件标准的设置(EU,2012)。

为满足有所需要的客户要求,全国和欧盟有必要将充电过程标准化。车主想要在任何地方任何时间,并且在没有更换系统或者与一些供应商有更多接口的前提下进行充电。此外,一些世界范围内的标准化充电设施已经在进行中(Teichmann 等,2012)。

3.4 市场潜力

本节介绍了电动汽车的发展现状和不同驱动因素及障碍,对电动汽车的发展现状进行了概述。伴随着这项新技术面临的各种机会与风险,我们揭示了电动汽车的未来发展潜力。本节总结了有关市场潜力的一些方面,而最后一节将重点放在经济影响方面。

预测以及各种描述都是各种各样的(Roland Berger,2011;McKinsey,2010a,2011;BCG,2010;Plötz 等,2013;IEA,2013),但这既不是评估各种差异的主要目的也不是估算一个新技术潜力的主要目标。在下面的结束语中,我们总结了作为全球智囊团的 IEA 的工作和电动汽车的政治目标,主要是电动汽车首创(EVI)报告了一些关于"全球电动汽车前景"的事情。最后我们根据早期市场的发展情况和不同技术路径对 EV 市场潜力进行了评价。

3.4.1 政治目标铺平道路

随着电动汽车在全球市场发展的描述表明,2012年底已经几乎有20万辆电动汽车(BEV/PHEV)和超过650万 HEV 在全球的道路上运行(IEA,2013a;

Schott 等，2013；GCC，2013a，2013b）。虽然只占总乘用车保有量的 0.02%/resp.0.07%，但我们仍可以观察到动态市场的增长。2013 年市场发展的首次预测表明，销售量进一步增长已经累计到 40 万辆，意味着电动汽车销售量翻了一倍。EVI 全球电动汽车展望报告，总结了 2020 年一些不同的政策目标。2020 年电动汽车（除了 HEV）的全球保有量达到了总乘用车的 2%，这将表示在 2020 年会有 2000 万辆电动汽车在路上行驶，并有 600 万辆的销售量（图 3.5）。

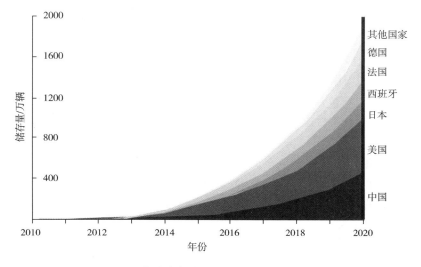

图 3.5 电动汽车的市场潜力（IEA，2013a）

3.4.2 未来市场分析

据分析，早期的电动汽车市场将在车队或拼车等商业应用（Plötz 等，2013）。每年的高里程、适当的驾驶范围、频繁且可预测的路线以及在公司停车场充电的可能性等原因形成了上述商业应用。在 TCO（总拥有成本）的基础上，电动汽车的经济竞争性在早期阶段已经实现。此外，根据 McKinsey 的分析可知城市将是 BEV 销售及应用的主要区域。原因是相比汽车的外观和环境友好，早期采用小汽车的城市更看重汽车的行驶范围和成本。在一些城市，如中国，限制化石燃料汽车和两轮车的通行；在伦敦，电动汽车可以自由进入城市中。

早期的汽车使用者鼓励个人对电动汽车提出一定的要求。但达到早期发展的路径和速度是由驱动力的动态和障碍如何克服来决定，两者都是国家特有的特征。纯电动汽车可以从改变其移动方式、个人价值观念或服务形式（内部形态、网络应用等）中获益，也可改变顾客的需求。

以顾客需求为基准，今天的插电式混合动力车和行驶范围扩大的车辆拥有很大的优势。然而，无论电动汽车是否只是一个短暂的发展还是能够保持较高或较低的市场份额，PHEV 和 REEV 的作用却是非常模糊的。这项技术主要的竞争将会随着燃料电池汽车的市场引进而到来。由于创新是开创新技术的关键，我们并不想建立两者之间的技术竞争，但是解决类似的顾客需求和市场细分，与BEV 共存是在这个环境中更为现实的事情。燃料电池汽车也可被定义为 REEV（章节 1），并且两者之间有相同的优势，首先是能提供较长的驾驶距离以及低的加燃料时间。燃料电池电动车（FCEV）的历史较短，特别是在 1997 年有一个高调炒作，直到 2006 年随着 ZEV 项目在加利福尼亚实施，商业化并没有发生，令人失望（Bakker 和 Budde，2012）。产生如此令人失望的结果的原因有技术发展缓慢（如冷启动）、燃料电池的成本高以及对补足基础设施（鸡-蛋-困境）数量的依赖、物流、加油站点等。尽管在最近的 5～10 年中有一些进展，但仍然只有216 个加油站，且在全世界示范项目中约 500 辆 FCEV 在全世界行驶（LBST 和TÜV Süd，2013；Bünger，2013）。主要的原始设备制造商、天然气公司、政治家以及其他部门达成并签署了多项协议，例如在德国和英国，会将氢气用于市场引进活动中。德国旨在建立 400 个氢气加气站（如今有 50 个站点），并且将在2023 年引入几千辆 FCEV（Daimler，2013）。由于较高的市场进入障碍和相关不确定因素，很难去估计电动汽车的未来市场潜力。科技与工业产业联合调查了欧洲市场，据该项研究预计从 2020～2030 年开始，到 2050 年纯电动汽车和 FCEV就可以实现共存（McKinsey，2010a）。

3.5 经济影响

之前的章节已经介绍了电动汽车在全球汽车市场的影响力仍旧是非常小。目前它们只占有总乘用车销售量的 0.14%。根据之前章节描述的政治目标和各种各样的方案，在接下来的几年里可以预测到电动汽车的相关动态市场开始上升。如果该发展被证实，那么电动汽车市场将会经历大的改变。电动汽车在整个生产过程中会有一些变化，导致在整个增值链中会存在一些改变。一些部件将会扮演比较次要的角色例如 ICE，反之一些其他的部件如电池将会使销售数字开始日益增长，这将影响汽车行业的工作结构及其现有的参与者。随着电动汽车在全世界汽车市场中变得越来越重要，新的机会与风险将会随之降临。

本节概述了由于电动汽车的市场增长，汽车市场及其参与者将必须面临的最重要的一些改变。另外，还对汽车市场的工作结构中的变动和创造新的就业岗位机会进行了概括。最后，我们对不同国家的具体主题和主要汽车国家的竞争位置进行了分析。

3.5.1 汽车行业的机会和风险

随着电动汽车在全球汽车市场中变得越来越重要，制造商将必须面临增值链中的大量改变。常规的一些部件将会在增值链中消失，然而，电动机、动力电子设备，尤其是电池将会大大增加市场份额。根据 McKinsey（2013c）对 2020 年全球成交量的介绍可知，大多数常规汽车零部件将会降低营业额数据，特别是

ICE 的市场，ICE 的全球交易额将会减少 133 亿欧元。其他部件如排气系统或油箱也会减低交易额（分别降低 11 亿欧元和 6 亿欧元）。

另外，由于对新部件（包括插电式混合动力汽车）的要求增加，电动汽车市场潜力也变得越来越大。对于电池部件，已经预测到 2020 年其交易额将会增长到 475 亿欧元。而电动引擎将会有额外的市场交易额，约 162 亿欧元。图 3.6 说明到 2020 年，对于电动汽车的扩展机会将会重于全球经济带来的风险。全球总交易额也许会增加到 597 亿欧元。根据全球交易额的发展概况，可知创造新的就业岗位机会潜力越来越大。虽然由于对常规汽车及其部件的要求降低而损失了 46000 个工作岗位，但是得到新工作岗位的机会越来越大。McKinsey（2010c）预计由于新部件的上市，全世界新增工作岗位大约 250000 个。Hill（2013）指出，由于进入电动汽车市场的要求变高，可能只有欧盟会在 2030 年出现岗位空缺问题，甚至会产生 660000～1100000 个额外的工作岗位（例如从常规汽车向电动汽车的转变而丢失的工作岗位）。2050 年，就业机会增加，很有可能会上升到 190 万～230 万个岗位。

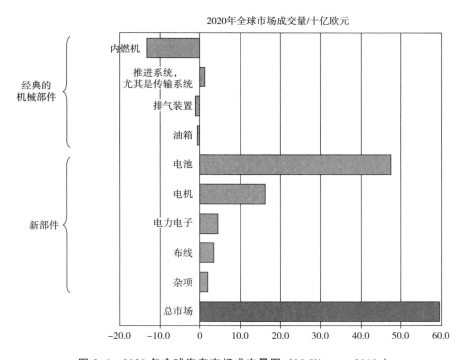

图 3.6　2020 年全球汽车市场成交量图（McKinsey，2010c）

现在我们不确定汽车行业是不是会有益于社会发展。常规汽车仍旧会在未来占有很重的位置，但是汽车行业必须建立电动汽车的相关课程（Schott 等，2011）。在汽车行业中 55% 的工作岗位与 ICE 的生产有关，电动汽车的生产过程包含汽车增值链中一个巨大的结构改变。图 3.7 显示了汽车行业所需的专业技能的份额将大幅度下降。然而，汽车行业中所需的专业技能中约 63％是关于 ICE 的生产，所以当涉及电动机的生产时份额仅下降 15％。由于电动汽车的改革和生产，电子学、软件以及化学工业也许会对电动汽车行业产生更多的影响（PWC，2010）。

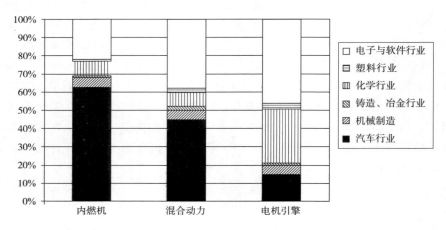

图 3.7　发动机生产技术的分布图（PWC，2010）

除了所需知识的损失造成的威胁，关于汽车行业的其他风险有电动汽车的生产工艺相对简单，尤其是装配，减少了玩家（除了汽车制造商）进入市场的阻碍，增加了增值链中新价值的产生机会（Schott 等，2011）。此外，汽车制造商将不得不面对"双重负担"：他们仍然不得不处理常规发动机和相应组件的生产、研究以及开发；此外，他们不得不对新技术进行投资。汽车行业以外的新玩家也可以全神贯注地参与新技术的研发。

所有与增值链有关的结构改变可能会对现有的汽车行业的供应商产生一定的影响。因为汽车制造商的供应商总是根据这个行业的需求来生产，其中大多数甚至只提供一些产品。如果汽车工业要求较少的由 ICE 驱动的汽车零部件，这些供应商会发现它可能比新的供应商更难去转换成电动汽车所需的新产品。

3.5.2　工作结构的影响

前面已经提到，增加电动汽车的数量将会对汽车生产的增值链有所改变。现在我们将更详细地概述在不同情况下电动汽车的传播对工作结构产生了哪些影响。本节概述是以一个德国研究为基础的。该研究分析了根据每个动力系统所需的市场份额，2010～2030 年生产 100 万动力系统所需人员数量（Spath 等，2012）。在参考方案中，ICE 的市场份额将在 2030 年明显地下降到 40％。而混合电动汽车的市场份额将有一个很大的上升（2030 年份额为 45％），BEV 和 FCEV

在 2030 年共同占有 15％的市场份额。在保守情况下，ICE 将继续在 2030 年起到很重要的作用，市场份额大约有 65％～70％。尽管混合动力汽车有 30％的市场份额，但是纯电动汽车的份额却变得微不足道。在 BEV 方面，常规发动机将在 2030 年被挤出市场，BEV 将得到 40％的份额，如此混合动力汽车将会有一个更大的市场份额。

现在的问题是工作结构和就业人数的改变对于电动汽车的扩展有不同的影响。在 2010 年（Spath 等，2012），6000 名员工用于生产 100 万套动力传动系统。在参考方案中，2030 年所需人员将增长到 7200 名。少数员工用于 ICE 部分和常规变速器的生产。然而，为了满足混合动力汽车的技术（例如变速器）要求，则需要创造新的工作岗位。混合动力技术使得行业对 ICE 部分的员工的需求增加，所以 ICE 生产过程中的员工人数将会遭到停滞。2030 年需要约 6600 名员工生产 100 万套动力传动系统。在 BEV 方面，所需工作人员的数量仅仅会增加到 6200 名。虽然在 2020 年就业人数增加到约 7400 名，但由于对 BEV 和混合动力部分的要求增加，最后所需工作量却降低。主要还是因为相对于密集型生产，常规技术的消失以及混合动力汽车的市场份额下降。

许多现有的研究都描述了电动汽车市场的影响正在不断增大（3.4 节），对 BEV 市场的影响力描述结果也是极其相似的。如果目前的汽车制造商和主要汽车国家希望保持其生产的车辆数量，以及保留其市场份额和增加的价值，他们必须跟上电动汽车的发展。忽视未来的技术趋势可能会导致大量的市场份额、就业机会、增值链的损失。但如果行业和国家抓住 BEV 和混合动力技术的机会，也许会确保他们当前市场的地位或者获得更多的挑战。

3.5.3　各个国家的具体情况和竞争地位

根据 Spath 等（2012）的分析可知，不同汽车制造商面临着产品研发和电动汽车主要部件（即电池系统）开发的挑战，不同国家的汽车使用方法不同：日本和韩国的制造商选择停留在常规汽车与电动汽车之间，美国制造商已经否认了迄今为止的合作并且使用常规的供应系统，而德国制造商，在从事多个策略的同时多方面联盟。可以看出，他们都在避免彼此依赖的关系，因此，随着不同供应商的出现，竞争也在加强。中国企业跟随全球市场领导者带领的合资企业以获得更多的知识，并加强中国汽车市场地位（Schott 等，2011）。

Berhart 等（2013）基于三个指标论证地分析了主要汽车国家的当前竞争位置：技术、产业和市场。下面我们将重点放在技术指标，在最新的基于指标的评估中，德国已经率先在技术指标上领先，韩国紧随其后。德国汽车制造商在改善他们的技术的同时，又能够降低电动汽车的销售价格。这是一个在所有主要汽车国家都存在的趋势。同样是对美国而言，相对昂贵的电动汽车占市场的主导地位，如特斯拉 Model S。中国的技术水平相对较低，不过电动汽车的销售价格实际上还是呈上升趋势的。但技术水平预计将很快提高，这是因为中国国际合资企业的地方品牌将在未来推出越来越多的电动汽车。

参考文献

[1] Bakker S，Budde B. 2012. Technological hype and disappointment：lessons from the hydrogen and fuel cell case. Technol Anal Strateg Manag，24：549-563. http：//dx. doi. org/10. 1080/09537325. 2012. 693662.

[2] Bakker S，van Lente H，Engels R. 2012. Competition in a technological niche：the cars of the future. Technol Anal Strateg Manag，24：421-434. http：//dx. doi. org/10. 1080/09537325. 2012. 674666.

[3] Barnett B，Rempel J，McCOy C，et al. 2011. PHEV and LEESS battery cost assessment. TIAX Rep.

[4] BCG，2009. Comeback of the Electric Car? How Real，How Soon and What Must Happen Next. Boston Consulting Group，United States.

[5] BCG，2010. Batteries for Electric Cars：Challenges，Opportunities，and the Outlook to 2020. Boston Consulting Group，United States.

[6] Bernhart，et al. 2013. Index Elektromobilität Q3/2013. Roland Berger Strategy Consultants and Automotive Competence Center &. Forschungsgesellschaft Kraftfahrwesen mBh Aachen，Germany.

[7] Bickert S，Günther C，Krug S，et al. 2011. Total costs of ownership von elektrofahrzeugen unter besonderer berücksichtigung von batteriekosten，werteverlust und batteriealterung. In：3. Fachtagung Kraftwerk Batterie. Presented at the 3. Fachtagung Kraftwerk Batterie，Aachen，Germany.

[8] BMVBS，DLR，infas，2010. MiD-2008— "Mobilität in Deutschland." Publication through. http：//www. clearingstelleverkehr. de hosted by DLR Institut für Verkehrsforschung.

[9] Bozem K，Nagl A，Rath V，et al. 2013. Elektromobilität Kundensicht，Strategien，Geschäftsmodelle. Dordrecht：Springer.

[10] BReg，2011. Regierungsprogramm Elektromobilität. http：//www. bmwi. de/BMWi/Redaktion/PDF/Publikationen/regierungsprogramm-elektromobilitaet，property＝pdf，bereich＝bmwi，sprache＝de，rwb＝true. pdf. 2013-10-01.

[11] Bünger U. 2013. Presentation at the power-to-gas-workshop. In：Federal Ministry of Transport，Berlin，October 2013. www. mks-dialog. de. 2013-10-25.

[12] Calef D，Goble R. 2007. The allure of technology：how France and California promoted electric and hybrid vehicles to reduce urban air pollution. Policy Sci，40：1-34. http：//dx. doi. org/10. 1007/s11077-006-9022-7.

[13] Callon M. 1983. Die kreation einer technik. Der kampf um das elektroauto. In：Rammert W. In：Technik und Gesellschaft. Jahrbuch，vol 2. Frankfurt am Main：Campus，140-160.

[14] Cowan R，Hulten S. 1996. Escaping lock-in：the case of the electric vehicle. Technol Forecast Soc Change，53：61-79.

[15] Daimler，2013. H_2 Mobility initiative：Leading industrial companies agree on an action plan for the construction of a hydrogen refueling network in Germany. http：//media. daimler. com/dcmedia/0-921-656547-1-1636552-1-0-0-0-0-0-11694-0-0-1-0-0-0-0-0. html. 2013-10-25.

[16] DOE，2011. One million electric vehicles by 2015，status report. Department of Energy，USA.

[17] EU，2012. Clean Power for Transport：A European alternative fuels strategy. COM（2013）17. http：//eur-lex. europa. eu/LexUriServ/LexUriServ. do? uri＝COM：2013：0017：FIN：EN：PDF. 2013-10-25.

[18] Fontaine P J. 2008. Shortening the path to energy independence：a policy agenda to commercialize battery-electric vehicles. Electr J，21：22-42.

[19] GCC，2013a. Navigant forecasts hybrids to account for almost 4% of global LDV sales by 2020，plug-ins 3%. http：//www. greencarcongress. com/2013/06/navi-ev-20130611. html. 2013-10-25.

[20] GCC，2013b. Toyota cumulative global hybrid sales pass 5M，nearly 2M in US. http：//www. greencarcongress. com/2013/04/tmc-20130417. html. 2013-10-25.

[21] Guenther C，Schott B，Hennings W，et al. 2013. Model-based investigation of electric vehicle battery aging by means of vehicle-to-grid scenario simulations. J Power Sources，239：604-610. http：//dx. doi. org/10. 1016/j. jpowsour. 2013. 02. 041.

[22] Günter T. 2011. Elektromobilität—Ein Schlüssel für die lebenswerte Stadt von morgen. In：Präsentation，RWE Effizienz GmbH，Hannover，April 2011，http：//files. messe. de/001/media/de/02informatio nenfrbesucher/vortraege/2011 _ 4/Metropolitan-Solutions _ Elektromobilitaet-Electro-Mobility. pdf. 2013-10-10.

[23] Hacker F，Harthan R，Matthes F，et al. 2009. Environmental impacts and impact on the electricity market of a large scale introduction of electric cars in Europe-Critical Review of Literature. ETCACC Tech Pap，4：56-90.

[24] Helms H，Pehnt M，Lambrecht U，et al. 2010. Electric vehicle and plug-in hybrid energy efficiency and life cycle emissions. In：Proceedings of the 18th International Symposium Transport and Environment，Zurich.

[25] Hill N. 2013. Fuelling Europe's Future. Cambridge Econometrics，Element Energy，Ricardo-AEA，United Kingdom.

[26] IEA，2002. IEA 2002 _ Development strategies for HEV and EV and alternatives. pdf. International Energy Agency （IEA）.

[27] IEA，2010. Energy Technology Perspectives. International Energy Agency，Paris.

[28] IEA，2013a. Global EV Outlook. International Energy Agency （IEA），Paris.

[29] IEA，2013b. World Energy Outlook. International Energy Agency （IEA），Paris.

[30] IPCC，2007. Climate change 2007：synthesis report. Intergovernmental Panel on Climate Change （IPCC），Genf.

[31] IPCC，2013. Climate Change 2013—The Physical Science Basis. Intergovernmental Panel on Climate Change （IPCC），Genf.

[32] Johnston E. 2005. The path toward widespread deployment of hybrid-electric vehicles. J Eng Public Policy，9. http：//www. wise-intern. org.

[33] Jonuschat H，Wölk M，Handke V. 2012. Untersuchung zur Akzeptanz von Elektromobilität als Stellglied im Stromnetz. IZT—Institut für Zukunftsstudien und Technologiebewertung，Berlin.

[34] Kampmann B，van Essen H. 2011. Impacts of Electric Vehicles—Summary Report. Delft：CE Delft.

[35] Kempton W，Letendre S E. 1997. Electric vehicles as a new power source for electric utilities. Transp Res Part Transp Environ，2：157-175. http：//dx. doi. org/10. 1016/S1361-9209 （97） 00001-1.

[36] Kirsch D. 2000. The Electric Vehicle and the Burden of History. New Brunswick，NJ：Rutgers University Press.

[37] Knie，et al. 1999. Die Neuerfindung urbane Mobilität. Elektroautos und ihr Gebrauch in den USA und Europa. Berlin：Edition sigma.

[38] LBST und TÜV Süd，2013. Twenty-seven new hydrogen refuelling stations worldwide in 2012. http：//www. hyer. eu/wp-content/uploads/2013/03/Hydrogen-refuelling-stationsworldwide. pdf. 2013-10-25.

[39] Lewis J. 2011. Energy and climate goals of China's 12th five-year plan. In：PEW Center on Global Climate Change，March 2011，http：//www. pewclimate. org/international/factsheet/energy-climate-

goals-china-twelfth-five-year-plan. 2013-10-14.

[40] Linssen J，Schulz A，Mischinger S，et al. 2012. Netzintegration von Fahrzeugen mit elektrifizierten Antriebssystemen in bestehende und zukünftige Energieversorgungsstrukturen. In：Energie &. Umwelt/Energy &. Environment. In：Advances in Systems Analyses，1；150. Verlag des Forschungszentrums Jülich，Jülich，Deutschland.

[41] McKinsey，2010a. Neue McKinsey-Studie—Elektromobilität in Megastädten：Schon 2015 Marktanteile von bis zu 16 Prozent（Pressemitteilung）. McKinsey &. Company，Germany.

[42] McKinsey，2010b. Beitrag der Elektromobilität zu langfristigen Klimaschutzzielen und Implikationen für die Automobilindustrie. Study Commissioned by the Federal Ministry for the Environment，Nature Conservation and Nuclear Safety. McKinsey &. Company，Germany.

[43] McKinsey，2010c. A Portfolio of Power-Trains for Europe：A Fact-Based Analysis. McKinsey &. Company.

[44] McKinsey，2011. Boost！—Transforming the powertrain value chain—aportfolio challenge. McKinsey &. Company supported by the Laboratory for Machine Tools and Production Engineering（WZL）of the RWTH Aachen University.

[45] McKinsey，2013. Disruptive Technologies：Advances that will Transform Life，Business，and the Global Economy. McKinsey Global Institute. Seoul，San Francisco.

[46] Mock P. 2010. Entwicklung eines Szenariomodells zur Simulation der zukünftigen Marktanteile and CO_2-Emissionen von Kraftfahrzeugen（VECTOR 21） （Forschungsbericht No. 2010-26），Forschungsbericht. Deutsches Zentrum für Luft-und Raumfahrt（DLR），Stuttgart.

[47] Mom G. 2004. The Electric Vehicle：Technology and Expectations in the Automobile Age. Baltimore：Johns Hopkins University Press.

[48] Nelson P. 2012. Modeling the Performance and Cost of Lithium-Ion Batteries for Electric-Drive Vehicles. Argonne National Laboratory（ANL），United States.

[49] NPE，2011. Zweiter Bericht Nationale Plattform Elektromobilität. http：//www. bmu. de/files/pdfs/allgemein/application/pdf/bericht _ emob _ 2. pdf. 2013-10-18.

[50] Pillot C. 2013. The Rechargeable Battery Market and Main Trends 2012-2025.

[51] Plötz P，Gnann T，Kühn A，et al. 2013. Markthochlaufszenarien für Elektrofahrzeuge（Studie im Auftrag der acatech—Deutsche Akademie der Technikwi s-senschaften und der Arbeitsgruppe 7 der Nationalen Plattform Elektromobilität（NPE） ）. Fraunhofer Institute Systems and Innovation Research，Karlsruhe.

[52] Premier Ministre，2009. Le Pacte automobile. http：//www. gouvernement. fr/gouvernement/le-pacte-automobile. 2013-10-14.

[53] Présidence de la République，2009. Pacte Automobile. Dossier de Presse，URL：http：//www. emploi. gouv. fr/ _ pdf/pacteautomobile _ fev2009. pdf. 2013-10-14.

[54] Propfe B，Redelbach M，Santini D J，et al. 2012. Cost analysis of plug-in hybrid electric vehicles including maintenance &. repair costs and resale values. In：Proceedings of Electric Vehicle Symposium.

[55] PWC，2010. Elektromobilität—Herausforderungen für Industrie und öffentliche Hand. Fraunhofer IAO and PricewaterhouseCoopers，Germany.

[56] Roland Berger，2010. Powertrain 2020 Electric Vehicles—Voice of Customer. Roland Berger，München.

[57] Roland Berger，2011. Powertrain 2020：The Li-Ion Battery Value Chain—Trends and Implications.

[58] Santini D J. 2011. Electric Vehicle Waves of History：Lessons Learned about Market Deployment of Electric Vehicles. INTECH：35-62.

［59］ Schlick T，et al. 2011. Zukunftsfeld Elektromobilität-Chancen und Herausforderungen für den deutschen Maschinen-und Anlagenbau. Roland Berger Strategy Consultants and dem Verband Deutscher Maschinen-und Anlagenbau e. V，May 2011.

［60］ Schott，et al. 2011. Markteinführungsstrategien in Deutschland und China. BMVBS，Berlin.

［61］ Schott，et al. 2013. Entwicklung der Elektromobilität in Deutschland im internationalen Vergleich und Analysen zum Stromverbrauch. http：//www. zsw-bw. de/uploads/media/Paper _ Monitoring _ EMobilitaet _ Final _ akt. pdf. 2013-10-25.

［62］ Shnayerson M. 1996. The Car That Could：The Inside Story of General Motors' Revolutionary Electric Vehicle. Random House，New York，NY.

［63］ Sierzchula W，Bakker S，Maat K，et al. 2012. The competitive environment of electric vehicles：an analysis of prototype and production models. Environ Innov Soc Transit，2：49-65. http：//dx. doi. org/ 10. 1016/j. eist. 2012. 01. 004.

［64］ Spath，et al. 2012. Elektromobilität und Beschäftigung—Wirkungen der Elektrifizierung des Antriebsstrangs auf Beschäftigung und Standortumgebung（ELAB）. Fraunhofer IAO，IMU Institut and DLR supported by Daimler AG，IG Metall Baden-Württemberg，Hans-Böckler-Stiftung.

［65］ Teichmann G，Schäfer P，Höhne K，et al. 2012. Elektromobilität—Normen bringen die Zukunft in Fahrt. DIN Deutsches Institut für Normung e. V，Berlin.

［66］ Tsujimoto K. 2010. Japan's policy for electric vehicles. In：IEA Workshop，Brussels，September 2010.

［67］ UN HABITAT，2008. State of the World's Cities 2008/2009-Harmonious Cities. United Nations Human Settlements Programme（UN-HABITAT），London，Sterling.

［68］ UNEP，2011. Towards a Green Economy：Pathways to Sustainable Development and Poverty Eradication-Transport. United Nations Environment Programme. http：//www. unep. org/greeneconomy/Portals/88/documents/ger/10. 0 _ Transport. pdf. 2014-01-26.

［69］ Van Vliet O，Brouwer A S，Kuramochi T，et al. 2011. Energy use，cost and CO_2 emissions of electric cars. J Power Sources，196：2298-2310. http：//dx. doi. org/10. 1016/j. jpowsour. 2010. 09. 119.

［70］ Voy C，et al. 1996. Erprobung von Elektrofahrzeugen der neuesten Generation auf der Insel Rügen und Energieversorgung für Elektrofahrzeuge durch Solarenergie und Stromtankstellen-Abschlußbericht. DAUG-Deutsche Automobilgesellschaft mbH，Braunschweig（Zirkow），TV 9225 and 0329376A（BMBF），December 1996，http：//edok01. tib. uni-hannover. de/edoks/e001/ 246130091l. pdf. 2014-01-29.

［71］ Weber A. 2010. Flottenversuch MINI E Berlin—Erkenntnisse und nächste Schritte. Vortrag 4. Salzgitter Forum Mobilität，May 2010. http：//www. ostfalia. de/export/sites/default/de/ifvm/download/4SFM/Vortraege _ 4SFM/Flottenversuch _ MINI _ E _ Berlin _ Erkenntnisse _ und _ nxchste _ Schritte _ Weber. pdf. 2013-10-10.

［72］ Wordspy（The Word Lover's Guide to New Words），2011. Range Axiety. http：//www. wordspy. com/words/rangeanxiety. asp. 2013-10-02.

4 混合动力电动汽车电池参数

C. Arbizzani，F. De Giorgio，M. Mastragostino

4.1 引言

    过去几年间，在全世界范围内人们对清洁、低燃耗的道路交通系统的需求促进了混合动力电动汽车（HEV）的发展与商业化。混合动力系统是内燃机与电池系统的组合，可以实现高燃料利用率和低污染。多款具有升级功能的混合动力汽车不断问世。对电池包的能量要求由汽车的混动程度和单纯依靠电动系统的续航里程决定。现如今基本有两种混合动力汽车：全动力辅助型和插入式（PHEV）。两种类型中，刹车能量在一定程度上都被回收，用来给电池系统充电；而电机与内燃机并联工作，极大地辅助了内燃机动力系统而且可以实现单纯依靠电动系统的航行。全动力辅助型电动车仅可以维持数公里的电动行驶，而插入式电动车可以维持20km或更高。全动力辅助型电动车的主要动力来源是汽油驱动的内燃机，而插入式电动车与之不同，它的动力来源是电网，因为它采用的电池系统完全通过与电网相连的充电桩进行充电。

    动力辅助型电动车是可持续交通方案中最为成熟的一项技术，已有部分汽车厂商实现了商业化。在汽车的加速与制动过程中利用电池系统。在加速过程中，内燃机功率恒定，通过电池的放电提供额外的动力。电池的使用时间很短且可以几乎维持恒定的充电状态，因为它可以接收刹车过程的脉冲能量或者直接由内燃机直接充电。这种操作模式是浅充与浅放的动态平衡，也就是所谓的充电维持。插入式电动车的电池系统有两种特征鲜明的操作模式：一种是充电消除模式，即在依靠电力行驶的过程中完全消耗掉电池系统的电量；另一种模式类似上述的充电维持模式，当电池系统达到设定的充电状态时开始工作。虽然对全动力辅助型和插入式电动车的电池系统的功率要求几乎相同，但是对插入式电动车而言，即便在充电消除模式下的能量要求都明显更高。

    电池的本质特征如功率密度和能量密度等对于混动汽车的应用显得尤为重要，而对于纯电动汽车（BEV）而言则更甚。纯电动汽车具有最高的电动程度，电池包通过电网进行充电可以比插电式电动车提高更多的能量。从应用的角度来说，人们在高安全、高比能量和比功率的锂离子电池的开发以及目前最先进的可充电电池技术的研究上投入了大量的努力，除此之外还对适合长航程纯电动汽车的先进锂金属电池进行了研究。虽然开发高能量密度的电池包与电池的成本和安全性一样，仍然是一个重要的问题，但是插入式电动车已经开始由部分汽车厂商实现了商业化运行（电气协会，2013）。

本章将首先讨论对辅助式和插电式电动汽车所用锂离子电池的核心参数的评估，此评估过程基于"美国先进电池联盟-美国能源部"开展的相关测试。此外还将开展一个电池的案例研究来阐述分析程序。然后，以电动车的应用为着眼点，简述了已经实现商业化的或者正在进行研发的锂离子电池的性能特点，且重点强调了各种电池的安全性。本章还讨论了使用超级电容器与电池并联来提高性能与寿命的技术，以及这两种电源技术的瓶颈和未来发展。最后是对未来道路交通情况的讨论，其中的解决方案包括插入式电动车、纯电动车、燃料电池车和传统内燃机车。

4.2 混合动力电动车的电池参数

"美国先进电池联盟-美国能源部"致力于加快纯电动车和混动车用的电池技术的研发与应用，于数年前发布了电池包的一些关键参数的数值，还出台了评估电池基本性能与寿命参数的测试程序，这些都出版在了《动力电池测试程序手册》（美国能源部，1996）、《动力辅助式电动车电池测试手册》（美国能源部，2003）和《插入式电动车电池测试手册》（美国能源部，2010）之中。这些标准程序可以直接用于完整的电池包测试，还可以用于根据电池尺寸指数（BSF）进行了适当集成的单体电池和模块的测试。电池尺寸指数（BSF）定义为可以满足要求的电池包所需的最少的单元（单体电池或模块）数量。

电池在混合动力汽车上的应用特性测试包括恒电流放电下的静态容量测试（SC），用来评估电池系统的容量与能量；还有通过 10s 的放电与脉冲能量回收的混动脉冲功率测试（HPPC），用以检测电池系统的动态功率容量。静态容量测试中，辅助动力电动车用的电池放电速率设定为 $1C$；插电式电动车用完整的电池包则以 $10kW$ 的恒定功率放电。混动脉冲功率测试需要结合低电流和高电流下 10s 的放电脉冲，或者结合在 75% 的放电脉冲电流下的 40s 剩余和 10s 的再生脉冲进行。此混动脉冲功率测试必须在 $10\%\sim90\%$ 的放电深度范围内进行多次，通过 10% 的 DOD（静态容量测试条件下的放电）和 1h 的剩余时间进行分隔。若电池电压超过再生脉冲条件下设定的 V_{max} 或者放电脉冲条件下的 $V_{min}=0.5V_{max}$，那么混动脉冲功率测试可以在 90%DOD 之前结束。

表 4.1 为最小型的和最大型的辅助式混合动力电动汽车的性能指标。放电与再生脉冲功率、电池系统的最大质量与体积和最大可用能量是进行电池系统选型的重要参数，其中最大可用能量指的是 DOD 范围内满足放电或者再生脉冲功率的总放电能量。

表 4.1 动力辅助式混合电动汽车性能指标

特性	动力辅助（最小）	动力辅助（最大）
脉冲放电功率（10s）/kW	25	40
峰值再生脉冲功率（10s）/kW	20（55W·h 脉冲）	35（97W·h 脉冲）
可获取的总能量 （功率指标得到满足的 DOD 全程）/kW·h	0.3（1C）	0.5（1C）
最低综合能量效率/%	90（25W·h 循环）	90（50W·h 循环）
−30℃冷启动功率/kW	5	7
循环寿命，对于特定的 SOC 增加/圈	30000 25W·h 循环 （7.5MW·h）	30000 50W·h 循环 （15MW·h）
寿命（日历表）/年	15	15
最大质量/kg	40	60
最大体积/L	32	45
操作电压限制（DC）/V	Max≤400 Min≥（0.55V_{max}）	Max≤400 Min≥（0.55V_{max}）
最大可允许自放电倍率/（W·h/d）	50	50
温度范围/℃		
设备操作温度/℃	−30～52	−30～52
设备耐受温度/℃	−46～66	−46～66
每年 100000 件的生产价格/美元	500	800

如表 4.2 所示 DOE 为三种插电式混合电动汽车设定的性能指标，这三种电动车分别为：总重 2000kg、电动行驶里程 10mile（1mile＝1.609km）（最小型的插电式电动车）的 SUV；质量 1600kg、电动行驶里程 20mile（中型的插电式电动车）的汽车和质量 1500kg、电动行驶里程 40mile（最大型的插电式电动车）的汽车。小型、中型和大型插电式电动车的电池包分别具有高功率/能量、中等的功率/能量和低功率/能量。对任意一种插电式电动车而言，均有两项能量指标，一项适用于 CS 模式，另一种适用于 CD 模式且比 CS 模式的要求明显更高。表 4.1 和表 4.2 所列的能量和功率指标都针对电池系统的寿命终止而言，因此，考虑到电池运行过程中的性能衰减，在电池工作之初分别要有 20％和 30％的能量冗余和功率冗余。

由 USABC-DOE 阐述的测试程序也适用于科研实验室中一般所做的小型、mA·h 级别的电池。这些小型电池如果其电极制备适合批量生产，那么它们的测试结果比那些通过深度充放电循环得来的数据更能准确预估混动电动车中大型电池包的性能。考虑到实验室所测的电池有很高的电池尺寸指数（BSF），推荐直接将实验室电池的比能量和比功率与表 4.1 和表 4.2 所列的指标（除以电池包的质量）进行对比。为了涵盖电池各个组成部分的贡献，参照 Stewart 等（2008）的文献，将实验室电池的阴阳极总质量翻倍作为全电池的质量。

表 4.2 插电式混合电动汽车的性能指标

EOL（寿命终结）特性	小型 PHEV 电池	中型 PHEV 电池	大型 PHEV 电池
参考等效电动里程/mile	10	20	40
峰值放电脉冲功率（2s/10s）/kW	50/45	45/37	46/38
峰值再生脉冲功率（10s）/kW	30	25	25
最大电流（10s 脉冲）/A	300	300	300
CD（充电消除）模式，10kW 倍率下可获取能量/kW·h	3.4	5.8	11.6
CS（充电维持）模式，10kW 倍率下可获取的能量/kW·h	0.5	0.3	0.3
最低综合能量效率（CS50W·h 程序）/%	90	90	90
−30℃，2s，3 脉冲下的冷启动功率/kW	7	7	7
CD 寿命/全部放电/［圈/（MW·h）］	5000/17	5000/29	5000/58
CS HEV 循环寿命，50W·h 程序/圈	300000	300000	300000
30℃下寿命（日历表）/年	15	15	15
最大系统质量/kg	60	70	120
最大系统体积/L	40	46	80
最高操作电压（DC）/V	400	400	400
最低操作电压（DC）/V	>0.55V_{max}	>0.55V_{max}	>0.55V_{max}
最大自放电/（W·h/d）	50	50	50
30℃下最高系统再充电率/kW	1.4（120V/15A）	1.4（120V/15A）	1.4（120V/15A）
非辅助型操作和充电温度范围/℃	−30~52	−30~52	−30~52
52℃>100%可用功率			
0℃>50%可用功率			
−10℃>30%可用功率			
−30℃>10%可用功率			
耐受温度范围/℃	−46~66	−46~66	−46~66
建议总能量/kW·h	5.6	8.7	17.0
每年 100000 件的最高系统生产价格/美元	1700	2200	3400

作为案例研究的一部分，在图 4.1 和图 4.2 中报道了基于石墨/LiNi$_{0.4}$Mn$_{1.6}$O$_4$（LNMO）材料的实验室电池的 SC 和 HPPC 测试结果，用来强调辅助动力型电池的分析程序。装好的电池总重 33.0mg/cm^2，包括两端电极和 EC：DMC-LiPF$_6$1mol/L（LP30）电解质，还有 F$_1$EC、SA 添加剂和 Celgard® 2400 隔膜。在 30℃，1C 的有效放电倍率下进行了 SC 测试，评估不同 DOD 下电池产生的累积能量。最终，在 100% DOD 条件下测到了 131W·h/kg 的能量值（E_{SCT}）。图 4.2 所示为低放电电流（5C）下、10%～90% DOD 的 HPPC 测试，其中再生条件下 V_{max}＝5.0V，放电脉冲条件下 V_{min}＝2.75V。图 4.2 中的嵌入图是以 10% DOD 为例的脉冲放大图，其中标注了放电和再生脉冲之前的电压 V_0 和 V_2，还有结束之后的电压 V_1 和 V_3。利用这些电压值可以通过式（4.1）和式（4.2）计算不同 DOD 下放电和再生脉冲的电阻 R_{dis} 和 R_{reg}。

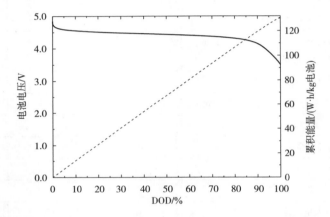

图 4.1　采用 Celgard 隔膜和 LP30-F$_1$EC-SA 的石墨/LNMO 电池在
1C 有效倍率下不同 DOD 的放电电压曲线（实线）和累积比能量（虚线）

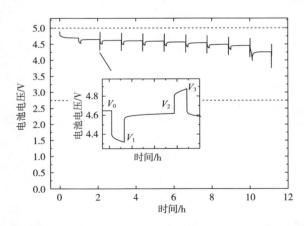

图 4.2　采用 Celgard 隔膜和 LP30-F$_1$EC-SA 的石墨/LNMO 电池在 5C 倍率下
HPPC 过程中的电池电压曲线（插图中放电和再生脉冲放大率为 10% DOD）

$$R_{dis} = \frac{V_1 - V_0}{I_{dis}} \tag{4.1}$$

$$R_{reg} = \frac{V_3 - V_2}{I_{reg}} \tag{4.2}$$

进而，可以通过式（4.3）和式（4.4）计算放电和再生脉冲功率 P_{dis} 和 P_{reg}。不同 DOD 下 R_{dis} 和 R_{reg} 以及 P_{dis} 和 P_{reg} 的值分别如图 4.3 和图 4.4 所示。

$$P_{dis} = \frac{V_{min}(V_0 - V_{min})}{R_{dis}} \tag{4.3}$$

$$P_{reg} = \frac{V_{max}(V_{max} - V_2)}{R_{reg}} \tag{4.4}$$

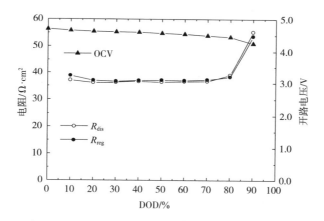

图 4.3 采用 Celgard 隔膜和 LP30-FEC-SA 的石墨/LNMO 电池在 5C 倍率的功率辅助型 HPPC 过程中 DOD 下开路电压和放电（空心标志）以及再生（实心标志）脉冲电阻

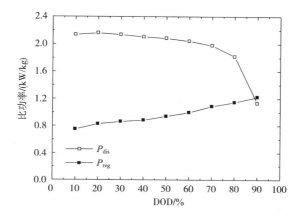

图 4.4 采用 Celgard 隔膜和 LP30-FEC-SA 的石墨/LNMO 电池功率辅助型 HPPC 测试过程中 5C 倍率下的放电（空心标志）和再生（实心标志）脉冲比功率对 DOD 的关系

　　图 4.5 是由图 4.1 中的累积能量数据和图 4.4 中 HPPC 测试的功率数据组合而得，两条纵坐标分别代表的是小型辅助动力电动车的放电和再生功率指标（比功率）。可以获得的能量就是两条纵轴之间累积能量的差值，其中两条纵轴分别代表的是最高 DOD 和 10％ DOD（图 4.5 中的水平虚线对应的纵坐标值就是小型辅助动力电动车的放电和再生功率需求），其中最高 DOD 时电池仍能够提供指标要求的功率。由图中显然可以看出，所测试的石墨/LNMO 体系的电池（106W•h/kg）性能远远超过了辅助动力电动车的最低（7.5W•h/kg）和最高指标（8.3W•h/kg），而这正是人们对于采用高电位负极材料锂离子电池的期望。

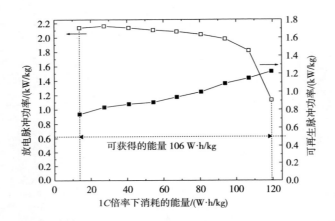

图 4.5　功率辅助型在 5C 下的 HPPC 测试中放电（空心标志）和再生（实心标志）脉冲比功率（其中两个纵轴根据图 4.1 中 1C 放电倍率下放电与再生功率指标跟能量消耗的关系以正比例关系重新划定）

　　为了判断石墨/LNMO 体系的电池能否也满足插电式混动车的应用指标，在 2C 的有效倍率也就是对于电池包来说 10kW 的放电倍率下，进行了 SC 测试，并且相应的在 5C 倍率下进行了 HPPC 测试分析。

　　2C 倍率下的 SC 测试（E_{SCT}）显示 100％DOD 时电池的累积能量为 79W•h/kg。图 4.6 所示为放电和再生脉冲功率（与小型插电式混动车的放电和再生功率指标成比例）与累积能量的关系。水平虚线所指纵坐标为小型插电式混动车的放电和再生功率指标。考虑到表 4.2 中所列的 DOE 对于 CS 和 CD 操作模式（$AE_{CS\ Target}$ 和 $AE_{CD\ Target}$）的能量指标，每种模式的可用能量 UE_{CS} 和 UE_{CD} 以及可用能量冗余（UE_M）如 DOE（2010）所介绍的，可以通过下列方程估计：

$$UE_{CS} = (E_{90\%DOD} - E_{10\%DOD}) - \left(AE_{CD\ Target} - \frac{1}{2}AE_{CS\ Target}\right) \qquad (4.5)$$

$$UE_{CD} = (E_{90\%DOD} - E_{10\%DOD}) - \frac{1}{2}AE_{CS\ Target} \qquad (4.6)$$

$$UE_M = (UE_{CD} - AE_{CD\ Target}) = (UE_{CS} - AE_{CS\ Target}) \qquad (4.7)$$

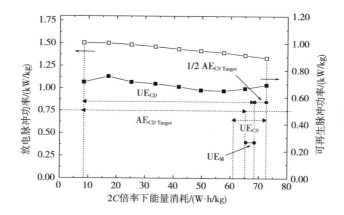

图 4.6 插电式在 5C 下的 HPPC 测试中放电（空心标志）和再生（实心标志）脉冲比功率（其中两个纵轴根据小型插电式 HEV 中放电和再生功率指标跟 2C 放电倍率下能量消耗的关系以正比例关系重新划定）

表 4.3 采用 Celgard@2400 和不同电解质的石墨/LNMO 电池的
E_{SCT}、UE_{CD}、UE_{CS} 和 UE_M 实验值　　　　单位：W·h/kg

插电式 SCT 和 HPPC 测试	石墨/LNMO 电池				小型 PHEV	
	E_{SCT}	UE_{CD}	UE_{CS}	UE_M	$AE_{CD\ Target}$	$AE_{CS\ Target}$
LP30-F$_1$EC-SA	79	60	12	3	57	8
LF30-F$_1$EC-SA	111	86	37	29		

如果 HPPC 测试在 90% DOD 之前结束，那么 UE_{CS} 和 UE_{CD} 公式中的第一项要由相应的能量值代替。表 4.3 汇总了小型 PHEV 的 $AE_{CS\ Target}$ 和 $AE_{CD\ Target}$，还有石墨/LNMO 体系电池的 E_{SCT}、UE_{CD}、UE_{CS} 和 UE_M 的实验值。考虑到 DOE 针对 CS 和 CD 模式的指标均以电池寿命终结为准，因此电池工作初始的能量冗余值一定要足够高，具体为 $AE_{CD\ Target}$ 值的 20%～30%。而所测石墨/LNMO 体系电池的 UE_{CD} 值为 60W·h/kg，但它的 UE 冗余值对于实际应用而言太低了。表 4.3 还报道了采用了一种不同电解质的石墨/LNMO 体系电池的 PHEV 测试结果，这种电解质是：EC：DMC-1mol/L（LiFAP），即 LF30，但添加剂和分散剂使用和上述相同的材料，利用 LF30 测得的 E_{SCT}、UE_{CD}、UE_{CS} 值要明显比 LP30 高；且 UE_M 的值为 29W·h/kg，是 $AE_{CD\ Target}$ 值的 50%，这个数据是适合小型 PHEV 应用的（Arbizzani 等，2014b）。

对混动汽车所用电池的其他特性测试还有：自放电测试，用以评估一段时间内的容量损失；冷启动和热性能测试，用以评估电池的高低温性能；能量效率测试，用以评估 CS 效率；还有电池寿命测试等。循环寿命测试通过重复一个固定的充电模式（动力辅助模式或充电维持模式）进行或者通过不断重复 CD 程序直到达到 CD 模式的能量指标进行。电池的实际寿命（以"天"为单位）测试在高温下（加速测试）通过变化多种条件进行。在寿命测试过程中的一个周期里，通常以 1C 倍率（对于动力辅助型电动车）或者 10kW 恒功率（对于插电式混合动力汽车）进行放电测试，在低电流下进行 HPPC 测试，以这些结果来作为参考。

4.3　锂离子电池和超级电容器的 HEV 应用展望

人们对锂电技术的研究与开发已经持续了 20 多年。锂离子电池技术广泛应用于电子设备之后，在一些大型系统和应用需求强烈的领域，例如电动车和可再生能源存储领域，也已经实现了很高的成熟度。

除了钛酸锂（LTO）之外，大部分负极材料都是基于碳（石墨），因此在市场应用中，正极材料更能展现电池的性能。虽然考虑到安全性、环保性以及经济效益等方面，正极材料 $LiCoO_2$（LCO）都应该被取代，但是 LCO 仍是锂电池中首次实现商业化并一直沿用的正极材料。$LiMn_2O_4$（LMO）比 LCO 更安全、环保且成本更低，$LiFePO_4$（LFP）是最安全且最绿色环保的正极材料。事实上，通用 Spark 电动车系列和宝马的 Active Hybrid i3 和 i5 系列选用了 LFP 电池组。虽然 LFP 具有较低的锂嵌入/脱出电位（3.4V vs. Li^+/Li），使 Spark 系列和 Active Hybrid 系列它在传统的有机电解质里具有热力学稳定性，但是较高的理论比容量（170mA·h/g）弥补了这一缺陷。即使 LFP 发生热分解，阴离子磷酸盐也不会放出氧气。综上所述，LFP 是在锂离子电池中最安全的正极材料。$LiNi_{0.5}Mn_{1.5}O_4$ 是尖晶石 $LiMn_2O_4$ 的变体，为了减小 Mn^{3+} 离子位所引发的杨-泰勒扭曲效应，$LiNi_{0.5}Mn_{1.5}O_4$ 中 Mn 仍然保持＋4 价，由于 2 价 Ni 会被氧化成 4 价，因此具有较高的电位（4.5～4.75V vs. Li^+/Li）。目前对于 $LiNi_xMn_{1-x}O_4$ 的研究是研究热点，其中 $LiNi_{0.4}Mn_{1.6}O_4$（LNMO）被认为是最有前景的正极材料。层状的 $LiNi_{0.8}Co_{0.15}Al_{0.05}O_2$（NCA）和 $LiNi_{1/3}Co_{1/3}Mn_{1/3}O_2$（NMC）是目前汽车领域发展中研究的比较多的正极材料。这是因为 NCA 具有较高的容量，由于 Al 元素的添加，NCA 比 $LiNiO_2$ 具有更好的结构稳定性，而且成本比 $LiCoO_2$ 要低。NMC 既融合了 $LiNiO_2$ 和 $LiCoO_2$ 的高容量，又具有 $LiMnO_2$ 的安全性。然而，由于过渡金属氧化物在加热过程中会释放氧气，因此安全性仍然是一个问题。图 4.7 显示了用量热仪检测的 18650 全电池的自升温速率，考虑到初始温度、最大升温速率、热逃逸峰的宽度，可以很明显地看出包括层状氧化物在内的所有电池在高温下都是不稳定的，并且 $LiCoO_2$ 是所有电池中最不稳定的。$LiMnPO_4$（LMP）与 LFP 的理论比容量是相同的，具有较高的锂离子嵌入/脱出电位（4.1V vs. Li^+/Li）。因此，如果能够解决 LMP 自身电导率低的问题，它将是正极材料的不二选择。将不同的正极材料混合制备的复合正极材料已经被开发出来，

表4.4记录了在低倍率下几种正极材料的实验比容量和对锂的中点电压。

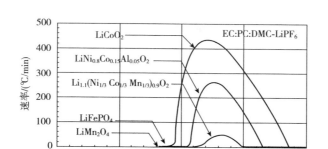

图4.7　通过量热仪检测出的18650全电池自升温速率

[正极材料稳定性的提高增加了热逃逸温度并减小了峰值升温速率

$LiCoO_2$，1.20A·h；$LiNi_{0.8}Co_{0.15}Al_{0.05}O_2$（Gen2），0.93A·h；

$Li_{1.1}(Ni_{1/3}Co_{1/3}Mn_{1/3})_{0.9}O_2$（Gen3），0.90A·h；$LiFePO_4$，1.18A·h；

$LiMn_2O_4$，0.65A·h]

　　总的来说，需要注意的是，锂离子电池要实现在汽车行业的应用，安全性是重中之重。引用Doughty的一句话："没有性能的安全电池和没有安全性的高性能电池是没有市场需求的。"

表4.4　几种正极材料的比容量以及对锂中点电压❶

材料	比容量 /（mA·h/g）	放电中压 （vs. Li/Li⁺，C/20）/V	参考文献
$LiCoO_2$（LCO）	155	3.9	Doughty 和 Roth，2012
$LiNiO_2$	160	3.8（C/2）	Mohan 和 Kalaignan，2013
$LiNi_{1-x-y}Mn_xCo_yO_2$（NMC）	140～180	约3.8	Doughty 和 Roth，2012
$LiNi_{0.8}Co_{0.15}Al_{0.05}O_2$（NCA）	200	3.73	Doughty 和 Roth，2012
$LiMn_2O_4$（LMO）	100～120	4.05	Doughty 和 Roth，2012
$LiFePO_4$（LFP）	160	3.45	Doughty 和 Roth，2012
Li[$Li_{1/9}Ni_{1/3}Mn_{5/9}$]O_2	275	3.8	Doughty 和 Roth，2012
$LiNi_{0.5}Mn_{1.5}O_2$	130	4.6	Doughty 和 Roth，2012
$LiNi_{0.4}Mn_{1.6}O_2$（LNMO）	134	4.65（C/10）	Arbizzani 等，2014a
LCO-NMC	185	3.9（C/5）	Lee 等，2011
$0.5Li_2MnO_3$-$0.5LiNi_{0.44}$ $Mn_{0.31}Co_{0.25}O_2$	200	3.5（C/15）	Gallagher 等，2011

❶　原文应译成平均电压，根据内容应为中点电压。——译者注

像我们前面提到的，采用传统电解质和添加剂的高电压的石墨/LNMO 电池，其可利用的能量远远超过小型或大型辅助动力型 HEV 汽车所需的应用指标。如果石墨/LNMO 电池想满足小型 PHEV 实际应用要求，必须采用新型锂盐 LiFAP 代替 LiPF$_6$ 溶解在 EC 和 DMC 中。采用 LNMO 作正极材料最主要的问题是它在高压条件下不稳定，容易跟传统的电解质如 EC：DMC-LiPF$_6$ 发生反应，因此需要选用合适的添加剂或者采用新的稳定性好的电解质。

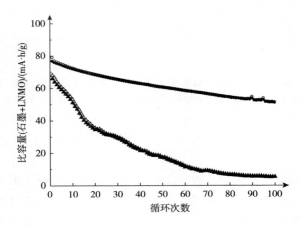

图 4.8　石墨/LNMO 电池在倍率 1C、恒流充放电循环 100 次后的放电容量

（采用 Celgard PVDF 基隔膜，加入添加剂 LF30 作为电解质。

充电用空心符号表示，放电用实心符号表示）

对于能量需要较大的大中型插电式汽车来说，它要求锂离子电池能提供比石墨/LNMO 电池更大的能量，从工艺优化的角度使电池元件重量减轻。对于高压电池来说，电解质和隔膜起着至关重要的作用。像前面提到的，虽然电解质的稳定性是保证电池正常运行和安全性的重要参数，然而隔膜同样应该引起大家的重视，而不仅仅是当作被动的电池元件。当施加高电流时，隔膜的重要性逐渐凸显出来。图 4.8 描述了石墨/LNMO 电池在倍率 1C、恒流充放电循环 100 次后的放电容量，采用 Celgard PVDF 基隔膜，加入添加剂 LF30 作为电解质。

PHEV 和 EV 使用过程中会消耗大量能量，从而影响电池的使用寿命。采用超级电容器与电池并用，既可以提高性能又能够增加电池的使用寿命。与电池不同的是，能够储存静电能的双电层活性炭超级电容器是大功率设备，充放电循环只有几秒的周期，循环寿命是电池的三个数量级。通过再生制动系统可以回收所有的能量，提供峰值功率防止电池过度放电，超级电容器的存在减小了对电池的能量需求。值得注意的是近来一项关于超级电容器装载的 PHEV 如何影响锂离子电池性能的研究。通过对比电池的容量和阻抗的变化，来研究超级电容器对于石墨/LiMn$_2$O$_4$ 的循环寿命的影响。图 4.9 模拟研究了超级电容器对于减小电池放电峰值的效果，研究发现，采用超级电容器的 PHEV 容量衰减速度减慢至以前的 1/2，阻抗降低至之前的 1/5.9。

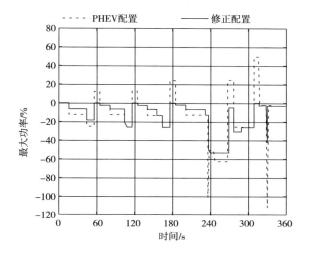

图 4.9　PHEV 曲线

（放电过程在图中为负值）

4.4　锂离子电池和超级电容器未来的发展前景与局限性

　　如果排除涉及特定化学反应所引发的安全问题，以及前面提到的影响能量的储存/转换系统成本（一旦大规模生产可以忽略），锂离子电池技术存在两个固有的缺陷。由于正极材料的活性物质如高分子量的过渡金属氧化物和磷酸盐会影响锂离子的嵌入和脱出过程中所涉及的电子数，因此电池比容量被限定在特定的范围。对于一些正极材料来说，当电位高于 4.5V（vs. Li^+/Li）时，传统的有机电解液是不稳定的。电解质的不稳定性会影响电池的性能，因此需要加特殊的添加剂来保护电极或者研发新型电解质材料。添加剂的选择需要考虑全电池的工作过程，因此并不是一件容易的事：简单来说，每个电极加入添加剂后电化学性能得到改善，但同时也会对电极产生一些负面影响。采用高电压正极材料，新型水稳定性锂盐或者耐高压溶剂的研发是尤为重要的。新研发的如锂盐 LiFAP 比传统的锂盐 $LiPF_6$ 更具有对水稳定性。一些新型的含氟溶剂相比于传统溶剂在高压条件下更稳定，可以有效地增加电解液的化学稳定性以及运行的温度范围。

　　用新的负极材料替换石墨，可以提高电池的倍率性能和循环寿命，但是距离高压锂离子电池应用还有很长的路要走。虽然 LTO 是一类具有高容量和高循环寿命的负极材料，并且在锂离子电池中已经实现商业化，但是它的锂离子嵌入/脱出的电位大约在 1.5V（vs. Li^+/Li），以 LTO 为负极的全电池电压较低，因此限定了电池能量。基于硅或锡的负极材料，虽然与石墨嵌锂的电位是相似的，而且拥有非常高的理论比容量，但是目前仍在研发阶段，现有的技术并不成熟，无法实现商业化。其他的负极材料如基于过渡金属氧化物、磷化物、硫化物、氮化物的亦是如此。

除此之外，对于隔膜须予以格外重视，在电动车实际应用过程中，电池高倍率充放电，而在大电流下运行欧姆降是个关键问题。通过改善隔膜的组分和形貌，可以优化电极和电解质的界面阻抗，降低电池内阻。

如果想要增加电动车跟汽油车的竞争力，必须研发高能量的电池如锂-空电池或者锂-硫电池，这目前也是一些研发机构的研究热点。

大容量的超级电容器（1～5kF）在许多公司已经实现商业化，这些公司大部分采用活性炭电极和有机电解质，电池最大电压可达到 2.5～2.7V，用离子液体代替有机电解质可以使电池工作电压最大达到 3.5V，从而增加设备的比能量，等效串联电阻随之增加会导致比功率的降低。由于石墨烯材料具有较大的比表面积和较高的电导率，近年来被广泛应用在超级电容器领域。迄今为止报道的所有碳材料中，石墨烯电极材料在离子液体中表现出最高的能量密度。

锂离子电容器是正负极材料采用不同的能量储存模式的一类混合电池，在电池的能量和功率密度上取得了重大突破。正极采用活性炭，负极材料为石墨，像在锂离子电池中一样，脱出的锂离子嵌入到石墨负极。

4.5 未来的道路交通

燃料电池电动车以氢气作为能量来源，辅以加氢站等配套设施，是城市用电动车的一个早期研究与市场化方案。用来测试的燃料电池电动车数量较为有限，且只有个别拥有加氢系统的厂家可以进行这方面的测试。例如，约 300 辆梅赛德斯 B 级燃料电池车正在欧洲和美国进行巡回演示和道路测试。厂家的想法是在 3 年内将这项技术引入市场。燃料电池的效率远比传统的内燃机高，且由于燃料电池车使用氢气作为原料，唯一产物是水，因此可以实现零排放。氢气质量比能量很高（约比汽油高 3 倍），但是体积比能量很低（是液态汽油的 1/4），因此必须要把氢气压缩至 350～700atm（1atm＝101325Pa）来降低储氢系统的质量与体积。携带 4～10kg 氢气的轻型燃料电池车的行驶里程大约为 450km。虽然燃料电池车可以实现较长的航行里程，但是还是要给燃料电池系统搭配二次电池或超级电容器以适应频繁的启停和连续驾驶过程中功率需求的不断变换。储能系统通过回收刹车能量提高能效，还可以辅助高度集成化的燃料电池系统。

2009 年 9 月，欧盟和 G8 领导人达成一致意见，认为到 2050 年必须将二氧化碳的全球排放量降低 80%。若在电动车的生产地实施二氧化碳减排，那么如纯电动车、燃料电池车和电驱动模式下的插电式混合动力电动车等在实际中的使用是没有任何排放的。纯电动车的电池容量有限、充电时间长，只能满足 100～

200km 的续航要求，因此适用于城市交通中的小型汽车。燃料电池车的续航里程和性能与内燃机车相似，因此是大中型汽车和长航程汽车的最佳选择。纯电动车和燃料电池车一般要比内燃机车的价格高，这主要是由二次电池和燃料电池的较高的一次成本决定的。但是纯电动车和燃料电池车得益于其更高的效率、更低的维护费用以及避免了汽油的使用，使得它们的使用成本较低。不过，到 2020 年人们期望大幅度降低电池系统的成本。税收补贴政策使得纯电动车和燃料电池车在 2020 年以前可以在成本上与内燃机车相似。短期来看，插电式混动车比纯电动车和燃料电池车更为经济。也就是说，到 2025 年，所有类型的电动汽车可以根据汽车大小和行驶里程需求的不同，在各自适用的领域内发挥作用并可以替代内燃机车。

参考文献

[1] Aravindan V，Gnanaraj J，Lee Y-S，et al. 2013. LiMnPO$_4$—a next generation cathode material for lithium-ion batteries. J Mater Chem，A 1：3518-3539.

[2] Arbizzani C，Colò F，De Giorgio F，et al. 2014a. A non-conventional fluorinated separator in high-voltage graphite/LiNi$_{0.4}$Mn$_{1.6}$O$_4$ cells. J Power Sources，246：299-304.

[3] Arbizzani C，De Giorgio F，Mastragostino M. 2014b. Characterization tests for plug-in hybrid electric vehicle application of graphite/LiNi$_{0.4}$Mn$_{1.6}$O$_4$ cells with two different separators and electrolytes. J. Power Sources，266：170-174.

[4] Arora P，Zhang Z. 2004. Battery separators. Chem Rev，104：4419-4462.

[5] Burke A，Miller M. 2011. The power capability of ultracapacitors and lithium batteries for electric and hybrid vehicle applications. J Power Sources，196：514-522.

[6] Cericola D，Ruch P W，Kötz R，et al. 2010. Simulation of a supercapacitor/ Li-ion battery hybrid for pulsed applications. J Power Sources，195：2731-2736.

[7] Chikkannanavar S B，Bernardi D M，Liu L. 2014. A review of blended cathode materials for use in Li-ion batteries. J Power Sources，248：91-100.

[8] Christensen J，Albertus P，Sanchez-Carrera R S，et al. 2012. A critical review of Li/air batteries. J Electrochem Soc，159（2）：R1-R30.

[9] DOE，1996. Electric Vehicle Battery Test procedures Manual. US Automotive Battery Consortium and Department of Energy Laboratories，ANL，INEL and SNL.

[10] DOE，2003. FreedomCAR Battery Test For Power-Assist Hybrid Electric Vehicles. Idaho National Engineering and Environmental Laboratory.

[11] DOE，2010. Battery Test Manual for Plug-In Hybrid Electric Vehicles. Idaho National Laboratory.

[12] Doughty D，Roth E P. 2012. A general discussion of Li ion battery safety. Interface，21（2）：37-44.

[13] Electrification Coalition，2013. State of the plug-in electric vehicle market. July 25 Report. Etacheri V，Marom R，Elazari R，et al. 2011. Challenges in the development of advanced Li-ion batteries：a review. Energy Environ Sci，4：3243-3262.

[14] Fergus J W. 2010. Recent developments in cathode materials for lithium ion batteries. J Power Sources，195：939-954.

[15] Gallagher K G，Kan S-H，Park S-U，et al. 2011. xLi$_2$MnO$_3$（1−x）LiMO$_2$ blended with LiFePO$_4$

to achieve high energy density and pulse power capability. J Power Sources，196：9702-9707.

[16] Gerssen-Gondelach S J，Faaij A P C. 2012. Performance of batteries for electric vehicles on short and longer term. J Power Sources，212：111-129.

[17] Goriparti S，Miele E，De Angelis F，et al. 2014. Review on recent progress of nanostructured anode materials for Li-ion batteries. J Power Sources，257：421-443.

[18] Hochgraf C G，Basco J K，Bohn T P，et al. 2014. Effect of ultracapacitor-modified PHEV protocol on performance degradation in lithium-ion cells. J Power Sources，246：965-969.

[19] Hu M，Pang X，Zhen Z. 2013. Recent progress in high-voltage lithium ion batteries. J Power Sources，237：229-242.

[20] Hwang I，Lee C W，Kim J C，et al. 2012. Particle size effect of Ni-rich cathode materials on lithium ion battery performance. Mater Res Bull，47：73-78.

[21] Lazzari M，Soavi F，Mastragostino M. 2008. High voltage，asymmetric EDLCs based on xerogel carbon and hydrophobic IL electrolytes. J Power Sources，178：490-496.

[22] Lee K-S，Myung S-T，Kim D-W，et al. 2011. AlF_3-coated $LiCoO_2$ and $Li[Ni_{1/3}Co_{1/3}Mn_{1/3}]O_2$ blend composite cathode for lithium ion batteries. J Power Sources，196：6974-6977.

[23] McKinsey & Company，2010. The role of Battery Electric Vehicles，Plug-in Hybrids and Fuel Cell Electric Vehicles. 9 November.

[24] Miyagawa R，Hato Y，Inagawa M，et al. 2010. Development of high-power lithium-ion capacitor. NEC Tech J，5：52-56.

[25] Mohan P，Kalaignan G P. 2013. Electrochemical performance of La_2O_3-coated layered $LiNiO_2$ cathode materials for rechargeable lithium-ion batteries. Ionics，19：895-902.

[26] Mulder G，Omar N，Pauwels S，et al. 2013. Comparison of commercial battery cells in relation to material properties. Electrochim. Acta，87：473-488.

[27] Patoux S，Daniel L，Bourbon C，et al. 2009. High voltage spinel oxides for Li-ion batteries：from the material research to the application. J Power Sources，189：344-352.

[28] Schmidt M，Heider U，Kuehner A，et al. 2001. Lithium fluoroalkylphosphates：a new class of conducting salts for electrolytes for high energy lithium-ion batteries. J Power Sources，97-98：557-560.

[29] Scrosati B，Garche J. 2010. Lithium batteries：status，prospects and future. J Power Sources，195：2419-2430.

[30] Stewart S G，Srinivasan V，Newman J. 2008. Modeling the performance of lithium-ion batteries and capacitors during hybrid-electric-vehicle operation. J Electrochem. Soc，155（9）：A664-A671.

[31] Wu S-L，Zhang W，Song X，et al. 2012. High rate capability of $Li(Ni_{1/3}Mn_{1/3}Co_{1/3})O_2$ electrode for Li-ion batteries. J Electrochem Soc，159（4）：A438-A444.

[32] Zhang S S. 2006. A review on electrolyte additives for lithium-ion batteries. J Power Sources，162：1379-1394.

[33] Zhang S S. 2013. Liquid electrolyte lithium/sulfur battery：fundamental chemistry，problems，and solutions. J Power Sources，231：153-162.

[34] Zhang L，Zhang F，Yang X，et al. 2013. Porous 3D graphene-based bulk materials with exceptional high surface area and excellent conductivity for supercapacitors. Sci Rep，3（1408）：1-9.

延伸阅读

[1] http：//www. inl. gov/technicalpublications/Documents/4655291. pdf（Battery Test Manual For Plug-

In Hybrid Electric Vehicles，rev 2，December 2010）．

［2］ http：//avt. inel. gov/battery/pdf/usabc_manual_rev2. pdf（Electric Vehicle Battery Test procedures Manual，rev 2，January 1996）．

［3］ http：//avt. inel. gov/battery/pdf/freedomcar_manual_04_15_03. pdf（FreedomCar Battery Test For Power-Assist Hybrid Electric Vehicles，October 2003）．

［4］ http：//www. electrificationcoalition. org/StateEVMarket（State of the Plug-in Electric Vehicle Market，July 25，2013）．

［5］ http：//www. h2euro. org/publications/featured-publications/a-portfolio-of-power-trains-for-europe-a-fact-based-analysis（The role of Battery Electric Vehicles，Plug-in Hybrids and Fuel Cell Electric Vehicles，9 November，2010）．

［6］ Catenacci M，Verolini E，Bosetti V，et al. 2013. Going electric：expert survey on the future of battery technologies for electric vehicles. Energ Policy，61：403-413.

［7］ Offer G J，Howney D，Contestabile M，et al. 2010. Comparative analysis of battery electric，hydrogen fuel cell and hybrid vehicles in a future sustainable road transport system. Energ Policy，38：24-29.

第 2 篇　电动汽车用电池的类型

5　混合动力汽车和纯电动汽车用铅酸蓄电池

J. Garche，P. T. Moseley，E. Karden

5.1　引言

铅酸蓄电池已经有 150 多年的历史，得益于持续的技术发展。嘉斯通·普兰特于 1859 年制造了第一个铅酸电池，用橡胶带作为隔板，将两片铅板卷绕成圆筒浸入硫酸电解液，以产生直流电。1881 年凯麦·爱尔丰·富雷引入了涂膏式极板，1890 年道内特·托马斯和伍德沃德第一次用管式电极设计制造了电池（Garche，1990）。

1882 年嘉斯通和特拉贝用双硫酸盐理论解释体系的化学原理至今没有改变，但是极板和电池的设计已不断地改善。铅酸电池已经主要应用于固定型储能和电子起动车辆（1912 年起），这种起动电池必须提供照明和点火功能（起动，照明和点火——SLI 电池）。随着微混和中混汽车的进入，有巨大市场前景的新的应用已经出现。

尽管最近先进化学电池不断增加，铅酸电池仍然在全球二次电池市场中，以美元计占 50% 以上的份额，以电池容量（GW·h）计算占 80% 以上的份额（Pillot，2014）。这种主导地位是由于原材料的低价格比、成熟和价格优化的制造技术、电池的稳定性、低温放电功率、热宽容性和低自放电以及完善的回收技术。

技术的应用也由于系统低比能量和低比功率而受到限制，这是铅的高密度造成的；低的深循环寿命是由于溶解-降水机制；有限的充电接受能力导致充电时气体析出，发生电解液分层和硫酸盐化，因为电解质是充放电反应的活性成分。

5.2 铅酸电池的技术描述

5.2.1 基础原理

关于铅酸电池工作原理，格拉斯通和特里贝理论如下：

负极：　　　$Pb + HSO_4^- \rightleftharpoons PbSO_4 + H^+ + 2e^-$　（$\varphi^\ominus = -0.358V$）　　　　（5.1）

正极：$PbO_2 + 3H^+ + HSO_4^- + 2e^- \rightleftharpoons PbSO_4 + 2H_2O$　（$\varphi^\ominus = 1.690V$）

（5.2）

电池反应：$PbO_2 + Pb + 2H_2SO_4 \rightleftharpoons 2PbSO_4 + 2H_2O$　（$U^\ominus = 2.048V$）

（5.3）

式中，$\varphi^\ominus$ 和 $U^\ominus$ 表示在标准状态下（浓度≈活度＝1）的电极电位（φ）和电池电压（U），也就是接近 $c(H_2SO_4) = 1mol/L$。实际上采用较高浓度的硫酸 $5.0 \sim 6.3mol/L$，酸强度 $33\% \sim 38\%$，密度 $1.24 \sim 1.28g/cm^3$，所以实际电池电压更高。电池放电期间，硫酸浓度下降，电池电压按 Nernst 方程式下降。电池电压（U_0）与硫酸浓度（实际上以密度测量）的关系如下：

$$U_0（V）\approx 0.86 + 硫酸密度（g/cm^3）$$

铅酸电池电压（＞2V）高于水的分解电压（＞1.23V），水是电解液（硫酸的水溶液）的主要成分。因此，以下的腐蚀反应（局部元素反应）在热力学上是可能发生的并导致电极活性物质的自放电：

负极：　　　　　　　　　$Pb \Rightarrow Pb^{2+} + 2e^-$　　　　　　　　　　（5.4）

　　　　　　　　　$H_2SO_4 + 2e^- \Rightarrow H_2 + SO_4^{2-}$　　　　　　　　（5.5）

总反应：　　　　　　$Pb + H_2SO_4 \rightleftharpoons PbSO_4 + H_2$　　　　　　　（5.6）

正极：　　　$PbO_2 + 3H^+ + HSO_4^- + 2e^- \Rightarrow PbSO_4 + 2H_2O$　　　（5.7）

　　　　　　　　　$H_2O \Rightarrow \frac{1}{2}O_2 + 2H^+ + 2e^-$　　　　　　　　　（5.8）

总反应：　　　$PbO_2 + H_2SO_4 \rightleftharpoons PbSO_4 + \frac{1}{2}O_2 + H_2O$　　　　　（5.9）

析出反应过电位高，因此这些自放电的反应速率是很低的，自放电数据见 5.2.3.2 节。上面的气体析出反应等效于在负极和正极的过充电反应，分别为：

负极：　　　　　　　　　$2H^+ + 2e^- \Rightarrow H_2$　　　　　　　　　　（5.10）

正极：　　　　　　　　$H_2O \Rightarrow \frac{1}{2}O_2 + 2H^+ + 2e^-$　　　　　　　　（5.11）

因为有产生气体的趋势，铅酸电池历来都不能密封，电池配上螺旋盖子，这种盖子是让气体和部分液体透过，所以这种电池称为"富液电池"。

过去已想方设法找到一种方法来密封电池使之没有不可接受的压力增加。这一挑战的推动下已经解决了氧复合循环：正极产生的氧气可以到达负极，在负极上主要的过充电反应是氧的还原：

$$\frac{1}{2}O_2 + 2H^+ + 2e^- \Rightarrow H_2O \tag{5.12}$$

这是氧还原的电位比氢析出电位更正的结果。

过充电阶段的反应：

正极： $$H_2O \Rightarrow \frac{1}{2}O_2 + 2H^+ + 2e^- \tag{5.13}$$

负极： $$\frac{1}{2}O_2 + 2H^+ + 2e^- \Rightarrow H_2O \tag{5.14}$$

所以电池总反应是零。

实际上利用这种现象，氧必须从正极传输到负极，氧通过液相扩散得比较慢，所以物质传输取决于固定在有高表面积隔板材料上的电解液。小的气体通道是靠隔板材料建立起来的，从而允许氧气传输通过气相进行。

这样做，铅酸电池才能够封闭而不是不透气的密封。如果正极氧的析出反应高于负极氧的还原反应，电池内部气体压力会上升。设置在电池盖子上的气体阀能够将多余的压力释放到外部气氛。由单体电池组合的电池以氧复合循环操作，因此被称为阀控铅酸（VRLA）电池或密封铅酸（SLA）电池。

二氧化硅是用于固定电解液的主要吸附材料。一方面，二氧化硅是多孔的，一个凝聚体的直径 $10 \sim 250 \mu m$。二氧化硅与电解液形成胶体，这种 VRLA 电池称为已知的胶体型电池。另一方面，采用 $0.6 \sim 6 \mu m$ 直径的二氧化硅玻璃纤维制成 $1 \sim 4mm$ 厚像纸的玻璃棉，有玻璃棉隔板的 VRLA 电池称为吸收玻璃棉（AGM）型电池。

5.2.2 设计

正如前面提到的，铅酸电池有很多电极设计，对于要求长寿命的固定型工业应用，采用普兰特型负极，以电化学法形成高表面积的铅活性物质，称为管式电极，在此用作正极（图5.1）。

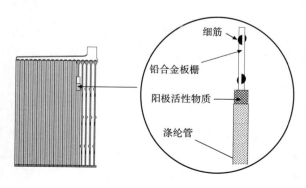

图 5.1 管式电极

（伦德和莫斯里，2009；Elsevier 提供）

对于汽车和交通应用，因功率、质量、价格等限制因素，常常采用栅格型电极（图5.2）。用准备好的材料涂覆板栅（铸造、冲孔或扩展），然后固化和形成最后的活性物质。

正常情况下正极和负极用隔板分开叠在一起组成电池极群，电池极群放入一个塑料壳体并配备极柱。通常在一个电池整体包含6个间隔的极群的情况下，电池的开路电压略高于12V。在大多数情况下，电池壳有一个中央空间，气体从6个单格电池汇集到中央空间，气体通过多孔阻火块排放，留下了酸雾和防止外部火花点燃内部气体（见图5.3）。

在某些情况下，将板块进行螺旋型卷绕（见图5.4）。

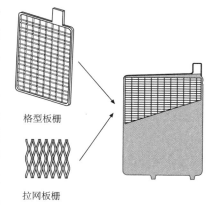

格型板栅

拉网板栅

图 5.2　栅格型电极

（伦德和莫斯里，2009；Elsevier 提供）

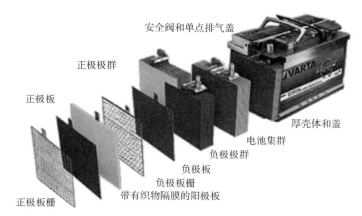

安全阀和单点排气盖

正极极群

正极板

正极板栅

厚壳体和盖

电池集群

负极极群

负极板

负极板栅

带有织物隔膜的阳极板

图 5.3　平板、涂膏、栅格型极群

（经欧洲电池制造商和供应行业协会许可）

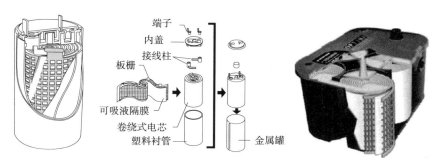

端子

内盖

接线柱

板栅

可吸液隔膜

卷绕式电芯

塑料衬管

金属罐

图 5.4　卷绕电池图

（Rand Moseley，2009；Meissner，2009；经 Elsevier 许可）

螺旋缠绕的配置会给电池带来高的机械稳定性，因此允许使用纯铅（99.999%），纯铅虽然固有的机械稳定性低，但耐腐蚀性高。用这种办法可以实现长使用寿命。

图 5.3 所示的分解结构可以用于富液型电池、胶体型电池、AGM 型电池。螺旋缠绕结构类型主要用于 AGM 型电池。

目前汽车电池通常是 12V（6 个单体电池）模块单位，富液或者 AGM 设计。对于多数汽车，容量范围（20h 率）大约为 25～110A·h，取决于尺寸和电子辅助装置的要求，对于卡车提高至 250A·h。在欧洲重载商用车，SLI 电池通常电压设置为 24V（主要驱动是要求冷起动功率），它由两个 12V 150A·h 或更高容量的电池连接到系统里。相比之下，北美卡车曾使用两个 12V 电池并联以增强功率和容量。

5.2.3 电性能

5.2.3.1 容量、功率和效率

与锂离子电池不同，铅酸电池的容量强烈取决于放电电流，如图 5.5 所示。容量和放电电流的关系，由 Peukert 方程经验描述：

$$C = I^k t \tag{5.15}$$

式中，C 是恒电流 I 放电的电池容量，A·h；k 是 Peukert 常数；t 是总放电时间。

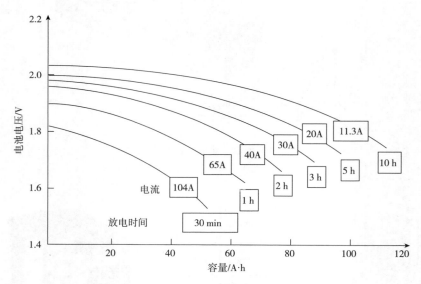

图 5.5 典型的铅酸电池放电曲线

（Rand Moseley，2009；Meissner，2009；经 Elsevier 许可）

Peukert 常数 k（≥1）提供了一个内阻的指示，因此也是电池功率容量的指示。k 值越小功率容量越高。k 值范围：富液电池为 1.2～1.5，胶体电池为

1.1～1.25，AGM 电池为 1.05～1.15。因此，三种设计中 AGM 电池具有最高的功率容量。k 值随电池寿命的提高而提高，但是随温度升高而下降，容量提高。容量升高是内阻下降导致物资传输速率提高造成的。遗憾的是，不但主要反应的速率提高了，而且限制寿命的一些反应的速率也提高了，如腐蚀。

铅酸电池的能量效率由放电能量对充电能量的关系给出，也是产品的 A·h 效率［A·h$_{放电}$/（A·h$_{充电}$）］和电压效率（$U_{放电}/U_{充电}$）。在电池全充电前气体开始在电极析出，所以 A·h 效率只有 85%。

充电和放电时高过电位导致电压效率降到 80%，所以在正常操作条件下能量效率为 70% 左右。这里给出的数据仅仅是指导性的，容量强烈取决于充电和放电的电流及时间。

5.2.3.2 自放电

一般来说，铅酸电池在室温下的自放电为每月的 2%～5%（见图 5.6）。

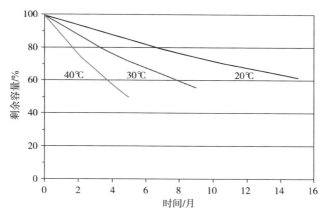

图 5.6 免维护铅酸电池（无锑板栅）的自放电与时间和温度的关系

（Meissner，2009；经 Elsevier 许可）

自放电速率随着温度的升高而升高，板栅腐蚀时杂质可以进入该系统而提高自放电（特别是使用含锑板栅），或在富液电池的情况下使用非去离子水使自放电提高。

用铅-锑合金板栅的电池比铅-钙合金板栅的电池显示出更快的自放电（根据锑含量不同为每周的 2%～10%），由于 PbSb 合金的腐蚀速度慢，它们有很长的寿命。

低电流的自放电过程导致生成大的 PbSO$_4$ 结晶，如果自放电任其无节制地产生，这种结晶难以充电，导致电极"硫酸盐化"。为了避免硫酸盐化的破坏作用，应使用与自放电电流相匹配的涓流充电。

5.2.3.3 耐用性

除了灾难性的失效，铅酸电池的使用寿命取决于连续的老化因素，如板栅腐蚀、活性物质退化（通常是硫酸盐化或失去正常活性）、隔板退化和干涸。这些因素对电池寿命的影响，取决于电池的设计（如极板厚度）和使用参数（如充电/放电电流、荷电状态、温度）。

（1）极板厚度

汽车电池寿命的主要影响因素之一是正极板栅腐蚀，正极板栅由于腐蚀而被"吞噬"结束，因此，厚板栅会提高使用寿命，但是会损失比能量（W·h/kg）。较厚的活性物质层也导致比较高的寿命，同时活性物质脱落又是限制寿命的因素。汽车电池典型的极板厚度约1mm（包括板栅和活性物质），叉车电池的极板厚度≥7mm。

（2）放电深度和动态充电接受能力

铅酸电池发生充电/放电反应通过溶解和沉淀步骤，反应物和产物之间产生较大的体积变化，导致产生内部机械应力，这种应力破坏部分原始结构使得内阻增加。这种作用是比较大的，更深层次的是放电深度（DOD），寿命随着 DOD 的提高而降低，如图 5.7 所示。为了达到长寿命，DOD 将更多限制允许应用。不同应用下的荷电状态见图 5.8。

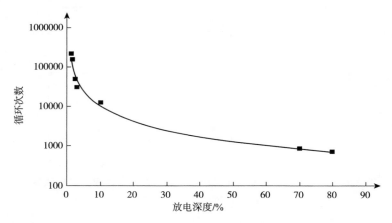

图 5.7　Exide 卷绕式电池的循环寿命与 DOD 的关系

（Rand 和 Moseley，2009；经 Elsevier 的许可）

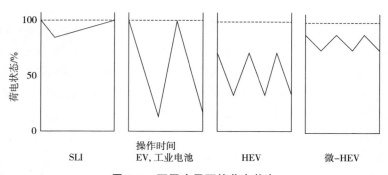

图 5.8　不同应用下的荷电状态

传统的汽车起动电池荷电状态范围通常仍然高于 80%，如果汽车起动电池为高功率和低价格设计，被设置为执行全循环，那么其循环寿命将只有大约 50个周期。

对于电动汽车（EV）和工业（固定储能）应用，电池为深放电设计，采用厚极板和/或管式电极（见图 5.1）。

在全混合或中等混合电动汽车应用中遇到一个特殊问题，以至于这方面应用至今仍然是镍-金属氢化物（NiMH）和锂离子（Li-ion）电池的领域。这两方面应用，荷电状态的操作窗口典型地在大约 70%（这个水平以上即使是高功率电池也失去快充电能力，以支持全部再生制动功能）和 40%（低于这个水平的放电功率，因此推进功能以及耐久性将受损，深度放电使得衰老过程更容易）之间。因此混合动力汽车电池通常不在接近全荷电状态下操作，当传统铅酸电池处于这种部分电荷状态（PSOC）下，电池由于负极板硫酸盐化作用迅速失效。此外，如果电池长时间处于部分荷电状态，硫酸铅晶体按奥斯特瓦尔德成熟过程有机会逐步长大。

恢复活性物质初期细晶体结构，对保持电池最佳的容量是必要的，这取决于电池处于全荷电状态。然而如果电池从来都没有达到全荷电状态，放电生成的一些 $PbSO_4$ 将被保留下来，$PbSO_4$ 的结晶尺寸将长大。高倍率操作期间（混合动力汽车要求短暂的充电，甚至高达 1h 率的约 30 倍），这些大的 $PbSO_4$ 结晶形成的层屏蔽在电极表面（见图 5.9，1735 次循环）。随着操作时间增加，屏蔽层将扩展到电极内部区域（见图 5.9，3191 次循环），作为 $PbSO_4$ 还原为 Pb 的反应的充电电流不能被接受，负极电位变得更负，氢析出增加。

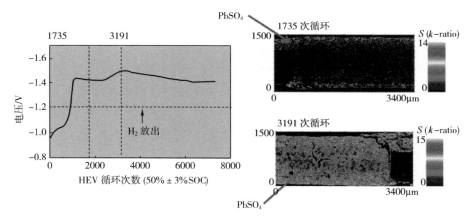

图 5.9 负极电位与混合动力循环时循环次数（50%±3%SOC）关系及在 1735 次和3191 次循环时与 $PbSO_4$ 有关的硫电磁脉冲分布图

（ALABC，NC，USA 提供）

当用常规铅酸电池时，高倍率部分荷电状态操作，降低了充电接受能力，导致容量迅速下降和寿命缩短。

如果电化学反应（充电/放电）是均匀分布在整个电极的厚度和整个极板面积，而不是仅在极板表面和电流通过的极耳附近，这种操作模式的影响可以减少。依靠优化板栅设计和某些形式的额外碳掺入到负极，电流分布会更加均匀。

微混合动力汽车的储能系统涵盖了起动电池的所有功能，包括冷起动和停车备用能源和潜在交流发电机故障。然而，制动能量回收必须通过部分荷电操作。因此，微混合动力汽车电池的荷电状态操作窗口向上移到75%～90%（实际上对于一个给定车辆更小的应用、温度或其他使用条件，汽车制造商可能考虑交流发电机调节策略）。这个操作范围伴随显著降低功率/能量比值，这是起/停造成的浅循环和与轻混合、全混合动力车相比较的微混合动力恢复所要求的。例如，36s怠速-停止或恢复对于一个60A·h的电池用60A电流，将引起仅仅1%C_n的能量运转。上面例子中给出的两个参数，分别超过了典型的持续时间和停止负载或恢复的电流（也就是说，微混合动力汽车中典型的DOD低于1%）。因此，循环次数没有太大增加，并且仍然允许在微混合动力汽车应用中使用（增强的）富液电池，但是由于持续地欠充电，硫酸盐化作用可能成为一个大问题。如此欠充电导致起动性能方面或者容量非典型地早期失效，但是将通过再生制动限制实际燃料储蓄，推迟起/停以后荷电状态的恢复或切断放电，并且降低了起/停功能的可利用性。这种影响已经从富液和AGM汽车电池中观察到了，有时称为懒惰电池现象。

在轻混合和微混合动力汽车应用中，从电池的角度来看，在部分循环应用中，电池吸收高充电电流能力已经变得至关重要，因此提出了动态充电接受能力（DCA DCA；Karden等，2005）的性能要求，它将首次成为12V微混合动力汽车电池方面在新欧洲规范的电池标准中的一部分（标准发展，2014）。应该强调，动态接受能力的迟缓和不一致（强烈取决于短期循环历史）是铅酸电池的一个特殊技术问题，无论是富液电池还是阀控式电池，但是用其他存储技术很少遇到。从机理上看，它可以用硫酸铅的溶解速率是充电反应的决定步骤来解释，它不取决于应用的电位（Sauer等，2007），而是由于富液电池中酸分层（Ebner等，2013）。负电极的改性，无论是宏观还是微观，已被证明大大增强了动态充电接受能力，这将在下面讨论。

（3）温度

正如前面提到的，充电/放电反应的速率随着温度的增加而增加，但同样限制寿命的副反应速率也随着增加，如腐蚀。

铅酸电池的最佳操作温度范围为20～40℃，取决于应用领域，升高温度会缩短寿命。作为指导原则，对于起动电池和深循环应用的电池，温度每提高10℃，电池寿命缩短一半。阀控式铅酸电池在25℃时寿命可延长到10年，如果长时间在35℃，好的电池的寿命也只有5年。在这种情况下，腐蚀是寿命限制的机制，选择采用更耐蚀合金和/或厚的板栅。

5.3 铅酸电池的环境和安全问题

铅酸电池中的两种物质铅/铅化合物和硫酸都必须符合环境和安全规定。铅酸电池在生产、使用、处理和回收时也会有环境和安全问题。

5.3.1 铅

吸入和食入是铅进入人体的两条主要路径。铅不会通过皮肤或头皮渗入体内。体内的铅可以通过测量血液的铅浓度获取。体外的测量方法是测量骨头中铅含量，因为人体内大部分铅都沉淀在骨髓中，但这种方法非常复杂，一般只用于研究中。成人体内含铅量过高（大于 $500\mu g/L$）会导致人体发虚，记忆衰退，注意力难集中，以及肾衰竭和生殖功能丧失等。人体内最大允许的铅含量只有 $400\sim500\mu g/L$，很多行业规定 $300\sim400\mu g/L$。小孩血液中的低铅含量会影响智力发育，但影响的具体的含量值还没确定。对小孩和孕妇的血液铅含量的参考值是 $50\sim100\mu g/L$。在电池生产厂附近，或回收工厂附近，或接触含铅涂料、土壤、食物、水、陶瓷餐具，含铅的参考值会高些。

5.3.2 硫酸

硫酸具有高腐蚀性，眼接触会导致终身失明，食入会破坏内脏并可能致死。接触后应立即用大量冷水冲洗 $10\sim15min$ 来阻止进一步伤害。

5.3.3 生产过程

在生产过程中铅氧化、板栅处理、涂板工艺都涉及铅污染环境的问题。发达国家有严格的法律法规来约束铅酸电池生产和回收处理时对空气、土壤、水的影响。但在发展中国家，尤其是老旧的工厂，这些严格的环境标准并没有被严格执行，有些甚至导致全球性的影响。比如一项 2010 年的研究资料显示美国加州 30% 的空气铅颗粒是从亚洲吹来。幸运的是现代工业产品中绝大部分铅酸电池都得到了回收。

5.3.4 使用

在铅酸电池的使用过程中，主要的危害是：

① 化学危险。主要是由硫酸引起，硫酸可能从过满的电池中溅出。

② 火灾或爆炸危险。主要在氧气和氢气混合时发生。在充放电时会产生氧气和氢气，在有火花时这两种气体混合会发生爆炸。在铅酸电池电力不足时，如果备用电池和铅酸电池连接不正确也会导致爆炸。

③ 电危险。主要是足够多的铅酸电池连接在一起产生高于 60V 的电压时会发生。

5.3.5 处理、回收

在工业化国家 95% 的废旧铅酸电池得到了回收，并且 80% 用于制作铅酸电池的铅是来自于回收的铅。这一数字很好，可惜并不是所有国家都做得到。在世界上最大的铅酸电池制造地中国，铅酸电池的回收率达到 $80\% \sim 85\%$，但仅有 32% 的电池用铅来自回收的铅。

在亚洲不正确的铅酸电池土壤处理是一个主要问题，直接威胁该地区人口的健康和安全。

从铅酸电池的寿命周期来看，无论以每千克质量为单位，还是以每瓦时为单位，和其他电池相比铅酸电池都有最低的能耗，最低的二氧化碳排放，最低的污染排泄，这主要归功于生产过程中高回收利用率和有限的温度需求。

5.4 动力铅酸电池的种类

5.4.1 启动铅酸电池、富液电池和 AGM 电池

正如 5.2.2 节所讲，启动用铅酸电池目的是提供短暂高能放电，并且低费用，不需要像一般电池的长的循环周期。

但是标准的富液电池不能满足混合电动车的再生制动功能，而 AGM 电池则更适合混合电动车电池，因为它能提供更长的使用寿命、更持续的动态充电接受能力。在部分荷电状态下操作下的硫酸盐化问题可以在负极板上加碳添加剂得到抑制。

胶体电池有非常长的循环寿命，但在冷启动时提供的动力非常低。螺旋卷绕 AGM 电池能提供非常高的动力，寿命也非常长，但生产成本比柱型 AGM 电池高很多。胶体电池和螺旋卷绕 AGM 电池都没有运用在微混合动力电池上，但螺旋卷绕 AGM 电池可以考虑用于小型混合动力电池。近来 ExIDE 公司的研究发现：在负极活性物质上添加碳会大大提高螺旋卷绕电池的部分荷电状态的寿命。

AGM 汽车电池大约是同等容量和同等启动性能的富液启动电池的 $1.5 \sim 2$ 倍，因而增强型富液电池已经发展到深循环寿命比 AGM 电池低，但有同等的浅循环性能、同等耐用质量，且成本更低：是传统富液电池成本的 $20\% \sim 40\%$。

增强型富液电池设计时有下列要点：

① 高的正极膏密度，以达到长的循环寿命，同时孔结构必须优化来维持冷启动性能。

② 在正极（或两极）上通过连续电镀来用非编织的麻布代替涂布纸，以进一步提高循环寿命和降低电解液分层。

③ 负极活性物质中加添加剂（主要是碳）来减少部分荷电问题。

④ 优化网状结构和更薄的极板以及每个电池组加更多的电极片来减少内阻，因而提高自动重启和动态充电接受能力时的电压质量。

通过这些改善方法，几种增强型富液电池达到了和 AGM 电池同样的循环寿命，但总重比 SLI 电池略重 $2 \sim 3kg$，成本却大大降低了。汽车制造厂已经集中精力在重量上优化增强型富液电池以达到微混合动力电池的浅循环标准。最早在日本，近来在欧洲，碳添加剂的使用使得在同等微混合动力电池的使用寿命下重量降低。在微混合动力电池技术广泛推广几年后，GAP 电池只用在需要更深循

环的高档或商用混合动力电池车上，而不同档次的增强型富液电池能够满足大多数大众型微混合电动车需求。

大部分的增强型富液电池和 AGM 电池的动态充电接受能力都超过EN50342-6 的标准。但是现实应用中在更高的瞬态负载下为了提高燃油效率和避免充电不足，改善动态充电能力也面临很多挑战。

5.4.2 添加碳的铅酸电池

近年来在铅酸电池中添加碳已经发展出几种方法。微混合动力电池为了降低成本和减小重量，通过在铅酸中添加碳得以实现。更进一步，这种技术也计划应用在小型混合动力机车电池中。通常有三种方法来添加碳：

① 碳均匀地和负极活性材料混合；

② 碳添加在活性物质的板栅侧（铅合金上）；

③ 碳添加在活性物质的外面（靠近电解质）。

尽管在负极上或负极里以不同形式添加碳的这些方法都能够提高部分荷电状态的性能，但其机理还不能完全解释清楚，但主要作用应该是：

① 电容分布。

② 电化学活性表面面积的延伸，来减小实际电流密度（mA/cm^2），即减小负极的极型。

③ 物理效果包括稳定甚至提高活性材料的孔来阻止硫酸铅晶体的生长。

这些有利的优化对碳有不同的要求。例如，为了电容分布，碳需要大的表面面积（小颗粒）、高的双电层电容和高的导电性。物理效果的碳不需要导电性，但需要大的碳颗粒（相对于电容分布而言）。多种碳一起添加会有不同的作用也就不足为奇了。

5.4.2.1 碳均匀地和负极活性材料混合

碳添加在负极活性物质的主要作用是增加表面面积和稳定其物理结构（见图 5.10）。

(a)   (b)

图 5.10　负极活性物质表面不加碳（a）和负极活性物质表面加 0.5%炭黑（b）

（Cabot 公司提供）

即使在部分荷电状态的条件下，这种方法也会大大改善动态充电接受能力和循环寿命（见 5.2.3.3 节中 "（2）放电深度和动态充电接受能力" 部分）。但是碳对寿命的影响取决于所用碳的类型和浓度（见图 5.11）。

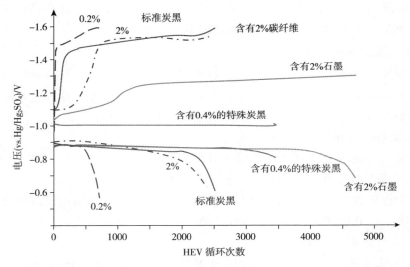

图 5.11　充电末期（上面曲线）和 放电末期（下面曲线）负极电位与
不同碳材料的混合动力汽车电池循环次数（Hollenkamp，2009）

5.4.2.2　碳靠板栅侧活性物质（放在铅合金侧）

在这种情况中，多孔碳材料作为电流的集流体，由铅氧化物膏状物填充满，然后在负极板正常地形成海绵铅。多孔结构导致负极板具有巨大的表面积，超过通常的铅酸板栅结构。这样大大改善了活性材料的利用率和强化了快速充电能力。这种泡沫结构封装了活性物质，也使得在高倍率充电应用时有较高的寿命（见图 5.12）。

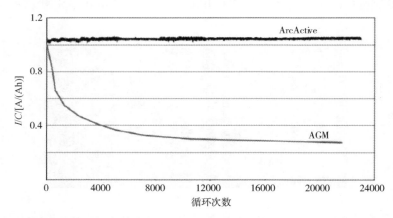

图 5.12　AGM 电池和 ArcActive 电池（由 ArcActive 公司提供）的
比动态充电接受能力与循环次数的关系

这种方法是由萤火虫国际能源公司（Microcell™ 蜂窝复合泡沫）和 ArcActive 有限公司（被电弧活化的网状玻璃碳）开发的。

5.4.2.3 碳在活性物质的外侧（毗邻电解质）

与超级电容器相比，铅酸电池的功率相对比较低，并且受到负极的限制。为了提高铅酸电池的功率电容，铅酸电池的负极在超级电池中与超级电容碳电极联合（见图 5.13）。

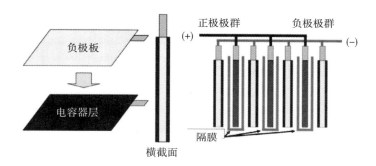

图 5.13 超级电池的工作原理

（Furukawa，2014；古河电池株式会社提供）

在这种设计中，电容器电极和阀控铅酸电池的负极并联工作。所以，联合负极的总电流由电容器电极电流和阀控铅酸电池负极的电流组成。这种方法中电容器电极可以起到缓冲与铅电极分担电流的作用，因此在高倍率充电和放电时可以防止失控。按照这一策略在高倍率部分荷电状态操作中可以实现阀控式铅酸电池的高循环寿命（传统阀控式铅酸电池的 4 倍）（古河，2014）。

5.5 在混合动力汽车中应用铅酸电池的优点和缺点

电池在汽车中有各种应用，对起动电池增加了功能，在不同电气化程度的汽车中牵引电池可以用于多个目的，见表 5.1。

随着混合动力汽车功能水平在表 5.1 中从左到右逐步提高，对电池的改善要求也逐步提高。这主要与较深的放电有关，较深的放电是提高电功率功能和再生制动要求高充电接受能力所需要的。

绝对循环率输出和高倍率部分荷电状态的循环需求（图 5.8，5.2.3.3 节），使得迄今为止常规铅酸电池难以广泛使用于轻混、全混和插电式混合动力汽车。迄今为止，只有镍金属氢化物和锂离子电池在这些混合动力汽车中应用。

表 5.1　不同混合动力汽车电池的电功能、CO_2 排放的降低和价格

项目	微混 HEV 起停和再生制动	中混 HEV＋辅助发动	纯 HEV＋辅助动力和限制电机	PHEV＋增加电机
首选电池	EFB、AGM	锂离子电池或 LAB＋锂离子电池	镍氢电池、锂离子电池	锂离子电池
系统电压/V	14～48	48～150	＞200	＞200
电池功率/kW	2～10	7～20	＞20	＞20
电池能量/kW·h	0～0.25	0.25～1	0.7～2.5	4～10
辅助启动/kW	0	＜15	＞15	＞60
电机范围/km	0	0	约 2	约 30
价格/欧元	150～700	1600～3000	3000～5000	6000～10000
CO_2 收益率/%	4～7	8～12	15～20	20＋
每减少排放 1%CO_2 的投入/欧元	35～100	200～250	200～250	300～500

5.5.1　微混合动力汽车 （14V 系统）

迄今为止，微混合动力汽车中，因输出和功率需求，主要采用铅酸电池、强化富液电池（EFB）或 AGM 电池。已经证明，这两种技术可以支持浅循环输出超过额定容量的 500 倍，即使在更重要的部分荷电状态，例如 17.5% 放电深度（EN50342 水平 M2/M3）。几种 EFB 电池和所有 AGM 汽车电池产品都能达到正常容量的 250 倍以上，在后者的情况下更深的循环需求就已经超过通常浅循环——微混合动力汽车循环的需求，重量优化 EFB 解决方案发现用在许多客车，尤其是小型汽车或手动变速箱汽车（SBA S0101：2006，prEN50342-6 水平 M1）。

所有铅酸电池的动态充电接受能力都强烈取决于它们的短期循环历史，图 5.14 展示了一个模拟的试车试验，没有试验加速度，一组困难的或最坏的条件下微混合动力电池运行情况：运行后发动机和电池在卸载放电前和期间的关键数据，以及在长停车、怠速负载停止等情况的数据。在这些条件下，典型富液电池、强化富液电池和 AGM 电池的动态充电接受能力，稳定在 0.2A/(A·h) 左右。这是一个试车效果，不应该被误解为老化：在低动态充电接受能力水平下电池可以满足所有功率提供系统许多年。实际上，高初始动态充电接受能力是测试样本的初始容量测试的一个影响。

如果忽略这个，动态接受能力将更接近开始服务的运行水平。一些常规的富液电池显示显著低于 0.1A/(A·h) 的动态充电接受能力（如图 5.14 中差的富液电池曲线），这种电池不支持在城市交通中起/停的功能。因此，这种低动态充电接受能力的电池不允许携带 prEN50342-6 中定义的起/停标签。相反，一些新发明的负极活性物质或电解液的添加剂被证明能保持强化富液电池（EFB）的动态充电接受能力约 0.5A/（A·h）或以上（如图 5.14 中第 2 代 EFB 曲线），通常会在一定程度上加速气体析出和水的消耗。可以预期，通过优化材料成分以及交流电机的操作策略，如此高的动态充电接受能力可以达到，在温暖和炎热的气候下不恶化电池使用寿命。有高动态充电接受能力的强化富液电池（EFB）改善了世界石油经济，由于低放电和硫酸盐化，降低了汽车刹车时的排放，并且提供进一步减少铅重量的机会。理论上，相似的概念可以应用到12 V AGM 电池。然而，汽车厂商关于 AGM 电池动态充电接受能力或重量优化的需求呼声似乎比较弱，汽车 AGM 电池市场逐渐收缩到更多要求深循环的优质应用上，除了微混合化。

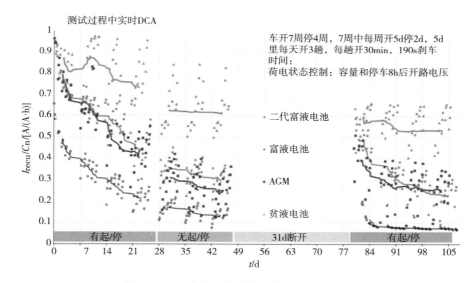

图 5.14　动态充电接受能力的实际运行试验

　　对于大多数汽车客户，动态充电接受能力将略高于图 5.14 给出的最坏的结果。然而，在现代汽车交流发电机在减速时可以提供 150～250A，这个值远远超过任何已知铅酸电池技术的动态充电接受能力：即使在 1A/（A·h），50A·h 和80A·h 的典型起动电池也只能达到在优化的 14V 功率提供系统的制动能量回收的 1/3～1/2（图 5.15）。由于锂离子电池没有上述动态充电接受能力的弱点，它们被认为是另一个起动电池技术，此外，重量显著减轻。然而，现在他们的市场占有率很低（由于一些技术问题，如冷起动和冷充电的局限性，与发动机不相容，不耐受发动机舱包位置的热）和有非常重要的成本问题。因此，一些汽车制造商已经推出了或正在开发双存储解决方案，这种方案是成熟的铅酸起动电池结合高功率存储装置，以提供始终如一的高动态充电接受能力（Warm 等，2014），并防止铅酸电池因过循环而老化（Schindler 等，2012）。磷酸铁锂和钛酸锂电池似乎是最有前途的电池类型，对这些附加的解决方案，它们可以操作的电压窗口在铅酸电池开路电压以上和低于汽车系统最大电压 15V，这样就避免两种存储设备之间需要直流/直流转换器。长远来看，锂离子电池技术进一步发展很有可能完全替代铅酸启动电池。

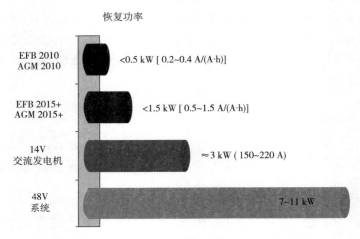

图 5.15　不同微混和轻混配置的制动能量回收率

5.5.2　轻型混合动力汽车和 48V 系统

14V 的发电机的动力局限可以通过引入高电压的发电机和电池来克服，比如基于 48V 的 7～12kW 的系统，这个系统也不需要 60V 以上系统所需要的昂贵的完全保护设备。48V 的系统在正常驾驶时能够更好地保存电池能量，使得这些能量能够在电力驱动时消耗，所以此系统通常设计用于轻型混合车，因为轻型混合车（通常减小排气量）在驱动时需要更大比例的电力。实际上，老式的基于 120～150V 的混合动力车都逐步被全混 48V 的系统代替了。除了动力系统外，48V 的系统提供的其他额外的电力功能（比如底盘舒适性）也比 14V 的系统能提供更大的动能。因为引入第二套电池系统会增加成本，豪华车可以以此来提供舒适性电功能并减少二氧化碳的排放量。

到目前为止，所有 48V 的系统都是利用高功率锂离子电池，或者是利用高功率辅助设备（ancillaries）的超级电容器。近来几个实验阶段的 48V 混动车配备了卷绕或方形 AGM 电池，在负极活性材料中添加新型的碳添加物来增强动态充电接受能力。串联 21 个或 22 个单体电池可以达到 42V 或 44V，做成 48V 的系统，例如 2014 年在日内瓦和巴黎的车展上由英国政府和起亚、现代车厂出资生产的 LC 超级混动车。因为较高的电池重量、动态充电接受能力运行后下降、较低的充放电效率和内在的有限的循环寿命，技术上铅碳 AGM 电池很难超过现有锂离子电池。然而几家铅酸电池研发单位相信其低的材料成本和成熟的汽车电池生产流程，特别是在不特别强调二氧化碳排放效率但更强调电用功能的应用上，铅碳 AGM 电池是有优势的。当需要高功率，低温或高温环境下，铅酸电池比锂离子电池有很大的优势。

5.5.3 纯电动车应用

在一些轻型的纯电动车应用中，比如高尔夫车、机场内乘客交通车，都用铅酸电池（常用阀控铅酸电池）。将来会有一类电池驱动的车，比如居民小区内的纯电动车，低成本的铅酸电池就可以满足其相对短的距离和相对短的循环寿命要求。但对于距离超过 100mile 或 160km，则需要锂离子电池了。

5.6 铅酸电池和混合动力汽车的发展前景

除了铅酸电池的技术参数不断提高和成本不断下降外，还有下面一些新的重要进步。

5.6.1 碳的添加

在几种不同的设计下添加不同种类的碳已经证明铅酸电池在混合动力汽车的部分荷电状态性能得到大大提高。尽管这种技术有相当长的历史，但碳的实际应用还是相对新的，且在将来还会得到更好的优化并取得成效。更多细节请参考 5.4.2 节。

5.6.2 双极性电池

双极性电池的构造通常只用在燃料电池上，但也有时也用在能提供高压或高能量的电池上。在双极性电池的设计中，电极的几何表面（也就是电池容量）受限于双极性的叠加面积。电池长度和重量可以设计最小化，电流密度也可以设计得在电极表面均匀分布，尽管还有许多其他尝试来优化这种电池的设计，但都不能使之商业化，主要原因就是极板不能够得到足够的密封而腐蚀。唯一有耐腐蚀能力并有前途的非铅极板材料是玻璃碳、沉积氟的二氧化锡、一氧化钛或掺铅的瓷性材料。

尽管面临这些困难，有几家公司一直在努力尝试希望有所突破。

5.6.3 板栅设计

目前平板电极上的电流分布是不均匀的，特别是在高倍率下。一个设计完美的带有中间极耳的电极的等电位曲线（图 5.16）显示：因为高的电位损失，电极的低电位位置几乎不会参与高倍率放电。

这个发现建议用较短的电极，或在需要高电流时每个极板用两个极耳（上下各一个）。第二种原理下设计的 Rholab 电池（图 5.17）已经成功用于本田 Insight 混合动力汽车上原装的镍氢电池的便宜替代品。

双极柱电池设计不容易生产，尤其是充电时的高功率需求，必然要通过阵列设计来满足混合动力汽车的需求。

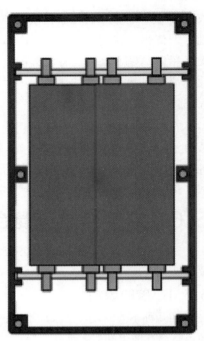

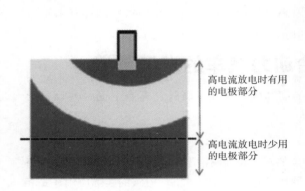

高电流放电时有用的电极部分

高电流放电时少用的电极部分

图 5.16 高电流放电时的等电位面积

（Meissner，2009；经 Elsevier 许可）

图 5.17 两个双极柱 Rholab 电池

（美国新泽西州先进铅酸电池联合会提供）

5.6.4 减小发动机的混合动力电池和增效能发动机的混合动力电池

如表 5.1 所示，中型混合动力汽车、大型混合动力汽车、插电式混合动力汽车相对于微型混合动力汽车有较高的燃料节省率（同等的二氧化碳的减排），但成本更高（同等的二氧化碳的减排）。

为了降低成本提高燃料节省率，一种方案是降低传统发动机的排气量，通过加入涡轮增压机或电增压机，或使用 48V 系统（如图 5.18 所示）。另外一种方案是使用同样原理但不降低传统发动机的排气量，这样能提高汽车性能但达不到前者的燃料节省率。

先进铅酸电池协会（ALABC）进行了两个相关的项目：

① 降低发动机项目：福特 Focus 型由 2L 降低成 1L 三缸汽油发动机，加大涡轮增压、电增压和 220F 超级电容储存。

② 增效能发动机项目：1.4L 帕萨特，不降低排气量，但增加涡轮增压、电增压和 42V/24A·h Exide Orbital 公司的铅碳电池储能。

基于这两个项目，已经达到了：

① 原车厂成本减少：750～1500 欧元；

② 二氧化碳减排：15%～30%；

③ 原车厂成本减少：50～60 欧元（每 1% 的二氧化碳减排）。

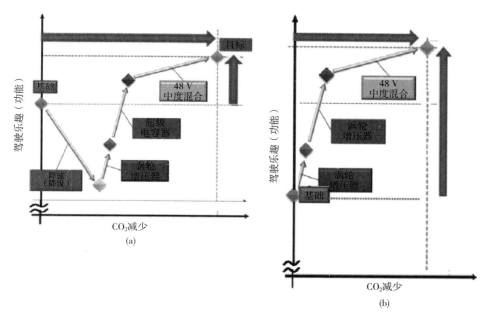

图 5.18 **48V 轻混系统用于（a）减小发动机排气量（Kaup，2014）和（b）增效发动机**

（a）由 AVS 提供和（b）基于 AVS 图

5.7 市场预测

铅酸电池销售的主要市场驱动力是汽车的销售增长（图 5.19）。

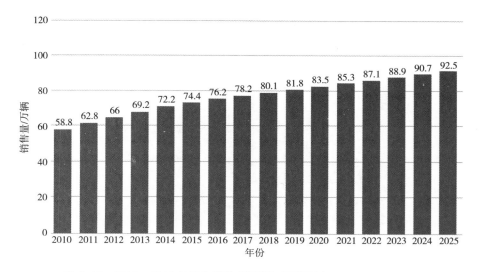

图 5.19 **2010～2025 年汽车销售量预测（万辆计）（Statista，2014）**

接下来几年中，微型混合动力电池将从传统的锂离子电池替换成先进铅酸电池，到 2020 年，大约 50% 的汽车将是微型混合动力，大型混合动力汽车将会大大减少（图 5.20）。

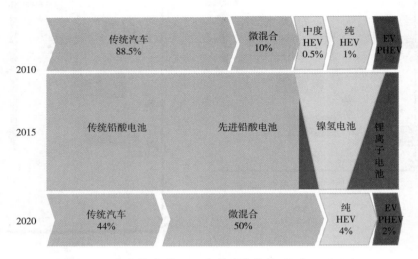

图 5.20　汽车技术到 2020 年的变化趋势（Pillot，2014）

因而基于使用先进电池设计的微型混合动力汽车的铅酸电池产量将会大大提高（图 5.21）。

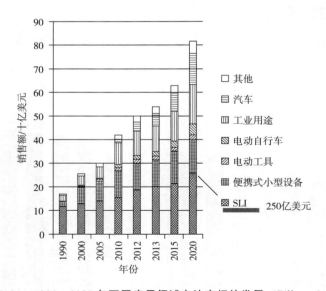

图 5.21　1990～2020 年不同应用领域电池市场的发展（Pillot，2014）

5.8 信息来源

[1] Berndt D. 2003. Maintenance Free Batteries. Research Studies Press，Baldock，Hertfordshire.

[2] Broussely M，Pistoia G. 2007. Industrial Applications of Batteries—From Cars to Aerospace and Energy Storage. Amsterdam：Elsevier.

[3] EUROBAT，ACEA，JAMA，KAMA，ILA，2014. A review of battery technologies for Automotive applications. http：//www. eurobat. org/sites/default/files/rev _ of _ battery _ executive _ web _ 1. pdf. 2014-10-20.

[4] Garche J，Dyer C K，Moseley P T，et al. 2009. Encyclopedia of Electro-chemical Power Sources，4. Amsterdam：Elsevier.

[5] Glaize Ch，Genies S. 2012. Lead and Nickel Electrochemical Batteries. ISTE and Wiley.

[6] Rand D A J，Moseley P T，Garche J，et al. 2004. Valve-Regulated Lead-Acid Batteries. Amsterdam：Elsevier.

参考文献

[1] Budde-Meiwes H，et al. 2013. A review of current automotive battery technology and future prospects. Inst Mech Eng D：J Automob Eng，227（5）：761-776. doi：10. 1177/0954407013485567.

[2] Cooper A. 2014. Lead carbon，low CO_2，low cost—the ALABC LC SuperHybrid Programme. In：14th ELBC，Edinburgh，9-12 September 2014，Proceedings，Lecture 4. 4.

[3] Ebner E，et al. 2013. Temperature-dependent formation of vertical concentration gradients in lead-acid batteries under PSoC operation—Part 1：acid stratification. Electrochim Acta，90：219-225.

[4] Ewing A，et al. 2010. Pb isotopes as an indicator of the Asian contribution to particulate air pollution in urban California. Environ Sci Technol，44（23）：8911-8916.

[5] Frost and Sullivan，2013. Strategic insights into the development of the 48 V on-board power-Net in Europe. Frost & Sullivan Report 9832-18，May 2013.

[6] Furukawa J. 2014. The Ultrabattery for xHEV—performance and mechanism. In：14th ELBC，Edinburgh，9-12 September 2014，Proceedings，Lecture 6. 4.

[7] Garche J. 1990. On the historical development of the lead-acid battery，especially in Europe. J Power Sources，31：401.

[8] GLADSTONE J H，TRIBE A. 1882. *Nature*，25：221，461.

[9] Hollenkamp A F. 2009. In：Garche J. Encyclopedia of Electrochemical Power Sources，vol 4. Amsterdam：Elsevier，829.

[10] IPE，2011. Study "Health & environmental impacts from lead battery manufacturing & recycling in China". Occupational Knowledge International—San Francisco，Global Village of Beijing Institute of Public & Environmental Affairs-Beijing. http：//www. ipe. org. cn/Upload/Report-Battery-II-EN. pdf. 2014-10-20.

[11] Karden，et al. 2005. Requirements for future automotive batteries—a snapshot. J Power Sources，144：

505-512.

[12] Kaup C. 2014. 48V diesel hybrid with lead-acid batteries is not a contradiction—it is reality. In: 14th ELBC, Edinburgh, 9-12 September 2014, Proceedings, Lecture 4. 6.

[13] Meissner E. 2009. Lead-acid batteries—automotive batteries: conventional. In: Garche J. Encyclopedia of Electrochemical Power Sources, vol 4. Amsterdam: Elsevier, 829.

[14] Pillot Ch. 2014. HEV, P-HEV and EV market—impact on the battery business. In: 14th ELBC, Edinburgh, 9-12 September 2014, Proceedings, Lecture 1. 3.

[15] Rand D A J, Moseley P T. 2009. Lead-acid batteries—overview. In: Garche, J. Encyclopedia of Electrochemical Power Sources, vol 4. Amsterdam: Elsevier, 550.

[16] Saakes M, et al. 2005. Bipolar lead-acid battery for hybrid vehicles. J Power Sources, 144: 536-545.

[17] Sauer D U, et al. 2007. Charging performance of automotive batteries—an underestimated factor influencing lifetime and reliable battery operation. J Power Sources, 168: 22-30.

[18] Schindler M, et al. 2012. The rising demand to the electric energy storage in the 12 V power net. In: 13th European Lead Battery Conference (ELBC), Paris.

[19] Standards Development, 2014. BS EN 50342-6 Lead-acid starter batteries—Part 6: batteries for micro-cycle applications. Draft prEN 50342-6, June 2014.

[20] Statista, 2014. http://www.statista.com/statistics/267128/outlook-on-worldwide-passengercar-sales/2014-10-20.

[21] Sullivan J L, Gaines L. 2010. A Review of Battery Life-Cycle Analysis: State of Knowledge and Critical Needs. Argonne National Laboratory, Argonne, IL. http://www.transportation.anl.gov/pdfs/B/644. PDF. 2014-10-20.

[22] Warm A, et al. 2014. Requirements for an additional battery in the 14 volt power supply. In: Electric and Electronic Systems in Hybrid and Electric Vehicles and Electrical Energy Management, Conference, Bamberg.

6 混合动力电动汽车与纯电动汽车用镍-金属氢化物电池和镍-锌电池

M. Fetcenko，J. Koch，M. Zelinsky

6.1 引言

20 世纪 70 年代中期的汽油短缺引发了现代交通变革，在内燃机（ICE）驱动的车辆出现差不多 100 年后，汽车制造商开始探索使用电力驱动系统，但是这种努力很快遭到失败。直到 20 世纪 90 年代初期，来自政府的要求迫使汽车制造商开始重视降低汽车废气对于都市区环境空气质量的影响，因此车辆电气化再度兴起。

在这样的时间框架下，为了改进单位汽油量的续驶里程、降低车辆动力应用对于国外石油的依赖性，人们对可充电电池系统在车辆中的应用开展了广泛研究。对包括铅酸电池、镍-锌（NiZn）电池和镍-金属氢化物电池（NiMH）在内的几种不同电池体系进行了探索，其中对 NiMH 电池进行了深入研发。

NiMH 电池技术适用于高功率、宽操作温度范围的混合动力电动汽车（HEV），并继续占据该市场的支配地位，在车辆有效使用期内具有高的性价比。从 1997 年进入市场以来，已经有超过 600 万台车辆使用了 NiMH 电池系统。

6.2 NiMH 和 NiZn 电池的技术描述

6.2.1 电池与电极反应

放电时，NiMH 和 NiZn 电池中的 NiOOH 电极被还原成 $Ni(OH)_2$：

$$NiOOH + H_2O + e^- \longrightarrow Ni(OH)_2 + OH^- \qquad E'' = 0.52V \qquad (6.1)$$

NiMH 电池体系中，MH 被氧化成合金：

$$MH + OH^- \longrightarrow M + H_2O + e^- \qquad E'' = -0.83V \qquad (6.2)$$

NiZn 电池体系中，Zn 发生氧化反应：

$$Zn + 2OH^- \longrightarrow Zn(OH)_2 + 2e^- \qquad E'' = -1.24V \qquad (6.3)$$

NiMH 电池放电过程的总反应：

$$MH + NiOOH \longrightarrow M + Ni(OH)_2 \qquad E'' = 1.35V \qquad (6.4)$$

对于 NiZn 电池，其总反应为：

$$Zn + 2NiOOH + 2H_2O \longrightarrow Zn(OH)_2 + 2Ni(OH)_2 \qquad E'' = 1.76V \qquad (6.5)$$

这些电化学过程是可逆的。

在充电过程达到完全充电和过充电阶段时，密封镍基电池体系内部产生的气体通过氧复合机理消除，从而阻止电池内压积累。正极在充电时会析出氧气：

$$2OH^- \longrightarrow H_2O + \frac{1}{2}O_2 + 2e^- \tag{6.6}$$

同时，正极上生成的氧气在负极上与氢化物反应生成水：

$$4MH + O_2 \longrightarrow 4M + 2H_2O \tag{6.7}$$

最终结果就是水的电解循环，从而稳定了电池内压。

6.2.2 金属氢化物电极

储氢合金通常由多种元素制成，其分子式依赖于所用的不同合金类型（Ovshinsky，1998；Sapru 等，1986）。MH 电极有以下三种基本组成类型：

① AB$_5$（LaCePrNdNiCoMnAl）；

② A$_2$B$_7$（LaCePrNdSmMgNiCoMnAlZr）；

③ AB$_2$（VTiZrNiCrCoMnAlSn）（Kirchheim 等，1982；Ovshinsky 等，1993；van Beek 等，1984）。

AB$_2$ 型合金（容量：290～320mA·h/g）是目前最常用的合金类型，AB$_5$ 型合金的储氢能力低于 A$_2$B$_7$ 或 AB$_2$ 型合金。AB$_5$ 型合金的主要优点是原材料价格低、材料活化和电池化成容易、电极加工过程灵活，同常通过调节 La/Ce 比例获得高放电倍率、循环寿命或功率。

A$_2$B$_7$ 型合金的容量为 335～400mA·h/g，制造工艺对这些合金的性能有重要影响，因为这种合金有形成 AB$_5$ 型晶体结构相的倾向。通常，在合金组分中排除 Ce 元素可以阻止这些不希望出现的相的生成，添加 Sm 代替 La 可以降低价格，Mg 对提高容量有重要作用。

AB$_2$ 型合金的容量为 385～450mA·h/g，因为钒氧化物在电解液中的溶解，这种合金自放电较大，而且材料活化/电池化成困难。Co、Mn、Al 和 Sn 添加剂的量对于改善合金的活化、化成和长循环寿命非常重要，六方结构 C$_{14}$ 型与立方结构 C$_{15}$ 型这两种晶体结构的比例对于改善合金的容量或功率也有重要作用。

MH 合金的表面氧化膜层是其性能的主要限制因素，包括厚度、微观孔隙以及催化活性。催化活性不足的表面氧化物层导致材料具有较差的高倍率放电性能、较差的耐氧化/腐蚀性能，循环性能也差。氧化物层的微观孔隙可以允许反应物质接触弥散在氧化物中的含有超细金属镍颗粒（约 5～7nm）的活性位置，这非常有利于催化氢和氢氧根离子之间的反应进行（Fetcenko 等，1996）。

6.2.3 锌电极

NiZn 电池技术已经被研究多年，相比其他镍基电池体系，这种电池具有能量高、成本低的优势。但是，因为短路、循环寿命和密封电池的气体复合问题，NiZn 电池的商业化很困难，对此提出的很多解决方案也取得了不同程度的进展。

典型的锌电极由氧化锌与添加剂（金属锌、锌合金、碳、导电聚合物等）混合组成，从而改进电极的初期导电性和抗腐蚀性能。其中使用最广泛的氧化物添加剂是氢氧化钙，这种材料能够和氧化锌结合生成锌酸钙，这种放电产物与通常的氢氧化锌相比溶解度低，氧化钙的添加量最多可能达到活性锌质量的 25%，这会显著增加负极质量，降低电池的能量密度，也可能是这种电极机理影响因素限制了该添加剂仅应用于低倍率放电和充电场合。

锌电极制造与 MH 电极相似，两者都能使用粉末压片或涂膏方法。电极使用类似的集流体（穿孔带、发泡或拉伸金属网），通常使用铜或镀铜材料。集流体通常表面覆盖有抑制锌电极上氢析出的表面层，并且能够在负极极化条件下保持稳定。

6.2.4 氢氧化镍电极

氢氧化镍正极与过去 100 年其他镍基电池中使用的镍电极相似，比如 NiFe 电池和 NiCd 电池。然而，尽管基础是相同的，作为一种关键的正极组成，现在的高性能氢氧化镍更加先进，在容量、利用率、功率、放电速率特性、循环寿命、高温充电效率以及价格等方面都在持续改进。

在沉淀反应器中，镍盐与其他化学原料反应制造高密度球形氢氧化镍粉末颗粒，钴和锌等添加剂（典型添加量分别是 1%～5%）可以改善性能。氢氧化镍的关键物理参数是振实密度（约 2.2g/cm³）、颗粒尺寸（平均颗粒尺寸约 10μm）、比表面积（约 10～20m²/g）以及晶粒（约 11nm）。

多数商业化生产的正极（见图 6.1）是通过机械涂膏方法将高密度球形氢氧化镍填充到泡沫金属（通常是镍）集流体的孔隙中。泡沫金属集流体可以通过电镀或化学气相沉积方法制造，首先在聚氨酯泡沫上镀覆一层镍，然后热处理以除去聚氨酯基体。泡沫镍的孔径从大约 400μm 减小到 200μm，可以改进正极导电性、功率、容量和利用率。

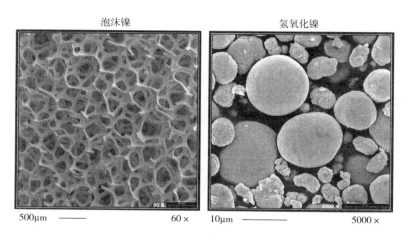

图 6.1 正极泡沫镍集流体和高密度球形氢氧化镍的扫描电镜照片

（数据来源：BASF Battery Material—Ovnic）

  另外，能够提供钴导电网络的添加剂可以改进膏料的类型和质量，改善涂膏配方（Matsumoto 等，1998；Takagi 和 Minohara，2000；Watanabe 等，1996）。通常，膏料添加剂可以使用金属钴和一氧化钴，它们经过溶解、再沉积过程包覆在氢氧化镍活性材料的表面。同样，球形氢氧化镍也可以预先用氧化钴包覆，然后用于制备电极和电池。

  相对于涂膏式电极，烧结式电极（见图 6.2）具有更佳的倍率和功率特性（Puglisi，2000），但是容量较低，制造成本较高。烧结式正极首先将镍纤维（Halpert，1990）用涂膏方法涂覆到一个基体上（通常是穿孔带），然后在高温热处理炉内 N_2/H_2 气氛中"烧结"，在此过程中，涂膏工艺中使用的粘接剂和其他添加剂被烧掉，只剩下导电的镍骨架。

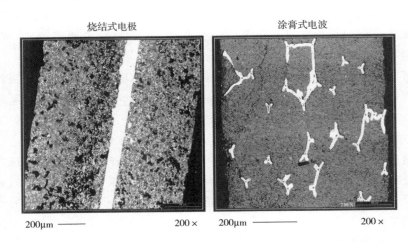

烧结式电极   涂膏式电波

200μm   200 × 200μm   200 ×

图 6.2 烧结式和涂膏式正极的背散射电子图像（亮区表明金属镍集流体，从中可显示出活性物质与集流体的距离）

（数据来源：BASF Battery Material—Ovnic）

  下一步工序是通过化学或电化学浸渍过程将氢氧化镍沉积到烧结式电极的孔隙中，最后通过电化学充电-放电对电极进行预活化，完成整个烧结式电极的制造过程。烧结式氢氧化镍电极制造过程的重要设计变量包括纤维镍骨架的强度和孔尺寸、氢氧化镍活性材料的化学组成以及活性材料的填充量。

6.2.5 电解液

  各种类型的镍基电池使用的电解液都是 30％氢氧化钾（KOH）水溶液，在很宽的温度范围内都具有高的电导率。通常，电解液中添加氢氧化锂（LiOH），可以抑制氧析出（充电接受的竞争反应），从而改善氢氧化镍电极的充电效率。

  电解液的重要特征是填充系数，电极几乎被电解液饱和，而隔膜只能部分饱和，仍能允许快速地气体传输和复合。

6.2.5.1 NiMH 电池特性

NiMH 电池中使用的特殊电解液能增强电池的高温工作能力，除了 KOH/LiOH 两种电解液组分，还可用 NaOH 替代一部分 KOH，三元的 KOH/NaOH/LiOH 电解液浓度高达 7mol/L，尽管这种电解液加速了 MH 活性材料的腐蚀，从而降低了电池循环寿命，但是 NaOH 也促进了高温充电效率的提高。

6.2.5.2 NiZn 电池特性

NiZn 电池电解液与某些制造商在 NiMH 电池中使用的三元混合电解液相似，然而由于锌电极相关的枝晶生长和可溶解性，NiZn 电池需要使用低浓度的三元混合电解液、缓冲剂以及氟化物、硼酸盐和/或硅酸盐等阴离子，以改善循环寿命。

6.2.6 隔膜

隔膜的首要功能是阻止正极与负极之间的电接触，同时保持离子传输所必需的电解液。另外，隔膜对电池循环寿命有重要作用。通常的设计规律是在电池组装阶段电极被电解液淹没，而在工厂进行首次化成循环之后电解液饱和程度降低。设计隔膜应有高的电解液填充比，从而能容纳尽可能多的电解液，但是不能过量，以免妨碍气体复合。

6.2.6.1 NiMH 电池特性

NiMH 电池中使用的稳定的隔膜材料必须能抑制自放电，同时能保持电解液，这对电池循环寿命非常重要。目前在 NiMH 电池中广泛使用的隔膜是"稳定可润湿聚丙烯"，通常由聚丙烯和聚乙烯组成，其基本复合纤维需要经过特殊表面处理，使其能被电解液润湿。目前有两种表面处理类型：

① 丙烯酸：这种工艺包含在基本纤维上接枝丙烯酸等化学物质，从而提供可润湿性，具体可使用 UV 或钴辐射等不同的技术方法实现（Cook，1999）。

② 磺化：这种工艺通过把基本纤维材料接触发烟硫酸来提供可润湿性。经过这种处理之后，隔膜表面对电解液就具有亲水性。

6.2.6.2 NiZn 电池特性

NiZn 电池使用多组分复合隔膜，包含锂离子电池类型的微孔隔膜和 NiMH 电池隔膜技术。NiMH 电池用无纺布隔膜作为电解液吸蓄体，要求通过表面处理改善可润湿性，锂离子电池类型微孔隔膜作为锌迁移和枝晶生长的屏障。但是，使用微孔隔膜材料显著提高了电池成本，一定程度上违背了锌负极相对 MH 合金具有更低成本的目标。

6.3 NiMH 与 NiZn 电池的电性能、寿命和成本

6.3.1 一般特征

NiMH 和 NiZn 电池属于碱性可充电池，这一系列电池还包含镍镉电池和镍铁电池。NiMH 和 NiZn 电池体系共同具有的主要优势如下：

① 可制成圆柱式和方形电池，电池尺寸可调；

② 免维护；

③ 环境可接受，材料可回收。

镍基电池体系具有高的比能量（见图 6.3）：NiMH 电池 50～110W·h/kg，NiZn 电池 70～110W·h/kg。到目前为止，因为其具有优异的综合性能、环境友好，特别是相对于其他先进电池体系的安全性能，NiMH 电池已经支配了 HEV 市场。针对 HEV 应用设计的先进电池体系必须能在性能与价格方面展开竞争。HEV 用 NiMH 电池具有如下特性：

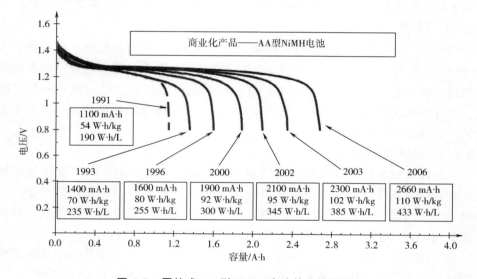

图 6.3 圆柱式 AA 型 NiMH 电池的比能量演进

（数据来源：BASF Battery Material—Ovnic）

① 高功率：商业化 HEV 用 NiMH 电池比功率达到约 1500W/kg。

② 组合灵活：HEV 用 NiMH 电池可以使用圆柱式和方形电池类型，经过组合可以提供 320V 输出。

③ 长寿命 [100%放电深度（DOD）循环寿命＞1000 次，10%DOD 循环寿命＞1000000 次]。

④ 工作温度范围宽（−30～70℃）。

6.3.2 倍率特性

NiMH 电池标称电压 1.2V，NiZn 电池标称电压 1.6V，两种体系都放电的终止电压都是 1.0V。高功率圆柱形电池可以得到高达 10C 倍率的放电曲线，然而电池的容量和倍率性能依赖于几个因素，包括电池外形与尺寸、N/P 比值（负极与正极容量比）、放电电流、终止电压和温度。

镍基电池在 0~40℃ 具有最佳性能，不同倍率下的室温放电曲线见图 6.4。车辆在天气炎热或寒冷气候地区使用，就会面临高于 50℃ 或低于 0℃ 的情况，因此温度特性对于电动汽车（EV）应用很重要。在高温下，氧析出产生更早，降低了正极充电接受能力，导致容量降低。在低温下，电解液电阻增大，降低了电池放电性能。

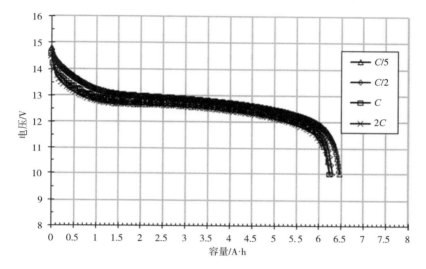

图 6.4　HEV 用圆柱式 NiMH 电池在不同倍率连续放电的电压-容量曲线

（数据来源：BASF Battery Material—Ovnic）

6.3.3　循环寿命

车辆应用领域中，强调功率（HEV）或能量［插电式混合动力电动汽车（PHEV）/电动汽车（EV）］对整个电池寿命以及用来确定循环寿命的测试方法都有重要影响。DOD 变化（PHEV/HEV 是约 80%，HEV 是 2%~10%）能够且确实对整个电池循环寿命产生显著影响。

在 PHEV/HEV 用电池中，能量密度是关键因素，纯粹全充-全放模式下的续驶里程作为测量指标。纯 EV 续驶里程模式下的循环寿命测试包含一个动态压力测试（DST）行驶曲线，使用一种可变电流/时间放电曲线来模拟实际行驶状况，大多数 PHEV/EV 电池在循环寿命测试中，每次循环放出电池额定容量的 80%，这些电池的循环寿命可达 600~1200 次（见图 6.5）。

与 EV 电池不同，HEV 电池侧重功率特性，通常使用大电流脉冲曲线来测试，荷电状态（SOC）总体上是在 50%~70% 范围内，SOC 变化幅度 2%~10%。根据美国先进电池联盟（USABC）测试规范，这种条件下工作的 HEV 电池循环寿命可达 300000 次（见图 6.6），对应于车辆预期寿命达到大约

150000mile（1mile＝1.609km）。

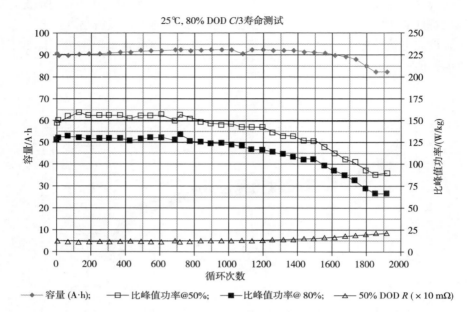

图 6.5　HEV 用圆柱式 NiMH 电池的循环寿命

（数据来源：BASF Battery Materials—Ovonic）

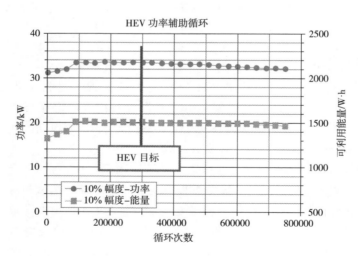

图 6.6　大型方形 NiMH 电池的循环寿命

（数据来源：BASF Battery Materials—Ovonic）

6.3.3.1　NiMH 电池特性

NiMH 电池主要失效模式是循环过程中的内阻增加、功率或能量衰减。EV

或 PHEV 用户观察到最高加速性能降低和/或车辆行驶里程减小，对 HEV 用户，可以观察到由于内阻增加及引发的功率损失导致电池失效，从而使电池在行驶过程中不能提供辅助加速，而且大电流充电导致过热，使电池不能吸收再生制动能量。电解液损失或再分配造成 MH 电极极化增加，这直接导致了电池寿命期间放电性能降低。

圆柱式电池壳相对于方形电池壳的内压承受能力更强，施加到电池壳和极群之间的机械压力有助于维持电极之间以及活性物质与集流体之间的接触，这种作用机理在大型方形 NiMH 电池中可能会强烈，使得模块内部的压力控制成为实现预期能量、功率以及循环寿命的一个关键因素。典型情况下，使用捆扎带束缚住模块内的单体电池，平衡外壳侧壁的横向压力。如果在一个模块内不能正确地固定电池，电极上电解液分布不均匀（电极上某些位置缺少电解液）或物质脱落，从而导致电池功率、能量和循环寿命降低，造成电池提前失效。

影响循环寿命的其他因素包括：

① 金属氢化物　耐氧化、耐腐蚀的合金组成及其对微结构的影响（颗粒粉化）。

② 氢氧化镍　降低膨胀、改善耐毒化能力的材料组成，通过使用包覆钴的氢氧化镍颗粒改善钴导电网络稳定性及钴用量、钴种类和其他涂膏添加剂。

6.3.3.2　NiZn 电池特性

和 NiMH 电池一样，NiZn 电池也受到几个相同因素影响，比如电解液损失或再分布造成内阻增大，这种损失可能由过热导致，而与大电流负载有关的高倍率充电/放电会造成电池过热。隔膜、锌活性物质和正极材料的氧化造成电解液消耗，最终导致循环过程中的功率/能量衰减。尽管使用了微孔隔膜，同时添加电解液添加剂抑制锌枝晶生长，在这种机理下仍可能发生内部短路。

6.3.4　电荷保持能力/搁置寿命

隔膜、正极和负极对降低镍基电池体系自放电都有贡献。氢氧化镍自身是不导电物质，因此，需要加入添加剂（主要是氧化钴）形成颗粒之间的导电网络。但是，由于自放电发生，NiMH 电池的荷电状态（SOC）在储存过程中会降低，而且这种变化高度依赖于温度。自放电造成的损失使正极上的钴导电网络退化。因为电池电量逐渐损失，钴导电网络开始破坏，CoOOH 还原成 Co^{2+}（氧化物）或 Co 金属，并且能够迁移到电池其他部分。氢氧化镍材料的质量、包覆后的氢氧化镍以及残余杂质如硝酸盐和碳酸盐都影响自放电机理。结果，为解决钴网络破坏问题研究了两种方法：

第一种方法要求在正极膏料中使用更多量的钴添加剂来阻止导电网络的破坏，另一种使用日渐增多的方法是使用经过"钴包覆"的活性材料。材料制造商提供的包覆了氢氧化钴的氢氧化镍表明，钴形成了更加稳定的形态。还有报道称钴包覆使利用率增加、高倍率放电性能提高（Kanagawa，1998），而且显著改善了自放电。

同样影响自放电的是氢氧化镍正极上氧的稳定性。尽管应用在氢氧化镍正极中的钴和锌添加剂能够抑制氧析出，但是铁和铜杂质可能有相反结果，负极腐蚀产物可能也会加速这种自放电机理。因此，对于消费市场中以荷电态销售的低自放电 NiMH 电池，电池制造商特别关注选择低腐蚀速率的负极材料。

6.3.4.1 NiMH 电池特性

就电荷保持能力而言，MH 合金选择也是设计中同样需要考虑的问题。相对于前面简单讨论过的 AB_5 型或 A_2B_7 型合金，高容量 AB_2 型合金自放电速率较高。不管选择何种 MH 合金，关于 MH 合金对自放电的影响方面有两种机理。第一种机理涉及氢化物合金与电解液反应生成的腐蚀产物，这些腐蚀产物能够通过隔膜迁移到氢氧化镍正极，加速储存期间的氧析出。第二种机理，其中一些腐蚀产物（如 AB_2 型 MH 合金中的多价钒氧化物）在正极和负极中间可能形成氧化还原穿梭效应，进一步增大了自放电速率。

隔膜的首要功能是阻止电极之间的电接触，保持有足够的电解液支持正极和负极之间的离子传输。如上所述，负极的腐蚀产物会毒化氢氧化镍，促使氧析出提前，生成能够进行氧化还原穿梭效应的产物。隔膜制造商开发了可与腐蚀产物结合的化学接枝试剂，能够降低自放电。这些先进隔膜材料的研发使室温自放电由大约 30％/月降低到小于 15％/年（见图 6.7）。

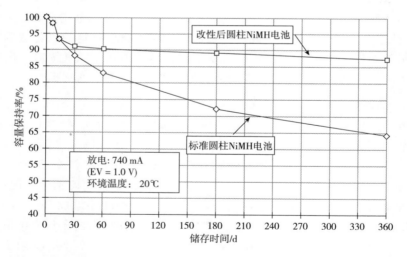

图 6.7 改性后圆柱 NiMH 圆柱电池与标准圆柱 NiMH 电池的荷电保持特性
（数据来源：BASF Battery Materials—Ovonic）

没有使用先进隔膜的标准商业化 NiMH 电池将在经过 6 个月到 1 年的储存后完全自放电，继续在开路条件下储存使得电池电压降低到 $0 \sim 0.4V$。在这个电压范围内，正极上的钴网络开始破坏。当这些发生的时候，负极暴露的 MH 活性材料的表面氧化加剧（Singh 等，1998）。

电池在低电压条件下的储存时间非常重要。一般需要进行几次小电流充电和放电循环来恢复电池容量和功率，但是如果电池在低电压下储存时间很长，MH 合金腐蚀与钴网络退化将会非常严重，电池功率或容量可能无法恢复。为了缓解这个问题，多数使用者将电池持续涓流充电或周期性地补充充电，以补偿正常的自放电损失的容量。高速充电设计的 NiMH 电池基本上不存在这种失效方式，因为自放电速率很小，而且没有涓流充电也能够长时间维持正常电压。

6.3.4.2　NiZn 电池特性

和标准民用 NiMH 电池一样，NiZn 电池在 25℃ 环境中充足电后，第一个月就损失初始容量的 20%～30%。建议不要在 50℃ 以上储存电池，否则会造成永久性容量损失。NiZn 电池储存时间不要超过 3 年，因为会发生容量损失。

6.3.5　成本

降低先进电池体系的成本仍然是发展电动汽车（EV）、插电式混合动力电动汽车（PHEV）和混合动力电动汽车（HEV）应用的推动力量。电池成本影响插电式混合动力电动汽车和纯电动汽车的应用，很多车辆制造商非常关注 HEV，其电池体积小于 EV 电池体积的 5%。电池成本目标是降低到 150 美元/（kW·h）。

任何体系电池的成本都是首先由所使用的材料决定，进一步降低成本还需要重要的研发活动。NiMH 电池刚出现时，其成本超过 1500 美元/（kW·h），为了降低成本，进行了大量投资。提高批量生产能力，改进材料性能，使得 NiMH 电池成本低于 800 美元/（kW·h），大容量民用 NiMH 电池成本已经达到 200 美元/（kW·h）。使 NiMH 电池成本显著降低的关键进展是：

① 低成本氢氧化镍：球形氢氧化镍成本降低了约 30%，新的低成本供应商进入市场，并且开发了低成本制造工艺。

② 负极中使用镀铜或镀镍钢带代替纯镍作为集流体，电池容量和功率增加了约 50%，同时降低了成本。

③ 低成本 MH 材料：材料制造工艺改进，新的供应商，低成本原材料，更高比容量的 MH 材料，这些显著降低了电池成本。

持续进行的研发活动提高了 MH 合金的储氢容量（从 320mA·h/g 提高到 450mA·h/g）和氢氧化镍利用率（从 240mA·h/g 提高到大于 280mA·h/g；Corrigan 和 Knight，1989；Ovshinsky 等，1994）。

6.4　NiMH 电池和 NiZn 电池在混合动力电动汽车和纯电动汽车中的优点和缺点

在 HEV 中更强调功率，而不是比能量。功率型电池在充电和放电时必须能够承受大电流脉冲。电池主要工作在 50%～70% SOC，仅使用可利用能量的一小部分（SOC 典型变化幅度 2%～10%）。这里电池的首要目的不是 EV 型电池的续驶里程，而是用于吸收和存储再生制动能量，辅助车辆加速，改善燃油经济性。因此，对电池研发者的比功率目标是大于 1000 W/kg，镍基电池体系能够满足此目标。

PHEV/EV 电池更强调能量，而不是功率。电池 SOC 变化范围为 20%～100%，因此使用了电池可利用能量的 80%，目的是达到尽可能高的比能量，使车辆行驶里程最大，而由于电池而增加的重量最轻。因此，电池需要提供的功率较低，约 200W/kg，但是比能量要比 HEV 电池高（HEV 电池 45W·h/kg，PHEV/EV 电池＞65W·h/kg）。这里，除了性能特征之外，Ni 基电池在重量和尺寸上面处于劣势。

6.5　混合动力电动汽车和纯电动汽车用 NiMH 与 NiZn 电池的设计

6.5.1　电池结构类型

密封镍基电池和电池组可以有不同的结构与尺寸，从小型扣式和圆柱式电池到大型方形和整体电池结构：

① 扣式结构　扣式结构（见图 6.8）包含正极、隔膜、负极，放入被称为电池杯的小壳子中，接触弹簧放在电池堆的上面，一套电池盖/垫圈加入电池壳中，然后卷边成型，将电池密封。

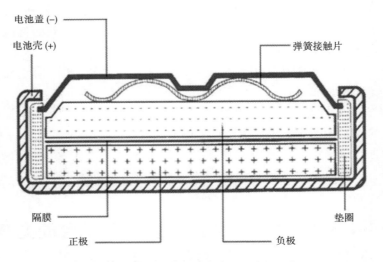

图 6.8　密封镍-金属氢化物扣式电池结构

（数据来源：Harding Energy）

② 圆柱式结构 圆柱式电池结构（见图6.9）包含一个正极、一个负极、一片隔膜，成螺旋形卷绕成卷状，塞入镀镍钢壳中，电池壳通过上部组件（包含盖子、可重复密封的安全阀、端子、塑料密封圈）卷边密封。通常电池壳作为负极端子，电池盖作为正极端子。

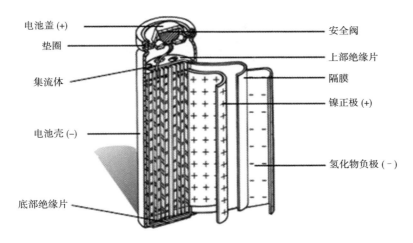

图6.9 圆柱式密封镍-金属氢化物电池结构

（数据来源：Gold Peak）

③ 大型方形结构 大型方形结构（见图6.10）由正极、负极以及将正负极隔开的隔膜片组成的电堆构成。电堆焊接到独立的接线端子上，然后将电堆塞入塑料或不锈钢壳中，将上部组件（包括可重复密封的安全阀、端子以及塑料垫圈）与电池壳焊接密封。

④ 整体结构 HEV整体电池结构（见图6.11）与大型方形电池结构类似，也是由正极、负极以及将正负极隔开的隔膜片组成的电堆构成。整体结构包含一个共用的塑料壳、一个单独的排气阀以及其他共用构件，另外还有液体或气体冷却系统。

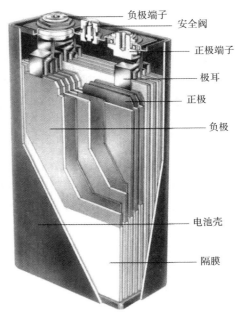

图6.10 大型方形NiMH电池结构

（数据来源：BASF Battery Materials—Ovonic）

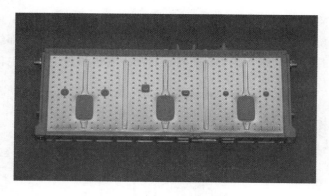

图 6.11 HEV 电池塑料壳方形组件

（数据来源：BASF Battery Materials—Ovonic）

6.5.2 圆柱式与方形结构对比

镍基电池体系可以制成圆柱形和方形电池，电池最终用途决定了最适合的电池结构类型。小于 10A·h 的电池通常选择圆柱式结构，因为其造价便宜。电池容量在 $10\sim20A\cdot h$，圆柱式结构和方形结构都可以选择。高于 20A·h 的电池主要选择方形结构。

用于电动车辆的圆柱式电池与大批量生产的民用电池类似，电动车辆用圆柱式电池装配与小型民用电池相似，都是使用螺旋卷绕（通常称为山楂卷），但是在结构上也有重要区别。

电动车辆应用要求电池结构具有低内阻和高及超高倍率放电能力，这种结构要求沿着正极和负极一个侧边的整个长度上使用电流收集条（称为边缘焊接）。当电极经过卷绕之后，正负极的电流收集条分别在电池卷的相对两侧。下一步，导电连接条焊接在每个电极的多个部位以及电池壳和电池盖上。经过电流收集改善之后的最终结果是重量增加、比能量降低，但是由于降低了电池交流内阻（对于小型便携式电池通常在 $8\sim12\ m\Omega$，工业圆柱式电池通常在 $1\sim2m\Omega$），使得比功率增加。

方形电池结构是将正极和负极交替排列，每两片电极中间放置一片隔膜，设计选项包括电堆中的电极厚度与数量、高宽比（电池高度、宽度、厚度的相对比例）、隔膜重量以及 N/P（负极与正极容量比），其他设计变量包括壳体材料（塑料或金属）、端子类型和电流收集方式。在所有情况下，电池设计者需要首先突出能量或者功率，同时努力维持其他性能指标，比如循环寿命。举例来说，大型镍基方形电池（Corrigan 等，1997）比功率约 200W/kg，能够用于 EV，这种设计使用厚的正极板和负极板，增加活性物质与非活性电池组分的比例，电池比能量大约 80W·h/kg。相反，小型 HEV 用方形电池使用薄极板，活性物质与非活性电池组分的比例较低，HEV 用电池比能量大约 45W·h/kg，但是比功率大于 1300W/kg。

6.5.3 金属与塑料电池壳

圆柱式 NiMH 电池仅使用金属壳，原因有以下几条。第一，电池壳和盖作为电池端子，电池壳连接 MH 负极，电池盖连接正极，但是电池之间需要使用绝缘材料。第二，一些应用场合需要使用快速充电，气体复合成为需要设计考虑的问题，因为气体会导致电池内压增大。在压力大于 200psi（1psi＝6.895kPa）时，只有金属壳体能够承受这种压力。第三，相对于方形结构，高倍率圆柱式电池制造成本低、快速、可靠性高。

镍基方形电池中，金属和塑料电池壳都很常用（见图 6.12），壳体的选择主要根据特定的汽车用途。电池壳和盖不再兼做端子，相反，电池设计有两个端子，分别固定在上盖板上，并与之绝缘。在选择使用塑料或金属电池壳时，必须考虑导热性、改变电池尺寸的研发成本和体积。

(a)　　　　　　　　　　　　　　　　　(b)

图 6.12　使用塑料壳（a）和金属壳（b）的 NiMH 电池模块

（数据来源：BASF Battery Materials-Ovonic）

其他塑料电池设计问题包括模具开发成本、气体/水的渗透、电池冷却（液体或空气）以及能够承受气压而不发生电池壳壁鼓胀的塑料厚度。但是，在 HEV/PHEV/EV 设计中，电压超过 300V，因此必须考虑高电阻漏电电流，而塑料电池壳在成本和电绝缘性方面具有优势。

6.5.4 电池单体、模块、电堆设计

依据所使用的电池单体是圆柱式或方型，模块和电堆可以包装成不同的结构形式。在不同的包装结构中，需要重点考虑一些设计问题，比如电池单体或模块之间的距离。因此，电池单体通常包装成模块，电池单体以背靠背形式排列，从而缩小体积。

模块/电堆内的热平衡是另一个需要设计的问题。模块/电堆内部过多的热量会导致 SOC 失衡和过早失效。电堆设计师必须考虑是否像其他电池箱散热器一样安排空气或水流动管道，以平衡模块与模块之间的冷却。

6.5.4.1 NiMH 电池特性

丰田和本田在他们的 HEV 车辆用 NiMH 电池系统中使用空气冷却电池组。目前，水冷式电池组也用于插电式混合电动车和纯电动车演示，它能够更精确地控制温度波动。

NiMH 电池的其他设计指标包括：

① 电池设计　更高的 N/P 比值，以影响电池压力、MH 腐蚀与粉化、放电储备（过放电保护）；基本的隔膜材料和处理措施，以改善耐腐蚀性、电解液吸收/保持能力、抗短路性能；电解液组成、用量和填充比对总体性能的影响，比如工作温度范围。

② 电堆设计　电池电压平稳，增大了由电池单体之间的容量或荷电程度（SOC）不匹配导致异常的过充电/过放电而带来的危险。相对于高功率电池，高能量电池（由 0.1kW·h 提高到 33kW·h）电堆内产生了更多的热量。较高的操作环境温度下，要求有空气或水冷却，使电堆内温度保持在 35℃ 或稍高。

6.6　NiMH 和 NiZn 电池主要应用

降低电池成本对 EV、PHEV 和 HEV 的发展至关重要。对大多数车辆制造商来说，高成本的主要是 HEV，而 PHEV 和 EV 需要努力降低相关电池成本。研发重点是基于内燃机（ICE）和电驱动系统的结合以及再生制动的各种不同 HEV 概念（Elder 等，1999），其主要区别是涉及的电气化程度（纯电驱动）和电动机应用：

① 微混合动力　当车辆停止时，微混合动力系统（常被称为启/停技术）切断内燃机，而制动踏板松开时立即启动内燃机。汽车制造商立即采纳了这种混合动力方式，作为迎合欧洲燃油经济性标准的便宜解决方案，一些估计认为，5 年内全世界销售汽车的 40% 将使用这项技术。微混合动力系统通常使用 12V 铅酸电池用于电气负载和发动机启动，不提供任何电驱动或推进辅助。

正在进行的一些工作中使用了镍基电池体系（NiMH 和 NiZn）作为铅酸电池的替代品，特别是包含了再生制动的更加先进的混合动力系统。双电池、电池/超级电容器混合以及高电压（48V）电池系统也正在研究。

② 轻混合动力　轻混合动力与微混合动力相似，都使用启/停技术，都没有任何纯电动行驶里程。但是，轻混合动力还使用一个较大型电池提供较高的工作电压（通常＞60V），对内燃机提供一定程度的功率辅助。一些汽车 OEM 厂商（GM、Mercedes 和 BMW）已经制造了使用 Ni 基电池体系（主要是 NiMH 电池）的车辆。

③ 全混合动力　混合动力汽车除了与微混合动力和轻混合动力系统同样的特性之外，还加入有限的纯电力推进。这种系统对于不同的汽车 OEM 厂商也是不同的，但是通常工作电压 100～300V，储存能量 0.5～2.0kW·h。在微混合动

力系统之后，全混合动力系统构成当前使用的混合动力系统的主要类型。NiMH 电池是 HEV 中电池体系的主要选择，使用 NiMH 电池的丰田 Prius 混合动力车已销售超过 600 万辆。

④ 插电式混合动力　插电式混合动力系统是一种全混合动力，但是有一段较大的纯电动行驶里程（10～40mile）。PHEV 用电池具有更高能量，根据车辆类型不同可以有 5～30kW·h，电池可以在家中或通过公共充电站充电。早期的 PHEV 是使用内燃机车辆或全混合动力车辆改装。其中一个公司，就是 Plug-In Conversions Corporation，使用了一组 6.4kW·h NiMH 电池，将丰田 Prius 由 HEV 改装成了 PHEV。现在，所有生产的 PHEV 都使用锂基电池体系。

⑤ 纯电动汽车　纯电动汽车（EV）只能纯电动行驶（70～120mi），使用的电池比 HEV/PHEV 中的电池具有更高能量（＞20kW·h），电池能量根据车辆类型不同而不同。与 PHEV 一样，电池可以在家中或公共充电站充电。EV 的早期工作是美国先进电池联盟（USABC）中的 OEM 厂商提供资金，这项技术的初期使用者们关注于使用铅酸电池和 NiMH 电池体系。通用汽车公司（GM）在 20 世纪 90 年代推出的 EV-1 车型首先使用铅酸电池，后来换成 NiMH 电池，丰田公司（Toyota）的 RAV-4 车型在最终的市场实验时同样使用了 NiMH 电池。现在，所有生产的纯电动汽车都是用锂基电池体系。

6.7　NiMH 与 NiZn 电池的环境与安全问题

HEV/PHEV/EV 电池技术使用高电压电池组，电击危险需要关注。涉及高电压，必须小心隔离电池组，防止潜在的短路点。在单体电池处就必须考虑绝缘，如果可能的话，要使用塑料电池壳，而不是金属壳。如果金属壳是第一选择，金属壳电池单体必须具有稳定且没有针孔的绝缘涂层。电池模块必须与电池箱隔离，电池单体和模块之间的连接条也应该与电池箱绝缘。空气冷却电池组会被空气中带来的微粒污染（比如灰尘或盐），电池组外壳设计需要特别考虑。

其他潜在安全问题包括：潜在爆炸性气体的生成，碱性电解液的泄漏。

NiMH 和 NiZn 电池是对环境安全的电池技术，而且能够循环使用。

6.8　NiMH 和 NiZn 电池在混合动力电动汽车和纯电动汽车中的未来发展潜力

尽管电池制造商为了 EV 应用而努力改进能量密度和工作寿命，市场似乎正转向一个不同的方向，至少在近期是如此。消费者具有极强的成本意识，寻求更高的燃油经济性。汽车制造商已经认识到，启/停引擎技术是最有效且成本低的方法，达到燃油经济性和碳排放要求。简单的启/停技术能够使燃油经济性提升高达 5%，而每辆车增加成本低于 500 美元，见表 6.1。

表 6.1　微混合动力和全混合动力比较（数据来源：Avicenne Energy）

指标	微混合动力	全混合动力	指标	微混合动力	全混合动力
启/停	是	是	燃油节省	5%	20%
再生制动	否	是	成本	300 美元	3000 美元
推进辅助	否	是	2020 年汽车销量	3500 万辆	350 万辆
全电动	否	有限			

当前，大约 40％的在欧洲销售的车辆上已使用微混合动力启/停技术，在世界其他地区也正在流行起来。微混合动力汽车市场正在快速增长，预计将使其他混合动力电动汽车和纯电动汽车黯然失色。微混合动力汽车全球销售预计 2020 年达到 3500 万辆，是纯电动汽车、插电式混合动力汽车、轻混合动力汽车和全混合动力汽车销售综合的 10 倍（Pillot，2013）。

因为强调成本最小化，大多数初期的微混合动力汽车使用了铅酸电池，采用增强型富液电池（EFB）或吸附式玻璃纤维（AGM）设计。与传统的汽车用启动、点火、照明（SLI）电池相比，这些电池设计改善了部分荷电态条件下循环寿命，使其能够满足基本的启/停应用，同时对成本影响最小。然而，即使将先进的铅酸电池用于启/停，仍不清楚在极端温度条件下，电池的耐久性和寿命是否满足要求。一些包含启/停技术的汽车使用铅酸电池加 NiMH 电池的组合来综合平衡成本和可靠性。

然而，微混合动力汽车平台在简单的引擎启/停功能之上继续发展，很多车辆添加了再生制动能量回收功能，进一步改进燃油经济性。进一步的升级可能会添加车辆滑行时的关闭引擎功能（与停车时相同），甚至可能包含有限的辅助加速功能。

尽管 EFB 和 AGM 电池已经是超越传统 SLI 铅酸电池的显著改进，动态充电接受能力仍然是 EFB 和 AGM 电池寿命是一个限制因素。相反，Ni 基电池体系不仅能够接受大电流充电，而且能够高功率放电，这使它们成为微混合动力应用的理想替代电池，特别是需要考虑替代先进汽车电池的成本的时候。

NiMH 电池在全混合动力电动汽车应用中取得了压倒性胜利，在增强型微混合动力汽车应用中就成为一个自然的选择。包括日产（Nissan）和三菱（Mitsubishi）在内的几个汽车制造商已经准备在微混合动力汽车中使用 NiMH 电池。

传统上，由于循环寿命问题，NiZn 电池使用受限，这使其在这种应用中并不合适。至少有一个制造商（Powergenix）报告说已经解决了这个问题，据媒体报道，对于在启/停应用中铅酸电池的替代品，NiZn 电池模块正在汽车制造商（PSA Peugeot Citroen）、一级供应商（Hella）和独立测试机构处进行评估。相比于 12V 铅酸电池，NiZn 电池具有更轻的重量和更长的寿命，见表 6.2。

表 6.2　微混合动力系统中应用的 AGM 电池和 NiZn 电池对比（数据来源：Power Genix）

指标	典型 AGM 铅酸电池	同等的 NiZn 电池
尺寸	278mm×190mm×175mm	278mm×190mm×175mm
容量	70A·h	85A·h
电压	12.0V	13.2V
能量	840W·h	1090W·h
冷启动电流（CCA）	760A	850A
质量	20.5kg	14.7kg
质量比能量	40W·h/kg	75W·h/kg
体积比能量	90W·h/L	120W·h/L
工作寿命	2 年	5 年

6.9　市场和未来趋势

另一个正引起关注的应用是电网储能。已经提出多种电池和储能技术，安装规模从 10kW 到几兆瓦，服务于从家庭自用到大型风电场输出等许多应用，全世界正在实施大量示范项目来验证电网储能。在这些技术与方法中，电动车电池具有突出作用，可以通过汽车-电网连接、二次利用，或者并联部署。

电力工业乐于使用汽车工业采用的任何先进电池技术，他们认为汽车工业有能力促使电池供应商缩减成本、优化性能和确保安全。服务于不同的 HEV、PHEV 和 EV 平台的电池提供了理想的构建模块，能够集成为应用规模的能量储存系统。还要考虑这些电池是否必须是新的，或者是否可能对已经在汽车应用中达到寿命终止的电池在电网上进行二次利用。NiMH 电池的长循环寿命性能使其成为电网储能用电池的一种理想替代品。而且，既然重量在固定应用中并不像车辆应用中那么关注，各种 Ni 基电池能够在这个预计在 2020 年增长到 200 亿美元的市场中竞争份额（Bloom 和 Dehamma，2011）。

NiMH 电池正进入固定型储能应用，比如电信备用电源。由于电池重量因素，在纯电动车应用中，NiMH 电池输给了锂离子电池，而这些固定型储能应用更重视成本、安全性、寿命和可靠性。NiMH 电池在混合动力电动汽车实际恶劣环境中的长期跟踪记录显示出的高可靠性，有利于 NiMH 电池打入这一市场，特别是深放电应用中需要经常更换铅酸电池。在需要考虑全部成本时，NiMH 电池很有竞争力。要求 10 年寿命的应用场合，NiMH 电池也能与铅酸电池的初期成本竞争，因为铅酸电池放电深度有限，要求必须有很大的容量。

尽管一些人认为 Ni 基电池是成熟技术，美国能源部仍把其列为重要的下一代进展，通过其先进研究计划署授予 BASF 公司一项合同，要求从根本上彻底改变 NiMH 电池技术、新型电解液、负极和正极材料，这个两年计划的主要目标是通过极大提升电池性能，显著改善电动汽车的行驶里程、成本和安全性。

参考文献

［1］ Bloom E，Dehamma A. 2011. Energy Storage on the Grid. Pike Research，USA.

［2］ Cook J. 1999. Separator-hidden talent. Electric & Hybrid Vehicle Technology.

［3］ Corrigan D，Knight S. 1989. Electrochemical and spectroscopic evidence on the participation of quadrivalent nickel in the nickel hydroxide redox reaction. J Electrochem Soc，136 (3)：613-619.

［4］ Corrigan D，Venkatesan S，Gifford P，et al. 1997. In：Proceedings of the 14th International Electric Vehicle Symposium.

［5］ Elder R，Moy R，Mohammed M. 1999. In：16th International Seminar on Primary and Secondary Batteries.

［6］ Fetcenko M，Ovshinsky S，Chao B，et al. 1996. Electrochemical hydrogen storage alloys for nickel metal hydride batteries. United States Patent：5536591A.

［7］ Halpert G. 1990. In：Proceedings of the Symposium on Nickel Hydroxide Electrodes，Electrochemical Society：3-17.

［8］ Kanagawa I. 1998. In：15th International Seminar on Primary and Secondary Batteries.

［9］ Kirchheim R，Sommer F，Schluckebier G. 1982. Hydrogen in amorphous metals. I Acta Metall，30 (6)：1059-1068.

［10］ Matsumoto I，Ogawa H，Iwaki T，et al. 1998. In：16th International Power Sources Symposium.

［11］ Ovshinsky S. 1998. In：MRS Fall Meeting. Materials Research Society，Boston，MA.

［12］ Ovshinsky S，Fetcenko M，Ross J. 1993. A nickel metal hydride battery for electric vehicles. Science，260 (5105)：176-181.

［13］ Ovshinsky S，Corrigan D，Venkatesan S，et al. 1994. Chemically and compositionally modified solid solution disordered multiphase nickel hydroxide positive electrode for alkaline rechargeable electrochemical cells. United States Patent：5348822A.

［14］ Pillot C. 2013. The Worldwide xEV Market 2012-2025 Impact on the Battery Business. Avicenne Energy，USA.

［15］ Puglisi V. 2000. In：17th International Seminar & Exhibit on Primary and Secondary Batteries，Ft. Lauderdale，FL.

［16］ Sapru K，Reichman B，Reger A，et al. 1986. Rechargeable battery and electrode used therein. United States Patent：4623597.

［17］ Singh D，Wu T，Wendling M，et al. 1998. In：Materials Research Society Proceedings，496：25-36.

［18］ Takagi S，Minohara T. 2000. Society of Automotive Engineers，2000-01-1060.

［19］ van Beek J R，Donkersloot H C，Willems J J G. 1984. In：Proceedings of the 14th International Power Sources Symposium.

［20］ Watanabe K，Koseki M，Kumagai N. 1996. Effect of cobalt addition to nickel hydroxide as a positive material for rechargeable alkaline batteries. J Power Sourc，58 (1)：23-28.

延伸阅读

Reddy T. 2011. Linden's Handbook of Batteries. McGraw Hill，New York.

7 用于混合动力电动汽车和纯电动汽车的后锂离子电池

P. Kurzweil

7.1 继锂离子电池之后的电池

本章是关于当前锂离子电池技术继任者的下一代电池（Scrosati等，2013；Ritchie和Howard，2006）。作为中期解决方案，锂离子电池于20世纪90年代进入了小型电源市场，最近几年，锂离子电池将NiMH电池和高温电池逐出了这一市场，并正在进军电动车应用，从长期来说，这一趋势将一直持续到燃料电池能够满足未来公路交通和氢能经济的愿景。

7.1.1 电力推进的要求

根据丰田汽车公司2013年发布的新闻，该公司将于2020年用商业化固态电池取代当前的"液态"锂离子电池体系，之后几年将会是锂空气电池技术（Greimel，2013）。与当前锂离子电池按同等重量对比，预计固态电池是其容量的3到4倍，锂空气电池容量超过5倍。使用固态电解液使得单体电池之间连接方便，而不需要单独的电池壳，使得包装最为紧凑。未来金属空气电池将能够采用外部"空气"作为正极物质而工作，因此电池重量仅仅决定于负极。丰田的研究策略瞄准的是能够接近汽油能量密度的电池，换句话说，锂电池能量密度必须提高50倍，才能达到一箱汽油的水平。

在城市交通中，一个紧凑型电动汽车控制质量1500kg，电池质量300kg，行驶里程d与电池比能量W成线性关系：

$$d/\mathrm{km} = 2W/(\mathrm{W \cdot h/kg})$$

当前电池性能处于$80 \sim 120\mathrm{W \cdot h/kg}$，对应于行驶里程$160 \sim 240\mathrm{km}$。以恒定速度80km/h长距离行驶，理论行驶里程$d = 4.5W$。

美国先进电池联盟（USABC）对于电池电动汽车（BEV）用先进电池的目标（Neubauer等，2014）是$350\mathrm{W \cdot h/kg}$（C/3），$750\mathrm{W \cdot h/L}$（C/3），$300\mathrm{W/kg}$（10s脉冲），$700\mathrm{W/kg}$（30s脉冲），寿命1000次循环，工作温度$-30 \sim 52℃$，充电时间$<7\mathrm{h}$，15min内快速充电到荷电80%，月自放电$<1\%$。

阿贡国家实验室预测估计未来锂电池能量密度，2020年后达到$200\mathrm{W \cdot h/kg}$（$375\mathrm{W \cdot h/L}$），到2030年达到$300\mathrm{W \cdot h/kg}$（$550\mathrm{W \cdot h/L}$）。在未来20年，能量密

度必须在目前基础上提升 2.5 倍。

欧盟委员会的"地平线 2020"计划追求在电动汽车应用中使用纳米技术、先进材料和后锂离子电池。公路交通电气化被认为是都市区域环境友好的关键。提升电动汽车的价格竞争力和继续发展储能技术，将使其更接近内燃机车辆行驶里程性能，这符合欧洲绿色汽车倡议（EGVI）的路线图计划。进一步说，委员会认为，下一代电池能够在欧洲制造，这对欧洲的竞争力非常重要。同时，电池的能量密度、功率密度、热稳定性、充电速率和内在安全性必须改进。需要研发新电池体系，深入理解老化机理。而且，未来电池必须具有价格竞争力，制造工艺必须是环境友好的，包括回收利用观念和循环寿命评价。

7.1.2 先进 5V 锂离子电池材料的缺点

可惜，目前还没有一种锂离子电池体系能够使纯电动车达到现在使用化石燃料的内燃机车辆这样的长距离行驶要求，一些先进锂离子电池技术在 2015 年或更晚时间达到能量密度 $250 \sim 300 \mathrm{W \cdot h/kg}$，而汽油能量密度 $12000 \mathrm{W \cdot h/kg}$（Danielson，2011）。

因此，以下部分只是对电池技术的主要概念现状进行简短综述，这些体系有可能在未来几十年取代当前的锂离子电池。

7.1.2.1 正极（阴极）

传统的 4V 金属氧化物材料，比如 $LiCoO_2$［LCO，约 $150 \mathrm{A \cdot h/kg}$，3.9V（vs. Li/Li^+），性能较差］，$LiNiO_2$（LNO，约 $170 \mathrm{A \cdot h/kg}$，3.8V），$LiNi_{0.8}Co_{0.15}Al_{0.05}O_2$（NCA，约 $190 \mathrm{A \cdot h/kg}$，3.6V，性能好），$Li(NiMnCo)_{0.33}O_2$（NMC，约 $160 \mathrm{A \cdot h/kg}$，3.8V）存在安全问题，价格昂贵。

（1）5V 正极材料

图 7.1 汇集了几种有前途的正极材料。

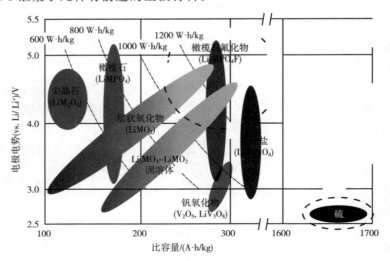

图 7.1　研究中的先进正极材料性能数据

① 尖晶石（Santhanam 和 Rambabu，2010；Kraytsberg 和 Ein-Eli，2012）　商业化 LMO（$LiMn_2O_4$）工作输出 4V、120A·h/kg，尽管功率、成本和安全性很好，但是稳定性差。用过渡金属取代锰，电极电势升高。计算表明，过渡金属阳离子不会改变尖晶石结构，但是会改善电性能（Kawai 等，1999）。过渡金属离子的氧化还原反应增加了新的电极放电平台，改善了 $LiM_xMn_{2-x}O_4$（M＝Ni、Co、Cr、Cu、Fe）尖晶石结构。尖晶石氧化物 $Li[Ni_{0.5}Mn_{1.5}]_4$ 放电容量 148A·h/kg，对应 Ni^{II}/Ni^{IV} 的平均工作电压为 4.75V（相对于嵌锂石墨负极），对应 Mn^{III}/Mn^{IV} 的第一个电压台阶是 4.1V。

$$Li[Ni_{0.5}^{II}Mn_{1.5}]O_4 \longrightarrow [Ni_{0.5}^{IV}Mn_{1.5}]O_4 + Li^+ + e^-$$

替代物以氧化还原电对（Ni^{2+}/Ni^{4+}）形式工作，电化学惰性的锰使结构稳定（Ohzuku 等，1999）。更多例子：$LiFe_{0.5}Mn_{1.5}O_4$（4.9V）、$LiCo_{0.5}Mn_{1.5}O_4$（5.0V）和 $LiCoMnO_4$（5.0V）。遗憾的是，由于正极-电解液间的相互作用，这些尖晶石相在普通电解液中不稳定。使用 $AlPO_4$、ZnO 或 Al_2O_3 进行表面修饰，可以使导电性差的固体电解质界面膜（SEI）得到改善。

② 富锂材料　Li_2MO_3-$LiMO_2$ 固溶体被称为层状-层状复合材料 $xLi_2MnO_3 \cdot (1-x)LiMO_2$，或层状-尖晶石复合材料 $xLi_2MnO_3 \cdot (1-x)LiM_2O_4$，其中 M 表示金属离子，如 Ni、Mn、Co 或 Cr。这些材料的电极电势大约 4.8V，比容量 220～280A·h/kg，但是功率特性较差，而且随着循环进行，电压下降很快。首次循环后，由于脱出的锂离子不能回到已失去氧化物空位的层状 Li_2MnO_3 晶格中，容量不可逆地降低（Xu 等，2011）。这种尚未商业化的材料主要是由 ANL 研发，目前还在研究中。

③ 钒酸盐　钒氧化物（V_2O_3，LiV_3O_8）电极电势 3V 左右，反尖晶石结构的锂镍钒酸盐（LiNiVO）电极电势 4.8V，容量 60A·h/kg。

④ 磷酸盐　磷酸锰锂（$LiMnPO_4$）、磷酸钴锂（$LiCoPO_4$，橄榄石相，4.8V）、磷酸镍锂（$LiNiPO_4$，橄榄石相，约 5.2V）容量 160～171A·h/kg，使用涂布技术和确保短扩散路径的小颗粒材料，可以使有限的离子和电子导电性得到改善。

（2）两电子正极材料

① 橄榄石氟化物　$Li_2Mn(PO_4)F$ 理论能量 1218W·h/kg 和 3708W·h/L，C/10 倍率下 $LiFeSO_4F$ 实际容量 130mA·h/g（Cheng 和 Scott，2011），含两个锂的化合物与天然矿物 tavorite 型 $LiFe(PO_4)(OH)_{34}$ 同构型，包含由氧化还原活性金属 M、p 区元素 Y 以及另一元素 X（O、OH 或 F）组成的宽化学组成物质 $LiM(YO_4)X$。tavorite 结构含氧磷酸盐、氟代磷酸盐、含氧硫酸盐和氟代硫酸盐中的有希望候选者可能是 $V(PO_4)F$、$MoO(PO_4)$、$WO(PO_4)$ 和 $NbO(PO_4)$（Mizuno 等，2010）。在 tavorite 型材料中已经验证有两个锂参与充放电循环。

② 焦磷酸盐 $Li_2MP_2O_7$（M＝Fe，Mn，Co）（Barpanda 和 Nishimura，2012；Quartarone 和 Mustarelli，2011）可能是未来的研究方向，虽然还未证实其中有两个锂参与充放电循环。计算表明，只有在电压高于 5V 时，第二个锂才能够从 Fe 和 Mn 的焦磷酸盐中脱出，而实际上与此适配的电解液尚不存在。

③ 硅酸盐 通式为 Li_2MSiO_4（M＝Fe，Mn，Co），每个过渡金属原子能够可逆嵌入两个锂。这类物质具有多种晶型，理论容量高于 200A•h/kg。但是，锰和钴的硅酸盐有容量快速衰减的趋势。硅酸铁锂 Li_2FeSiO_4 可逆容量 120～140A•h/kg（Huang 等，2014；Li 等，2013；Wang 等，2013a）。由于动力学过程缓慢，在高温下才能高倍率放电。可惜，放电电压范围很窄，因为这两个氧化还原过程的区分并不明显。

（3）混合正极材料

① 共混材料（Chikkannanavar 等，2014） 这种材料是不同活性材料的物理混合物，结合了各自的优势。价格高、热敏感但是容量高、耐用的材料（比如 $LiNi_xCo_{1-x-y}Al_yO_2$）可以和一种容量低但是热稳定性好、电压高以及高倍率性能好的材料（比如 $LiMn_2O_4$）混合。典型共混材料是：

a. 尖晶石和层状氧化物（LCO，NCA，NMC）共混。

b. 橄榄石（$LiFePO_4$，$LiMnPO_4$）和层状氧化物（LCO，NMC）共混。

c. $LiCoO_2$ 与 NMC、NCA 或尖晶石共混。例如 $LiCoO_2$＋$LiNi_{0.33}Mn_{0.33}Co_{0.33}O_2$ 的比容量 180A•h/kg，电压 3.9V（vs. Li/Li^+），而其组成材料只有 151A•h/kg 和 153A•h/kg。

d. 富锂材料共混

② 核-壳材料（Myung 等，2013） 两种具有相似组成的材料纳入同一个颗粒，比如，化合物 $Li(Ni_xCo_yMn_z)O_2$（$x+y+z=1$），其中，镍具有高容量，但是热稳定性和循环稳定性较差；钴具有良好的结构稳定性和电导率，锰具有热稳定性和循环稳定性，但是容量较低。从颗粒本体的 $Li(Ni_{0.8}Co_{0.1}Mn_{0.1})O_2$（高容量）到外表面的 $Li(Ni_{0.46}Co_{0.23}Mn_{0.31})O_2$（高热稳定性），形成一定的平滑的浓度梯度，避免组成突变，因此减小了机械应力。经过 1500 次循环后，材料仍能放出 200A•h/kg，容量保持率 88%（Noh 等，2013）。

③ 无序正极材料 锂离子通常需要在有序材料中可逆嵌入，然而，无序电极材料，比如 $Li_{1.211}Mo_{0.467}Cr_{0.3}O_2$，在其逾渗网络中提供特殊的锂传输路径（Lee 等，2014），可以允许超过化学计量比的过量锂嵌入。

7.1.2.2 负极（阳极）

相对于纯锂（3850A•h/kg，0V），目前的负极材料的性能数据难以满足电动汽车的需求。

① 石墨 约 350A•h/kg，0.05～0.2V（vs. Li/Li^+），功率特性一般、价格低、循环性能优越以及安全性好。

② 无定形碳 约 200A·h/kg，0.1～0.7V（vs. Li/Li$^+$），功率特性和安全性好，但是成本较高、稳定性一般。

③ 钛酸锂 $Li_4Ti_5O_{12}$，约 150A·h/kg，1.4～1.6V（vs. Li/Li$^+$），功率特性、循环寿命、稳定性和安全性优异，但是成本高。

④ 金属合金 具有体积小、重量轻、价格低、性能好的特点，由于具有高的结晶密度，合金的能量密度超过碳材料 10 倍。但是，这些材料存在稳定性差和安全问题，尤其是在充放电过程中存在不利的体积变化。由于机械应力影响，合金电极逐渐粉化，SEI 膜在未钝化合金表面持续生长。锡合金已经达到商业化应用（Inoue，2011），硅-碳复合材料在电极电势 0.6V（vs. Li/Li$^+$）以下放出大约 1500A·h/kg。例证以及理论数据（Zhang，2011）如下：

$Li_{4.4}Si$：4200A·h/kg，9786A·h/L，0.4V vs. Li，体积变化 300%；

$Li_{4.4}Sn$：994A·h/kg，7246A·h/L，0.05～0.6V vs. Li，体积变化 260%；

Li_3Sb：660A·h/kg，4422A·h/L，0.9V vs. Li，体积变化 200%；

LiAl：993A·h/kg，2681A·h/L，0.3V vs. Li，体积变化 96%；

LiMg：3350A·h/kg，4355A·h/L，0.1V vs. Li，体积变化 100%。

⑤ 纳米材料 主要是基于硅纳米颗粒、纳米线、纳米管以及中空颗粒，即使在应力很大时也保证有小的绝对体积变化，而且，纳米结构改善了嵌入和脱嵌过程中的锂离子传输动力学。纳米尺度合金具有高容量，但是循环寿命低于 750 次，因此暂时先应用在消费市场。形成合金时，首先形成亚稳态无定形 Li-Si 相，它能在一定的电压窗口稳定，然后生成适度稳定的结晶态金属间化合物平衡相（Limthongkul 等，2003）。很遗憾，由于空心结构中存在大的孔洞，纳米材料的振实密度低，以及碳的添加量达到或超过 50%，纳米复合负极材料的能量密度不高。新型智能设计颗粒（纳米颗粒聚集体）将能解决这些问题。

⑥ 复合电极（Santhanam 和 Rambabu，2010）（主要是硅与碳的复合） 集中了两种材料的电化学特性，硅具有高容量，石墨提供电子导电和体积变化时的弹性容纳。复合材料通过球磨或纳米结构包覆方法制备，其性能数据、循环寿命与材料的结构、形貌和组成有关（Terranova 等，2014）。

⑦ 金属氧化物［约 750A·h/kg，0.8～1.6V（vs. Li/Li$^+$）］ 同样不能满足稳定性、安全性和成本的要求。

7.1.3 电动车辆现状水平

每年生产超过 30 亿只锂离子电池用于消费品市场，主要是 $LiCoO_2$/石墨体系的 18650 圆柱式电池。根据松下公司的数据（PANASONIC，2010），3A·h 电池使用 $LiNiO_2$/石墨体系，未来的 $LiNiO_2$/Si-C 体系将是 4A·h 容量，松下的 NCR18650B 电池（$LiNiCoAlO_2$/石墨体系）已经能够达到 266W·h/kg 和 691W·h/L。

在交通应用方面，$LiFePO_4$（LFP）看来是小型电动汽车最适合的材料之一，它具有功率高、成本低、稳定性好和安全的特点，这类锂离子电池已有生产，比如，LEJ（$21A \cdot h$，方形，$3.3V$，$108W \cdot h/kg$）和 A123（$20A \cdot h$，袋式，$3.3V$，$135W \cdot h/kg$）用于插电式混合动力电动汽车（HEV）。三洋、三星和 LG 使用镍氧化物混合材料制备方形电池（约 $112W \cdot h/kg$）和袋式电池（约 $149W \cdot h/kg$，$3.7V$）。AESC 供应 $23A \cdot h$ 袋式结构电池（NCO 型/石墨，$3.75V$，$151W \cdot h/kg$）。

一些汽车厂最近制备的纯电动车（BEV）使用了半商业化电池，占整车质量的 $50\% \sim 75\%$，电池包能量大约 $90W \cdot h/kg$。

① 戴姆勒 Smart：$17kW \cdot h$，$3.1kW/（kW \cdot h）$，$101W \cdot h/kg$（Li-TEC，袋式，石墨/NMC，$52A \cdot h$，$3.65V$，$152W \cdot h/kg$，$316W \cdot h/L$）。

② 宝马 i3：$22kW \cdot h$，$6.7kW/（kW \cdot h）$，$94W \cdot h/kg$（三星）。

③ 雷诺 Zoe：$26kW \cdot h$，$3.1kW/（kW \cdot h）$，$93W \cdot h/kg$（LG 化学，袋式，石墨/NMC-LMO，$36A \cdot h$，$3.75V$，$157W \cdot h/kg$，$275W \cdot h/L$）。

④ 菲亚特 500：$24kW \cdot h$，$5.2kW/（kW \cdot h）$，$88W \cdot h/kg$（三星-博世，方形，石墨/NMC-LMO，$64A \cdot h$，$3.7V$，$132W \cdot h/kg$，$243W \cdot h/L$）。

⑤ 日产 Leaf：$24kW \cdot h$，$3.8kW/（kW \cdot h）$，$82W \cdot h/kg$（AESC，袋式，石墨/LMO-NCA，$33A \cdot h$，$3.75V$，$155W \cdot h/kg$，$309W \cdot h/L$）。

⑥ 三菱 i-MEV：$16kW \cdot h$，$3.8kW/（kW \cdot h）$，$80W \cdot h/kg$（日本 Li Energy，方形，石墨/LMO-NMC，$50A \cdot h$，$3.7V$，$109W \cdot h/kg$，$218W \cdot h/L$）。

⑦ 本田 Fit：　（东芝，方形，LTO-NMC，$20A \cdot h$，$3.3V$，$89W \cdot h/kg$，$200W \cdot h/L$）。

⑧ Coda EV：（天津力神，方形，石墨/LFP，$16A \cdot h$，$3.25V$，$116W \cdot h/kg$，$226W \cdot h/L$）。

⑨ 特斯拉 Model S：（松下，方形，石墨/NCA，$3.1A \cdot h$，$3.6V$，$248W \cdot h/kg$，$630W \cdot h/L$）。

7.1.4　超越锂离子电池的未来展望

未来展望关注于全新方法以迎接能量密度高于 $200W \cdot h/kg$ 的挑战。批评者认为在 20 年内达到 $400W \cdot h/kg$ 的目标不切实际，这些电池的能量密度将比当前水平高 5 倍，尤其是可充电池的能量密度从 20 世纪初的电池原型到现在只提升了 6 倍。

① 金属-硫电池　锂-硫电池理论比能量 $2500W \cdot h/kg$。

② 金属-空气电池　金属-空气电池是利用活泼金属在空气中的氧化，实际电池电压大约是 Li（$2.4V$）＞Ca（$2.0V$）＞Al（$1.6V$）＞Mg（$1.4V$）＞Zn（$1.2V$）＞Fe（$1.0V$）。在纯氧中工作可以提高正极电势大约 50%。理论极限是：锂空气电池 $11600W \cdot h/kg$，铝空气电池 $5000 \sim 8000W \cdot h/kg$，锌空气电池 $960W \cdot h/kg$，铁空气电池 $764W \cdot h/kg$。

③ 基于阳离子的化学体系

a. 钠离子电池；

b. 双锂离子电池。

④ 基于阴离子的化学体系　氟电池。

7.2　锂-硫电池

锂-硫电池（Kim 等，2013；Chen 和 Shaw，2014；Ding 等，2014）从 20 世纪 60 年代后期开始研究。在最佳情况下，通过减少锂离子电池中非活性材料，尽可能降低"自重"，锂-硫电池体系的能量密度 600W•h/kg，理论容量 1675 A•h/kg（单质硫），且硫价格低廉（大约每吨硫 25 美元）。然而，将当前研究结果形成市场产品之前仍有很长的路要走。不管成熟的锂-硫电池将在 2020 年还是在 2050 年推动电动汽车，任何预测仍是模糊和不确定的，尤其是 40 年前提出第一个 Li-S 电池，直到最近才能进行 100 次循环。生产便宜的商业化电池能够在宽的温度范围内工作，这并不简单。不过，多数专家认为锂-硫电池有很大潜力成为下一代高容量电池。

基本电池反应：固态锂和化学活性硫组成的电池输出电压 2.5V，下面是简单的基本电池反应和水溶液体系中的标准电极电势

	标准电极电势	比容量
（一）负极：$2Li \Longleftrightarrow 2Li^+ + 2e^-$	$E^\ominus = -3.040V$	3861A•h/kg
（+）正极：$S + 2e^- \Longleftrightarrow S^{2-}$	$E^\ominus = -0.476V$	1673A•h/kg
电池反应：$2Li + S \Longleftrightarrow Li_2S$	$\Delta E^\ominus = 2.564V$	

实际上，天然硫以 S_8 形式存在，单质锂和硫并不会进行可逆反应。正极反应实际是通过具有不同电极电势的几个中间产物进行，可溶的 Li-S 化合物能够进入电解液中，使电池变坏。金属锂负极由于枝晶生长会造成安全隐患。另一方面，硫便宜、无毒，电极工作在安全的电压范围内（1.5～2.5V vs. Li/Li$^+$）。

挑战：①硫是电子绝缘体，必须使用能够使离子和电子分散在其表面的导电基体支撑。②中间态多硫化物在有机电解液中溶解，正极上生成的 Li_2S 和 Li_2S_2 沉积在锂负极上，发生有害的寄生反应。③在充电时，硫体积膨胀 80%，导致正极粉化。

7.2.1　多硫化锂电池

硫化锂（Li_2S_8）具有远高于锂离子金属氧化物体系的能量密度，估算比能量 2600W•h/kg（理论）和 150～378W•h/kg（实际）。可惜，目前的锂-硫电池比功率相当低，因为硫是电子绝缘体（25℃下的电导率：5×10^{-30} S/cm），而且容易形成不同的聚阴离子。

7.2.1.1　电池化学

锂-硫电池包含锂负极（一）、硫正极（+）和非水电解液。放电时，生成硫

化锂，Li_2S 沉积在碳基体上。充电时，Li_2S 不能回到 S，而是形成多硫化物阴离子 $[S_x]^{2-}$，扩散进入电解液，并形成穿梭离子 [见图 7.2 （a）和 （b）]。

（＋）正极：$S+2Li^++2e^-\longrightarrow Li_2S$（放电时，硫被还原）

$$S_8\longrightarrow Li_2S_8\longrightarrow Li_2S_6\longrightarrow Li_2S_4\longrightarrow Li_2S_3\longrightarrow Li_2S_2\longrightarrow Li_2S$$

（－）负极：$2Li\longrightarrow 2Li^++2e^-$

自放电 $S_8\longrightarrow Li_2S_8\longrightarrow Li_2S_6\longrightarrow Li_2S_4\longrightarrow Li_2S_3$

在硫正极上，在 S_8（全充电态）和形成 Li_2S 之间，根据放电深度（DOD）不同，生成不同的还原物种：12.5% DOD（2.4V）生成 Li_2S_8，25% DOD（2.2V）生成 Li_2S_4，50% DOD 生成不可溶的 Li_2S_2，100% DOD（2.05V）最终生成不可溶的 Li_2S。随着 DOD 增大，化学反应生成越来越多的硫化物颗粒。电池电压仅有 2.1V，但是锂硫电池耐过充电。室温下，在 2.3~2.4V 和 2.1V 有两个电压平台，分别对应于 $[S_8]^{2-}+2e^-\longrightarrow 2[S_4]^{2-}$ 和 $[S_4]^{2-}+4e^-\longrightarrow [S_2]^{2-}+2S^{2-}$ 两个电化学反应（接受电子）。

锂负极上有 SEI 膜生成。

钝化与可溶性产物：很遗憾，一些锂-硫中间产物在电解液中是可溶的，它们能够直接与锂电极反应。

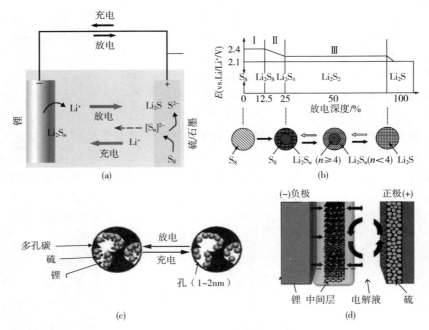

图 7.2　锂-硫电池的电池原理和电极反应（a），放电阶段（b），
纳米结构碳-硫正极（c）和锂与邻近电解液区的石墨层形成复合型负极（d）

① 硫化物 Li_2S_2 和 Li_2S 在电解液中是不溶的，使得电极表面形成钝化层，因此，实际上放电深度必须受到限制。

② 从 Li_2S_8 到 Li_2S_3 的多硫化锂在电解液中是可溶的，能够通过化学反应进行氧化和还原，而没有产生电流，它们导致相当大的自放电（每个月 $6\%\sim15\%$）和低效率。比如，$Li_2S_4 + 6Li \longrightarrow 4Li_2S$。

采取一些能够降低溶解度和硫化物扩散速度的技术措施，比如锂电极上建立保护层、使用薄膜代替多孔隔膜，采用胶体电解液以及改变溶剂等，尝试降低自放电。已发现 Lewis 酸（比如 BF_3）能够抑制多硫化物的形成。

7.2.1.2 硫正极

完美的正极应当含有足够的硫含量、良好的导电性、能够缓冲体积膨胀的柔性结构，能够将多硫化物中间产物保持在电极内部。因为硫是绝缘体（5×10^{-30} S/cm，25℃），必须使用聚合物粘接剂，将硫填充在碳（粉末或多壁纳米管）等具有电子导电性的结构中。电极中的碳和硫是以质量比 1∶2 混合在一起，使用细石墨粉代替炭黑能够减轻高硫载量情况下的电极脆性。

典型情况，聚偏氟乙烯（PVDF）和 N,N-二甲基甲酰胺（或 PVA/乙腈，PVP/异丙醇）的混合物被用作粘接剂，最近的研究中，升华硫与聚丙烯腈（PAN）一起加热，形成嵌有硫的杂环分解产物。

① 纳米结构硫正极 具有增大的比表面积和短的离子、电子通道，比如多孔碳-硫复合材料或含硫纳米管。大孔碳（孔径＞50nm）不能有效保持硫和多硫化物，足够的孔体积需要 2～50nm 的介孔，已报道初始容量可高达 1400A·h/kg。具有窄孔径分布的微孔碳（＜2nm）能够有效固定硫，阻止中间产物多硫化物进入电解液。孔不能完全填充硫，必须保留有 Li^+ 迁移通道。在双峰分布多孔碳中，大孔容纳液态电解液，小孔容纳硫和限制多硫化物。不同于天然硫 S_8，亚稳态硫的同素异形体 S_2、S_3 和 S_4 适应于尺寸 0.5nm 的碳孔。线形硫链甚至呈现金属般的导电性。添加介孔二氧化硅后的亲水碳有利于捕捉更多的多硫化物。

② 碳纳米管和碳纳米纤维 这种材料是柔韧、准二维的，可作为硫的基体，如果硫不是包覆在表面，而是通过模板合成或化学气相沉积方法填充在中孔结构中，容量可达到 900A·h/kg 以上。聚乙烯吡咯烷酮（PVP）能够阻碍多硫化物从碳纳米管表面分离，包裹了硫的聚苯胺纳米管（PANI-NT）已有介绍。

③ 石墨烯 石墨烯的片状和开放式结构并不适合负载硫和阻滞多硫化物的溶解，虽然如此，已经有关于三明治结构和硫、聚乙二醇（PEG）以及硫和炭黑包覆的研究。

④ 三维（3D）纳米结构硫复合电极 具有多孔性，能够适应体积变化，比如使用 3D 碳纳米管、聚合物纳米管或金属有机框架。

⑤ 核-壳结构 在球形硫颗粒上进行包覆，也就是说，壳内填充着硫。在蛋黄-蛋壳结构中，中部孔洞并不是完全填充硫核（Seh 等，2013）[图 7.2（c）]。

通常，硫是被包裹在导电材料中（如碳、聚合物、TiO_2），否则容量保持率会很低。包覆不完整会导致多硫化物溶解进入电解液以及体积膨胀和收缩过程中的壳结构破裂。超细硫、双层壳、软壳以及蛋黄-蛋壳结构都已实现。

⑥ 导电聚合物-硫纳米复合材料　可以改善电子导电性和多硫化物的吸附，比如聚吡咯或聚（吡咯-苯胺）中的硫，可惜容量保持率和循环稳定性很低。在水溶液中，自组装 PVP 分子形成具有内部骨架（包含硫纳米微球）和亲水酰胺基团外壁的双层结构。自修复聚合物对于体积变化很有利，包括具有动态链接的柔性聚合物代替了粘接剂，或者微米级胶囊内含聚合物试剂，能够流到破裂位置进行修复。

⑦ 硫化锂　硫化锂（Li_2S）理论容量 1166A·h/kg，能够与硅或锡负极（代替锂）配对使用，但是它是电子和离子的不良导体。在大约 1V 活化电势下，Li_2S 转变成锂、硫和多硫化物。

已报道有如下方法：Li_2S 与炭黑一起球磨，碳包覆 Li_2S，填充 Li_2S 的多孔材料，热处理 Li_2S-碳-聚丙烯腈混合物，超离子导体-导电 Li_2S-Li_3PS_4 核-壳结构（从 Li_2S 和 P_2S_5 的四氢呋喃溶液中），以及 Li_2S/微孔碳正极（硫分子蒸发进入基体，随后进行喷涂锂金属粉末）。

⑧ 正极添加剂　添加剂应该能提高离子和电子导电性，吸附中间产物多硫化物，减缓其溶解和穿梭现象。

a. 多孔二氧化硅和钛添加到在碳-硫复合电极中，改善了循环稳定性，因为它们能够可逆地吸附和解吸亲水的多硫化锂。

b. 纳米 $Mg_{0.6}Ni_{0.4}O$ 添加到硫-PAN 复合电极中，吸附多硫化物，促进氧化还原反应进行，0.1℃进行超过 100 次循环，库仑效率约 100%。

c. 聚吡咯（PPy）＋聚（2-丙烯酰胺-2-甲基-1-丙磺酸）（PAAMPSA）是一种离子-电子导体，可用于硫正极，改善了放电容量（50 次循环后，500A·h/kg，1℃）和循环稳定性。

⑨ 粘接剂　粘接剂能保持硫正极的结构稳定，粘接剂应该能使硫和碳分散均匀，具有低的电子电阻，缓冲放电时的体积膨胀和充电时的收缩，保持多硫化物和限制其溶解。

a. PVDF 是一种电化学稳定的黏合剂，通常是在温度高于 80℃时将其溶解于 N-甲基-2-吡咯烷酮（NMP）中，在此温度下硫会升华。

b. 聚乙烯吡咯烷酮＋聚乙烯亚胺、明胶和丁苯橡胶（SBR）＋羧甲基纤维素钠（CMC）能抑制硫和碳的团聚。

7.2.1.3　负极

锂金属具有高的比能量和电池电压，但是锂与常用的电解质（有机物和多硫化物）反应生成钝化膜（SEI），而且容易出现枝晶生长，穿透隔膜，使电池短路，造成热失控和着火。

保护层、无金属负极和锂化的硅都正在研究，但是电池电压只有 1.5～2V。

7.2.1.4 集流体

集流体是高导电性基体，活性电极材料涂覆在集流体上。

纳米蜂窝状泡沫碳和碳化蛋壳膜能够在丰富的孔隙中储存硫和本地溶解的多硫化物。

7.2.1.5 电解液

电解液（Scheers 等，2014）对锂-硫电池循环性能、倍率性能、安全性和使用寿命有重要影响。

① 液态有机电解液　锂盐溶于有机溶剂，它们溶解多硫化物，对多硫化物阴离子、自由基和锂的化学性质稳定，具有低的黏度，有利于快速地传输离子和电荷。碳酸酯溶剂通常并不适合：

a. 当前 Li-S 电池电解液采用 LiTFSI 溶于 1,3-二氧戊环（DIOX）＋1,2-二甲氧基乙烷（DME）（1：1，体积比）＋可能的 LiNO$_3$，配成 1mol/L 的溶液。选择锂盐 LiTFSI 代替 LiCF$_3$SO$_3$（LiTf）一般能使电解液电导率增加一倍，LiNO$_3$ 帮助在锂金属表面形成稳定的界面膜，三元混合溶剂使用很少，尽管添加二甘醇二甲醚（G2＝CH$_3$[OCH$_2$CH$_2$]$_2$OCH$_3$）似乎有益处。

b. 环状醚和链状醚，比如四氢呋喃（THF）、DIOX 混合物、DME、四乙烯乙二醇二甲醚（TEGDME，四乙二醇二甲醚，G4）是适用的，因为多硫化物可在其中溶解。LiCF$_3$SO$_3$ 是有益的导电盐，氟化醚（如 CHF$_2$CF$_2$OCH$_2$CF$_2$CF$_2$H）在锂表面生成表面膜，因此阻碍了多硫化物还原，减弱了不希望发生的氧化还原穿梭效应。已发现 TEGDME 和 DIOX 混合物适合于形成稳定的 SEI 膜。低温下会发生显著的容量损失（约 1300A·h/kg，20℃ 降低到 360A·h/kg，－10℃），添加 5% 乙酸甲酯能够缓解这种现象。

② 固态电解质　固态电解质从根本上消除了多硫化物离子问题。它们必须具有高的锂离子电导率，对锂金属负极稳定，具有很大的电极接触面积。添加锂盐和填充剂（ZrO$_2$ 纳米粒子，LiAlO$_2$）的聚氧化乙烯（PEO）显示出高的库仑效率。Li$_2$S-SiS$_2$ 粉末、硫代 LISICON、Li$_2$S-P$_2$S$_5$ 玻璃-陶瓷等，在 7.4 节进行了概述。

③ 凝胶聚合物电解质　在固态基质材料中加入导电的液态电解质，固态基质提供机械强度，多硫化物不能渗透穿过，且抑制枝晶生成。聚合物基质材料使用浇铸或热压方法制成膜状，然后将其浸在电解液中，比如将 EC/DMC 和 LiPF$_6$ 加入 PEO/LiCF$_3$SO$_3$ 基质材料中。静电纺丝纳米纤维状聚合物膜将界面相容性、氧化稳定性和离子导电性结合在一起，三甲氧基聚乙二醇-硼酸酯（PEG-B）能够提高离子导电性和锂离子迁移数。相比于非功能化聚合物，聚甲基丙烯酸甲酯（包含三甲氧基硅烷）与 PVDF-HFP 混合材料具有高的离子导电性和低的容量衰减。

④ 离子液体　离子液体能抑制锂枝晶生成和多硫化物溶解，改变 SEI 膜形貌。甲基-N-丁基-哌啶-二（三氟甲基磺酰）亚胺（PP14TFSI）抑制多硫化物在电解液中的溶解。1-乙基-3-甲基咪唑-二（三氟甲基磺酰）亚胺（EMITFSI）和 N-甲基-N-烯丙基吡咯烷-二（三氟甲基磺酰）亚胺（P1A3TFSI）具有优异的容量性能。N-甲基-N-丁基-哌啶-二（三氟甲基磺酰）亚胺（PYR14TFSI）＋TFSI＋LiT FSI＋PEGDME 的混合物是 Li-S 电池中有应用前途的电解液。

⑤ 电解液添加剂　LiNO$_3$ 能够在锂负极上形成保护膜，因此抑制多硫化物，改善了容量保持性能。但是 LiNO$_3$ 的不可溶还原产物会对硫正极的可逆性有不良影响（低于放电电压 1.6V 时）。

有意思的是，电解液中过量的多硫化锂阴离子减小了电极上这些离子的溶解。

7.2.1.6　隔膜

隔膜作为离子导体和电子绝缘体，避免了内部短路，同时还具有机械强度和韧性。锂-硫电池中，隔膜必须能阻碍多硫化物向负极侧迁移，进而能阻碍穿梭效应。

锂化的 Nafin 离子交换膜和包覆 Nafin 的聚丙烯材料也用来测试其抑制多硫化物阴离子传输的效果。

夹层：在硫正极和隔膜之间的夹层应该能有效地将硫基材料保持在正极上，含有羟基功能基团的碳纸、多壁碳纳米管、介孔与微孔碳、碳化蛋壳膜、原子层沉积 Al$_2$O$_3$ 都很有用。石墨层也能用作负极侧的保护层，见图 7.2（d）（Huang 等，2014）。

7.2.1.7　实验电池数据

当前研究集中在具有良好导电性的新型含硫材料和全固态电池上。因为金属锂负极会造成枝晶生长问题，因此研究了锡-碳合金材料。表 7.1 对当前研究进展进行了基本概述。

表 7.1　一些锂硫电池体系概述

负极	正极	电解液	性能数据	参考文献
锂金属	硫＋碳	聚醚溶于二氧戊环	＜1300A·h/kg，通常 140～170A·h/kg	
锂-锡-碳合金	Li$_2$S-C 复合材料	复合胶体聚合物隔膜	约 600A·h/kg，约 2V	Hassoun 和 Scrosati（2010）
锂金属	石油加工中提炼的硫	固态锂离子导电的聚硫磷酸盐（3×10^{-5}S/cm，25℃）Li$_3$[（S$_x$）$_3$P＝S]＋2Li $\rightleftharpoons$ Li$_3$[S$_3$P＝S]＋Li$_2$S$_x$	约 1200A·h/kg（60℃），缓慢充电	Lin 等（2013）

续表

负极	正极	电解液	性能数据	参考文献
锂金属	PAN 网络中的硫	离子液体： [Li（乙二醇二甲醚-4）] [TFSA]		Terada 等 （2014）
锂金属	碳＋PVDF＋NMP	多硫化物阴极电解液： TEGDME＋1mol/L LiCF$_3$SO$_3$＋5％ Li$_2$S$_8$＋0.4mol/L LiNO$_3$	2V，430～700A·h/kg，在扩展电压下稳定的 LiNO$_3$	Agostini 等 （2014）

注：乙二醇二甲醚—CH$_3$O(CH$_2$CH$_2$O)$_n$CH$_3$；TFSA—二(三氟甲基磺酰)胺；TEGDME—四乙二醇二甲醚；PAN—聚丙烯腈。极少量电解液添加剂表中无显示，如，LiTFSI—双(三氟甲基磺酰)亚胺化锂；DME—1,2-乙二醇二甲醚；DOL—1,3-二氧戊环。

Sion Power 提供的锂-硫电池样品（2.2A·h）比能量高于 350W·h/kg（350W·h/L），循环寿命、自放电和新型粘接剂（除 PVDF 之外）还需要进一步研究。

7.2.2 锂-有机硫电池

与更为常见的锂离子电池在很多方面不同，这是一种低成本方案，利用硫硫键的可逆氧化还原裂解生成硫醇锂。

$$R—S—S—R＋2Li^+＋2e^- \Longleftrightarrow 2LiSR$$

这里 R 代表电极材料任意分子，当前这种体系仍有硫醇盐在电解液中的溶解度问题，造成自放电和很差的循环寿命。2,5-二巯基-1,3,5-噻二唑的理论容量 362A·h/kg，放电电压 2.5～2.75V。

7.3 锂-空气电池

锂-氧电池体系是在有机或水系电解液中进行能量储存的未来选择（Quartarone 和 Mustarelli，2011；Li 等，2013；Wang 等，2013a），它可以从空气中吸收氧气。预计实际比能量为约 500W·h/kg，大约是其理论性能的 1/10。电池使用金属锂，在理论上，Li-O 电池能够储存的能量密度相当于汽油机。然而，这种电池电流密度低到 0.1mA/cm，这使锂-空气电池体系距离成功应用于电动汽车还有很长的路。

锂-空气电池技术可以分为非水电解液锂-空气电池、水系锂-空气电池、全固态电解质电池和水中锂-空气电池系统。

7.3.1 无水和非水溶液锂-空气电池系统

① 历史　大概是在 1976 年，洛克希德公司的研究人员（Littauer 和 Tsai，1976）描述了第一个锂-空气，使用的是碱性电解液。1987 年，提出了工作在 600～

850℃的高温电池体系，这与固体氧化物燃料电池相似（Tsai 等，1990）。1996年，出现了一种非水溶液锂-空气电池（Abraham 和 Jiang 1996），2006 年开始探索这种电池的再充电性（Ogasawara 等，2006）。

从历史上说，1989 年，加拿大 MOLI 公司制造了第一个商业化锂金属电池（Li-MoS$_2$），这是市场上第一个可充锂电池。枝晶生长导致出现安全性问题，这使得该电池退出了市场。聚合物电解液可以解决这个问题，然而，工作温度需要达到 60～80℃，才能提供足够的离子导电性。现在的用于电动汽车的锂金属聚合物电池体系是由法国 Balloré 公司研发，其子公司 Batscap 已经在这一领域研究了 15 年，目前可以生产 30kW·h 锂金属聚合物电池（Li-聚氧乙烯/LiTFSI-V$_2$O$_5$/C），用于其电动汽车"Blue Car"。特性数据：100W·h/kg，100W·h/L，875A·h（以 $C/4$ 放电），电池工作电压范围 300～435V，额定电压 410V，电池质量 300kg。但是，这种锂金属电池不应与锂空气电池混淆。

② 电池化学　基本电池设计包含锂电极、固态或液态电解液、氧气体扩散电极，见图 7.3（a）。在非水电解液中，无水的锂的氧化是主要反应，主要生成过氧化锂，这种物质几乎不溶解。

使用金属锂的电池基本放电反应（0V＝−3.040V SHE）如下：

（−）负极：$2Li \rightleftharpoons Li^+ + 2e^-$　　　　　　　　　　（0V）

（＋）正极：（1）$O_2 + 2Li^+ + 2e^- \rightleftharpoons Li_2O_2$　　　（3.10V，充电时相反）

　　　　　　（a）$O_2 + e^- (\longrightarrow O_2^-) + Li \rightleftharpoons LiO_2$

　　　　　　（b）$2LiO_2 \longrightarrow Li_2O_2 + O_2$

　　　　　　（c）$LiO_2 + Li^+ + e^- \longrightarrow Li_2O_2$

　　　　　　（2）$O_2 + 4Li^- + 4e^- \longrightarrow 2Li_2O$　　（2.91V，不可逆）

　　　　　　（3）$Li_2O_2 + 2Li^+ + 2e^- \longrightarrow 2Li_2O$　（2.72V，不可逆）

电池反应：$2Li + O_2 \rightleftharpoons Li_2O_2$　　　　　　　　$\Delta E^\ominus \approx 3V$

遗憾的是，碳酸酯类电解液不能承受过氧阴离子基团的亲核攻击（O_2^-），这些基团是在氧还原过程中生成的中间产物（Aurbach 等，1991）。溶剂分解和降解产物的氧化是非水锂-空气电池系统的主要问题（Mizuno 等，2010；McCloskey 等，2011）。

③ 比能量　锂-空气电池的理论比能量通常按照金属锂计算，比容量 3842A·h/kg（锂），正极从空气中获得的氧气是无限的，因此氧气并不增加电池质量。

$$W_m = U\frac{zF}{M} = \frac{2.96V \times 1 \times 96485C/mol}{0.00694kg/mol \times 3600C \cdot A/h} \approx 11400W \cdot h/kg$$

如果考虑到反应产物是 Li$_2$O$_2$，还可以得到更加实际的数值。也就是，在 50%荷电状态下，混合物是 0.5Li$_2$O$_2$ 和 0.5Li（平均摩尔质量 26.6g/mol），不包括电池组件的质量（电解液、集流体、容器）。

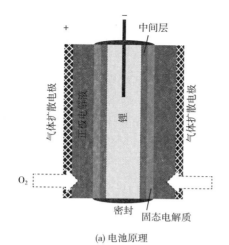

(a) 电池原理

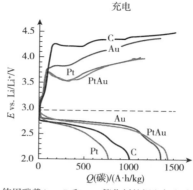

(b) 使用碳载Au、Pt和PtAu催化剂的锂空气电池在100A/kg
下的充放电特性 [虚线表示O_2/Li_2O_2体系的平衡电势;由
Lu等(2010)的数据改动后得到]

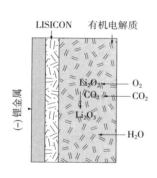

(c) 非水溶液电池设计

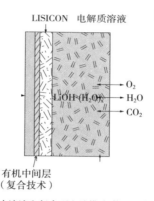

(d) 水溶液和复合型电池模式[使用固态、
液态或胶态中间层,LISICON=锂离子导
电电解质,如无针孔$Li_{1.3}Al_{0.3}Ti_{1.7}(PO_4)_3$]

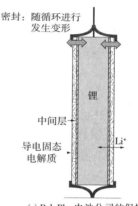

(e) PolyPlus电池公司的保护处理
的锂电极(PLE)

图 7.3 锂-空气电池

$$W_m = \frac{2.96V \times 2 \times 96485C/mol}{0.0264kg/mol \times 3600C \cdot A/h} \approx 6000W \cdot h/kg\,(荷电状态\,50\%)$$

实际电池大约能够达到理论比能量的 $11\% \sim 16\%$,因此锂-空气电池系统可能达到大约一天 $650 \sim 1500W \cdot h/kg$(无空气净化系统)。

④ 比功率 可惜,内阻导致电池比功率低,只有大约 $0.003W/cm^2$ (Li-ion电池:$0.03W/cm^2$)。因此,用作动力电池就要求锂-空气电池与其他电池或超级电容器形成混合系统(Wang 等,2011)。

⑤ 寿命 当前锂-空气电池能够进行大约 100 次充放电循环,Li/Li_2O_2 反应的低可逆性、枝晶生长和电解液分解决定了它的使用寿命。电解液、电极材料中的碳与锂、氧之间的副反应生成碳酸锂,因此在每一个循环中,都有一定比例的

电池容量损失。

⑥ 价格　锂-空气电池成本大约是锂离子电池的 80%，空气电极特别具有竞争力，因为正极占锂离子电池成本的 30%。

⑦ 缺点　非水电解液也会造成一些问题，不可溶的放电产物可能会沉积在气体扩散正极的孔洞中。Li_2O_2 和 Li_2O 在常用电解液中溶解度较低，大约是 $1mol/L$。在正极上，放电时的实际组成 LiO_2（不稳定）、Li_2O 和 Li_2O_2 依赖于碳基电活性材料、电解液和电流密度。

归纳一下，非水锂-空气电池系统具有如下问题：

a. 空气电极上溶剂蒸发到环境中。

b. 通过供应含水氧气补充水。

c. Li_2CO_3 的不可逆形成（从 Li_2O_2 和 CO_2）以及氧电极上的容量损失。

d. 空气电极被电解液淹没，造成氧传递缓慢。

e. 空气电极孔洞倍不可溶的 Li_2O_2 堵塞。

封闭体系和无水氧气（没有水分或 CO_2 污染）有可能解决这些问题，但是以降低系统能量密度为代价。

⑧ 非质子电解液　所有已知电解液都可能在锂-空气电池中几个循环之后就发生分解：

a. 碳酸亚烃酯　低黏度有机碳酸亚烃酯具有高的氧化电势（HOMO），大约在 4.7V，例如碳酸乙烯酯（PC）、碳酸乙烯酯（EC）、碳酸二乙酯、碳酸二甲酯（DMC）。季铵盐（如三氟甲基磺酸盐 [NBu_4] SO_3CF_3）的相转移催化性质，促使 Li_2O_2 还原成 Li_2O，同样的，三氟乙基磷酸酯（TFP）能够支持高放电电流下的氧溶解。

b. 硼酯　[（CH_3 或 NO_2）—C（CH_2O 和 COO）$_3$] B，有利于 Li_2O_2 和 Li_2O 在 EC/DMC 和 DMF 等溶剂中的溶解。三（五氟苯基）硼烷在 LiTFSI/PC-EC 溶液中，和 12-冠-4-醚一样，改善了锂盐的溶解性。

c. 低挥发性醚　比如 DME 和冠醚，能够在 4.5V 电压下承受锂盐和低浓度 Li_2O_2。Li_2O_2 只在第一次放电时形成，然后出现 Li_2CO_3。醚分解，生成 Li_2CO_3、HCO_2Li、CH_3CO_2Li、聚醚、聚酯、CO_2 和 H_2O 的混合物。在 1,3-二氧戊环和 1,2-乙二醇二甲醚（1∶1）中使用 $LiN(SO_2CF_3)_2$（LiTFSI）能够获得良好性能。

d. 易燃离子液体　比如 1-乙基-3-甲基咪唑-双(三氟甲基磺酰)亚胺（EMITFSI），能耐受 5.3V（vs. Li/Li^+）的氧化电势。在聚偏氟乙烯基凝胶电解质中可以添加离子液体，丙基咪唑铟-TFSI-二氧化硅-PVDF/HFP 凝胶（Zhang 等，2010）比纯离子液体能放出更高容量，这可能是因为锂负极被稳定的界面膜保护。

e. 聚硅氧烷　针对氧还原，聚硅氧烷比碳化合物具有更佳的化学稳定性。

⑨ 保护处理的电极　空气中的湿度对于电极寿命至关重要。锂负极保护处理可以在乙二醇、二甲基甲酰胺和导电盐（如 LiTFSI）的混合物中进行。可惜，

氧电极短时间后就发生极化（$\geqslant 0.05A \cdot h/cm^2$）。使用碳酸盐电解液（Peng 等，2012）或氧化添加剂（Walker 等，2013）可以对锂进行非原位钝化处理，比如，在氨基化合物和亚砜等溶剂中，$LiNO_3$ 可以帮助形成保护性 SEI 膜。固体电解质的锂离子导电性差，例如，磷酸锂铝玻璃陶瓷（LISICON）和 $Li_{3-x}PO_{4-y}N_y$（LiPON）。水稳性电极见 7.3.4 节。

⑩ **集流体** 镍能够促进碳酸亚烃酯电解液的分解（高于 3.5V vs. Li/Li^+），已研究铝和石墨作为替代选择。

7.3.2 水系锂-空气电池系统

电池化学：负极是金属锂，正极是由多孔碳制成的、并包覆了氧还原催化剂的气体扩散电极，理论上，氧还原发生在电极电势 $+1.229V$ SHE，锂氧化发生在电极电势 $-3.040V$ SHE，因此，在酸性溶液中，开路电压等于 $\Delta E^{\ominus} = \Delta E_{cathode}^{\ominus} - \Delta E_{anode}^{\ominus} \approx 4.27V$，放电反应如下（Kowalczk 等，2007）：

（一）负极：$2Li \Longleftrightarrow 2Li^+ + 2e^-$

（+）正极：$O_2 + 2e^- + H_2O \Longleftrightarrow OH^- + HO_2^-$　　（碱性条件）

　　　　　$2Li^+ + 2OH^- \Longleftrightarrow 2LiOH$

　　　　　$O_2 + 4e^- + 4H^+ \Longleftrightarrow 2H_2O$　　（酸性条件）

碱性电池：$4Li + O_2 + 2H_2O \Longleftrightarrow 4LiOH$　　　（3.45V，pH 14）

酸性电池：$4Li + O_2 + 4H^+ \Longleftrightarrow 4Li^+ + 2H_2O$　　（4.27V，pH 0）

不希望发生：$2Li + 2H_2O \Longleftrightarrow 2LiOH + H_2$　　（2.22V，pH 14）

水的分解通常是不希望发生的，但是，大胆设想，溶解氧可能由海水带入，使得电池电压在 $2.56 \sim 3.79V$（pH 7.2）。

① **碱性体系** 水系电解液，强碱性介质中，锂的腐蚀从每平方厘米几安降低到每平方厘米几毫安。与有机体系对比，碱性电池具有优势，生成的氢氧化锂能很好地在溶液中溶解。但是，碱性电解液从空气中吸收二氧化碳，因此生成的 K_2CO_3 可能堵塞多孔空气电极，阻止氧的传输。

② **酸性体系** 保护处理后的锂电极可以使用酸性溶液，碱性溶液中使用的镍集流体必须更换。使用保护处理的电极，电池性能可以达到：开路电压（OCVs）3.5V，$0.5mA/cm^2$ 电流密度下的工作电压 $2.6 \sim 2.8V$，库仑效率99%，自放电可以忽略，比能量 $500 \sim 800W \cdot h/kg$（不含电池壳）。

③ **体积变化** 实际电池中，由于放电过程中的溶解，保护处理的锂负极底部和顶部会发生锂体积收缩（大约 $8\% \sim 20\%$），集流体边缘的柔性密封必须能够适应这种变化。由于 LiOH 积累，氧电极发生膨胀，质量增加 $8\% \sim 13\%$。性能数据：理论上，水溶液氢氧化锂体系应该达到 $5000W \cdot h/kg$，锂消耗导致放电结束时仍应有 $3400W \cdot h/kg$。但是，锂-空气电池需要大量电解液和电极材料。根据空气电极的孔隙率不同（例如 70%），在碱性电碱液中电池的最大理论容量和能量是 $435A \cdot h/kg$（$1300W \cdot h/kg$）和 $509A \cdot h/L$（$1520W \cdot h/L$），在酸性电解

液中是 378A·h/kg（1400W·h/kg）和 452A·h/L（1680W·h/L）（Zheng 等，2008）。与之相反，非水锂-空气电池放电过程中不消耗电解液。

④ 空气电极结构　在非水电解液条件下，空气电极通常是淹没的，要求使用无水的氧。对水溶液体系，气体扩散电极要求有能提供 O_2 气体扩散通道的疏水区。遍布整个水系空气电极的三相界面保证了快速的氧传递和 O_2 还原，因而提供更高的电流密度。

7.3.3　水稳定锂负极

水系电解液避免了氧电极的堵塞，但是锂金属电极表面需要有致密、无针孔的 Li^+ 导电层。PolyPlus 电池公司发明的水稳定保护处理的锂电极（PLE）开辟了一个强反应性电解液的新天地，能够与锂金属正常反应（Visco 等，2009）。水系介质中的三层锂负极包含水稳定 Nasicon 型锂离子导电固态玻璃电解质，在锂和导电层中间的保护性中间层，如 LiPON。固体电解质保护处理的锂电极能够用于质子或非质子溶剂中：

① 锂超离子导体　锂超离子导体（LISICON）是 NASICON（Goodenough 等，1976）的锂类似物，$Li_{1+x+y}(M, Al, Ga)_x(Ge_{1-z}Ti_z)_{2-x}Si_yP_{3-y}O_{12}$，由 Ohara 公司（日本）和 Corning 公司（美国）生产的材料典型组成为 $Li_{1.3}Al_{0.3}Ti_{1.7}(PO_4)_3$（LATP），电导率达到 $0.1 \sim 1mS/cm$。因为 LISICON 对水稳定，而对锂不稳定，需要加上固态（如 Li_3N）、聚合物、离子液体或非水液态电解质中间层，称为双电解质体系。更适合的是，水在金属锂电极上的直接反应被致密的锂离子导电固态膜阻止。在混合锂离子电池中，有机锂盐溶液加入到 Li 与 LISICON 之间，降低了 Li│LISICON 界面的电接触电阻。固体电解质隔开了非质子溶剂中的锂负极和水溶液中的空气电极。

② 氧化物玻璃　氧化物玻璃是不良离子导体。硫化物玻璃在水中不稳定，但是可以被锂磷氧氮（LiPON）玻璃态电解质保护起来。

③ 氮化锂　氮化锂（Li_3N）室温下的电导率 $0.001S/cm$，但是电压稳定窗口窄（约 $0.45V$），与水的反应很慢，可进行几年，但是不稳定，可被还原（$\leqslant 2.4V$ vs. Li/Li^+），因此不能直接与锂接触。

④ 锂金属磷酸盐　$Na_{1+x}M^{III}_{2-x}M^{IV}P_3O_{12}$（LMP）是钠超离子导体（nasicon，$Na_{1+x}Zr_2Si_xP_{3-x}O_{12}$，$0 \leqslant x \leqslant 3$）的锂类似物，水稳定的和致密的玻璃陶瓷隔膜 $Li_{1+x+y}(L, Al, Ga)_x(Ge_{1-z}Ti_z)_{2-x}Si_yP_{3-y}O_{12}$（L 是镧系元素）是由日本 Ohara 公司生产，锂离子电导率为 $10^{-4}S/cm$，$100\mu m$ 厚隔膜的电阻 $100\Omega\cdot cm^2$。

7.3.4　锂水电池

锂/海水电池工作时发生溶解氧或水的还原，因此，测得的是混合电势。海水既作为氧化剂，又作为电解液。锂腐蚀速率 $19000mA/cm^2$，因此，需要保护处理后的锂电极，除非不准备用于高倍率用途。$0.5mA/cm^2$ 电流密度下的平均电压可达 3.0V，直到锂被耗尽。

迄今为止，水系锂-空气电池设计用作一次电池，锂-空气电池体系需要有详尽的研究，来提高可逆性，减少枝晶生长。

7.3.5 先进电极

7.3.5.1 枝晶生长（负极）

与锂金属电池一样，锂的不完全充电和枝晶生长带来很多问题（Brandt，1994），通过下列先进理念应该可以解决：

① 合金（比如 Li-Al）和纳米结构 Sn-C 复合材料。

② 自愈静电保护机理：锂枝晶尖端低浓度吸附的阳离子添加剂（Cs^+、Rb^+）就像一个正电保护，使得进一步的锂沉积发生在负极上邻近区域（Ding 等，2013）。

③ 凝胶电解质中的惰性添加剂（如 SiO_2）对枝晶生长起到机械限制作用。

7.3.5.2 氧还原催化剂（正极）

必须使用适当的电催化剂降低充电和放电之间的 1V 电压差。锂-空气电池比功率的决定因素有：氧还原反应速率低，电解液中氧和锂离子传递速率低。催化剂使得电极电势低于 4.2V，这能阻止电解液氧化，获得更长的寿命。一些催化剂能够提高容量，因为它们会影响沉积的氧化锂的结构或催化剂载体（碳）：

① 碳材料　放电时（氧还原），炭黑（科琴黑）的比容量 $850A \cdot h/kg$，碳纳米管是 $590A \cdot h/kg$，水溶液中氮掺杂的碳纳米囊（Chen 等，2012）是 $866A \cdot h/kg$，掺杂石墨烯是 $9000 \sim 12000A \cdot h/kg$，但是并没有明显的充电容量，因此其应用局限于一次电池。如果催化剂对于充电过程是真正必须的（氧析出），其纳米结构就非常重要。

② 金属氧化物　在过渡金属氧化物、硫化物、碳化物、氮化物、氮氧化物和碳氮化物（Chen 等，2011）中，纳米级 MnO_2 型催化剂（Mizuno 等，2010；Quartarone 和 Mustarelli，2011）比 Pt 和 RuO_2 显示出更佳的比容量。放电时，Fe_2O_3 表现出高的初始容量，Fe_3O_4、CuO 和 $CoFe_2O_4$ 具有高的容量保持率，Co_3O_4 在容量和保持率之间获得了良好的折衷。充电时，MnO_2 工作电极电势 3.8V，$CoMn_2O_4$ 具有双功能，既可用于氧还原，又可用于氧析出。

③ 贵金属催化剂　氧电极上动力学过程缓慢的反应要求有高的充电和放电电压，这限制了效率。Pt 可加速充电时的氧析出，Au 可增加放电时的氧还原反应速率［图 7.3（b）］。在碳上，氧还原效率很低，甚至在低电流密度下，库仑效率也很低，即 $\eta = U_{out}/U_{in} = 2.5V/4.5V \approx 55\%$（电流密度 $0.04mA/cm^2$）。碳载 PtAu 催化剂改善了循环效率，达到 $U_{out}/U_{in} = 2.7V/3.7V \approx 73\%$。比较来说，锂离子电池系统的效率大于 90%。高成本是其在电动汽车应用中的主要问题。

④ 其他　N_4-大环配合物和过渡金属氮化物具有高的氧还原活性，但是对充

电反应来说性能很差。

⑤ 双功能电极　氧析出比氧还原更慢，特别是因为一些催化剂在氧化状态（高电势）下活性降低。双功能催化剂对氧还原和析出都是有效的（Jörissen，2009）。

a. 放电电势　在碳酸亚烃酯溶液（通常是 1mol/L $LiClO_4$ 溶于碳酸丙烯酯）中的氧还原电势（vs. Li/Li^+）按下面顺序增大：

CuFe（2.5）＜MnO_x，Pd，Fe_3O_4，$CoFe_2O_4$（2.6）＜Au，Pt，Li_5FeO_4（2.7）＜Ru（2.75）＜$Li_2MnO_3 \cdot LiFeO_2$（2.8）＜$β-MnO_2/Pd$（2.9）＜MoN（3.1）

b. 充电电势　在碳酸亚烃酯溶液（通常是 1mol/L $LiClO_4$ 溶于碳酸丙烯酯）中的氧析出电势（vs. Li/Li^+）按下面顺序增大：

$β-MnO_2/Pd$（3.6）＜Pd（3.9）＜Ru（3.95）＜Pt，MoN，$Li_2MnO_3 \cdot LiFeO_2$（4.0）＜Fe_3O_4，Li_5FeO_4（4.1）＜Au，MnO_x（4.2）＜$CoFe_2O_4$（4.3）

未来发展的关键是介孔碳正极，以及阻止伴随 O_2 扩散和传质过程中 CO_2 和湿气进入空气电极的膜。

表 7.2 汇集了电池性能数据的最新进展。

表 7.2　最近锂-空气电池系统技术概述

负极（一）	电解液、正极和电池反应	性能数据	参考文献
固态：空气为氧化剂，没有锂枝晶，锂离子电导率低，能量密度低			
锂金属	$2Li + O_2 \rightleftharpoons Li_2O_2$ 陶瓷玻璃（LiPON）		
非水非质子：高能量密度，可充，不溶性产物，不稳定电解液，无效的催化作用			
锂金属	Li^+ 传导性聚合物膜，有机碳酸酯电解液，干燥氧气，酞菁钴催化的碳电极：$2Li + O_2 \rightleftharpoons Li_2O_2$	$U_0 \approx 3V$	Abraham 和 Jiang（1996）
锂： ① 裸露金属 ② 保护处理（PLE）	$2Li + O_2 \rightleftharpoons Li_2O_2$（几乎不发生溶解和反应：$Li_2O_2 + CO_2 \rightleftharpoons Li_2CO_3 + \frac{1}{2}O_2$）	理论：2.96V，3450W·h/kg，8000W·h/L	Visco 等（2014）
Li/LATP 保护处理	① 干燥的 DMF＋LiTFSI＋TPFB 作为阴离子受体和 Li_2O_2 溶解促进剂（Xie 等，2008；Li 等，2009；Shanmukaraj 等，2010） ② 二乙二醇二甲醚和四乙二醇二甲醚＋LiTFSI ③ 环丁砜＋乙酸乙酯＋$LiBF_4$ 盐	实际放电：0.1～0.25mA/cm^2，1mA·h/cm^2，循环稳定性差	

续表

负极（一）	电解液、正极和电池反应	性能数据	参考文献
锂	四乙二醇二甲醚–三氟甲基磺酸锂（TEGDME-LiCF$_3$SO$_3$）	约 100 次循环，5000A·h/kg（碳），与锂离子电池相比，Li$^+$ 扩散速率快	Jung 等（2012）
锂	LiClO$_4$ 溶于 DMSO 中，纳米多孔金	300～500A·h/kg（金），100 次循环后，容量保持初始容量的 95%，金上的 Li$_2$O$_2$ 氧化比在碳上更快	Peng 等（2012）
水溶液：可溶性产物；离子传导性膜差，充电行为差，SEI 生成			
锂： ① 裸露金属 ② 保护处理（PLE）	水溶液：$4Li + O_2 + 2H_2O \rightleftharpoons 4LiOH$	理论：3.45V，3850W·h/kg，7000W·h/L	Visco 等（2014）
Li/LATP 保护处理：$Li \longrightarrow Li^+ + e^-$	① NH$_4$Cl/LiCl 和 NH$_4$NO$_3$/LiNO$_3$：对可充电池没有用处。 $2Li + 2NH_4Cl + \frac{1}{2}O_2 \longrightarrow 2NH_3 + H_2O + 2LiCl$ $2Li + \frac{1}{2}O_2 + H_2O \longrightarrow 2LiOH$ ② 柠檬酸/咪唑，丙二酸： $4ROOH + O_2 + 4e^- \longrightarrow 4ROO^- + 2H_2O$	① 0.1～0.5mA/cm^2，0.2A·h/cm^2，600～800W·h/kg。LATP 在强酸和碱中不稳定 ② 1mA/cm^2，5A·h/cm^2，2.4～4.2V，约 75 次循环 空气电极：pH 1（全充电态）$\longrightarrow$ pH 12（全放电态）	

注：U_0—实际开路电压；DMF—二甲基甲酰胺（乙二醇二甲醚）；DMSO—二甲亚砜；LiTFSI—双（三氟甲基磺酰）亚胺化锂；TPFB—三（五氟苯酚）硼烷；LATP—Li$_{1.3}$Al$_{0.3}$Ti$_{1.7}$(PO$_4$)$_3$（LISICON 型）。

7.4 全固态电池

大部分目前的全固态电池是基于磷氮氧化物（LiPON）的薄膜微电池。目前的真空制造方法（PVD、CVD）、低自动化程度、低电池产量造成相当高的成本，比如每安时 25000 美元或每瓦时 1250 美元。而且，含有高容量电极的大型电池需要电导率至少达到 10^{-4} S/cm（25℃）的厚隔膜。先进固态电解质要求与活性物质结构兼容，不形成合金，不产生对锂离子扩散不利的电解质/电极界面。

尽管一些公司已经制造出了电池样机，具有合理价格的电动汽车用大型电池的生产在以后的 10～20 年内仍不会实现。

7.4.1 车辆用固态电解质的优点

　　液态电解质在高电压下容易分解，因此，高电压正极材料不能使用。固态电解质具有电化学和热的稳定性、高功率、更长的循环寿命和搁置寿命（表7.3）。锂离子电池用固态电解质（Quartarone 和 Mustarelli，2011；Fergus，2010）包括有机聚合物电解质和无机固态电解质，导电性降低到室温下 $10^{-7} \sim 0.1 S/cm$（图7.4）。固态聚合物和凝胶聚合物已经实现商业化，陶瓷和玻璃电解质仍在研究阶段。

表 7.3　锂离子电池中的液态与固态电解质比较

参数	液态电池	固态电池
隔膜	柔软	刚性和易碎的陶瓷
生成	价格低，大尺寸	价格高，小尺寸
离子电导率	高，接近室温	中等，宽温度范围
电解质安全性	易燃，挥发	不易燃，安全，非挥发性
SEI 膜	有，影响循环寿命	无，循环寿命更长
高电压正极材料	不可用，分解	可用
热稳定性	差	优异
自放电	大，搁置寿命短	小，搁置寿命长
过充电	敏感	耐滥用
枝晶生长	有	很小，循环寿命延长
比能量	低	高，非活性材料少

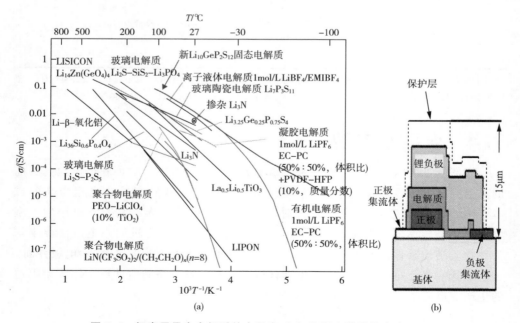

图 7.4　锂离子导电电解质的电导率（a）和固态薄膜微电池（b）

7.4.2 固态聚合物电解质

① 聚氧乙烯（PEO） 使用广泛，双（三氟甲基磺酰）亚胺化锂 [LiN（SO$_2$CF$_3$）$_2$，LiTFSI] 和非质子 PEO 基质的干混合物离子电导率在高于 60℃条件下达到 10^{-4}S/cm，通过添加无机填料（比如纳米级 SiO$_2$）可以使电导率提高到室温 1.4×10^{-4}S/cm。很遗憾，尽管希望在电解质中由锂离子传递总电流（也就是 $t=1$），锂离子迁移数却只有 $t \approx 0.25$。当前的研究目标是使聚合物链中的阴离子固定（Golodnitsky，2009；Meziane 等，2011）。

② 凝胶 含有 60%～95% 液态电解质的凝胶电解质为液态溶液导电性的 1/5～1/2。使用聚醚（电子给予体）作为胶凝剂，大部分的溶剂化发生在聚合物链，而不是碳酸酯溶剂。因此，锂金属电池中可以使用轻微塑化方法，软凝胶只是在锂离子电池中使用。

7.4.3 无机固态电解质

无机固态电解质材料可以分为以下四类：

① 钙钛矿，如（Li，La）TiO$_3$。

② 石榴石结构，如 Li$_5$La$_3$M$_2$O$_{12}$（M＝过渡金属）。

③ 基于锂的氮化物、硫化物、硼酸盐和磷酸盐的玻璃态电解质。

④ 超离子导体，如 LISICON、LiM$_2^{IV}$（PO$_4$）$_3$（M＝Ti、Zr、Ge）。

7.4.3.1 石榴石

石榴石材料 Li$_5$La$_3$M$_2$O$_{12}$（M＝Nb、Ta、Zr）（Buschmann 等，2012）具有当前最好的化学和电化学稳定性（与金属锂），还有中等的锂离子电导率（室温下约 10^{-4}S/cm）：

① 掺铌的镧锆酸锂 Li$_7$La$_3$Zr$_2$O$_{12}$（LLZO）电导率达到 8×10^{-4}S/cm（Ohta 等，2011），界面电阻低，分解电压约 6V（vs. Li/Li$^+$），导电性是由于立方石榴石晶格中的非定域 Li$^+$ 的无序化，需要加入少量铝使其稳定。Toyota 公司使用丝网印刷方法制备了 Li$_{6.75}$La$_3$Zr$_{1.75}$Nb$_{0.25}$O$_{12}$（LLZONb），并制造了 Li/LLZONb/LiCoO$_2$ 电池。为了改善界面接触，借助于锂离子导体 Li$_3$BO$_3$ 制造了 LiCoO$_2$ 正极层，可得到约 74% 理论容量、高库仑效率以及可比拟物理气相沉积层的电阻（Ohta 等，2013）。

② 石榴石、聚合物黏结层和 LiTFSI 的混合物的室温电导率 5.5×10^{-4}S/cm，即使在水中也具有长期稳定性。这使其可用于锂-溴液流电池的离子敏感隔膜（4V，335A·h/kg）（Wang 和 Goodenough，2012）

7.4.3.2 玻璃态氮化物

目前的微电池玻璃态薄膜含有非晶态锂磷氧氮（LiPON，Li$_{2.9}$PO$_{3.3}$N$_{0.46}$），这是通过 LiPO$_4$ 在 N$_2$ 气氛下溅射制备的一种电子绝缘体，25℃下的锂离子电导率为 3.3×10^{-6}S/cm，在电势高达 5.5V（vs. Li/Li$^+$）下也具有良好的电化学稳定性。

LiPON 已用于 Cymbet、Front Edge 和 Infinit Power 公司制造的商业化微电池 (Jones，2011)，大多数基于 $LiCoO_2$ 电极制造。Sakti3 和 Toyota 公司在持续研究汽车应用，而且 Bathium、Solicor 和 Solid Energy 公司也在研发全固态电池。

7.4.3.3 硫化物玻璃

与氧化物形成对比，较大的硫离子具有更高的极化和离子迁移率。因为低的界面电阻，固态电解质层能够使用冷压方法制造。可惜，5V 正极材料会与硫化物电解质反应，降低了功率特性。

① $Li_{10}GeP_2S_{12}$ 的三维框架允许沿着 c 轴的一维锂离子传导，离子电导率达到 27℃下 0.012S/cm 和 −30℃ 低温下 0.001S/cm。丰田公司的 $In/Li_{10}GeP_2S_{12}/LiCoO_2$ 电池放电容量达到 120A·h/kg，第 2 次循环以后放电效率接近 100%。

② Li_2S-SiS_2-LiI、$Li_2S-SiS_2-Li_3PO_4$ 和 $Li_2S-P_2S_5$ 具有较差的锂离子电导率，在水中不稳定，在正极上形成导电性很差的膜层。

7.4.3.4 超离子导体

硫化物 $Li_{3.25}Ge_{0.25}P_{0.75}S_4$ 是硫代 LISICON（锂超离子导体）中最稳定的一种，25℃ 条件下的离子电导率 0.0022S/cm，$Li_{10}GeP_2S_{12}$ 在 27℃ 下离子电导率至少是 0.02S/cm。

Planar Energy 公司将硫代 LISICON 用于汽车电池，使用了 CuS 正极和 SnO_2 负极。

复合电解质降低了电阻率。锂负极和正极都被包覆了固态电解质（SSE），然后组装成正极｜SSE｜液态电解质｜SSE｜Li 电池。SSE 包覆层阻止了 SEI 膜的形成，延长了循环寿命。

7.5 转换反应材料

本节概述了可作为先进电池正极和负极材料的进行转换反应和置换反应的物相（Cabana 等，2010；Bruce 等，2008；Amatucci 和 Pereira，2007）。除了传统的嵌入反应之外，各种价格便宜的化合物的比容量比当前使用的石墨和 $LiCoO_2$ 高 2～5 倍。转换反应概念是 21 世纪初提出的，但是还需要更多的技术进步，特别是充电和放电过程中的颗粒重组。

① 非嵌入形式的能量储存　在锂离子电池中，Li^+ 在晶格中可逆地进入和脱出，而晶格在充电和放电过程中基本维持不变（图 7.5）。许多过渡金属化合物没有可供嵌入过程进行的空位，因此到目前为止都被忽视了。使用很多现代研究开发方法对过渡金属氧化物、氟化物、氮化物、硫化物、磷化物和氢化物进行了研究，其中每个金属原子对应不止一个电子用于能量储存。

$$M_aX_b + bxLi \Longleftrightarrow aM + bLi_xX$$

M 为过渡金属；x 为阴离子 X 的氧化值。

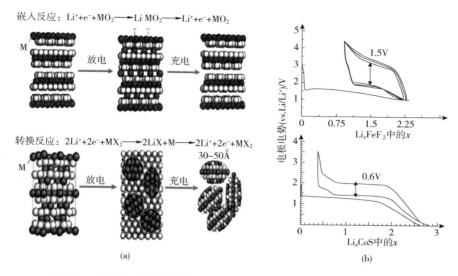

图7.5 锂嵌入过程与转换材料的结构重组对比 **(a)** 和转换材料的
放电/充电曲线：氟化铁和硫化钴 **(b)**（根据 Amatucci 的结果）

注：1Å＝0.1nm

负极主要是基于磷化物、氮化物或氧化物，正极是基于氟化物。铜、锰、铁、钴和镍的氟化物、氧化物和硫化物理论电势达到 3.5V（vs. Li/Li$^+$）（Poizot 等，2000）：

$$MnS+2e^- +2Li^+ \rightleftharpoons Mn+Li_2S \quad (<1.1V)$$
$$FeF_2+2e^- +2Li^+ \rightleftharpoons Fe+2LiF \quad (<2.6V)$$
$$CoF_2+2e^- +2Li^+ \rightleftharpoons Co+2LiF \quad (<2.7V)$$
$$NiF_2+2e^- +2Li^+ \rightleftharpoons Ni+2LiF \quad (<3.0V)$$
$$CuF_2+2e^- +2Li \rightleftharpoons Cu+2LiF \quad (<3.5V)$$

② 性能数据　电势主要是由阴离子的电负性决定，具有最高电势的是 CuF$_2$（约3V）、CoF$_2$（2.1V）和 FeF$_2$（1.9V）。最好的实验硫化物是 Cu$_2$S（1.6V）、NiS（1.4 V）、Co$_{0.9}$S（1.3V）和 FeS（1.2V），氧化物的电势通常低于 1V（vs. Li/Li$^+$）。

转换材料的理论容量大于嵌入材料，这弥补了它们电势较低的缺点。CoP$_3$、MnP$_4$、CrN 和 NiP$_3$ 的理论容量高于 1500A·h/kg，经计算可知，CoN、NiP$_2$、FeP$_2$、Cr$_2$O$_3$、MoO$_3$、MnO$_2$、Mn$_2$O$_3$、Fe$_2$O$_3$、RuO$_2$、Co$_3$O$_4$ 和 MnS 的理论容量超过 1000A·h/kg。

三价化合物 FeF$_3$ 和 BiF$_3$ 比容量达到 800A·h/kg（材料），电压 2.5V。这些氟化物相中没有锂，因此 LiF 和 Fe 的混合物被用作实验锂离子电池的正极。

③ 反应机理 很遗憾，这些材料在充电和放电过程中的结构重组很缓慢。很高的内阻导致充电/放电特性的强烈滞后，进一步导致低的能量效率［图 7.5 (b)］。电负性阴离子使电池具有高的电压，但是，另外，强的 M—X 键使内阻（极化内阻，过电势）按下面顺序减小：氟化物＞氧化物＞硫化物＞磷化物。

除了晶格变化之外，锂离子扩散和电子电荷转移在动力学上受到抑制，纳米结构中缩短的扩散路径可能改善转换反应的动力学过程。而且，放电和充电过程中的颗粒重组导致材料的逐渐粉化。

7.6　钠离子电池和钠空气电池

20 世纪 70 和 80 年代关于高温电池的一些研究目前又焕发生机。锂源分布不均匀，主要是在南美，由于全球对锂离子电池的需求，原材料价格从 1991 年到现在已经大致翻了一番。2010 年，世界范围内钠和镁的年产量分别达到 10^{11} kg 和 6×10^9 kg，比锂的年产量（2.5×10^7 kg）高几个数量级（Vesborg 和 Jaramillo，2012）。

对于便宜、高性能的未来可充电电池的可行选择可能是基于钠：① 水与非水电解质钠离子电池，② 钠-氧电池。

7.6.1　钠离子电池体系

钠离子电池（Ellis 和 Nazar，2012）具有更加耐用、制造成本更低的优点，基本电池设计见图 7.6 (a)，其主要挑战是负极（阳极）及其钝化。

（一）负极：Na (C) $\Longleftrightarrow$ C＋Na^+＋e^-

（＋）正极：储钠材料＋Na^+＋e^- $\Longleftrightarrow$ Na（储钠材料）

钠离子电池体系正处在早期发展阶段，目前的性能数据还达不到锂电池的标准：容量 1.16A·h/kg；电压 2.7V SHE；离子半径 980pm；熔点 97.7℃。钠的离子体积大约是锂的两倍，原子量是锂的三倍，寻找适合很多钠离子的嵌入和脱出的基质材料是很困难的。

7.6.1.1　负极（阳极）材料

① 金属钠 存在安全问题，不能在水溶液中使用，需要选择替代材料［图 7.6 (b)］。

② 碳材料 石墨不能容纳大型的钠离子，在石油焦、软碳（石墨层微观有序）和硬碳（无序）中可以观测到钠的嵌入。硬碳好像是能够实现商业化钠离子电池的所需材料，就像锂离子电池中的石墨一样，但是很不幸，它的比容量很低（约 280A·h/kg）（Komaba 等，2011）。葡萄糖或蔗糖热解（1500℃）得到的硬碳在低嵌入速率下能够达到 300A·h/kg（C/80）。

基于多孔二氧化硅模板法制备的多孔非石墨化碳首次循环容量 180A·h/kg（C/5），125 次循环后还能放出 80A·h/kg（Wenzel 等，2011）。

③ Sn 掺杂硬碳 容量高，然而 Sn 的循环稳定性差（Yamamoto 等，2012），

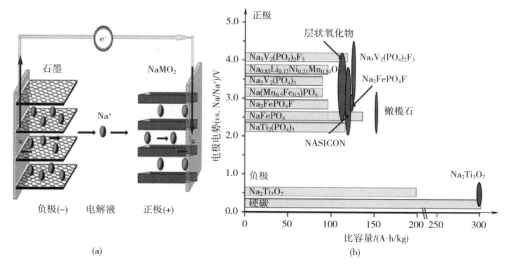

图 7.6 钠离子电池原理 (a) 和钠离子电池体系新材料性能数据 (b)

这种负极材料可以使用 15% $SnCl_2$ 和蔗糖在管式炉和氩气气氛下制备。据报道,使用有机溶液 (1mol/L $NaClO_4$ 溶于碳酸丙烯酯/碳酸乙烯酯, 1:1) 制备的材料容量达到 70 次循环约 350A·h/kg。

④ 金属磷酸盐 在非水溶液和水溶液电解质中,NASICON 型 $NaTi_2(PO_4)_3$ 比容量能达到约 120A·h/kg (理论值 133A·h/kg),放电电压 2.1V (vs. Na/Na^+),

⑤ 金属氧化物 钠能够嵌入宽的无定形 TiO_2 纳米管 (内径>45nm)。嵌入 Na^+ 的层状 $Na_2Ti_3O_7$ 大约在 0.3V (vs. Na/Na^+)。同样,O_3 相 $NaVO_2$ 能够在低电压下脱嵌 ($Na_{0.66}VO_2 \longrightarrow Na_{0.5}VO_2$, 126A·h/kg, 1.2~2.4 V),但是材料对氧气极其敏感。

⑥ 合金 到现在为止,很少有关于钠合金材料作为负极的研究,铅能够用电化学方法嵌钠,每个铅原子可对应 3.75 个钠原子。$Na_{15}Sn_4$、NaSi 和 NaGe 都是已知的化合物。

7.6.1.2 正极 (阴极) 材料

多数电极材料 (Palomares 等,2013) 都是这个思路,就是锂离子电池材料中的锂被钠取代。具有角共享模型的二维层状和三维材料是首选材料 [图 7.6 (b)]。

① 锰氧化物 Na_xMnO_2 (0.25<x<0.65) 中的宽隧道允许 Na^+ 可逆地嵌入,容量高达 140A·h/kg,有多个电压台阶,六个相变过程,电压范围 2~3.8V。不可逆容量发生在充电高于 $Na_{0.25}MnO_2$ 的阶段,单晶 $Na_{0.44}MnO_2$ 纳米线 $C/10$ 放电容量 128A·h/kg,循环超过 1000 次仍有很好地容量保持率。$Na_{0.44}MnO_2$ 在使用 PEO_8NaAsF_6 的钠离子聚合物电池工作状况良好,甚至在水溶液介

质中也能工作。

λ-MnO_2（$LiMn_2O_4$ 化学脱锂制备）与钠组成电池，循环后变成无定形态，但是在 $2\sim4V$ 循环时，每个 MnO_2 分子能够储存 0.6 个 Na，且适合于水溶液体系。

② 尖晶石相 $NaMn_2O_4$　热力学不稳定，高于 55℃ 容易生成 Mn^{2+}。$LiMn_2O_4$ 电化学脱出锂，然后嵌入钠，导致循环性能很差和结构重排。另外一种方法，将过量 Na_2O_2 与 Mn_2O_3 混合，在压力下 950℃ 加热，充放电平台在大约 3V（vs. Na/Na^+），这对应于氧化还原电对 Mn^{4+}/Mn^{3+}。

③ 钠-层状氧化物相　自从 1985 年以来就已知的单斜晶系 α-$NaMnO_2$ 比 Li_xMnO_2 更稳定，每个 α-$NaMnO_2$ 分子能够可逆地嵌入大约 0.8 个 Na，放电容量 200A·h/kg，容量保持性能好（电解液：$NaPF_6$ 溶于碳酸乙烯酯/碳酸二甲酯）。

当 $x\geqslant0.50$（Berthelot 等，2011）时 Na_xCoO_2 呈现单相，依赖于钠的浓度不同，具有不同的 Na^+/空位组成，如 $Na_{0.5}CoO_2$ 和 $Na_{0.66}CoO_2$。可以用电化学方法合成这些具有很窄存在范围的材料。40℃ 下 P2 相 $Na_{0.66}CoO_2$ 中钠的脱出和嵌入通过几个步骤进行［图 7.7（a）］。小颗粒尺寸改善了电化学性能。

每个 $Na_{0.85}[Li_{0.17}Ni^{II}_{0.21}Mn^{IV}_{0.64}]O_2$ 分子能够脱出 0.42 个 Na（112A·h/kg），反应在单一相中进行，10C 倍率下容量达到 80A·h/kg，25C 倍率下容量达到 65A·h/kg（大约 3min，670W·h/kg）。

$Na_x[Fe_{0.5}Mn_{0.5}]O_2$ 可以作为电极材料，其在室温下具有低的过电势，但是循环寿命还有待改善。

④ 钠离子导体　NASICON 型嵌入材料从 1992 年就已经被人们认识，如 $NaNb$-$Fe(PO_4)_3$、$Na_2TiFe(PO_4)_3$ 和 $Na_2TiCr(PO_4)_3$。Fe^{3+}/Fe^{2+} 氧化还原电势低，只有约 2.4V，与 Na/Na^+ 相比，在作为正极方面并无吸引力。由于钒的氧化态变化幅度，$Na_3V_2(PO_4)_3$ 有可能作为对称电池的候选材料（90A·h/kg，循环稳定性差）。

⑤ 橄榄石相　非晶态 $FePO_4$ 能够可逆地嵌入钠离子，容量 100A·h/kg。（磷铁钠矿）是电化学非活性的，因为在嵌入和脱嵌过程中，钠离子沿着 Fe 和 Na 正八面体移动的路径被中断了。在 Na^+ 脱出时，$NaFePO_4$ 的橄榄石相结构有 15% 体积收缩，熔融盐合成的 $Na_x(Fe_{0.5}Mn_{0.5})PO_4$ 的固溶体性质依赖于钠的含量，$x=0\sim0.6$（4.3$\sim$2V）。

⑥ 氟磷酸钒钠　V^{3+}/V^{4+} 氧化还原转变具有高的电池电压。$NaVPO_4F$ 在两个电压平台上释放 Na^+（3.0V 和 3.7V vs. Na），表明材料中有结构转化。$Na_3(VO)_2Na_3(PO_4)_2$ 经过 400 次循环后容量 87A·h/kg（首次 120A·h/kg），有 3.6V 和 4.0V（vs. Na）两个电压平台。含钠的正极材料可以在含有 Li^+ 电解液中与石墨组成电池。

⑦ 层状氟磷酸铁钠 从 2007 年就已认识 Na_2FePO_4F，Na^+ 位于磷酸铁层中间或邻近，在脱出 1 mol Na 时体积变化只有 3.7%。充放电曲线过程中有两个两相平台，分别在 2.90V 和 3.05V（vs. Na/Na^+），循环过程中能保持 80% 的理论容量（120A·h/kg）[见图 7.7（b）]。

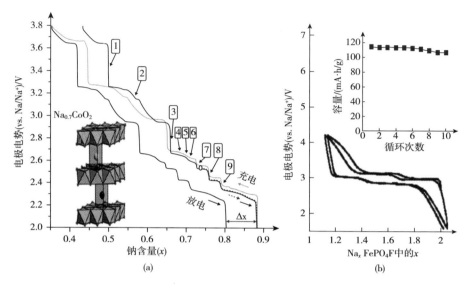

图 7.7 电化学循环过程中的 $Na_{0.7}CoO_2$ 相转变（a）和
Na_2FePO_4F 循环电化学曲线（vs. Na/Na^+，$C/5$）（b）

⑧ tavorite 型氟磷酸铁钠 非晶态 $NaFeSO_4F$（使用 $FeSO_4·H_2O$ 和 NaF 在乙二醇溶液中）的结构与 tavorite 矿物（$LiFePO_4OH$）相似。Na^+ 存在于沿着 [110] 方向的隧道中，并在其中跳跃前进，也就是说，这种材料是一维离子导体，在氧化还原反应时伴随着体积变化。

7.6.2 钠-氧电池

吸气式电池具有巨大的质量优势，它们不需要携带氧化剂。如图 7.8（a）所示的 $Na-O_2$ 电池体系（Peled 等，2011）在碳酸酯基的钠电解液中具有高的过电势和低的能量效率，因此形成 Na_2O_2。然而，$Na-O_2$ 电池充电时并没有 $Li-O_2$ 电池那样同时发生的副反应。

电池化学反应式：

$$Na^+ + O_2 + e^- \longrightarrow NaO_2 \quad (2.263V)$$

$$2Na^+ + O_2 + 2e^- \longrightarrow Na_2O_2 \quad (2.330V)$$

$$4Na^+ + O_2 + 4e^- \longrightarrow 2Na_2O \quad (1.946V)$$

温度高于钠的熔点（98℃）时，减缓了充电时负极上的枝晶形成，排除了电池部件对水蒸气的吸附。电池充电电压 2.9V，放电电压 1.8V。

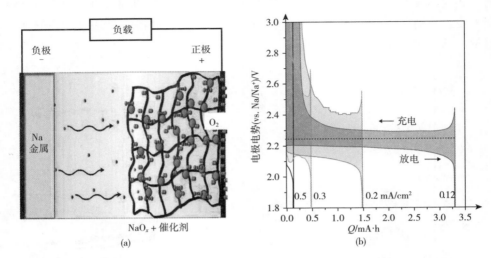

图 7.8　Na-O₂ 电池的放电原理 （a） 和具有气体扩散 （GDL） 电极的 Na-O₂ 电池
不同电流下的充电/放电特性［虚线：$E^{\ominus}$ （NaO₂） ＝2.27V］（b）

过氧化钠：在醚基电解液中，尽管 NaO₂ （Hartmann 等，2013） 的热力学稳定性比 Na₂O₂ 差，与纯碳电极组成电池，NaO₂ 能够在高达 0.2mA/cm² 电流密度下可逆地充电和放电。一电子步骤 （$O_2 + e^- \longrightarrow [O_2]^-$） 是热力学首选，因此能观测到很低的过电势 （＜200mV）。

7.7　多化合价金属：镁电池

钠、镁 （Saha 等，2014）、钙 （Datta 等，2014） 和铝 （Wang 等，2013b） 是金属-空气电池的未来电极材料。背后的想法是：使用原子量较大的离子代替一价的锂，其带有两个电荷，单位体积携带的能量就加倍。镁的理论比容量较低 （2205A·h/kg），电势 （－2.36V SHE） 和密度 （1.74g/cm³） 与锂相比也不是太好。镁电池更重，但是比锂电池体积小。主要的电子公司 （如丰田、LG、三星、日立） 都在努力研究具有更高电荷携带能力的电池，丰田的镁-硫电池使用非质子电解液 （六甲基二硅基氨基氯化镁） 预期能够应用于电动汽车 （Kim 等，2011）。

7.7.1　电池化学

Aurbach 等的开创性工作 （Aurbach 等，2000） 提出一种使用 Mg$_x$Mo₆S₈ 电极的可充电池样机，使用有机氯铝酸镁溶于四氢呋喃或聚醚 （聚乙烯醚类） 作为电解液，比能量 60W·h/kg，经过 2000 次循环，容量衰减很小 （图 7.9）。可充 Mg-Mo₆S₈ 电池放电时的电化学过程包含镁的溶解 （0V） 以及镁离子嵌入基质材料晶格（约 $1.1V$ vs. Mg/Mg^{2+}）。

（一）负极：$\qquad\qquad Mg \Longrightarrow Mg^{2+}+2e^-$

（＋）正极：$\qquad Mg^{2+}+2e^-+Mo_6S_8 \Longrightarrow Mg_xMo_6S_8$

① $\qquad\qquad\quad Mo_6S_8+Mg^{2+}+2e^- \Longrightarrow MgMo_6S_8$

② $\qquad\quad MgMo_6S_8+Mg^{2+}+2e^- \Longrightarrow Mg_2Mo_6S_8$

由于二价镁离子和基质材料之间强烈的静电相互作用，Mg^{2+} 的扩散进行非常缓慢。$Mg_xMo_6Se_8$ 具有略微不同的晶体结构，在较低电势下（约 $0.9V$ vs. Mg/Mg^{2+}）也有更高的 Mg^{2+} 迁移率。

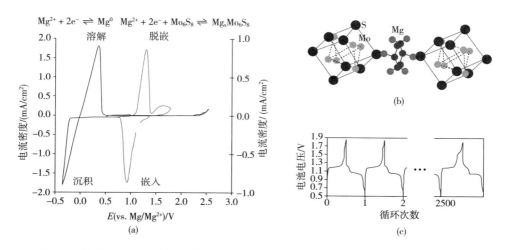

图 7.9 镁电池：（a）蓝线：电解质溶液 $[0.25mol/L\ Mg\ (AlCl_2BuEt)_2$ 溶于 THF] 的稳定性，Pt 电极，20mV/s；红线：可逆的镁沉积与溶解，0.005mV/s；

（b）谢弗雷尔相 $Mg_xMo_6S_8$（正极）的晶体结构中具有 12 个镁嵌入的位置；

（c）可充 Mg/Mo_6S_8 电池恒电流（$C/8$）循环稳定性

7.7.2 电解液

在极性非质子电解液（如酯类、烷基碳酸酯、酰胺和乙腈）中，镁表面形成钝化膜，就像锂离子电池中观测到的 SEI 膜，但是镁表面的钝化膜不具有 Mg^{2+} 导电性。格氏化合物（RMgX）是一种在醚类和四氢呋喃溶液中导电的盐，可以避免钝化（Gofer 等，2009），但是电化学窗口很小。芳香族化合物（如 $Ph_2Mg\cdot 3AlCl_3$ 溶于 THF）具有 $3.0V$ 的电压窗口，循环效率几乎 100%。具有低钝化、宽电压窗口性质的二元离子液体也已有报道（Kakibe 等，2012）。

① 非水电解质　镁不能可逆地从简单镁盐溶液中沉积出来，如 $Mg\ (ClO_4)_2$ 溶于乙腈、碳酸丙烯酯或 N,N-二甲基甲酰胺中，因为沉积物在电极表面形成了一层致密钝化层。痕量的水导致生成 MgO 和 $Mg\ (OH)_2$。$NaClO_4$ 溶于甲酰

胺+乙腈（1∶1）溶剂中作为电解液，在低过电势下有利于镁的溶解，但是不支持镁的电沉积。三氟甲基磺酸镁［$Mg(CF_3SO_3)_2$ 或 $Mg(TFSI)_2$］溶于二甲基乙酰胺（DMA）或乙腈（0.2～2.8 V vs. 钢）对镁的沉积并不适合。

格氏试剂（RMgX，R＝烷基；X＝Br、Cl. 图7.10）能够电化学还原，但是在电压高于 1.5V（vs. Mg）时不稳定，而且嵌入正极和溶剂不兼容。四丁基硼酸镁 $Mg(BBu_4)_2$ 溶于四氢呋喃或 N-甲基苯胺可以支持在一定过电势下发生镁的溶解和沉积，但是，在过渡金属氧化物或硫化物存在时降低了库仑效率和稳定性。Aurbach 提出由 Lewis 碱 R_xMgCl_{2-x}（$x=0～2$）和 Lewis 酸 $RAlCl_{3-y}$（$y=0～3$）反应生成有机氯铝酸镁 $Mg(AlCl_{2或3}R_{1或2})_2$，再将其溶于醚溶液中。Bu_2Mg 和 $EtAlCl_2$（按 1∶2 比例溶于 THF）的化学计量混合物具有最佳的阳极稳定性（2.10V vs. Mg）和 95％可逆镁沉积。$Bu_2Mg/2AlCl_3$ 具有更高的沉积电势（2.40V），但是牺牲了可逆性（75％）。芳香族酯类可以将电压窗口提高到 3.3V（vs. Mg）。

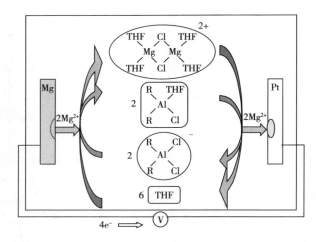

图 7.10 0.25mol/L $Mg(AlCl_2EtBu)_2$/THF 溶液中铂上沉积镁的反应机理和中间产物

阴离子在高于最高占据分子轨道（HOMO）能级时发生氧化，也就是说，HOMO 能级越负，电解液的抗氧化性越强。例证包括 $AlCl_4^-$（HOMO：$-7.53eV$，LUMO：$+1.01eV$），(HMDS)$AlCl_3^-$（$-5.670eV$ 和 $+0.061eV$），$(C_6F_5)_3BPh^-$（$-5.559eV$ 和 $-0.422eV$），$(Ph_4)_3B^-$（$-4.819eV$ 和 $-0.536eV$）。实际上，Hauser 基的 HDMS（六甲基硅基氨基氯化镁）（Muldoon 等，2012）电解质（$3HMDSPhMgCl·AlCl_3$）在 THF 中溶解得到的电解液一直到 3.3V（vs. Mg）都是稳定的。

储氢材料 $Mg(BH_4)_2$ 溶于二乙二醇二甲醚（比乙二醇二甲醚和四氢呋喃更好），在此溶液中镁的沉积和去除，库仑效率是 77％。

Pellion 技术公司（Doe 等，2014）的电解液是 Mg_2AlCl_7（通过 $2MgCl_2+AlCl_3$ 合成）溶于醚溶剂中，在阳极电势达 3.5V（vs. Mg）一直保持稳定。混合物中，镁盐 $MgCl_2$：$Mg(TFSI)_2$ 以 2.5：1 比例溶于 1,2-乙二醇二甲醚，具有最佳的电导率 5.80mS/cm（28℃）。

② 聚合物电解质　与液态电解质相反，聚合物不会由于内部短路、电解液泄漏和燃烧而导致失效。但是，Mg^{2+} 电导率、电化学稳定性和与电极兼容性还不能满足要求。

凝胶电解质可以使用丁基-乙基复合盐 $[Mg(AlCl_2EtBu)_2]$ 加入 PVDF 或 PEO 中作为聚合物基质，四乙二醇二甲醚作为塑化剂。聚合物复合物 $MgCl_2$·$(PEO)_{8,12,16 或 24}$ 和 $Mg(ClO_4)_2$·$(PEO)_{16}$ 具有与 $LiCF_3SO_3$·$(PEO)_9$ 复合盐相差无几的电导率。聚合物（PVDF 优于 PAN）和三氟甲基磺酸镁 $Mg(Tf)_2$ 的复合物溶于碳酸亚烃酯（PC、EC），电解液电导率达到 2.7mS/cm（20℃），但是循环性能不佳。

双(三氟甲基磺酰)亚胺化镁 $Mg(TFSI)_2$ 和离子液体（EMITFSI）加入到 PEO 修饰的聚甲基丙烯酸酯形成聚合物凝胶，电导率达到 3.5mS/cm（60℃）。凝胶中的离子液体使格氏试剂 EtMgBr（1：3 溶于 THF 中）的导电性提高到 7.4mS/cm（25℃），比如 N,N-二乙基-N-甲基-（2-甲氧乙基）胺-双(三氟甲基磺酰)亚胺（DEMETFSI）。

将三氟甲基磺酸镁 $[Mg(Tf)_2]$ 和 1-乙基-3-甲基咪唑三氟甲基磺酸盐（EMITf）加入到偏氟乙烯-六氟丙烯共聚物 $[PVDF-HFP]$ 中形成 Mg^{2+} 导电凝胶，室温电导率约 3mS/cm，电压窗口约 4V，$-30\sim110℃$ 稳定，但是迁移数差，$t(Mg^{2+})\approx0.26$，也就是说，三氟甲基磺酸根阴离子移动性更强。将 10% MgO 微粒和 3% 气相二氧化硅加入凝胶中，可以将电导率分别提高到 6mS/cm 和 11mS/cm。

7.7.3　电极

① 负极　金属镁具有理论容量 2205A·h/kg，并不会形成由于溶液-沉积机理而生成的枝晶，但是钝化使得动力学反应速率慢，进一步提出研究纳米镁和合金（Al-Zn-Mg，Si-Mg，Sn-Mg，Bi-Mg）。嵌入式负极不会钝化，但是容量低。使用传统电解液，金属铋的容量 384A·h/kg，嵌入电势+0.23V/0.32V（vs. Mg），锡的容量 903A·h/kg，嵌入电势+0.15V/0.20V（vs. Mg）（Singh 等，2013；Arthur 等，2012）。

② 正极　目前使用的正极是利用 Mg^{2+} 在氧化物、磷酸盐和硫化物中的嵌入现象，如 Co_3O_4、V_2O_5、$Mg_{0.5}Ti_2(PO_4)_3$ 和 TiS_2：

a. 谢弗雷尔相 Mo_6S_8　电势 1.1V（vs. Mg/Mg^{2+}），理论比容量 128A·h/kg，然而从第二次循环开始，只剩下总容量的 60%~70%。掺杂 TiS_2、SrS_2、MoS_2、RuO_2、Co_3O_4、V_2O_5、MoO_3 和 Mg_xMnO_2（Levi 等，2010）后能够提供更大的

比能量。

b. 混合谢弗雷尔相 $Mo_6S_{8-y}Se_y$（$y=1$，2）和 $Cu_xMo_6S_8$（$100A \cdot h/kg$，$C/6$）　具有更佳的可逆性，但是放电比容量比 Mo_6S_7（$75A \cdot h/kg$，$C/5$）低。

c. 钒氧化物　Mg^{2+}嵌入 V_2O_5 中非常慢，需要电解质中有水分子，同时伴随着快速地容量衰减［容量 $300A \cdot h/kg$，$Mg(ClO_3)_2$溶于乙腈水溶液作为电解液］。

d. 金属氧化物、硫化物和硼化物　容易不可逆地生成 MgO 和 MgS，高容量材料往往电压就低，TiB_2（$324A \cdot h/kg$，$1.25V$ vs. Mg/Mg^{2+}），ZrB_2（$313A \cdot h/kg$ 和 $1.2V$ vs. Mg/Mg^{2+}），MoB_2、TiS_2、VS_2、WO_3、MoO_3、Co_3O_4、RuO_2、ZrS_2、V_2O_5（$194A \cdot h/kg$ 和 $2.66V$ vs. Mg/Mg^{2+}），Mn_2O_3（$224A \cdot h/kg$ 和 $2.40V$ vs. Mg/Mg^{2+}），Mn_3O_4、Pb_3O_4、PbO_2（$56A \cdot h/kg$ 和 $3.10V$ vs. Mg/Mg^{2+}）。纳米 $MgMn_2O_4$ 扩散能垒低于 $0.8eV$，比容量 $290A \cdot h/kg$，电压 $2.9V$。$Mg_{0.5}MoO_3$ 比容量据估算可达到 $142A \cdot h/kg$，电压 $2.28V$。$\alpha\text{-}MnO_2$（Zhang 等，2012）在 HMDSMgCl 电解液中初始比容量 $280A \cdot h/kg$。

e. 镁-硫转换正极　根据反应 Mg（负极）＋S（正极）$\longrightarrow$MgS，可达到性能指标：$1.77V$、$1671A/kg$ 和 $3459A \cdot h/L$。遗憾的是，尚未找到合适的电解液，尽管六甲基二硅基氨基氯化镁（HMDSMgCl）的四氢呋喃溶液能够阻止硫的溶解。

③ 集流体　应该是化学惰性、很薄、很轻、刚性、优异的电子导体。铜、镍、不锈钢、钛和铝上的过电势妨碍了镁的可逆沉积，而且不能承受格氏试剂。铂、玻璃碳、钼和钨在醚溶液中具有阳极稳定性。

④ 性能数据　2000 年，一种基于 Mg 负极、Mo_6S_8 正极和格氏试剂-THF 电解液的电池循环超过 3500 次，自放电低，工作温度范围宽（Aurbach 等，2003），尽管其低电压限制了比能量只有 $60W \cdot h/kg$（电池）。

丰田公司的镁-硫电池第一次循环比容量有 $1200A \cdot h/kg$，美国 Pellion 技术公司的模型计算表明，未来镁电池的比能量超过 $400W \cdot h/kg$，能量密度大于 $1200W \cdot h/L$。

7.8　卤化物电池

以下电池类型是远期的技术应用和市场开拓。

7.8.1　氟化物电池

氟的电负性最强、标准电极电势最负（$E^{\ominus}=+2.87V$ SHE），与金属组成电池的电压可以大于 6V。与反应活性非常强的氟气（F_2）形成对比，氟离子（F^-）作为运动离子在电极间传导电流（图 7.11）。

① 电池化学　放电时，金属氟化物在负极上生成，同时氟离子在正极上释

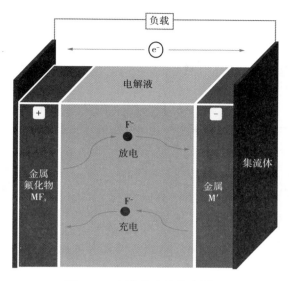

图 7.11　氟化物电池基本原理

放出来。

（一）负极：$M + xF^- \rightleftharpoons MF_x + xe^-$

（＋）正极：$M'F_x + xe^- \rightleftharpoons M' + xF^-$

电池：$M'F_x + M \rightleftharpoons M' + MF_x$

金属 M 和 M′可以是二价或三价的，因此每个金属原子有可能存储超过 1 个电子。

② 理论性能数据　碱金属（如锂、钙和镧）与贵金属的氟化物组成电池，电池电压大于 3V，比能量达到 400W·h/kg（表 7.4）。未来研究的挑战是卤化物电池的低功率、有限循环寿命和高工作温度。

③ 电极材料　负极和正极材料都必须是优异的电子和氟离子导体，这很难生产。实际上，导电材料和电解液都需要加入添加剂。

a. 负极材料：Li，Ca，La，Ce。

b. 正极材料：MnF_2，CoF_3，CuF_2，BiF_3，$KBiF_4$，SnF_2。

c. 一种新的思想（Reddy 和 Fichtner，2011）提出可以使用氟离子代替 Li^+ 在电极间移动。$La_{0.9}Ba_{0.1}F_{2.9}$ 作为固态电解质，电极包含 BiF_3、SnF_2、CuF_2 和 Ce，循环过程中，生成 CeF_3 和金属（Bi、Sn、Cu）。可惜，只能在 150℃和小电流密度情况下才有可逆性。

④ 氟离子导电电解质　未来电池的主要挑战是能够提供足够的室温离子电导率的液态或固态电解质，迄今为止，只有固态电解质在文献中经常提到。

a. 氟石 MF_2（M＝Ca，Sr，Ba）和氟铈矿 MF_3（M＝La，Ce）经过掺杂后可以达到基本满足要求的氟离子电导率。

b. LaF_3 的室温电导率 $10^{-8}S/cm$，经过掺杂 Ca^{2+}、Sr^{2+}、Ba^{2+} 或 Eu^{2+} 后，电导率能够提高到大于 $10^{-6}S/cm$。$La_{0.9}Ba_{0.1}F_{2.9}$ 在 $160℃$ 和 $30℃$ 条件下的电导率分别达到 $2.8×10^{-4}S/cm$ 和 $10^{-6}S/cm$。其他组成比例的材料性能更差，比如 $La_{0.85}Ba_{0.1}F_{2.9}$ 和 $La_{0.95}Ba_{0.05}F_{2.95}$。

⑤ 实验电池 迄今为止已制备的氟化物电池功率性能都很差。

a. 电池（一）$Ce \mid La_{0.9}Ba_{0.1}F_{2.9} \mid CuF_2$（＋）在 $2.5V$ 和 $150℃$ 时能以 10 $\mu A/cm^2$ 电流放电，比容量大于 $200 \sim 300 A·h/kg$（Reddy 和 Fichtner，2011）。BiF_3 或 SnF_2 或 $KBiF_4$ 的复合物的性能更差。

b. 电池 $Ce \mid La_{0.9}Ba_{0.1}F_{2.9} \mid CuF_2$ 实际容量 $322A·h/kg$（理论值 $527A·h/kg$ 的 61%），平均放电电压约 $2.5V$，实际比能量约 $800W·h/kg$。

c. 电池 $Ce \mid La_{0.9}Ba_{0.1}F_{2.9} \mid BiF_3$（固溶体）首次放电容量 $190A·h/kg$，30 次循环后放电容量 $50A·h/kg$。活性物质与固态电解质相界面处的接触问题和体积变化导致了快速的容量衰减。液态电解质也许可以解决这个问题。

表 7.4　氟化物电池体系的理论性能数据

电池体系	开路电压/V	比容量 /(A·h/kg)	比能量 /(W·h/kg)	能量密度 /(W·h/L)
$Ca + MnF_2 \Longrightarrow CaF_2 + Mn$	1.89	403	761	2104
$3Ca + 2CoF_3 \Longrightarrow 3CaF_2 + 2Co$	3.59	456	1639	4068
$2Li + CuF_2 \Longrightarrow 2LiF + Cu$	3.46	464	1607	2838
$La + CoF_3 \Longrightarrow LaF_3 + Co$	3.31	315	1044	5241

7.8.2　氯化物电池

使用氯离子导电电解质的氯离子电池体系还正在研发中（Zhao 等，2014）。

7.9　铁酸盐电池

这项技术主要是用作一次电池，使用水溶液电解质体系，离市场化还很远。

① 超铁电池（Yu 和 Licht，2007a，2007b） 这种电池使用碱金属和碱土金属的高铁（Ⅵ）酸盐作为正极材料，反应释放三个电子，比如 K_2FeO_4（理论容量 $601A·h/kg$）、Na_2FeO_4（$485A·h/kg$）、K_2FeO_4（$406A·h/kg$）、$SrFeO_4$（$388A·h/kg$）、$BaFeO_4$（$313A·h/kg$）。

② 电池化学 铁（Ⅵ）在三电子反应步骤中被还原，负极通常是锌，电极电势达到 $0.5 \sim 0.65V$ SHE。

（＋）正极：$FeO_4^{2-} + 3H_2O + 3e^- \longrightarrow FeO(OH) + 5OH^-$

$$FeO_4^{2-} + \frac{5}{2}H_2O + 3e^- \longrightarrow \frac{1}{2}Fe_2O_3 + 5OH^-$$

（一）负极：$Zn \longrightarrow Zn^{2+} + 2e^-$

高铁酸银 Ag_2FeO_4 正极能储存 5 个电子电荷。

$$Ag_2FeO_4 + \frac{5}{2}H_2O + 5e^- \longrightarrow 2Ag + \frac{1}{2}Fe_2O_3 + 5OH^-$$

③ 电极材料　小颗粒石墨和压缩炭黑作为超铁电池正极的导电材料，氟化的聚合物石墨既作为导电材料又能增加正极容量。

a. 无机添加剂（比如 $SrTiO_3$）改善了 Fe（Ⅵ）还原的法拉第效率。固相 MnO_2 降低 Fe（Ⅵ）电势大约 200mV，然而 Co_2O_3 使其增加大约 150mV。

b. K_2FeO_4 在碱性介质中发生钝化，因此电荷转移收到抑制。使用 Fe（Ⅵ）/ Mn（Ⅳ 或Ⅶ）、Fe（Ⅵ）/Ag（Ⅱ）复合物或稳定化氧化锆包覆层解决了这个问题，比未处理正极的比功率更高。

④ 可充电的 Fe（Ⅵ）电池　Fe（Ⅵ/Ⅲ）纳米薄膜具有一定程度的可逆性，然而厚膜层对于 Fe（Ⅵ）阴极电荷转移呈钝态，高表面积的铂、钛和金导电基体能促进亚微米厚度薄膜的可逆性。

Fe（Ⅵ）盐作为正极材料，能够与金属氢化物或锂负极组成电池，使用非水介质电解液。

7.10　氧化还原液流电池

在液流电池中，燃料包含两种液体，离子通过一层隔膜向对方电极移动，比如，具有不同氧化态的钒离子。液体存在于电池外的储液箱中，需要时通过泵打入电池。从目前的优势来看，这些体系近期内还不能占领电动汽车市场，因为这些电池的体积太大。

最近提出了一种基于醌类的有机电池，使用了标准的液态电极，比如溴。（Huskinson 等，2014）。

展望未来，会继续研发使用液态 Li-S 和固态锂的液流电池。

7.11　质子交换膜燃料电池

未来展望预计研发质子导电电极材料，它具有极快速的电荷储存性能。近日基于铂金属氧化物的超级电容器就使用了这个思想，尽管在水溶液中电池电压被限制在低于 1.5V，而比能量是当前锂离子电池的 100 倍。

逆向质量比电池（Augé，2012）是一种通过能量转换过程从盐溶液中分离荷电粒子的能源，它是通过生物电子传输链机制而形成质子梯度，该原理已应用在实验医学手术刀中。微区内交流电打开水分子，形成燃料电池类似的氧化还原反应，设置质子泵，在生物组织附近的盐溶液中保持局部的质子梯度。

$$2H_2O + Cl^- + 能量 \rightleftharpoons H_2 + \frac{1}{2}O_2 + HCl + OH^-$$

参考文献

［1］ Abraham K M，Jiang Z. 1996. A polymer electrolyte-based rechargeable lithium/oxygen battery. J Electrochem Soc，143：1-5.

［2］ Agostini M，Lee D-J，Scrosati B，et al. 2014. Characteristics of Li_2S_8-tetraglyme catholyte in a semi-liquid lithium-sulfur battery. J Power Sources，265：14-19.

［3］ Amatucci G G，Pereira N. 2007. Fluoride based electrode materials for advanced energy storage devices. J Fluorine Chem，128：243-262.

［4］ Arthur T S，Singh N，Matsui M. 2012. Electrodeposited Bi，Sb and $Bi_{1-x}Sb_x$ alloys as anodes for Mg-ion batteries. Electrochem Commun，16：103-106.

［5］ Augé W K. 2012. Inverse mass ratio batteries：an in situ energy source generated from motive proton delivery gradients. Nano Energy，1：309-315.

［6］ Aurbach D，Daroux M，Faguy P，et al. 1991. The electrochemistry of noble metal electrodes in aprotic organic solvents containing lithium salts. J Electroanal Chem，297：225-244.

［7］ Aurbach D，Lu Z，Schechter A，et al. 2000. Prototype systems for rechargeable magnesium batteries. Nature，407：724-727.

［8］ Aurbach D，Weissman I，Gofer Y，et al. 2003. Nonaqueous magnesium electrochemistry and its application in secondary batteries. Chem Rec，3：61-73.

［9］ Barpanda P，Nishimura S. 2012. High-voltage pyrophosphate cathodes. Adv Energy Mater，2（7）：841-859.

［10］ Berthelot R，Carlier D，Delmas C. 2011. Electrochemical investigation of the P_2-$Na_x CoO_2$ phase diagram. Nat Mater，10：74-80.

［11］ Brandt K. 1994. Historical development of secondary lithium batteries. Solid State Ionics，69：173-183.

［12］ Bruce P G，Scrosati B，Tarascon J-M. 2008. Nanomaterials for rechargeable lithium batteries. Angew Chem Int Ed，47：2930-2946.

［13］ Buschmann H，Berendts S，Mogwitz B，et al. 2012. Lithium metal electrode kinetics and ionic conductivity of the solid lithium ion conductors $Li_7 La_3 Zr_2 O_{12}$ and $Li_{7-x} La_3 Zr_{2-x} Ta_x O_{12}$ with garnet-type structure. J Power Sources，206：236-244.

［14］ Cabana J，Monconduit L，Larcher D，et al. 2010. Beyond intercalation-based Li ion batteries：the state of the art and challenges of electrode materials reacting through conversion reactions. Adv Mater，22：E170-E192.

［15］ Chen L，Shaw L L. 2014. Recent advances in lithium-sulfur batteries. J Power Sources，267：770-783.

［16］ Chen Z，Higgins D，Yu A，et al. 2011. A review on non-precious metal electrocatalysts for PEM fuel cells. Energy Environ Sci，4：3167-3192.

［17］ Chen S，Bi J，Zhao Y，et al. 2012. Nitrogen-doped carbon nanocages as efficient metal-free electrocatalysts for oxygen reduction reaction. Adv Mater，24（41）：5593-5597.

［18］ Cheng H，Scott K. 2011. Selection of oxygen reduction catalysts for rechargeable lithium-air batteries—metal or oxide? Appl Catal B Environ：108-109，140-151.

［19］ Chikkannanavar S B，Bernardi D M，Liu L. 2014. A review of blended cathode materials for use in Li-ion batteries. J Power Sources，248：91-100.

［20］ Danielson D. 2011. In：NDIA Workshop to Catalyze Adoption of Next-Generation Energy Technologies，September 12.

[21] Datta D, Li J, Shenoy V B. 2014. Defective graphene as a high-capacity anode material for Na-and Ca-ion batteries. ACS Appl Mater Interfaces, 6: 1788-1795.

[22] Ding F, Xu W, Graff G L, et al. 2013. Dendrite-free lithium deposition via self-healing electrostatic shield mechanism. J Am Chem Soc, 135: 4450-4456.

[23] Ding N, Chien S W, Hor T S A, et al. 2014. Key parameters in design of lithium sulfur batteries. J Power Sources, 269: 111-116.

[24] Doe R E, Han R, Hwang J, et al. 2014. Novel electrolyte solutions comprising fully inorganic salts with high anodic stability for rechargeable magnesium batteries. Chem Commun, 50: 243-245. WO/2013/096827A1 (2013), US 20130252112 (2013), US 20130252114 (2013).

[25] Ellis B L, Nazar L F. 2012. Sodium and sodium-ion energy storage batteries. Curr Opinion Solid State Mater Sci, 16: 168-177.

[26] Fergus J W. 2010. Ceramic and polymeric solid electrolytes for lithium-ion batteries. J Power Sources, 195: 4554-4569.

[27] Gofer Y, Chusid O, Aurbach D, et al. 2009. Magnesium batteries. In: Garche J, et al. Encyclopedia of Electrochemical Power Sources, vol 4. Amsterdam: Elsevier, 285-301.

[28] Golodnitsky D. 2009. In: Garche J, et al. In: Encyclopedia of Electrochemical Power Sources, vol 5. Amsterdam: Elsevier, 112.

[29] Goodenough J B, Hong H Y P, Kafalas J A. 1976. Fast Na^+-ion transport in skeleton structures. Mater Res Bull, 11: 203-220.

[30] Greimel H. 2013. Toyota targets solid-state batteries in 20, Automotive News, March 11. http://www.autonews.com/article/20130311/OEM06/303119959/toyota-targets-solidstate-batteries-in-20.

[31] Hartmann P, Bender C L, Vracar M, et al. 2013. A rechargeable room-temperature sodium superoxide (NaO_2) battery. Nat Mater, 12: 228-232.

[32] Hassoun J, Scrosati B. 2010. A high-performance polymer tin sulfur lithium ion battery. Angew Chem Int Ed, 49: 2371-2374.

[33] Huang C, Xiao J, Shao Y, et al. 2014. Manipulating surface reactions in lithium-sulphur batteries using hybrid anode structures. Nat Commun, 5: 3015.

[34] Huskinson B, Marshak M P, Suh C, et al. 2014. A metal-free organic-inorganic aqueous flow battery. Nature, 505: 195-197.

[35] Inoue H. 2011. In: 6th Shenzhen International Lithium-Ion Battery Summit, Shenzhen, China.

[36] Jones K S. 2011. In: Ceramic Leadership Summit, American Ceramic Society, Baltimore, August 1-3.

[37] Jörissen L. 2009. Secondary batteries, metal-air systems: bifunctional oxygen electrodes. In: Encyclopedia of Electrochemical Power Sources, vol 4. Amsterdam: Elsevier, 356.

[38] Jung H-G, Hassoun J, Park J-B, et al. 2012. An improved highperformance lithium-air battery. Nat Chem, 4: 579-585.

[39] Kakibe T, Hishii J, Yoshimoto N, et al. 2012. Binary ionic liquid electrolytes containing organo-magnesium complex for rechargeable magnesium batteries. J Power Sources, 203: 195-200.

[40] Kawai H, Nagata M, Tukamoto H, West A R. 1999. High-voltage lithium cathode materials. J Power Sources, 81-82, 67-72.

[41] Kim H S, Arthur T S, Allred G D, et al. 2011. Structure and compatibility of a magnesium electrolyte with a sulphur cathode. Nat Commun, 2: 427.

[42] Kim J, Lee D-J, Jung H-G, et al. 2013. An advanced lithium-sulfur battery. Adv Funct Mater, 23:

1076-1080.

[43] Komaba S, Murata W, Ishikawa T, et al. 2011. Electrochemical Na insertion and solid electrolyte interphase for hard-carbon electrodes and application to Na-ion batteries. Adv Funct Mater, 21: 3859-3867.

[44] Kowalczk I, Read J, Salomon M. 2007. Li-air batteries: a classic example of limitations owing to solubilities. Pure Appl Chem, 79: 851-860.

[45] Kraytsberg A, Ein-Eli Y. 2012. Higher, stronger, better. A review of 5 volt cathode materials for advanced lithium-ion batteries. Adv Energy Mater, 2 (8): 922-939.

[46] Lee J, Urban A, Li X, et al. 2014. Unlocking the potential of cation-disordered oxides for rechargeable lithium batteries. Science, 343: 519-522.

[47] Levi E, Gofer Y, Aurbach D. 2010. On the way to rechargeable Mg batteries: the challenge of new cathode materials. Chem Mater, 22 (3): 860-867.

[48] Li L F, Xie B, Lee H S, et al. 2009. Studies on the enhancement of solid electrolyte interphase formation on graphitized anodes in LiX carbonate based electrolytes using Lewis acid additives for lithium-ion batteries. J Power Sources, 189: 539-542.

[49] Li F, Kitaura H, Zhou H. 2013. The pursuit of rechargeable solid-state Li-air batteries. Energy Environ Sci, 6: 2302-2311.

[50] Limthongkul P, Jang Y I, Dudney N J, et al. 2003. Electrochemically-driven solid-state amorphization in lithium-silicon alloys and implications for lithium storage. Acta Mater, 51: 1103-1113.

[51] Lin Z, Liu Z, Fu W, et al. 2013. Lithium polysulfidophosphates: a family of lithium-conducting sulfur-rich compounds for lithium-sulfur batteries. Angew Chem Int Ed, 52: 7460-7463.

[52] Littauer E L, Tsai K C. 1976. Anodic behavior of lithium in aqueous electrolytes. J Electrochem Soc, 123: 771-776.

[53] Lu Y-Ch, Xu Z, Gasteiger H A, et al. 2010. Platinum-gold nanoparticles: a highly active bifunctional electrocatalyst for rechargeable lithium-air batteries. J Am Chem Soc, 132 (35): 12170-12171.

[54] McCloskey B D, Bethune D S, Shelby R M, et al. 2011. Solvents' critical role in nonaqueous lithium-oxygen battery electrochemistry. J Phys Chem Lett, 2 (10): 1161-1166.

[55] Meziane R, Bonnet J-P, Courty M, et al. 2011. Single-ion polymer electrolytes based on a delocalized polyanion for lithium batteries. Electrochim Acta, 57: 14-19.

[56] Mizuno F, Nakanishi S, Kotani Y, et al. 2010. Rechargeable Li-air batteries with carbonate-based liquid electrolytes. Electrochemistry, 78 (5): 403-405.

[57] Muldoon J, Bucur C B, Oliver A G, et al. 2012. Electrolyte roadblocks to a magnesium rechargeable battery. Energy Environ Sci, 5: 5941-5950.

[58] Myung S-T, Amine K, Sun Y-K. 2013. In: Scrosati, et al. 2013: 89-105.

[59] Neubauer J, Pesaran A, Bae C, et al. 2014. Updating United States Advanced Battery Consortium and Department of Energy battery technology targets for battery electric vehicles. J Power Sources, 271: 614-621.

[60] Noh H-J, Chen Z, Chong S Y, et al. 2013. Cathode material with nanorod structure—an application for advanced high-energy and safe lithium batteries. Chem Mater, 25: 2109-2115.

[61] Ogasawara T, Debart A, Holzapfel M, et al. 2006. Rechargeable Li_2O_2 electrode for lithium batteries. J Am Chem Soc, 128: 1390-1393.

[62] Ohta S, Kobayashi T, Asaoka T. 2011. High lithium ionic conductivity in the garnet-type oxide $Li_{7-x}La_3$ (Zr_{2-x}, Nb_x) O_{12} ($x=0$-2). J Power Sources, 196: 3342-3345.

［63］Ohta S，Komagata S，Seki J，et al. 2013. All-solid-state lithium ion battery using garnet-type oxide and Li3BO3 solid electrolytes fabricated by screen-printing. J Power Sources，238：53.

［64］Ohzuku T，Takeda S，Iwanaga M J. 1999. Solid-state redox potentials for Li ［$Me_{1/2}Mn_{3/2}$］O_4 （Me：3d-transition metal） having spinel-framework structures：a series of 5 volt materials for advanced lithium-ion batteries. J Power Sources：81-82，90-94.

［65］Palomares V，Casas-Cabanas M，Castillo-Martínez E，et al. 2013. Update on Na-based battery materials. A growing research path. Energy Environ Sci，6：2312-2337.

［66］PANASONIC，2010. 3. Entwicklerforum Akkutechnologien，Aschaffenburg，12. -15. 04. 2010.

［67］Peled E，Golodnitsky D，Mazor H，et al. 2011. Parameter analysis of a practical lithium-and sodium-air electric vehicle battery. J Power Sources，196：6835.

［68］Peng Z，Freunberger S A，Chen Y，et al. 2012. A reversible and higher-rate Li-O_2 battery. Science，337：563-566.

［69］Poizot P，Laruelle S，Grugeon S，et al. 2000. Nano-sized transition-metal oxides as negative-electrode materials for lithium-ion batteries. Nature，407：496-499.

［70］Quartarone E，Mustarelli P. 2011. Electrolytes for solid-state lithium rechargeable batteries：recent advances and perspectives. Chem Soc Rev，40：2525-2540.

［71］Reddy A，Fichtner M. 2011. Batteries based on fluoride shuttle. J Mater Chem，21：17059-17062.

［72］Ritchie A，Howard W. 2006. Recent developments and likely advances in lithium-ion batteries. J Power Sources，162 （2）：809-812.

［73］Saha P，Datta M K，Velikokhatnyi O I，et al. 2014. Rechargeable magnesium battery：current status and key challenges for the future. Prog Mater Sci，66：1-86.

［74］Santhanam R，Rambabu B. 2010. Research progress in high voltage spinel $LiNi_{0.5}Mn_{1.5}O_4$ material. J Power Sources，195 （17）：5442-5451.

［75］Scheers J，Fantini S，Johansson P. 2014. A review of electrolytes for lithium-sulphur batteries. J Power Sources，255：204-217.

［76］Scrosati B，Abraham K M，van Schalkwijk W，et al. 2013. Lithium batteries. Advanced Technologies and Applications. Hoboken：John Wiley & Sons；Seh Z W，Li W，Cha J J，et al. 2013. Sulphur-TiO_2 yolk-shell nanoarchitecture with internal void space for long-cycle lithium-sulphur batteries. Nat Commun，4：1331.

［77］Shanmukaraj D，Grugeon S，Gachot G，et al. 2010. Boron esters as tunable anion carriers for non-aqueous batteries electrochemistry. J Am Chem Soc，132：3055-3062.

［78］Singh N，Arthur T S，Ling C，et al. 2013. A high energy-density tin anode for rechargeable magnesium-ion batteries. Chem Commun，49：149-151.

［79］Terada S，Nozawa R，Ikeda K，et al. 2014. Room temperature sodium-sulfur batteries with glyme-Na salt solvate ionic liquid electrolytes，ECS Meeting Abstract. http：//ma. ecsdl. org/content/MA2014-04/2/247. short.

［80］Terranova M L，Orlanducci S，Tamburri E，et al. 2014. Si/C hybrid nanostructures for Li-ion anodes：an overview. J Power Sources，246：167-177.

［81］Tsai K J，Kuchynka D J，Sammells A F. 1990. The electrochemical generation of useful chemical species from lunar materials. J Power Sources，29 （3-4）：321-332.

［82］Vesborg P C K，Jaramillo T F. 2012. Addressing the terawatt challenge：scalability in the supply of chemical elements for renewable energy. RSC Adv，2：7933-7947.

［83］Visco S J，Nimon E，de Jonghe L C. 2009. In：Garche J. Encyclopedia of Electrochemical Power

Sources, vol 4. Amsterdam: Elsevier, 376. US 7645543 (2010), US 7282295 (2007), US 7282296 (2007), US 7824806 (2010), US Appl. 20130045427.

[84] Visco S J, Nimon V Y, Petrov A, et al. 2014. Aqueous and nonaqueous lithium-air batteries enabled by water-stable lithium metal electrodes. J Solid State Electrochem, 18: 1443-1456.

[85] Walker W, Giordani V, Uddin J, et al. 2013. A rechargeable Li-O$_2$ battery using a lithium nitrate/N, N-dimethylacetamide electrolyte. J Am Chem Soc, 135: 2076-2079.

[86] Wang L, Goodenough J B. 2012. In: DOE Vehicle Technologies Annual Merit Review Meeting, May 14-18.

[87] Wang Y, He P, Zhou H. 2011. A lithium-air capacitor-battery based on a hybrid electrolyte. Energy Environ. Sci, 4: 4994-4999.

[88] Wang J, Li Y, Sun X. 2013a. Challenges and opportunities of nanostructured materials for aprotic rechargeable lithium-air batteries. Nano Energy, 2: 443-467.

[89] Wang W, Jiang B, Xiong W, et al. 2013b. A new cathode material for super-valent battery based on aluminium ion intercalation and deintercalation. Sci Rep, 3: 3383.

[90] Wenzel S, Hara T, Janek J, et al. 2011. Room-temperature sodium-ion batteries: improving the rate capability of carbon anode materials by templating strategies. Energy Environ Sci, 4: 3342.

[91] Xie B, Lee H S, Li H, et al. 2008. New electrolytes using Li$_2$O or Li$_2$O$_2$ oxides and tris (pentafluorophenyl) borane as boron based anion receptor for lithium batteries. Electrochem Commun, 10: 1195-1197.

[92] Xu B, Fell Ch R, Chi M, et al. 2011. Identifying surface structural changes in layered Li-excess nickel manganese oxides in high voltage lithium ion batteries: a joint experimental and theoretical study. Energy Environ Sci, 4: 2223-2233.

[93] Yamamoto T, Nohira T, Hagiwara R, et al. 2012. Charge-discharge behavior of tin negative electrode for a sodium secondary battery using intermediate temperature ionic liquid sodium bis (fluorosulfonyl) amide-potassium bis (fluorosulfonyl) amide. J Power Sources, 217: 479-484.

[94] Yu X, Licht S. 2007a. Advances in Fe (Ⅵ) charge storage. Part Ⅰ: Primary alkaline super-iron batteries. J Power Sources, 171: 966-980.

[95] Yu X, Licht S. 2007b. Advances in Fe (Ⅵ) charge storage. Part Ⅱ: Reversible alkaline super-iron batteries and nonaqueous super-iron batteries. J Power Sources, 171 (2): 1010-1022.

[96] Zhang W-J. 2011. A review of the electrochemical performance of alloy anodes for lithium-ion batteries. J Power Sources, 196: 13-24.

[97] Zhang D, Li R, Huang T, et al. 2010. Novel composite polymer electrolyte for lithium air batteries. J Power Sources, 195: 1202-1206.

[98] Zhang R, Yu X, Nam K-W, et al. 2012. α-MnO$_2$ as a cathode material for rechargeable Mg batteries. Electrochem Commun, 23: 110-113.

[99] Zhao X, Ren Sh, Bruns M, et al. 2014. Chloride ion battery: a new member in the rechargeable battery family. J Power Sources, 245: 706-711.

[100] Zheng J P, Liang R Y, Hendrickson M, et al. 2008. Theoretical energy density of Li-air batteries. J Electrochem Soc, 155: A432-A437.

附：缩略语与符号

A•h　　　　安培小时：1A•h＝3600C

DOD	放电深度：放电容量除以储存的总容量
E	可逆电池电压（V）：电池的电势差；开路电压（OCV）。电动势（emf）为旧称
F	法拉第常数：96485C/mol
I	电流（A）
P	电功率（W）
PEO	聚氧乙烯
Q	容量，一定质量物质的电荷（$1A \cdot h/kg = 1mA \cdot h/g$）
R	摩尔气体常数：8.3144J/（mol·K）
SOC	荷电状态：可放电电量除以总储存电量
SPE	固态聚合物电解质
LiTFSI	双（三氟甲基磺酰）亚胺化锂，$LiN(SO_2CF_3)_2$
T	热力学温度（K）
U	电压（V），相对于参比电极
W	电能（$1J = 1W \cdot s$）
W/kg	瓦特每千克（比功率）
W·h/kg	瓦特小时每千克（比能量）
W/L	瓦特每升（功率密度）
W·h/L	瓦特小时每升（能量密度）：$1W \cdot h/L = 3.6kJ/dm^3$
x	摩尔分数
Z（ω）	阻抗，与频率有关（Ω）
%	质量分数等

8 混合动力电动汽车和电动汽车用锂离子电池

A. Perner，J. Vetter

8.1 混合动力电动汽车、插电式混合动力电动汽车和电动汽车用锂离子电池简介和要求

为达到即将到来的 CO_2 排放标准，汽车行业（尤其是高档汽车制造商）需要开发出更多的电动汽车，如混合动力电动汽车（HEV）、插电式混合动力电动汽车（PHEV）和电动汽车（EV）等。车用锂离子电池技术将成为未来几年的关键技术。HEV 和 EV 用电池的发展是追求更高的能量密度，以提升电力驱动的范围、安全性、寿命和可靠性并降低成本。在电芯水平上，讨论了不同的电池形式和电池化学。

8.1.1 性能、寿命和成本要求

EV、PHEV 和 HEV 的主要要求之一是电力传动的范围和能量。表 8.1 和表 8.2 分别显示了在电池和电芯水平上为满足客户的电力传动范围能量和功率的典型值。

现如今，要达到电池所需的能源和功率，电芯水平上需要有 120～140W·h/kg 的能量密度和高达 800～1500W/kg 的峰值放电功率密度。到 2020 年，电池的能量密度预计可达 200～250W·h/kg，而且电池的工作温度必须达到 -40～60℃，而储存温度需要满足 -40～80℃ 的范围。

另一个重要要求是电池的寿命。考虑到客户驾驶要求，锂离子电池需要至少十年内可以保持良好功能的电池容量机能。当电池容量变为初始额定容量的 80% 或功率变为初始功率的 80% 时，电池可视为达到寿命。根据功率及和车辆里程的要求，一台寿命为 10 年的车辆总计需要多达 80 万千瓦·时的能量输出。

在一定程度上成本比技术要求更加重要。例如 EV 必须将成本保持在 200～250 欧元/（kW·h）的范围内，汽车的售价才会基本合理。

表 8.1 不同类型电动汽车（XEV）的能量与功率要求

电池种类	能量/kW·h	利用率/%	功率/kW	功率能量比
HEV	1～3	40～70	20～60	30～40
PHEV	5～15	60～90	40～150	5～10
EV	20～50	80～100	50～350	3～7

表 8.2 XEV 电芯的能量与功率要求

电芯种类	能量/W·h	利用率/%	功率/kW	功率能量比
HEV	12～20	40～70	25～60	约80
PHEV	75～180	60～90	40～150	约20
EV	180～800	80～100	0.8～1.2	3～10

8.2 电芯设计

汽车的锂离子电池电芯设计通常包括一个或多个卷绕式电芯，卷绕式电芯的结构特点是被聚乙烯或聚丙烯包裹的正负极呈螺旋状缠绕（见图 8.1）。

另一个电芯设计方法是所谓的叠片式电极设计，通常用于聚合物电池（见图 8.2）。

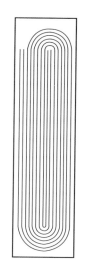

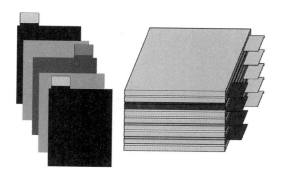

图 8.1 卷绕式电芯简图   图 8.2 叠片式电芯简图

EV 电池一般采用很多不同形状、大小、尺寸的电芯组成形式。如圆柱形（带圆柱状硬壳和端子）、棱柱状（带有方形硬壳和端子）或软包电池（由多层外壳组成，内部包含铝箔复合膜和端子）（见图 8.3～图 8.5）。为达到电池格式的要求，DIN SPEC 91252 标准已被公认为规范标准化电池的尺寸。

出于安全考虑，电池通常配备一个或多个附加安全装置，如过压安全装置、熔断保险丝、过充或短路安全装置等。

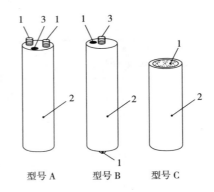

型号 A　　　型号 B　　　型号 C

图 8.3　圆柱形电池（DIN SPEC 91252）

1—端子；2—外壳；3—过压安全阀

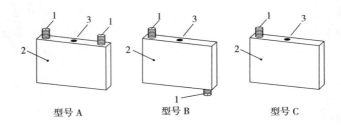

型号 A　　　型号 B　　　型号 C

图 8.4　方形电池（DIN SPEC 91252）

1—端子；2—外壳；3—过压安全阀；型号 C 的外壳可作为电池的端子使用

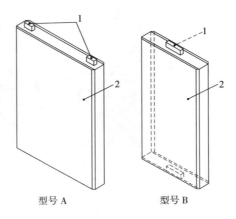

型号 A　　　　　　型号 B

图 8.5　聚合物电池（或软包装电池）（DIN SPEC 91252）

1—端子；2—外壳

锂离子电池通常工作在 3～4V 的电压范围。它们目前的比能量在 100～180W•h/kg。该结构包含一个石墨或氧化物负极，锂金属氧化物或橄榄石结构正极，以及 $LiPF_6$ 溶解于有机溶剂中（如碳酸乙烯酯、碳酸二甲酯）制成的电解质溶液。

8.2.1 电芯化学性质概述

锂离子电池技术与其他技术相比的优缺点是什么？

相比于其他电池技术，如电动车常用的镍-氢、镍-镉、铅-酸电池或超级电容器，锂离子电池技术的主要优点是在合理的功率密度下有较高的能量密度（见图 8.6）。只有超级电容器可以提供更高功率密度，但由于能量密度有限（3～5W•h/kg），限制了它的可行性。考虑到循环寿命和老化，锂离子电池技术要优于其他的技术。

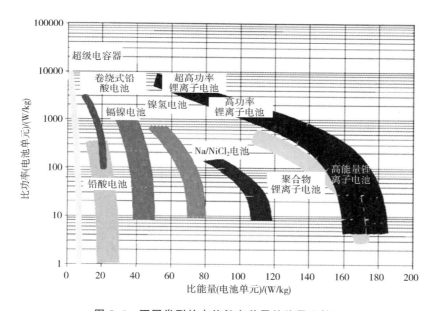

图 8.6 不同类型的电能储存装置的能量比较图

锂离子电池技术的主要缺点就是，由于具有高能量密度和使用易燃电解质溶液而存在较高的安全风险。因此，固态或不可燃的电解液配方研发是未来的主要发展方向。

锂离子电池技术在汽车方面的应用会使锂离子电池成本大幅下降。因此，在未来几年，电池的价格预计会小于 200 欧元/（kW•h）。锂离子技术在 EV 和 PHEV 中的应用发展将综合考虑能量密度、功率密度、安全性、寿命和成本等因素。

目前，一些镍氢电池 HEV 仍在不断发展中，但未来 HEV 中，锂离子电池技术预计将会占主导地位。

8.2.1.1 HEV、PHEV 和 EV 电池的正极材料

具有嵌入/脱出性质的氧化物作为锂离子电池的正极材料已经被广泛研究，本节我们主要关注目前各种 EV 电池使用的电极材料。因为没有一种正极材料能够满足所有 EV 的需求（见图 8.7），HEV 和 EV 应用的锂离子电池一般用不同种类的正极或负极材料的搭配来弥补彼此的缺点。

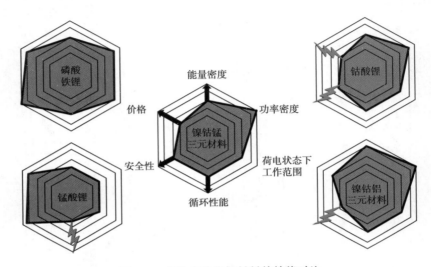

图 8.7　各种电池正极材料的性能对比

$LiNi_{0.33}Mn_{0.33}Co_{0.33}O_2$（LNMC）是广泛应用于 EV 的正极材料，表现出很好的性能：安全性能良好、价格低廉、稳定、能量密度和功率密度高。相较而言，尖晶石结构的 $LiMn_2O_4$（LMO）正极材料表现出更好的安全性能，另外由于 LMO 不需要金属 Ni 和 Co 作为原材料，LMO 成本更低。但 LMO 正极材料因 Mn 的溶解而导致高温稳定性差（Vetter 等，2005）和比容量低（LNMC 是 $150 \sim 160 \mathrm{mA \cdot h/g}$，LMO 是 $100 \sim 120 \mathrm{mA \cdot h/g}$）。另一种应用广泛的正极材料是 $LiFePO_4$（LFP），LFP 具有稳定的橄榄石结构，使得 LFP 正极材料具有良好的循环性能，但 LFP 因比容量低和电压平台低而导致能量密度低。镍钴铝三元材料（LNCAs）具有更高的能量密度和功率密度，但是考虑到成本和安全性，由于 LNCAs 的热稳定性差和耐滥用性差，这种材料并不是理想的正极材料。

8.2.1.2 HEV、PHEV 和 EV 电池的负极材料

当前用作电池负极材料的主要有天然石墨（通常被包覆处理）、合成石墨、硬碳和钛酸锂（LTO）。

碳材料在不影响力学和电学性能的情况下可以可逆地嵌入脱出大量的锂离子。碳嵌脱锂离子的费米能级比纯金属锂的费米能级低 $0.5 \mathrm{eV}$，因此，锂离子电

池通常用碳材料代替金属锂作为负极材料，这种电池和金属锂做成的电池一样，具有几乎相同的开路电压，且能避免锂枝晶的生长。另外，碳材料可以作为电流的良导体，避免在电池中加入过量的锂。

含碳材料一般分为石墨碳和非石墨碳两类，层状的石墨碳可以在六角形的石墨层之间储存锂：一个锂原子对应六个碳原子形成 LiC_6，对应的比容量可以达到 $372mA \cdot h/g$。非石墨化碳也有六角形的碳原子网络结构，但是长程无序。

石墨碳又可以分为天然石墨和合成石墨。天然石墨具有晶体结构，但是作为负极材料需要大量的形貌修饰和湿法化学提纯；合成石墨是有机前驱体经过高温（2800～3000℃）热处理后生成的结晶产物，但是这使得碳原子重排导致热力学稳定性的改变。合成石墨需要高能量的热处理，从而导致合成石墨的费用比简单处理天然石墨贵两倍多。天然石墨和合成石墨相比表现出相似的比容量和能量密度，但是天然石墨的寿命短，特别是使用寿命（日历寿命）短（Prem Kumar等，2009；Patterson，2009；Zheng 等，1995；Papanak 等，1996；Dahn 等，1995）。

非石墨碳或者无定形碳又可以根据石墨化的温度是否在 1500～3000℃分为软碳和硬碳。硬碳 H/C 的原子比一般低于 0.1，比石墨碳储存更多的锂离子。硬碳更高的锂离子储存量与它的无序和氢含量有关。尽管硬碳嵌入容量较大，但是可逆性差以及充放电过程的极化作用（滞后作用）使得硬碳在实际应用中受到限制。不可逆容量损失需要过量的负极材料弥补缺失，滞后作用使得库仑效率降低。

充放电过程中，软碳的电压平台明显地滞后 1V。

尽管石墨被认为是一种合适的负极材料，但是仍然有许多缺点：循环性能差、容量低和负极膨胀。因此，制造商必须研发能够接受更多锂离子的材料，从而突破碳材料化学计量比的限制。

在硬碳中，锂可以电化学地嵌入到晶粒所包围的超微孔隙（直径 0.7～0.8μm）以及微晶层中。超微孔隙被认为能够使锂发生聚集，晶粒能够嵌入锂的含量与 LiC_6 的量有关，因为超微孔隙可以聚集一部分的锂，从而使硬碳能够嵌入的量比理论量高。锂离子嵌入/脱出超微孔隙的速率很快，使得硬碳有较高的充电/放电功率。因为在锂离子嵌入过程中硬碳的 d002 面间距没有增大（相较于石墨碳和软碳），硬碳显示出良好的循环性能（循环寿命），这意味着电池使用寿命中有更少的阳极变形以及承受更低的膨胀力。

硬碳的功率容量大、使用寿命稳定性好，但是初次充放电循环中不可逆容量损失严重（Bonino 等，2005；Fey 和 Chen，2001；Wang 等，2000；Lu 和 Chung，2003）。因此硬碳是大功率的 HEV 和 PHEV 电池负极材料良好的替代材料。

硬碳和软碳根据原材料、加工工艺以及表面修饰的不同，容量值的变化范围也很大。事实上，通过优化碳化的条件已经得到了充电容量高达 900mA·h/g 的硬碳材料。原则上，所有的碳材料都有储存锂的能力，尽管嵌入锂的数量和性质与很多因素有关，如机械研磨、结构和结晶度、颗粒尺寸、表面积、表面种类、黏结剂和电解质的组成。

在 EV、PHEV 和 HEV 应用中，一般采用不同碳材料的混合物（例如硬碳和合成碳）作为电池的负极材料，希望能够综合这些碳材料的不同性能来达到最佳效果。

LTO 作为负极材料显示出良好的循环稳定性和功率性能，同时它的缺点是：较低的比容量和高电压（1.5V vs. Li^+/Li）导致能量密度低。因此 LTO 不适合用于要求能量密度高的设备，但是对于要求大功率的设备是一个不错的选择。

8.3　电池组设计

一个电池系统是由多个电池单元组装而成。在车用锂离子电池中，大量的电池管理功能必须在确保电池结构的完整性、安全性、电池性能和寿命的情况下才能应用。

车用电池采用串联形式是为提供足够的电压以满足电传动系统的需求。为使所需应用获得最佳能量，电池也需要进行并联装配。多种串、并联组合的结构安排是可能的（如图 8.8 所示）。

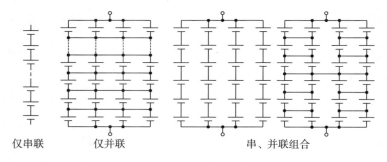

仅串联　　　仅并联　　　　　　　　串、并联组合

图 8.8　不同连接方式的电池结构

由于实际原因，电池单元被安排在模块中，电池由数个相关联的模块和一些其他的组件构成（如图 8.9、图 8.10 所示）：

① 机械部件保证结构的完整性；
② 电线束连接电池与模块；
③ 保险丝和开关/接触器可以将高压（HV）系统与其断开；
④ 传感器和电子控制单元保障安全操作，并收集电池当前状态下的信息；
⑤ 根据实际需求，加热或冷却设备以调节电池的温度。

出于安全考虑，应监控每一个单独的锂离子电池单元的电压，以保证其在安全操作的电压窗口内。运用热管理以防止电池过热及电池的燃烧。

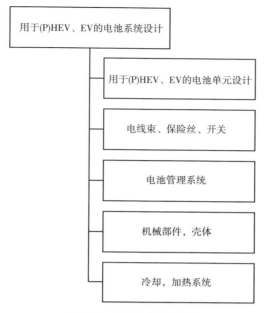

图 8.9　普通电池组组成

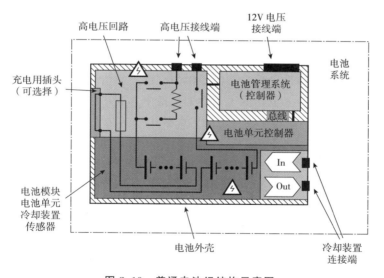

图 8.10　普通电池组结构示意图

　　同时，热管理也保障了电池的寿命。高温会加速电池的恶化，所以使用过程中的热损失需要从电池中耗散。尤其是高功率（P）HEV 设备上多余热量必须通过有效的冷却系统排尽。多钟冷却介质都在使用（如空气、液体、制冷剂等）。

　　低温时锂离子电池功率性能的降低是 EV 的主要问题。而（P）HEV 可在功率不足以满足驾驶时通过内燃机来运行，低温性能的减弱可能会限制 EV 在正常低温条件下的使用。特别是对 EV 而言，电池加热系统的整合能够提高汽车的性能。

出于安全性和耐久性的考虑，电流（尤其是充电电流）需要适应电池的温度，这样电池管理系统决定了基于电池温度的允许充电电流，也给外部充电装置提供了信息。

电池管理单元与汽车的其他控制单元连通和交互，在驾驶员的指令下提供必要的信息以及确保电池有适当的反应。

8.4 环境问题

8.4.1 使用寿命方面的环境问题

车用锂离子电池在设计时，各种环境问题都会被考虑进去。锂电池中总是含有对环境有害的物质，包括正极中致癌的过渡金属氧化物、$LiPF_6$ 及其他氟代盐和电解液中的有机溶剂，还有其他有毒化合物可能在电池的使用过程中形成。如果发生意外，电池可能会暴露在恶劣的条件下，如壳体变形、短路，甚至起火，在这样的环境中，大量潜在的有毒化合物会形成，造成环境污染，同时危及乘客。

在电池和电动汽车设计中，为防止导致污染的事故发生必须采取恰当的手段。在最低层次上，电池单元的化学组成和设计方面允许有瑕疵，也就是说在电池单元层面不能解决的故障和滥用情况，在电池组层面必须给予解决与防范。对电动汽车来说，电池组必须从机械、电学和热负荷方面进行防护以防有害物质释放到环境和乘客的客舱中。

此外，当然必须确保没有具有污染性的溶剂，如增塑剂（单体和低聚物）或是从塑料件、黏合剂及电池的电子和电力设备中释放出来的有机溶剂。

纵观汽车的整个使用过程，从电池中释放出来的污染物总量通常是相当低的，考虑事故发生的情况这也同样适用，因为就电动车总量而言这些事故是不频发的。即使电池电量已经用尽，在报废时也必须防止任何电池内的物质释放到环境中。

8.4.2 处理与回收

当电池由于汽车报废或在专用设备上电池寿命已尽而停止使用时，应将其从汽车中取出并进行回收。在欧盟国家（EU），根据《电池指令》（DIRECTIVE 2006/66/EC，2006）电池制造商必须接受返回的电池并对其进行妥善处理。

根据原材料的价格，电池中有价值的材料数量使得回收成为一个很有吸引力的选择。正极活性物质中可回收的材料包括铝、铜、过渡金属（镍、钴）以及锂。如果电池拆卸回收过程中电子元件上电镀的线路板也能回收，那么可以得到金和硅。

值得指出的是，即使电池在汽车中的使用寿命结束了，但是电池单元仍然保留了其初始储存容量的 80% 以上。这对于其他设备也许是足够使用的，如固定型储能系统。电池可以完整电池组的形式在二次设备中使用，或者被拆卸后电池单元和模块重新装配成一个储能系统用于专用设备。

8.5 安全性要求

针对 EV 用锂离子电池存在着不同的法律要求，有锂离子电池的运输规范（如 UN38.3；ST/SG/AC.10/11/Rev.5，2009），也有安全性要求（如 QC/T-743-2006，Doughty 和 Craft，2006）。这些要求应用在电池组、电池模块或电池单元等组件方面，然而这些组件一般不发生泄漏、着火或爆炸事故。

在 EV 中需要保证电池在高电流、高压状态下不会对任何人产生危害。尤其是在大规模生产中，任何事情都没有安全重要。因此，在选择电池工艺，尤其是特殊化学电池时，确保电池的安全性应着重注意工艺的适宜性。

下面列出了主要的运输和安全性试验：

① 强制放电试验　满电状态下的电池以 $1/3C$ 倍率放电至 0V。

② 过充电试验　用 $1C$ 倍率将电池充电至 5V 或充 1.5h，电池未出现爆炸、着火或泄漏。

③ 外部短路测试　对充满电的电池使用 $R \leqslant 0.005\Omega$ 的外部设备短路试验 600s，当电池模块表面温度达到 $(55\pm2)℃$ 时，将电池模块再用 $R \leqslant 0.1\Omega$ 设备对其进行短路测试，直到电池模块外壳再次达到 $(55\pm2)℃$ 或 1h 后，没有泄漏、开口、解体，也没有电池模块的破裂，并且在测试时间内以及之后的 6h 内，电池模块外壳温度不高于 170℃，也没有燃烧（热失控）发生。

④ 加热试验　电池在温度 $(80\pm2)℃$ 下最多只能储存 1h。这段时间内允许的最大危险等级为 2（无渗漏；无泄漏、无燃烧；无破裂；无爆炸；无失控；对电池无不可逆损坏）。如果需要修订试验条件，需要达到自由车项目（Freedom CAR）的标准。

另外，按照要求，将试验对象充满电，以每增加 5℃（保持 30min）提高温度，直至放热反应被探测到两次，或者超过电池的工作温度达到 200℃，又或者毁灭性事件发生（如泄漏或设备的重损）。在 150℃、30min、100% 荷电状态（SOC）条件下的测试必须至少通过危险等级 4（无燃烧或火花；无破裂；无爆炸；电解液的质量损失 $\geqslant 50\%$）。

⑤ 高原模拟试验　电池模块置于温度为 $(20\pm5)℃$、大气压为 $11.6\times10^3 Pa$ 的环境中 6h，应没有泄漏、开口、解体，电池模块也没有破裂，开路电压不小于这个步骤前电压的 90%（如果这个电池模块没有完全放电），电池模块也没有燃烧（放热反应）发生。

⑥ 振动试验　例如，对所有电池或电池模块总质量小于或等于 12kg 时，下列所述是有效的。

a.7～200Hz 范围内正弦波反复进行对数扫描，时间 900s。

b. 这个循环重复 12 次将花 3h，坐标系的每一个方向都要进行。

c. 对数频率扫描必须满足下面条件：以 1g 峰值加速度，从 7Hz 一直扫描至

18Hz。然后保持 0.8mm 的振幅（1.6mm 为总量），频率不断增加直至峰值加速度达到 8g（大约为 50Hz），该加速度一直保持到频率达到 200Hz。

⑦ 挤压试验　试验压力范围为 100～105kN，在抗压板和挤压板之间进行，压力施加在 3min 内完成，压力保持时间在 0.1～10s 内。测试应该在测试环境的室温下观察 1h 后结束试验。

⑧ 针刺试验　使用钢尖棒（导电性的）刺穿电池，刺穿速度应为 8cm/s 或更慢，针刺棒的直径为 3mm，针刺的方向垂直于电极板。

除了上述关于安全性的法规和运输测试，同样也需要进行环境测试，如化学稳定性、有害气体及盐雾试验。

8.6　化学电池的未来发展

8.6.1　正极材料的趋势

未来的 EV 应用中，为了提高能量密度，研究人员需要研究电压为 5V 级材料或高比容量的材料，如富镍 LNMC、富锂氧化物、$LiMnPO_4$、$LiCoPO_4$ 和 HV 尖晶石结构的 $LiNi_{0.5}Mn_{1.5}O_4$（Santhanam 和 Rambabu，2010）。

尖晶石结构的 $LiNi_{0.5}Mn_{1.5}O_4$ 正极材料的理论比容量为 146mA·h/g，低于目前使用的 LNMC 材料的比容量。这种尖晶石结构材料的优点是工作电压为 4.5～4.7V，从而可以从电池电压的角度提高能量密度。橄榄石结构的正极材料如 $LiMnPO_4$ 和 $LiCoPO_4$ 也有 4.5V 左右的高电压平台，因此也可以提供较高的能量密度。对于高压电池正极材料，为了使电压升高到 5V 时仍然稳定，电解质的组成是一个重大挑战。

富镍 LNMC 或富锂氧化物类型的正极材料的比容量可以提高到 200mA·h/g，而 LNMC 的比容量为 160mA·h/g。富镍 LNMC 材料的缺点是安全性能差，富锂氧化物的循环稳定性较差（见表 8.3）。

表 8.3　各种正极材料性能比较

正极材料	理论电压 (vs. Li^+/Li)/V	比容量 /（mA·h/g）	比能量 /（W·h/kg）	循环 稳定性	使用 寿命	本身 安全性	成本
LFP	3.4	155	530	＋＋＋	＋＋	＋＋＋	＋＋
LMO	3.9	115	470	＋	－	＋＋	＋＋＋
NMC	3.8	155	590	＋＋	＋＋	＋	＋
NCA	3.7	175	650	＋＋	＋＋	－	－
hNi-NMC	3.7～3.8	180～200	710	＋	＋	＋	＋
OLO	3.6	240	860	＋	＋	＋	＋
HV 尖晶石结构	4.7	135	630	＋	＋	＋＋	＋＋

8.6.2 负极材料的趋势

未来比较有前途的负极材料是硅或锡的合金材料。Li-Si 的比容量是 4000mA·h/g，Li-Sn 比容量是 990mA·h/g，两者的比容量都比石墨的比容量（372mA·h/g）高，但是合金材料的问题是充放电过程的体积膨胀比较严重。未来的趋势是合成一种合金与碳或石墨的混合纳米材料，从而达到减弱体积的膨胀收缩引起的机械应力。

表 8.4 概述了可能用于电动车的不同负极材料的性质。

表 8.4 负极材料性能比较

负极	倍率性能	理论电压 (vs. Li⁺/Li)/V	可逆比容量 / (mA·h/g)	比能量	循环稳定性	使用寿命	本身安全性	电压范围	成本
天然石墨	+	0.1	350～360	+ +	+	−	+	−	+ +
合成石墨	+ +	0.1	340～350	+ +	+ +	+	+ +	−	+
硬碳	+ + +	0.6	＞300	+ +	+ +	+ +	+ +	+	+
软碳	+ +	0.6	250～320	+	+ +	+ +	+ +	+	+ +
LTO	+ + +	1.5	160	− − −	+ + +	+ + +	+ + +	+ + +	+
Si-C	+/+ +	0.2	＞400	+ + +	−	−	+	+	+

除了正负极材料，未来研究的另一个方向是研究更加安全的电解液体系，如聚合物和固体电解质。

8.7 锂离子电池组的未来发展趋势

未来电池组的发展趋势主要是满足客户不断增长的需求以及降低成本。在电池技术发展以及客户需求的推动下，EV 的电驱动行驶里程将会增加，一方面在保持电池质量和体积的前提下，通过提高能量密度来增加行驶里程；另一方面，通过减小电池体积来增加行驶里程，并降低成本。

PHEV 电驱动平均里程达到 35～50km，就能充分满足大部分城市车辆出行的需要。电池的发展想要超过这个范围，就要通过减小电池组尺寸、降低价格，使 PHEV 更具吸引力。这意味着 PHEV 将涌入到 HEV 市场，为更好地满足客户需求，将细分未来的 HEV 市场，进入到特殊应用领域和细分化的市场。

得益于组件供应商、电池组设计师和制造商的努力，锂离子电池组件的标准化目前正在整个行业中推进。许多电气/电子组件，如电池管理系统、接触器、开关、保险和电流传感器等的标准化正在讨论中。

目前，可供选择的汽车 HV 应用电气和电子组件仍然很少。因为这个市场才刚刚起步，许多用于其他工业 HV 应用的组件（如接触器、插头、电流传感器）

并不适用于汽车应用。第一批组件正在市场应用，更多的组件正在研发和标准化。这将使得未来电池的设计和制造有更大自由度，允许车辆电池有更高的电压和电流。在一个控制板甚至在芯片上的各种电子功能的集成正在进行中，这将会在电池组装层面上得到更小的管理系统、更高的能量密度和功率密度。

另一个期望改进的领域是电池组的热管理，目前使用的大多数冷却方法都有缺点。液体冷却需要在车辆上安装补偿水箱和泵，并且需要根据冷却能力安装昂贵的热交换器；空气冷却设备相对便宜、重量轻，但是需要空间安装空气进出口的管道，如果从客舱进入，风扇噪声也是一个问题。

目前看来，电池散热技术上最好的解决方案是直接使用制冷剂冷却。这种方法技术上最大的挑战是热管理和温度均匀性，但是在质量、体积和成本上有很大的优势。在 HEV 和 PHEV 未来的高功率应用方面，它可能会成为市场的标准。另一方面 EV 的功率密度小得多，被动散热可能是另一种选择，尤其是有较大电池和行驶里程的 EV。

电池发展标准化、小型化以及不断提高的客户期望，使得使用标准化的电池组成为必然，与此同时给电池的安全性带来新的挑战，既包括电芯本身的安全性，又包括电池组的安全装置和机理。

8.8　市场导向和未来趋势

为了尽量减少汽车用电池的成本，高标准化程度的电池组件是必要的。

德国汽车工业协会（VDA）根据汽车电池成本及产业化（DIN SPEC 91252）定义汽车电池的标准（标准化棱柱形、软包电池和圆柱形的电池）无疑是一个里程碑。其他电池组件，如电池管理系统、保险丝和插头也在标准化范围内。

标准化也意味着未来电池概念，一种可持续的模块化方法的实现。模块化的方法由标准电池格式形成的电池模块组成，这在实际应用中（HEV、PHEV 和 EV）有广泛的使用。电池模块不依赖于已经使用的化学电池，也和未来电池发展需要在电池层面上提高能量密度和功率密度无关。

牵引应用的电池工业是一个快速发展的领域，尽管需要较长的开发周期，但是可以预测在未来几十年里会有很显著的改善。汽车应用如牵引电池等都相继在 HEV、PHEV 和 EV 中有不同的应用。xEV 电池发展方向汇总表如表 8.5 所示。

表 8.5　xEV 电池发展方向

指标	HEV	PHEV	EV
能量增加	0	+	++
功率增加	++	+	+
尺寸减小	+	++	0

续表

指标	HEV	PHEV	EV
质量减小	0	+	++
持久性	0	+	+
耐用性	0	+	+
安全性	++	++	++
能量密度	0	+	++
功率密度	++	0	+
循环寿命	++	+	0
使用寿命	0	+	+
低温性能	0	+	+

注：++表示非常重要；+表示重要；0表示不太重要。

8.9 结论

用于汽车驱动的技术手段中，锂离子电池技术起支撑作用。能量和功率密度、安全性和耐久性以及成本是电池能够被市场广泛接受的关键特性。

锂离子电池未来发展的重要方向如下：

① 电池和电池组件更标准化；

② 高容量的正极/负极材料；

③ HV 正极材料；

④ 电池组的轻质结构；

⑤ 降低电池系统设计（冷却设备、电子结构等）成本。

参考文献

[1] Bonino F，Brutti S，Piana M，et al. 2005. A disordered carbon as a novel anode material in lithium-ion cells. Adv Mater，17：743-746. doi：10. 1002/adma. 200401006.

[2] Dahn J R，Zheng T，Liu Y，et al. 1995. Mechanisms for lithium insertion in carbonaceous materials. Science，270：590-593. doi：10. 1126/science. 270. 5236. 590.

[3] DIN SPEC 91252. Figures 8. 3，8. 4，and 8. 5 reproduced by permission of DIN Deutsches Institut für Normung e. V. The definitive version for the implementation of this standard is the edi-tion bearing the most recent date of issue. Obtainable from Beuth Verlag GmbH，Berlin，Germany.

[4] DIRECTIVE 2006/66/EC，2006. Directive 2006/66/EC of the European Parliament and of the Council of 6 September 2006 on batteries and accumulators and waste batteries and accu-mulators and repealing Directive 91/157/EEC. Off J Eur Union：L 266.

[5] Doughty D H，Crafts C C. 2006. FreedomCAR electric energy storage system abuse test manual for elec-tric and hybrid electric vehicle applications，SAND2005-3123.

[6] Fey G T K, Chen C L. 2001. High-capacity carbons for lithium-ion batteries prepared from rice husk. J Power Sources, 97-98: 47-51. doi: 10.1016/S0378-7753 (01) 00504-3.

[7] Lu W M, Chung D D L. 2003. Effect of the pitch-based carbon anode on the capacity loss of lithium-ion secondary battery. Carbon, 41: 945-950.

[8] Papanak P, Radosavljevic M, Fischer J E. 1996. Lithium insertion in disordered carbonhydrogen alloys: intercalation vs covalent binding. Chem Mater, 8: 1519-1526. doi: 10.1021/cm960100x.

[9] Patterson M L. 2009. Anode materials for lithium ion batteries. In: Indiana University Battery Workshop, November 13.

[10] Prem Kumar T, Sri Devi Kumari T, Stephan M. 2009. Carbonaceous anode materials for lithium-ion batteries-the road ahead. J Indian Inst Sci, 89 (4): 393-424.

[11] QC/T-743-2006. Automotive standard of the People's Republic of China: lithium ion bat-teries for electric vehicles, effective from August 01, 2006, promulgated by National Development and Reform Commission.

[12] Santhanam R, Rambabu B. 2010. Research progress in high voltage spinel $LiNi_{0.5}Mn_{1.5}O_4$ material. J Power Sources, 195: 5442-5451. doi: 10.1016 / j. jpowsour. 2010. 03. 067.

[13] ST/SG/AC. 10/11/ Rev. 5, 2009. Recommendations on the Transport of Dangerous Goods, Manual of Tests and Criteria, fifth rev. ed. United Nations, New York/Geneva, ISBN: 978-92-1-139135-0, Section 38. 3, and ST/SG/AC. 10/11/Rev. 5/Amend. 1, 2011. Amendment 1. United Nations, New York/Geneva, ISBN: 978-92-1-139142-8, Section 38. 3, and ST/SG/AC. 10/11/Rev. 5/Amend. 2, 2013. Amendment 2. United Nations, New York/Geneva, ISBN: 978-92-1-139148-0, Section 38. 3.

[14] Vetter J, Novak P, Wagner M R, et al. 2005. Ageing mechanism in lithium-ion batteries. J Power Sources, 147: 269-281. doi: 10.1016/j. jpowsour. 2005. 01. 006.

[15] Wang S, Yata S, Nagano J, et al. 2000. A new carbonaceous material with large capacity and high efficiency for rechargeable Li-ion bat-teries. J Electrochem Soc, 147: 2498-2502. doi: 10.1149/1. 1393559.

[16] Zheng T, Liu Y, Fuller E W, et al. 1995. Lithium in-sertion in high capacity carbonaceous materials. J Electrochem Soc, 142: 2581-2590. doi : 10.1149 / 1.2050057.

9 电动汽车用锂离子电池高性能电极材料

H. Kim，S. M. Oh，B. Scrosati，Y. -K. Sun

9.1 引言

在这一章里，我们讨论作为电池驱动 EV 电源的锂离子车用电池的高性能电极材料。PHEV 和 HEV 系统将车载电池中存储的化学能转化成电能，然后将其传输给牵引电机和车辆驱动系统，在这些电动汽车中应用不同的充电方式。HEV 不需外部电源，而只能通过再生制动系统充电；但是，PHEV 和纯电池驱动 EV 则必须由外部电网进行充电。许多国家已在努力降低碳排放，以缓解对于因使用化石燃料造成的全球环境污染和气候变化的担忧，这种碳排放的降低要求实现电力系统的革命性转变，包括运输行业的转变。在这方面，许多国家已经设立了开展电动汽车替代化石燃料和内燃机的路线图。例如，德国设定了到 2020 年达到 100 万台 EV 的市场推进目标 (Loisel 等，2014)。但是，尽管近期发布了各种电动汽车，宣布了电池驱动车辆的进展，EV 能否在不远的将来成功地大批量进入车辆市场仍不确定，在成本、基础设施、车辆和电源技术方面仍有大量挑战需要攻克。

与电池驱动 EV 相关的大量研究集中于发展电驱动机车，包括电动机和电能存储系统，以便取代内燃机。尽管锂离子电池体系具有高能量密度、高比功率 (300W•h/kg) 和相对较长的循环寿命 (约 1000 次循环)，现有锂离子电池技术所能达到的性能，与实现 EV 目标所必需的电池要求之间仍存在着巨大的差距。为了满足 PHEV 的要求，能量密度和比功率需要同时改进。锂离子电池制造成本的降低也对电池驱动 EV 的广泛应用至关重要。安全风险被证实将随着电池尺寸的增加而增大，因此，EV 用锂充电电池的潜在安全问题引发了巨大的担忧 (Tarascon，2010)。除电极材料以外，已经提出了一些其他的措施以改进锂充电电池的安全性，包括使用电解液化学添加剂，使用修饰的隔膜和改进电池组设计，建立电池安全系统。但是，考虑到锂离子电池的能量密度、安全性和成本均高度依赖于电极材料，寻找制造成本可接受的高性能电极材料是锂离子电池车用成功的关键。因此，本章将聚集锂离子电池车用的高性能正极和负极材料。

9.2 正极

锂离子电池（LIB）由于具有高能量密度、高电压和长循环寿命，因此作为PHEV和电动汽车的新型大规模电源具有巨大潜力。自从索尼公司1991年引入锂离子电池以来，其能量密度仅仅增加了2～3倍，其质量能量密度从98增加到300W·h/kg，其体积能量密度从220W·h/L增加到600W·h/L。用于优化电池设计，以增加装配密度和改良电池结构的技术已经发展到没有改进余地的阶段。但是，这些电池要在汽车工业中广泛商业化应用，需要能量密度和安全性方面的进一步提高。锂离子电池由2个主要部件组成，即正极和负极。同负极相比，正极具有更低的容量，更差的循环寿命和安全性，电解液分解和高成本等局限性。为了进一步降低下一代锂离子电池的质量、尺寸和成本，同时增加行驶里程，需要发展新的高容量正极材料。

人们已经认识到，尽管纳米尺寸的正极材料证明了高质量比容量和极佳的倍率特性，但振实密度却非常低，从而显著降低了电池的体积能量密度（Oh等，2009；Sun等，2011）。另外，具有高表面积的纳米尺寸颗粒同电解液的广泛接触，引发了不希望发生的副反应和不良的热稳定性，从而导致较差的循环寿命和安全性能。因此，纳米尺寸的正极材料并不适合在PHEV和EV中应用。

层状 $LiCoO_2$ 作为最广泛应用的正极材料已在商业锂二次电池中使用20年，这是由于其制备容易，有较好的倍率能力和极佳的循环性能（Reimers和Dahn，1992；Amatucci等，1996；Sun等，1996；Tukamoto和West，1997；Jang等，1999）。但是，$LiCoO_2$ 却并不适合在PHEV和EV中应用，原因在于其低容量、毒性、高成本和不良的安全性，因此，只在便携电子设备的电源系统中实现了商业化。到目前为止，最广泛研究和商业化的正极材料是 $Li[Ni_xCo_yMn_z]O_2$（Ohzuku和Makimura，2001；Belharouak等，2003；Lee等，2007；Li等，2009），尖晶石结构的 $LiMn_2O_4$（Thackeray等，1983；Guyomard和Tarascon，1994；Xia等，1997；Huang等，1999；Sun等，2001）和橄榄石结构的 $LiMPO_4$（M＝Fe，Mn，Co，Ni）（Padhi等，1997；Chung等，2002；Herle等，2004；Koleva等，2011；Oh等，2010a，2010b）。在这些材料中，尖晶石 $LiMn_2O_4$ 及其衍生物 $Li_{1+x}M_yMn_{2-y}O_4$（M＝Al，Mg）提供了非常有限的容量（约110mA·h/g），因此，不适合在PHEV和EV中应用。所以，我们把重点只放在层状 $LiMO_2$ 和橄榄石型 $LiMPO_4$ 正极上。

9.2.1 层状 $LiMO_2$（M＝Ni，Co，Mn）

大量努力投入到锂过渡金属氧化物（$Li[Ni_xCo_yMn_z]O_2$）的发展上，这是因为其具有高比容量（大约280mA·h/g）和适中的平均放电电压（Ohzuku和Makimura，2001；Belharouak等，2003；Lee等，2007；Li等，2009；Kim等，

2004；Woo 等，2009；Noh 等，2013a）。广为人知的是，Ni 提供高容量但热稳定性差，而 Mn 能维持良好的循环性能和安全性能却提供较低的容量，Co 则提供了良好的倍率能力（Noh 等，2013a）。换句话说，在 Li[Ni$_x$Co$_y$Mn$_z$]O$_2$ 中容量和安全性之间的关系实现了折中。因此，Li[Ni$_x$Co$_y$Mn$_z$]O$_2$ 材料本身的性能很大程度上依赖于金属离子（M=Ni，Co，Mn）在材料中的含量。

图 9.1 显示了 Li[Ni$_x$Co$_y$Mn$_z$]O$_2$（x=1/3~0.85）材料的首次充放电曲线。Li[Ni$_x$Co$_y$Mn$_z$]O$_2$ 的首次放电容量随着 Ni 含量（x）的增加而线性增加，从 x=1/3 时的 163mA·h/g 增加到 x=0.85 时的 206mA·h/g，这是因为 Ni 是主要的氧化还原物质。但是，正如所预料的，Li[Ni$_x$Co$_y$Mn$_z$]O$_2$ 的循环寿命正好相反。图 9.2 说明了 Li/Li[Ni$_x$Co$_y$Mn$_z$]O$_2$（x=1/3~0.85）电池在 25℃和 55℃下 100 次循环的放电容量-循环次数曲线。材料的循环寿命随着 Ni 含量（x）的增加和温度的升高而下降。在 55℃下，当 x=1/3 时 Li[Ni$_x$Co$_y$Mn$_z$]O$_2$ 的容量保持率为 92.4%；x=0.5 时为 90.0%；x=0.6 时为 85.1%；x=0.7 时为 78.5%；x=0.8 时为 70.2%；x=0.85 时为 55.6%。

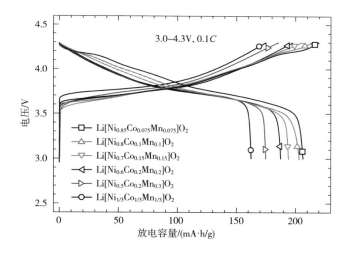

**图 9.1　Li[Ni$_x$Co$_y$Mn$_z$]O$_2$（x=1/3，0.5，0.6，0.7，0.8，0.85）
材料的首次充放电曲线**

采用 2032 型扣式半电池，以金属锂为负极，正极电流密度为 20mA/g（0.1C），25℃，电压范围为 3.0~4.3V。Noh 等，2013a；2013 年由 Elsevier 授权

人们相信，Li[Ni$_x$Co$_y$Mn$_z$]O$_2$ 的容量随着 Ni 含量的增加发生衰降，很大程度上是因为颗粒表面的相变和表面降解导致了表面电阻的增加（Noh 等，2013a）。图 9.3 显示了 Li[Ni$_x$Co$_{0.5-x/2}$Mn$_{0.5-x/2}$]O$_2$ 电极（x=0.85，0.6，1/3）在 100 次循环后的 TEM 照片和电子衍射图案。如图 9.3（b）所示，Li[Ni$_{0.85}$Co$_{0.075}$Mn$_{0.075}$]O$_2$

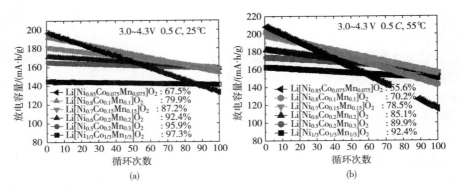

图 9.2　Li[Ni$_x$Co$_y$Mn$_z$]O$_2$（x＝1/3，0.5，0.6，0.7，0.8，0.85）材料的放电容量-循环次数曲线

采用 2032 型扣式半电池，温度为（a）25℃和（b）55℃，正极电流密度为 100mA/g（0.5C），电压范围为 3.0~4.3V。Noh 等，2013a；2013 年由 Elsevier 授权

表面一次颗粒的选区电子衍射（ED）表明，90％的表面颗粒转变成了尖晶石结构。相反，位于球形二次颗粒内部的一次颗粒的 ED 分析表明，这些颗粒大部分维持了最初的层状结构（这里未给出）。也报道了类似的结果：在 Li[Ni$_{0.8}$Co$_{0.1}$Mn$_{0.1}$]O$_2$ 颗粒表面发生了从层状向尖晶石结构的相变，在 Li[Ni$_{0.8}$Co$_{0.2}$]O$_2$ 表面发展了一种 NiO 型（也具有立方对称）结构（Woo 等，2007；Abraham 等，2002）。在 Li[Ni$_{0.6}$Co$_{0.2}$Mn$_{0.2}$]O$_2$ 颗粒表面，一次颗粒相变成尖晶石结构的倾向大大降低。如图 9.3（d）所示，循环后的 Li[Ni$_{0.6}$Co$_{0.2}$Mn$_{0.2}$]O$_2$ 电极上大部分观察的颗粒被鉴定为层状结构，尽管也偶尔观察到 1 个尖晶石结构的一次颗粒。如图 9.3（f）所示，循环后的 Li[Ni$_{1/3}$Co$_{1/3}$Mn$_{1/3}$]O$_2$ 电极（这一电极显示出最佳的循环性能）的 ED 维持了最初的层状斜方结构。从这些结果可以断定，特别是在正极颗粒表面，结构衰降的程度有一个定性的趋势（Ni 含量的增加似乎有利于一次颗粒向尖晶石结构的转变），这种结构衰降导致了放电容量的逐渐下降。

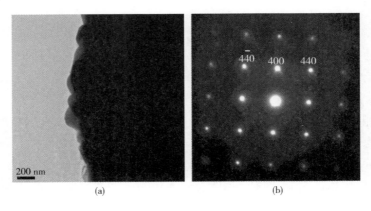

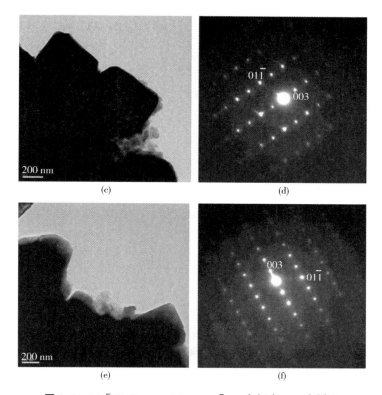

图 9.3   Li[Ni_xCo_{0.5−x/2}Mn_{0.5−x/2}]O_2 电极在 100 次循环

（电压上限为 4.3V，55℃）后的 TEM 照片和电子衍射图案

（a）和（b）中 $x=0.85$，（c）和（d）中 $x=0.6$，（e）和（f）中 $x=1/3$。Noh 等，2013a；2013 年由 Elsevier 授权

此外，还应该考虑 Li[Ni_xCo_yMn_z]O_2 材料的结构变化对于容量衰降的影响。如图 9.4 所示，晶格参数（a 和 c）和单位晶胞体积的变化随着 Ni 含量的增加而增大；Li[Ni_{0.85}Co_{0.075}Mn_{0.075}]O_2 经受了晶格参数和晶胞体积的巨大增加，而 Li[Ni_{1/3}Co_{1/3}Mn_{1/3}]O_2 电极与其他电极相比，这些数值几乎维持恒定。据此认为，晶格参数和晶胞体积的变化与阴极材料的相变密切相关。

从图 9.5 中可以看出，Li[Ni_{0.85}Co_{0.075}Mn_{0.075}]O_2 电极显示了 4 个不同的氧化还原峰，在充电过程中出现了 1 个 3.62V 的尖锐氧化峰和几个次要氧化峰（3.78V、4.04V 和 4.23V），这些氧化峰归结为从六方到单斜（H1→M），从单斜到六方（M→H2）和从六方到六方（H2→H3）（Woo 等，2007；Li 等，1993）的多相转变。这些氧化还原峰在循环过程中极化增大，向氧化、还原峰分离的方向偏移。但是，Li[Ni_{1/3}Co_{1/3}Mn_{1/3}]O_2 只显示了一对氧化还原峰，充电时大约在 3.76V，放电时在 3.72V，并且这对氧化还原峰在循环中非常稳定。很明显，嵌锂结构的稳定性同图 9.5 显示的，循环后更小的体积变化是非常吻合的。

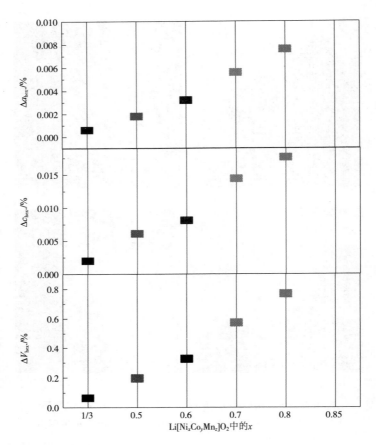

**图 9.4 Li[Ni$_x$Co$_y$Mn$_z$]O$_2$（x=1/3，0.5，0.6，0.7，0.8，0.85）
在 100 次循环（电压上限为 4.3V，25℃）后的晶格参数**

Noh 等，2013a；2013 年由 Elsevier 授权

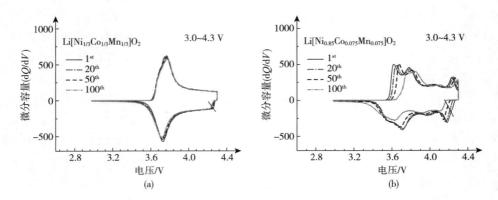

图 9.5 Li[Ni$_x$Co$_y$Mn$_z$]O$_2$ 的微分容量-电压曲线

（a）中 x=1/3，（b）中 x=0.85。所用正极电流密度为 20mA/g（0.1C），电压范围为 3.0～4.3V，
25℃。Noh 等，2013a；2013 年由 Elsevier 授权

影响容量保持率和安全性的另一个重要因素是 $Li[Ni_xCo_yMn_z]O_2$ 中 Mn^{4+} 的量。图 9.6 显示了所制备的 $Li[Ni_{1-2x}Co_xMn_x]O_2$ 粉末（$x=0.1$，0.2，0.25，0.3）的 Ni、Co、Mn 的 K 边 X 射线吸收精细结构光谱（XANES）。如图 9.6（a）所示，对于 $Li[Ni_{0.8}Co_{0.1}Mn_{0.1}]O_2$ 来说，Ni 的主要拐点（8330～8365eV）几乎与 $LiNiO_2$ 相同，表明 Ni 的氧化态接近于 +3。对于 $Li[Ni_{1-2x}Co_xMn_x]O_2$ 中的 $x=0.2$ 和 0.25 时，拐点略微低于 $LiNiO_2$，但仍高于 NiO，表明 Ni 的价态在 +2～+3。对于 $Li[Ni_{0.4}Co_{0.3}Mn_{0.3}]O_2$，光子能量位移接近于 NiO，说明 $Li[Ni_{0.8}Co_{0.1}Mn_{0.1}]O_2$ 中几乎所有的 Ni^{3+} 变成了 $Li[Ni_{0.4}Co_{0.3}Mn_{0.3}]O_2$ 中的 Ni^{2+}。如图 9.6（b）所示，对于所有材料可以观察到，$Li[Ni_{1-2x}Co_xMn_x]O_2$ 粉末（$x=0.1$，0.2，0.25，0.3）的 Co 的谱图与 $LiCoO_2$ 非常类似，表明 Co 的价态是 +3。对于图 9.6（c）中 $Li[Ni_{1-2x}Co_xMn_x]O_2$（$x=0.1$，0.2，0.25，0.3）的 Mn 的 K 边 XANES 谱图，除 $Li[Ni_{0.8}Co_{0.1}Mn_{0.1}]O_2$ 之外，Mn 的价态为 +4。在 $Li[Ni_{0.8}Co_{0.1}Mn_{0.1}]O_2$ 的情况下，Mn 为 +3 价。考虑到氧化物中的电荷平衡，$Li[Ni_{0.4}Co_{0.3}Mn_{0.3}]O_2$、

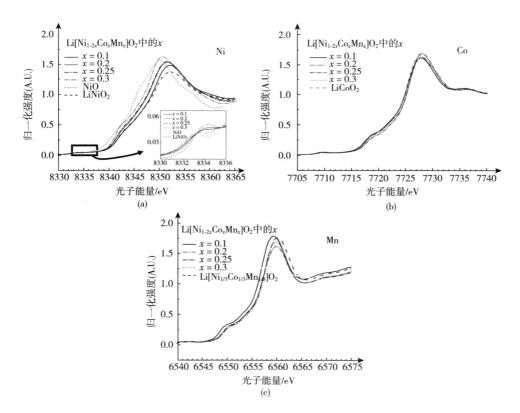

图 9.6 共沉淀法制备的 $Li[Ni_{1-2x}Co_xMn_x]O_2$ 氧化物（$x=0.1～0.3$）的 XANES 谱

（a）Ni K 边；（b）Co K 边；（c）Mn K 边。Lee 等，2007；2007 年由 The Electrochemical Society 授权

$Li[Ni_{1-2x}Co_xMn_x]O_2$ （$x=0.2$，0.25）、$Li[Ni_{0.8}Co_{0.1}Mn_{0.1}]O_2$ 中 Mn 的价态分别为 +4、+3~+4、+3。已经知道，Mn^{4+} 在结构中的存在不仅导致好的电化学性能，而且也会改善热稳定性：因为 +4 价 Mn 不是电化学活性的，因此即便在高度脱锂状态下，Mn^{4+} 仍可以在氧化物网络中提供进一步的稳定性（Lee 等，2007）。因此，可以认为，少 Ni 的 $Li[Ni_{1-2x}Co_xMn_x]O_2$ 提高的容量保持率也来自于其稳定的组成，稳定的 Mn^{4+} 浓度增加，活性的 Ni^{3+} 浓度减少。

当正极材料考虑商业化应用时，其热稳定性至关重要，特别是用于 PHEV 和 EV 中统一规格的大电池组时。如图 9.7 [电化学脱锂的湿 $Li[Ni_xCo_yMn_z]O_2$（$x=1/3\sim0.85$）电极的差示扫描量热法（DSC）结果] 所示，随着 Ni 含量的降低，放热反应峰温度逐渐向更高的温度移动，同时伴随着更低的热量产生，从 $Li_{0.21}[Ni_{0.85}Co_{0.075}Mn_{0.075}]O_2$ 的 225℃ 和 971.5J/g 移动到 $Li_{0.37}[Ni_{1/3}Co_{1/3}Mn_{1/3}]O_2$ 的 306℃ 和 512.5J/g。正如前面所解释的，更低 Ni 含量时 $Li[Ni_xCo_yMn_z]O_2$ 提高的热稳定性可能归因于稳定的 Mn^{4+} 含量的增加和活性的 Ni^{3+} 含量的降低。

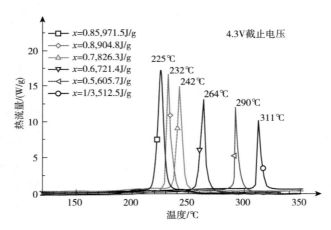

图 9.7 $Li_{1-\delta}[Ni_xCo_yMn_z]O_2$ 材料
（$x=1/3$，0.5，0.6，0.7，0.8，0.85）的 DSC 结果
Noh 等，2013a；2013 年由 Elsevier 授权

如果 Ni 在 $Li[Ni_xCo_yMn_z]O_2$ 中的相对含量增加，热稳定性和循环寿命会随着放电容量的提高而线性地下降；这可以总结为图 9.8 中显示的 $Li[Ni_xCo_yMn_z]O_2$ 的可提供容量、循环寿命和热稳定性之间的关系。很明显，同时具有高容量和高安全性的理想正极材料，不能单纯通过组成优化来实现。因此，需要建议的是，$Li[Ni_xCo_yMn_z]O_2$ 的组成必须根据所要求的应用来选择性地设计。否则，为了实现层状结构 $Li[Ni_xCo_yMn_z]O_2$ 阴极材料的最优性能，必须发展新一代的正极材料。

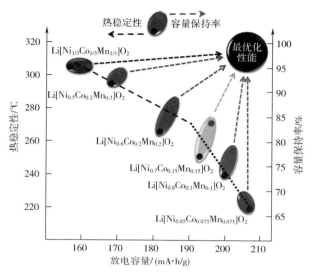

图 9.8 Li/Li[Ni$_x$Co$_y$Mn$_z$]O$_2$ （$x=1/3$，0.5，0.6，0.7，0.8，0.85）
的放电容量、热稳定性和容量保持率之间的关系图

Noh 等，2013a；2013 年由 Elsevier 授权

9.2.2 核-壳和浓度梯度 Li[Ni$_x$Co$_y$Mn$_z$]O$_2$

正如前面对于传统 LiMO$_2$ 层状正极材料的描述，Li[Ni$_x$Co$_y$Mn$_z$]O$_2$ 正极材料不能发展为同时具有高容量和高安全性。缺 Ni 的 Li[Ni$_x$Co$_y$Mn$_z$]O$_2$ 材料显示出优异的容量保持率和热稳定性；但是，由于组成中有限的 Ni 含量，它们提供的容量有限。另外，富 Ni 的 Li[Ni$_x$Co$_y$Mn$_z$]O$_2$ 材料具有超过 200mA·h/g 的高容量，但是经历了严重的容量衰降，同时由于更大量的活性 Ni 含量热稳定性差，威胁电池的安全性。这两个折中的性能允许将富 Ni 和缺 Ni 的 Li[Ni$_x$Co$_y$Mn$_z$]O$_2$ 阴极材料在颗粒水平上混合，前者安排在颗粒的核心，而后者安排在颗粒的表面。高容量由颗粒核心的富 Ni 的 Li[Ni$_x$Co$_y$Mn$_z$]O$_2$ 提供，同时高的热稳定性则通过颗粒表面的缺 Ni 的 Li[Ni$_x$Co$_y$Mn$_z$]O$_2$ 材料实现。

第一代的这种混合材料是核-壳结构的 Li[Ni$_x$Co$_y$Mn$_z$]O$_2$ 正极材料 [图 9.9 (a)]。这种材料的一个典型例子是 Li[(Ni$_{0.8}$Co$_{0.1}$Mn$_{0.1}$)$_{0.8}$(Ni$_{0.5}$Mn$_{0.5}$)$_{0.2}$]O$_2$ (Sun 等，2005)，其中 Li[Ni$_{0.8}$Co$_{0.1}$Mn$_{0.1}$]O$_2$ 被用作核，而 Li[Ni$_{0.5}$Mn$_{0.5}$]O$_2$ 组成壳。在微观球形 Li[(Ni$_{0.8}$Co$_{0.1}$Mn$_{0.1}$)$_{0.8}$(Ni$_{0.5}$Mn$_{0.5}$)$_{0.2}$]O$_2$ 核-壳材料的合成方面，最初的 [(Ni$_{0.8}$Co$_{0.1}$Mn$_{0.1}$)$_{0.8}$(Ni$_{0.5}$Mn$_{0.5}$)$_{0.2}$](OH)$_2$ 前驱物通过共沉淀法在连续搅拌箱式反应器 (CSTR) 中合成。得到的核-壳氢氧化物前驱物同 LiOH·H$_2$O 充分混合后，在流动空气中于 770℃ 下加热 20h。合成的 Li[(Ni$_{0.8}$Co$_{0.1}$Mn$_{0.1}$)$_{0.8}$(Ni$_{0.5}$Mn$_{0.5}$)$_{0.2}$]O$_2$ 的 SEM 分析表明，颗粒内的外壳层（由箭头标示的 1～1.5μm 厚的层）可以从图

9.9（b）中清晰地分辨出来。同其核-壳氢氧化物前驱物（此处未显示）相比发现，在嵌锂前后壳层厚度和颗粒尺寸没有大的差别。核心的 $Li[Ni_{0.8}Co_{0.1}Mn_{0.1}]O_2$ 提供了 $198mA \cdot h/g$ 的高放电容量 [图 9.9（c）]。相比较而言，核-壳的 $Li[(Ni_{0.8}Co_{0.1}Mn_{0.1})_{0.8}(Ni_{0.5}Mn_{0.5})_{0.2}]O_2$ 显示了 $186mA \cdot h/g$ 的略微更低的容量，原因是壳层的 $Li[Ni_{0.5}Mn_{0.5}]O_2$ 提供了 $150mA \cdot h/g$ 的放电容量，最可能的情况是 $1\mu m$ 厚的壳层降低了核-壳材料的整体质量比容量。类似的趋势也在其他的核-壳化合物上报道出来，例如 $Li[(Ni_{0.8}Co_{0.2})_{0.8}(Ni_{0.5}Mn_{0.5})_{0.2}]O_2$ 和 $Li[(Ni_{1/3}Co_{1/3}Mn_{1/3})_{0.8}(Ni_{0.5}Mn_{0.5})_{0.2}]O_2$（Sun 等，2006a；Myung 等，2005）。通过 $Li[Ni_{0.5}Mn_{0.5}]O_2$ 外壳层的彻底包裹，核-壳的 $Li[(Ni_{0.8}Co_{0.1}Mn_{0.1})_{0.8}(Ni_{0.5}Mn_{0.5})_{0.2}]O_2$ 的长期循环性能显著改善，500 次循环后表现出极佳的容量保持率，而核心的 $Li[Ni_{0.8}Co_{0.1}Mn_{0.1}]O_2$ 的容量保持率则降到了 81% [图 9.9（d）]。可以理解的是，在相同的电压范围内已经证明了稳定的可循环的 $Li[Ni_{0.5}Mn_{0.5}]O_2$ 外壳层，看上去似乎是循环行为提高的主要原因（Sun 等，2006a；Myung 等，2005；Kang 等，2002；Sun 等，2006b）。由于核心的 $Li[Ni_{0.8}Co_{0.1}Mn_{0.1}]O_2$ 被稳定的外层 $Li[Ni_{0.5}Mn_{0.5}]O_2$ 彻底包裹，应当是外壳层在长期循环过程中阻挡了来自于电解液的 HF 对 $Li[Ni_{0.8}Co_{0.1}Mn_{0.1}]O_2$ 的侵蚀。众所周知，富 Ni 材料在实际应用中受困于不良的热稳定性。核心的 $Li[Ni_{0.8}Co_{0.1}Mn_{0.1}]O_2$ 具有一个位于 220℃ 的大的放热峰，相应的分解温度起始于 180℃ 附近 [图 9.9（e）]。但是，$Li[(Ni_{0.8}Co_{0.1}Mn_{0.1})_{0.8}(Ni_{0.5}Mn_{0.5})_{0.2}]O_2$ 的热稳定性大大改善，具有 240℃ 的更高的起始分解温度和明显减小的热量产生。据估计，核-壳结构的 $Li[(Ni_{0.8}Co_{0.1}Mn_{0.1})_{0.8}(Ni_{0.5}Mn_{0.5})_{0.2}]O_2$ 的改善的热稳定性归因于热稳定的 $Li[Ni_{0.5}Mn_{0.5}]O_2$ 外壳层，外壳层阻止了高度脱锂的 $Li_{1-\delta}[Ni_{0.8}Co_{0.1}Mn_{0.1}]O_2$ 与液体电解质的直接接触；这可能极大地减少了活性材料因受 HF 侵蚀而发生的降解，从而可能抑制了活性富 Ni 正极颗粒中氧的析出。

如图 9.10（a）所示，这种混合材料的第二代是具有浓度梯度（CSG）的核-壳 $Li[Ni_xCo_yMn_z]O_2$ 正极材料（Sun 等，2009）。尽管显示出极佳的循环寿命和良好的热稳定性，第一代核-壳材料同核心材料相比，提供了更少的容量（$15mA \cdot h/g$）。另外，循环时在核、壳之间存在一个结构错配。据报道，核心的富 Ni 材料承受了 9%~10% 的体积变化（Myung 等，2006），而壳层缺 Ni 材料中的体积变化仅为 2%~3%（Sun 等，2010）。这些不同的收缩程度可能在一个颗粒的核、壳之间引发逐渐的分离，从而导致 Li^+ 扩散和电子导电路径的损失。这一问题已经被从核、壳之间的界面到颗粒表面的渐变浓度梯度外壳所克服 [图 9.10（a）]。CSG 材料通过一个新发展的共沉淀方法来合成，首先使用富 Ni 溶液来共沉淀富 Ni 氢氧化物（核），然后从 Ni、Co、Mn 比例不同的溶液中进一步发展共沉淀（壳）（Sun 等，2009，2010）。最终，合成的 CSG 氢氧化物和 $LiNO_3$ 的混合物在空气中于 780℃ 煅烧 20h，所合成的 CSG 球形颗粒的直径大约

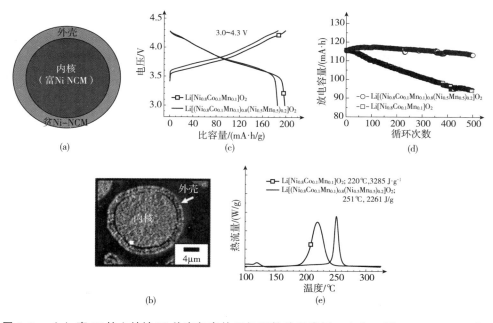

图 9.9 （a）富 Ni 核心被缺 Ni 外壳包裹的正极颗粒的示意图。（b）Li[(Ni$_{0.8}$Co$_{0.1}$Mn$_{0.1}$)$_{0.8}$ (Ni$_{0.5}$Mn$_{0.5}$)$_{0.2}$]O$_2$ 核-壳材料横截剖面的扫描电子显微镜（SEM）照片。（a），（b）转载自 Sun 等（2006b），2006 年由 The Electrochemical Society 授权。（c）核心的 Li[Ni$_{0.8}$Co$_{0.1}$Mn$_{0.1}$]O$_2$ 和核-壳的 Li[(Ni$_{0.8}$Co$_{0.1}$Mn$_{0.1}$)$_{0.8}$(Ni$_{0.5}$Mn$_{0.5}$)$_{0.2}$]O$_2$ 的充放电曲线，由金属锂做负极的 2032 型扣式半电池在 3.0~4.3V 电压范围内测得（电流密度：0.2C 倍率，对应于 40mA/g）。（d）叠层型铝塑软包锂离子全电池（120mA·h）在 1C（120mA，对应于 190mA/g）倍率下的循环性能（上限终止电压 4.2V），使用中间相碳微球石墨作负极，核心或核-壳材料作正极。（e）核心的 Li$_{1-\delta}$[Ni$_{0.8}$Co$_{0.1}$Mn$_{0.1}$]O$_2$ 和核-壳的 Li$_{1-\delta}$[(Ni$_{0.8}$Co$_{0.1}$Mn$_{0.1}$)$_{0.8}$(Ni$_{0.5}$Mn$_{0.5}$)$_{0.2}$]O$_2$ 在 4.3V 充电态的 DSC 曲线。（c）～（e）转载自 Sun 等（2005），2005 年由美国电化学会授权

为 14μm。

可以清楚地观察到核、壳区的分界，壳层厚度大约 3μm[图 9.10（b）]。从图 9.10（c）可见，从颗粒中心到核-壳区交界处（4μm），Ni、Co、Mn 的浓度几乎恒定不变；再向外，Ni 的浓度从 80% 逐渐下降到颗粒表面的 40%，而 Co 和 Mn 的浓度各自从 10% 增加到约 30%，导致表面组成为 Li[Ni$_{0.46}$Co$_{0.23}$Mn$_{0.31}$]O$_2$，平均组成为 Li[Ni$_{0.64}$Co$_{0.18}$Mn$_{0.18}$]O$_2$。如图 9.10（d）所示，同核心的 Li[Ni$_{0.8}$Co$_{0.1}$Mn$_{0.1}$]O$_2$（198mA·h/g）相比，CSG Li[Ni$_{0.64}$Co$_{0.18}$Mn$_{0.18}$]O$_2$ 提供了略微降低的容量（184mA·h/g）。表面层 Li[Ni$_{0.46}$Co$_{0.23}$Mn$_{0.31}$]O$_2$ 具有更低的放电容量（165mA·h/g），这降低了 CSG Li[Ni$_{0.64}$Co$_{0.18}$Mn$_{0.18}$]O$_2$ 的放电容量，原因在于浓度梯度层中 Ni 含量从边界向表面逐渐降低。同核心的 Li[Ni$_{0.8}$Co$_{0.1}$Mn$_{0.1}$]O$_2$（198mA·h/g）相比，CSG 材料的循环寿命显著改善，

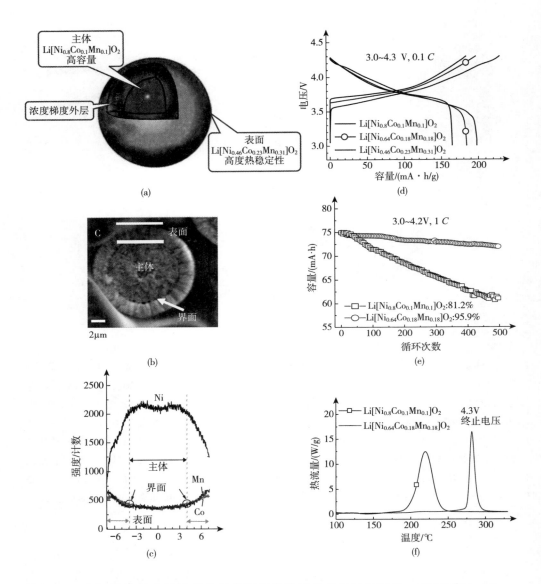

图 9.10 （a）富 Ni 核心被浓度梯度外层包裹的正极颗粒的示意图；CSG Li[Ni$_{0.64}$Co$_{0.18}$Mn$_{0.18}$]O$_2$ 的 （b）SEM 和 （c）电子探针 X 射线显微分析（EPMA）结果。 （d）核心的 Li[Ni$_{0.8}$Co$_{0.1}$Mn$_{0.1}$]O$_2$、CSG Li[Ni$_{0.64}$Co$_{0.18}$Mn$_{0.18}$]O$_2$ 和 Li[Ni$_{0.46}$Co$_{0.23}$Mn$_{0.31}$]O$_2$ 的初始充放电曲线。（e）叠层型铝塑软包锂离子全电池（75mA·h）在 1C（75mA，对应于 190mA/g）倍率下的循环性能（上限终止电压 4.2V），使用中间相碳微球石墨作负极，核心的 Li[Ni$_{0.8}$Co$_{0.1}$Mn$_{0.1}$]O$_2$ 或 CSG Li[Ni$_{0.64}$Co$_{0.18}$Mn$_{0.18}$]O$_2$ 作正极。 （f）DSC 曲线，显示了电解液同充电到 4.3V 的 Li$_{1-\delta}$[Ni$_{0.8}$Co$_{0.1}$Mn$_{0.1}$]O$_2$ 和 CSG Li$_{1-\delta}$[Ni$_{0.64}$Co$_{0.18}$Mn$_{0.18}$]O$_2$ 反应的热流量。（a）～（f）转载自 Sun 等（2009），2009 年由自然出版集团授权

500 次循环后的容量保持率为 95.9% [图 9.10（e）]。据此认为，外壳层中 Ni 浓度的降低和 Mn 浓度的增加（导致 Ni^{2+} 和 Mn^{4+} 的产生）降低了颗粒表面同电解液的反应活性，因而抑制循环过程中界面阻抗的增加，从而对观察到的 CSG 材料循环寿命的改善做出贡献。另外，CSG 材料并没有显示出分离现象，这种现象是有可能在核-壳材料的核、壳交界处因过渡金属浓度的逐渐变化而出现的。

不出所料，图 9.10（f）表明，同核心的 $Li[Ni_{0.8}Co_{0.1}Mn_{0.1}]O_2$ 相比，CSG 材料具有更高的放热反应温度和明显下降的热量生成。另外，起始放热温度提高了大约 90℃。正如前面对于循环寿命改善的解释，在颗粒表面相对不稳定的 Ni^{2+} 浓度的下降和稳定的 Mn^{4+} 浓度的增加对于 CSG 材料热稳定性的提高做出了贡献。

考虑到 CSG 材料优异的性能，我们将浓度梯度的概念拓展到整个颗粒，设计了全浓度梯度材料（FCG），过渡金属（Ni、Co 和 Mn）浓度从颗粒中心向表面线性变化 [称为第三代材料，图 9.11（a）]（Sun 等，2012）。FCG 材料采用一个新发展的共沉淀方法合成（Noh 等，2013b）。在共沉淀过程的最初阶段，颗粒中心的富 Ni 氢氧化物首先共沉淀，然后具有不同组成的过渡金属氢氧化物通过带有沉淀过程的层层自组装方法，稳定地堆积在先前形成的中心前驱物颗粒表面。所得到的 FCG 氢氧化物前驱物同 $LiOH \cdot H_2O$ 混合，混合物在空气中于 850℃ 下煅烧 10h。

从图 9.11（b）可以看出，在整个颗粒内部的 Mn 浓度维持在恒定的 25%（原子分数，下同）。Ni 浓度从 70% 线性下降为颗粒表面的 58%，而 Co 浓度从 5% 增加到 17%。FCG 材料的平均和表面组成分别为 $Li[Ni_{0.6}Co_{0.15}Mn_{0.25}]O_2$ 和 $Li[Ni_{0.58}Co_{0.17}Mn_{0.25}]O_2$。值得注意的是，如图 9.11（c）中 FCG 材料的横截面所示，颗粒是由直径约 200nm 的等轴一次颗粒组成，其中一个长度高达 $2.5\mu m$（宽度约 100nm）的纳米棒一次颗粒整齐排列到颗粒中心，这同常规正极材料是不同的，常规正极材料是由无定向排列的大多面体一次颗粒组成。FCG 材料另外一个独特的微观结构特征是在一次颗粒中发展起来的晶格织构，其 C 轴沿横截方向定向排列，因而有利于 Li^+ 的扩散（Noh 等，2013b，2014）。

FCG 材料具有极佳的电化学性能。从图 9.11（d）可以看到，FCG $Li[Ni_{0.6}Co_{0.15}Mn_{0.25}]O_2$ 提供了高的放电容量（191mA·h/g），而具有相同组成的常规 $Li[Ni_{0.6}Co_{0.15}Mn_{0.25}]O_2$ 正极显示了更低的容量（181mA·h/g）。FCG 材料从表面到 $2\mu m$ 深处的 Ni、Co 和 Mn 的氧化态分别略微高于 +2、+3 和 +4（Sun 等，2009；Noh 等，2013b）。但是，在商业组成（CC）材料中各个过渡金属的优先氧化态是 +3 价（Lee 等，2007）。因此可以相信，FCG 材料表面层中更高的 Ni^{2+} 浓度，可以通过 Ni^{2+} 的两电子氧化还原反应（$Ni^{2+} \Longrightarrow Ni^{4+}$）提供更高的容量。

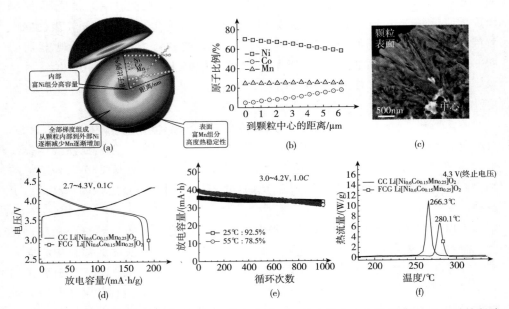

图 9.11　（a）FCG 锂–过渡金属氧化物颗粒示意图，Ni 浓度从中心向外层降低，Mn 浓度相应增加；转载自 Sun 等（2012），2012 由自然出版集团授权。（b）从 FCG Li[Ni$_{0.6}$Co$_{0.15}$Mn$_{0.25}$]O$_2$ 颗粒中心到表面的过渡金属积分原子比的 EPMA 线扫描。（c）单个 FCG Li[Ni$_{0.6}$Co$_{0.15}$Mn$_{0.25}$]O$_2$ 颗粒的横截面 TEM 图。（d）25℃下的初始充放电曲线，使用金属锂作为负极的 2032 型扣式半电池（电流密度 0.1C，对应于 22.2mA/g）。（e）叠层型铝塑软包电池（35mA·h）在 1C（对应于 200mA/g）倍率下的循环性能（上限终止电压 4.2V），使用中间相碳微球（MCMB）石墨作负极，FCG Li[Ni$_{0.6}$Co$_{0.15}$Mn$_{0.25}$]O$_2$ 作正极。（f）DSC 曲线，显示了电解液同充电到 4.3V 的 FCG 和 CC Li$_{1-\delta}$[Ni$_{0.6}$Co$_{0.15}$Mn$_{0.25}$]O$_2$ 反应的热流量。（b）～（f）转载自 Noh 等（2013b），2013 年由美国化学会授权

　　由 FCG 材料作为正极、MCMB 石墨作为负极的全电池表现出突出的容量保持率，25℃下 1000 次循环后为 92.5％，55℃下 1000 次循环后为 78.5％，这可能是由充电态的正极与电解液之间有限的反应活性造成的。同 CC 材料（1.87m^2/g）相比，FCG 材料具有更低的比表面积（0.65m^2/g），这是由棒状的一次颗粒引起的，导致暴露出来与电解液相接触的面积减少，因而提高了循环寿命。FCG 材料具有优越循环寿命的另一个重要因素是充电后在颗粒表面上均匀而稳定的 Mn^{4+} 分布以及活性、不稳定的 Ni^{4+} 含量减少（Lee 等，2007；Sun 等，2009）。CC 电极在 266℃显示出大的放热峰，而 FCG 的放热反应温度则更高（280℃），产生的热量更少［图 9.11（f）］。而且，起始放热温度相比 CC 电极低了 14℃。

　　在过去 10 年里，核–壳（CS，第一代）、具有浓度梯度的核–壳（CSG，第二代）和完全浓度梯度材料（FCG，第三代）的发展已被认为能够用于制造符合下

一代 EV 性能、安全要求的电池。这些新的方法也将为颗粒内部具有不同梯度组成和变化速率的材料设计提供大量机会，并将引领具有更好倍率能力、更高能量密度和更好安全特性的广泛功能材料的合理设计和发展。

9.2.3 橄榄石型 LiFePO$_4$化合物

在过去的 20 年里，开展了大量锂离子电池正极材料的研究，以便于便携式电子设备的调整，如层状和尖晶石结构的材料。但是由于这些材料结构或热的不稳定性，仍需要发展新型的正极材料。基于这些原因，新型聚阴离子橄榄石型 LiFePO$_4$ 正极材料由 Padhi 和 Goodenough 于 1997 年开发，其理论容量为 170mA·h/g（Padhi 等，1997）。由于具有各种优势，LiFePO$_4$ 被认为是替代传统层状和尖晶石材料的有前景的可选正极材料。强聚阴离子键（P—O 共价键）增加了结构和热稳定性，导致低成本和环境友善性，并且包含铁这种丰富的元素。但是，LiFePO$_4$ 材料有一个关键问题，即 Li$^+$ 在橄榄石结构中的嵌/脱过程不顺利，这是由 LiFePO$_4$ 材料低的电子电导率（约 10^{-8}S/cm）引起的。因此，许多研究者采用不同的合成路线，通过碳包覆和使用纳米颗粒来重点解决这一关键问题（Chung 等，2002；Ravet 等，2000，1999，2001；Huang 等，2001；Gaberscek 等，2007；Yamada 和 Chung，2001；Liao 等，2004；Ying 等，2006；Spong 等，2005；Bewlay 等，2004；Xu 等，2007；Wang 等，2007；Hsu 等，2004；Zhao 等，2009；Gao 等，2007；Teng 等，2007；Doeff 等，2003）。这些合成路线包括固相反应（Barker 等，2003）、溶剂热合成（Yang 等，2001）、喷雾干燥合成（Myung 等，2004）、多元醇过程（Kim 和 Kim，2006）和机械合金化（Franger 等，2002）。通过这些方法，LiFePO$_4$ 的电化学性能得以提高；高放电容量更加接近理论容量，有更好的循环性能和倍率性能。

近来，对于 PHEV 和 EV 用的中等规模到大规模电池的需求在持续增长。为了符合这一发展趋势，正极材料的特定要求必须满足，如热稳定性、长循环性和高能量密度。在这些要求当中，LiFePO$_4$ 材料要满足两项（热稳定性和长循环性）；但是，始终存在着纳米材料振实密度低引起的低能量密度问题。纳米尺寸 LiFePO$_4$ 的能量密度明显低于其他的候选正极材料，如 LiCoO$_2$（LCO）和 Li[Ni$_x$Co$_y$Mn$_z$]O$_2$（NCM，$x+y+z=1$）。例如，纳米尺寸的 LiFePO$_4$ 具有 0.6~1.0g/cm^3 的振实密度（Yang 等，2005），而 LCO 和 NCM 具有 2.6g/cm^3（He 等，2006）的振实密度；LiFePO$_4$ 材料也具有比 LCO（3.8V）更低的平均工作电位（3.45V），这影响了体积比能量。对于上面讨论的这一点，需要进一步研究确定最佳的合成路线，以制备具有高振实密度的颗粒。其中共沉淀法受到了很大的关注，因为它是高振实密度、微米尺寸、球形颗粒的传统合成方法（Oh 等，2010a，2008，2010c，2009；Myung 等，2010）。共沉淀法合成的反应过程示意图如图 9.12（d）所示：FePO$_4$ 水合物前驱体通过共沉淀合成制得，然后热处理脱氢。得到的无水前驱体粉末同化学计量量的 Li$_2$CO$_3$（锂源）和蔗糖或 PVP（聚乙烯吡咯烷酮）（碳源）混合。混合物在通有 Ar/H$_2$（96％/4％，体积比）混合气的还原气氛炉中于 650~850℃ 下烧结 15h。我们的首次尝试，在获得优化的球形形貌和电化学性能方面并不成功（pH 5，蔗糖包覆）（Oh 等，2008）。在 800℃ 下制备的 C-LiFePO$_4$ 电极在 0.1C 倍率下显示了 150.8mA·h/g 的高放电容量和好的倍率性能［图 9.12（a）］。但是，如图 9.12（b）和（c）所示，所制备的 C-LiFePO$_4$ 颗粒显示出不规则的二次形貌、碳包覆层和低的振实密度（约 1g/cm^3）。而且，由于煅烧过程中的团聚作用，一次颗粒难以分辨。对于 LiFePO$_4$ 材料，碳包覆不仅有助于提高电导率，而且有助于防止煅烧过程中一次颗粒的团聚。为了制备具有纳米尺寸一次颗粒的均匀微米球，我们把前驱物制备过程中的 pH 条件从 5 改变为 2。为了颗粒的均匀碳包覆（Oh 等，2010c），PVP 也被用作碳包覆来源。随着合成条件的改变，我们实现了由纳米尺寸一次颗粒组成的均匀的 6μm 尺寸的球形形貌，材料振实密度为 1.6g/cm^3。如图 9.12（e）和（f）所示，SEM 和 TEM 图表明，所制备的 C-LiFePO$_4$ 具有均匀的颗粒分布和碳包覆层。图 9.12（g）给出了 XRD 分析结果，表明在高煅烧温度下可能形成 Fe$_2$P 相，这将提高材料的电导率；这一现象在以前的论文中提到过（Chung 等，2002）。PVP 包覆的 LiFePO$_4$ 电极显示出 150mA·h/g 的良好放电容量，以及好的循环性能和倍率性能。但是，这些性能仍然比纳米尺寸的 LiFePO$_4$ 材料差。

为了增进微米尺寸 C-LiFePO$_4$ 材料的电导率和电化学性能，我们使用了沥青碳（sp^3 型碳）作为新的碳源（Oh 等，2009）。Xie 及其同事报道了一个重要的措施，LiFePO$_4$ 电化学性能的改善只能通过使用带有 π 键的 sp^3 碳来实现（Xie 等，2006）。通过均匀的沥青碳的包覆，纳米多孔、微米尺寸的 LiFePO$_4$ 的电化学性能得以提高［图 9.13（a）~（c）］。电极在 0.1C 倍率下的首次放电容量为 152mA·h/g，而直到 7C 的倍率能力与纳米 LiFePO$_4$ 相近。如图 9.13（f）和（g）所示，纳米多孔、微米尺寸的 LiFePO$_4$ 电极的体积比容量在所有测试的倍率下，均为纳米尺寸电极的 2.5 倍。通过双层碳包覆过程，尝试了进一步提高材料的电导率方法。其合成过程与以前的工作不同。第一个碳源是蔗糖，它在共沉淀反应阶段被加入到起始溶液中。图 9.13（d）显示了 FePO$_4$ 前驱物粉末在 500℃ 预烧处理后的形貌和电子能量损失谱（TEM EELS）。从 EELS 的面扫描图，我们可以证实在纳米尺寸的孔内，FePO$_4$ 一次颗粒（由 200nm 尺寸的颗粒组成）上存在一个均匀的碳层。这个网络结构支持了我们合成方法的有效性，通过这个合成方法得到了微米级别的、具有球形形貌的覆碳 LiFePO$_4$ 颗粒。第二个碳源是沥青，沥青同化学计量量的覆碳 FePO$_4$ 和 Li$_2$CO$_3$ 在 N-甲基吡咯烷醛（NMP）溶剂中混合。图 9.13（e）显示了最终的 C-LiFePO$_4$ 颗粒的 SEM 和 TEM EELS 图。从这些结果可以证实，颗粒具有球形形貌，颗粒平均尺寸 8μm，具有纳米级的孔，

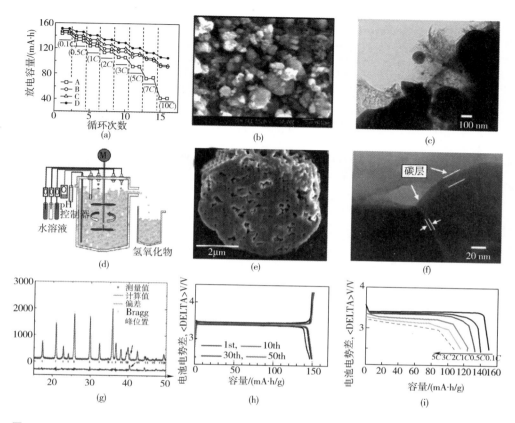

图 9.12 （a）Li/C-LiFePO₄ 电池的倍率能力：A 650℃，B 700℃，C 750℃ 和 D 800℃；
（a）～（c）转载自 Oh 等（2008），2008 年由 The Electrochemical Society 授权。在 700℃ 下煅
烧得到的 C-LiFePO₄（碳源：蔗糖）的（b）SEM 和（c）TEM 图；（d）共沉淀反应器的示意
图；转载自 Myung 等（2010），2010 年由 The Royal Society of Chemistry 授权。在 800℃ 下合成
的 C-LiFePO₄ 的（e）SEM 和（f）高分辨 TEM 图；（g）6μm FePO₄ 前驱物在 800℃ 下煅烧 15h
得到的 C-LiFePO₄ 粉末 XRD 数据的 Rietveld 精修；（h）在 2.5～4.3V 电压范围，17mA/g 的恒
定电流密度下循环的 Li/C-LiFePO₄ 电池的连续电压曲线；（i）Li/C-LiFePO₄ 电池放电比容量
和充放电倍率之间的关系曲线。（e）～（h）转载自 Oh 等（2010c），2010 年由 Elsevier 授权。

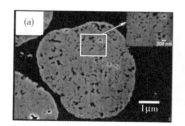
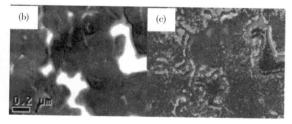

图 9.13

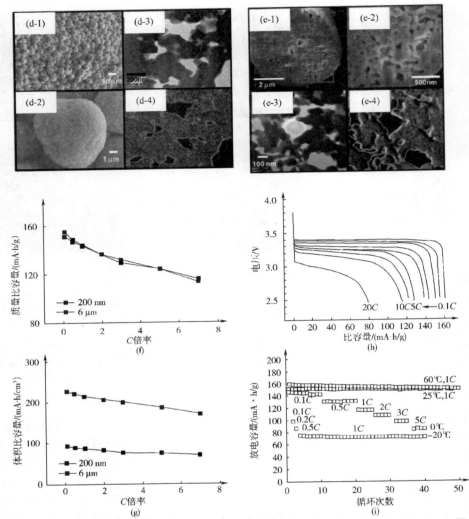

图 9.13 （a）在 800℃ 下煅烧得到的 C-LiFePO₄ 的聚焦离子束显微镜（FIB-SEM）图（碳源：沥青）；浸碳、纳米多孔的微米 LiFePO₄ 横截面的 （b）TEM 图和 （c）对应的 EELS 元素分布图；脱水的 FePO₄ 在 （d-1）低和 （d-2）高放大倍数下的 SEM 图。（a）～（c）转载自 Oh 等（2009），2009 年由 The Electrochemical Society 授权。脱水的 FePO₄ 横截面的 （d-3）TEM 图和 （d-4）对应的 EELS 图（其中，红：C，蓝：Fe，绿：P）；LiFePO₄ 在 （e-1）低和 （e-2）高放大倍数下的 SEM 图；LiFePO₄ 横截面的 （e-3）TEM 图和 （e-4）对应的 EELS 图（其中，红：C，蓝：Fe，绿：P）（d）、（e）转载自 Oh 等（2010a），2010 年由 Wiley-VCH Verlag GmbH & Co. KGaA 授权。纳米 LiFePO₄（200nm）和纳米多孔的微米 LiFePO₄（6μm）的 （f）质量比容量和 （g）体积比容量的比较。（f）、（g）转载自 Oh 等（2009），2009 年由 The Electrochemical Society 授权。（h）Li/C-LiFePO₄ 电池的倍率能力：不同倍率下的电压曲线； （i）不同温度下循环的容量输出。电流密度是 17mA/g（0.1C 倍率），电压上下限为 2.5～4.3V。0℃ 下的循环性能是在每个循环的充电倍率都是 0.1C 下测得的。（h）、（i）转载自 Oh 等（2010a），2010 年由 Wiley-VCH Verlag GmbH & Co. KGaA 授权

高达 1.5g/cm³ 的振实密度。它也包含纳米尺寸的一次颗粒，平均粒径为 200～300nm，还具有平滑的、薄的碳覆盖层。尽管沥青碳包覆的球形 $LiFePO_4$ 材料具有高振实密度，使用这些材料的电极证明了出色的电化学性能［图 9.13（h）和（i）］。这个具有高振实密度的电极在 0.1C（17mA/g）下放电容量高达 160mA·h/g，1C 倍率和 10C 倍率下放电容量分别为 150mA·h/g 和 115mA·h/g。这个电极甚至在苛刻的温度条件下也证明了优越的循环性能，如 −20℃、0℃ 和 60℃。这些优良的性能是以下几个因素的结果：每个微米级的二次颗粒包含了纳米级的一次颗粒和纳米尺寸的开放孔隙，这些孔隙有效地将电解液容纳在颗粒内部，显著缩短了锂的扩散路径。同时，纳米尺寸的一次颗粒缩短了固相扩散路径，进一步加速了离子的传输。这一工作的结果清楚地证明了双碳包覆的 $LiFePO_4$ 电极具有令人高度满意的性能：比容量接近理论极限，不同温度下良好的循环寿命，极好的倍率能力，以及高振实密度（以至于达到 820W·h/L 的体积能量密度）。

9.2.4 高电压级别橄榄石型化合物（$LiMnPO_4$）

如前面所讨论的，通过简单的共沉淀合成过程和双碳包覆，使得有高振实密度的纳米多孔的微米 $LiFePO_4$ 材料优异的电化学性能得以优化。但是，$LiFePO_4$ 具有一个重要的缺陷，即同其他商业材料和层状材料（如 $LiCoO_2$、$Li[Ni_x Co_y Mn_z]O_2$ 和 $Li_{1+x}MO_2$）相比更低的工作电压，原因在于 Fe^{2+}/Fe^{3+} 氧化还原反应的电位是 3.4V（vs. Li/Li⁺）。由于这个原因，对于高电压级别橄榄石型化合物的需求在增加。$LiMnPO_4$ 化合物因其高于 $LiFePO_4$ 的氧化还原电位（4.1V vs. Li/Li⁺），而被提出作为候选的正极材料，这将增加能量密度（$LiMnPO_4$ = 697W·h/kg，$LiFePO_4$ = 578W·h/kg）（Padhi 等，1997）。而且，$LiMnPO_4$ 与目前用于 4V 级正极材料的电解液相兼容。但是，同 $LiFePO_4$ 相比，$LiMnPO_4$ 材料更加受困于差的 Li⁺ 嵌入动力学，这是由本质上低的电导率（＞10^{-10} S/cm；$LiFePO_4$：约 10^{-8} S/cm）引起的（Yonemura 等，2004；Yamada 等，2001；Delacourt 等，2005），其原因在于极化子空穴在 Mn^{3+} 位（Jahn-Teller 离子）的严重局域化，以及在 $LiMnPO_4$ 和 $MnPO_4$ 两相之间的界面应变。为了提高 $LiMnPO_4$ 的电化学性能，通过不同合成路线，采用了很多 $LiFePO_4$ 合成方法：①采用纳米尺寸的颗粒，缩短固相扩散路径以克服动力学限制，增加与电解液的接触面积（Yonemura 等，2004；Yamada 等，2001；Delacourt 等，2004，2005；Li 等，2002；Kwon 等，2006；Drezen 等，2007；Xiao 等，2010；Martha 等，2009；Wang 等，2009，2010；Bakenov 和 Taniguchi，2010；Shiratsuchi 等，2009）；②在颗粒表面包覆均匀的碳层以提高电子电导率（Yonemura 等，2004；Yamada 等，2001；Delacourt 等，2004，2005；Li 等，2002；Kwon 等，2006；Drezen 等，2007；Xiao 等，2010；Martha 等，2009；

Wang 等，2009；Bakenov 和 Taniguchi，2010）；③过渡金属掺杂以提高电子电导率和结构稳定性（Shiratsuchi 等，2009；Wang 等，2010）。

有人选择超声喷雾热解法，使用不同的碳源（蔗糖和乙炔黑）制备纳米尺寸的 $LiMn_{1-x}Fe_xPO_4$ 粉末（$x=0$，0.15）（Oh 等，2010b，2010d，2011）。合成的粉末随后在空气中于 500℃下热处理 10h，以便得到无水 $LiMnPO_4$ 粉末。所得到的前驱体与不同种类的碳源（蔗糖或乙炔黑）混合。对于蔗糖包覆，混合粉末随后在 Ar/H_2（96%/4%，体积比）混合气中于 550~700℃下煅烧 10h。对于乙炔黑包覆，混合粉末在 Ar 气流中于 500℃下煅烧 1h。在蔗糖包覆的情况下，$LiMnPO_4$ 电极在 $C/20$ 倍率下实现了 118mA·h/g 的低放电容量［图 9.14（a）和（b）］（Oh 等，2010d）。这样低的放电容量是材料颗粒尺寸大和碳层导电性差导致的。为此，我们新增加了一个球磨的过程，如使用行星式球磨机，并且增加高导电性的乙炔黑作为碳源［图 9.14（c）和（d）］（Oh 等，2010b，2011）。当颗粒形貌降为纳米级尺寸，并且碳源用量优化之后，$LiMn_{1-x}Fe_xPO_4$（$x=0$，0.15）电极的电化学性能大幅度改善，这可以从图 9.14（e）~（h）看出来。纳米尺寸 $LiMn_{1-x}Fe_xPO_4$（$x=0$）-碳复合材料的放电容量分别在 $C/20$ 倍率下为 158mA·h/g，在 2C 倍率下为 107mA·h/g；纳米尺寸 $LiMn_{1-x}Fe_xPO_4$（$x=0.15$）-碳复合材料的放电容量在 $C/20$ 倍率下为 163mA·h/g，在 2C 倍率下为 121mA·h/g。这两个电极都证明了非常稳定的循环性能，25℃下循环 50 次的容量保持率为 94%，但是 $C-LiMn_{0.85}Fe_{0.15}PO_4$ 具有比 $C-LiMnPO_4$（137mA·h/g）更高的放电容量（151mA·h/g）。不过，在 55℃下循环同样次数，$C-LiMnPO_4$ 的容量保持率下降到 87%，而 $C-LiMn_{0.85}Fe_{0.15}PO_4$ 则显示出更好的容量保持率（91%）。这同以前关于尖晶石 $LiMn_2O_4$ 的结果相类似（Xia 等，1997）。这些性能改进应归因于乙炔黑的均匀包覆（保护电极免受 HF 的侵蚀，因而显著减少 Mn 的溶解）、更低的传荷电阻和大幅度提高的电子电导率。通过上面采取的颗粒纳米化、高导电性碳复合和铁过渡金属掺杂的方法，我们实现了 4V 级别 $LiMn_{1-x}Fe_xPO_4$（$x=0$，0.15）良好的电化学性能。

但是，需要进一步提高橄榄石型材料的体积能量密度，以适应中等规模到大规模的电池应用。与 $LiFePO_4$ 材料的发展相类似，对于微米尺寸 $LiMn_{1-x}Fe_xPO_4$ 材料的需求在增加，制备它的努力也在加强。$LiMn_{1-x}Fe_xPO_4$ 微米级尺寸的球形形貌有望保证高振实密度和高体积能量密度。为了克服 Li^+ 扩散电阻的问题，重要的是用纳米多孔碳均匀地包覆在优化的纳米多孔的微米尺寸颗粒（包含由纳米尺寸一次颗粒组成的微米尺寸二次颗粒）表面上。这种形貌保证了高振实密度和高体积比容量，这是紧密的颗粒排布和纳米孔促进的高倍率能力（通过让电解液进入到颗粒之中，明显缩短 Li^+ 扩散路径）的结果。另外，在一次颗粒和二次颗粒表面上均匀的碳包覆提高了电子电导率，因而克服了微米尺寸材料低倍率能力的问题。合成过程遵循以前的方法（Sun 等，2011），使用通过乙醇基溶

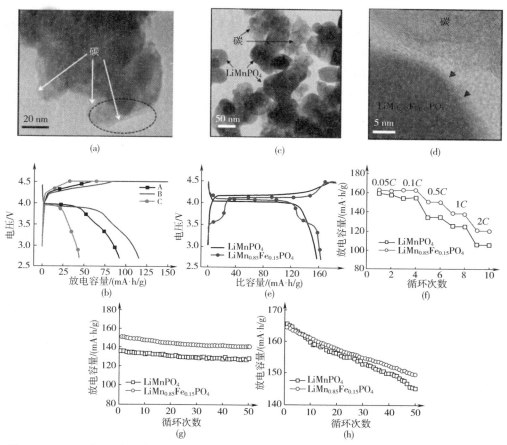

图 9.14 （a）在 650℃下煅烧得到的 C-LiMnPO₄ 粉末的 TEM 图。（b）Li/C-LiMnPO₄ 电池在 2.7~4.5V 电压范围、$C/20$（$1C=170mA/g$）倍率下的充放电曲线。（a），（b）转载自 Oh 等 （2010d），2010 年由 Elsevier 授权。其中 A 550℃，B 650℃，C 700℃下煅烧。（c）C-LiMnPO₄ 粉末和（d）C-LiMn₀.₈₅Fe₀.₁₅PO₄ 粉末的高分辨 TEM 图，箭头标示出表面生长的碳材料。 （e）Li/C-LiMn₁₋ₓFeₓPO₄（$x=0$，0.15）电池的首次充放电曲线，充电是在 $C/20$ 的恒定电流 下充电到 4.5V，然后恒定在 4.5V 下直到电流下降到 $C/100$，放电是在 $C/20$ 的恒定电流下放 电到 2.7V。（f）Li/C-LiMn₁₋ₓFeₓPO₄（$x=0$，0.15）电池的倍率能力，充电是在 $C/20$ 的恒 定电流下充电到 4.5V，然后恒定在 4.5V 下直到电流下降到 $C/100$。Li/C-LiMn₁₋ₓFeₓPO₄ （$x=0$，0.15）电池在（g）25℃和（h）55℃下在 $0.5C$ 倍率下放电容量和循环次数之间的关 系曲线，电池充电是在 $C/20$ 的恒定电流下充电到 4.5V，然后恒定在 4.5V 下直到电流下降到 $C/100$。（c）~（h）转载自 Oh 等（2011），2011 年由 Elsevier 授权

液共沉淀方法制备的 Mn₀.₈₅Fe₀.₁₅PO₄ 水合物前驱物。得到的粉末在空气中于 500℃下热处理 1h，得到结晶的无水 Mn₀.₈₅Fe₀.₁₅PO₄ 粉末前驱物，然后和蔗糖 （第一个碳源）的蒸馏水溶液（3%）混合。在 110℃下干燥后得到蔗糖包覆的 Mn₀.₈₅Fe₀.₁₅PO₄ 粉末，再同化学计量比的 Li₂CO₃（锂源）和作为第二碳源的沥

青（2％）相混合。所得到的混合物在通入 Ar/H_2（96％/4％，体积比）混合气的炉中于700℃下煅烧15h。图9.15（a）～（d）显示了一个微米 $LiMn_{0.85}Fe_{0.15}PO_4$ 颗粒横截面的 SEM、TEM 和 EELS 图。通过 SEM 图，我们发现在 $7\mu m$ 尺寸的二次颗粒中存在大量纳米级的孔，这些孔均匀分布，并从颗粒核心延伸到颗粒表面。通过 TEM 图，我们证实了 $100\sim200nm$ 尺寸的一次颗粒被平均尺寸 $100nm$ 的平滑孔连通。我们也通过 EELS 研究发现在孔周围存在 $20nm$ 厚的薄碳覆盖层。

纳米多孔的微米 $LiMn_{0.85}Fe_{0.15}PO_4$ 材料（M-LMFP）的电化学性能通过多种测试过程与纳米 $LiMn_{0.85}Fe_{0.15}PO_4$（N-LMFP）材料进行比较［图9.15（e）～(h)］。与 N-LMFP 电极（163mA·h/g）相比，尽管 M-LMFP 电极证明了类似的稳定的循环寿命和更高的倍率能力（由于纳米孔和一次颗粒、二次颗粒表面的碳包覆层），但是在 C/20 倍率下 M-LMFP 电极实现了 142mA·h/g 的更低的初始放电容量。但是，如果按照体积比容量来排名的话，这个劣势就发生了巨大的逆转。根据电极密度，将质量比容量转变为体积比容量。M-LMFP 电极的体积比容量几乎是 N-LMFP 电极的1.4倍，其体积比容量分别是 $369.3mA·h/cm^3$ 和 $261.1mA·h/cm^3$。考虑到两个电极振实密度的差异（M-LMFP 电极，$1.4g/cm^3$；N-LMFP 电极，$0.3g/cm^3$），这么高的体积比容量并不令人吃惊。事实上，体积比容量值是非常重要的，因为它决定了负载的电极材料的量，因而决定了应用这一电极材料的电池体积。我们的研究通过比较 M-LMFP 和 N-LMFP 电极的电化学响应清楚地证明了这一点，并且发现前者因其致密的结构，在提高体积能量密度和维持相当的倍率能力方面大幅度超越了后者。

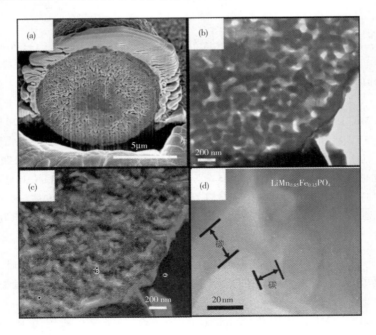

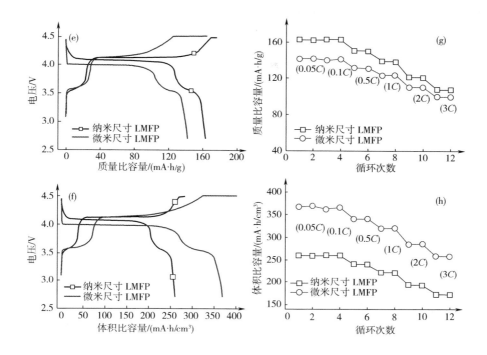

图 9.15 微米 $LiMn_{0.85}Fe_{0.15}PO_4$ 颗粒的（a）横截面 SEM 图，（b）横截面 TEM 图，（c）对应的 EELS 图（其中，红：C，蓝：Fe，绿：P）和（d）高分辨 TEM 图（显示了表面碳层）；纳米 $LiMn_{0.85}Fe_{0.15}PO_4$ 和微米 $LiMn_{0.85}Fe_{0.15}PO_4$ 的（e）质量比容量和（f）体积比容量的初始充放电曲线的比较，每个电池在 $C/20$ 的恒定电流下充电到 $4.5V$，然后恒定在 $4.5V$ 下直到电流下降到 $C/100$，再在 $C/20$ 下放电到 $2.7V$；纳米 $LiMn_{0.85}Fe_{0.15}PO_4$ 和微米 $LiMn_{0.85}Fe_{0.15}PO_4$ 的（g）质量比容量和（h）体积比容量的倍率能力的比较，每个电池在 $C/20$ 的恒定电流下充电到 $4.5V$，然后恒定在 $4.5V$ 下直到电流下降到 $C/100$，再在从 $C/20$ 到 $3C$ 的倍率下放电到 $2.7V$。（a）～（h）转载自 Sun 等，2011 年由 Wiley-VCH Verlag GmbH & Co. KGaA 授权

9.2.5 核-壳结构的橄榄石化合物

为了中到大规模的电池应用，发展具有微米尺寸形貌的 4V 级橄榄石型材料的研究方向，通过使用均匀纳米孔、碳包覆和铁过渡金属掺杂获得了成功。但是，仍需要改进 M-LMFP 材料的电导率和结构稳定性，以取代商业正极材料。我们预测，在微米尺寸球形 $LiMn_{0.85}Fe_{0.15}PO_4$ 上应用一层厚而均匀的橄榄石 $LiFePO_4$ 以改进循环寿命和倍率能力，将取得实质性的进展［如图 9.16（a）所示］。图 9.16（b）显示了组装 M-LMFP、随后表面修饰 $LiFePO_4$ 各步骤的示意图。这一核-壳型 $LiMn_{0.85}Fe_{0.15}PO_4$-$LiFePO_4$ 材料通过共沉淀法制得。蔗糖被用作第一个碳源和共沉淀方法中添加的造孔剂。在预热处理过程中，蔗糖制造了均匀的纳米孔。抗坏血酸（低分子量）和沥青（高分子量）也被用作均匀的碳源。

核-壳材料的合成过程被分为两种类型的路线，如同以前在论文中报道的一样（Oh 和 Sun，2013；Oh 等，2012）。覆碳方案及不同分子量碳源的作用展示在图 9.16（c）中。通过原始颗粒的 SEM 图，我们发现核-壳颗粒具有 $8\mu m$ 的球形颗粒尺寸 [图 9.16（d-1）]。一个修饰了 $LiFePO_4$ 层（$0.5\mu m$ 厚）的纳米多孔的微米尺寸 $LiMn_{0.85}Fe_{0.15}PO_4$ 颗粒，通过聚焦离子束切割获得了横截面，并进行了观察 [图 9.16（d-2）]。微观图像表明在核和壳层中均有大量孔隙存在。通过 EELS 图像，我们证实核心的 $LiMn_{0.85}Fe_{0.15}PO_4$ 和壳层的 $LiFePO_4$ 材料在煅烧后形成，并且纳米厚度的碳层均匀地包覆在一次颗粒和外表面上 [图 9.16（d-3）和（d-4）]。这个均匀的碳包覆层来自于不同分子量的碳源。低分子量的碳源优先覆盖在颗粒的内孔中，这是由于它能更容易地进入到纳米尺寸的孔隙中（低空间位阻的结果），而高分子量的碳源由于长的分子链的缘故难于在颗粒表面形成完整的包覆层。

这些通过优化的覆碳过程实现的高度导电、微米尺寸的核-壳结构材料显示了优越的电化学性能。双碳包覆的核-壳电极提供了 $152mA\cdot h/g$ 的最高放电容量 [图 9.16（e）]。这一独特结构的最重要的目的是改善高、低温循环稳定性。在严苛的条件（60℃）下，微米尺寸的 $LiMn_{0.85}Fe_{0.15}PO_4$ 电极仅仅显示了初始容量 80% 的循环保持率。另外，核-壳结构的电极显示出极佳的循环保持率——超过 97% 的初始容量，一个几乎与室温结果相同的数值 [图 9.16（f）]。即使在低温（−20℃ 和 0℃）下，核-壳电极也提供了比核电极更高的容量和更好的循环保持率 [图 9.16（g）]。如图 9.16（h）所示，这一核-壳材料拥有稳定的热性能和安全性能。$LiMn_{0.85}Fe_{0.15}PO_4$ 本体材料显示了更低的放热反应温度（259.2℃）和更高的产热量（216.2J/g）。但是，核-壳结构的 $LiMn_{0.85}Fe_{0.15}PO_4$ $LiFePO_4$ 材料显示出更高的放热反应温度（292.7℃）和更低的产热量（108.5J/g）。

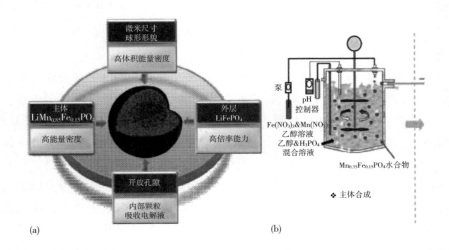

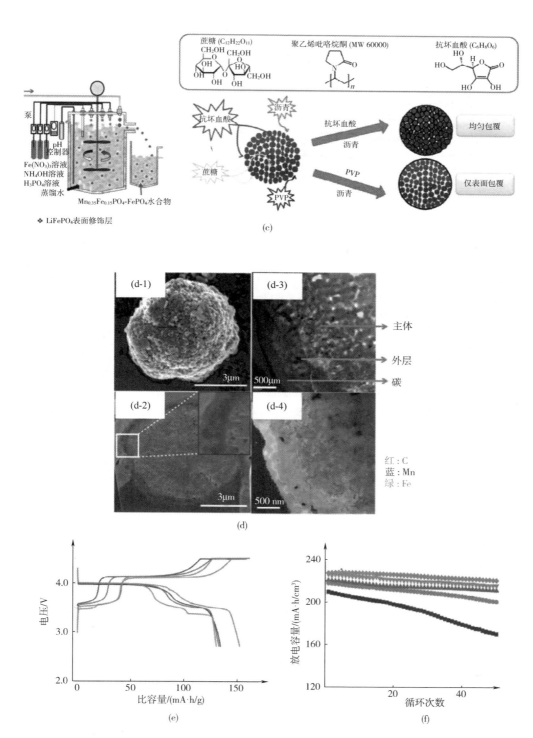

图 9.16

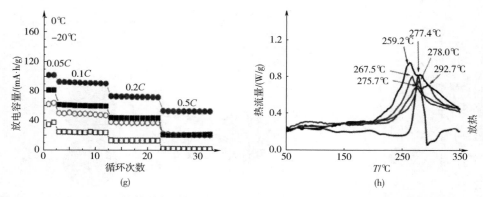

图 9.16 （a）LiFePO₄ 修饰的核-壳结构、微米尺寸的 $LiMn_{0.85}Fe_{0.15}PO_4$ 及其各个部分的作用；（b）用于 LiFePO₄ 修饰的双结构、微米尺寸的 $LiMn_{0.85}Fe_{0.15}PO_4$ 的共沉淀反应器的示意图。（a），（b）转载自 Oh 等（2012），2012 年由 Wiley-VCH Verlag GmbH & Co. KGaA 授权。（c）不同分子量碳源的覆碳作用示意图；核-壳 $LiMn_{0.85}Fe_{0.15}PO_4$-LiFePO₄（外层厚度 0.5μm）的（d-1）SEM 图，（c）转载自 Oh 和 Sun（2013），2013 年由 Elsevier 授权。（d-2）由聚集离子束得到的横截面 SEM 图，（d-3）横截面 TEM 图和（d-4）对应的 EELS 图；（e）本体 $LiMn_{0.85}Fe_{0.15}PO_4$（黑线）、$LiMn_{0.67}Fe_{0.33}PO_4$（蓝线）、双结构 $LiMn_{0.85}Fe_{0.15}PO_4$-LiFePO₄（红线；外层厚度 0.5μm；$LiMn_{0.65}Fe_{0.35}PO_4$ 是双结构 $LiMn_{0.85}Fe_{0.15}PO_4$-LiFePO₄ 的平均组成）和 $LiMn_{0.85}Fe_{0.15}PO_4$-LiFePO₄ 混合物（绿线；质量比 76 : 24）在 25℃ 下的首次充放电曲线；（f）本体材料和双结构 $LiMn_{0.85}Fe_{0.15}PO_4$-LiFePO₄ 在 60℃ 下的循环稳定性与壳层厚度（本体：黑，0.2μm；红，0.3μm；蓝，0.5μm；紫，0.8μm；棕）之间的关系，电流密度为 85mA/g（0.5C 倍率），电压范围为 2.7～4.5V；（g）本体（黑色实心：0℃，黑色空心：－20℃）和双结构（红色实心：0℃，红色空心：－20℃）电池在低温下循环稳定性的比较，充电电流密度为 8.5mA/g（0.05C 倍率）；（h）微分扫描量热法（DSC）曲线，显示了电解液同完全充电的本体 $LiMn_{0.85}Fe_{0.15}PO_4$（黑）、具有不同外层厚度（0.2μm：紫，0.5μm：红，0.8μm：棕）的双结构 $LiMn_{0.85}Fe_{0.15}PO_4$-LiFePO₄ 和 LiFePO₄（蓝）反应的热流量。（d）～（h）转载自 Oh 等（2012），2012 年由 Wiley-VCH Verlag GmbH & Co. KGaA 授权

球形形貌带来 1.5g/cm³ 的高振实密度，这导致了所有橄榄石材料中最高的体积能量密度（970W·h/L）。这一体系展示出接近理论极限的放电比容量，甚至在 60℃ 下稳定的循环性能、出色的低温性能和超高的振实密度。通过上面的研究进展，我们相信这种具有优化的双碳包覆层的新型核-壳结构材料，是克服橄榄石材料缺点，适合中、大规模电池的最佳材料。

9.3 负极（锂离子车用电池高性能负极材料）

9.3.1 碳质负极材料

金属锂是潜在的高性能二次电池负极材料，因为锂具有轻金属中最高的理论比容量（3860mA·h/g）和最低的工作电位。但是，尽管有大量的研究努力，金

属锂的应用还是受到了限制，这是由于其用于电池时较差的循环性能和重大的安全问题。为了解决这些问题，不同的材料包括碳质材料、过渡金属氧化物和合金型材料已被研究用作锂二次电池的负极材料。碳质材料在循环过程中表现出高度可逆的锂离子嵌入和脱出，具有较低的工作电位（约 0.2V vs. Li）和明显改善的电池安全性。20 世纪 90 年代初期，Sony 公司宣布锂离子电池商业化，自此碳质材料成为锂离子电池的主要负极材料（Nagaura 和 Tozawa，1990）。

锂离子可以嵌入到大多数碳材料中，这些碳材料可被用作锂离子电池的负极材料。但是，嵌入锂离子的电化学性能包括容量、工作电位、循环性能和可逆性都高度依赖于碳材料的种类（Endo 等，2000；Dahn 等，1995）。大量的研究努力已投入到理解不同碳质材料中电化学嵌/脱锂离子的物理机理上。锂离子在碳材料中存储的可用位点，依赖于碳材料的结晶度、微观结构形貌和杂质（如氢和氮），这个过程是通过极其复杂的方式实现的（Dahn 等，1995）。碳材料的来源，包括经历的碳化/石墨化热处理过程，都将是决定碳材料负极性能的重要参数。因此，为了得到所需的电池性能，控制上述关键参数至关重要。

目前，商业锂离子电池使用两类典型的碳质材料：①石墨，通过可石墨化碳前驱物在高温（如 3000℃）下热处理获得，或者通过天然石墨的修饰获得；②无定形碳，通过前驱物在低温（例如 1000℃）下热处理获得。石墨材料给出 $350\sim360mA\cdot h/g$ 的可逆容量，初始效率超过 90%。锂离子在石墨负极材料中的嵌入和脱出发生在 0.2V 以下。另外，无定形碳材料表现出不同的可逆容量（$200\sim900mA\cdot h/g$）和初始库仑效率（50%～80%），如前面所述，这些高度依赖于碳质材料的种类（Dahn 等，1995；Wu 等，2003）。众所周知，无定形碳电极的充电（嵌锂）曲线和放电（脱锂）曲线之间显示了大的电位差。我们知道，这种电压滞后现象和首次循环中大的不可逆反应，是同低温热处理制备的无定形碳的储锂机制相关的。不幸的是，与晶体石墨不同，无定形碳的储锂机制还不清楚。由于石墨具有比无定形碳更小的首次不可逆容量和更低的工作电位，大多数商业锂离子电池使用石墨负极材料。但是，碳的无定形形式可能在下一阶段的锂离子电池中非常有潜力，因为它们在低温下表现出更好的负极性能。与手机、笔记本电脑等便携设备的情况不同，电动汽车的工作温度范围应该更宽。特别是，电动汽车可能要在 0℃ 以下良好工作，而没有功率密度和能量密度的降低。众所周知，低温会导致电解液黏度的增加，进而导致电解液的电阻增加，这会增加电池的阻抗，降低功率密度。不但如此，低温下电池阻抗的增加可能增大阳极过电位，因而在循环过程中导致金属锂沉积在石墨电极的表面，而不是发生锂离子嵌入反应。图 9.17 显示了锂离子电池的电压暂态数据（10s 脉冲放电过程中的暂态数据，$LiCoO_2$/石墨电池在不同倍率和 25℃、15℃、5℃、−5℃ 下测试）（Cho 等，2012）。如图 9.17 所示，随着工作温度的降低，暂态电压值更加快速地下降，表明电池极化的增大和功率密度的下降。解决这些问题的一个有效方法是，通过石墨负极材料的表面修饰，降低石墨电极传荷反应的活化能（Fu 等，2006；Kim 等，2006；Zhao 等，2008；Ghosh 等，2009；Mancini 等，2009；Jung 等，2010）。图 9.18 显示了活化极化（假设的 $LiCoO_2$ 和石墨半电池的 $V_{ct,c}$ 和 $V_{ct,a}$ 同脉冲放电时间之间的关系，以及原始材料的对应极化暂态数据（Cho 等，2012）。表面修饰可以将活化极化降低一半，显著地影响全部的极化值。无定形碳可能是石墨负极材料表面修饰最有希望的候选材料之一。事实上，无定形碳包覆的石墨材料，目前正用作 PHEV 锂离子电池的负极。众所周知，采用碳质负极材料的锂离子电池的体积/质量能量密度几乎达到了理论极限。但是，目前商业化的两款电动汽车，即雪佛兰伏特（PHEV）和聆风（纯 EV）在没有内燃机增程的情况下，分别具有 35mile 和 100mile（1mile＝1.609km）的驱动里程（Park 等，2012）。这些数据远远低于中型车一次加油后在高速公路上的平均行驶里程（528mi）。考虑到驱动里程是影响电动汽车广泛应用的一个关键问题，因此，行驶里程必须大幅度提高，这是追求高性能电极材料能够实现的结果。安全问题和制造成本也是电动汽车成功的关键问题。在下面的部分，我们将讨论在车用锂离子电池中用其他负极材料替代碳质负极材料的问题。

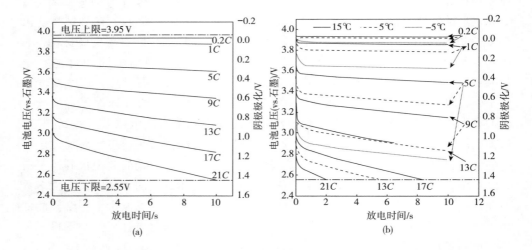

图 9.17　在 10s 脉冲放电过程中的电池电压（或全部阴极极化）的暂态数据

$LiCoO_2$/石墨电池在不同倍率和 25℃（a）、15℃、5℃、－5℃（b）下测试得到。Cho 等，2012；2013 年由 Elsevier 授权

9.3.2　过渡金属氧化物负极材料

作为潜在的锂离子电池负极材料，多种过渡金属氧化物受到了广泛的研究，主要是由于它们优越的稳定性和安全性。但是，和石墨负极材料相比，它们的充电电位更高，容量更小。基于反应机理，过渡金属氧化物可以分为两类：①锂离

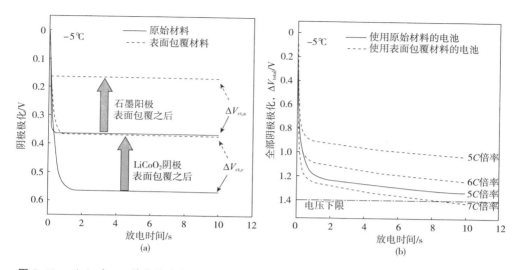

图 9.18 （a）在 **5C** 放电倍率和 **-5℃** 下的阴极极化暂态数据，这些阴极极化是由原始和表面修饰的 **LiCoO₂** 和石墨的传荷电阻引起；（b）对应的全部阴极极化暂态数据

转载自 Cho 等，2012；2013 年由 Elsevier 授权

子在电极材料晶格中的嵌入反应，而不发生被嵌材料的结构变化；②完全转变为 Li_2O 和惰性过渡金属的转变反应。这两个反应机理可以用下式表示：

$$嵌入反应： \qquad MO_x + yLi^+ + ye^- \Longrightarrow Li_yMO_x \qquad (9.1)$$

$$转变反应： \qquad M_xO_y + 2yLi^+ + 2ye^- \Longrightarrow xM + yLi_2O \qquad (9.2)$$

M：过渡金属（Fe、Co、Ni、Cu 等）。

包括 WO_2、MoO_2 和 $Li_xFe_2O_3$ 的几个过渡金属氧化物可以通过嵌入反应存储 Li（Murphy 等，1978）。但是，由于其比容量低、循环性能差，碳质材料被用作商业锂离子电池的负极材料（Dahn 和 McKinnon，1987；Sleigh 和 McKinnon，1991）。最近，为满足高性能车用电池的需要，对于新型负极材料的需求持续增长，因此，用作负极材料的过渡金属氧化物重新激发了人们的兴趣。

Ti 基氧化物负极材料因其优异的稳定性、低廉的成本和环境友好本质吸引了众多的关注（Deng 等，2009）。尖晶石 $Li_4Ti_5O_{12}$ 作为潜在负极受到了广泛研究，以符合锂离子车用电池的要求（Colbow 等，1989；Ferg 等，1994；Ohzuku 等，1995；Zaghib 等，1990；Kavan 和 Gratzel，2002；Jung 等，2011；Kim 和 Cho，2007；Toshiba，2009）。$Li_4Ti_5O_{12}$ 理论储锂容量为 175mA·h/g，被认为按照下述反应储锂：

$$[Li]_{8a}[Li_{1/3},Ti_{5/3}]_{16d}[O_4]_{32e} + e^- + Li^+ \Longrightarrow [Li_2]_{16c}[Li_{1/3},Ti_{5/3}]_{16d}[O_4]_{32e} \cdots$$

在这个反应中，下角标对应着用 Wyckoff 符号表示的 Fd3m 空间群的等效点位数。

尽管工作电位高，比容量相对较低（图 9.19），作为负极材料（Colbow 等，1989），$Li_4Ti_5O_{12}$ 具备一些优势，包括：①极佳的循环性能，原因在于锂离子在其晶体结构中嵌/脱不会引起机械应力；②改善的安全性，即便在极端条件（如0℃以下的温度）下，也没有多余的锂沉积在负极上；③优越的倍率性能，如$Li_4Ti_5O_{12}$ 纳米线证明了 0.1C 倍率下 $165mA \cdot h/g$ 的首放容量，以及 10C 倍率下93%的容量保持率（Kim 和 Cho，2007）。由于这些优势，$Li_4Ti_5O_{12}$ 被东芝（2009）公司用作快充离子电池（SCiB）的负极。但是，质量能量密度低的问题应当被解决，以利于其在车辆领域的广泛应用。

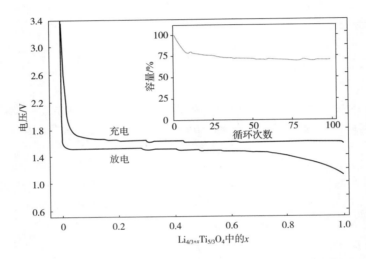

图 9.19　$Li_4Ti_5O_{12}$ 电极在 21℃ 和 1/30C 放电倍率下的典型电压曲线和循环性能曲线（插图）

转载自 Colbow 等，1989；1989 年由 Elsevier 授权

由于比 $Li_4Ti_5O_{12}$（$175mA \cdot h/g$）更大的理论容量（$335mA \cdot h/g$），人们对TiO_2 作为负极材料也有极大的兴趣。研究了 TiO_2 的多种同质异象体，据报道，锐钛型 TiO_2 和 TiO_2-B 通过嵌入反应存储和释放 Li 离子。尽管金红石型和brookite 型 TiO_2 被认为对 Li 没有活性，最近的报道证明了 Li 在它们的纳米结构材料中能够可逆地嵌/脱（Hu 等，2006；Baudrin 等，2007；Reddy 等，2007；Park 等，2009；Myung 等，2013）。金红石型 TiO_2 是热力学上最稳定的 TiO_2 同质异象体，并被认为其储锂量微乎其微，但在金红石型 TiO_2 中的嵌锂量随着颗粒尺寸的下降而大幅度地增加。经证明，10nm 尺寸的金红石型 TiO_2 的嵌锂量从每个 TiO_2 嵌入 0.1 个 Li 增加到 0.8 个 Li，这可能要归因于 Li 传输动力学的改善和 Li 在 TiO_2 纳米颗粒表面的存储（Hu 等，2006）。另外，纳米尺寸 TiO_2 导致了首次循环不可逆容量的增加，这可能归因于其表面积的增加。

纳米结构的 TiO_2-B 是最有希望的锂离子电池负极材料之一（Armstrong 等，2005a，b；Dylla 等，2013）。纳米线显示出 305mA·h/g（$Li_{0.9}TiO_2$）的可逆容量、优越的容量保持率和良好的倍率能力。TiO_2-B 具有比其他 TiO_2 同质异象体相对更加开放的结构，使得 Li 离子容易传输，导致出色的负极性能。但是，还需要进一步改进 TiO_2-B 负极材料以增加体积能量密度，因为同其他同质异象体相比，TiO_2-B 的密度（$3.73g/cm^3$）相对较低（Park 等，2010；Yang 等，2009）。有一些关键因素影响过渡金属氧化物的储锂机理，包括晶体结构、热力学以及动力学参数，这表明对过渡金属氧化物进行物理和化学修饰有可能改变它们的储锂机理。例如，已经知道 MoO_2 只通过嵌入反应与锂发生作用，并且通过升高反应温度或减小颗粒尺寸可以增加锂的嵌入量（Ku 等，2009；Liang 等，2005；Yang 等，2008；Shi 等，2009）。这些结果可能来自于异相传荷动力学的改善，以及锂和氧在过渡金属氧化物中固相扩散的改善。硬模板法制备的有序介孔 MoO_2 证明了类似的结果，包括室温下 MoO_2 与 Li 的转变反应的动力学限制。这可能同过渡金属氧化物的尺寸降低到纳米级别有关，缩短了 Li 的扩散路径，增大了电极材料的活性表面积。

在首次嵌锂过程中，Li 离子可能与过渡金属氧化物（MO_x，M＝Fe，Co，Ni，Cu 等）反应，转变为 Li_2O 和纳米尺寸的过渡金属，从而实现 Li 离子在过渡金属氧化物中的可逆存储。在随后的脱嵌过程中，产物可逆地转变回到它们的初始状态（Poizot 等，2000）。转变反应中涉及的电子数依赖于过渡金属的氧化态，这与嵌入反应机理不同。利用过渡金属全部氧化态的策略可以使电极得到高能量密度。如图 9.20 所示（Poizot 等，2000，2002），这些过渡金属氧化物显示了 $400\sim1000$mA·h/g 的高可逆储锂容量和良好的循环性能，以及 $1.8\sim2.0$V（vs. Li）的平均工作电位。HRTEM 研究清楚地显示出反应产生的过渡金属/Li_2O 纳米复合物的详细微观结构，不到 5nm 的金属晶粒镶嵌在无定形的 Li_2O 网络中（Poizot 等，2000）。尽管具有高比容量和良好的容量保持特性，这些过渡金属氧化物材料仍不足以用作商业锂离子电池的负极材料，主要是因为它们高的工作电位、低的首次库仑效率和放充电之间大的电位滞后（可能引起电池功率效率的下降）。

9.3.3 硅基负极材料

在各种锂合金材料中，第Ⅳ主族元素如 Si 和 Sn 作为高性能负极材料获得了极大的关注，原因是富锂二元合金的高容量。特别地，Si 被认为是锂离子电池最有吸引力的负极材料之一，原因是 Si 具有最高的质量和体积比容量。但是，Si 也受困于循环过程中快速的容量衰减。众所周知，其不良的循环性能是放/充电反应过程中体积膨胀/收缩引起的活性材料机械失效的结果。为了解决这一问题，得到了各种方法的建议，例如活性-非活性二元合金，以及分散在活性和/或非活性网络中的 Si 的使用。在这些候选材料中，Si-C 纳米复合负极材料因碳材料的

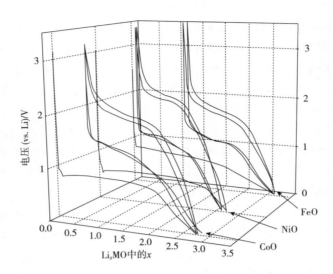

图 9.20　不同过渡金属氧化物电极的电压-组成图（M＝Co，Ni，Fe）

转载自 Poizot 等，2000；2000 年由 Nature 出版集团授权

力学和电学性能而获得高度关注，这是碳材料高电导率、高机械柔韧性以及小体积膨胀储锂能力的结果。例如，通过 5h、10h、20h 球磨制备的纳米晶 Si-MCMB（中间相碳微球）复合材料作为负极进行了测试（Wang 等，2004）。在这一工作中，采用球磨过程将纳米 Si 分散在 MCMB 网络中。当球磨时间增加时，得到了更好的分散效果，但是 MCMB 球形颗粒破碎，由于 MCMB 粉末的比表面积增加和固体电解质界面膜的形成，产生了不可逆反应。这样，10h 球磨的样品显示了最佳的性能，如 1066mA·h/g 的可逆容量、90.7％的初始循环效率和 25 次循环后大约 65％的容量保持率。采用苯的热气相沉积（TVD）方法制备的覆碳 Si 显示了 737mA·h/g 的首次可逆容量、92.1％的库仑效率、直到 50 次循环的低容量衰降（Yoshio 等，2002）。这些结果可能归功于碳包覆，碳包覆不仅抑制了电解液在 Si 基电极表面的分解，而且在 Si 颗粒周围提供了完整、连续的电接触网络。但是，在延长循环次数时，观察到了逐渐的容量衰降，这被解释为 Li 离子在电化学形成的 Li-Si 合金中的可逆积累和捕获的结果（Dimov 等，2003）。通过陷入石墨和 Si 粉中的 PVC 热解的方法制备的 Si-石墨-碳复合材料显示了 85％的最大首次效率、约 700mA·h/g 的可逆容量和 30 次循环以内的良好循环性能（Yang 等，2003）。在此情况下，无定形碳相可能起到了石墨和 Si 颗粒的网络和黏结剂的作用。石墨的添加在改进 Si 纳米颗粒分散均匀性、降低放充电电压滞后，以改善负极电化学可逆性方面起到关键的作用。从硅烷包覆的 Timcal KS-6 石墨制备的直接沉积在石墨颗粒上的 Si 纳米颗粒分别显示了 1350mA·h/g 和 1000mA·h/g 的首次放、充电容量（Holzapfel 等，2005a，b）。100 次循环后，

可逆容量大于 900mA·h/g。优异的循环性能可能是由于小的硅颗粒尺寸、对石墨表面的良好附着和纳米尺寸 Si 颗粒在石墨上的均匀分布。但是，为了商业应用，74％的初始库仑效率必须提高。

最近报道了不同于传统颗粒的 Si-C 复合材料的新型结构（Kim 等，2008；Esmanski 和 Ozin，2009；Kim 和 Cho，2008；Cui 等，2009）。通过包覆丁基 Si 凝胶和 SiO_2（Kim 等，2008）纳米颗粒的混合物的热处理和刻蚀合成了三维（3D）多孔块状 Si 颗粒。具有高度多孔和连通结构的碳包覆 Si 复合材料在 100 次 1C 倍率循环后，显示了大约 2500mA·h/g 的可逆容量，其原因在于循环过程中更好地容纳了巨大的应力而没有发生粉化作用。几种基于反蛋白石结构的 Si 和 Si-C 周期大孔材料作为 Li 离子电池负极进行了研究（Esmanski 和 Ozin，2009）。其中，使用 CVD 方法在碳反蛋白石上沉积无定形 Si 薄层（50nm）制备的 C-Si 复合材料证明了大约 2400mA·h/g 的高可逆容量、145 次循环后超过 80％的容量保持率和良好的倍率能力。解释认为，高的大孔孔率和 Si 的无定形本质可能有利于降低循环过程中巨大体积变化引起的应力。使用 SBA-15 模板合成的介孔 C-Si 核–壳纳米线材料显示了 3163mA·h/g 的首次可逆容量、86％的库仑效率和 80 次循环后 87％的容量保持率（Kim 和 Cho，2008）。使用 CVD 方法合成了碳纳米纤维上沉积无定形 Si 的 Si-C 核–壳纳米线（Cui 等，2009）。在这一复合材料中，碳核可能起到 Si 壳的机械支撑和电极材料中的导电通路的作用。该核–壳电极显示了大约 2000mA·h/g 的储锂容量和良好的循环性能。

SiO 已被看作是高性能锂离子电池负极材料的潜在候选材料（Yang 等，2002；Nagao 等，2004；Miyachi 等，2005；Kim 等，2007a，b；Yamada 等，2010；Morita 和 Takami，2006；Doh 等，2008；Hwa 等，2013）。因为同纯 Si 相比，该材料包含了相对少量的活性 Si，在放充电过程中 SiO 的绝对体积变化小于 Si。通过嵌锂形成的含氧化合物可能起到了缓冲网络的作用，缓解了体积的变化。SiO 的微观结构在文献中仍有争议，提出了两种结构模型（Hohl 等，2003）：①随机成键模型，在一氧化硅中 Si（+2）和氧的连续随机网络；②Si（0）和 SiO_2（+4）两个分离相的随机混合模型，这暗示着 SiO 和 Li 的反应机理是不直接的，而已经知道，氧化锡在嵌锂过程中直接转变成为 Li-Sn 合金和 Li_2O。

纯 SiO 电极由于循环过程中巨大的体积变化，引起机械失效而显示了差的循环性能。为了克服这一问题，采用 SiO 的歧化反应和糠醇（FFA）的聚合反应合成了 Si-SiO_x-C 复合材料（Morita 和 Takami，2006）。在 FFA 的热处理碳化过程中，SiO 也同时转变成为 Si 纳米颗粒和无定形 SiO_2 相（Mamiya 等，2001）。具有 2～10nm 尺寸的 Si 纳米颗粒均匀分散在无定形网络中。这个复合材料电极证明了大约 700mA·h/g 的可逆容量、大约 68％的首次库仑效率和直到 200 次循环的良好容量保持。良好的可循环性归功于 Si 纳米颗粒在由碳网络维持的 SiO

相中的均匀分布。SiO-C 复合材料可以通过球磨和聚乙烯醇（PVA）的热解制得（Kim 等，2007b）。这一复合材料得到了 800mA·h/g 的可逆容量和 76% 的首次库仑效率。该复合材料也表现出 100 次循环的良好循环稳定性。简单球磨制备的 SiO-石墨复合材料作为负极进行了评估。但是，考虑到电极的首次库仑效率是决定锂离子电池能量密度的关键参数之一，为了在锂离子电池中商业化应用，SiO 基负极材料的不可逆反应应当进一步地减小。

　　硅的纳米化（通过控制硅的尺寸和形状）可能是改进 Si 电极电化学性能的有效途径（Song 等，2010，2011，2012；Hertzberg 等，2010，2012；Wu 等，2012；Chan 等，2009；Zhou 等，2010；Choi 等，2010；Shin 等，2011；Bang 等，2012；Ge 等，2013；Sim 等，2013；Kwon 等，2013；Wang 等，2013a，b；Li 和 Zhi，2013；Lee 等，2013；Yoo 等，2011；Park 等，2013；Jeong 等，2012；Jung 等，2013）。硅的纳米结构化可以显著减少电极的粉碎，因而改进长期循环过程中硅的机械和结构稳定性。Si 纳米颗粒的现场 HR-TEM 研究表明，硅具有一个能够耐受循环过程中反复体积变化引起的机械应力的临界颗粒尺寸（Liu 等，2012）。如图 9.21 所示，具有 150nm 以下尺寸的 Si 颗粒在脱锂后并未显示机械破碎，而粗大的颗粒在嵌锂过程中表现出表面裂痕和破碎。这些结果清楚地显示了纳米尺寸的硅，作为高容量负极材料的机械强韧性，并且表明了应当如何设计 Si 基负极材料，以对抗循环过程中 Si 的巨大体积变化。硅的纳米结构化可以容纳巨大的应力和应变而不发生破裂，这也可以显著改善硅基负极材料的循环性能。

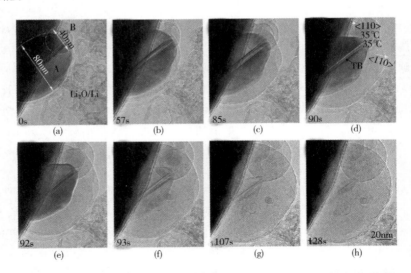

图 9.21　硅纳米粒子（SiNPs）的电化学锂化过程中尺寸变化和未破碎

　　（a）被标记的两个纳米粒子 A 和 B，直径分别为 80nm 和 40nm，（b）～（h）锂化过程中的粒子状态变化。转载自 Liu 等，2012；2012 年由美国化学会授权一维硅材料，包括纳米线和纳米管，是高性能锂离子电池纳米结构硅基负极材料的典型例子（Song 等，2010，2011，2012；Hertzberg 等，2010；Wu 等，2012；Chan 等，2009；Zhou 等，2010；Choi 等，2010；Shin 等，2011；Bang 等，2012；Ge 等，2013；Sim 等，2013）。1D 纳米结构硅材料的高长径比使其能更好地适应硅的巨大体积变化，而没有机械破坏，如断裂和破碎，这些机械失效在块状或微米尺寸的硅材料中是很容易出现的，1D 纳米结构也可以缩短锂离子进入纳米结构的扩散长度。而且，沿着轴向的直接 1D 电子导电通路可以改善 Si 与 Li 在合金化或去合金化过程中的电荷传输。Chan 及其同事首次提出使用直接合成在集流体上的 1D 纳米结构 Si 纳米线作为锂离子电池的高性能负极材料。Si 纳米线在 0.05C（Chan 等，2008）倍率下显示出 4277mA·h/g 的首次充电容量（相当于 Si 的理论容量），3124mA·h/g 的首次放电容量，73% 的首次循环效率。第二次循环后，Si 纳米线的充电和放电容量几乎维持恒定，直到第 10 次循环才有很少衰降。对反应后 Si 纳米线的观察，清楚地表明了其循环后坚固的机械稳定性。尽管完全嵌锂后 Si 纳米线的平均直径从初始的大约 90nm 膨胀到近 140nm，Si 纳米线仍然保持完整，没有破碎成更小的颗粒（图 9.22）。

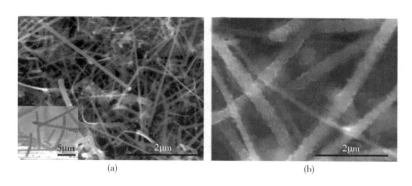

图 9.22　Si 纳米线在电化学循环（a）前、（b）后的 SEM 图

（a）中的插图是横截面 SEM 图，显示出纳米线直接接触不锈钢集流体。转载自 Chan 等，2008；2008 年由自然出版集团授权

从电极结构的角度来看，多孔 1D 纳米结构 Si 电极可能改进电化学性能和可逆的形貌变化，原因是圆柱孔对于适应循环过程中与嵌锂相关的高内生应力起到缓冲作用。Song 及其同事报道了具有均匀分布的、中空的、管状结构的纳米尺寸 Si，并基于基本力学的定量理解，对其作为锂离子电池负极进行了优化（Song 等，2010）。Si 纳米管阵列表现出出色的性能，如稳定的循环保持率和可逆的形貌变化。特别是，Si 纳米管的轴向孔隙空间提供了额外的自由表面以利于力学稳定，而不会产生加速 SEI 膜形成的额外表面（图 9.23）。Si 纳米管阵列在 0.05C 倍率下显示了 3360mA·h/g 的可逆容量和 87% 的初始效率。首次循环的高循环

效率来自于并不与电解液接触的硅纳米管封闭自由孔隙，因此尽管 Si 纳米管阵列具有高孔隙容积，不希望发生的电解液分解导致的电池内电解液消耗很小。Si 纳米管阵列证明了长期循环过程中稳定的性能（50 次循环后容量保持率大约为 81％）。Si 纳米管阵列最引人注目的行为是循环前后高度可逆的形貌变化。在完全嵌锂态，Si 纳米管维持了它们的整体形状，尽管有巨大的体积变化，但仅在管端处发生了直径的适度增大（约 50％：120～180nm）。脱锂后，这一尺度降到 140nm，同原始 Si 纳米管相比相当于增大了约 17％。首次循环后，Si 纳米管维持了它们的原始形态，没有发生形状改变。更重要的是，Si 纳米管的长度即便是在巨大的体积膨胀和随后的收缩之后，也几乎没有变化。这表明硅纳米管内的封闭孔隙作为缓冲层吸收和缓解了 Si 和 Li 合金化/去合金化过程中引起的机械应变/应力。电极的这种可逆的形貌变化行为对于可靠和安全的工作是至关重要的。理论机械分析表明，这种各向异性膨胀行为是内、外自由表面导致的结果，这种自由表面更容易适应径向膨胀，而不是表面的平面（即轴向）膨胀。这种中空、管状、不可塌陷的构造可通过结构修正进一步改进（Hertzberg 等，2010；Song 等，2012；Wu 等，2012）。Hertzberg 及其同事提出用嵌套在纳米管碳壳中的 Si 纳米管作高容量负极材料，坚硬的碳外壳作为缓冲对抗着硅的不可逆形变，在硅的巨大体积变化下维持它的初始形状，因而改进了 1D 纳米结构 Si 电极的电化学性能（Hertzberg 等，2010）。Wu 及其同事证明了一种包围着可被锂离子穿透的氧化硅壳层的 Si 纳米管。坚硬的外层氧化物层防止内层硅纳米管暴露在电解液中，因而即便是在循环过程中硅纳米管发生巨大的体积变化之后，仍然提供了高度稳定的固体电解质界面（SEI）（Wu 等，2012）。Si 基负极材料上 SEI 的稳定性是保证锂离子电池长循环寿命的另一个主要考虑，因为 Si 电极反复的体积膨胀和收缩会破坏钝态的 SEI 膜，从而造成循环过程中电解液的持续分解。Si 材料的机械稳定性和双壁 Si 纳米管高度稳定的 SEI 钝化层，在深度充放电条件下提供了超过 6000 次循环的极佳的循环性能（图 9.24）。这些 1D 纳米结构 Si 基负极材料，作为锂离子电池负极材料显示了大幅度改善的电化学性能，这主要归功于作为缓冲相的纳米尺寸自由空间通过控制硅相膨胀/收缩的方向对抗循环中 Si 的体积变化。Wang 及其同事证明了套在中空石墨管中的 Si 纳米线（SiNW-d-GT）可用于锂离子电池负极材料（Wang 等，2013a）。这个 1D-Si/1D-C 混合结构电极材料不仅提供了适应 1D-Si 体积变化的自由空间，而且在 1D-Si 区域和 1D-C 区域之间维持了牢固的接触，因而保证了循环过程中 Li 离子和电子的快速传输。而且，石墨管也可以作为屏蔽层阻止 Si 同电解液的直接接触，从而避免在 Si 反复嵌/脱锂时发生电解液的持续分解反应，因而显著改善电极表面 SEI 膜的稳定性。作为结果，这一独特的 1D-1D 混合 Si/C 电极证明了超过 1000 次循环的优异的容量保持能力（4.2A/g 下，1100mA·h/g）和良好的倍率能力（12.6A/g 倍率下，1200mA·h/g）。

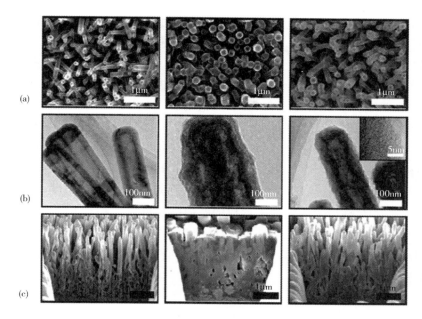

图 9.23 硅纳米管反应前、全部锂化和脱锂后的 SEM 图

（a）顶部 SEM 图；（b）TEM 图；（c）横断面的 SEM 图由聚焦离子束分割得到。转载自 Song 等，2010；2010 年由美国化学会授权

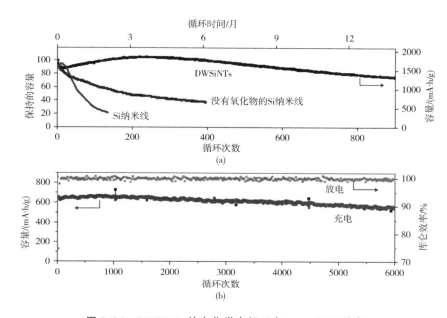

图 9.24 DWSiNTs 的电化学表征（在 1～0.01V 测试）

（a）不同 Si 纳米结构在 0.2C 倍率下的容量保持率（DWSiNTs 的使用寿命和脱锂容量也可见于此图）；（b）在 12C 倍率下循环 6000 次的 DWSiNTs 的嵌/脱锂容量和库仑效率。转载自 Wu 等，2012；2012 年由自然出版集团授权

　　尽管 1D 纳米结构 Si 基负极材料具有吸引力的性能，在它们广泛用于锂离子电池之中前还有问题需要克服。纳米结构硅基负极材料相对低的硅的堆积密度导致 Si 电极体积能量密度的下降，最终限制了 Si 基负极在商业锂离子电池中的成功应用。适当的电极设计可以通过增加电极中 Si 的振实（堆积）密度来使 1D-Si 负极的体积比容量最大化（Wang 等，2013b）。一种织构硅-石墨碳纳米线阵列（t-Si@G）电极的电化学性能如图 9.25 所示。同 Si 纳米线电极相比，覆碳的织构 Si 阵列电极显示了改进的循环性能，这主要归功于穿孔 Si 纳米线的机械稳定结构。更有趣的是，该电极在 200 次循环后实现的体积比容量是商业石墨电极的 4 倍，这是织构 Si 纳米线阵列电极高振实密度（0.9g/cm³）的结果。在穿孔 Si 纳米线阵列上形成的石墨碳层可以提供导电通路，因而改进了电极的倍率能力。这些结果表明，1D 纳米结构 Si 与碳的适当组合可以显著改善 1D-Si 电极的负极性能，而不必牺牲作为锂离子电池高性能负极材料 Si 的固有优势。

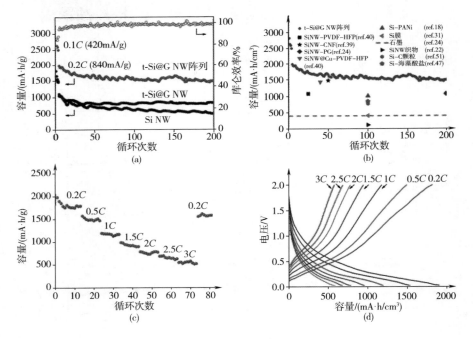

图 9.25　t-Si@GNW 阵列的电化学性能

　　（a）t-Si@GNW 阵列电极在 2～0.02V 充放电循环时的电化学循环性能和库仑效率，控制电极（SiNW 和 t-Si@GNW）的循环性能也在图中进行比较；（b）t-Si@GNW 阵列电极的体积比容量和循环次数之间的关系曲线，文献中报道的石墨和一些代表性的 Si 基电极在最高循环次数下的容量数值也被添加在图中以便比较；t-Si@GNW 阵列电极在从 0.2～3C 的不同电流倍率下循环的（c）可逆容量和（d）电压曲线。转载自 Wang 等，2013b；2013 年由美国化学会授权尽管通过近期大量的研究，纳米结构 Si 基负极材料的电化学性能实现了显著进步，硅电极固有的体积变化不可避免，这将导致电极的膨胀/收缩和相应的电池形变。电极膨胀和电池形变是限制 Si 基电极在商业锂离子电池中应用的关键因素；这是因为可以接受的电极体积膨胀程度大概是 10%，同目前在锂离子电池中使用的石墨负极材料类似（Li 和 Zhi，2013）。为了有利于 Si 电极在商业锂离子电池中的成功应用，纳米结构 Si 的制造成本是另外一个必须解决的问题。

为了解决与 Si 电极体积膨胀和批量制造成本相关的问题，建议通过可放大的组装过程，应用各种嵌入缓冲相的 Si 基纳米复合材料（Lee 等，2013；Yoo 等，2011；Park 等，2013；Jeong 等，2012；Jung 等，2013）。Si 基材料的化学刻蚀，是在硅颗粒中制造优化孔隙空间缓冲相的最有效过程之一。可以通过 HF（Yoo 等，2011）刻蚀 Pt 装饰的硅组装海胆结构 Si/SiO_x。从微米尺寸内核表面伸出无数纳米线的海胆结构具有如下四方面作用：①通过 1D 纳米线提供连续导电路径以改善循环性能；②增加表面积以改善电极反应动力学性能；③提供包含无数纳米线的缓冲层，以缓解电极材料巨大的体积变化；④微米尺寸的内核，保证了简单的电极组装过程。在这个 3D 纳米结构 Si 基电极中纳米尺寸的孔隙和 SiO_x 缓冲相，提高了机械稳定性以对抗硅的巨大体积变化，因此改善了 Si 电极的容量保持特性。Si 的金属辅助化学刻蚀可能是一个比传统制备方法（即 Si 和 SiO_2 在高真空条件下的真空蒸镀）更有希望的 Si/SiO_x 复合物制备过程，因为 Si 颗粒的化学刻蚀可能不仅降低了 Si/SiO_x 复合物的制造成本，而且能够实现 Si/SiO_x 的各种纳米结构形态。包裹 Si 的中空碳可以通过含有 Fe_3C 的覆碳 Si 复合材料的化学刻蚀得到。所得到的中空碳中的 Si 颗粒可以通过中空碳的自由空间减轻电极的体积变化，完全嵌锂后产生 18% 的小体积膨胀，实现了大约 $2000mA \cdot h/g$ 的可逆容量（Park 等，2013）。一个类似的 Si 基负极材料的概念，可通过另一个可放大的制备过程进行组装，这一方法使用 Si 纳米颗粒、三聚氰胺甲醛树脂和作为造孔剂的 PluronicF127（Jeong 等，2012）。产生的 Si@N 掺杂多孔碳球显示了 300 次循环以上的杰出的循环性能和 $1579mA \cdot h/g$ 的可逆容量。Si@N 掺杂多孔碳球从下到上制备方法的全部过程由两个简单的步骤组成，没有使用任何敏感条件，暗示着这一组装过程适用于大规模的制造过程。

9.4 结论

由于具有高能量密度、高功率和出色的循环性能，锂离子电池被认为是满足电动汽车全部要求的最可行的候选电源之一。但是，这些电池仍然需要广泛改进电极材料以保证它们在运输系统中的成功应用。这只能通过恰当地设计电极材料（在其电化学性能、安全和成本方面）来实现。本章综述了与正处于研究过程中的锂离子车用电池高性能材料相关的问题。为了解决车用锂离子电池高性能电极材料的关键问题，而不牺牲它们固有的优势，我们坚定地相信包括化学、材料科学、电化学和加工技术在内的多领域方法的应用。

致谢

这项工作是由韩国政府贸易部资助的韩国能源技术评估和规划（KETEP）人力资源发展计划（20124010203310）提供支持；由韩国政府拨款资助的韩国能源技术评估和规划（KETEP）的人力资源开发项目（20124010203290）支持的。

参考文献

[1] Abraham D P，Twesten R D，Balasubramanian M，et al. 2002. Surface changes on $LiNi_{0.8}Co_{0.2}O_2$ particles during testing of high-power lithium-ion cells Electrochem Commun，4：620-625.

[2] Amatucci G G，Tarascon J M，Klein L C. 1996. Cobalt dissolution in $LiCoO_2$-based non-aqueous rechargeable batteries. Solid State Ionics，83：167-173.

[3] Armstrong A R，Armstrong G，Canales J，et al. 2005a. Lithium-ion intercalation into TiO_2-B nanowires. Adv Mater，17：862-865.

[4] Armstrong A R，Armstrong G，Canales J，et al. 2005b. TiO_2-B nanowires as negative electrodes for rechargeable lithium batteries. J. Power Sources，146：501-506.

[5] Bakenov Z，Taniguchi I. 2010. Electrochemical performance of nanocomposite $LiMnPO_4/C$ cathode materials for lithium batteries. Electrochem Commun，12：75-78.

[6] Bang B M，Lee J-I，Kim H，et al. 2012. High-performance macroporous bulk silicon anodes synthesized by template-free chemical etching. Adv Energy Mater，2：878-883.

[7] Barker J，Saidi M Y，Swoyer JL. 2003. Lithium iron（Ⅱ）phospho-olivines prepared by a novel carbothermal reduction method. Electrochem. Solid-State Lett，6：A53-A55.

[8] Baudrin E，Cassaignon S，Koesch M，et al. 2007. Structural evolution during the reaction of Li with nano-sized rutile type TiO_2 at room temperature. Electrochem Comm，9：337-342.

[9] Belharouak I，Sun Y-K，Liu J，et al. 2003. Li（$Ni_{1/3}Co_{1/3}Mn_{1/3}$）O_2 as a suitable cathode for high power applications. J. Power Sources，123：247-252.

[10] Bewlay S L.，Konstantinov K，Wang G X，et al. 2004. Conductivity improvements to spray-produced $LiFePO_4$ by addition of a carbon source. Mater Lett，58：1788-1791.

[11] Chan C K，Peng H L，Liu G，et al. 2008. High-performance lithium battery anodes using silicon nanowires. Nat Nanotech，3：31-35.

[12] Chan C K，Ruffo R，Hong S S，et al. 2009. Surface chemistry and morphology of the solid electrolyte interphase on silicon nanowire lithium-ion battery anodes. J Power Sources，189：1132-1140.

[13] Cho H-M，Choi W-S，Go J-Y，et al. 2012. A study on time-dependent low temperature power performance of a lithium-ion battery. J Power Sources，198：273-280.

[14] Choi J W，McDonough J，Jeong S，et al. 2010. Stepwise nanopore evolution in one-dimensional nanostructures. Nano Lett，10：1409-1413.

[15] Chung S Y，Bloking J T，Chiang Y M. 2002. Electronically conductive phospho-olivines as lithium storage electrodes. Nat Mater，1：123-128.

[16] Colbow K M，Dahn J R，Haering R R. 1989. Structure and electrochemistry of the spinel oxides $LiTi_2O_4$ and $Li_{4/3}Ti_{5/3}O_4$. J Power Sources，26：397-402.

[17] Cui L F，Yang Y，Hsu C M，et al. 2009. Carbon-silicon core-shell nanowires as high Capacity

electrode for lithium ion batteries. Nano Lett，9：3370-3374.

[18] Dahn J R，McKinnon W R. 1987. Structure and electrochemistry of $Li_x MoO_2$. Solid State Ionics，23：1-7.

[19] Dahn J R，Zhang T，Liu Y，et al. 1995. Mechanisms for lithium insertion in carbonaceous materials. Science，270：590-593.

[20] Delacourt C，Poizot P，Morcrette M，et al. 2004. One-step Low-temperature route for the preparation of electrochemically active $LiMnPO_4$ powders. Chem Mater，16：93-99.

[21] Delacourt C，Laffont L，Bouchet R，et al. 2005. Toward understanding of electrical limitations (electronic，ionic) in $LiMPO_4$ (M = Fe，Mn) electrode materials. J Electrochem Soc，152：A913-A921.

[22] Deng D，Kim M G，Lee J Y，et al.，2009. Green energy storage materials：nanostructured TiO_2 and Sn-based anodes for lithium-ion batteries. Energy Environ Sci，2：818-837.

[23] Dimov N，Kugino S，Yoshio M. 2003. Carbon-coated silicon as anode material for lithium ion batteries：advantages and limitations. Electrochim Acta，48：1579-1587.

[24] Doeff M M，Hu Y Q，McLarnon F，et al. 2003. Effect of surface carbon structure on the electrochemical performance of $LiFePO_4$. Electrochem Solid-State Lett，6：A207-A209.

[25] Doh C-H，Park C-W，Shin H-M，et al. 2008. A new SiO/C anode composition for lithium-ion battery. J Power Sources，179：367-370.

[26] Drezen T，Kwon N-H，Bowen P，et al. 2007. Effect of particle size on $LiMnPO_4$ cathodes. J Power Sources，174：949-953.

[27] Dylla A G，Henkelman G，Stevenson K J. 2013. Lithium insertion in nanostructured TiO_2 (B) architectures. Acc Chem Res，46：1104-1112.

[28] Endo M，Kim C，Nishimura K，et al. 2000. Recent development of carbon materials for Li ion batteries. Carbon，38：183-197.

[29] Esmanski A，Ozin GA. 2009. Silicon inverse-opal-based macroporous materials as negative electrodes for Lithium Ion batteries. Adv Funct Mater，19：1999-2010.

[30] Ferg E，Gummov R J，de Kock A，et al. 1994. Spinel anodes for lithium-ion batteries. J Electrochem Soc，141：L147-L150.

[31] Franger S，Cras F L，Bourbon C，et al. 2002. $LiFePO_4$ synthesis routes for enhanced electrochemical performance. Electrochem Solid-State Lett，5：A231-A233.

[32] Fu L J，Liu H，Li C，et al. 2006. Surface modifications of electrode materials for lithium ion batteries. Solid State Sci，8：113-128.

[33] Gaberscek M，Dominko R，Jamnik J. 2007. Is small particle size more important than carbon coating? An example study on $LiFePO_4$ cathodes. Electrochem Commun，9：2778-2783.

[34] Gao F，Tang Z，Xue J. 2007. Preparation and characterization of nano-particle $LiFePO_4$ and $LiFePO_4/$C by spray-drying and post-annealing method. Electrochim Acta，53：1939-1944.

[35] Ge M，Rong J，Fang X，et al. 2013. Scalable preparation of porous silicon nanoparticles and their application for lithium-ion battery anodes. Nano Res，6：174-181.

[36] Ghosh P，Mahanty S，Basu R N. 2009. Lanthanum-doped $LiCoO_2$ cathode with high rate capability. Electrochim Acta，54：1654-1661.

[37] Guyomard D，Tarascon J-M. 1994. The carbon/$Li_{1+x} Mn_2 O_4$ system. Solid State Ionics，69：222.

[38] He P，Wang H，Qi L，et al. 2006. Synthetic optimization of spherical $LiCoO_2$ and precursor via uniform-phase precipitation. J Power Sources，158：529-534.

[39] Herle P S，Ellis B，Coombs N，et al. 2004. Nano-network electronic conduction in iron and nickel oli-

vine phosphates. Nat Mater，3：147-152.

［40］ Hertzberg B，Alexeev A，Yushin G. 2010. Deformations in Si-Li anodes upon electrochemical alloying in nano-confined space. J Am Chem Soc，132：8548-8549.

［41］ Hohl A，Wieder T，van Aken P A，et al. 2003. An interface clusters mixture model for the structure of amorphous silicon monoxide（SiO）. J Non-Cryst Solids，320：255-280.

［42］ Holzapfel M，Buqa H，Scheifele W，et al. 2005a. A new type of nano-sized silicon/carbon composite e-lectrode for reversible lithium insertion. Chem Commun，12：1566-1568.

［43］ Holzapfel M，Buqa H，Krumeich F，et al. 2005b. Chemical vapor deposited silicon/graphite compound material as negative electrode for lithium-ion batteries. Electrochem Solid-State Lett，8：A516-A520.

［44］ Hsu K-F，Tsay S-Y，Hwang B-J. 2004. Synthesis and characterization of nano-sized LiFePO$_4$ cathode materials prepared by a citric acid-based sol-gel route. J Mater Chem，14：2690-2695.

［45］ Hu Y-S，Kienle L，Guo Y-G，et al. 2006. High lithium electroactivity of nanometer-sized rutile TiO$_2$. Adv Mater，18：1421-1426.

［46］ Huang H，Vincent C A，Bruce P G. 1999. Capacity loss of lithium manganese oxide spinel in LiPF$_6$/ethylene carbonate-dimethyl carbonate electrolytes. J Electrochem Soc，146：481-485.

［47］ Huang H，Yin S C，Nazar L F. 2001. Approaching theoretical capacity of LiFePO$_4$ at room temperature at high rates. Electrochem Solid-State Lett，4：A170-A172.

［48］ Hwa Y，Park C M，Sohn H-J. 2013. Modified SiO as a high performance anode for Li-ion batteries. J Power Sources，222：129-134.

［49］ Jang Y-I，Huang B，Wang H，et al. 1999. LiAl$_y$Co$_{1-y}$O$_2$（R-3 m）intercalation cathode for re-chargeable lithium batteries. J Electrochem Soc，146：862-868.

［50］ Jeong H M，Lee S Y，Shin W H，et al. 2012. Silicon@porous nitrogen-doped carbon spheres through a bottom-up approach are highly robust lithium-ion battery anodes. RSC Adv，2：4311-4317.

［51］ Jung Y S，Cavanagh A S，Dillon A C，et al. 2010. Enhanced stability of LiCoO$_2$ cathodes in lithium-Ion batteries using surface modification by atomic layer deposition. J Electrochem Soc，157：A75-A81.

［52］ Jung H-G，Myung S-T，Yoon C S，et al. 2011. Microscale spherical carbon-coated Li$_4$Ti$_5$O$_{12}$ as ultra high power anode material for lithium batteries. Energy Environ Sci，4：1345-1351.

［53］ Jung D S，Hwang T H，Park S B，et al.，2013. Spray drying method for large-scale and high-per-formance silicon negative electrodes in Li-Ion batteries. Nano Lett，13：2092-2097.

［54］ Kang S H，Kim J，Stoll M E，et al. 2002. Layered Li（Ni$_{0.5-x}$Mn$_{0.5-x}$M$'_{2x}$）O$_2$（M$'$=Co，Al，Ti；x=0，0.025）cathode materials for Li-ion Rechargeable batteries. J Power Sources，112：41-48.

［55］ Kavan L，Gratzel M. 2002. Facile synthesis of nanocrystalline Li$_4$Ti$_5$O$_{12}$（spinel）exhibiting fast Li in-sertion. Electrochem Solid-State Lett，5：A39-A42.

［56］ Kim J，Cho J. 2007. Spinel Li$_4$Ti$_5$O$_{12}$ nanowires for high-rate Li-ion intercalation electrode. Electrochem Solid-State Lett，10：A81-A84.

［57］ Kim H，Cho J. 2008. Superior lithium electroactive mesoporous Si@carbon core-shell nanowires for lithium battery anode material. Nano Lett，8：3688-3691.

［58］ Kim D H，Kim J. 2006. Synthesis of LiFePO$_4$ nanoparticles in polyol medium and their electrochemical properties. Electrochem Solid-State Lett，9：A439-A442.

［59］ Kim G-H，Myung S-T，Bang H J，et al. 2004. Synthesis and electrochemical properties of Li［Ni$_{1/3}$Co$_{1/3}$Mn$_{(1/3-x)}$Mg$_x$］O$_{2-y}$F$_y$ via coprecipitation. Electrochem Solid-State Lett，7：A477-A480.

［60］ Kim B，Kim C，Kim T-G，et al. 2006. The effect of AlPO$_4$-coating layer on the electrochemical properties in LiCoO₂ thin films. J Electrochem. Soc，153：A1773-A1777.

［61］Kim T，Park S，Oh S M. 2007a. Solid-state NMR and electrochemical dilatometry study on Li⁺ uptake/extraction mechanism in SiO electrode. J Electrochem Soc，154：A1112-A1117.

［62］Kim J-H，Sohn H-J，Kim H，et al. 2007b. Enhanced cycle performance of SiO-C composite anode for lithium-ion batteries. J Power Sources，170：456-459.

［63］Kim H，Han B，Cho J. 2008. Three-dimensional porous silicon particles for use in high-performance lithium secondary batteries. Angew Chem Int Ed，47：10151-10154.

［64］Koleva V，Zhecheva E，Stoyanova R. 2011. Facile synthesis of LiMnPO₄ olivines with a plate-like morphology from a dittmarite-type KMnPO₄ · H₂O precursor. Dalton Trans，40：7385-7394.

［65］Ku J H，Jung Y S，Lee K T，et al. 2009. Thermoelectrochemically activated MoO₂ powder electrode for lithium secondary batteries. J Electrochem Soc，156：A688-A693.

［66］Kwon N-H，Drezen T，Exnar I，et al. 2006. Enhanced electrochemical performance of mesoparticulate LiMnPO₄ for lithium ion batteries. Electrochem Solid-State Lett，9：A277-A280.

［67］Kwon E，Lim H-S，Sun Y-K，et al. 2013. Improved rate capability of lithium-ion batteries with Ag nanoparticles deposited onto silicon/carbon composite microspheres as an anode material. Solid State Ion，237：28-33.

［68］Lee K-S，Myung S-T，Amine K，et al. 2007. Structural and electrochemical properties of layered Li［Ni₁₋₂ₓCoₓMnₓ]O₂（x=0.1−0.3）positive electrode materials for Li-Ion batteries. J Electrochem Soc，154：A971-A977.

［69］Lee J-I，Park J-H，Lee S-Y，et al. 2013. Surface engineering of sponge-like silicon particles for high-performance lithium-ion battery anodes. Phys Chem Chem Phys，15：7045-7049.

［70］Li X，Zhi L. 2013. Managing voids of Si anodes in lithium ion batteries. Nanoscale，5：8864-8873.

［71］Li W，Reimers J N，Dahn J R. 1993. In situ X-ray diffraction and electrochemical studies of Li₁₋ₓNiO₂. Solid State Ion，67：123.

［72］Li G，Azuma H，Tohda M. 2002. LiMnPO₄ as the cathode for lithium batteries. Electrochem Solid-State Lett，5：A135-A137.

［73］Li J，Wang L，Zhang Q，et al. 2009. Synthesis and characterization of LiNi₀.₆Mn₀.₄₋ₓCoₓO₂ as cathode materials for Li-ion batteries. J Power Sources，189：28-33.

［74］Liang Y，Yang S，Yi Z，et al. 2005. Preparation，characterization and lithium-intercalation performance of different morphological molybdenum dioxide. Mater Chem Phys，93：395-398.

［75］Liao X Z，Ma Z-F，Wang L，et al. 2004. A novel synthesis route for LiFePO₄/C cathode materials for lithium-ion batteries. Electrochem Solid-State Lett，7：A522-A525.

［76］Liu X H，Zhong L，Huang S，et al. 2012. Size-dependent fracture of silicon nanoparticles during lithiation. ACS Nano，6：1522-1531.

［77］Loisel R，Pasaoglu G，Thiel C. 2014. Large-scale deployment of electric vehicles in Germany by 2030：an analysis of grid-to-vehicle and vehicle-to-grid concepts. Energy Policy，65：432-443.

［78］Mamiya M，Takei H，Kikuchi M，et al. 2001. Preparation of fine silicon particles from amorphous silicon monoxide by the disproportionation reaction. J Cryst Growth，229：457-461.

［79］Mancini M，Nobili F，Dsoke S，et al. 2009. Lithium intercalation and interfacial kinetics of composite anodes formed by oxidized graphite and copper. J Power Sources，190：141-148.

［80］Martha S K，Markovsky B，Grinblat J，et al. 2009. LiMnPO₄ as an advanced cathode material for rechargeable lithium batteries. J Electrochem Soc，156：A541-A552.

［81］Miyachi M，Yamamoto H，Kawai H，et al. 2005. Analysis of SiO anodes for lithium-ion batteries. J

Electrochem Soc, 152: A2089-A2091.

[82] Morita T, Takami N. 2006. Nano Si cluster-SiO$_x$-C composite material as high-capacity anode material for rechargeable lithium batteries. J Electrochem Soc, 153: A425-A430.

[83] Murphy D W, Di Salvo F J, Carides J N, et al. 1978. Topochemical reactions of rutile related structures with lithium. Mater Res Bull, 13: 1395-1402.

[84] Myung S T, Komaba S, Hirosaki N, et al, 2004. Emulsion drying synthesis of olivine LiFePO$_4$/C composite and its electrochemical properties as lithium intercalation material. Electrochim Acta, 49: 4213-4222.

[85] Myung S-T, Komaba S, Hosoya K, et al. 2005. Synthesis of LiNi$_{0.5}$Mn$_{0.5-x}$Ti$_x$O$_2$ by an emulsion drying method and effect of Ti on structure and electrochemical properties. Chem Mater, 17: 2427-2435.

[86] Myung S-T, Komaba S, Kurihara K, et al. 2006. Synthesis of Li [(Ni$_{0.5}$Mn$_{0.5}$)$_{1-x}$Li$_x$] O$_2$ by emulsion drying method and impact of excess Li on structural and electrochemical properties. Chem Mater, 18: 1658-1666.

[87] Myung S-T, Amine K, Sun Y-K. 2010. Surface modification of cathode materials from nano-to microscale for rechargeable lithium-ion batteries. J Mater Chem, 20: 7074-7095.

[88] Myung S-T, Kikuchi M, Yoon C S, et al. 2013. Black anatase titania enabling ultra high cycling rates for rechargeable lithium batteries. Energy Environ Sci, 6: 2609-2614.

[89] Nagao Y, Sakaguchi H, Honda H, et al. 2004. Structural analysis of pure electrochemically lithiated SiO using neutron elastic scattering. J Electrochem Soc, 151: A1572-A1575.

[90] Nagaura T, Tozawa K. 1990. Rechargeable battery. Prog Batter Solar Cells, 9: 209-217.

[91] Noh H-J, Youn S, Yoon C S, et al. 2013a. Comparison of the structural and electrochemical properties of layered Li[Ni$_x$Co$_y$Mn$_z$]O$_2$ (x=1/3, 0.5, 0.6, 0.7, 0.8 and 0.85) cathode material for lithium-ion batteries. J Power Sources, 233: 121-130.

[92] Noh H-J, Chen Z, Yoon C S, et al. 2013b. Cathode material with nanorod structure—an application for advanced high-energy and safe lithium batteries. Chem Mater, 25 (10): 2109-2115.

[93] Noh H-J, Ju J W, Sun Y-K. 2014. Comparison of nanorod-structured Li [Ni$_{0.54}$Co$_{0.16}$Mn$_{0.30}$] O$_2$ with conventional cathode materials for Li-ion batteries. Chem Sus Chem, 7 (1): 245-252.

[94] Oh S-M, Sun Y-K. 2013. Improving the electrochemical performance of LiMn$_{0.85}$Fe$_{0.15}$PO$_4$-LiFePO$_4$ core-shell materials based on an investigation of carbon source effect. J Power Sources, 244: 663-667.

[95] Oh S W, Bang H J, Myung S-T, et al. 2008. The effect of morphological properties on the electrochemical behavior of high tap density C-LiFePO$_4$ prepared via co-precipitation. J Electrochem Soc, 155: A414-A420.

[96] Oh S W, Myung S-T, Bang H J, et al. , 2009. Nanoporous structured LiFePO$_4$ with spherical microscale particles having high volumetric capacity for lithium batteries. Electrochem Solid-State Lett, 12 (9): A181-A185.

[97] Oh S W, Myung S-T, Oh S-M, et al. 2010a. Double carbon coating of LiFePO$_4$ as high rate electrode for rechargeable lithium batteries. Adv Mater, 22: 4842-4845.

[98] Oh S-M, Oh S W, Yoon C S, et al. 2010b. High-performance carbon-LiMnPO$_4$ nanocomposite cathode for lithium batteries. Adv Funct Mater, 20: 3260-3265.

[99] Oh S W, Myung S-T, Oh S-M, et al. 2010c. Polyvinylpyrrolidone-assisted synthesis of microscale C-LiFePO$_4$ with high tap density as positive electrode materials for lithium batteries. Electrochim Acta, 55: 1193-1199.

[100] Oh S-M, Oh S W, Myung S-T, et al. , 2010d. The effects of calcinations temperature on the electro-

chemical performance of LiMnPO$_4$ prepared by ultrasonic spray pyrolysis. J Alloys Comp，506：372-376.

[101] Oh S-M，Jung H-G，Yoon C S，et al. 2011. Enhanced electrochemical performance of carbon-LiMn$_{1-x}$Fe$_x$PO$_4$ nanocomposite cathode for lithium-ion batteries. J Power Sources，196：6924-6928.

[102] Oh S-M，Myung S-T，Park J B，et al. 2012. Doublestructured LiMn$_{0.85}$Fe$_{0.15}$PO$_4$ coordinated with LiFePO$_4$ for rechargeable lithium batteries. Angew Chem Int Ed，51：1853-1856.

[103] Ohzuku T，Makimura Y. 2001. Layered lithium insertion material of LiCo$_{1/3}$Ni$_{1/3}$Mn$_{1/3}$O$_2$ for lithium-ion batteries. Chem Lett，30：642-643.

[104] Ohzuku T，Ueda A，Yamamoto N. 1995. Zero-strain insertion material of Li［Li$_{1/3}$Ti$_{5/3}$］O$_4$ for rechargeable lithium cells. J Electrochem Soc，142：1431-1435.

[105] Padhi A K，Nunjundaswamy K S，Goodenough J B. 1997. Phospho-olivines as positive-electrode materials for rechargeable lithium batteries. J Electrochem Soc，144：1188-1194.

[106] Park C-M，Chang W-S，Jung H，et al. 2009. Nanostructured Sn/TiO$_2$/C composite as a high-performance anode for Li-ion batteries. Electrochem Comm，11：2165-2168.

[107] Park C M，Kim J-H，Kim H，et al. 2010. Li-alloy based anode materials for Li secondary batteries. Chem Soc Rev，39：3115-3141.

[108] Park M，Sun H，Lee H，et al. 2012. Lithium-air batteries：survey on the current status and perspectives towards automotive applications from a battery industry standpoint. Adv Energy Mater，2：780-800.

[109] Park Y，Choi N-S，Park S，et al. 2013. Si-encapsulating hollow carbon electrodes via electroless etching for lithium-ion batteries. Adv Energy Mater，3：206-212.

[110] Poizot P，Laruelle S，Grugeon S，et al. 2000. Nano-sized transition-metal oxides as negative-electrode materials for lithium-ion batteries. Nature，407：496-499.

[111] Poizot P，Laruelle S，Grugeon S，et al. 2002. Rationalization of the low-potential reactivity of 3d-metal-based inorganic compounds toward Li. J Electrochem Soc，149：A1212-A1217.

[112] Ravet N，Besner S，Simoneau M，et al. 1999. New electrode materials with high surface conductivity，Can Patent：2270771，1999-April-30.

[113] Ravet N，Chouinard Y，Magnan J F，et al. 2000. In：Presented at the 10th International Meeting on Lithium Batteries，Como，Italy，May-June（2000）.

[114] Ravet N，Chouinard Y，Magnan J F，et al. 2001. Electroactivity of natural and synthetic triphylite. J Power Sources，97：503-507.

[115] Reddy M A，Kishore M S，Pralong V，et al. 2007. Lithium intercalation into nanocrystalline brookite TiO$_2$. Electrochem Solid-State Lett，10：A29-A31.

[116] Reimers J N，Dahn J R. 1992. Electrochemical and in situ X-ray diffraction studies of lithium intercalation in Li$_x$CoO$_2$. J Electrochem Soc，139：2091-2097.

[117] Shi Y，Guo B，Corr S A，et al. 2009. Ordered mesoporous metallic MoO$_2$ materials with highly reversible lithium storage capacity. Nano Lett，9：4215-4220.

[118] Shin K，Park D-J，Lim H-S，et al. 2011. Synthesis of silicon/carbon，multi-core/shell microspheres using solution polymerization for a high performance Li ion battery. Electrochim Acta，58：578-582.

[119] Shiratsuchi T，Okada S，Doi T，et al. 2009. Cathodic performance of LiMn$_{1-x}$M$_x$PO$_4$（M＝Ti，Mg and Zr）annealed in an inert atmosphere. Electrochim Acta，54：3145-3151.

[120] Sim S，Oh P，Park S，et al. 2013. Critical thickness of SiO$_2$ coating layer on core@shell bulk@nanowire Si anode materials for Li-ion batteries. Adv Mater，25：4498-4503.

[121] Sleigh A K, McKinnon W R. 1991. Structure and electrochemistry of $Li_x WO_2$. Solid State Ion, 45: 67-75.

[122] Song T, Xia J, Lee J-H, et al. 2010. Arrays of sealed silicon nanotubes as anodes for lithium ion batteries. Nano Lett, 10: 1710-1716.

[123] Song T, Lee D H, Kwon M S, et al. 2011. Silicon nanowires with a carbon nanofiber branch as lithium-ion anode material. J Mater Chem, 21: 12619-12621.

[124] Song T, Cheng H, Choi H, et al. 2012. Si/Ge double-layered nanotube array as a lithium ion battery anode. ACS Nano, 6: 303-309.

[125] Spong A D, Vitins G, Owen J R. 2005. A solution-precursor synthesis of carbon-coated $LiFePO_4$ for Li-Ion cells. J Electrochem Soc, 152: A2376-A2382.

[126] Sun Y-K, Oh I-H, Hong S A. 1996. Synthesis of ultrafine $LiCoO_2$ powders by the sol-gel method. J Mater Sci, 31: 3617-3621.

[127] Sun Y-K, Yoon C S, Kim C K, et al. 2001. Degradation mechanism of spinel $LiAl_{0.2} Mn_{1.8} O_4$ cathode materials on high temperature cycling. J Mater Chem, 11: 2519-2522.

[128] Sun Y-K, Myung S-T, Kim M-H, et al. 2005. Synthesis and characterization of $Li[(Ni_{0.8}Co_{0.1}Mn_{0.1})_{0.8}(Ni_{0.5}Mn_{0.5})_{0.2}]O_2$ with the microscale core-shell structure as the positive electrode material for lithium batteries. J Am Chem Soc, 127 (38): 13411-13418.

[129] Sun Y-K, Myung S-T, Shin H-S, et al. 2006a. Novel core-shell-structured $Li[(Ni_{0.8}Co_{0.2})_{0.8}(Ni_{0.5}Mn_{0.5})_{0.2}]O_2$ via coprecipitation as positive electrode material for lithium secondary batteries. J Phys Chem B, 110 (13): 6810-6815.

[130] Sun Y-K, Myung S-T, Kim M-H, et al. 2006b. Microscale core-shell structured $Li[(Ni_{0.8}Co_{0.1}Mn_{0.1})_{0.8}(Ni_{0.5}Mn_{0.5})_{0.2}]O_2$ as positive electrode material for lithium batteries. Electrochem Solid-State Lett, 9 (3): A171-A174.

[131] Sun Y-K, Myung S-T, Park B-C, et al. 2009. Highenergy cathode material for long-life and safe lithium batteries. Nat Mater, 8 (4): 320-324.

[132] Sun Y-K, Kim D-H, Yoon C S, et al. 2010. A novel cathode material with a concentration-gradient for high-energy and safe lithium-ion batteries. Adv Funct Mater, 20 (3): 485-491.

[133] Sun Y-K, Oh S-M, Park H-K, et al. 2011. Micrometer-sized, nanoporous, high-volumetric-capacity $LiMn_{0.85} Fe_{0.15} PO_4$ cathode material for rechargeable lithium-ion batteries. Adv Mater, 23: 5050-5054.

[134] Sun Y-K, Chen Z, Noh H-J, et al. 2012. Nanostructured high-energy cathode materials for advanced lithium batteries. Nat Mater, 11 (11): 942-947.

[135] Tarascon J-M. 2010. Key challenges in future Li-battery research. Philos Trans A: Math Phys Eng Sci, 368: 3227-3241.

[136] Teng T-H, Yang M-R, Wu S-H, et al. 2007. Electrochemical properties of $LiFe_{0.9} Mg_{0.1}PO_4$/carbon cathode materials prepared by ultrasonic spray pyrolysis. Solid State Commun, 142: 389-392.

[137] Thackeray M M, David W I F, Bruce P G, et al. 1983. Lithium insertion into manganese spinels. Mater Res Bull, 18: 461-472.

[138] Toshiba, 2009. SCiB: a rechargeable battery, Japan. Available from: http: //www. scib. jp/en/index. htm (Accessed 26 February 2014).

[139] Tukamoto H, West A R. 1997. Electronic conductivity of $LiCoO_2$ and its enhancement by magnesium doping. J Electrochem Soc, 144: 3164-3168.

[140] Wang G X, Yao J, Liu H K. 2004. Characterization of nanocrystalline Si-MCMB composite anode ma-

terials. Electrochem Solid-State Lett，7：A250-A253.

[141] Wang L N，Zhang Z G，Zhang K L. 2007. A simple，cheap soft synthesis routine for LiFePO$_4$ using iron（Ⅲ）raw material. J Power Sources，167：200-205.

[142] Wang D，Buqa H，Crouzet M，et al. 2009. High-performance，nano-structured LiMnPO$_4$ synthesized via a polyol method. J Power Sources，189：624-628.

[143] Wang D，Ouyang C，Drezen T，et al. 2010. Improving the electrochemical activity of LiMnPO$_4$ Via Mnsite substitution. J Electrochem Soc，157：A225-A229.

[144] Wang B，Li X，Zhang X，et al. 2013a. Contact-engineered and void-involved silicon/carbon nanohybrids as lithium-ion-battery anodes. Adv Mater，25：3560-3565.

[145] Wang B，Li X，Qui T，et al. 2013b. High volumetric capacity silicon-based lithium battery anodes by nanoscale system engineering. Nano Lett，13：5578-5584.

[146] Woo S-U，Yoon C S，Amine K，et al.，2007. Significant improvement of electrochemical performance of AlF$_3$-coated Li［Ni$_{0.8}$ Co$_{0.1}$ Mn$_{0.1}$］O$_2$ cathode materials. J Electrochem Soc，154：A1005-A1009.

[147] Woo S-W，Myung S-T，Bang H，et al.，2009. Improvement of electrochemical and thermal properties of Li［Ni$_{0.8}$ Co$_{0.1}$ Mn$_{0.1}$］O$_2$ positive electrode materials by multiple metal（Al，Mg）substitution. Electrochim Acta，54：3851-3856.

[148] Wu Y P，Rahm E，Holze R. 2003. Carbon anode materials for lithium ion batteries. J Power Sources，114：228-236.

[149] Wu H，Chan G，Choi J W，et al. 2012. Stable cycling of double-walled silicon nanotube battery anodes through solid-electrolyte interphase control. Nat Nanotech，7：310-315.

[150] Xia Y，Zhou Y，Yoshio M. 1997. Capacity fading on cycling of 4 V Li/LiMn$_2$O$_4$ cells. J Electrochem Soc，144：2593-2600.

[151] Xiao J，Xu W，Choi D，et al. 2010. Synthesis and characterization of lithium manganese phosphate by a precipitation method. J Electrochem Soc，157：A142-A147.

[152] Xie H-M，Wang R-S，Ying J-R，et al. 2006. Optimized LiFePO$_4$-polyacene cathode material for lithium-ion batteries. Adv Mater，18：2609-2613.

[153] Xu Z，Xu L，Lai Q，et al. 2007. A PEG assisted sol-gel synthesis of LiFePO$_4$ as cathodic material for lithium ion cells. Mater Res Bull，42：883-891.

[154] Yamada A，Chung S-C. 2001. Crystal chemistry of the olivine-type Li（Mn$_y$ Fe$_{1-y}$）PO$_4$ and （Mn$_y$ Fe$_{1-y}$）PO$_4$ as possible 4 V cathode materials for lithium batteries. J Electrochem Soc，148：A960-A967.

[155] Yamada A，Kudo Y，Liu K-Y. 2001. Phase diagram of Li$_x$（Mn$_y$ Fe$_{1-y}$）PO$_4$ （$0 \leqslant x$，$y \leqslant 1$）. J Electrochem Soc，148：A1153-A1158.

[156] Yamada Y，Iriyama Y，Abe T，et al. 2010. Kinetics of electrochemical insertion and extraction of lithium ion lat SiO. J Electrochem Soc，157：A26-A30.

[157] Yang S F，Zavalij P Y，Whittingham M S. 2001. Hydrothermal synthesis of lithium iron phosphate cathodes. Electrochem Commun，3：505-508.

[158] Yang J，Takeda Y，Imanishi N，et al. 2002. SiO$_x$-based anodes for secondary lithium batteries. Solid State Ionics，152：125-129.

[159] Yang J，Wang B F，Wang K，et al. 2003. Si/C composites for high capacity lithium storage materials. Electrochem Solid-State Lett，6：A154-A156.

[160] Yang S T，Zho N H，Dong H Y，et al. 2005. Synthesis and characterization of LiFePO$_4$ cathode ma-

terial dispersed with nano-structured carbon. Electrochim Acta, 51: 166-171.

[161] Yang L C, Gao Q S, Zhang Y H, et al. 2008. Tremella-like molybdenum dioxide consisting of nanosheets as an anode material for lithium ion battery. Electrochem Commun, 10: 118-122.

[162] Yang Z, Choi D, Kerisit S, et al. 2009. Nanostructures and lithium electrochemical reactivity of lithium titanites and titanium oxides: A review. J Power Sources, 192: 588-598.

[163] Ying J, Lei M, Jiang C, et al. 2006. Preparation and characterization of high-density spherical $Li_{0.97}Cr_{0.01}FePO_4$/C cathode material for lithium ion batteries. J Power Sources, 158: 543-549.

[164] Yonemura M, Yamada A, Takei Y, et al. 2004. Comparative kinetic study of olivine Li_xMPO_4 (M= Fe, Mn). J Electrochem Soc, 151: A1352-A1356.

[165] Yoo H, Lee J-I, Kim H, et al. 2011. Helical silicon/silicon oxide core-shell anodes grown onto the surface of bulk silicon. Nano Lett, 11: 4324-4328.

[166] Yoshio M, Wang H, Fukuda K, et al. 2002. Carbon-coated Si as a lithium-Ion battery anode material. J Electrochem Soc, 149: A1598-A1603.

[167] Zaghib K, Simoneau M, Armand M, et al. 1990. Electrochemical study of $Li_4Ti_5O_{12}$ as negative electrode for Li-ion polymer rechargeable batteries. J Power Sources, 81-82: 300-305.

[168] Zhao H, Ren J, He X, et al. 2008. Modification of natural graphite for lithium ion batteries. Solid State Sci, 10: 612-617.

[169] Zhao B, Jiang Y, Zhang H, et al. 2009. Morphology and electrical properties of carbon coated LiFePO_4 cathode materials. J Power Sources, 189: 462-466.

[170] Zhou S, Liu X H, Wang D W. 2010. $Si/TiSi_2$ heteronanostructures as high-capacity anode material for Li Ion batteries. Nano Lett, 10: 860-863.

第3篇 电池设计和性能

10 电动车用高电压电池组设计

C. Linse，R. Kuhn

10.1 引言

　　高压电池组设计来源于储存一定能量和功率的具体应用要求，同时也要结合市场可利用技术的局限性。用于储能的最新技术是采用锂离子电池。相比其他技术，如铅酸电池、镍氢电池，锂离子电池具有高能量、高功率密度特点。单体电池工作的具体电压范围取决于电池化学体系。此外，这些电池在充放电电流方面有一定的限制。因此，有必要使用多个电池单元组成一个高压电池系统，满足车辆的要求。正像在前一章的概述，就可能有必要提供100kW的峰值功率给电动汽车（EV）。

　　按国际标准，术语——高电压的定义是直流电压高于60V，交流电压高于30V以上的电压（ISO 6469-3，2011）。在电池组中使用高电压是基于物理学的基本定律：

$$P = VI \tag{10.1}$$

　　一般而言，提供一定的功率P，电压V越高，则电流I就越小。电流从电池组输送到逆变器和电动机要使用一定的物理介质，如材料铜和铝。其关系是：

$$P_{Loss} = I^2 R_{Pack} \tag{10.2}$$

　　很显然，为了降低系统的能量损耗（P_{Loss}）进而提高效率，减少系统电流（因此要提高电压）及系统电阻（R_{Pack}）是很有意义的。而且，由于大电流需要大量的导体，如电缆或导电排，使用高电压电池系统及电气传动系统还可以减少重量和降低成本，因此要提高整个电动车的电压等级。

　　由于锂离子单体电池的额定电压$V_{N,Cell}$约3.7V，往往需要多个单体电池串联来满足纯电动车驱动的高电压要求；多个电池并联可增加容量。典型的电动汽车高压电池的额定电压 $V_{N,Pack}$ 大约在 $355V$，这需要 $n=96$ 个单体电池串联连接。

$$V_{N,\ Pack}=V_{N,\ Cell}\,n \tag{10.3}$$

这个电压级别是由电气传动系统的系统架构决定的，电压级别主要影响高压组件配置，如逆变器、电动机、DC-DC 转换器和电池充电器。

10.2 节对电动道路车辆高压电池组会给出一个更详细的概述，介绍了各个组件，如电池模块、电池管理系统（BMS）、冷却和加热系统以及电池组的外壳。按车辆要求及国际标准，组件必须满足的要求在 10.3 节中阐述。本章末是未来开发的展望和推荐的补充信息汇总（10.4 节和 10.5 节）。

10.2　高电压电池组组件

高压电池组及其内部组件的设计完全取决于应用的需求。正像这本书的第一章中的概述那样，在动力需求和能量需求方面各种类型的混合动力电动汽车（HEV）和电动汽车有不同的要求。车辆的设计概念确定了电池组的大小、形状（设计空间），也确定了电池组的机械、电气及热接口。例如，燃料电池电动汽车（FCEVs）需要一个能量小和功率密度高的电池组，为车辆加速和刹车提供高峰值功率的动力。用于纯电动汽车（BEVs）的高压电池组，要具有能量密度高和功率密度较低的高能量特性。图 10.1 是一个满足车辆需求必要的电池组及其组件示意图。

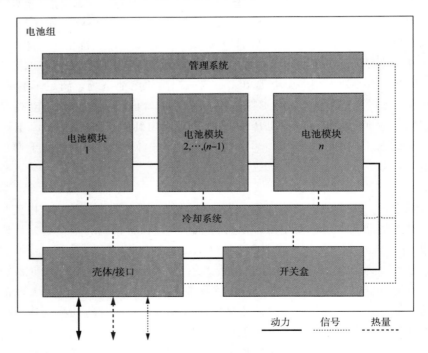

图 10.1　电池组及其主要组件示意图

电池组的主要组件是电池模块。电池模块包含锂离子电池；电池模块通常设计成模块端电压 60V 以下，因此不用配备额外的、昂贵的安全保护措施（见10.2.1节）。各个模组串联连接并通过 BMS 进行监控。由于如果不在特定的电压范围运行，锂离子电池会产生固有的不安全性，所以 BMS 要监控各个参数，如电池的端电压、电池组电流、温度，并根据监控最后与车辆断开电池系统以防止诸如深度过放电或过充电危险的发生。用来断开电池的开关与其他器件一起安装在一个开关盒子中，如绝缘监测器和电流传感器（见10.2.2节）。

电池组的冷却系统是负责保持电池在额定的温度范围内运行，以防止由高温引起的老化及因极低的温度而超出限定范围（见10.2.3节）。

每个电池组组件封装在电池外壳中并以特定的方式紧紧固定，这种固定在车辆的整个寿命周期中能够承受最恶劣的状况。电池组外壳还包含与车辆的所有接口，如高压插头、通信和冷却接口（见10.2.4节）。

例如，图 10.2 显示了一辆电动汽车的平板电池组。它由用 7 个冷却板隔开的 18 个电池模块组成。内部组件用由碳纤维增强塑料（CFRP）制成的电池外壳封闭起来。BMS 和开关箱、电气和热量车辆接口一起放置在前端。

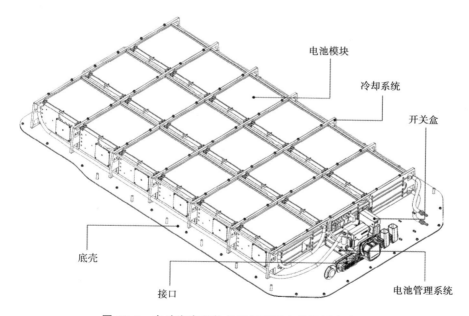

图 10.2　电动汽车用软包装锂离子电池平板电池组

10.2.1　电池模块

电池组设计的模块化方法往往会出现电池模块中包含的锂离子电池是电池组其中一部分电池。模块的端电压通常在 60V 以下，以便在生产和运输过程中，不需要额外的、昂贵的安全防护措施，就可以操作该模块。图 10.3 是电池模块及其组件的示意图。

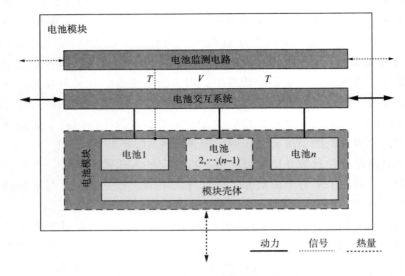

图 10.3　电池模块及其组件示意图

　　在模块内的电池由模块外壳封装，组装成电池模块，因此，机械牢固。由于基于方形和袋式体系的电池，有时互相"堆叠"在一起，所以电池模块也被称为电池堆。

　　电池模块内的电池一般是通过电池互连系统串、并联连接。连接系统将各个电池进行电气连接，以及与相邻模块连接的模块连接接口。在电池模块内的各个电池由电池监测电路（CSC）监测。电池监测电路监测所有串联电池的电压，同时也监测模块某些位置的温度。

　　这种模块化的方法如图 10.4 所示。该软包装电池模块由 12 个锂离子电池分别堆放摆在一起并封装在铝托盘里。铝框把软包装电池机械固定，并装有与冷却系统和电池组外壳安装接口。电池互连系统位于电池模块的前端，将各个电池并、串联地连接，这种情况下是 6s2p，即电池六串两并。互连系统还提供了与相邻模块连接的螺杆端子电气接口。把线束连接到互连系统的电池连接器，检测各电池之间的电压，也连接位于软包装电池之间的温度传感器上检测温度。线束自身与安装在电池互联系统外壳上的电池监测电路 CSC 连接在一起（见 10.2.1.2 节）。

10.2.1.1　电池模块

　　电池模块是电池组模块的一部分，由电池单元和模块外壳组成，外壳的作用是将电池安装固定在一起。电池模块的设计主要是根据电池的类型。单体电池因几何形状（圆柱、方形、软包装）、容量不同而不同。这些电池特点主要影响模

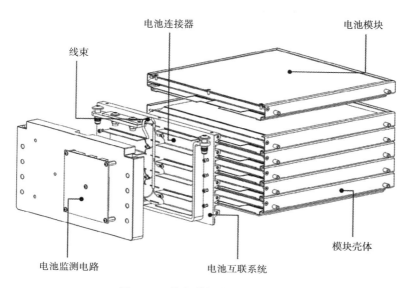

图 10.4 软包装锂离子电池模块

块外壳、电池互连系统及冷却系统等其他组件配置（见第 13 章）。电池类型的选择主要取决于成本、寿命、能量和功率密度要求。相比其他化学电池，使用先进的锂离子技术具备最优特性及相对较低的成本。Jossen 和 Weydanz（2006）以及在本书第 9 章已经详细介绍了锂离子电池。

　　正像诸如联合国标准 UN38.3（危险品运输标准）规定的那样，根据电池组方案和电池类型，电池外壳模块要设计成可以承受一定的冲击力。标准中描述了锂离子电池和模块必须满足的不同测试和标准。各项测试对电池设计是很大的挑战，如外部短路、过充、冲击和挤压测试。如果运往海外，电池及模块设计必须通过振动和冲击测试。对质量超过 12kg 电池模块标准规定，它们"须经受最大加速度 $50g_n$ 和脉冲持续时间 11ms 的半正弦波冲击。每个电池或电池组须在三个互相垂直的电池安装方位的正方向经受三次冲击，接着在反方向经受三次冲击，总共经受 18 次冲击"（UN38.3）。

　　模块外壳设计成可吸收电池在运行中所产生的应力。这种设计的原因有两个。第一个原因是电池运行过程中，温度变化会引起电池的热收缩和热膨胀；第二个原因是锂离子电池荷电状态的变化及电池健康状态，会引起电池的膨胀和收缩。通常锂离子电池在充电时膨胀，放电时收缩。此外，劣化的电池健康状态也导致电池在寿命周期中的膨胀，因此增加了模块壳体应力负担。

　　图 10.5 显示了方形锂离子电池模块如何满足这个要求。这 12 个方形锂离子电池一个挨着一个堆叠在一起，用两侧的压板固定。装配过程中，方形电池和压板压在一起，每一个电池通过电池间的摩擦力紧紧地固定在一起。由于模块外壳

不能承受热膨胀，压力板和金属板间要产生相互作用力。

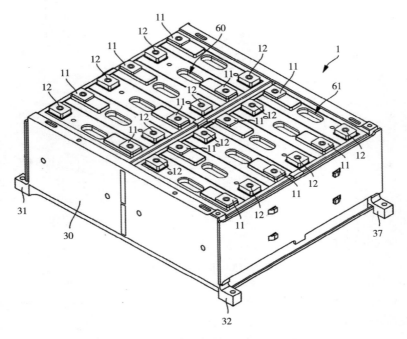

图 10.5　方形锂离子电池模块（Woesle 等，2011）

　　软包装锂离子电池的电池模块按相似的方式进行设计。Ijaz 等（2012）描述了用两条钢带捆在一起的带外壳的电池模块。由于软包装电池的包装是薄的铝塑膜，电池非常软，因此要固定在同时具有散热片功能的坚固铝壳中。

　　除尺寸外，电池组电池在容量上是有区别的。因此，多个电池可以并、串联来满足电动车在功率和能量上的要求。电力驱动的电压等级已经决定了串联连接电池的数量，即 96 串的电池组标称电池电压为 355V。所需的电池组的能量，可以通过选择一个确切所需的容量的电池实现，或通过连接多个电池并联实现。现在主要有两种不同的方法在使用。如果所有电池是串联连接，即 96 串 1 并，单体电池容量由所需要的能量决定。

　　通过使用更多并联连接的电池，96 串 X 并，各个单体电池容量比较小，所需能量确定并联单体电池数量。一方面，电池的并联化更容易进行自由的电池组设计，电池数量的增加可以进行更多的不规则形状的电池系统设计。此外，大量并联连接的电池增加了电池系统的故障概率，单个电池的故障就会使整个电池组出现故障。另一方面，由于零件数量的增加，并联连接的电池增加了电池互连系统及装配过程的复杂性。

10.2.1.2 电池互联系统

电池模块的互联系统通常由三个主要组件组成，如图 10.4 所示：电池连接件、线束、壳体。电池连接件是互联系统中的主要组件，连接件把串联或并联的锂离子电池电气连接在一起。连接件是由各种铜或铝合金（电池正、负极端子材料）制成，承载各个电池间的电流。因为导体本身的电阻以及电池端子和电池连接板之间的接触电阻，电流流动会导致额外的发热。例如，96 只单体电池的电池组含有相同数量的电池连接件，电池组的整体电阻主要是这些电阻，因此影响了整个电气传动系统的能量效率。对于电池模块，电阻等于电池内阻及电池连接件内阻的和：

$$R_{模块} = \sum_{i=1}^{n} R_{电池,i} + \sum_{i=1}^{n} R_{连接器,i} \tag{10.4}$$

电池连接件内阻等于连接件内阻和连接件两侧的接触内阻的和。下面的方程式显示了这个相互关系：

$$R_{连接器} = R_{接触,1} + \frac{\rho l}{A} + R_{接触,2} \tag{10.5}$$

而电池连接件的电阻率取决于其材料性能，接触电阻的大小完全取决于电池端子的电气连接技术和连接的材料。

目前用于焊接的技术有激光焊接、超声波焊接、电阻点焊。这些技术适用于不同材料及电池类型。电阻点焊是传统用于圆柱形电池组电池连接件焊接。在工业化过程中激光焊接技术比电阻点焊具有优势，适用于软包装和方形电池焊接。超声波焊接一般只用于软包装电池系统。超声波焊接在焊接过程中，产生高频（超声波）的机械振动，影响邻近部件。像 Hermann 等（2012）所描述的，在提供小电流圆柱形锂离子电池组连接的另一种选择是导线连接。而细线还作为机械保险丝，在失效的情况下，断开电池。螺丝连接通常只用于电池模块的连接，不用电池间的连接，因为相比焊接技术，螺丝连接触内阻大。

电池互连系统线束，包括连接到电池模块的温度传感器、电池连接器作为电池模块 CSC 接口的电压采集线和插头或其排线口。Groshert 和 Fritz（2013）对方形电池模块电池互联系统和各种与电池连接器连接的电压传感线的连接方法进行了详细描述。

10.2.2 电气/电子元件

锂离子电池是很容易过温、过压（过充电）、欠压（深度放电）和过电流，如果处于这些状况下，锂离子电池就会损伤或损坏（Hauser，2014）。电池组的电气/电子元件监控电池单元，在车辆运行和充电过程中监控相关的传感器数据，并通过控制执行器（即电源开关）来保证电池组的安全和电池系统的可靠运行，控制执行器在电动车故障的情况下将电池组和车辆断开。

电池组的电气/电子元件由 BMS、CSCs 组成，也包括开关盒。BMS 从 CSCs

和各传感器获取信息，根据测量输入的数据控制开关盒内的高压开关。如图10.6所示，先进的 BMS 采用主从式架构设计。核心电池管理系统简称 BMS 主控；采集各个电池电压和模块温度的 CSC 组，通常称为 BMS 从控。

CSC（或 BMS 从控）通常放置在离电池模块很近的位置，测量电池模块中所有单体电池的电压，也测量大量测量点的温度。温度传感器的数量是根据能够近似估计到每个单个电池的温度的配置来选择。由于电压和温度的测量对锂离子电池组的运行安全性和可靠性是至关重要的，所以测量通常是在一个冗余的方式下完成的，即使有一个系统失效，也能确保正确的测量值。此外，在多电池系统中各个电池间不可避免的充电不均衡性必须通过均衡系统进行均衡（Hauser，2014）。总的来说，CSC 采用无源电阻散热，为每个单体电池均衡的充电荷电状态。

BMS（或 BMS 主控）评估所有的传感器传输来的数据，数据传输自 CSCs、电池组的电流、电压传感器和其他传感器（如用于冷却系统的传感器）。

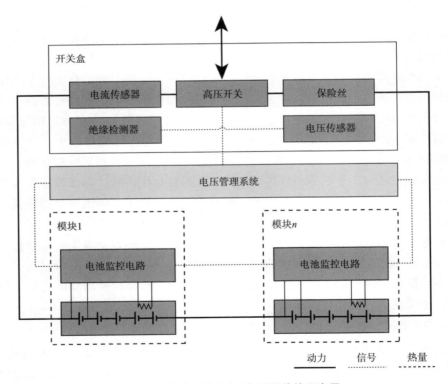

图 10.6　电池组的电气/电子元件的示意图

在外部特定临界状况运行时，主控模块控制开关盒内开关禁用电池组，防止系统最后损坏。而且主控系统负责对电池组的荷电状态及健康状态进行运算，并把相关数据通信给电动车。

电池组的开关盒安装两个高压继电器,还有机械保险丝(熔断器),用来把电池组与电动车安全断开。熔断器在外部短路情况下保护电池组及其他组件,外部短路会产生超出额定限定的电流。电流传感器通过测量流过高精度电阻器电流、电压降来判断整个电池组电流。由于要求模数转换器和微控制器能精准地运算传感器信号并传输给 BMS,所以该传感器一般也用来测量电池组电压。高压电池组的端子要和电动车的地(零电位)绝缘。所以,绝缘监测器用来测量地和高压端子间的绝缘电阻(参见第 12 章)。

Douglass(2009)已对混合动力汽车和电动汽车的各种电池管理体系结构的优点和缺点进行了讨论。在本书 12 章会更详细地概述 BMS 具体要求及各种拓扑结构。

10.2.3 冷却和加热系统

热量是锂离子电池及连接器和电子元器件由于电流流过而产生的,内阻对电池组的性能及寿命有很大的影响(参见 10.1 节)。为了提高系统的寿命,电池必须运行在额定的温度范围内。有效的电池组热管理系统对电动车的运行至关重要,特别是在极端气候条件下,如热带或北极地区气候。

高温加速电池的老化,进而影响电动车续航里程。冷却系统散去运行及充电中的产生的热量,所以提高了高压电池组的寿命。由于寒冷环境的低温增加了锂离子电池的内阻而限制了其性能,所以加热系统提供额外的热量,该热量对达到车辆要求的续航里程是很必要的。

电池组的冷却加热系统一般通过气冷、液冷或者制冷剂系统来实现。用在高压电池组内部热管理系统的设计及原理详细概述会在第 13 章(Huber,2014)介绍。

10.2.4 电池组外壳

电池组的外壳是一个高度定制的组件,是为其特定的应用而定制的。电池外壳的尺寸和形状一方面取决于车辆给定的设计空间及固定位置,另一方面取决于安装在壳体中的内部组件。对于纯电动汽车或增程式电动汽车,电池组通常放置在车辆的底盘和中桥。这样确保汽车重心低,对汽车驾驶动态是有利的。插电式混合动力车的电池组根据车辆设计理念而放置在不同位置。

电池组外壳的设计取决于不同的机械、安全、维修和成本的要求,这会在10.3 节更详细地介绍。电池组外壳的各个组成部分如图 10.7 所示。

外壳由上、下壳体组成,由密封垫隔开。密封是防止颗粒和液体的进入,按照规定的防护等级(IP)设计。例如,IP 67 级要求壳体要防尘和防进水高达 1m的浸泡(IEC 60529,2001)。集成到电池外壳的其他组件是压力平衡元件(见10.2.4.2 节)以及凝结水处理装置(见 10.2.4.3 节)。电池组外壳的主要功能

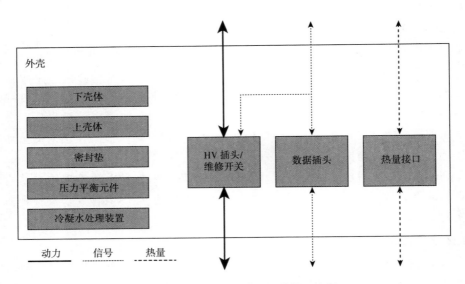

图 10.7　电池组外壳及其组件的示意图

是给车辆提供机械、热量和电气接口。这些接口包括作为电源接口的高压插头、作为信号接口的数据插件和冷却系统热交换的热量接口。

对于插电式混合动力车，特别是纯电动汽车，电池组占整车重量的最重部分，电池壳体与车身的设计要紧密交互设计。轻量化设计有助于减少车辆的重量，从而降低汽车的能耗，改善车辆动力学。鉴于电动汽车电池组的尺寸和重量，电池外壳设计是整车结构中不可或缺的一部分，并对套管的刚度和强度有挑战性的要求。图10.8给出了一个电池组外壳例子，其设计成为车辆结构的承载部分。

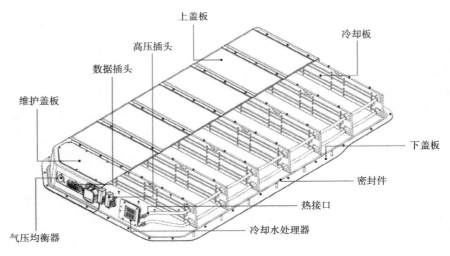

图 10.8　电池壳和冷却板结构加固

电池组的外壳是用碳纤维和玻璃纤维增强塑料（CFRP 和 GFRP）制成，中间包含夹层泡沫芯，以增加壳体的刚度。制品碳面板的厚度与芯的高度在设计过程中进行了优化，以减轻重量。电池组的冷却板是壳体的一部分，有助于碰撞载荷。其他有趣的方面是使用芳纶纤维，这是适用于壳体的底部以防止由于道路碎片的损害和防止物体的入侵。另外泡沫芯的材料性能还提高了电池外壳的热绝缘性能。

下面的部分简要介绍电池外壳所用的材料，并详细介绍压力均衡元件和冷凝水处理装置。

10.2.4.1 电池外壳材料

用于电池外壳常用的材料主要是钢、铝和塑料。尖端技术是深冲钢，它具有刚度高的优点，也使超大电池组的设计成为可能。该材料主要用于电池壳底部，适用于大批量。雪佛兰 Volt 沃蓝达的电池组把深冲钢用于能量储存系统的底壳。该电池组采用 T 形设计，主要利用中桥和后排座椅下面的设计空间。中桥在撞车时起到安全笼的作用，保护电池免受入侵物体损坏。外壳包括一个钢盘作为底壳和一个塑料盖作为上壳（General Motors，2009）。如果底部电池壳具备了很好的强度和刚度，塑料是常用的电池外壳的盖。由于主要承载是用钢或铝制成的底部外壳，所以盖子可制成轻质增强塑料盖。使用塑料盖的缺点是电池组的电磁相容性（EMC）差以及材料的熔点低，这可能导致安全风险。

用于电池外壳生产的另一种选择是深冲铝或压铸铝材。一方面，深冲铝一般只用于低强度要求部分，如电池组的上部外壳。另一方面，与拉伸钢压铸铝相比有许多好处。铸造铝件的形状和壁厚可以非常灵活的方式设计，因此外壳可以很容易地集成安装接口及其他部件。用各种各样的筋条和设计元素来提高强度、刚度及碰撞性能，相比传统的钢外壳降低了整个系统的重量。然而，由于压铸铝外壳的最大尺寸受限，它不能用于大型电动汽车电池组外壳。

相比于深拉伸和铸造技术，另一种挤压铝型材技术在工业化方面具有更大的优势。在自动化批量生产过程中，电池壳是由挤压铝型材组合起来的。挤压型材是非常便宜的，用这种材料制作出来的外壳具有很高的机械强度，并重量轻。使用这项技术的挑战是复杂的接合过程和可达到的公差。宝马 i3 的电池组由挤压铝型材和薄拉深金属板盖组成。特斯拉 Model S 的平板电池组是车辆结构的一个组成部分，因此它具有很强的扭转刚性。外壳由挤压铝型材和深拉伸的铝板金属零件组成，部分焊接在一起（Rawlinson，2012）。

10.2.4.2 气压平衡元件

高压电池组的外壳不仅包含电池组件和其他组件，还包括一个封闭的气室。由于壳体是密封的，在运行过程中壳体外的大气压交替变化，需要平衡整个电池组寿命周期内的内外压力差以避免损害电池组内部。如密封垫片等部件可能受到这种气压差的影响。通常用多孔膜来减少气压差，多孔膜保证所需的空气交换，同时还保持密封要求。使用多孔膜的另一个优点是整合超压安全功能的可能性。在电池发生失效的情况下，如泄漏，产生的超压必须在一个特定的位置释放。该膜是集成到一个塑料外壳上，并设计为超过了额定的压力差就泄压（见图 10.9）。

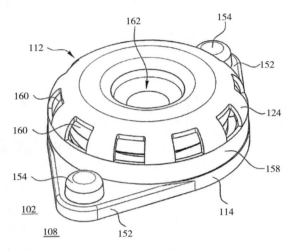

图 10.9　用于电化学装置的壳体压力均衡元件（Heim 等，2013）

Herron 等（2013）描述的特斯拉汽车的另一种电池组的排气系统，基于类似的原理。

10.2.4.3　冷凝水处理装置

根据电池组的冷却系统和电动汽车使用的环境条件，电池组内的组件（如冷却元件），温度比在电池组内封闭气室的露点温度低。其结果是，空气中的湿气将凝结在局部冷却元件，随着时间的推移并最终积聚在电池组中。这个凝聚问题可以用不同的方法来处理：

① 避免冷凝，确保冷却温度始终高于封闭空间空气的露点。此项仅适用于应用中的冷却需求非常低的情况。如果车辆被卖到世界各地，湿度是非常高的，因此露点也非常接近环境温度，那么对该方法是具有挑战性的。

② 沟槽排放产生的冷凝水。在电池壳中的某一位置安放出水口排放冷凝水。如果产生的冷凝水的量不是很多，也可以通过使用上面提到的气压均衡装置排放。由于该膜是多孔的和潮湿空气可渗透，所以冷凝水可以通过自然蒸发和与环境空气的湿度平衡来排放。

冷凝水处理方式的选择取决于所产生的冷凝水的量和应用需求。由于冷凝水造成腐蚀，损坏电子元件，而且还要增加规定的电气间隙和爬电距离，所以有效的凝结水处理解决方案对延长储能系统的寿命是很必要的。

10.3　高压电池组的要求

电池组的设计在很大程度上取决于需求。事实上大多数需求是由电动汽车或混合动力汽车本身要求的。还有来自于规范和标准的补充要求。联合国标准UN38.3描述了如果电池组件被运往海外必须满足的要求。其他国际标准包括ISO 6469《电动道路车辆安全规范》以及 ECE-R 100（ECE-R 100，2011）与电动车安全系统相关联。这些标准在第 18 章详细介绍。以下各部分简要概述电池组的要求。根据机械、安全、保养和成本要求进行分类概述。

10.3.1　机械要求

电池组的机械要求一般都是由外壳要求涵盖的。外壳实现了电池系统的机械强度和刚度，并将电池模块、热管理系统、开关盒以及机械、电气、热接口集成到车辆上。根据在特定车辆应用的电池组的位置，外壳设计成可以承受发生的碰撞荷载。因此，所需的电池组的碰撞性能极大地影响电池组的设计，特别是壳体和整个系统的重量。由于车辆的重量直接关联车辆的能量消耗，所以减少电池组的重量有益于车辆的续航里程。另外，机械要求还包括外壳 IP 防护等级、耐腐蚀、防化学侵蚀、防火性或对道路的碎片以及侵入的物体防护。

一项重要的设计要求就是电池高压元器件的电气隔离。高压元件包括电池、模块或电池组端子以及连接到它们的任何导电部件。这些组件必须与电池组的其他导电（低电压）组件，如模块外壳、电池外壳或冷却系统隔离。测试方法和相应的设计要求以电气间隙和爬电距离为术语在 ISO 6469-3 和 IEC 60664-1（IEC 60664-1，2007）标准中进行了规定。如图 10.10 所示，间隙距离是两导体之间最短的距离，爬电距离是沿绝缘体表面的距离。

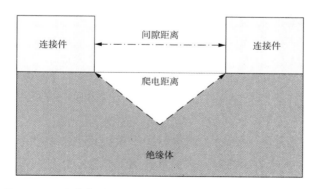

图 10.10　导电部件之间的电气间隙距离和爬电距离示意图

电气间隙距离和爬电距离取决于多种因素，如系统电压的标注、考虑到的电池组中的污染程度（粉尘、冷凝物）、绝缘体的材料以及海拔高度等。

10.3.2 安全要求

关于碰撞性能和滥用情况下系统的状况，机械要求与安全要求是直接相关的。即使电池外壳的设计确保了与其他物体发生碰撞时外壳的变形不会影响电池模块或电池，然而还是可能会发生问题，因为并不是所有可能的碰撞事件都在电池组的开发过程中进行过测试。由于锂离子电池本身固有的不安全性，所以设计高压系统要考虑滥用的情况，如短路、过充、刺穿等。由于这些滥用情况，锂离子电池能开启泄放。发生超压力必须由压力平衡系统以可控的方式处理（见10.2.4.2 节）。其他要求包括：处理冷却系统的泄漏，在高压系统中可能导致的短路，外壳的电磁兼容性，以及对人的防护以免接触诸如高压元件的危险部件。根据汽车标准 ISO 26262《道路车辆功能安全》（ISO 26262，2011），高压电池组的安全要求通常来自于开发过程。

10.3.3 保养要求

电池组保养要求包括电动车的寿命周期内维护过程中的内部电池组件更换，也包括在其寿命周期后的回收及阶梯利用。保养要求规定哪些组件可以更换及何人可以更换。因此，电池组件的设计在很大程度上取决于保养策略及相应的要求。

第一项是电池系统的维护只由高度专业化的保养车间维护。这导致了内部组件设计要更具成本效益，如高压防护和外壳的密封。技师的高压技能培训、内部组件更换所需的工具，以及故障电池组到车间的运输，都产生额外费用。第二项是每个车间对电池组进行的维护，车间根据内部组件的设计需要追加工作，而对于物流和培训又减少费用。

10.3.4 成本要求

成本要求对电池组的设计有关键的影响。考虑到高成本的锂离子电池，在不影响系统的安全性和使用寿命情况下，所有剩下的组件设计要具有成本效益。详细的成本分析，包括各个单个组件成本以及模具和开发成本。依据高电压电池组的目标数量，各组件根据不同的生产方法来设计。

10.4 展望

由于电动汽车客户需求主要取决于费用，所以未来最重要的趋势就是降低电动车成本，特别是最昂贵的部分：高压电池组。当然，降低成本的主要手段是降低锂离子电池的价格，这在第 9 章已经讨论过。可以预见的是，电池的成本会降低，特种电池革新的能力将增强。因此，主要的汽车制造商计划增加电动汽车的生产。很显然，所有其他电池组组件的材料和生产成本也必须降低。这可以通过模块化方法的广泛使用，并通过设计电池模块，简单调整就可以满足特定的车辆要求。降低成本的其他手段是电池组的电子结构（Douglass，2009）以及相应的内部线束。

　　由于使用量增加，轻质材料的使用也将更为重要。据 McKinsey 和 Company
（2012）介绍，高强度钢、铝、塑料在汽车行业将越来越多地突出其重要性。对
于电池组组件，考虑增加体积的缺点，铝适合做电池和模块的连接器。此外，随
着铜的市场价格不断上涨，铝将成为汽车行业中各种导体的首选材料。塑料和碳
/玻璃纤维增强塑料适合电池组外壳使用。这种应用主要的挑战是安全问题，在
失效情况下因材料的热性能引起的安全问题。

　　未来发展的另一个方向（手段）是提高电池组的充电和放电功率。原因是客
户要求电动汽车充电时间更短、电动机加速能更快。过高的电流会在电池和连接
器内产生更多的热量，热管理系统将受到影响。高达 1500V 的高电压将减小所
需的电流。高电压的主要优点是减少电池/模块连接器、动力传动系统的高压电
缆的质量和体积。就上述的轻质材料（如铝）而论，提高电池组的充放电功率将
增加导线的截面积，进而增加所需导线的体积，高电压将弥补这一缺点。由于需
要对更多的串联电池进行监控，高电压的缺点是增加电气/电子元件成本，特别
是 CSCs。高电压对电气间隙和爬电距离的影响还需要对于电气隔离重新优化。

10.5　补充信息

　　不像这本书介绍的其他研究主题，如在电池化学方面最新发展，关于高压电
池组设计方面的信息通常在科学文献中找不到。在这个领域的创新及新技术，主
要是通过该行业的专业人士研究及改进工作来发展的。因此，相关文献以规范、
标准以及专利形式出版。高压电池组设计的一个重要标准是 ISO 6469《电动道
路车辆安全规范》，特别是 ISO 6469-1（ISO 6469-1，2009）和 ISO 6469-3，可
供有兴趣的读者入门参考。联合国测试和标准手册 UN38.3 部分是另一部分推荐
补充参考。近几年几乎所有重要的发明都以专利形式在网上公布，可以在线访
问。本章引用的专利出版物在以下部分列出，并提供关于先进技术的首次概述。
在线专利图书馆，如谷歌专利，允许搜索之前的工艺和交叉引用的发明，因此是
获取最新信息的强大工具。

参考文献

［1］ Douglass J. 2009. Battery Management Architectures for Hybrid/Electric Vehicles. Electronic Product
Design. Linear Technology，United States.

［2］ ECE-R 100，2011. Uniform Provisions Concerning the Approval of Vehicles with Regard to Specific Re-
quirements for the Electric Power Train. Economic Commission for Europe of the United Nations，
Switzerland.

［3］ General Motors，2009. Chevrolet Volt Battery. http：//media. gm. com/content/dam/Media/microsites/prod-
uct/volt/docs/battery ＿ 101. pdf. 2013-12-06.

［4］ Groshert J，Fritz W. 2013. Zellkontaktierungssystem für eine elektrochemische.

［5］ Vorrichtung und Verfahren zum Herstellen eines Zellkontaktierungssystems. DE Patent Application 102012205020 A1.

［6］ Hauser A. 2014. High voltage battery management systems. In：Garche J，Scrosati B，Tillmetz W. Advances in Battery Technologies for Electric Road and Off-Road Vehicles. Cambridge：Woodhead.

［7］ Heim F，Groshert J，Sträußl T. 2013. Pressure compensation device for a housing of an electrochemical device. US Patent Application 20130032219 A1.

［8］ Hermann W A，Kohn S I，Kreiner P B，et al. 2012. Method of controlled cell-level fusing within a battery pack. US Patent Application 8133287 B2.

［9］ Herron N H，Kohn S I，Hermann W A，et al. 2013. Battery pack venting system. US Patent Application 8557415 B2.

［10］ Huber C. 2014. Thermal management of batteries. In：Garche J，Scrosati B，Tillmetz W. Advances in Battery Technologies for Electric Road and Off-Road Vehicles. Cambridge：Woodhead.

［11］ IEC 60529，2001. Degrees of Protection Provided by Enclosures（IP Code）. International Electrotechnical Commission，Geneva.

［12］ IEC 60664-1，2007. Insulation Coordination for Equipment Within Low-Voltage Systems—Part 1：Principles，Requirements and Tests. International Electrotechnical Commission，Geneva.

［13］ Ijaz M，Hostler J E，Butt S M. 2012. Prismatic battery module with scalable architecture. US Patent Application 8257855 B2.

［14］ ISO 26262，2011. Road Vehicles—Functional Safety. International Organization for Standardization，Geneva.

［15］ ISO 6469-1，2009. Electrically Propelled Road Vehicles—Safety Specifications—Part 1：On-Board Rechargeable Energy Storage System（RESS）. International Organization for Standardization，Geneva.

［16］ ISO 6469-3，2011. Electrically Propelled Road Vehicles—Safety Specifications—Part 3：Protection of Persons Against Electric Shock. International Organization for Standardization，Geneva.

［17］ Jossen A，Weydanz W. 2006. Moderne Akkumulatoren Richtig Einsetzen. Ubooks，Neusäß. McKinsey & Company，2012. Lightweight，Heavy Impact. McKinsey & Company，New York.

［18］ Rawlinson P. 2012. Integration system for a vehicle battery pack. US Patent Application 20120160583 A1.

［19］ Woesle G，Lustig R，Goesmann H，et al. 2011. Energy storage module comprising several prismatic storage cells and method for producing an energy storage module. WO Patent Application 2011141127 A1.

11 电动车用高压电池管理系统（BMS）

A. Hauser，R. Kuhn

11.1 引言

随着大城市的日益都市化及环境污染的日益增长，公众可持续发展的意识正在提高，这意味着要提高能源的利用率和降低当地（或零）排放，持续推动电动汽车（EVs）的发展——也必将推动适合汽车用的电池储能系统技术（电池组）的发展。为实现到 2020 年世界范围达到 2000 万辆电动车在道路上行驶的目标（IEA 和 EVI，2013），汽车行业已经设定高目标来克服公众对电动交通的疑义，疑义来自于电动汽车的高成本、公众不愿意接受新技术和一系列媒体对电动汽车燃烧案例高调的报道及暗示电动车内在的安全问题。

伴随电池技术的化学和技术进步，电池管理系统（BMS）是电动汽车电池系统的主要安全保障，以确保连接成高电压（HV）等级下提供大电流电池组的可靠和安全运行（术语"电池管理系统"没有统一的定义，一般是指负责监管、控制及保护电池，独立或连接成电池系统的任何系统）。

正因如此，以下部分首先介绍关于数据采集、数据处理、电池组的电气和热管理，以及与车辆其他系统通信方面提出的要求，这些要求是用在混合动力电动汽车（HEV）或电池电动车（BEV）汽车的电池管理系统 BMS 必须满足的。在11.3 节中，介绍基于关键功能 BMS 结构的命名和使用创建的术语说明可能的BMS 拓扑结构。

在 11.4 节中，重点聚焦典型的电池电动车用主/从 BMS 的设计，说明 BMS具有挑战性的设计方面内容，如在 BMS 开发中相关的电压和电流的测量。在11.5 节和 11.6 节中，说明 BMS 未来的开发趋势及补充信息来结束本章。

11.2 高电压 BMS 要求

电动车用 BMS 的一些关键指标，即

① 增加电池系统的安全和可靠性；

② 保护各个单体电池和电池系统以防损坏；

③ 来提高电池的能量利用效率（即提高续航里程）；

④ 延长电池寿命。

在汽车行业中电动车目前及未来使用储能技术选择的是锂离子电池。锂离子电池是一种对过电压（充电）、欠压（深度放电）和过电流非常敏感的电池。正如在前面的章节及 Linden（1984）深入介绍的那样，如果锂离子电池处于这种工况条件下可能损坏或失效。此外，锂离子电池在低温下性能会降低，表现为容量衰减，并随着时间的推移内阻会增加。尽管单体锂离子电池的工作电压是高于其他化学体系的电池，如镍氢电池，但也需要多个电池串联以达到电动汽车电传动系统所需的高电压应用，同时可能需要并联增加容量（参见第 10 章）。对于多电池系统没有习惯命名法：在本章中，术语"电池模块"或"模块"是用来描述超过 12 串、总电压最大 60V 的电池连接单元；术语"电池组"或"组"是用来描述多个电池模块连接成一个总电压高达 600V 的高压电池系统。

锂离子电池严格的工作条件（这在很大程度上，也适用于其他化学电池）及上述的 BMS 指标，导致 BMS 必须满足一系列要求（Jossen 等，1999）。

11.2.1 数据采集

作为 BMS 进行的大部分数据处理和管理的一个基本功能，外部电池参数的准确测量具有重要意义。电动汽车电池组电流测量典型精度是 $0.5\% \sim 1\%$ @ 450A，电池电压精度是 $1 \sim 2mV$，高达 600V 的电压精度为 0.1%（Brandl 等，2012）。根据应用不同，有的应用较低的精度就足以满足，有的应用也可能需要很高的精度。例如，测量磷酸盐锂离子电池（LiFP）非常平坦的电池电压曲线，就需要很高的精度。除电池和电池组的电压和电流参数外，紧接着就是测量在电池组内多个热或冷温度点的温度，以及电池组内的附加传感器（如湿度传感器）的参数或值，而其他应用程序参数（如速度、功率、环境条件和电动汽车的位置数据）必须使用模拟或数字 I/O 接口进行转换获取。根据不同的应用程序，要求在 $10^{-3}s$ 范围内的快速采样时间，允许进行精度状态估算。因为诸如电气传动系统的功率电子器件产生强干扰的装置与 BMS 相对较近，所以测量电路必须抗电磁干扰（EMI）。

11.2.2 数据处理及存储

电池组的电气管理在很大程度上依赖于估算电池状态的参数信息，这些参数是根据预处理的输入值或使用复杂的算法或模型计算出的，如电池剩余能量（荷电状态，SOC）和电池衰减程度（健康状态，SOH）的测定。除了根据当前的电池状况和历史的电池使用情况，计算当前电池状态，应用程序可能需要进行（为用户提供信息或用于其他子系统的进一步处理）短期（如为 HEV 功率驱动能力）和长期（如剩余能量及 BEV 续航里程）的预测。此外，BMS 可存储电池/电池组的使用记录（如 SOC 和 SOH 的记录、循环次数、温度图）来进行基于历史使用数据的复杂状态估算。另外，在电池的维护保养和梯次利用再使用时，可以从这个存储的历史记录中获取有益的信息。

11.2.3　电气管理

为了延长电池寿命和提高效率，电气管理系统根据估算的电池状态（如SOC、SOH）及输入的参数，通过限制放电电流、控制充电电流和充电电压负责控制电池的充电和放电过程。此外，电气管理对多电池系统中各个单体电池之间不可避免的充电不均衡，还要进行均衡管理。

11.2.4　热管理

大部分高功率电池应用需要热管理系统，以均衡电池间的温度差异、冷却电池来增加电池寿命，以及防止因电池过热和电池的化学放热反应引起的电池热失控及损坏（Wang等，2012）。冷却系统可以是基于空气的气冷（风扇和散热片）或基于液体的液冷（冷却液）。

电池的冷却是复杂的，因电池的电解液和塑料元件的热阻，在电池中限制了热量向电池表面传递。根据环境条件，热管理系统可能需要给电池加热，使温度在允许的工作范围。关于大型电池组热管理系统设计的更多信息，可以在第13章（Huber）中找到。

11.2.5　安全管理

如前所述，电池对过压和欠压，以及过电流和规定的运行环境温度范围是非常敏感的，因此，安全管理的主要任务是对这些参数变化的监控，保护电池避免处于这些状况下。安全管理还包括对电池组中的安全装置的控制和对从这些设备传递的信号的处理，如电池组端断开继电器、绝缘监测装置和消防装置（如果配备）。倘若电动车受到碰撞或某个或多个电池处于危险状态，安全管理必须启动电池组的紧急关断。由于电池组的急救关机将使车辆滞留，所以通过使用具有很高故障检测率、优良避错和故障处理机制的稳健、可靠的系统来小心避免不必要的关断。

11.2.6　通信

BMS的另一项重要任务是与车辆或应用程序、车载和非车载的其他嵌入式控制系统通信。传输的信息可以包括电池状态信息（如SOC、SOH）或预测信息（如可用能量），同时汽车可以给BMS提供其他的参数（环境条件、功率要求、定位数据）。必须采取专门的处理以保证电池系统中的高压与车辆通常使用的低电压（LV）通信信道的隔离，以确保用户和系统的安全性。BMS应该提供车载诊断设施，可以进行电池组维护。根据不同的应用，使用不同的系统总线进行数据交换〔例如，用于内部系统通信的控制器局域网（CAN）/车载网络总线和与传感器/执行器件通信的模拟/数字I/O或脉宽调制信号〕。

图11.1以原理示意图的形式，围绕BMS所有流程总结了BMS的要求，BMS安全管理涵盖典型输入参数和功能单元。

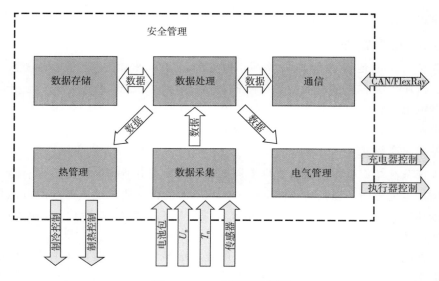

图 11.1　BMS 原理示意图

当开发一个电池管理系统（BMS）时，必须平衡各项需求（Douglass，2009）：制造可行性附加要求（零件数量减少、合适的重量和尺寸的限制），降低成本（使用廉价的器件达不到使用要求的精度，采用一个子系统又太贵了而不能达到降低成本的目标），和处理能力［精确的状态估值、预测可能需要的快速的数字信号处理（DSP）和带浮点兼容的微控制器］，要求 BMS 根据所使用的电池化学体系及应用来量身定做。第 11.3 节显示不同 BMS 的拓扑结构，第 11.4 节说明硬件组件，即电动汽车用最先进 BMS 用来实现所提出的要求/功能单元所需要的组件。

11.3　BMS 拓扑结构

为描述电池管理系统中所使用的不同拓扑结构，有必要先确定描述这些拓扑结构的通用系统。为了这一目的，Brandl 等（2012）提出的命名用于本章，把 BMS 子组件分类为三层：

① 电芯监控单元（CMU）　底层，与每个电芯连接，测量电芯电压、温度和电芯的其他参数，以及电芯级别能量均衡。

② 模块管理单元（MMU）　中间层，管理和控制电池监控单元组及相应电池（通常是 8～12 个电芯），将电池组成一个模块，并提供电池间的均衡功能。

③ 电池组管理单元（PMU）　顶层，管理和控制模块管理单元组，与外部系统进行通信，测量如组电流、组电压等电池组层面的参数，控制电池组的安全装置。

在高功率应用中，如电动汽车，电气传动系统所需的能量和动力，由串联连接的多达 100 多个电芯组成的高压电池组提供，电压高达 600V（写作时，在汽车行业中用于 BEV 的全充电电池组的常用电压一般在 300～450V 之间）。虽然可以使用超过 600V 更高的电压，但这将导致输送高压零件要满足更加严格的绝缘性能要求（空气间隙、爬电距离、绝缘材料的厚度），严重限制了能耐这些电压的可选的零部件和组件（例如，汽车高压插头和连接器）的数量。使用 100V 或以下的低电压也可以，尽管这会导致电池电动车非常大的所需电流以满足相同的输出功率，因此，导线横截面会非常大，成倍增加的这些导体的重量和成本。对小动力的混合电动汽车的应用，这个电压等级是常用的（见第 10 章，Linse 和 Kuhn）。

采用上述三层概念描述 BMS 拓扑结构是有益的，即使 MMU 可能包括 CMU 功能或 CMU 可能包括 MMU 功能，或 PMU 可能包括 MMU 和 CMU 二者功能。CMU、MMU、PMU 不是标准的术语，在文献中有类似定义的术语，Liyong 等（2006）把"中央管理单元"定义为 PMU，把"数据采集单元"定义为 CMU。汽车行业也有自己的专用术语，如集成 CMU 的 MMU 电池监控电路（见下文），宝马（Griebel 等，2011 年）公司把"Speicher Management Elektronik"作为 PMU。用这些定义完的层术语，对下面的 BMS 拓扑结构进行描述。

11.3.1　非分布集中式 BMS

如图 11.2 所示，在一个集中式电池管理系统（BMS）中，所有的三层都集成在一个单一的系统中，用于处理 BMS 所有的要求任务。由于集中式 BMS 系统在系统的设计以及与系统的整体电池布线方面复杂程度都非常大，而且灵活性和可维护性都很差，虽然它可用于仅使用有限数量电池的小型、低容量的电动车上，但这种拓扑结构的 BMS 一般不用于大型电动车，如乘用车、摩托车上。

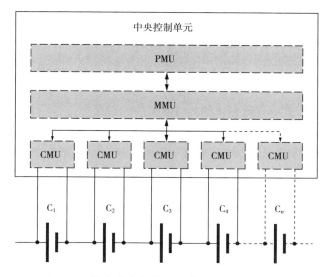

图 11.2　集中式电池管理系统（BMS）拓扑结构

11.3.2 非分布式、每个电芯具有独立 CMU 的主/从 BMS

　　这种拓扑结构有一个中央控制单元（称为主控）和一个连接到每个电芯的从控单元（称为从控）。各从控单元通过总线系统铰链连在一起并在成环的末端与主控单元连接。主控单元集成所有 PMU 功能，而从控单元集成 CMU 功能。MMU 的各项功能，如电池间的能量均衡功能，是由主控单元或从控单元根据选定的均衡策略来控制。与每个电池带独立 CMU 的主/从 BMS 理念相比集中式 BMS 系统结构，更加灵活和简单，但仍具有较差的维护性，电池组装配过程中操作复杂，由于每增加一个电池电压，连接点数量也会相应增加。从控单元也可以直接与电池集成在一起；这种概念在文献中（如 Lorentz 等，2012）提到，称为智能 BMS 或智能电池。图 11.3 显示了电池的分立式 CMU 主/从 BMS 拓扑结构。

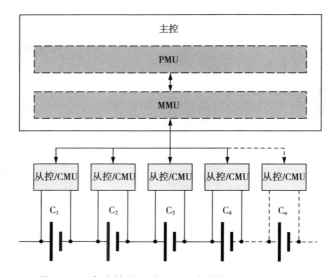

图 11.3　电池的分立式 CMU 主/从 BMS 拓扑结构

11.3.3 非分布式，具有 MMU 的主/从 BMS

　　目前，汽车行业应用于混合动力汽车和纯电动汽车最常用的拓扑结构，就是这种主/从型拓扑结构，主控单元集成 PMU 功能，从空单元集成 MMU 和 CMU 的功能。（虽然可以把 CMU 做成独立的系统，如通过智能电池，但是通常从控单元集成 CMU 功能，如把电池电压、温度测量集成在从控单元中）。这种拓扑结构允许把电池组分成独立的电池模块，这样电池组可更好控制安全性、更容易更换，增加了灵活性、可维护性和易于装配。11.4 节中描述的 BMS 设计是基于这种非分布式，具有 MMU 功能的主/从 BMS 拓扑结构如图 11.4 所示。

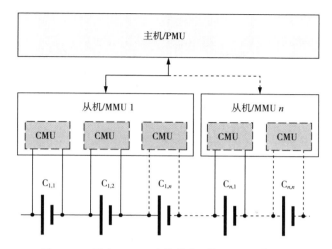

图 11.4　具有 MMU 功能的主/从 BMS 拓扑结构

11.3.4　分布式 BMS 软件系统

在分布式 BMS 软件系统中，每个子系统实施所有三层架构（CMU、MMU和 PMU）的功能，管理一个或多个电池。BMS 没有中央控制单元，所有子系统都是同等级的，协同管理电池组，需处理的任务可以分配给任何一个具备处理能力的空闲子系统处理。尽管分布式 BMS 软件系统能提供比非分布式的拓扑结构较高的灵活性和容错能力，但是分布式体系结构是非常复杂的，需要先进的ECU、灵活和安全的通信基础设施、具有现场总线接口的智能传感器和先进的实时操作系统（RTOS）来处理复杂的工作安排（Chakraborty 等，2012）。

由于当前大部分车辆采用超过 100 个电子控制单元（ECUs）的分散式结构，要求主要架构转变为集中式硬件、分布式软件拓扑结构。正因为如此，本章中对分布式 BMS 软件架构不能进一步详细说明。

11.4　高压 BMS 设计

BMS 的设计必须紧密结合电池组的结构。虽然如此，开发一套标准模块是可行的，只要很少或不改变就可以用在一系列电动汽车上，对于给定的电池组结构和电池化学体系只需要参数化就可以了。本文模块式开发是汽车行业的标准做法，是诸如 AUTOSAR（2013）倡导的原因之一。本部分对标准的最先进的电动汽车 BMS 所需要的组件进行回顾，使用非分式、主从拓扑的 MMU（CMU功能集成在 MMU），可适应广泛的电动汽车概念。

11.4.1　从控（MMU）设计

假定电池组由 8～16 个串联连接的模块组成，每一个模块包含 8～12 个串联连接的单体电池。每个 MMU 负责测量与其连接的电池电压和温度。在单体电池层面上的电池并联连接，所涉及的电池电压是相同的，因此测量电压或均衡这些电池不需要额外的步骤。然而，这些电池间的温度可能会有所不同，这需要考虑温度传感器的位置。通过模拟或数字接口，根据所需精度和应用情况，电池温度可以通过电阻温度探测器、热电偶或专用集成电路（ICs）测量——如果没有精确的电池和温度在线模型在 BMS 运行，而仅仅是温度监测，那就不需要高精度的温度测量。虽然理想的状态是给每个电池配置一个或多个温度传感器，但是由于成本和空间的原因这被证明是不切实际的。正如在第 13 章（Huber）的详细说明，给定模块内恰当的热传导率和通过热模拟或实验，以确定温度传感器最佳位置，可以减少所需传感器的数量。

然而，所有的电池电压必须被测量，以避免在电池中的异常电压情况和任何可能导致的电池失效。由于随着串联连接电池增加以达到整组电压，要测量的电压增高，所以测量在电池组中电池的较高电压会变得更有难度，原因在于耐压组件的实用性和绝缘问题。避免这个问题的一个简单和常用的方法是连接每个 MMU 的接地基准电位并将其连接到 MMU 的电池串的最低位置电池负极。使用这种方法，每个 MMU 必须测量最大 60V 的直流电压。

尽管采用电阻分压测量电压就很容易，但这种方法因误差的增高被证明不切实际。这可以用以下简单的方案来说明：

一个 12 个电芯串联的模块，每一个电芯电压最高为 4V，模块的最大电压为 48V。

采用 3.3V 模数转换器（ADC），模块中电池 11 和电池 12 理想的分压比是：

$$f_{11} = \frac{33}{440}, \quad f_{12} = \frac{33}{480} \tag{11.1}$$

使用高精度电阻和 3.3V 模数转换器（ADC），在因数 f_{11} 和 f_{12} 引入 0.1% 误差，与 BMS 假定电池电压为 $U_{12} = 44V$ 和 $U_{11} = 48V$，实际电压 $U_{11,c}$ 和 $U_{12,c}$ 是：

$$U_{11,c} = 3.3 \frac{1}{f_{11} + 0.1\%} = 43.956V; \quad U_{12,c} = 3.3 \frac{1}{f_{12} - 0.1\%} = 48.048V$$

$$\tag{11.2}$$

可以看出，$U_{11} = 44V$，$U_{12} = 48V$ 仅由电压分压器引起的每次测量误差超过 40mV，其超出了 11.2.1 节给定的 0.5mV 精度。此外，BMS 计算出电池 12 的电压，$u_{12} = U_{12} - U_{11}$，导致超过 90mV 的电压误差。除了不准确，电阻分压器不断消耗电池能量（虽然通过使用高电阻值电阻可以减轻），所以必须添加关闭测量回路的开关，不需要时关闭电路，这样增加了系统的尺寸和成本，并在"开"的位置引入了额外开关电阻（如一个场效应晶体管导通电阻 R_{DSon}）。

Retzlaff（1995）提出使用微型继电器来解决这一问题。对于这个解决方案，微型继电器间的网络可以切换，所以每个电池的正极和负极与差分电压放大器的输入相连。由于这些继电器成本高、笨重，同时存在由继电器里面触点的机械惯性引起的响应时间缓慢问题，以及如果在扫描周期的测试运行时电池电流变化太大，可能发生电压偏移，所以该解决方案不能用于高性能应用，如电动汽车BMS。这个解决方案明显的变化是给每个电池配备各自的差分放大器。虽然如果使用高精度放大器，这种方式建立系统可以满足所需的电压精度，但是大量的分立集成电路（多通道高精度差分放大器是不常用的）使其实物庞大，且由于集成电路的高成本而非常昂贵。

Garrett 和 Stuart（2000）介绍了另一个对电压测量不准确问题的解决办法。在该解决方案中，带电阻分压器的双极或达林顿晶体管的转换电路比电阻分压器单独测量。可以达到更高的精度。虽然此系统与 Retzlaff（1995）提出的概念和使用单独差分放大器二者相比更小、更便宜，但是单个差动放大器和独立元件的数量必须紧密地互相匹配，用法限制了其在 BMS 电动汽车转换电路中的适用性。

除了使用把电压改变为 ADC 可测量的范围方法外，从模块/MMU 所需要 ADC 通道的数量也不得不考虑。如果使用电压多路转换器减少了所需的 ADC 通道数，需要注意：在设计系统时，必须计算多路复用器的 R_{on} 电阻、输出稳定时间及考虑降低系统的测量精度的其他影响。此外，ADC 也是一个测量误差源。使用内置 3.3V/10 位 ADC 和 1LSB（最低有效位）误差的标准单片机，电压转换误差约等于 3.2mV。推荐使用至少有 13 位有效位数的 ADC（有效比特数，理想的分辨率，具有相同分辨率无误差的 ADC；zumbahlen，2008）。测量电池电压的另一种选择，是使用带集成电子线路的智能电池，这会在 11.4.4 节进一步详述。

在汽车行业，测量电池电压最常用的方法是使用专门为在 BMS 使用开发的专用测量集成电路，使用该方法的有凌力尔特公司（2013；LTC680X 系列）、美信公司（max1492x 系列）、德州仪器（bq76pl536A 系列）或艾迈斯（AS8506）。这些集成电路提供高达 16 个电池的高精度电压和高速测量，以及温度传感器的单独模拟端口，并为电池均衡、同步电压/电流测量，隔离串行通信，以及支持 ISO 26262 开发（见第 12 章 ISO 26262 介绍）提供（根据制造商）功能设施。使用这些芯片，只需要低功耗单片机就可以实现从 IC 读取测量值，通过现场总线接口发送测量值给主控/PMU，以控制均衡硬件。

随着连接到从控/MMU 最低电池负极的测量基准电位的重新界定（即本章给出的电压测量技术依据），由于每个从控都有不同的基准零电位，以及主控/PMU 通常是由车辆带另一基准零电位低压电网供电，所以与 PMU 通信接口需要配置一个电流隔离装置，以保证高压和低压完全的电网隔离。对于通常的现场总线，如 CAN 总线，电隔离是使用数字隔离器来实现的，如德州仪器（ISO722x 系列）或亚德诺半导体（ADM305x 系列）。作为经验法则，设计电动汽车的车载系统隔离电压直流峰值在 2.3～2.7kV。

由于这种电流隔离，从控的电源不能简单地由车辆低压电网提供。虽然它可以使用一个隔离的直流转换器（DC/DC）连接到低压电网，但是通常的解决方案是由与从控相连的电池给其供电，这是有好处的，因为即使在低压电网故障时电池也能保障从控起作用。所述的电压测量芯片提供了一个车载低功耗电压稳压器来达到该目的。如果由测量电路产生的功率不足以给从控子系统供电，由电池供电的DC/DC转换器可以给从控供电。为了避免电池不均匀功耗，DC/DC转换器应该由模块中所有电池供电（即转换器的输入最低电压应采用60V用于既定MMU设计，电压是与从控连接的最高电池电压）。

从控/MMU应进一步实现通过主动或被动的电池均衡方法来均衡电池。因为第12章详细概述了电池均衡的硬件和策略，在这一部分中没有详细描述均衡功能。根据应用的不同，从控也可能对电池数据预处理提供数据，如SOC和SOH计算或均衡算法以及数据存储功能。图11.5显示了电动汽车用带MMU的主/从BMS的典型从控（MMU）拓扑结构。

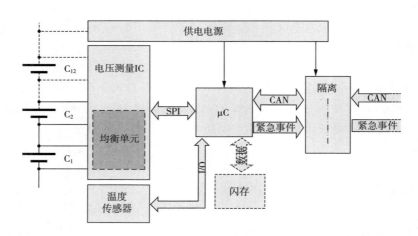

图11.5　电动汽车用带MMV的主/从BMS的典型从控拓扑结构

11.4.2　主控（PMU）设计

主控/PMU的绝大部分功能完全取决于应用。对于这一部分，假定主机处理所有与能量存储管理相关的工作，包括能源管理、充电和热管理的所有任务，即使这些功能也可以部分在其他车辆系统中实施。BMS的主控作为电池组和车辆系统其余部分之间的网关。它提供了独立的现场总线接口（CAN或未来的FlexRay/以太网总线系统；Chakraborty等，2012）给车辆网络和连接从控的电池组网络（主要是CAN）。根据不同的应用，BMS和其他ECU系统交换的数据量可以有很大的不同。电动自行车是很简单的应用，只要SOC和激活/失活信号发送接收就够了，而电动汽车的复杂动力传动系统需要对电池状态信息、电力传输、状态预测以及复杂的报警和错误报告进行发送，同时要接收车辆的状态信息、指令和传感器的信息（Lu 等，2013）。主控供电通常是由车辆的低压电网提供的，因此，主控与高压电路的隔离部分通常不要求与主控主电路隔离。

根据从控进行的预处理，主控依据从控和其他传感器获得的测量值必须计算出电池的参数，如电池组的 SOC 和 SOH。如果电量均衡算法需要 SOC 这个信息，可能需要追踪每个单个电池的 SOC。通常这些模型驱动的运算是运算密集型的，常与其他复杂算法一起，需要精确的调度用于运算。例如，要求用带 DSP 和浮点运算的高级微处理器来进行里程预测或热管理运算，这些运算需要充足的 RAM，以及运用实时操作系统或先进任务调度系统。Navet 等（2010）指出，增加处理能力的需求，导致了在汽车领域相继引入多核微控制器，允许并行任务执行，不用根本改变已建立的汽车软件开发流程，使用多核处理器对 BMS 主机实施非常适合。

BMS 主机控制车载电池充电器，并处理与外部充电站通信。根据电池的 SOC、SOH，测量的参数，如电池电压、温度和车辆提供的其他参数（如用户定义的最小充电时间），BMS 控制充电电压及电流。如果没有互相的网关，外部充电器直接连接到 BMS，那么强烈建议提供额外的通信端口给充电站，防止被未授权的外部接入端口连接到内部车辆和电池组网络（通过车辆充电接口）。由于电池组的所有测量都是由主控处理，所以 BMS 系统通过基于过去和现在的电池参数，进行电池能量优化来管理电气传动系统和其他高压负载［如给车辆提供低压（LV）的 DC/DC 转换器或高压空调］，达到限制功耗来增加电池寿命及续航里程的目的。

BMS 操控电池组的热管理，根据电池温度、当前电流和车辆的功率要求，来预测电池组的短期温度梯度，控制加热和冷却系统。为了均衡电池组中热冷区域，在使用过程中的各个电池间形成一个均匀的温度分布（使衰减、放电特性一致），系统提供了热管理功能的 BMS 就可以调整相应的冷却或加热通路。如果存在，热管理系统的附加传感器或执行器也由主控控制；这包括湿度或流体传感器（如果用的是液体冷却系统），或避免在潮湿环境中电池组内部冷凝的除湿系统。电动车用高压电池组的高热管理系统设计更多信息参见第 13 章（Huber）。

除了上述的功能，在电池组中有许多传感器/执行器，虽然不是主控直接的组件，但通常也要连接到主控上。例如，这样一个子系统通过使用高精度电阻分压器，负责判定电池组整个电池串的端电压，是组电压测量单元。使用从控发送的带单体电池电压的组电压，主控能够检测判断出异常电池电压，以及故障的从控单元。因为电池组电压测量单元直接与高压母线直接相连，单元的供电和通信接口必须与电池组的其余部分电隔离。

连接到主控的另一个子系统是电流传感器。常用测量电流的三种方法是电阻分流器、电流互感器和霍尔效应传感器，但由于测量的稳健性和精度要求（包括非常小和非常大的电流），通过分流电阻测量电流是电动汽车用电池组的普遍方法。由于使用分流电阻的测量要求与低压系统隔离，所以电流测量单元可以与组电压测量单元结合在一起。表 11.1 显示了选择不同电流检测方法的对比。

表 11.1　电流检测方法比较（Koon，2002；Drafts，1996）

电流检测技术	电流互感器	霍尔传感器	电阻分流器
可测电流	交流	交流/直流	交流/直流
输出偏移量	否	是	否
稳健性	低	中等	高
电压隔离	是	是	否
成本	低	高	低
耗能	有	无	有
饱和/磁滞	有	有	无
输出温漂	低	高	中等
抗干扰	高	中等	低
测量范围线性度	一般	差	非常好

测得的电流是归并在主控的软件中，这导致了由于限定的测量带宽而产生的累积误差。Xu 等（2010）建议使用一个模拟电流积分专用集成电路，以减少该问题；或者使用运算放大器集成电路为软件积分的整体进行校正。同时，主控控制的子系统是预充电电路和电池组安全装置，如电极切断继电器和辐射监测。预充电电路是一种可切换的功率电阻器，用于将流入电流限制在电动机的电力电子装置中的直流环节电容器中，以防止损坏该电容器。预充电路和安全装置两部分在第 12 章中进一步讨论。图 11.6 显示了描述的 BMS 主控功能示意图。

11.4.3　其他设计因素

电动汽车使用的 BMS 所有子系统的共性是不管拓扑怎样都要经受住各种汽车环境条件的要求。除了在通常的 $-40\sim100℃$ 以上的温度范围高和低温快速温度变化，加速度达到多倍 g 和波动大、可达 100% RH（swingler，2009）湿度范围情况以外，汽车 BMS 都要受到苛刻的电磁干扰，这种干扰产生于电子驱动的功率电子系统及在高压系统大瞬态电流。

根据 Chatzakis 等（2003）所述，精确的电池电压测量特别容易受到地面噪声、电磁干扰和无线电干扰。因此，应采取措施以减小电磁干扰的影响，如筛选电子组件，使用大面积的 PCB 板，线路回路最小化，使用去耦电容，光电隔离/信号线分离，以及使用适当的屏蔽（Morgan，1994）。虽然汽车系统通常也遭受

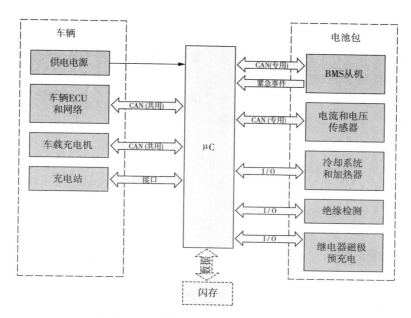

图 11.6   电动汽车用 BMS 主控功能示意图

化学物质如油、液压液或气体和水侵蚀，但因电池组外壳保护电池和 BMS 而减轻了这些影响；然而，BMS 组应能继续发挥作用，当暴露于从损坏的电池释放的化学物质，能够开始实施紧急措施，如电池系统关机。

除了承受环境影响，由于维修时校准的不可预测性，BMS 必须保障整个汽车寿命充分的测量精度。Brandl 等（2012）表明，电子测量设备会存在长期漂移效应，例如，由于偏压 MOSFET 参数漂移和机械应力，而不得不考虑的松动问题。此外，他们建议使用电子元件预老化处理，以减少整个车辆寿命周期中准确度的退化。

11.4.4   智能电池

文献中，集成了具有 CMU 功能的电子电路的电池，称为智能电池（Otto 等，2012）。这个概念是高度模块化和独立于电池组结构，但是这对提供通信接口和所有独立 CMU 的电隔离带来了更大的挑战。Lorentz 等（2012）研究了无线通信解决方案的智能电池 BMS 并列出了智能电池的优点，如增加模块化，缩短开发时间，防电池假冒，电池信息的历史存储，减少布线工作（如果使用无线通信）。然而，由于电子器件的尺寸和成本，这样的系统实施只是在大规格的电池上是经济的。

用在 18650 型小电池中，称为保护电路模块（PCM）的小保护电路，很容易买到，但这些电路主要充当电池的安全装置，带有电流切断装置，可以在电池电压异常、短路、过温或过流情况下切断电池电路，但不提供通信接口报告电池状况，没有均衡电路或数据存储设备（Eguchi 等，1996）。这种单独的保护电路模块（PCM）不适合电动汽车使用，主要是由于没有通信和电池均衡功能。此外，对圆柱电池现有设计的研究，揭示了一个重要的设计问题，这个问题就是从安装在圆柱电池负极侧的 PCM，到包着电池壳的塑料套电池的正极侧存在非隔离导体导电。由于大多数 18650 型电池的外壳没有不带电位，电池外围的塑料套损坏会导致短路，不符合改进安全性的理念。

11.4.5　商用电动汽车 BMS

　　一些适用于电动汽车的 BMS 在市面上有售，如 AC（Propulsion，2014；Sensor-Technik Wiedemann GmbH，2014；Aero Vironment，2006）。需要注意的是，这些系统还不适合在壳体外使用，需要调整来满足所选择的电池组设计，以及按所选择的电池类型进行校准，类似于一个定制开发的 BMS。

11.5　前景

　　随着自 2014 年开始有近 50 万辆电动汽车在路上跑，同时每年增长率超过100％（ZSW，2014），电动汽车技术正在慢慢成为主流技术。电动汽车使用者从早期的接受者和爱好者，向越来越多的大众消费者转变，迫使使用强大的、可靠的技术。尽管 BMS 执行的大部分功能最终用户终端不能直接感受到，但是必须保持电池在最佳工作条件下提高电池寿命，提供更精确的状态估计和预测，以便更好地预测剩余的里程及更好的动力利用率。此外，BMS 主要目标是提高电池系统的稳健性和可靠性，可以允许在功能或驾驶性能上无影响情况下处理电池系统的问题。

　　目前设计的 BMS 对单个电池引起的问题很难发现和处理，如果许多电池并联就更难发现了。Roscher 等（2013）针对这个问题提出了可行的解决方案，研究出估算大型电池组中单个电池的阻抗和容量的方法，以识别受损的电池。除了检测出有缺陷的电池，隔离和排除这些电池的方法必须进行研究和实施。目前汽车电池组的解决方案，往往不能提供检测出缺陷电池后电池系统还可以持续工作的设施；这就引起了车辆可靠性问题，以及可能导致的危险状况（例如，在高速公路上行驶时，动力突然关闭）。

　　除了改进锂离子电池储能系统的监测和控制功能，带小型内燃机的锂离子电池（如增程式混合动力汽车）或与燃料电池/超级电容器技术结合的锂离子电池的新型混合动力驱动系统，有望用于批量生产的汽车（Weber，2014），这对BMS 提供的功能提出新的挑战，例如，或者为车辆提供持续的小充电电流（适用于增程式混合动力和或燃料电池混合动力车），或者提供储存反馈脉冲电流能量缓冲器，或者提供升压驱动的大电流（用于超级电容的混合设计），这些已被纳入 BMS 解决方案的运行策略以及状态估计、预测计算中，用这些理念来确保这些新能源混合产生最优的协同效应。

11.6 补充信息

Andrea（2010）的著作《大型锂离子电池组用电池管理系统》详尽地论述了 BMS 话题，进一步详述了 BMS 的各方面内容，包括 BMS 要求、拓扑结构及设计。Andrea 进一步总结了许多可用的商业 BMS 解决方案和专用集成电路，并对电池系统中 BMS 部署给出指导意见。

更简明的 BMS 论题阐述可以在 Vezzini（2014）《锂离子电池》书中的"锂离子电池管理"章节中找到。该章介绍了不同的 BMS 结构及其对取决于系统规模的电池系统的适用性。此外，还介绍 BMS 的典型功能，重点是 BMS 的 SOC 估算功能，详细介绍了各种估算方法。

当前，由于锂离子电池和 BMS 在很多方面是高度相关的，所以它们是众多科技期刊中很好的科学研究领域，也是各研究组特别关注的领域，如 *Journal of Power Sources*（电源杂志），Dirk Uwe Sauer 教授在亚琛工业大学学院主持的 *Institute for Power Electronics and Electrical Drives*（动力电子与电力驱动研究所）和 Andreas Jossen 教授在慕尼黑 TU（德国理工大学）领导的 *Institute for Electrical Energy Storage Technology*（电力能源储存技术研究所）。

参考文献

［1］Aero Vironment，2006. SmartGuard Technology（Rev E）. Monrovia. http：// www. avinc. com/downloads/ SmartGuard-Flyer-2006-09-22. pdf. 2014-02-11.

［2］Andrea，D. 2010. Battery Management Systems for Large Lithium Ion Battery Packs. Norwood Artech House.

［3］AUTOSAR Release Management，2013. AUTOSAR Project Objectives，Version 3. 2. 6.

［4］Brandl M，Gall H，Wenger M，et al. 2012. Batteries and battery management systems for electric vehicles. In：Design，Automation & Test in Europe Conference & Exhibition，Dresden：971-976.

［5］Chakraborty S，Lukasiewycz M，Buckl C，et al. 2012. Embedded systems and software challenges in electric vehicles. In：Design，Automation & Test in Europe Conference & Exhibition，Dresden：424-429.

［6］Chatzakis J，Kalaitzakis K，Voulgaris N C，et al. 2003. Designing a new generalized battery management system. IEEE Trans Ind Electron，50（5）：990-999.

［7］Douglass J. 2009. Battery management architectures for hybrid/electric vehicles. Electronic Product Design（March）.

［8］Drafts B. 1996. Methods of current measurement. Sensors—J Appl Sens Technol，13（10）：99-105.

［9］Eguchi Y，Murano K，Okada H，et al. 1996. Battery protection circuit. US patent 5530336 A. 1996-6-25.

［10］Garrett D B，Stuart T A. 2000. Transfer circuit for measuring individual battery voltages in series packs. IEEE Trans Aerosp Electron Syst，36（3）：933-940.

［11］Griebel C O，Rabenstein F，Klüting M，et al. 2011. The full-hybrid powertrain of the new BMW ActiveHybrid 5. In：20. Colloquium Automobile and Engine Technology，Aachen.

［12］IEA and EVI，2013. Global EV Outlook 2013. International Energy Agency（IEA），Paris. http：// www. iea. org/publications/globalevoutlook _ 2013. pdf. 2014-02-11.

［13］Jossen A，Späth V，Döring H，et al. 1999. Reliable battery operation—a challenge for the battery management system. J Power Sources，84：283-286.

［14］Koon W. 2002. Current sensing for energy metering. In：Conference Proceedings IIC-China/ESC-China，Shanghai：321-324.

［15］Linden D. 1984. Handbook of Batteries and Fuel Cells. New York：McGraw-Hill.

［16］Linear Technologies，2013. LTC6804-1/LTC6804-2 Datasheet. Milpitas. http：//cds. linear. com/docs/en/datasheet/680412fa. pdf. 2014-02-11.

［17］Liyong N，Jiuchun J，Xin Z. 2006. A study on battery management system of Ni-MU battery packs for hybrid electric vehicle applications. In：International Conference on Power and Energy，Putrajaya.

［18］Lorentz V，Wenger M，Giegerich M，et al. 2012. Smart battery cell monitoring with contactless data transmission. Advanced Microsystems for Automotive Applications. Berlin：Springer：15-26.

［19］Lu L，Han X，Li J，et al. 2013. A review on the key issues for lithium-ion battery management in electric vehicles. J Power Sources，226：272-288.

［20］Morgan D. 1994. A Handbook for EMC Testing and Measurement. Stevenage：Peter Peregrinus.

［21］Navet N，Monot A，Bavoux B，et al. 2010. Multi-source and multicore automotive ECUs—OS protection mechanisms and scheduling. In：IEEE International Symposium Industrial Electronics，Bari：3734-3741.

［22］Otto A，Rzepka S，Mager T，et al. 2012. Battery management network for fully electrical vehicles featuring smart systems at cell and pack level. Advanced Microsystems for Automotive Applications. Berlin：Springer：3-14.

［23］Propulsion A C. 2014. Battery Management System. San Dimas. http：//www. acpropulsion. com/products-battery. html. 2014-02-11.

［24］Retzlaff W. 1995. Process and apparatus for charging a multi-cell battery. US patent 5438250 A. 1995-8-01.

［25］Roscher M A，Kuhn R M，Döring H. 2013. Error detection for PHEV，BEV and stationary battery systems. Adv Softw Eng Ind Autom，21（11）：1481-1487.

［26］Sensor-Technik Wiedemann GmbH，2014. powerMELA-mBMS Datasheet. Kaufbeuren. http：//www. sensor-technik. de/images/stories/pdf/download/powermelambms _ datenblatt _ en. pdf. 2014-02-11.

［27］Swingler J. 2009. Thermal management of batteries. In：Turner J. Automotive Sensors. New York：Momentum Press.

［28］Vezzini A. 2014. Lithium-ion battery management. In：Pistoia G. Lithium-Ion Batteries. Amsterdam，Oxford：Elsevier，345-360.

［29］Wang Q，Ping P，Zhao X，et al. 2012. Thermal runaway caused fire and explosion of lithium ion battery. J Power Sources，208：210-224.

［30］Weber T. 2014. Interview. Daimler AG，Stuttgart. http：//www. daimler. com/dccom/0-5-7165-49-1391947-1-0-0-0-0-1-0-7145-0-0-0-0-0-0-0. html. 2014-02-11.

［31］Xu D，Wang L，Yang J. 2010. Research on Li-ion battery management system. In：International Conference on Electrical and Control Engineering，Wuhan：4106-4109.

［32］ZSW，2014. Zentrum für Sonnenenergie-und Wasserstoff-Forschung. Baden-Württemberg. http://www. zsw-bw. de/uploads/media/pi04-2014-ZSW-StandElektromobilitaetweltweit-neu. pdf. 2014-04-10.

［33］Zumbahlen H. 2008. Linear Circuit Design Handbook. Oxford：Newnes/Elsevier.

12 电动汽车电池管理系统的单体均衡、电池状态估计与安全

A. Hauswe，P. Kuhn

12.1 引言

2016 年初，全世界估计有超过 100 万辆电动汽车（EV）在路上行驶（ZSW，2014）。电池包的稳健性和安全性对于保证更长的电池使用寿命、增加汽车行驶里程是至关重要的，这可以保证电动汽车的驾驶员和乘客的安全，提高在整个汽车市场中电动汽车灵活性方面的吸引力。为了实现这些目标，除了跟随电池单体技术发展和完善的步伐之外，先进的自动化电池管理系统（BMSs）是必不可少的。

除了具备混合电动车（HEV）/电池电动汽车（BEV）的 BMS 的基本功能，如单体电压、温度和电池组电流的测量以外，电动汽车 BMS 还必须提供各个电芯之间均衡充电的机制，从而延长由多个电芯构成的电池系统的电芯使用寿命，同时提高每个放电周期的可用能量。本章将首先从说明电芯之间不均衡的原因以及可能发生的不均衡的类型的角度引入电池均衡的概念，在此基础上展示多种复杂程度不同的电芯均衡机制，最后对所提出的均衡方法进行比较。

HEV 和 BEV 的传动控制系统需要电池可用功率和剩余电量（也就是剩余行驶里程）的信息，而这些信息是不能通过直接测量得到的，因此电动汽车 BMS 必须提供精确的状态估算和预测算法，以便确定这些参数，这些主题将在 12.3 节介绍。另外，系统的安全性是汽车电池系统的一个非常重要的话题，因而在 12.4 节将提供基于 ISO 26262（ISO 26262—2011）的安全功能，以及在电池包中采用的典型安全装置和安全机制。12.4 节还进一步简要地介绍了高电压安全性和嵌入式系统可靠性方面的挑战。作为本章的结尾，在 12.5 节和 12.6 节将展示电池单体均衡和汽车安全的未来趋势并提供了进一步的信息来源。

12.2 电芯均衡概述

本节的主要目的是介绍为什么电芯平衡是必要的并综述电芯平衡技术。

12.2.1 电芯不均衡的种类、成因与影响

Barsukov（2006）与 Manenti 等（2011）定义了电池的三种不均衡类型：

① 荷电量（电量）差异　电池包内的温度梯度或自放电率差异都会造成这种不均衡现象，均衡的重点是减少荷电量差异造成的冲击。

② 总容量差异　生产制造过程中的因素，如活性物质的含量波动（Gallardo-Lozano 等在 2014 年提出的），会造成的电芯个体的荷电量（SOC）相对于所有电芯的总容量水平（参见 12.6 节）的差异，尽管每个电芯存储的能量可能是一样的。

③ 内部阻抗差异　因生产过程造成或者由电池包内单体的不均匀衰减造成。电芯之间的阻抗的差异对电池的静态表现，如电池开路电压（OCV，是指当电池静置动态过程停止时从电池端子上测量得到的电压值；Jossen 和 Weydanz，2006）没有影响，但是会引起单体电池间动态行为的差异，并引发过电位差异（过电位是指电池的动态电压的下降，举例来说，由电池内部组件欧姆阻或电荷转移导致的电压下降；Jossen 和 Weydanz，2006）从而导致电池单体间在充电/放电时电压不一致。

在本章中，既然"不均衡"（imbalance）是指电池单体间的差异，不均衡的修正，那么"均衡"（balancing）就是对不均衡的修正。在一些文献中也可以看到 equalization（Chatzakis 等，2003）或 symmetrization（Tillman 等，2013）等术语，它们与"balancing"是可以相互替换的。来正如 Barsukov 在 2006 年指出的那样，强烈建议在设计一个均衡系统之前，先要深入理解电化学及充放电过程。如果没有这些正确的理解，所谓的均衡反而可能造成更严重的不均衡，例如通常仅仅基于电池电压的均衡措施，就有可能错误地认为电池电压差异是由于荷电的差异造成的，而实际上，电压的差异有可能是诸如单体之间的阻抗差异造成的。

Manenti 等在 2011 年指出，持续的不正确充放电循环将恶化电池单体之间的均衡，从而导致单体性能的漂移。Gallardo-Lozano 等在 2014 年指出，与容量最高的单体相比，电池组中容量较低的单体将会过充，导致过早恶化，而这种恶化会导致容量的衰减并使最初的问题更为严重。除此以外，过充电还成为安全的隐患，可能导致电池内部的活性物质之间的反应并造成热失控。如果当最低容量电池达到充电截止电压（电池制造商提供的电池最高工作电压）时停止充电，而最高容量的电池尚未充满，这将会导致电池组的可用容量的降低。

放电截止电压（由电池生产厂家给定的单体最低工作电压）限制条件将进一步降低电池组的可用容量，因为当最差的单体达到放电截止限值时，电池组的放电过程必须停止，而电池组中容量最高的电池还没有达到该截止点。图 12.1 展示了由于电池单体不均衡导致的电池可用容量加速下降的情况，为说明问题，假设电池（a）比电池（b）有更高的阻抗和自放电率。因此，需要在 BMS 中采用电池均衡的办法来缓解这类问题。

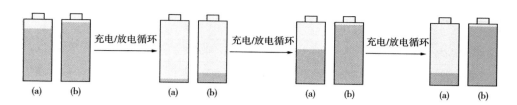

图 12.1 电池不均衡对可用容量的影响

假设电池（a）比电池（b）具有更高的阻抗和自放电率

12.2.2 电池均衡的方法

关于电池均衡的方法，在文献中有多种分类体系（Brandl 等，2012；Gallard-Lozano 等，2014；Stuart 和朱等，2011），这些分类或者不全面，或者使用了一些对于锂离子电池均衡不太常用的术语。这里对这些分类体系进行了强化，并将它们归为以下两个类别：

① 静态方法　在电池组工作前采用的，或当电池组工作中不受 BMS 控制的均衡方法。

② 动态方法　受到 BMS 控制的电池均衡方法，并可以进一步分为主动式和被动式两种。

仔细的电池筛选是一种静态方法，它有助于降低电池单体间的不均衡，但是无法完全避免这种不均衡。每只电池单体在使用前都需要测试，以便根据其容量和内阻进行配组，这些工作一般由电池制造商完成。Kim 等在 2012 年的文献中描述了电池筛选中可能使用的测试过程。其他的静态方法，如 Jossen 和 Weydanz 等 2006 年提出的用于镍镉电池的过充电（即电池达到满充电以后的充电电流的大部分转换为热量）方法，Wong 等 2008 年提出的用于铅酸电池的涓流充电方法，以及 Kutkut 和 Divan 1996 年提出的给电池并联固定分流电阻的方法等。然而，这些方法都是为铅酸电池或镍基电池设计的，不能用于锂离子电池体系（Gallardo-Lozana 等，2014；Stuart 和 Zhu，2011），否则会导致严重的安全性问题——这一点在此不予讨论。

现有文献中提出了大量的动态均衡方法，并在一些文献中进行了归纳，如 Cao 等 2008 年、Daowd 等 2011 年、Gallardo-Lozano 2014 年、Kong 等 2006 年所发表的文献。本章将对其中一些最重要的动态均衡方法做简要的介绍，这些方法被进一步划分为被动型（或耗散型）均衡和主动型均衡方法，其中被动均衡方法是将多余的能量转化为热量，而主动均衡则是将能量在单体之间、单体与模组之间、单体与电池包之间进行转移，或者将某个单体从系统中旁路。本章对这些方法进行了归纳，详见表 12.1。

表 12.1　本章涵盖的动态电池均衡方法对比表

方法	速度	尺寸/质量	成本	控制复杂性	效率
并联耗散，晶体管	非常慢	非常小	非常便宜	很简单	差
电容开关（双级）	慢（中等）	小（小）	便宜（便宜）	中等（中等）	很好（很好）
多绕组变压器	中等	非常大	非常贵	复杂	好
Cuk，Buck/Boost 变换器	快	小	中等	复杂	非常好
全桥逆变（全部单体）	非常快	大	贵	中等	极好
带开关网路的全桥电路	快	中等	中等	中等	极好
开关网络	非常快	中等到大	贵到非常贵	简单	很好到极好

12.2.2.1　采用并联电阻或晶体管的能量耗散均衡方法

由于简单、性价比高、体积和质量小的优势，在每个电池单体并联小型的电阻或开关（通常采用 FETs，即场效应管）是电动汽车最为常用的均衡方法，通常称为被动均衡方法。这种并联的电流通路受 BMS 控制，既可以在充电状态下分流 SOC 较高的电池单体的电流，也可以在电池包休闲状态下泄放 SOC 较高的单体能量，使其与 SOC 较低的单体趋于一致。由于多余的能量以热量的形式耗散，这种均衡方法降低了整个电池系统的效率。电阻大小的选择受系统和元件部件能承受的发热量限制。如果只是为了在充电时旁路充电电流 I_{charge} 的一部分，使流过单体的电流降为 I_{cell}，则电池电压 U_{cell}、旁路电阻 R、开关管导通电阻 R_{ON} 之间存在下列关系（Gallardo-Lozano 等，2014）：

$$I_{cell} = I_{charge} - \frac{U_{cell}}{R + R_{ON}} \tag{12.1}$$

开关管的导通电阻 R_{ON} 此处不能忽略，因为其大小通常与选择的旁路电阻在同一数量级。为了保证电阻体积足够小，旁路电流通常小于 100mA。这导致在大容量的汽车电池组中需要非常长的均衡时间才能将多余的电量耗散掉，而且这种方法只限于在系统休闲模式使用，因为在充电模式，旁路电流与充电电流相比是可以忽略不计的。耗散型均衡方法在一些文献中有更深入的讨论，如 Brandl 等 2012 年、胡等 2011 年、Teofilo 等 1997 年发表的文献。此外，在 12.4.1 节中将介绍支持并联电阻均衡方案的电压测量专用芯片，它只需要很少的外围元件，如 Linear Technology 2013 年推出的芯片。图 12.2 展示了使用分流电阻的耗散型均衡系统的基本拓扑结构。

Cao 等于 2008 年提出了一系列实现耗散均衡的方法。其中的一种方法是在充电时使用相同的信号控制所有的开关，并且充电电流的大小与电池单体电压成比例，因而具有最高电压的电池单体将获得最小的充电电流［从式（12.1）可以看出］。另一种方法是在旁路回路中仅使用晶体管而不使用电阻，当电池的最高电压达到比较器的设定值时，比较器电路将控制晶体管并按一定比例旁路该电池的电流。由于这种改进不允许 BMS 控制均衡的过程，因此还不是动态均衡解决方案。

12.2.2.2 采用开关电容的均衡方法

这种电池单体到单体的主动均衡方法利用电容器将充电量从一个电池转移到另一个电池单体中（Govindaraj 等，2009；Kimball 等，2007；Pascual 和 Krein，1997）。对于 n 个电池单体，需要 n 个开关和需要 $(n-1)$ 个电容。利用开关可以将每只电容与两只电池中的一只并联，即第 $(n-1)$ 个电容可以与第 n 个或第 $n-1$ 个单体并联。通过这种方式，电量 Q 就可以从充电较多的单体（设电压为 U_u）转移到相邻的充电较少的单体（设电压为 U_1），设开关电容的容量为 C，则转移的电量为（Gallardo-Lozano 等，2014）：

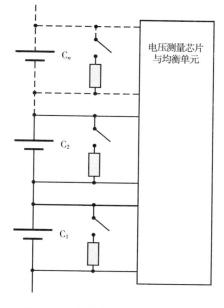

图 12.2　使用分流电阻的耗散（被动）型均衡系统拓扑图

$$Q = C(U_\mathrm{u} - U_1) \qquad (12.2)$$

图 12.3（a）展示了开关电容均衡方法的拓扑结构。虽然这种方法比耗散电阻均衡方法有更高的效率，而且不需要精准的开关控制时间，但由于均衡电流取决于相邻电池单体之间的电压差，即电压差越小则均衡电流越小，因而此方法的均衡速度很慢。Baughman 和 Feedowsi 于 2008 年通过引入第二级电容对开关电容的均衡方法进行了改进，从而加快了电量从充电高的电池向充电低的电池的能量转移速度。修正后的双级电容设计见图 12.3（b）。

12.2.2.3 多绕组变压器均衡

另一种被广泛研究的电池到模组/模组到电池的双向主动均衡方法采用了多个二次侧绕组的多绕组变压器，Bonfiglio 和 Roessler 2009 年、Kutkut 等 1999 年、Tang 和 Stuart 2000 年都对这种均衡方式做了详细的描述。除了连接 n 只电池的 n 个二次绕组和一个主绕组外，这种均衡方式还需要 $(n+1)$ 个开关（实际实现时，还需要诸如二极管和电容等元件，正如 Tang 和 Stuart 于 2000 年指出的那样）。图 12.4 展示了这种均衡方法的拓扑结构。根据不平衡的状况，首先激活变压器原边绕组的开关，从而将能量转移到变压器中，然后断开原边绕组的开关并闭合连接电量较低单体的绕组开关，能量就可以从模组转移到电量较低电池单体中。反之，首先闭合连接着具有较高电量的电池单体的开关，然后断开它并闭合主绕组的开关，就可以实现能量向模组的转移并在模组内部各单体之间分

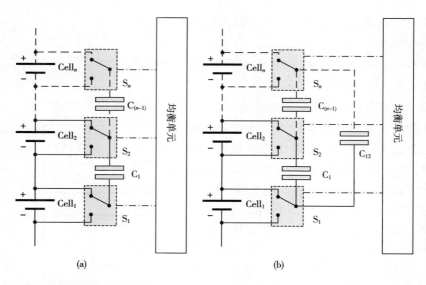

图 12.3　带开关的电容均衡方法（a）和 Baughman、Feedowsi（2008）提出的双层电容均衡方法（b）

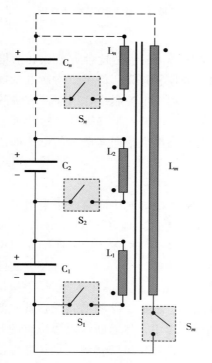

图 12.4　多绕组双向均衡电流的拓扑结构

配。这种均衡方式实质上是实现了一种双向 flyback DC/DC 变换器（Kong 等，2006）的功能。虽然这种拓扑结构在理论上对整个电池包都是适用的，即实现整个电池包到单体/单体到电池包的均衡拓扑，但是变压器原边绕组必须能够承受整个电池包的电压，因而增加了成本、质量和体积，导致本来就昂贵、笨重的系统（这些要归因于铁芯和变压器的绕组绝缘、通过电流大小）变得更贵和更笨重了。除此以外，根据 Kong 等（2006）的研究，为了避免变压器饱和支持部件（如二极管）的损坏，精确的开关时间控制是必需的，这就需要均衡单元采用快速的信号处理并能适应单体的不同化学特性及模组拓扑结构。针对以上工作过程描述的改进在文献中可以找到，包括 Barrade（2002）和 Cadar 等（2011）分别提出的在原边绕组不设开关的单体到模组以及副边不设开关的模组到单体的单向拓扑方案。通过设计可以使能量向最低电压的电池单体转移，限制

BMS 对电荷充重新分配的控制。Koch 等 2003 年采用多绕组变压器实现了模组向模组的均衡。另一种解决方案，如 Moore 和 Schneider 于 2001 年描述的，是采用多台变压器取代多绕组变压器的设计。Gottwald 等（1997）和 Tang、Stuart（2000）描述了使用一种斜率变换器、相邻电池单体间仅使用一个副边绕组的拓扑电路。Tang 和 Stuart（2000）进一步改进了斜率变换器以实现从较高电量的电池单体直接向较低电量的电池单体的能量转移。

12.2.2.4 DC/DC 变换器

虽然使用变压器的电池均衡拓扑也是一种 DC/DC 变换电路，但是在本节讨论的拓扑结构均不含有变压器。Lee 等（2005）讨论了一种使用 Cuk 变换电路实现相邻电池单体间主动电池均衡的拓扑结构。与开关电容电路类似，由于能量的转移仅发生在相邻的电池单体间，均衡速度不快。除此以外，按照 Daowd 等（2011）所说，这种控制方式也是相当复杂的。图 12.5（a）给出了 Cuk 变换器电路。与 Cuk 变换电路类似的，文献（Hong 等，2010；Mestrallet 等，2012；Tang 和 Stuart，2000；Zhao 等，2003）还描述了多级降压/升压拓扑。此变换器可以用来做成单体到单体以及单体到模组的双向均衡电路。这种均衡解决方案的控制系统比较复杂，但是由于降压、升压或者降压/升压变换有大量的拓扑结构可以采用，这使得设计更加灵活而且便于模块化。图 12.5（b）展示了一种用于单体与模组之间双向降压/升压的变换器均衡方案。

Young 等（2013）和 Maharjan 等（2009）探索了使用全桥 DC/DC 变换的电池均衡方法。在这种主动的电池包与单体之间的均衡拓扑中，每只电池单体都

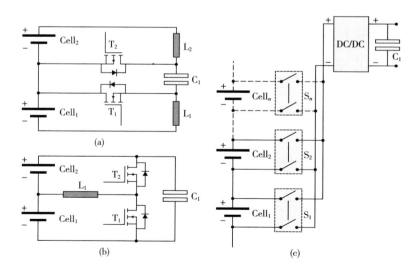

图 12.5 基本拓扑

（a）Cuk 变换；（b）降压/升压变换；（c）带开关网络的单级 DC/DC 变换

与一个全桥变换器相连。虽然这种均衡方法效率高并允许直流或者交流电流输入，但存在结构复杂、成本高的缺点（Gllardo-Lozano 等，2014）。Stuart 和 Zhu（2011）提出来一种有趣的设计概念，仅仅使用一个 DC/DC 变换器和一个开关阵列。单变换器的设计带来高效率，并最大限度地降低了对许多昂贵、大体积部件的需求（例如变压器、电容和电感等）。图 12.5（b）显示了这种概念的一个样例。

12.2.2.5 开关网络

除了上述的通过转移电荷或者耗散电荷的这些均衡拓扑之外，还有一种使用开关阵列的拓扑结构。这种阵列拓扑结构可以在充电或者放电过程中将一个或多个电池从电池串中旁路出去。Kim 等（2012）建议生产商将单体按照 $nSmP$ 阵列方式连接（m 个单体串联，之后 n 串电池并联），每个单体连接一个 MOSFET 开关，每行再连接一个 MOSFET 开关（见图 12.6）。这种拓扑结构可以在需要纠正电池不均衡或者在电池失效的情况下将某些电池单体断开，从而提高了对电池失效的耐受性。即使该列行电池全部都失效，与每一行电池并联的开关甚至还可以将整列电池断开。为了补偿电池串电压的变化，需要在电池串两端接入一个 DC/DC 变换器，以保持供负载的电压稳定，并适应整行电池从电池串中切除情况下的充电电压。然而，从一行电池中切除某些电池单体将会导致剩下的电池单体的电流增大，从而导致快速的 SOC 变化和早期老化，因此在采用这种拓扑结构时，需要为其开发一套开关控制算法。Chatzakis 等（2003）提出了 nS1P 配置，主要的不同就是只有当一串电池中有一只电池被切离才会使用 DC/DC 变换。Kauer 等（2013）提出了一种这种结构的改进方案，考虑了通过使用电感及 PWM 的电荷转移机制绕过某些电池单体的可能性，但这种方案需要使用 6 只 MOSFET 开关和 1 个电感器，必然会增加成本。

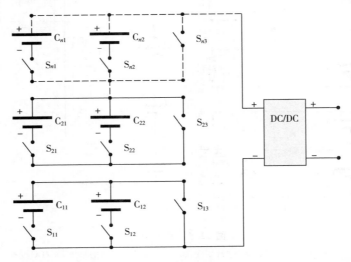

图 12.6　基于 MOSFET 开关阵列的均衡拓扑（Kim 等，2012）

　　Maoenti 等（2011）提出了另一种使用开关的均衡概念。在这个解决方案中，每个电池组中都多一只电池单体，这样在使用过程中任何一个单体都可以被旁路，实际上在任何时候也必须总有一个单体被旁路（这使得这种方法对一个电池单体的失效具有耐受能力），它要么是充电过程中充电最多的单体，要么是放电过程中荷电最少的那个单体。虽然在开关网络型均衡方法中使用的开关速度很快而且高效，但是需要的开关或者继电器的数量都很大。此外，EV 的大电流应用的特点致使开关器件的尺寸和成本呈指数增长，这些开关要能够承受住整个回路的电流，这导致这种拓扑仅限于在轻型 EV 和非 EV 等小电流应用场合应用。

12.2.3　均衡方法小结

　　不先判断造成电池单体电压差异的原因就使用电池均衡，可能导致更严重的不均衡。因此在电池静置的时候对电池不均衡进行处理会更有意义（当不均衡还不严重的时候更是如此），因为当电池动力学过程很弱时测量电池的开路电压（OCV）会更精密准确。另外，由于均衡所需的时间不是关键因素，因而在这种情况下更小的均衡电流就足以实现均衡，这就可以使用更小和更便宜的器件。由于这些的原因，Brandl 等建议在夜间静置期间进行均衡。尽管每种动态均衡方法都有其优点和缺点（在表 12.1 中进行了比较），但是在 EV 应用中，被动方法或者耗散型方法因为方法简单、尺寸小、成本低，仍然是目前的主流均衡方法。如前所说，布兰迪等（2012）提出的结合了全桥 DC/DC 变换器和开关网络的方法是一个有趣的解决方案，以可接受的成本、尺寸要求和控制复杂度提供了高均衡效率和速度。大多数汽车的 BMS 是一种仅包含 MMU 而没有 CMU 的主从式系统，电池均衡硬件一般集成到 MMU 中，而均衡控制逻辑则放置在 PMU 内（布兰迪等，2012）。

12.3　电池状态估计

　　这部分将介绍最常见的电池状态参数，并介绍电池单体的建模以及电池状态的测定、估计和预测。

12.3.1　电池均衡的方法

　　单个电池单元是一个复杂且高度非线性的电化学系统，可以从外部测量的参数的数量非常有限，只有电压、电流、温度等（然而单元表面的温度与单元内部反应中心的温度相等，这就又增加了一层复杂性）。因此，在现有文献中有大量由这三个可测参数衍生出来的其他参数的定义。本节将提出三种最常用的衍生参数以及它们的定义。

12.3.1.1　健康状态（SOH）的定义

　　随着电池的退化，电池的内阻增加同时单体容量衰减（Barre 等，2013）。这会导致电池性能的急剧变化，并可能使电池不能再胜任它最初的应用场合，如电动汽车中。因此，有必要借助健康状态（state of health，SOH）这个参数来跟踪电池退化的过程。由于电池有多种老化的机制，因此现有文献有多种 SOH 的定义。这里给出分别基于容量衰减（SOH_{cap}，Bohlen 等 2005 年提出）和内阻增加（SOH_{res}，Remmlinger 等 2013 年提出）的两种 SOH 定义。

$$SOH_{N, cap} = \frac{C_{N, actual}}{C_{N, rated}}; \quad SOH_{N, res} = 1 + \frac{R_{N, rated} - R_{N, actual}}{R_{N, rated}} \qquad (12.3)$$

在上述定义中，$C_{N, actual}$ 是指在额定温度下以额定电流对完全充满电的电池放电所得到的电池容量（当前电池温度下的电池容量可能比 C_{actual} 高或者低），而 $C_{N, rated}$ 是指电池生产商提供的新电池在标称温度下的电池容量。显然，如果新电池实际的放电容量高于电池规格书中标示的额定容量，SOH_{cap} 就会高于 100%。

与之相似，$R_{N, rate}$ 指的是生产商标称的新电池的内阻，而 $R_{N, actual}$ 是容量衰减后电池的实际内阻值。这个定义允许新电池的 SOH_{res} 高于 100%，而当内阻增加到过标称值的 2 倍时，也会出现 SOH_{res} 低于 0% 的情况。由于电池是高度非线性的系统，所以内阻并没有客观的定义。尽管影响电池单体可测量的电阻值的因素已超出了本节的讨论范围，Scheweiger 等在 2010 年已对此问题做了很好的介绍。Lu 等 2013 年给出了可以导出电池 SOH 的其他潜在指标，如电池自放电率或功率密度等。依据选择的 SOC 的定义和应用场景，需要定义某个表征电池初始应用寿命终结（end of life，EOL）的 SOH 值。Lu 和 Bohlen（2007）将 EOL 定义为 $SOH_{cap} < 80\%$，而 Andre 等（2013）则将其定义为 $SOH_{res} \leqslant 0\%$。

12.3.1.2　电池荷电状态（SOC）的定义

电池荷电状态（state of charge，SOC）是表征一只电池的剩余荷电量 Q 的一个百分数。像定义容量 C 和 SOH 一样，SOC 可以被定义为在额定条件下的荷电量与实际容量或额定容量的比值。Bohlen 等（2005）提出了如下的定义：

$$SOC_N = \frac{Q_N}{C_{N, rated}} \qquad (12.4)$$

$$SOC_{N, actual} = \frac{Q_N}{C_{N, actual}} = \frac{SOC_N}{SOH_{N, cap}} \qquad (12.5)$$

其中式（12.5）可由式（12.3）和式（12.4）得到。由于 SOC 的数值是电池包剩余能量的主要标示指标，经常被用作电池包与车内其他子系统或其他 ECU 之间交换的数据，因此对上述不同 SOC 定义的差别的理解非常重要。尤其是在一个老化的电池包中，实际 SOC 可能与按照新电池额定容量计算得到的 SOC 会有很大不同，因此会传递剩余电量的错误信息。另外，在当前的环境条件下的 SOC 可能与额定条件下的 SOC 不是相同的，因为在电池包使用环境条件下的温度很少是恒定的，取决于所采用的 SOC 的定义，对于满充和满放的电池，其 SOC 值可能不是 100% 和 0%。因此，有必要建立一个重置条件，本章定义电池完全充满时的 SOC 为 100%，而当 $C_{actual} > C_{rated}$ 时，电池完全放电的 SOC 可以是负值。

有些文献中使用放电深度（depth of discharge，DOD）的概念，它与 SOC 的定义相似，并可由 SOC 按式（12.6）计算得到：

$$DOD = 1 - SOC \tag{12.6}$$

12.3.1.3 功能状态（SOF）的定义

电池功能状态（sate of function，SOF）是一个模糊的电池状态参数，与其相比，SOH 和 SOC 都有明确的含义，尽管它们的定义存在多个版本——电池的 SOH 明确指代其性能衰减情况，而 SOC 明确指代其内部剩余能量。Meissner 和 Richter（2003）以及 Lu 等（2013）将 SOF 定义为一个描述使用过程中电池表现满足应用需求程度的参数。这意味着对于一个复杂电池系统而言，电池管理系统（BMS）需要计算出多个参数才能实现这个定义的要求。通常来讲，由于电池的 SOH 和 SOC 对电池满足应用需求的能力有着很大的影响，故 SOF 与 SOC 和 SOH 密切相关。图 12.7 定性展示了 SOC、SOH 和 SOF 三者之间的关系（Meissnerand Richter，2003）。除上述影响因素，应用确定型的 SOF 还可能取决于其他因素，如电池的充/放电的历史、温度、来自电池包外部的感知信息，等等。

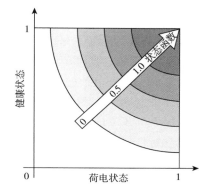

图 12.7 功能状态（SOF）对健康状态（SOH）和荷电状态（SOC）的定性依赖关系

SOF 既可以是一个百分数，也可以是一个用来表示电池是否满足应用需求的具体数值，如 xxkW，甚至一个二进制数。三种可能的 SOF 定义如下所述。

启动能力（cranking capability，CC）对内燃机汽车和混合动力汽车是一个重要的 SOF 参数，因为它表示电池是否能启动发动机，而启动发动机要求电池输出大电流脉冲并由此导致电池的瞬时电压下降。由于电池管理系统（BMS）必须确定电池电压不能降到放电截止电压以下，CC＝0 会让汽车电子控制单元（ECU）认为电池电压会降至安全阈值以下，而 BMS 也会被迫通过关闭电池来终止启动。非零 CC 值或者表明电池包具有支持启动的能力（CC＝1），或者如 Bohlen 等（2005）所建议的，表明在到达放电截止电压之前的安全余量（以 V 为单位），即所计算的启动后电池电压与放电截止电压之间的差值。

Lu 等（2013）给出了更普适的定义，他们将 SOF 定义为 ΔP（可用功率与需求功率之差）对 ΔP_{max}（电池组所能提供的最大功率与需求功率之差）的百分数，也就是描述目前电池状态（SOC、SOH、温度等）与最优电池状态相差百分数。

对混合动力汽车和纯电动汽车的传动系统，另一个至关重要的参数是电池组的充电接受程度（charge acceptance，CA），它表示电池在目前状态（SOC、SOH、温度）和给定充电电压条件下的最大可充电电流，因而与再生制动高度相关。由于再生制动期间电池组所需接受的电流脉冲持续时间相对较短，Bohlen等（2005）将 CA 定义为所需充电电压下电池在 5s 时间间隔内能够吸收的平均电流。

12.3.2 电池状态的测定/估计和电池建模

本节将对确定 SOC、SOH 和 SOF 等参数的最常用方法做一个简短的综述，这些参数用于实时 BMS 应用中。

12.3.2.1 SOC 的确定

SOC 作为最重要但又无法直接测得的电池参数，其确定方法在文献中有着广泛的探讨；由于电池的 SOC 和 OCV 密切相关，最简单的方法是直接测量电池电压进而推断 SOC。然而，由于没有考虑温度变化或动态过电势等能够导致电池端电压不等于 OCV 的因素，这种方法的准确度非常低。另外，如果所采用电池的化学特性导致非常平坦的 OCV-SOC 曲线，如磷酸铁锂（一种汽车工业上出于安全性能考虑经常选用的材料），SOC 的准确度将进一步降低，故此不建议采用电压测量作为独立的 SOC 确定方法。

顾名思义，如果电池的初始 SOC 已知并且电荷的变化过程被记录下来，那么 SOC 的改变是可以追踪的。出于这个目的，通过测量电池电流并对其积分以确定 ΔQ，这一过程如式（12.7）所示。这种方法在文献中被称作库仑计数法或簿记法（Pop 等，2005）。

$$\text{SOC}(t) = \text{SOC}(t_0) + \frac{1}{C_N} \int_{t_0}^{t} I(\tau)\mathrm{d}\tau \qquad (12.7)$$

由于该方法基于测量累加，假以时间很小的测量误差都可能导致 SOC 的计算值与实际值之间巨大的偏差，这使得无论所测电流大小高精度电流测量都非常重要。由于测量系统的带宽和采样间隔的限制，电流的快速改变（如电流脉冲）可能被计数器过高或过低计值，导致这一方法的准确度进一步降低。此外，库仑计数器无法测量电池中自放电或由老化引起的容量衰减等二次过程，因为这些效应并不产生流经电池终端的电流。尽管库仑计数器可以在电池到达满充或满放（SOC=100%或 0%）的时候重置读数，但到达这些状态会导致电池性能的迅速衰减，因而是汽车电池包要尽量避免的（Ritchie，2004）。

为补偿库仑计数器的误差，可采用使用了模糊逻辑、神经网络或电池模型基础的卡尔曼滤波器的自适应系统（Jossen 等，1999）。由于基于电池模型的 SOC 算法可以采用简单的算法迭代，而不同化学电池的建模只需改变数据集合并进一步简化了二次参数（如电池阻抗）的计算，因此它非常高效并且稳健性很好，在混合动力电动汽车以及大型电池包的应用场合是一种占主导地位的方法。电池建模近几年来被广为研究，本节无法涵盖这一研究领域的所有方面，感兴趣的读者可以通过阅读 Seaman 等（2014）、Botte 等（2000）或 Li 和 Mazzola（2013）的文献获取进一步的信息。作为对电池建模的概述，本节将介绍一种基于阻抗的简化等效电路模型，如图 12.8 所示。该模型基于 R-C 等效模型（文献中又称 Randles 电路或基于 Thévenin 的模型），在 Buller（2003）或 Kroeze 和 Krein（2008）的文献中均有报道，其简化模型在 Waag 等（2013a）或 Mousavi 和 Nikdel（2014）的文献中也有描述。尽管只使用了一组 R-C 元素，该模型能以很高的精确度复现真实电池的行为，而需要的计算量并不是很大，这使得该模型可以在有限运算能力的嵌入式控制器上实时执行。

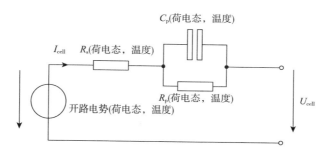

图 12.8　锂离子电池的简化 Randles 电路模型

该模型的基础如以下列方程所示（Jossen 和 Weydanz，2006）：

$$U_{cell} = OCV(SOC，T) + \sum_i \eta_i(SOC，T，I_{cell}) \tag{12.8}$$

式中，η_i 是极化电势，即由于电池内部电化学过程导致的电压降。图中，串联电阻 R_s 代表电池中的欧姆（由集流体和活性物质造成）；与电容 C_p 并联的电阻 R_p 不直接描述源自电化学理论的阻抗，而更近似反映传荷电阻、双层电容以及固体电解质界面（SEI）对电池电压及扩散过程的影响。即极化电势的符号选择与电流方向的选择有关，在本章中充电过程的电流标为正号，放电过程标为负号。放电过程的极化电势 η_i 取负值，充电过程取正值，这使得放电过程电压降低而充电电压上升。此外，这个模型忽略了自放电和其他长时间常数的效应，例如某些化学电池（NiMH，LiFP）的 OCV 滞后。对所有要素及相关理论的全面讨论超出了本节的范围，可在 Buller（2003）或 Orazem 和 Tribollet（2008）的文献里找到。

在上述简化模型中，所有元素皆非常数，但是它们依赖于 SOC、温度和电池电流。用数据为这些元素赋值的方法之一是通过对电池测量数据运行参数拟合并将计算值储存在多维查询表格中。这些表格的输入值为电池电流、电流方向、电池温度及用库仑计数器估算的 SOC。为了得到的模型要求对 OCV 进行精确测量，为了测量 OCV 电池需达到满充或满放状态且第一个数据点要在电池动态过程消退以后测量。在一个迭代过程中，电池的 SOC 逐步增加或减少，而测量需在限定的等待时间之后进行以确保动态过电势消退。由于 OCV 存在温度依赖性（Xing 等，2014），建议生产厂家在使用中可能出现的不同温度下重复这一步骤。为确定 R_s、R_p 和 C_p 的数值，可采用脉冲充/放测量法，即施加特定强度和时间的电流脉冲使电池达到一定的 SOC。采用标准拟合算法可将参数拟合出电压响应结果。图 12.9 展示了一个汽车电池中脉冲电流和相应的电池电压响应的例子。

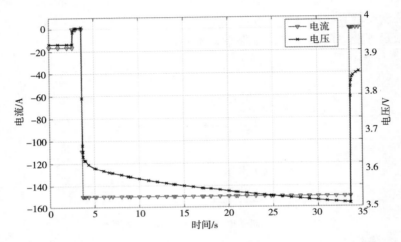

图 12.9　汽车电池的脉冲电流和相应的电池电压响应（生成用于电池建模的数据组）

在不同的 SOC 和温度下，将正负脉冲电流的电压响应都记录下来。由于 R_p 与电流依赖的传荷电阻接近，其特别表现出显著的振幅依赖性（Karden，2002）；需采用不同大小的电流值重复系列测量。图 12.10 展示了一个样品汽车电池通过评估充电脉冲电流（额定充电电流）所测定的参数 R_p 对 SOC 和温度的函数特性分布图。Hu 等（2011）为基于阻抗的电池模型的参数识别提供了更多的细节。如上所述，引入的电池模型为现实世界应用提供了令人满意的结果；图 12.11 节录了汽车电池一个 FTP72 驾驶循环，展示了测量与模拟的电池电压。

这一模型是卡尔曼滤波器的基础，该方法通过比较计算电池电压和测量电池电压来矫正库仑计数器。卡尔曼滤波器是控制理论中的一种常用工具，在许多工业部门中得到广泛应用。为将卡尔曼滤波器运用到 SOC 估算问题上，需将电池视为一个动态系统，该系统具有包含电池电流和温度的输入向量 u_k、至少包含 SOC 的状态向量 x_k（为获得更精确的矫正该向量还可能包括动态弛豫或 OCV 之后效应等额外参数；Plett，2004a）以及包含电池电压的输出向量 y_k。电池模型采用相同的输入向量 u_k 并计算状态向量 x_k 和模型输出向量 y_k。由于真实的状态向量 x_k 未知且无法直接测量，比较两个输出向量并算得系数 L_k 用于模型状态向量 x_k 的校正。图 12.12 展示了卡尔曼滤波器的主要操作示意图。对于电池模型，

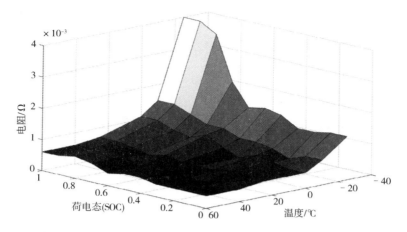

图 12.10　汽车电池的电阻 R_p 对于荷电态和温度的特征分布图

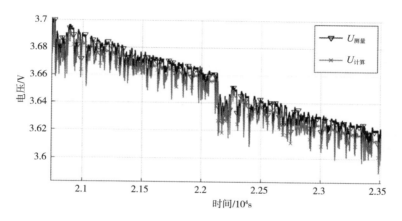

图 12.11　FTP72 驾驶循环的电压响应（测量与计算的电池电压）

这意味着库仑计数器由系数 L_k 加以校正。Plett（2004a、2004b、2004c）和 Sepasi 等（2014）对应用卡尔曼滤波器估算 SOC 进行了详细的介绍。

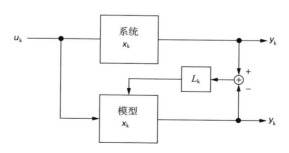

图 12.12　基本卡尔曼滤波器图示

12.3.2.2 SOH 的确定

如上节所述，电池的 SOH 没有明确的定义。与 SOC 类似，利用少量可直接测量的电池参数和一些难于或无法测量的因素（如电池组件的内部反应或电池组的高温贮存）确定 SOH 将是非常复杂的。由测得的电池电流和电压计算电池外部电阻并追踪其变化是确定 SOH 的一个简单方法。基于这种途径，Remmlinger 等（2011）建议采用周期性循环电流曲线（如混合动力汽车发动机的电启动）以排除电流大小和内部电阻识别曲线的影响，并且引入了一种温度补偿的衰减因子的算法。

Lu 等（2013）对适用于 BMS 的 SOH 确定方法做了全面介绍，在这些方法中，基于电池模型的 SOH 确定方法由于可以与上节介绍的 SOC 算法相结合所以特别令人注意。例如，Roscher 等（2010）提出了一种计算由 SOC 导出的 OCV 与电池电压测量值减去极化电压所得到的 OCV 的残差的方法，如式（12.9）所示。在电池寿命周期中，该残差一直在增加，尤其对于高 SOC 值，因此它是一个能表征电池 SOH 的参数。

$$r = (U_{cell} - \sum_i \eta_i) - \text{OCV}[\text{SOC}(I_{cell}), \ T] \tag{12.9}$$

另一种将 SOH 和 SOC 确定相结合的方法是对上节介绍的卡尔曼滤波器的延伸。尽管该滤波器将 SOC 作为系统状态向量 x_k 的一部分，但用于定义 SOH 的参数（内部电阻、容量等）也可能被类似地包含在状态向量之中，这会导致大型矩阵运算处理量紧张的状况。这个问题可以通过采用双估算体系来避免，也就是说，将定义 SOH 的缓慢变化参数置于一个比重向量 w_k 中，并且同时运行两个扩展卡尔曼滤波器，其中状态滤波器利用当前模型估算 w_k，权重滤波器则利用当前模型估算 x_k（Wan 和 Nelson，2002）。图 12.13 展示了这一改进的滤波器网络的示意图。

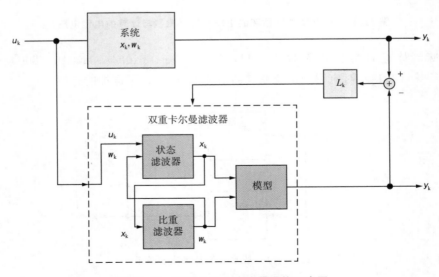

图 12.13 双重卡尔曼滤波器网络示意图

12.3.3　SOF 计算和电池状态预测

尽管工业界或文献上都没有明确的定义，SOF 通常描述电池满足应用需求的能力，因此是建立在电池未来状态预测基础上的。对电池状态的预测有两个一般性原则，基于特性分布图和动态电池模型。确定电池能提供或接受的功率是电池状态预测的重要方面之一。鉴于很难对现实世界条件下的负载情况做出长时间的预测，对可用功率的预测通常是在几秒钟的时间尺度上。对于这样的时间间隔，SOC 或电池温度的变化可忽略不计（除非参数已达限制值）。所以限制可用功率的主要因素是电池的电流和电压，即功率预测必须确定施加时不超出电压和电流限制的可用功率。

对于相对静态的负载曲线（即有一个定义的电流曲线的情况下）的功率预测，如对于 CC 可以通过采用关联当前电池状态（SOC、电池电压及温度）和可用功率的特性分布图实现。这些特性分布图可通过在研发阶段评估电池测量来确定并且以多维查询表格或近似函数的形式存储在 BMS 中，例如 Bohlen 等（2006）提出了一种基于特性分布图的多项式功率预测算法。基于特性分布图的方法简单且计算量不大，但是无法用于动态负载情况的功率预测，且对动态负载施加后非平衡态的电池应用也受到限制。此外，随着电池衰减和老化，这种方法的准确性降低需要基于 SOH 的校正因子。

采用电池模型的电池状态预测计算量大，但是由于把电池过电势更加准确地纳入了预测可以提供更大的灵活性。前面介绍的电池模型可扩展用于状态预测，如 Roscher（2009）建议确定电池近似电阻的方法，这一参数可以用于计算高电流负载下的最大允许动态电压降。Sun 等（2012）提出了一种预测可用功率的方法，求解描述最大可能电流模型的方程，采用充电或放电截止电压作为电池电压值。根据由这种方法算得的最大电流、应用定义的电流限制以及预测的电池电压（由限定电流的应用模型衍生而来），可算得最大功率。这一方法被 Wang 等（2012）扩展以包含电解质的扩散效应。这些方法都集中在预测单个电芯的可用功率，如果考虑电池组中各电芯之间的差异则需要单独计算，Waag 等（2013b）提出了一种考虑这些不同的方法，并且进一步考虑了电池电阻的电流依赖性，减少了需要的计算能力，增加了预测精度，特别是在电流对电阻影响显著的低温情况下。

剩余可用范围是电动汽车的另一个重要参数。然而，预测剩余范围要求（除能量预测和 SOC、SOH 估算之外）很多额外参数，这些参数来自于其他车辆系统、动力传动控制系统和由高压电池供电的系统（如低压直流/直流转换器、高压空调电力电子），以及关于以往驾驶行为和代表车辆模型的信息。尽管不是 BMS 严格限定的任务，这一参数由车载能量管理系统预测并且经常或部分被整合到 BMS 中。车辆建模不在本章讨论的范围内，更多信息请参阅 Park 等（2014）的文献。

12.4 BMS 的安全方面

当电动车的 BMS 管理和控制大量并联和串联的电池时，电池系统的安全是首先要关注的问题。确保电池系统安全的几个方面包括 HV 安全、功能安全和未授权操作的安全。基于 ISO 26262（ISO 26262—2011）的功能安全将在 12.4.1 中介绍，电池包的典型功能安全装置将在 12.4.2 中介绍，HV 安全基础知识将在 12.4.3 中介绍，IT 安全将在 12.4.4 中概述。

12.4.1 ISO 26262 在 BMS 发展中的应用

功能安全的目标是将风险降低到可以接受的水平，风险的定义是危害产生的可能性和对人的危害影响（对机器和环境的低危害程度）。用来降低风险的测试分为避错措施、故障探测和故障处理措施。多种安全标准指导多个工业部门需要和推荐的测试，其中 IEC 61508 专注于电气/电子/可编程电子安全相关系统。在这部分，BMS 电池管理系统所用的经典 ISO 26262 标准是从一系列重达 3500kg 的公路车辆的电子系统所采用的 IEC 61508 标准派生出来的。

ISO 26262 由 10 个部分组成，第 1、2 部分介绍词汇和标准的一般原则，第 3 部分描述开发过程的概念阶段，第 4~6 部分专注于产品开发，第 7 部分注重系统的生产经营，第 8~10 部分提供标准的应用指导。ISO 26262 包括了整个生命周期，在这个标准里，从概念到退役称为"安全生命周期"。一个简化版的安全生命周期如图 12.14 所示。本节将介绍概念阶段和产品开发阶段的安全生命周期。

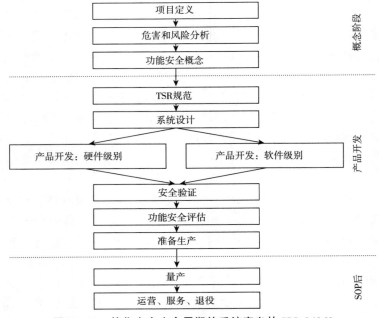

图 12.14　简化安全生命周期的系统定义的 ISO 26262

12.4.1.1　概念阶段：项目定义

　　开发过程根据 ISO 26262 安全生命周期，从概念阶段开始发展项目的定义（系统实现一个车辆水平的函数）。项目根据其功能需求、元素（子系统）、与其他项目或元素的交互、环境条件、法律要求、已知危害和现有的安全需求以及与其他项目的需求而定义。该定义澄清项目的边界并促进对项目的适当理解。因为BMS 作为"能源存储系统"项目的一部分，"上下文中的安全单元"是为 ISO 26262 应用过程而设定的（即安全生命周期元素在 BMS 上的应用不考虑完整的"能源存储系统"项目或其他项目的车辆）。完成的项目描述应该尽可能详细地描述初步设计，因为它是以下所有安全活动最重要的输入；一个完整的 BMS 项目描述超出了本章的范围，已经在第 11 章中介绍的大多数 BMS 的元素（连同概述插图在图 11.5 和图 11.6）可以作为一个项目描述的起点。在本节中部分分析构想的 BMS 是 MMU 的主/从系统，这个系统的初步架构的原理概述（不包括任何安全设备）如图 12.15 所示。

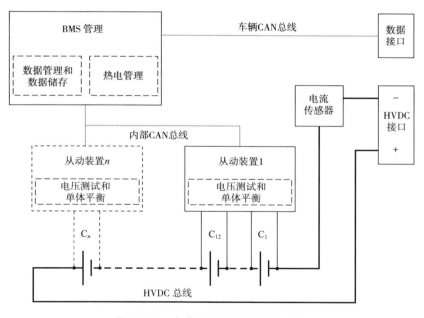

图 12.15　本节 BMS 的初步架构分析

12.4.1.2　概念阶段：危害分析和风险评估

　　危害分析和风险评估（HARA）基于项目描述而进行；该步骤的关键是识别危害和项目开发过程中可能发生的故障并对这些危害进行分类。正如 ISO 26262 第 3 部分中所描述，汽车级别的危害应该采用类似头脑风暴或者失效模式和影响分析（FMEA）的方法被定义，意味着危害影响车辆和乘客的整体安全。在这个阶段，这些危害的潜在原因不是必须考虑的，尽管对以后记录危害会有所帮助。危害分析要依据对汽车上的人（司机、乘客）以及汽车以外的人（如骑自行车的人、行人）（严重度从 S0 无伤害级别到 S3 生活受到威胁和致命的伤害级别）的潜在危害程度评估；并根据可控性进行分类，即车辆的使用者或其他交通参与者的能力来处理危险的情况（C0 级别为一般可控情况，C3 级别为困难或无法控制的情况）。由于在所有的驾驶情况下，相同的危害对不同场景下的风险有所不同（例如相比于高速行驶在公路上的车辆，失败的转向系统对于缓慢移动的车辆危害较小），驾驶情况和该情况下的暴露率也应该被考虑到每个危害中，暴露率等级从 E0（表示几乎从不发生）到 E4（表示高概率发生）程度不断升高。根据 ISO 26262 第 3 部分的表 4，基于严重度、暴露率和可控性三个因子，给每个风险分配 ASIL（汽车安全完整性级别）等级；ASILs 等级有 4 种，ASIL A 表示安全完整性水平最低，ASIL D 表示安全完整性水平最高。此外，HARA 导致风险被列为 QM（质量管理），它不需要符合任何危害相关标准。表 12.2 显示了 BMS 开发过程中部分简化的 HARA，用于说明危害的分类和"过放电的电池组"危害的 ASILs 分析结果（在对这个标准的介绍方面，通过重点介绍危害来说明 ISO 26262 的安全生命周期实施的一般程序）。

表 12.2　构想的 BMS 中部分简化的 HARA

驾驶状况	危害	严重度	暴露率	可控性	ASIL
慢速驾驶	深放电引起内部短路和电池包着火	S3	E3	C1	A
城市驾驶	深放电引起内部短路和电池包着火	S3	E4	C2	C
郊外驾驶	深放电引起内部短路和电池包着火	S3	E3	C3	C

　　每一个评估风险等级的危害都应该确定对应的安全目标，便于形成项目的整套安全要求。安全目标并不是风险带来的问题的一个技术解决方案，而是项目的功能目标。表 12.3 显示了一些适用于本部分构想的 BMS 的安全目标：

　　对于一个给定的风险最高的 ASIL（ASIL C，在表 12.2 中讨论的），如果超过一种的情况被讨论，应当被指定安全目标。HARA 的最后一步是由非 HARA 团队、与其他相关部门独立的个人或小组来验证结果。

表 12.3　适用于汽车 BMS 的部分安全目标列表

ID	安全目标	ASIL
[SG1]	避免电池包中一个或多个电池过放电	ASIL C
[SG2]	避免电池包中一个或多个电池过充电	ASIL D
[SG3]	避免电池包中一个或多个电池以及管理电子器件过热	ASIL D
[SG4]	避免电池包端子的意外 HV	ASIL B

12.4.1.3 概念阶段：功能安全概念

功能安全概念包含源自于安全目标的功能安全要求（FSR）和描述在功能层面上执行的防止违反安全目标的方法。FSR 包括的信息（具体应用）有操作条件、容错次数、预警和退化概念、安全状态、紧急操作、功能冗余和操作指南，如果在 HARA 过程中做出关于可控性的假设的话，这些信息必须符合安全目标。每一个安全目标至少明确一个 FSR，但是一个 FSR 可能涉及多个安全目标，每一个 FSR 从相关安全目标继承最高的 ASIL 等级，之后分配 FSR 到系统最初定义的子系统或者是其他系统中（外部措施）。例如，对于安全目标"［SG1］避免电池包中一个或多个电池过放电"，如表 12.4 所示，功能安全概念摘要显示两个简化 FSR。

标准描述了 ASIL 分解过程（风险等级降级），为了降低实施成本（越来越高的 ASIL）和创建冗余，允许 ASIL 确定涉及几个系统或者子系统，具体描述详见 ISO 26262 第 9 部分。如果同时独立地满足两个需求的原有安全标准，ASIL 分解是允许的。有分解的地方必须添加原有的 ASIL 等级在括号里面备注，标明原有 ASIL 等级以及发生分解的位置。在 FSR 分配到子系统或者其他系统过程中，ASIL 分解能应用到功能层面的 FSR，例如这部分所讨论的实例（避免过放电），ASIL 分解能应用到表 12.4 的两个要求中。为了进一步解释以上问题，假设在 HV DC 车辆上连接到电池包的唯一装置是电动车的电力电子，满足要求的两种可能的措施是控制过放电（通过电力电子控制器控制防止所需能量从电池包到零）和切断过放电（通过 BMS 将 HV 电动车与电池包的插口断开）。图 12.16 是用表 12.4 中的两个要求表述的关于"避免电池包中一个或多个电池单体过放电"的安全目标简化实例结构图，其中表中的两个要求被分解为 ASIL B（C）和 ASIL A（C）。

ASIL 分解的先决条件是建立和保持由此产生的结果的独立性，通过不同传感器和隔离传感器来实现，数据过程的不同算法，或者单独 ICs，系统的物理分离来减缓电力供应，EMI/EMF 问题或者冗余系统的设计。独立性必须通过依赖性的失败来证明，具体解释在 ISO 26262 第 9 部分。根据 ISO 26262 开发过程每一阶段所需，功能安全概念阶段的最后一步是证实开发的功能安全概念，确定其符合规定的安全目标和减轻或者避免危害被 HARA 发现的能力。

12.4.1.4 系统开发：技术安全要求

产品开发过程中的功能安全、有效功能活动和安全评估活动之后是技术安全要求（TSR），该要求源于功能安全概念。TSR 用于限定 FSR，并且描述分配给必须符合 FSR 和相应的安全目标的子系统的技术方法。TSRs 明确如何去区分和控制系统中的错误，如何获得或者维护安全状态（包括过渡到安全状态的时间，容错时间和紧急操作间隔），描述预警和退化概念。此外，TSR 必须明确预防潜在错误的测试方法（如安全机理的开始测试），测试在系统整个生产、使用、维护和退役过程中的功能安全。图 12.16 中 FSR［FSR1.2a］相关的 TSR 实例如表 12.5 所示。

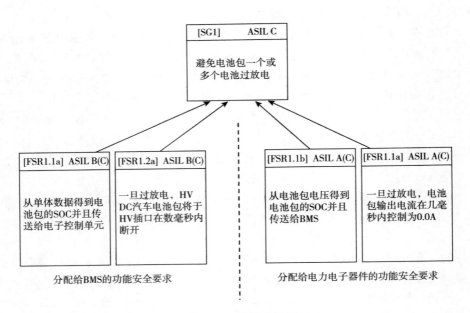

图 12.16　ASIL 分解实例的 FSRs

表 12.4　通过隔离避免过放电的技术安全要求实例

ID：〔TSR1.2.1〕	当电池包的 SOC 低于 Y% 时，HV DC 总线应该在 X ms 内与电池包端子断开连接	ASIL：ASIL B（C）
描述	〔FSR1.2a〕 如果电池包或者是单体电池的 SOC 低于 Y%，HV DC 总线应该通过 BMS 控制与电池包端子断开。BMS 控制系统将 HV DC 总线的再连接，直到车辆控制发出充电指令。如果充电过程中电池包和单体的 SOC 值达到最低的 Z%，随后的放电被允许	
分配对象	BMS 控制系统	
错误诊断	DC 开路电压测试	
安全态过渡时间	<100ms	
容错时间间隔	<X ms	
紧急操作间隔	<2000ms	

　　和前面步骤一样，根据 ISO 26262 中第 9 部分的 ASIL 分解也可以应用到 TSR 中。TSR 必须根据功能安全定义来验证和证实，并且必须符合系统的原有结构。

表 12.5 绝缘法过放电防止技术安全要求示例

ID：[TSR1.2.1]	当电池组的 SOC 降低至低于 $Y\%$ 时，高压直流汽车需要在 X ms 内与电池组断开连接	ASIL：ASIL B（C）
来源	[FSR 1.2a]	
说明	如果电池组或单体电池的 SOC 降低至低于 $Y\%$，控制器应该将高压直流汽车与电池组的正负极断开。 在车载控制器请求充电模式前，BMS 控制器应该防止高压直流汽车重新连接。只有当充电时电池组的 SOC 达到最低值、单体电池的达到 $Z\%$ 才可以连续放电。	
分组	BMS 控制器	
变为安全状态的转换时间	＜100ms	
容差时间间隔	＜X ms	
应急操作间隔	＜2000ms	

12.4.1.5 系统研究进展：系统设计

基于系统的基本结构、功能性安全概念、技术安全要求及非安全相关的要求，ISO 26262 工作流程的下一步是设计系统结构和技术安全概念。在这阶段，定义了执行技术安全要求的系统及子系统，即将初始设计的系统结构进行改进优化，反映前一步骤所识别的必要的安全措施与机制。将技术安全要求指派给硬件和软件中定义的系统和子系统，继承原有的 ASIL 等级。系统设计必须遵循技术安全要求及功能性安全概念，并且这一依从性必须能够得到验证（需求的可追溯性）。为了避免在系统设计时引入系统故障，标准强烈建议对更高等级的 ASILs 进行定性的归纳分析（如失效模式及效应分析 FMEA 或马尔科夫建模）及额外的定性的演绎分析（如故障树分析 FTA 或可靠性框图）。通过这些分析确认引起系统故障的内外因素，并加以避免或减轻。重复利用可靠的技术安全概念、设计元素及标准化的界面、故障控制和检测措施同样能够减少出现系统故障的频率。但是，作为 ISO 26262 发展的一部分，重复利用现有的技术并不意味着排除对故障的深入分析。标准进一步建议将设计模块化、层次化，建立精确定义的界面，避免不必要的复杂组件，提高系统开发和运行过程中组件的可测性，进一步较少系统故障。除了避免系统故障，在系统设计时还必须详细说明设备运行时控制硬件随机故障的措施，如硬件诊断功能和它们在软件中的评估。这一步骤将在下面的硬件开发部分进行详细阐述。如图 12.15 所示，利用植入技术安全要求的硬件对基本的硬件结构进行改进，获得的结构如图 12.17 所示，新增安全设备将在 12.4.2 节进行说明。

在完成系统结构定义、技术安全要求向硬件和软件中的分配后，需要在系统设计环节定义硬件-软件界面（HSI）。HSI 详细规定了软件控制的组件的硬件界面（即软

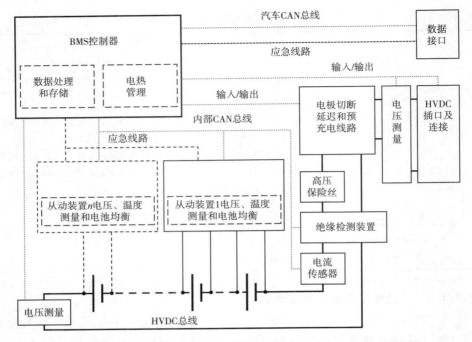

图 12.17　植入 TSR 和功能性安全概念等安全器件改进后的硬件结构

件控制的硬件诊断功能）和支持软件运行的硬件资源，而且包括硬件设施的运行模式和软件的设置参数。HSI 说明书还需涉及一些硬件特性，如保证组件间的独立性、定义硬件资源的使用（共享/专用）、描述硬件组件的存取机制和时序约束条件。

　　针对技术安全概念（依据 ASIL）利用系统设计预排（ASIL A）及系统设计检查（ASIL B，C，D）、仿真或系统样机研究和系统设计分析对设计开发验证后，完成系统设计阶段的工作。如果系统包括子系统，则系统的构建是逐渐增加和不断完善的过程，如图 12.18 所示。图中所示的硬件和软件的构建以及整合过程将在下一节详细说明。

12.4.1.6　产品开发：硬件级别

　　根据 ISO 26262，硬件开发要从规划硬件开发过程中的功能性安全活动开始，包括所采用方法和措施的规范，其次是源于 TSR 的硬件安全需求定义，其分配给被开发的元件和功能性安全概念。硬件安全需求必须包括所有与开发硬件安全性相关的需求，它们源于从 TSR 继承的 ASIL，包括用来检测和缓解内部（如电路元件失效）和外部（如一个输入信号的开路）硬件故障安全机制，来解决或缓解暂时性和永久性故障的机制。此外，系统设计阶段的 HSI 开发被进一步完善和更新，如附加描述传感器输出数据格式。针对前几个安全循环寿命阶段所编制的工作产品，验证硬件要求规范的一致性和完整性后，硬件是基于与安全相关和不相关的需求而设计开发的。在硬件设计中，定义的每个硬件组件继承了

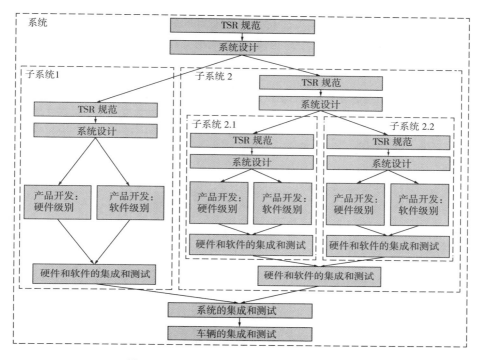

图 12.18 多个子系统的系统开发改进流程

那些硬件执行的安全需求最高的 ASIL 等级。硬件结构必须是模块化的、分层级的、精确定义的接口和为了避免系统故障减少不必要的复杂性。在硬件设计过程中还要考虑环境适应性，如电磁干扰、水、粉尘、高温和来自其他系统的干扰等。

根据 ISO 26262，满足硬件架构指标是硬件开发中最具挑战性的一个方面。为了评估硬件设计是否符合硬件架构指标，需要对每个组件进行安全性分析。这样做是为了识别出安全故障（导致系统安全状态或者对安全目标没有影响）、单点或残余故障（未知/部分确定故障，直接导致违反安全目标）以及故障协同导致违反安全目标的多点故障、检测到多点故障（确定故障不会导致安全目标的冲突）、感知多点故障（由不违反安全目标的驱动程序指定故障）或所述组件的总故障模式的潜在多点故障（导致违反安全目标的未知故障）。为了确定故障是否可以被检测和控制，要对硬件设计（使用 FMEA、FTA、Markov 模型等）和诊断覆盖率（DC）的失效模式进行评估。诊断覆盖率是描述组件可以被系统检测到的全部失效模式的百分数，分为低诊断覆盖率（60%）、中诊断覆盖率（90%）和高诊断覆盖率（99%）。对于诊断覆盖率，在 ISO 26262 标准中表 D.1～表 D.14 的常用诊断机制给出了指导。一个诊断措施诊断覆盖率的要求是必须有一个合理的理由支撑。图 12.17 中表明了本节讨论的 BMS 系统架构，表 12.6（尽管实际硬件部分需要进行详细的分析并清查所有的失效模式，但表中给出了传感器最有可能的失效原因）中给出了由诊断得到的某种级别的诊断覆盖率，其中测量电池包电压的电压传感器失效模式必须被覆盖。

表 12.6 混合电动汽车用电池包电压传感器最常见的失效模式和得出的诊断覆盖率

组件	可诊断的失效模式覆盖率以获得最大的诊断覆盖率		
	60% （低）	90% （中）	99% （高）
混合动力车电池组电压传感器	电压高于或低于可能的电池组电压（超出范围）	电压高于或低于可能的电池组电压（超出范围）	电压高于或低于可能的电池组电压（超出范围）
	电压报告作为一个常数（在范围内）	电压报告作为一个常数（在范围内）	电压报告作为一个常数（在范围内）
		直流电压补偿	直流电压补偿
			不稳定测量值（振荡）

完成硬件安全分析报告，硬件设计符合硬件安全要求的评估之后，要从硬件设计中计算硬件架构指标，精确并可验证的证明实施安全机制的范围是绝对满足硬件执行的 ASIL 等级安全目标。用安全性分析报告的失效模式信息、每一个组件的诊断覆盖率和估算来自工业源（如 IEC TR 62380，IEC 61709）的硬件部分时间失效率（FIT，每 10^9 h 内的失效次数）的失效率数据、从测试或故障返回和专家判断的统计信息来估算单点故障指标（SPFM），［见式（12.10）］和潜在故障指标（LFM）［见式（12.11）］。计算如下：

$$SPFM = 1 - \frac{\Sigma(\lambda_{SPF} + \lambda_{RF})}{\Sigma(\lambda)} \tag{12.10}$$

$$LFM = 1 - \frac{\Sigma \lambda_{MPF\text{-}latent}}{\Sigma(\lambda - \lambda_{SPF} - \lambda_{RF})} \tag{12.11}$$

式中，λ 是硬件单元的整体失效率；λ_{SPF} 是硬件单元单点相关故障的失效率；λ_{RF} 是剩余失效率；$\lambda_{MPF\text{-}latent}$ 是潜在多点故障失效率。

对于 ASIL B，必须证明 SPFM≥90%，对于 ASIL C，SPFM≥97%，对于 ASIL D，SPFM≥99%。同样，LFM 必须满足目标值，对于 ASIL B，≥60%，对于 ASIL C，≥80%，对于 ASIL D，≥90%；另外，必须合理的展示如何达到安全目标（没有 SPFM 或 LFM 需求的执行 ASIL A 安全目标）。除了硬件架构指标，必须表明由项目中随机硬件故障引起的违反安全目标的剩余风险足够低；这可以证明，如通过采用失效模式影响及诊断分析（FMEDA，硬件元件和系统的故障率和诊断的定量分析标准 FMEA 的延伸）计算硬件随机故障的概率指标

（PMHFs），对于 ASIL B 和 ASIL C，要求故障率$<10^{-7}h^{-1}$，对于 ASIL D 安全要求$<10^{-8}h^{-1}$。如何计算 FMEDA 的完整介绍不在本章范围，可在 Löw 等（2010）的文献中找到。

如果 SPFM、LFM 和 PMHF 的值已经被计算（或者它已经展示硬件如何获得安全目标），且不能满足目标条件，硬件层则需要改进设计。产品开发硬件层的最后一步是硬件集成和测试，验证被开发硬件遵守硬件安全需求及其相关的正确性和完整性。标准根据待验证的 ASIL 等级要求，提供测试中的指导方法，例如通过分析需求、功能相关性、边界值和内部或外部接口等。完整的列表可以在 ISO 26262 第 5 部分的表 10 中找到。测试包括对所有 ASILs 电气测试和功能测试（如即当提供定义的输入值时，要按规定显示硬件生成输出值），对高级别 ASILs 做故障注入测试（引入硬件故障来分析安全机制响应）。此外，标准规定了测试硬件对外部应力的适应性，如环境适应性、化学物质、机械应力、电磁干扰或电磁场等。测试结果必须有据可查，并汇总在硬件集成和测试报告中。

12.4.1.7　产品开发：软件级别

软件开发的步骤常常用 V 模型阐明；ISO 26262 中第 6 部分用 V 模型描述了安全软件开发。本节图 12.19 中是一个简化的 V 模型开发步骤。

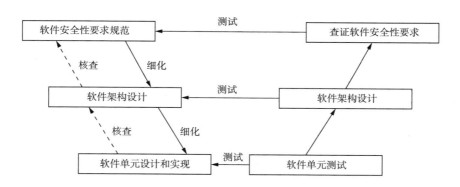

图 12.19　根据 ISO 26262 第 6 部分简化的软件开发流程

类似于前面描述的硬件开发，软件开发从规划功能安全活动开始，包括开发工具（编译器、开发环境等）的选择和编码准则的定义。软件安全性的要求是基于分配给软件、系统的设计规范和 HIS 的 TSRs 定义的。软件安全需求规范必须考虑到指定的系统和硬件配置、时序约束、外部接口和车辆的工作模式对软件的影响。此外，HSI 必须细化到能通过软件正确控制来使用硬件。由于硬件和软件经常并行开发，HSI 应该由系统设计、硬件和软件开发负责人协同修订。在软件架构设计开始前，软件安全要求必须验证与 TSR、系统设计和 HSI 的相符性。

软件架构设计规范包括所有软件组件（包括与安全和非安全相关）和层级之

间结构的交互作用，包括接口、数据类型和值，以及动态的方面（如逻辑、数据、控制流和时间方面），软件单元的执行必须是可验证的、可行的。此外，软件设计必须进行模块化封装，避免不必要的复杂性，并将软件描述到软件单元的水平，也就是说，所有的软件单元必须在软件架构设计中确定。类似于硬件开发过程，软件的安全性要求分配给软件单元，它将继承指定要求最高的 ASIL 级别。该标准推荐了一系列的安全机制来检测错误，包括输入/输出数据范围检查，控制流监测，数据错误检测（错误检测代码，多个数据存储等），以及错误处理机制，如数据校正代码、静态恢复（如使用默认值）、独立的并行冗余等。为了支持安全机制规范和验证，在软件架构水平进行安全性分析。软件架构必须验证与软件安全性要求、系统设计、设计准则的相符性，以及通过设计检验和演示，控制和数据流分析，验证与硬件目标的兼容性，以及高级 ASIL 的形式验证。

核实软件结构已确定所有的软件单元，下一步是依据软件开发阶段定义的代码规则细化这些软件单元和它们执行代码。与安全和非安全相关软件单元都在这一步实施。

标准定义了软件单元设计需求列表；单元间的相关接口必须一致、不必要的复杂性、可靠性、可验证性、可测试性、可理解性。排除确定的高级编程语言特征，如变量自动初始化、动态对象或变量、全局变量、自动类型转换等。更进一步的技术要求根据单元的 ASIL，见 ISO 26262 第 6 部分表 8。如在标准中使用的验证定义指的不是实际实施的硬件或软件的测试，这是一个单独的程序。因此，在软件开发过程中 V 模型的右侧部分向上移动之前，软件单元的设计和执行都必须用控制和数据流分析、静态代码分析、代码检查等来验证软件安全性需求。

在编译软件验证报告后，测试软件设计从单元测试开始，见图 12.19。测试是为了证明所执行代码和内部软件的单元、接口描述和软件安全性要求的符合性。最重要的一点是要求测试环境尽可能接近目标环境，以减少其对测试结果的影响。标准提供了接口传导测试、故障注入测试和基于需求测试的其他测试方法。为了确定对软件需求的完整性和没有不存在的功能，测试事例必须确定使用测试覆盖率，如语句和分支覆盖率（即在测试过程中的每一个执行分支或语句的代码的执行情况）。软件单元测试后是软件集成测试，这意味着连接独立的软件单元和嵌入式软件测试。采用与单元测试过程相同的测试方法进行集成测试，重点是验证嵌入式软件的架构设计、HIS 和指定的附加功能。为了证明在架构级别上测试的完整性，必须使用结构覆盖度指标，如功能覆盖率（每一个功能必须被调用至少一次）和调用覆盖率（每一个调用必须至少发出一次）。软件级别的产品开发的最后一步是用硬件循环或原型车测试嵌入式软件对软件的安全要求，来表示安全要求的覆盖率（通过或失败的结果）。

12.4.1.8 系统开发：项目集成和测试

在完成硬件和软件的开发阶段后，分级实施系统的集成，首先由硬件和软件集成形成元件，元件集成形成系统，该系统与其他整车系统集成形成车辆。集成测试在每个集成步骤后进行，以证明相关部件的正确性以及符合 FSR 和 TSR 的承诺，即实施的正确性、功能的正确性、安全机制的定时精准性、外部/内部接口的一致性、可靠性、零系统缺陷性和诊断系统的时效性。集成和测试程序两者覆盖了 E/E 元件和非 E/E 元件的安全概念，这意味着必须考虑电池包中的电池单元。这阶段的工作任务是系统集成和测试计划、测试规范和把测试结果汇编成集成测试报告。

12.4.1.9 系统开发：安全验证、评估和批量制造

在开发过程中，针对这一点的测试和验证活动的目的是证明每个细化的开发步骤是符合明确需求的，在车辆中完整系统安全性验证的目的是要证明其被合理使用，以及所采用的安全措施是足够的。系统安全性目标的目的是在汽车级别上的验证，以确定该危险的可控性，安全性措施来控制随机和系统故障的有效性和其他元件措施的有效性；这些结果被编制成验证报告。安全功能的评估是产品开发的最后一步，它是在每一步工作任务中创建的评述，通常由第三方机构进行，以保证独立评估。在项目通过安全评估以及安全案例和评估报告都出来之后，确认该项目已准备好生产和经营并签字准备量产。

12.4.2 一个 BMS 中的安全装置

在本章的前几节中提到，在汽车 BMS 中通常采用一些安全装置和安全机构，如图 12.17 所示。本节介绍这些功能。

12.4.2.1 极切继电器和预充电电路

避免电池包电极的高压危害，保护装配工人和维护人员安全，能够在电压、电流或温度超出工作窗口时终止电池的过充电和过放电，因此必须能够隔离电池包中的电池和正负极通路。为了这个目的，使用极切继电器。这些继电器在高电压下有高的开闭电流容量，甚至允许在有负载情况下断开电路。12.1 节中描述功能安全分析显示：采用两继电器切断高压的正负极以确保完全断开，即使其中一个接触器仍然停留在关闭位置，这种情况发生在继电器接通或断开连接时，内部触点之间产生的高电流致使接触点焊接。当采用机电灭弧特性的继电器时必须小心，如果这些机制都依赖于电流方向，将在电弧的情况下拉开继电器内部的触点。在电弧的情况下，继电器的错误方向可能导致触点同时接触。随后，继电器的破坏造成严重的火灾危险。如果充电电流的振幅接近或超过放电电流的振幅，这个问题也会成为一个焦点，对于那些快速充电车辆而言，双向继电器是必需的。安全分析的另一个结果是需要诊断机制来检测粘连的继电器，因此，它需要采用具有辅助触点的继电器来检测主触点的位置来测量整个继电器的电压。

在断开电池组与电池包正负极时，通常需要限制极切继电器闭合时电池的初始电流；与电机连接的直流电容器有浪涌电流限制，如果超过限制电容器可能被损坏。因此，电池组中需要安装预充电电路。该系统包括一个功率电阻来限制启动电流和一个继电器来调节进入电阻的电流路径。当功率元件失去功能时，该电阻也可以用来向直流电容器放电（在维修过程，电容器的放电确保高压系统下失活电池组的全拆卸）。图 12.20 是极切割继电器和预充/放电电路的一个可行结构示意图。

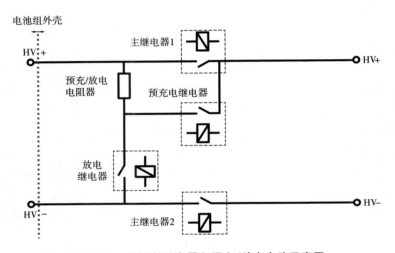

图 12.20　极切割继电器和预充/放电电路示意图

12.4.2.2　过电流保护

为防止在高压系统由于故障而导致短路或者电流过大，电池包里普遍放置了一根保险丝。应该注明：混合动力汽车或者纯电动汽车正常操作时，高压传动系统需要大电流，所以这些保险丝不能用来保护人员不受伤害，因为切断电流远远超过了能够致伤甚至致死的阈值电流。定义见 IEC/TS 60479-1。

12.4.2.3　互锁电路

为确保只有当所有高压电缆被正确连接，剩余的高压连接器没有裸露的高压触点时，高压传动系统才会被激活，集成一个互锁系统到连接器是明智之举。这可以通过在高压连接器插座上引出两个数据引脚和将一个短路装置或者电阻器连接这些引脚上实现。如果一个信号传到了其中的一个引脚，当插孔接通以及电路被关闭时，这个信号就会在别的引脚上读取到，因此可以检测到连接插头正确。在危险情况发生之前（如接插件内部短路），通过测量互锁电路的触点电阻或者单相位移，接触点恶化、连接器变质或者连接器进水都会被检测到。

12.4.2.4　绝缘监测装置（IMD）

由于强烈振动、极端温度和灰尘或水可以影响汽车组件，所以在汽车使用期间高压功率线和低压车辆电网之间会形成无意连接（由于漏电、电缆损坏或连接器等）。为防止因触电造成的司机或维修人员伤害，必须监测高压和低压电网之间的隔离阻抗。要测量两网之间的电阻，绝缘监测装置被连接到高压线（高压正、负极）和车辆底盘多点（连接到低压接地），并且在高压线上叠加一个电压信号。如果电网之间存在连接，电流将流过 IMD；此电流与绝缘电阻 R_F 成正比。图 12.21 是测量原理示意图。设计充电策略时必须考虑安全，因为连接充电站和单独的未接地的车辆高压电网可以产生新的问题，可能会导致接地的车辆高压电网连接到地。对这些问题的介绍超出了本节的范围；更多的信息可以在 Bender（2013）的文献中找到。

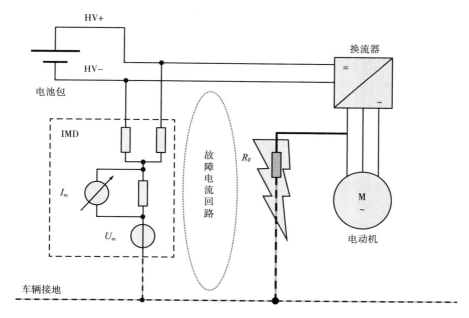

图 12.21　绝缘监测装置的测量原理示意图

12.4.3　高压安全概述

　　与电动汽车电池 BMS 相关的高压安全有两个方面：汽车制造商的研发人员、维修人员的安全和汽车驾驶员的安全。联合国欧洲经济委员会将电动车的高压安全定义为：电动汽车的最大速度超过 25km/h 的规定 ECE/UN-R100（2013），其内容必须由成员国转化为国家法律。规定中，高电压定义为高于 60V 的直流电压（低于 1500V）或高于 30V 的交流电压（低于 1000V），这意味着大多数电动车在这个规定范围，为了减少所需电流，电压有必要大于 60V。规定要求无论是直接接触带电部件或者间接接触都不受电击。为了确保这种保护，高压电网必须用固体绝缘体、隔板、外壳等与低压电网和车辆底盘分开。连接到高压控制系统之间的通信接口（如电池管理系统的伺服系统）必须与低压供电的控制系统（如电池管理系统的主控系统）分开。在 12.4 节中提到，电动车汽车系统被设计为独立峰值电压在 $2.3\sim2.7kV$（直流）。此外，该规定要求高压直流总线和低压电气接地（底盘）之间的绝缘电阻至少为 $100\Omega/V$（高压交流总线至少 $500\Omega/V$）。更详细的要求和所需的措施不在本节范围，可以在 ECE/UN-R100 和派生的国际标准或国家法律中找到。除了对产品的保护措施，在德国，电动汽车的发展和维护也采用 BGI/GUV-I 8686 规定，有立法管理。这一法律已由 Deutsche Gesetzliche Unfallversicherung（2012）颁布，其他工业国家有望在不久的将来跟随其出台相关规定。BGI/GUV-I 8686 要求广泛培训人员和使用高压认证的设备以及个人保护设备。然而，值得注意的是，违反 BGI/GUV-I 8686 规定不违法，但是在电动汽车的发展过程中，如果漠视给出的规定，发生任何涉及高压的事故或事件，会导致保险的损失和对责任人刑事指控。

12.4.4　BMS 的 IT 安全

2010 年的病毒蠕虫 Stuxnet 攻击了工业控制系统，其表明嵌入式控制系统越来越频繁的成为网络攻击（Langner，2011）目标，同样，汽车和其他道路车辆中的嵌入式控制系统的安全漏洞越来越多地被发现（Wright，2011）。在过去，由于这些系统不考虑 IT 的安全，通信接口往往不受保护，且系统提供无认证机制的访问控制。BMS 的主要任务是防止因电池单元触发的危险，一个在 BMS 接收数据的操作或在 BMS 控制系统的异常可能是灾难性的。因此要求 BMS 开发期间全程考虑 IT 安全。

工业控制系统或嵌入式设备的 IT 安全的全面介绍超出本节范围，可以在 BSI（2013）或 Sagstetter 等（2013）的文献中找到，基本的保护原则包括：隔离通信接口和使用网关（私人电池总线、车辆内置控制网络和外部充电站通信总线）来使控制信息复杂化，避免使用有缺陷的组件，实时检查关键命令（如极切继电器、主动/被动平衡电路的控制）和访问控制机理，其阻止新硬件或数据的未授权闪烁访问控制机制。

12.5　未来趋势

随着汽车厂商推出越来越多的电动汽车车型（包括 BEV 和 HEV）和现有的锂离子电池的不可替代性，种种迹象表明：在未来几年这一技术将与汽车行业密切相关。道路上电动汽车数量的增长，促进对车用电源功率和容量需求也增加，致使车用电池包中使用更多更大的电池，这将导致电池系统因安全问题引起的事故概率大幅增长，这将对这一相对较新的产业造成负面影响。因此，提高电池系统的安全性是电动汽车工业一个首要问题，无论是在减少现有体系结构的故障率还是在研究新的电池监测方法上，都会对 BMS 的发展产生影响。在汽车工业中广泛采用 ISO 26262 标准，电池制造商非常注重电池的安全性，同时在电驱动高压电池系统中积累了很多经验，在电池组的安全性方面有了重大提高。此外，新的安全装置，如研发出高功率电子保险和单向极切继电器，将提供更快的反应时间，在紧急情况下的电池包无损失活。

因低成本、简单和可靠的特点，被动平衡一直是汽车工业中的主要方法。主动平衡的解决方案提供双重用途，既作为电池均衡的方法，也作为电池包动态重新配置，排除有故障或受损的电池，汽车用主动平衡提高了系统的安全性和可靠性，其抵消了由此增加的质量、体积和成本。本章介绍的一些主动平衡系统采用全桥 DC/DC 转换器是有前途的解决方案，但还需要进一步细化。

在下一代 BMS 中，电池状态估计和优化电源利用率是仅次于提高电池系统的安全性和可靠性的重要问题。引入更强大的嵌入式处理器和廉价的数据存储解决方案，能够使用更复杂的电池模型和功率历史数据来提高剩余容量的预测以及瞬时可用功率的预测。此外，因增加续驶里程的需求，混合动力解决方案将扮演更多的角色，需要更好的功率管理和能源利用算法来优化电池的寿命和效率。

12.6 更多的信息来源

由 Rahn 和 Wang（2013）编制的《电池系统工程》是一本关于电池建模问题的全面研究书籍，本章引用了许多建模方面的细节，包括电化学公式、系统响应和不同电化学体系的电池模型。拉恩和王更详细描述了 SOC 和 SOH 以及电池的电量的预测算法和电池包动力学和管理。

目前，没有太多基于 ISO 26262 汽车用功能性安全的文献。然而，由 Goble（2010）编制的《控制系统的安全性和可靠性评估》和由 Bozzano 和 Villafiorita（2010）编制的《关键系统的安全性评估和设计》阐释了许多安全性评估常用方法，包括 FTA、FMEA/FMEDA、HAZOP/HARA、Markov 模型以及本章中并没有提及的许多支持安全引导产品开发的流程。具体与 ISO 26262 相关的书籍大多是德文，包括 Gebhardt 等（2013）的文献。

锂离子电池、电池管理系统（BMS）、电池均衡和电池状态估计都是许多科学期刊杂志上精心研究的领域，如 *Journal of Power Sources*，亚琛工业大学 Dirk Uwe Sauer 教授领导的 *Institute for Power Electronics and Electrical Drives* 和慕尼黑工业大学 Andreas Jossen 教授领导的 *Institute for Electrical Energy Storage Technology*。

参考文献

[1] Andre D，Appel C，Soczka-Guth T，et al. 2013. Advanced mathematical methods of SOC and SOH estimation for lithium-ion batteries. J Power Sources，224：20-27.

[2] Barrade P. 2002. Series connection of supercapacitors：comparative study of solutions for the active equalization of the voltages. In：Int Conf Modeling and Simulation of Electric Machines，Converters and Systems，Montréal.

［3］ Barré A，Deguilhem B，Grolleau S，et al. 2013. A review on lithium-ion battery ageing mechanisms and estimations for automotive applications. J Power Sources，241：680-689.

［4］ Barsukov Y. 2006. Battery cell balancing：what to balance and how. In：2006 Portable Power Design Seminar，Texas Instruments.

［5］ Baughman A C，Ferdowsi M. 2008. Double-tiered switched-capacitor battery charge equalization technique. IEEE Trans Ind Electron，55（6）：2277-2285.

［6］ Bender GmbH & Co KG，2013. Electrical safety for emobility，Grünberg. http：//www. bender-emobility. com/fileadmin/products/b/e/Emobility _ PROSP _ en. pdf. 2014-12-02.

［7］ Bohlen O. 2007. Konzepte und Verfahren zur Batteriediagnostik im Fahrzeug. In：Seminar Energiespeicher für Bordnetze und Antriebssysteme im Haus der Technik，Essen.

［8］ Bohlen O，Blanke H，Buller S，et al. 2005. Battery monitoring for automotive batteries is not a miracle—some practicable algorithms to identify state-of-function parameters. In：21st Electric Vehicle Symposium，Monaco.

［9］ Bohlen O，Gerschler J B，Sauer D U，et al. 2006. Robust algorithms for a reliable battery diagnosis—managing batteries in hybrid electric vehicles. In：22nd Electric Vehicle Symposium，Yokohama.

［10］ Bonfiglio C，Roessler W. 2009. A cost optimized battery management system with active cell balancing for lithium-ion battery stacks. In：Conf Vehicle Power and Propulsion，Dearborn：304-309.

［11］ Botte G G，Subramanian V R，White R E. 2000. Mathematical modeling of secondary lithium batteries. Electrochim Acta，45：2595-2609.

［12］ Bozzano M，Villafiorita A. 2010. Design and Safety Assessment of Critical Systems. Boca Raton：CRC Press.

［13］ Brandl M，Gall H，Wenger M，et al. 2012. Batteries and battery management systems for electric vehicles. In：Design，Automation & Test in Europe Conference & Exhibition，Dresden：971-976.

［14］ BSI，Bundesamt für Sicherheit in der Informationstechnik，2013. ICS-Security-Kompendium，Bonn.

［15］ Buller S. 2003. Impedance-Based Simulation Models for Energy Storage Devices in Advanced Automotive Power Systems. Aachen：Shaker.

［16］ Cadar D，Petreus D，Patarau T，et al. 2011. Fuzzy controlled energy converter equalizer for lithium-ion battery packs. In：Int Conf Power Engineering，Energy and Electrical Drives，Malaga.

［17］ Cao J，Schofield N，Emadi A. 2008. Battery balancing methods：a comprehensive review. In：IEEE Conf Vehicle Power and Propulsion，Harbin.

［18］ Chatzakis J，Kalaitzakis K，Voulgaris N C，et al. 2003. Designing a new generalized battery management system. IEEE Trans Ind Electron，50（5）：990-999.

［19］ Daowd M，Omar N，Van Den Bossche P，et al. 2011. Passive and active battery balancing comparison based on MATLAB simulation. In：IEEE Conf Vehicle Power and Propulsion，Chicago.

［20］ Deutsche Gesetzliche Unfallversicherung，2012. Qualifizierung für Arbeiten an Fahrzeugen mit Hochvoltsystemen，BGI/GUV-I 8686.

［21］ Gallardo-Lozano J，Romero-Cadaval E，Milanes-Montero M I，et al. 2014. Battery equalization active methods. J Power Sources，246：934-949.

［22］ Gebhardt V，Rieger G M，Mottok J，et al. 2013. Funktionale Sicherheit nach ISO 26262：Ein Praxisleitfaden zur Umsetzung. Heidelberg：dpunkt verlag GmbH.

［23］ Goble W M. 2010. Control Systems Safety Evaluation and Reliability，third ed. Instrument Society of America，Research Triangle Park.

［24］ Gottwald T，Ye Z，Stuart T A. 1997. Equalization of EV and HEV batteries with a ramp converter. IEEE Trans Aerosp Electron Syst，33（1）：307-312.

［25］Govindaraj A，Lukic S M，Emadi A. 2009. A novel scheme for optimal paralleling of batteries and ultracapacitors. In：IEEE Energy Conversion Congress and Exposition，San Jose：1410-1416.

［26］Hong W，Ng K S，Hu J H，et al. 2010. Charge equalization of battery power modules in series. In：Int Conf Power Electronics，Sapporo：1568-1572.

［27］Hu Y，Yurkovich S，Guezennec Y，et al. 2011. Electro-thermal battery model identification for automotive applications. J Power Sources，196：449-457.

［28］IEC/TS 60479-1，2005. Effects of current on human beings and livestock，ed 4. 0.

［29］ISO 26262，2011. Road vehicles—functional safety，parts 1-10.

［30］Jossen A，Späth V，Döring H，et al. 1999. Reliable battery operation—a challenge for the battery management system. J Power Sources，84：283-286.

［31］Jossen A，Weydanz W. 2006. Moderne Akkumulatoren richtig einsetzen. Inge Reichardt Verlag，Leipheim and Munich.

［32］Karden E. 2002. Using Low-Frequency Impedance Spectroscopy for Characterization，Monitoring，and Modeling Of Industrial Batteries. Aachen：Shaker.

［33］Kauer M，Naranayaswami S，Steinhorst S，et al. 2013. Modular system-level architecture for concurrent cell balancing. In：Conf Design Automation，Austin.

［34］Kim J，Shin J，Chun C，et al. 2012a. Stable configuration of a Li-Ion series battery pack based on a screening process for improved voltage/SOC balancing. IEEE Trans Power Electron，27（1）：411-424.

［35］Kim T，Qiao W，Qu L. 2012b. A multicell battery system design for electric and plug-in hybrid electric vehicles. In：IEEE Int Conf Electric Vehicle Conference，Greenville.

［36］Kimball J W，Kuhn B T，Krein P T. 2007. Increased performance of battery packs by active equalization. In：IEEE Vehicle Power and Propulsion Conference，Arlington：323-327.

［37］Koch R，Jossen A，Kuhn R. 2013. Novel bidirectional multiple-input multiple-output converter for simultaneous direct battery module balancing. In：27st Electric Vehicle Symposium，Barcelona.

［38］Kong Z G，Zhu C B，Lu R G，et al. 2006. Comparison and evaluation of charge equalization technique for series connected batteries. In：Conf Power Electronics Specialists，Jeju.

［39］Kroeze R C，Krein P T. 2008. Electrical battery model for use in dynamic electric vehicle simulations. In：IEEE Conf Power Electronics Specialists，Rhodes：1336-1342.

［40］Kutkut N H，Divan D M. 1996. Dynamic equalization techniques for series battery stacks. In：18th International Telecommunications Energy Conference，Boston：514-521.

［41］Kutkut N H，Wiegman H L N，Divan D M，et al. 1999. Design considerations for charge equalization of an electric vehicle battery system. IEEE Trans Ind Appl，35（1）：28-35.

［42］Langner R. 2011. Stuxnet：dissecting a cyberwarfare weapon. IEEE Secur Privacy，9（3）：49-51.

［43］Lee Y S，Duh C Y，Chen G T，et al. 2005. Battery equalization using bi-directional Cuk converter in DCVM operation. In：Conf Power Electronics Specialists，Recife：765-771

［44］Li J，Mazzola M S. 2013. Accurate battery pack modeling for automotive applications. J Power Sources，237：215-228.

［45］Linear Technologies，2013. LTC6804-1/LTC6804-2 Datasheet，Milpitas. http：//cds. linear. com/docs/en/datasheet/680412fa. pdf. 2014-02-11.

［46］Löw P，Pabst R，Petry E. 2010. Funktionale Sicherheit in der Praxis：anwendung von DIN EN 61508 und ISO/DIS 26262 bei der Entwicklung von Serienprodukten. Heidelberg：dpunkt verlag GmbH.

[47] Lu L, Han X, Li J, et al. 2013. A review on the key issues for lithium-ion battery management in electric vehicles. J Power Sources, 226: 272-288.

[48] Maharjan L, Inoue S, Akagi H, et al. 2009. State-of-charge (SOC) -balancing control of a battery energy storage system based on a cascade PWM converter. IEEE Trans Power Electron, 24 (6): 1628-1636.

[49] Manenti A, Abba A, Merati A, et al. 2011. A new BMS architecture based on cell redundancy. IEEE Trans Ind Electron, 58 (9): 4314-4322.

[50] Meissner E, Richter G. 2003. Battery monitoring and electrical energy management precondition for future vehicle electric power systems. J Power Sources, 116: 79-98.

[51] Mestrallet F, Kerachev L, Crebier J C, et al. 2012. Multiphase interleaved converter for lithium battery active balancing. In: IEEE Applied Power Electronics Conference and Exposition, Orlando: 369-376.

[52] Moore S W, Schneider P J. 2001. A review of cell equalization methods for lithium ion and lithium polymer battery systems. In: SAE 2001 World Congress, Detroit.

[53] Mousavi S M, Nikdel M. 2014. Various battery models for various simulation studies and applications. Renewable Sustainable Energy Rev, 32: 477-485.

[54] Orazem M, Tribollet B. 2008. Electrochemical Impedance Spectroscopy. Hoboken: Wiley; Park G, Lee S, Jin S, et al. 2014. Integrated modeling and analysis of dynamics for electric vehicle powertrains. Expert Syst Appl, 41 (5): 2595-2607.

[55] Pascual C, Krein P T. 1997. Switched capacitor system for automatic series battery equalization. In: Conf Proc Applied Power Electronics Conference and Exposition, Atlanta, vol 2: 848-854.

[56] Plett G L. 2004a. Extended Kalman filtering for battery management systems of LiPB-based HEV battery packs: Part 1. Background. J Power Sources, 134: 252-261.

[57] Plett G L. 2004b. Extended Kalman filtering for battery management systems of LiPB-based HEV battery packs: Part 2. Modeling and identification. J Power Sources, 134: 261-276.

[58] Plett G L. 2004c. Extended Kalman filtering for battery management systems of LiPB-based HEV battery packs: Part 3. State and parameter estimation. J Power Sources, 134: 277-292.

[59] Pop V, Bergveld H J, Notten P H L, et al. 2005. State-of-the-art of battery stateof-charge determination. Meas Sci Technol, 16 (12): 93-110.

[60] Rahn C D, Wang C Y. 2013. Battery Systems Engineering. John Wiley &· Sons Ltd, Chichester.

[61] Remmlinger J, Buchholz M, Meiler M, Bernreuter P, Dietmayer K. 2011. State-of-health monitoring of lithium-ion batteries in electric vehicles by on-board internal resistance estimation. J Power Sources, 196: 5357-5363.

[62] Remmlinger J, Buchholz M, Soczka-Guth T, Dietmayerk. 2013. On-board state-of-health monitoring of lithium-ion batteries using linear parameter-varying models. J Power Sources, 239: 689-695.

[63] Ritchie A G. 2004. Recent developments and likely advances in lithium rechargeable batteries. J Power Sources, 136: 285-289.

[64] Roscher M. (BMW AG), 2011. Verfahren zur Bestimmung und/oder Vorhersage der Hochstrombelastbarkeit einer Batterie. German patent 102009049320 A1 (21.04.2011.) .

[65] Roscher M, Assfalg J, Bohlen O. 2010. Detection of utilizable capacity deterioration in battery systems. IEEE Trans Veh Technol, 60 (1): 98-103.

[66] Sagstetter F, Lukasiewycz M, Steinhorst S, Wolf M, Bouard A, Harrisw R, Ih a S, Peyrin T, Poschmann A, Chak raborty S. 2013. Security challenges in automotive hardware/software architecture de-

sign. In：Design，Automation & Test in Europe Conference & Exhibition，Grenoble：458-463.

［67］Schweiger H-G，Obeidi O，Komesker O，Raschke A，Schiemann M，Zehner C，Gehnen M，Keller M，Birke P. 2010. Comparison of several methods for determining the internal resistance of lithium ion cells. Sensors，10（6）：5604-5625.

［68］Seaman A，Dao T-S，McPhee J. 2014. A survey of mathematics-based equivalent-circuit and electrochemical battery models for hybrid and electric vehicle simulation. J Power Sources，256：410-423.

［69］Sepasi S，Ghorbani R，Liaw B Y. 2014. Improved extended Kalman filter for state of charge estimation of battery pack. J Power Sources，255：368-376.

［70］Stuart T A，Zhu W. 2011. Modularized battery management for large lithium-ion cells. J Power Sources，196：458-464.

［71］Sun F，Xiong R，He H，Li W，Aussems J EE. 2012. Model-based dynamic multi-parameter method for peak power estimation of lithium-ion batteries. Appl Energy，96：378-386.

［72］Tang M，Stuart T A. 2000. Selective buck-boost equalizer for series battery packs. IEEE Trans Aerosp Electron Syst，36（1）：201-211.

［73］Teofilo V L，Merritt L V，Hollandsworth R P. 1997. Advanced lithium-ion battery charger. In：Battery Conference on Applications and Advances，Long Beach：227-231.

［74］Tillman，S.，Güner，N.，Schweizer-Berberich，M.，Stichowski，T.，Temic Automotive Electric Motors Gmbh，2013. Battery with battery cells and method for monitoring and controlling the battery cells of the battery. US patent 8564244 B2（22.10.2013.）.

［75］United Nations Economic Commission for Europe，2013. Uniform provisions concerning the approval of vehicles with regard to specific requirements for the electric power train，ECE/UN-R100 rev. 2.

［76］Waag W，Käbitz S，Sauer D U. 2013a. Application-specific parameterization of reduced order equivalent circuit battery models for improved accuracy at dynamic load. Measurement，46（10）：4085-4093.

［77］Waag W，Fleischer C，Sauer D U. 2013b. Adaptive on-line prediction of the available power of lithium-ion batteries. J Power Sources，242：548-559.

［78］Wan E A，Nelson A T. 2002. Dual extended Kalman filter methods. In：Haykin，S.（Ed.），Kalman Filtering and Neural Networks，John Wiley & Sons，New York.

［79］Wang S，Verbrugge M，Wang J S，Liu P. 2012. Power prediction from a battery state estimator that incorporates diffusion resistance. J Power Sources，214：399-406.

［80］Wong Y S，Hurley W G，Wölfle W H. 2008. Charge regimes for valve-regulated lead-acid batteries：performance overview inclusive of temperature compensation. J Power Sources，183：783-791.

［81］Wright A. 2011. Hacking cars. Commun ACM，54（11）：18-19.

［82］Xing Y，He W，Pecht M，et al. 2014. State of charge estimation of lithium-ion batteries using the open-circuit voltage at various ambient temperatures. Appl Energy，113：106-115.

［83］Young C M，Chu N Y，Chen L R，et al. 2013. A single-phase multilevel inverter with battery balancing. IEEE Trans Ind Electron，60（5）：1972-1978.

［84］Zhao J，Jiang J，Niu L. 2003. A novel charge equalization technique for electric vehicle battery system. In：Int Conf Power Electronics and Drive Systems，Singapore：853-857.

［85］ZSW，2014. Press release April 2014，Zentrum für Sonnenenergie-und Wasserstoff-Forschung，Baden-Württemberg. http：//www. zsw-bw. de/uploads/media/pi04-2014-ZSW-StandElektromobilitaetweltweit-neu. pdf. 2014-10-04.

13 电动汽车用电池的热管理

C. Huber，R. Kuhn

13.1 引言

几乎所有的电化学系统、电池特性和行为均是高度依赖于电池的热运行条件。温度范围、外形和均匀性会对电化学反应具有很大的影响，从而进一步影响到电池系统的性能、安全性和寿命。要想在汽车领域中取得成功，可靠性和寿命是关键因素。进一步的研究表明，电动汽车想要广泛应用，它们在处理过程上必须像传统汽车一样简单。显然，大多数客户都不愿意研究电池系统的特性，而是期望电动汽车可以在各种条件下的全面运行（NPC，2013）。因此，一套先进的电池热管理系统是基本的要求。

以下章节简要地描述了在整体的热管理系统设计过程之前电动汽车电池的基本温度效应和热特性。介绍了所有相关系统方法，并综述了它们的特性、优点和缺点。在典型的设计计算方面，详细比较了单一系统拓扑的尺寸与特性。本节的结论是对未来发展的展望以及建议进一步阅读的汇总。

13.2 电池热管理的动机

13.2.1 温度对电池性能和老化的影响

动力学反应速率和温度之间的关系，由阿伦尼乌斯方程给出。对于大多数电池的应用来说，这意味着已经有 10K 的温度上升，是内部反应速率的 2 倍，包括无用的老化和自放电过程。因此，温度被认为是影响电池性能和电池老化的最重要因素。要完成一个循环或使用寿命，要求汽车进一步应用热管理［10 年或 1000 次循环（80％的放电深度）］，它对电池寿命的影响是至关重要的。

由于其高的比能量密度和循环稳定性，锂离子技术的出现被认为是今后数年汽车应用领域中最有前途的技术（Anon，2010），以下重点关注此类电池，对其他类型的电池，在适当的地方也提供了简要信息。

13.2.2 容量和功率衰减随温度的函数

不同电池组分的化学和机械作用可导致不可逆的老化效应。除了活性物质溶解到电解液和电解液的氧化，负极的降解现象被认为影响最大（Aurbach 等，

2002；Kassem 等，2012）。

在锂离子电池的负极上，随着时间的推移，固体电解质膜（SEI）的发展显著影响其老化过程。生长的 SEI 膜导致连续的锂离子的损失以及电解液的分解（Methekar 等，2011）。高温可能导致 SEI 膜的溶解或破裂以及锂盐的产生，这会降低锂离子的嵌入与脱出性能，更会增加电极的阻抗（Koltypin 等，2007）。因此，更多的锂必然会形成一个新的 SEI 层。

一旦活性物质已不可逆地转化为钝化相，可用的能量将永久地减少。大部分这些破坏性过程的速率，高度依赖于电极/电解液耦合，但几乎始终是环境温度的函数。升高温度已被广泛证明可以加速副反应和可循环锂的损失（Ho 等，2002；Ramasamy 等，2005）。

高温同样会导致功率的衰减，以及随着时间的推移内阻的增加（Zhang 和 White，2007）。温度对电池老化的详细影响仍有待深入研究；对于单一影响，Broussely 等（2005）和 Vetter 等（2005）给出了更详细的概述。

13.2.3　自放电

除了容量的不可逆机理和功率的衰减，一个可逆的自放电，也会使充电电池失去其存储的能量。该过程主要由 SEI 膜-电解液界面层上不受控制的反应驱动，因此，升高温度和电荷状态也加速了此过程的进行（Utsunomiya 等，2011）。

图 13.1 给出了在不同温度范围内，随着时间变化的锂离子电池的自放电和不可逆容量的损失（Jossen 和 Weydanz，2006）。

Bandhauer 等（2011）非常详细地综述了热因素对老化和自放电机理影响的最新研究成果。

除了上述的老化过程，循环次数的增加、使用寿命的延长以及不同的温度范围也对电池的充放电特性有影响。

一个显著的影响来自于电池材料的内阻，且它是温度的函数。

尽管电解液的电阻率随温度升高而降低，但金属导体的欧姆电阻反而会增大。电解液的整体影响是决定性的因素，使几乎所有类型的电池整体电阻会随温度升高而降低，从而导致可用容量和功率方面的性能提升（见图 13.2）。本文的可用容量由其制造商定义为电池最大和最小工作电压之间能量的可收回量。

13.2.4　选择电池类型的热性能

电池因环境温度条件和内部热量产生的反应，高度依赖于电池的热材料特性，即比热容和热导率。要设计一个有效的热管理系统，了解这些值是绝对有必要的，尽管相关信息不容易得到。对于特定电池的精确值，高度依赖于形式因素、套管材料及其厚度。可以根据它们的单组分和各自的质量分数或确定的实验来计算。

常见的实证方法包括加速量热法、氙气闪光灯法（Maleki 等，1999）、电池

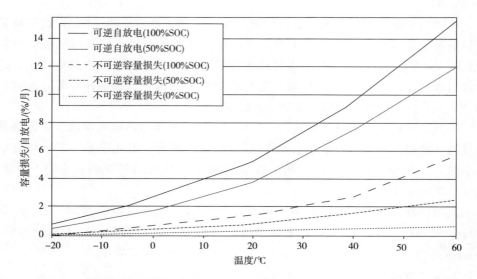

图 13.1　月自放电和容量衰减与储存温度的关系曲线（Jossen 和 Weydanz，2006）

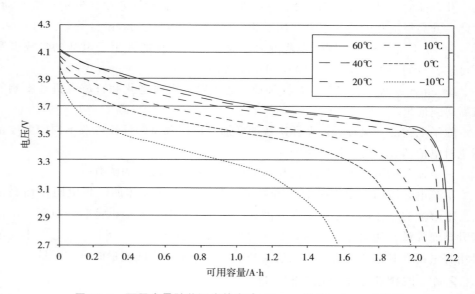

图 13.2　可用容量随着温度的衰减（Jossen 和 Weydanz，2006）

内的热电偶插入法（Forgez 等，2010）和新的热阻抗谱法（Barsoukov 等，2002）。虽然单个电池之间的数值不同，表 13.1 给出了常见电池类型的粗略估计。

表 13.1 选定电池类型的估计热性能

指标	镉镍电池	氢镍电池	锂离子电池	聚合物锂离子电池
比热容/[J/(kg·K)]	1250	521~787	960~1040	1180
热导率（通过平面）/[W/(m·K)]	0.87~1.26	0.74	0.34~1.09	0.32~0.89

注：Falk 和 Salkind，1969；Brooman 和 McCallum，1971；Pesaran 和 Keyser，2001；Yazdanpour 等，2013；Maleki 等，1999；Fleckenstein 等，2011。

在解释这些性质及其对系统水平的影响时，这些都是作为特定的值。相对于较小且更轻的电池包（如用于 PHEV），一个大且沉重的电池包（如用于 BEV）对温度变化的惯性更明显。因此，较小电池包的过热风险更高。影响系统行为的另一个因素是电池尺寸、几何形状和热导率温度，因为电池内部和电池表面的测量温度可能差异很大。硬件传感和控制机制必须能弥补这个缺陷，以确保即使是局部温度最大值仍然保持在一个安全的温度范围内。推荐的安全操作温度以及不同电池类型的上下限值如表 13.2（Jossen 和 Weydanz，2006）所示（表中的值是最高或最低的表面温度）。

表 13.2 选定电池类型的安全操作温度和上下限值

指标	铅酸电池	氢镍电池	锂离子电池	聚合物锂离子电池
充电				
建议温度 $T/℃$	5~25	15~30	20~30	18~25
最低温度 $T/℃$	−20	0	0	0
最高温度 $T/℃$	50	45	45	60
放电				
建议温度 $T/℃$	0~30	15~30	20~30	18~25
最低温度 $T/℃$	−20	−20	−20	0
最高温度 $T/℃$	50	65	60	60

对于大多数基于凝胶或液体电解质的锂离子电池包，通过电解液的凝固点确定其绝对最低温度，通常约为−30℃。对于具体的使用情况，以牺牲其他缺点为代价，电池可配备定制的电解液以进一步拓宽其工作范围（Behl 和 Edward，1998）。

从另一方面讲，电池组的规模、最大贮能和工作温度必须保持一个安全阈值，在不可控的放热产生时，这可能导致不可逆和不受控的破坏性过程，称为热失控。这个过程通常被描述为三阶段的过程，最早在 80~90℃ 就可以开始（Spotnitz 和 Franklin，2002；Rao 和 Wang，2011）。

13.3 热源、水槽和热平衡

对于一个给定的负载，要预测电池实际的温度上升，在电池与其环境之间，可以建立一个简化的热平衡系统。因此，所有相关的热源和水槽都必须考虑。在运行过程中，为了安全地防止过热，必须明确了解所选电池热的生成速率。

13.3.1 热源

电池产生的热量源于几个方面，包括源自内阻和极化过电位的热量，以及源自可逆的热效应。除了非常小的电流（$<C/5$），对于一个给定电池的热释放，电池电流是最有影响力的因素。图 13.3 是在 25℃ 的相同环境温度下，类似的软包电池在不同放电倍率下的温度上升曲线。

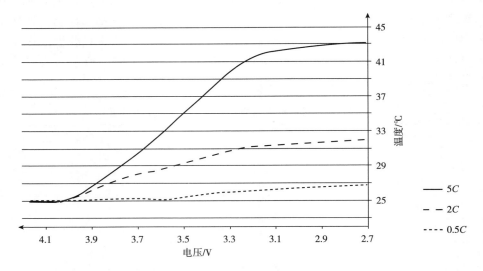

图 13.3 25℃ 的环境温度下 63A·h 软包电池在不同放电倍率下的升温示意图

释放热量的绝对数值也依赖于电池的健康状态，甚至由于生产商的不同而有关，即使是相同的电池之间也会有波动，最安全的方法是对于预测的电流分布测量其热通量并且增加安全边际。

产生的电流的量级高度依赖于牵引电池的类型和电池的连接方案。典型的混合动力电动汽车（HEV）在较短的峰值负荷下，面临更大的电流；而插电式混合电动汽车（PHEV）和纯电动汽车（BEV）电池组，通常面临较小的电流但较高的使用容量（Omar 等，2012）。另一个重要的影响因素是充电制度。随着快速充电电池组即将问世，充电越来越成为最有影响力的操作模式。根据美国 FreedomCAR 测试规范，表 13.3 给出了不同电动汽车类型特征值。

表 13.3　不同电动汽车类型的特征值

［根据美国先进电池联盟（USABC）和 FreedomCAR 项目相关数据］

指标	HEV	PHEV	BEV
典型的化学性能	NiMH/Li⁺	Li⁺	Li⁺
总能量储存能力/kW·h	1～2	5～12	22～80
实际使用容量/%	最大 40	75	80
放电			
峰值功率（10s 脉冲）/kW	25	38～50	80～310
再生			
峰值功率（10s 脉冲）/kW	35	25～30	40～155
充电			
充电电源/kW	n/a	1～2.8	5～135
温度			
工作范围/℃	−30～52	−30～52	−40～50
独立的工作范围/℃	−45～60	−45～60	−45～60

注：FreedomCAR，2013；Young 等，2012。

13.3.2　传热

电池之间及其与周围环境间的传热，主要有三种机制：辐射、对流和传导过程。

13.3.2.1　辐射

通过辐射消耗的热量，可以从斯特藩-玻尔兹曼方程估算［式（13.1）］，且由环境的温差以及表面积 A 和表面辐射系数 ε 决定。除了外部的影响，电池组内或电池组之间和车辆之间的辐射也可以产生影响。

$$Q_{\mathrm{rad}} = \varepsilon\sigma A\,(T_{\mathrm{Bat}}^{4} - T_{\mathrm{env}}^{4}) \tag{13.1}$$

13.3.2.2　对流

大部分的商业电池热管理系统，均依赖于对流作为可控的散热方法。取决于周围介质是主动或被动，这种机制被称为自然对流或强制对流。可以使用气体或液体介质（如空气或水）来实现冷却或加热的效果。式（13.2）中给出了传导传热的基本关系式。式中，$\bar{h}$ 表示平均对流换热系数，是流场的努塞尔数、雷诺兹数和普朗特数的函数（Incropera 等，2011）。

$$Q_{\mathrm{conv}} = \bar{h}\,(Re,\ Nu,\ Pr)\,A\,(T_{\mathrm{Bat}} - T_{\infty}) \tag{13.2}$$

通过对流换热的实际数量取决于温差、介质的热容量、流速、介质的黏度、接触面积 A 和其他许多因素。一般来说，由于固体和流体之间的边界层较小，层流和湍流可以很容易区分，且湍流更有效。对于常见的几何形状，其值可以由经验公式估算。复杂几何形状的计算不是一件简单的事，这可能需要大量的流体动力学模拟计算（Verein Deutscher Ingenieure，2005）。

13.3.2.3 传导

由于所有电池组内的单个电芯是以某种方式连接到机械外壳上，且电芯之间是通过集流体连接在一起的，也有一些通过传导热通量。虽然在标准操作中，它的作用不明显，对于极端环境条件（如寒冷的冬季），这个传导作用可能就比较明显。

$$Q_{cond} = \frac{\lambda}{d} A (T_1 - T_2) \tag{13.3}$$

式（13.3）给出的传导热通量可以通过使用绝缘材料层（较小的 λ/较大的 d）使其最小化，或减小与冷、热环境直接接触区域的面积（A）。

为了安全起见，还应考虑电池与电池之间的传导。由于电池之间紧密接触且通过金属汇流排连接，一只电池的热失控可能传播至整个电池包，进而导致更加致命的后果。通过有效措施可以减轻这种风险，如单个电池之间加绝缘层或热保险丝。

13.3.3 热平衡

由式（13.4）可知，所有的热源和平衡的汇合点，会导致热通量的一个平衡；其中单一的 Q 是指电池的生成热和前面提到的三个耗散通量。从电池到周围区域的热通量被定义为正的，而从环境到电池的热通量被定义为负的。

$$Q_{bat} = Q_{rad} + Q_{conv} + Q_{cond} \tag{13.4}$$

电池内有额外的热释放的情况（如电流增加）下，电池的温度就会升高。由于所有的热汇合机制与面向周围环境的温差成正比，消散的热通量也会增加。同时，高温导致电池的内阻下降，致使电池温度缓慢上升。随着时间的推移，这将导致一个新的平衡条件和稳定的温度。

如果内部产生的热量无法充分散失（如内部的热积累），温度的上升可能会导致副反应发生，如不可逆的老化，甚至导致致命的热失控。

13.4 热管理系统的设计

因此，为使电池系统保持在最健康、高效、安全的温度范围内，一个先进的热管理系统是必要的。此外，它也有助于确保所有单一电池的操作在一个大致相同的环境中运行，因此表现出一致的运行和老化行为。对于一个电池组内串联连接的电池，其整体性能总是由最差的电池来决定，以尽量减少温度扩散，这是非常可取的。最近的研究已经表明，整个电池包的温度变化小于 5K，对现实生活中的应用至关重要。此外，在单个电池内，均匀的温度分布可以实现电流密度的降低，以及电荷状态的均匀性（Fleckenstein 等，2011）。

因此，电池热管理系统的主要任务可以总结如下：

① 尽量减少热或冷的外部环境条件对电池组性能的影响；
② 最大限度地减少单一电池内和电池间的温度扩散；
③ 安全防范失控电池温度的危害以及热失控在电池间的传播；
④ 安全防止电池组内的冷凝并积极控制湿度。

本文中提到的热管理一词用于所有的结构措施、材料选择以及针对这些目标的操作策略。以下章节介绍了所有相关的系统拓扑结构，并给出了其典型应用领域的思路。因此，提出了针对不同系统的典型设计计算，并强调选择造成的影响。

13.4.1　设计过程

对于所有复杂的技术系统，定义一个汽车电池热管理系统总是在与竞争目标之间妥协，尤其是质量和成本目标。由于这个问题也与不同学科和车辆的其他组件高度关联，需求和边界条件的详细筛选是必不可少的。电池热管理中的任务和活动，与电池管理系统和车辆能量管理高度相关。虽然所有与安全相关的过程，都必须通过封装和冗余系统实现，优化任务或舒适功能可以交给车辆中央控制器。尽管各方均涉及成本压力，热管理的安全仍是最重要的因素。

在以下部分中，对于锂离子基 BEV 电池组，面向热管理系统设计的所有相关步骤均突出显示。设计这样一个系统的第一个步骤是，识别和记录所有来自于整体车辆类型的需求、设计和它运行的环境。关于环境条件，有必要考虑极端值，并在两个方向上增加安全边际。典型的汽车使用要求与全球极端气候和 DIN 1946-2：2006-07 标准（Anon，n. d.）保持一致。因此，对于通用汽车，其全球运行的相关温度范围是－45～55℃，仅对区域适应的汽车才可以缩小温度范围（Großmann，2012）。对于局部方法也可以是派生的，热管理系统是必须包括加热和冷却两个任务，还是可以减少到一个任务。额外的需求源自特殊的用途，如温度突变的持久性、高湿度，甚至越野需要的防水等，必须从一开始就考虑。

正如本章开始的讨论，不同电池化学的操作温度窗口略有不同。因此，电池类型和典型的环境条件，提供了预期气候条件复杂性的早期证据。

为了进一步打破系统的尺寸，必须从车辆的负载曲线，确定要求最苛刻的工作点。由此产生的能源需求，可以通过与关键的环境条件来确定最大的负载设计点。除了为绝对尺寸确定标准，也必须定义最小负荷和最佳负载点。

图 13.4 给出了城市交通中快速充电 BEV 的一个典型负荷曲线。通过载荷水平的显著波动以及在加速和快速充电过程中的非常独特的峰值，来表征电流曲线。负电流是指那些放电的电池，正电流是指恢复和充电。

在这个例子中，高达 180A 的电流，是在快速充电过程中最具挑战性的工况下，因此可以理解为冷却系统设计的关键点。

一旦确定了所有电池相关的关键标准，在最后一个步骤，必须考虑来自汽车电池包的所有需求和限制。除了可用空间和质量限制的数量和位置，电池模块的位置也起着重要的作用。对于某些电池组，电池可以预见性地被置于汽车中的几

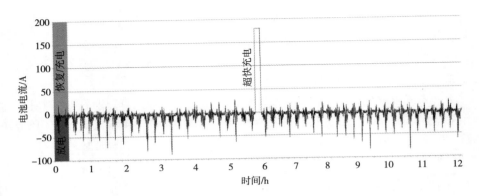

图 13.4 城市交通中快速充电 BEV 的一个典型负荷曲线

个不同位置，以利于热管理系统更复杂的布局。尤其是对于小型汽车，辅助系统的可用功率和经济因素是设计过程必需考虑的因素。

基于需求和边界条件的列表，现在可以从各种可能的解决方案中，选择一个基本的拓扑结构。通常，它们基于使用冷却介质、面向电池的接口及其集成到汽车上的整体热管理系统进行分类。在下列信息中，所有相关系统包括它们的具体特征，都进行了详细介绍。在特别的使用情况下，本节通过技术的总结比较和它们合格性的评价得出了相关的结论。

13.4.2 空气冷却系统

空气冷却系统基于环境空气为介质，并提供一个相对简单的设计，进而导致较低的生产和维护成本。它们可以通过仅使用外部空气，或已经预先处理过的舱内空气来实现预期的目标。在某些情况下，对客舱和电池的冷却要求可能不同，还有第三个版本，专为电池使用第二个蒸发器来冷却空气。

这三个概念已经出现在商用汽车上，如日产的 Leaf 和丰田普锐斯，如图13.5~图 13.7 所示。

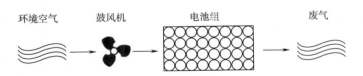

图 13.5 空气电池用空气冷却系统的设计示意图

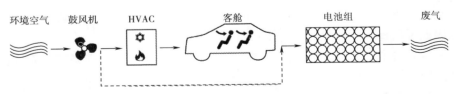

图 13.6 使用舱空气预处理的空气电池冷却系统设计示意图

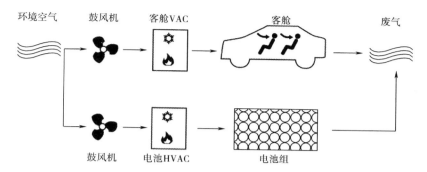

图 13.7　使用独立电池 HVAC 模块的空气电池的冷却模式设计示意图

由于冷却液介质和电池之间不需要隔离，这些系统可以很容易地适应各种电池形态因素的变化。液体冷却介质的缺失，也显著简化了电池交换系统的实现，因为不存在密封性的泄漏和液体连接器的问题。

由于空气的比热容小，而挑战冷却任务需要一个高流量，进而导致大量的导管和歧管；另外，需要额外的过滤器，以防止杂质进入电池组（Brotz 等，2007）。

图 13.8 给出了包含空气管和风扇的丰田普锐斯（Toyota Prius）电池组，这几乎和电池本身占了相同的体积。

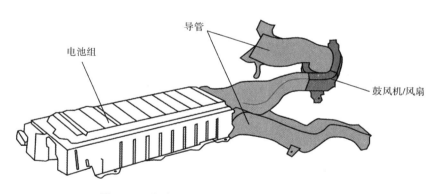

图 13.8　包含导气管筒的 Toyota Prius 电池组

除了空间的要求，空气基概念的另一个缺点是由多个风扇或鼓风机所产生的背景噪声以及乘客和电池舱之间有直接联系。

13.4.3　电介质液基系统

另一种方法也包括冷却液和电池之间的直接接触，但使用的不是空气，而是液体基介质。在此，单只电池或整个电池组置于流体环境中（如变压器油）。通过流体的自然和/或强制对流来实现温度的调节，并且是由非常高的比热容介质支持。虽然冷却效率很好，且电介质增加了安全性的概念，但由于相对较重，在装配和维护过程中难以操作，使得电介质液基系统至今未得到广泛应用。

13.4.4　间接液体冷却系统

在许多汽车中现存的冷却其他部件中，有一种是间接液体冷却系统用来控制电池温度。在这种体系当中，一种液态冷却剂在电池组和散热片之间循环。电池没有和冷却剂直接接触，而是通过导电材料（如铝）相连接。根据环境温度和散热片的功率需求，散热片可以是集成于冷却循环的散热器或蒸发器。最灵活的系统是结合电路和动态开关，在标准操作时的空气冷却和只在峰值负载或者高环境温度时用的冷却剂。这些系统用于 Chevrolet Volt 和 Tesla 汽车里。常见的液态冷却系统的设计图如图 13.9 和图 13.10 所示。

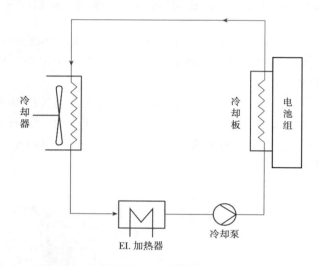

图 13.9　由散热器驱动的冷却剂电池冷却系统

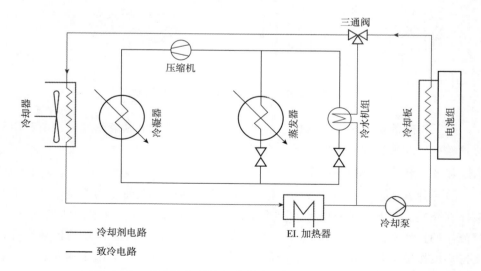

图 13.10　包含冷却剂和制冷电路的双通道电池冷却系统

在超高功率冷却系统里的最大优势是由于高质量流量和高热容，可设计得非常紧密。非凡的能级和超强的可控性使得这些冷却系统可以在快速充电或者极端气候条件下胜任。

一个典型的液态冷却系统以及在一个真实汽车里零部件的位置如图 13.11 所示。

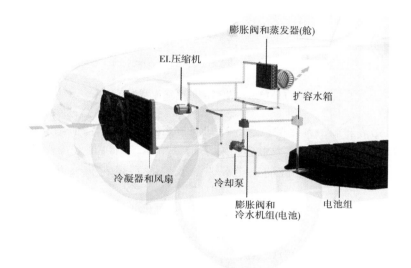

图 13.11 双通路液体冷却系统的主要部件以及它们在汽车中的位置

非直接液态冷却系统的劣势可能是更加复杂的布局，也更重，相较于基础的空气冷却系统，这些系统因额外的部件和管道而更容易出问题。维修也会相对多些。最后要注意一点就是，尤其在发生交通事故时，会有泄漏的风险，导致严重的后果（Neumeister 等，2011）。

13.4.5 基于冷却剂的系统

为了克服双通路模型的缺点，一个相对新的方法是直接将电池冷却集成在现有的冷却剂循环。电池直接和蒸发器板热连接。该板加在冷却剂回路中的。这样一个单独的冷却回路，冷却剂、热交换器就不需要了。这种结构重量减下来了，也使得系统的冷却系统更加紧凑。

因为蒸发温度是一定的，这样在整个冷却表面可达成均匀温度，使得温度均匀分布，但是将数个蒸发器集成在单一冷却回路则需要系统部件的精心设计和复杂控制。如果必须要有电池加热，那么需要增加电加热板，这些已在 2009 年应用于混合动力的 Mercedes Benz S400。目前也应用于好几个混合动力和燃料电池电动车，如 BMWi3 或者 BMW Active Hybrid 7（宝马 7 主动混合）（Bauchrowitz 等，2010）。冷却回路设计如图 13.12 所示。

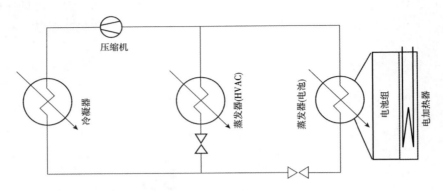

图 13.12　冷却剂基的电池冷却电路

对于冷却液和制冷剂基的概念，冷却能力主要来源于车辆的空调压缩机，因此，该组件的选择和操作尤为重要。对于制冷循环，提供足够冷却能力的任务，已经从仅是舒适特性向关键的安全要求转换，特别是对快速充电的电池电动汽车。

对于传统的内燃机（ICE）轿车来说，压缩机多数是由牵引引擎机械驱动的，而混合电动汽车和燃料电池电动汽车是用混合或纯电动的压缩机（Jung 等，2007；Heckenberger，2007），选择的关键性因素包括适当的电压电平和额定功率，需能同时驱动汽车舱和电池冷却系统。由于汽车舱冷却和电池冷却系统的载荷分布很不同，有时就会产生冲突，每一个都需在早期考虑，然后通过适当的控制策略减轻。如果电池和汽车舱冷却能力分布发生冲突，从安全角度考虑，通常优先保证电池冷却回路。

在 HEV、PHEV、BEV 等不同应用的典型代表如表 13.4 所示。

表 13.4　在 HEV、PHEV 和 HEV 应用中的电动压缩机代表

指标	三菱 iMiev（Umezu 和 Noyama，2010）	丰田普锐斯	宝马 7 主动混合
汽车类型	BEV	PHEV	HEV
压缩机类型	Scroll	Scroll	Scroll
排量	30cm³	14cm³	34cm³
电压范围	220～400V（DC）	200～288V	120V
最大功率	4.5kW	3.4kW	n. a.
制冷剂	R134a	R134a	R134a
最大转速	6000r/min	7500r/min	n. a.
质量	10.2kg	5.5kg	6.6kg

通常这些系统和所有的汽车冷却剂匹配，如 R134a、R744、R1234rf。但是由于 R134a 已被欧盟禁止用于新车，R1234yf 也存在高可燃性，所以未来的发展方向是将 R744（CO_2）作为标准（议会联盟，2006）。

另一个驱动因素是 R744 基系统也可以在热泵模式下加热电池堆（Wehner 和 Ackermann，2011；Ackermann 等，2013）。

13.4.6 电热元件

由于电热元件已经应用于汽车领域（座位冷却等），它们也一样可以应用于电池热量管理。尤其是在中低功率应用中，电热元件可以替代液态和空气基冷却系统。半导体元件和电池电芯直接或者间接连接，特点是结构紧凑和中等重量，而且没有机械部件和液态媒介，因此它们是真正意义上的免维护和长寿命，而且一个元件可以同时用于加热和冷却，通过转换电源电压的极性可以轻松地转换两种模式。

由于半导体元件是独立个体，不需要跟其他汽车模块或者制冷媒介连接，所以也可以应用于电池更换系统，而且也可以直接集成在可交换电池组。新颖的方法主要是将元件直接应用于模块连接器上，从而可以单独控制单一电芯的温度（Kossakovski，n.d.）。理论上也可以用热力发电机那样相同的半导体元件利用温度差异产生电能。

这种技术的主要劣势是半导体工艺的低效率，这限制了电池组在约 100W 冷却功率领域的实际应用。

13.4.7 相变材料

使用相变材料（PCM）暂时储存热能的想法早就有了，而且也已经应用于好几个领域，主要是静态的土木和能源工程中。原理是减少汽车电池组的冷却工作，减轻峰值负载，使热量管理系统更小。成功应用于汽车的关键是，根据相变温度、高比熔热和导热性来选择合适的 PCM 材料。

熔点在电池相关温度范围内的常见相变材料一览如表 13.5 所示。

表 13.5　常见的相变材料

材料	熔点/℃	溶解热/(kJ/kg)	热导率/[W/（m/K）]	
			固相 20℃	液相 45℃
有机				
石蜡				
$C_{17}H_{36}$	21.7	213	0.214	0.193
$C_{18}H_{38}$	28.0	244	0.358	0.194
$C_{19}H_{40}$	32.0	222	0.21	0.193
$C_{20}H_{42}$	36.7	246	—	0.201

续表

材料	熔点/℃	溶解热/(kJ/kg)	热导率/［W/(m/K)］	
			固相 20℃	液相 45℃
$C_{22}H_{46}$	44	249	—	0.202
月桂酸	44	177	—	0.213
无机				
$LiNO_3$	30	296	1.37	0.58
水	0	334	2.2 (0℃)	0.60
$CaCl_2$	30	190	1.088	0.54

注：Abhat，1983；Cabeza 等，2005；Yaws，2009。

汽车应用的特殊要求使得可选的材料较少，因为相变温度要在电芯温度范围内，而且需要有高热导率，这样可以使反应系统减少峰值负载（如在快速充电过程中）。

由于相关单一材料无法很好地满足这些要求，所以比较理想的是将有各自特性的数种材料结合起来。这就需要一种高导电性的部件，用于安置储能材料的基底。经历相变的材料中可放入微胶囊以防止漏电损耗和方便操作。图 13.13 所示的是这种复合相变材料的剖面图。

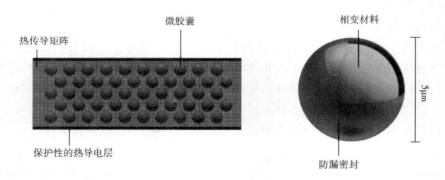

图 13.13　复合相变材料的剖面图

轻型电动车使用的圆柱形电芯电池组的初期研究表明了这种概念的普适性。一些设计是用相变材料将电芯固定（Kim 等，2008），而另外一些设计是利用管道和电池电芯热连接。

由于储热容量的限制，相变材料（PCM）没有普适性，不过它们对一些特殊应用会比较有利，可作为冷却系统的支持元件。同样由于现有部件的限制，并且需要满足冷却要求，所以对这些部件的选择也是受限的。根据储热容量的总体可扩展性、形状和安装位置的灵活性，复合相变材料可以消除其他部件离散功率能级间的缺口，这样尺寸就可以更小了。由于此种材料价格经济，免维护，相较于传统系统的相同规模冷却功率来说成本会更低。

13.5 设计计算实例

除了上一章中讨论的一般考虑外，后面章节部分给出了用于不同热管理系统尺寸标注的示例，设计和计算。为了比较各个系统间的额定功率，所有的计算都使用相同的电池模块，且忽略了其他附件的外部影响。

13.5.1 参考电池模块

参考模块包含以 6s2p 结构布局的十二只 60A·h 聚合物电池。图 13.14 是一对电芯的基本几何设置。整个模块由 6 对这样的结构，一对叠在另一对上面串联而成。对所有三个相同的结构假设恒定电流 120A，由于每两个电芯是并联连接的，总的模块电流是 240A。为了简化计算，假定恒定环境温度 30℃，而电芯表面的目标工作温度不应该超过 25℃。

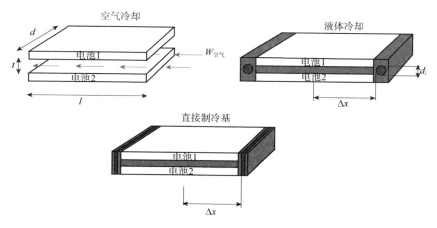

图 13.14 不同冷却方式的参考电池模块

13.5.2 电池发热

做一个粗略的系统尺寸标注，电池模块散发出的热量可以从内部电阻和如式（13.5）描述的电芯电流估算出来。样品电芯的数值如表 13.6 所示。

$$Q_{\text{module}} = 12Q_{\text{cell}} = 12I_{\text{cell}}^2 R_{\text{i}} = 77.8\text{W} \tag{13.5}$$

表 13.6 冷却案例研究的材料和系统属性

参数	变量	数值	单位
电池宽	w	0.3	m
电池长	d	0.25	m

参数	变量	数值	单位
电池高	h	0.01	m
气隙高度	t	0.002	m
冷却通道内径	d	0.006	m
冷却通道的有效长度	l	0.25	m
电池电流	I_{cell}	120	A
电池内阻	R	4.5×10^{-4}	Ω
模块电流	I_{module}	240	A
空气的热导率	λ_{air}	0.02625	W/(m·K)
空气的比热容	$c_{p,air}$	1006.25	J/(kg·K)
空气的动力黏度	η_{air}	1.84×10^{-5}	kg/(m·s)
空气流速	v_{air}	2.0	m/s
水的热导率	λ_{water}	0.608	W/(m·K)
水的比热容	$c_{p,water}$	4182	J/(kg·K)
水的动力黏度	η_{water}	8.90×10^{-4}	kg/(m·s)
水的流速	v_{water}	1.0	m/s
铝散热片的厚度	t_{fins}	0.005	m
铝散热片的截面积	A_{fins}	0.00125	m²
铝的热导率	λ_{Al}	195	W/(m·K)
导电热流路径的长度	Δx	0.18	m
空气冷却器效率	η_{evap}	0.80	
冷水机组效率	$\eta_{chiller}$	0.85	
性能系数（制冷电路）	COP	2.0	

下面算出的热通量 Q_{module} 就简单的输入系统的尺寸，以及必须由三个热管理解决方案处理的相等的热能量通量。计算这种结构的效率，电芯和冷却媒介回路的总热阻是最关键的参数之一。该总热阻可视为在热源和散热片之间串并联热阻的综合。导电和对流热阻的综合方程如式（13.6）～式（13.9）所示。对于串联的电阻来说，总电阻等于所有单个电阻的和。热流量最终由式（13.10）中的温度差决定（Verein Deutscher Ingenieure，2005）。

$$R_{th,cond} = \frac{\Delta x}{\lambda A} \tag{13.6}$$

$$R_{th,conv} = \frac{1}{\alpha A} \tag{13.7}$$

$$R_{\text{th, serial}} = \sum_{i=1}^{n} R_{\text{th}, i} \tag{13.8}$$

$$\frac{1}{R_{\text{th, parallel}}} = \sum_{i=1}^{n} \frac{1}{R_{\text{th}, i}} \tag{13.9}$$

$$Q = \frac{\Delta T}{R_{\text{th, total}}} \tag{13.10}$$

表 13.6 给出的材料性质和相关性，所有三种范例方式的热阻和所需的冷却功率都可以计算。

13.5.3　空气冷却系统尺寸

对于空气冷却系统而言，单个电芯之间是通过一个平长方形通道中的干空气流通来散热的。因为空气和电池表面直接接触，只考虑对流热阻。电芯和冷却剂之间的热交换面积是由式（13.11）计算出的电芯尺寸决定的。假定空气速度恒定，特定情况下，湍流通量得出如下数值：Reynolds、Nusselt 和 Prandtl 数值［式（13.12）～式（13.14）；Incropera 等，2011］。

$$A = 2dw = 0.15\,\text{m}^2 \tag{13.11}$$

$$Re = \frac{wl}{v} = 38000 \tag{13.12}$$

$$Pr = \frac{\eta c_p}{\lambda} = 0.707 \tag{13.13}$$

$$Nu_{\text{turb}} = \frac{0.037 Re^{0.8} Pr}{1 + 2.443 Re^{-0.1}(Pr^{2/3} - 1)} = 146 \tag{13.14}$$

根据式（13.15）和式（13.16）的相关性，电芯和空气界面的热阻可以计算出来是 1.04K/W。因此，对于示范值和给定的发热，冷却空气所需的温度至少低于理想的电芯表面温度 13.5℃。

$$\alpha = \frac{Nu\lambda}{l} \tag{13.15}$$

$$R_{\text{th, total}} = R_{\text{th, conv}} = \frac{1}{\alpha A} = \frac{1}{\alpha wd} = 1.04\,\text{K/W} \tag{13.16}$$

$$\Delta T_{\text{air}} = \dot{Q} R_{\text{th, conv}} = 13.5℃ \tag{13.17}$$

对整个模块提供一个合适的空气温度的冷却功率是环境温度、总质量流量和热空气性能的函数，如式（13.18）所示。

$$P_{\text{th}} = \dot{V}_{\text{air}} \rho_{\text{air}} c_{p,\text{air}} (T_{\text{amb}} - T_{\text{cell}} + \Delta T_{\text{air}}) = 130\,\text{W} \tag{13.18}$$

下面我们假定只使用了新鲜空气，没有修复。由于所需的空气温度远低于环境温度，空气驱动系统通过蒸发器、热交换器和冷却剂与循环回路相连。考虑蒸发器的效率因素和冷却回路的性能系数，电功率最终由式（13.19）决定。

$$P_{\text{el}} = \frac{P_{\text{th}}}{\text{COP}\eta_{\text{evap}}} = 81.5\,\text{W} \tag{13.19}$$

在这一点上，我们应该强调，干空气的材料特性已被用于此计算。潮湿空气的比热容会大幅提高，从而需要额外的功率需求。

13.5.4 液态冷却系统

跟空气冷却系统不同，液态冷却系统中，冷却水不是跟电芯直接接触的，而是在冷却回路内循环来实现冷却的。因此，不仅需要考虑对流热阻，电芯到散热片内通道的热传输也发挥重要作用。由冷却回路的长度和尺寸决定的接触面积远小于空气冷却系统。然而，水有更高的比热容和热导率，从而提高了热量的传输效率。在目前的范例设计中，铝散热器用来连接电芯的上下表面和在两侧安装的水冷板。

13.5.4.1 导热热阻

铝散热片和水冷板是加在总热阻上的附件。这些附件的热阻可以由材料的热导率 λ、热流路径长度和散热片的横截面积，根据式（13.20）计算。

$$R_{\text{th, cond}} = \frac{\Delta x}{\lambda_{\text{Al}} A_{\text{fins}}} = 0.462 \text{K/W} \tag{13.20}$$

13.5.4.2 对流换热热阻

对液态冷却剂和铝冷却板之间的对流热阻，可以根据式（13.21）～式（13.24）常规管道的长度 l 和内径 d_i 来计算（Incropera 等，2011）。

$$Nu_{\text{turb}} = 0.012(Re^{0.87} - 280)Pr^{0.4}\left[1 + \left(\frac{d_i}{l}\right)^{2/3}\right] = 798 \tag{13.21}$$

$$\alpha = \frac{Nu\lambda}{d_i} \tag{13.22}$$

$$A_{\text{channel}} = \pi d_i l = 0.0047 \text{m}^2 \tag{13.23}$$

$$R_{\text{th, conv}} = \frac{1}{\alpha A_{\text{channel}}} = 0.0026 \text{K/W} \tag{13.24}$$

13.5.4.3 综合考虑热阻和所需的冷却温度

由于模块两侧有两个冷却板，总热阻相当于并联，如式（13.25）所示。因此，在液态冷却剂和电芯表面之间的最小温差如式（13.26）所示。

$$R_{\text{th, total}} = \frac{R_{\text{th, cond}} + R_{\text{th, conv}}}{2} = 0.371 \text{K/W} \tag{13.25}$$

$$\Delta T_{\text{water}} = \dot{Q}R_{\text{th, total}} = 4.80\text{℃} \tag{13.26}$$

相对空气冷却系统，液态回路需跟制冷循环相连以确保冷却剂温度低于环境温度。这可以通过制冷机实现，它可以提供一个较空气基热交换器更高的效率。

不同于空气冷却系统，液体冷却剂是在一个封闭的系统内循环，因此，从模块中释放的实际热量必须得到补偿。对于制冷剂循环假设是完全相同的 COP，电耗可以通过式（13.27）计算。

$$P_{el} = \frac{P_{th}}{COP\eta_{chiller}} = \frac{\dot{Q}_{module}}{COP\eta_{chiller}} = 45.7W \tag{13.27}$$

13.5.5　直接冷却系统

对于一个直接冷却系统，蒸发器板被安装在模块的两侧，并由一个制冷剂电路控制。这些蒸发器板的热连接，对于电池来讲，可以实现与液体冷却系统相同的散热鳍片功能，也可以看作是平行的热电阻。与之前的拓扑网格相比，这个方案不需要空气或液体等辅助冷却介质，因此也没有辅助热交换器。此外，由于制冷剂的均匀及恒定蒸发温度，在电池两侧的整个接触面［式（13.28）］提供了一个非常均匀的温度。所需的电制冷功率可以直接来自于制冷循环的 COP，根据式（13.31）可知，制冷循环是冷和热侧温度的函数。

$$A_{refrigerant} = d(2h + t_{fins}) = 0.00625m^2 \tag{13.28}$$

$$R_{th,total} = \frac{R_{th,cond}}{2} = \frac{\Delta x}{2\lambda A_{fins}} = 0.369K/W \tag{13.29}$$

$$\Delta T_{refrig} = \dot{Q}R_{th,total} = 4.79℃ \tag{13.30}$$

$$P_{el} = \frac{\dot{Q}_{module}}{COP} = 39W \tag{13.31}$$

13.5.6　案例研究总结

虽然示范计算已经被高度简化，且忽略了附加功能如风扇或泵，但研究人员强调，对于高功率应用，因其优越的传热性能，液体和直接冷却系统比空气基冷却系统更高效。由于有限的热交换器效率以及风扇和泵的余热会额外加热空气基和液态基系统，因此，直接连接到制冷剂循环被视为最节能的方法。相关案例研究结果总结见表 13.7。

表 13.7　典型尺寸案例研究的总结

系统设置	空气	液体	直接冷却
电池表面与冷却液之间的热电阻/(K/W)	1.04	0.371	0.369
冷却剂和电池之间的接触面积/m²	0.15	0.0094	0.0125
冷却液和电池表面之间的温度分布/K	13.5	4.80	4.79
系统功耗（电气）/W	81.5	45.7	39

13.6　技术对比

表 13.8 总结了不同热管理系统的一般特性、优点和缺点。此外，对它们在快速充电或电池更换等特殊用途情况下的案例也进行了评估。表 13.9 给出了选择的商业化 BEV/HEV 和各自的电池冷却概念。

表 13.8　不同电池冷却技术的利弊分析

项目	空气基	间接液体	电介质液体	制冷电路	热-电	相变材料
通用性能						
易用性	++	−	+	+	++	++
包集成的灵活性	+	++	−	+	−	++
所需空间	−	*	−−	+	+	o
组件数量	o	−	o	−−	++	++
重量	+	−	−−	o	+	o
热管理效率						
最大制冷效率	−	+	o	++	−	−
热整合	+	+	−	+/−	++	+
调节均匀性	−	+	+	++	+	++
干扰 w/其他组件	o	−	+	−	++	++
经济因素						
初始成本	++	o	−	−	o	+
维护工作	+	−−	−−	−	+	++
寿命	+	o	o	−	++	++
特殊使用情况的资格						
电池更换	++	−	+	−	++	++
快速充电	−	++	−	++	−−	+
极端气候	−	+	−	++	−	+

注：++ 非常好；+ 好；o 一般；− 差；−− 非常差；* 只有作为辅助系统，辅助主要的热管理。

表 13.9　选择的商业化车辆的电池冷却概念

指标	特斯拉 Model S	日产 Leaf	宝马 i3	雪佛兰 Volt	梅赛德斯-奔驰 S400 混合动力
类型	BEV	BEV	BEV/EREV	PHEV	HEV
电池冷却方法	间接液体	空气	制冷	间接液体	制冷

13.7　操作方面

　　电池的温度和湿度必须独立于选定的冷却系统进行监控，且系统的行为必须与负载水平和环境条件相适应。随着电池包和使用情况越来越复杂，电池热管理操作方面的重要性充分得到了体现。

13.7.1 检测和控制

电池管理从动装置被广泛用于监测电池组内的单个温度，并通过总线系统［如 CAN（控制器局域网络）］将收集到的数值传递给电池管理主控制器程序。目前使用的传感器，最常见的类型是外部安装的热电偶或电阻温度检测器（RTDs）。传感器的数量和精度随不同的电池组而变化，因此，由于成本的压力，存在着减少传感器数量的显著趋势。鉴于此，传感器的智能定位和检测数值的可靠解释，获得了异常的重视和进一步的研究。在实验室规模上，进一步努力把传感器集成到电池中，或用仪表间接测量温度，例如借助电化学阻抗谱（Raijmakers 等，2014）。

13.7.2 冷凝水处理

当在炎热和潮湿的气候条件下使用，基本上所有现在的系统必须应对冷却系统中最冷的地方形成冷凝水的风险。

由于冷凝水极大地增加了短路的风险，并加速系统部件的腐蚀，必须采取安全措施以防止冷凝或处理产生的冷凝水。对于风险和冷凝量的控制特性标准是露点；它定义了水蒸气凝结的空气温度。图 13.15 给出了露点水平温度和空气中的含水量。露点曲线清晰地定义了过饱和空气的面积。对于已知空气的含水量，在电池组内有一个温度足够低到露点线以上的地方，会发生结露现象。

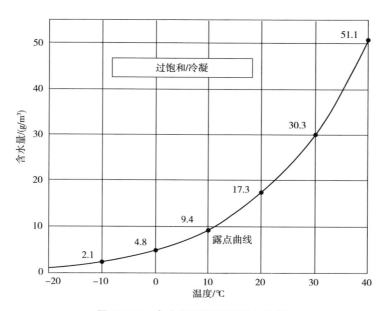

图 13.15　含水量和温度的露点曲线

基本上对于所有的液体冷却或制冷剂为基础的制冷系统，减少电池壳内的空气死体积，并且根据典型的汽车进入防护（IP）等级来密封是明智的。对于电池的外壳，已经实现了 IP 67 及以上的评级。在壳内，所有的潜在冷点，作为冷却液供应线，应该对周围的空气热绝缘。

也有办法来积极控制电池壳内的湿度。对于风冷系统，这可以使用来自HVAC 的干燥空气自动实现。对于封闭的气密系统，电解槽基除湿机也可以集成到外壳。然而，在 1h 内，将被限制在较小的孤立壳体内空气中的 1.5g 水除去，这些系统需要消耗约 8W 的功率。

13.7.3　预处理和后处理

异常的环境条件下，在车辆运行前需要对电池进行预处理。当车辆仍然连接到充电站使用固定电源而不是电池能量时，这样做更合理。热环境条件下，使电池温度尽可能低（在一个安全的范围内），以减少冷却过程中的努力，从而增加范围，是明智的做法。相反在很冷的环境温度下，建议在较高的温度条件下启动电池，在全程中尽可能避免额外的电池加热（Wehner 和 Ackermann，2011）。

13.7.4　电气绝缘的影响

很容易被忽视的热管理的另一个方面是电气绝缘的影响。为了安全运行，所有带电部件都必须与环境及相邻部件进行电绝缘。这可以显著影响热管理的概念，几乎所有的电绝缘材料，其导热的能力也非常有限。表 13.10 总结了最常用材料的热性能（Shugg，1995）。在设计总体布局时，必须考虑它们的温度范围和电导率的局限性，因为它们很可能是热传导路径的瓶颈。

表 13.10　常用电气绝缘材料的热性能

指标	聚乙烯	聚氯乙烯	聚氨酯	硅橡胶
操作温度范围/℃	−80～90	−25～75	−30～110	−40～180
热导率/[W/(m·K)]	0.33～0.51	0.2	0.5～1	0.4～0.8
绝缘强度/(kV/mm)	18.9～21.7	30～50	40～50	26～36

13.7.5　限制和挑战

对于汽车电池，当今的环境已经明显限制了电池的热性能。在极端气候条件下运行这是最明显的，无论是在机舱中还是在电池内部，此时消耗的大量可用能源仅是用于热调节。因此，导致了驾驶距离的缩短，这是客户不愿意接受的。除了电池组内的绝对热量，另一个因素可以极大地限制可用功率。即使有一个强大的冷却设施，热流从电池内部传递到散热片，可能会演变成一个瓶颈，原因是大多数电池的穿过平面热导率太小［约 0.2W/(m·K)］。对于较大的电池，这个问题需要特别注意，由于较低的连接复杂性，深受广大制造商青睐。为了解决这个问题，通过电池之间的额外热量管道或借助电池标签冷却是必要的。通过电池连接器，冷却的过程将受到一定的影响，因为所使用的材料（铜和铝）不仅提供高热导率，还有助于从内部冷却电池单元。该方法仍有待进一步研究，因为在冷却液和电池连接器之间的良好热接触以及一个可靠和安全的电气绝缘之间有明显的目标冲突。

13.8 展望

从中期来看，锂离子化学很可能是电动汽车电池的主导技术。随着电动汽车从一个商机变为市场的主流产品，客户需求更短的充电时间，而获得更高的系统电流是必要的。因此，很可能进一步增加散热的挑战性，这是相关概念特别适应于快速充电应用的关键成功标准（Jones，2013；IPTS，2010）。因此，可以认为与电池相关的热管理任务，在未来数年将获得更多的重要性，且在未来的汽车中也可能占更高的成本。以经济的方式满足这些要求，采用新的智能解决方案，如相变材料、导体的冷却或在充电过程中冷却介质的外界供应是必要的。

一些研究预计到 2020 年，将会有 2000 万辆电动车上路，涵盖全世界所有地区（Trigg 和 Telleen，2013）。更广泛地采用优质电动汽车，也会带来更多的关于电池的实际老化行为及其对操作温度依赖性的数据。一旦在统计意义上搞清楚了温度扩散和温度变化历史对电池寿命的详细影响，热管理系统就可以在技术和对电池寿命的影响之间进行合理的调整。

长期来看，新的技术可能是在增加，如为快速充电应用的特定化学设计，来解决高散热问题。这可以通过显著减少热释放来实现，在单个电池内提高热导率或减少热敏组分。这一方向的第一个趋势是 LTO 和 LFP 化学显示出良好的快速充电行为（Pistoia，2013），遗憾的是还存在着显著较低的能量密度问题。预计到 2030 年之前（Anon，2010；RECHARGE—The European Association for Advanced Rechargeable Batteries，2013），难以大规模实施这些方案。

13.9 进一步的信息来源

许多机构和研究中心专门从事电池的热管理研究，它们经常发布报告和科学更新。其中包括：
① 国家可再生能源实验室（NREL），科罗拉多州·古尊；
② 联合能源储存研究中心（JCESR），伊利诺伊州·阿贡；
③ 国际汽车工程师学会，美国。

全球众多的大学、相关期刊的学术出版机构，如《化学电源》和《电化学会志》杂志也在研究该课题。

参考文献

[1] Abhat A. 1983. Low temperature latent heat thermal energy storage：heat storage materials. Sol Energy，30（4）：313-332.

［2］ Ackermann J, Brinkkötter C, Priesel M. 2013. Neue Ansätze zur energieeffizienten Klimatisierung von Elektrofahrzeugen. Automobiltechnische Zeitschrift, 115 (6): 480-485.

［3］ Anon, DIN 1946-3: 2006-07: Ventilation systems—Part 3: Airconditioning of passenger cars and commercial vehicles, Beuth Verlag.

［4］ Anon, 2010. Technologie-Roadmap Lithium-Ionen-Batterien, 2030.

［5］ Aurbach D, et al. 2002. A short review of failure mechanisms of lithium metal and lithiated graphite anodes in liquid electrolyte solutions. Solid State Ion, 148 (3-4): 405-416.

［6］ Bandhauer T M, Garimella S, Fuller T F. 2011. A critical review of thermal issues in lithium-ion batteries. J Electrochem Soc, 158 (3): R1-R25.

［7］ Barsoukov E, Jang J H, Lee H. 2002. Thermal impedance spectroscopy for Li-ion batteries using heat-pulse response analysis. J Power Sources, 109 (2): 313-320.

［8］ Bauchrowitz E, et al. 2010. Der Hybridantrieb im BMW Active Hybrid 7. ATZ—Automobiltechnische Zeitschrift, 112 (9): 628-637.

［9］ Behl W K, Edward J P. 1998. An Electrolyte for Low Temperature Applications of Lithium and Lithium-Ion Batteries. No. ARL-TR-1705. Army Research Lab, Adelphi, MD.

［10］ Brooman E W, McCallum J. 1971. Thermal conductivity measurements of nickel-cadminium aerospace cells. J Electrochem Soc, 118 (9): 1518-1523.

［11］ Brotz F, et al. 2007. Kühlung von Hochleistungsbatterien für Hybridfahrzeuge. ATZ—Automobiltechnische Zeitschrift, 109 (2): 1156-1162.

［12］ Broussely M, et al. 2005. Main aging mechanisms in Li ion batteries. J Power Sources, 146 (1-2): 90-96.

［13］ Cabeza L, Heinz A, Streicher W. 2005. Inventory of Phase Change Materials (PCM). IEA Solar Heating and Cooling programme.

［14］ Falk S U, Salkind A J. 1969. Alkaline Storage Batteries. J Wiley and sons, New York.

［15］ FreedomCAR Battery Test Manual For Power-Assist Hybrid Electric Vehicles, 2013, DOE/ID-11069. National Engineering and Environmental Laboratory, Idaho.

［16］ Fleckenstein M, et al. 2011. Current density and state of charge inhomogeneities in Li-ion battery cells with $LiFePO_4$ as cathode material due to temperature gradients. J Power Sources, 196 (10): 4769-4778.

［17］ Forgez C, et al. 2010. Thermal modeling of a cylindrical $LiFePO_4$/graphite lithium-ion battery. J Power Sources, 195 (9): 2961-2968.

［18］ Großmann H. 2012. Pkw-Klimatisierung. Springer.

［19］ Heckenberger T. 2007. Thermomanagement von Hybridfahrzeugen. Herausforderungen und Loesungen, Automobiltechnische Zeitschrift.

［20］ Ho C D, Richardson R A, Bloom I. 2002. Calendar-and cycle-life studies of advanced technology development program generation 1 lithium-ion batteries. J Power Sources, 110 (2): 445-470.

［21］ Incropera F P, Lavine A S, DeWitt D P. 2011. Fundamentals of Heat and Mass Transfer. John Wiley & Sons.

［22］ IPTS E C J. 2010. Plug-in Hybrid and Battery Electric. Market penetration scenarios of electric drive vehicles: 1-36.

［23］ Jones B. 2013. Building Range Confidence & DC Fast Charge Infrastructure. In Powertrain Strategies for the 21st century. Michigan: 1-14.

［24］ Jossen A, Weydanz W. 2006. Moderne Akkumulatoren richtig einsetzen; Jung T-U, et al. 2007. The

Development of Hybrid Electric Compressor Motor Drive System for HEV. 2007 IEEE Vehicle Power and Propulsion Conference（VPPC）：802-807.

[25] Kassem M，et al. 2012. Calendar aging of a graphite/LiFePO$_4$ cell. J Power Sources，208：296-305.

[26] Kim G-H，et al. 2008. Thermal management of batteries in advanced vehicles using phasechange materials. World Electr Veh J，2（2）：1-14. http：//www. google. de/url？sa＝t&rct＝j&q＝&esrc＝s&source＝web&cd＝19&ved＝0CJQBEBYwCDgK&url＝http％3A％2F％2Fwww. evs24. org％2Fwevajournal％2Fphp％2Fdownload. php％3Ff％3Dvol2％2Fwevj-v2i2-015. pdf&ei＝4UzNUu2j JZGThQfFwIGABw&usg＝AFQjCNEjplPgwYHVoVUKlQmkN4MEB2upmQ&sig2＝VVPAJPrntM3 W1 _ 8tQ5anEQ&bvm＝bv. 58187178，d. ZG4.

[27] Koltypin M，et al. 2007. More on the performance of LiFePO$_4$ electrodes—The effect of synthesis route，solution composition，aging，and temperature. J Power Sources，174（2）：1241-1250.

[28] Kossakovski D. Distributed，individualized，active Thermal Management of Battery Cells Using Thermoelectrics. Advanced Automotive Batteries Conference.

[29] Maleki H，Al Hallaj S，Selman J R. 1999. Thermal properties of lithium-ion battery and components. J Electrochem Soc，146（3）：947-954.

[30] Methekar R N，et al. 2011. Kinetic Monte Carlo simulation of surface heterogeneity in graphite anodes for lithium-ion batteries：passive layer formation. J Electrochem Soc，158（4）：A363.

[31] Neumeister D，Wiebelt A，Heckenberger T. 2011. Systemeinbindung einer Lithium-Ionen-Batterie in Hybrid-und Elektroautos. ATZ—Automobiltechnische Zeitschrift，112（4）：250-255.

[32] NPC，2013. Electric. In：Advancing Technology for Americas Transportation Future：1-69.

[33] Omar N，et al. 2012. Standardization work for BEV and HEV applications：critical appraisal of recent traction battery documents. Energies，5（12）：138-156.

[34] Parliament T E，Union T C O T E. 2006. Directive 2006/40/EC of the European Parliament and of the Council of 17 May 2006 relating to emissions from air-conditioning systems in motor vehicles and amending Council Directive 70/156/EEC.

[35] Pesaran A A，Keyser K. 2001. Thermal characteristics of selected EV and HEV batteries，In：Proceedings of the 16th Annual Battery Conference：Applications and Advances，Long Beach，CA.

[36] Pistoia G. 2013. Lithium-Ion Batteries：Advances and Applications. Newnes.

[37] Raijmakers L H J，et al. 2014. Sensorless battery temperature measurements based on electrochemical impedance spectroscopy. J Power Sources，247：539-544. http：//dx. doi. org/10. 1016/j. jpowsour. 2013. 09. 005.

[38] Ramasamy R P，White R E，Popov B N. 2005. Calendar life performance of pouch lithium-ion cells. J Power Sources，141（2）：298-306.

[39] Rao Z，Wang S. 2011. A review of power battery thermal energy management. Renew Sustain Energy Rev，15（9）：4554-4571. http：//dx. doi. org/10. 1016/j. rser. 2011. 07. 096.

[40] RECHARGE—The European Association for Advanced Rechargeable Batteries，2013. E-mobility Roadmap for the EU battery industry：1-44.

[41] Shugg W T. 1995. Handbook of Electrical and Electronic Insulating Materials. Wiley-IEEE Press.

[42] Spotnitz R，Franklin J. 2002. Abuse behavior of high-power，lithium-ion cells. J Power Sources，113（1）：1-20.

[43] Trigg T，Telleen P. 2013. Global EV Outlook. IEA，EVI.

[44] Umezu K，Noyama H. 2010. Air-Conditioning System For Electric Vehicles（i-MiEV）. SAE Automotive Alternate Refrigerant Systems

［45］ Utsunomiya T，et al. 2011. Self-discharge behavior and its temperature dependence of carbon electrodes in lithium-ion batteries. J Power Sources，196（20）：8598-8603.

［46］ Verein Deutscher Ingenieure，2005. VDI-WÄRMEATLAS. Verein Deutscher Ingenieure；Vetter J，et al. 2005. Aging mechanisms in lithium-ion batteries. J Power Sources，147（1-2）：269-281.

［47］ Wehner U，Ackermann J. 2011. Neue Ansätze zur Klimatisierung von Elektrofahrzeugen. Automobiltechnische Zeitschrift.

［48］ Yaws C L. 2009. Transport Properties of Chemicals and Hydrocarbons，William Andrew.

［49］ Young K，et al. 2013. Electric vehicle battery technologies. In：Garcia-Valle R，Peças Lopes J A. Electric Vehicle Integration into Modern Power Networks. New York：Springer.

［50］ Yazdanpour M，Taheri P，Bahrami M. 2013. A computationally-effective thermal model for spirally wound nickel-metal hydride batteries. J Electrochem Soc，161（1）：A109-A117.

［51］ Zhang Q，White R E. 2007. Calendar life study of Li-ion pouch cells. J Power Sources，173（2）：990-997.

14 电动车锂离子电池老化

M. A. Danzer，V. Liebau，F. Maglia

14.1 引言

提及车用电池的老化问题，我们首先要回顾一下汽车发展。20世纪初，汽车开始兴起的时候，两种驱动概念竞争主导地位：① 单纯使用内燃机；② 电动机与电池同时使用。电动车续驶里程短、价格高，而且电池的充电时间长、衰减快、寿命短等问题导致电动车的概念当时并不流行（即使电动车具有清洁、安静、容易操控的优势）。

21世纪初，由于噪声小和零排放（图14.1）的动感驾驶经历，电动车再次

(a)

(b)

图 14.1　1912 年和 2013 年的电动车

（a）一名女士用手动充电器为 Columbia Mark 68 Victoria 充电（Schenectady 博物馆，电力历史展厅，
via CORBIS）；（b）一名男士将他的 BMW i3 连接家庭充电箱（BMW 公司）

企图进入大众市场。无论从政府、制造商还是用户都对电动车有很高的期望。但是电动车的大规模普及依然面临着同样的挑战：续驶里程、价格、安全性和电池的寿命问题。和我们常用的汽车类似，电动车也需要在至少 8 年时间内保证功率性能和续驶里程无明显降低并稳定可靠。

14.2　老化效应

与其他类型电池相比，尽管锂离子电池性能衰减的速度较慢，但是锂离子电池的性能仍会随着时间的推移而出现下降。从锂离子电池在电动车方面应用的角度来说，这种电池性能的衰减会表现为一些工作参数上的降低，如效率的降低（源自于充电损失的增加），续驶里程缩短，加速和能量回收时的效率变差。

锂离子电池性能的衰退表现为有效能量或者功率的降低。一方面，当电池内部的活性材料转化为非活性材料，部分能量损失，电池容量下降；另一方面，电池内部电阻的增大会导致电池功率（例如倍率）下降（Bandhauer 等，2011）。搁置情况下电池的能量或者功率的衰减通常被定义为搁置老化，循环老化是指在由充放电引起的能量或者功率的衰减。

电池健康状态（SOH）是指相对于电池相对于初始状态储存能量和输出功率的能力，所谓的初始状态是指电池刚出厂时针对某种特定应用的最大能力。SOH 通常是通过电池的容量 C 或/和内部电阻 R 来估算的。我们应该知道电压衰退与能量衰减关系密切，尤其是含有层状-层状（LL）正极材料［如 $x\mathrm{Li_2MnO_3}$ （$1-x$）$\mathrm{LiMn_{0.33}Ni_{0.33}Co_{0.33}O_2}$］。图 14.2 给出了含有 LL 正极材料的电池的典型恒流充放电曲线，电压区间为 $2.0\sim4.6\mathrm{V}$。随着循环的进行，不仅最大的容量值减少，而且有明显的电压平台的降低。

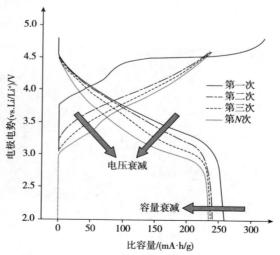

图 14.2　不同循环次数下的电压-容量曲线

随着容量衰减和电压衰退表现出循环能量损失

式（14.1）和式（14.2）给出了基于 R 和 C 的 SOH 定义，其中 R_i 和 C_i 指第 i 次循环下内阻和容量的测量值，R_0 和 C_0 指 BOL 时内阻和容量。

$$\text{SOH} = 1 - \frac{R_i - R_0}{R_0} \times \frac{1}{50\%} \tag{14.1}$$

$$\text{SOH} = 1 - \frac{C_i - C_0}{C_0} \times \frac{1}{20\%} \tag{14.2}$$

总的来说，当电池在某一个具体的应用条件下失去了使用的价值时，认为该电池寿命终止（EOL）。实际上，电池寿命终止（EOL）的定义是指电池的能量或者功率低于初始性能（BOL）的某一百分数（通常是 80%）。高能量型电池的寿命终止条件，如纯电动车上的电池，通常用容量衰减来评估，而高功率型电池，如混合电动车（HEV），通常用内阻增加来评估。对于应用在插电式混合电动车的电池，该电池需要同时兼顾功率和能量两个方面，这时需要同时考虑容量和内阻两个参数（图 14.3）。

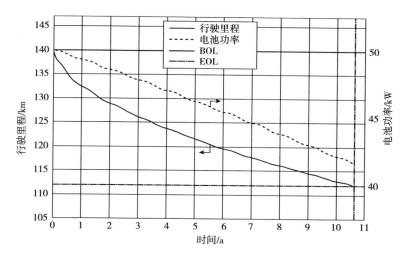

图 14.3　续驶里程和电池功率随着时间的变化曲线

寿命终止的评判标准是续驶里程达到初始值的 80%

尽管锂离子电池 SOH 和 EOL 的定义听起来很简单，实际实验测试却是一个很复杂的过程。文献中已经描述了几种不同的 SOH 的测算方法，比较两篇 SOH 评估文章发现 SOH 的评估对测试设备和评估方法的依赖性很强（Lu 等，2013；Zhang 和 Lee，2011）。

一般观点认为，容量和内阻随着电池老化的数值变化是相互影响的。尽管容量损失是由于"真实容量损失因素"，如可循环的锂或者活性材料的损失，由阻抗增大引起的欧姆极化造成充放电电压损失也会导致容量损失，这部分容量只是未被利用而不是损失，通过拓宽电压范围可以评估此部分容量（Andrea，2010）。

电池性能的衰减通过容量、内阻和电压变化表现出来，影响这些参数的因素不仅仅是电池组成部分（电极、电解液、隔膜等）的化学和电化学过程，也包括辅助部件和电池元素的衰减，同时还有电池模块和电池包中不可避免的一致性问题。无论是单体还是电池包，如果我们不排除极端或者滥用条件下这种整个衰减过程原因单一的情况，老化机理的研究会更加复杂，几个过程会同时发生，有时候这些过程还会相互影响。

而且，不同于其他的应用（如电子设备），车用锂离子电池要在很宽的电流密度、温度和荷电态数值范围内经历不规律的使用和贮存。

14.3 老化机理和根源

无数的研究将老化机理作为焦点问题，主要是电极、电解液和电极/电解液界面的物理化学转化，主要结果已经发表在几篇有价值的文献里面（Arora 等，1998；Sarre 等，2004；Wohlfahrt-Mehrens 等，2004；Vetter 等，2005；Marom 等，2011）。锂离子电池中可能的老化过程如图 14.4 所示，但是详细的描述不在本节中列出。以下的讨论主要涉及 EV、PHEV 和 HEV 中的锂离子电池，尤其关注的是高低温、荷电态（SOC）、倍率性能、放电深度等（DOD）会加速车用电池的老化的因素。

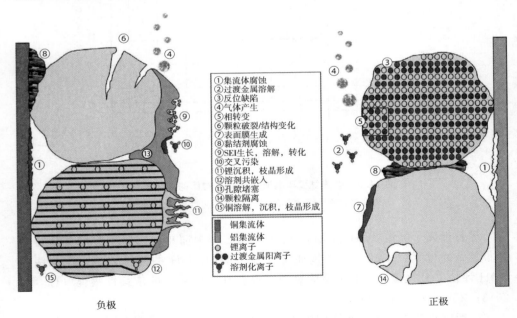

图 14.4　锂离子电池正极和负极的主要老化机理

图 14.4 中列举的老化机理可以大致分为四个方面：①表面膜形成：正极和负极的表面膜（SEI）和锂枝晶；②结构（本体）变化：离子有序度、相转变等

类似情况；③力学性能变化：颗粒破碎、电化学腐蚀、气体产生等；④副反应，如集流体的腐蚀和黏结剂的老化。

一方面，负极 SEI 形成、正极材料本体的相转变、过渡金属溶解、颗粒之间的接触损失会造成有效锂的损失，有效锂的损失是容量损失的主要原因（Arora 等，1998；Vetter 等，2005）。另一方面，阻抗的增加主要来源于传输性差的表面膜的形成。尽管在正极、负极以及黏结材料表面都会形成表面膜，但高电阻率正极表面膜在整个电池阻抗中占主要地位（Wohlfahrt-Mehrens 等，2004；Vetter 等，2005）。

仅考虑车用锂离子电池，我们可以发现所有生产的电池除了黏结剂和添加剂的种类和用量以外，负极（石墨）和电解液（碳酸酯溶剂＋$LiPF_6$电解质）的成分几乎是一样的，因此对应的老化机理也是相似的。

相反，近年来至少有四种正极材料用于车用锂离子电池：$LiFePO_4$（LFP），$Li(Ni_x Mn_y Co_z)O_2$（NMC），$Li(Ni_{0.8}Co_{0.15}Al_{0.05})O_2$（NCA），$LiMn_2O_4$（LMO）。此外还有组分略有不同的正极和混合正极（如典型的 NMC-LMO 混合）（Lu 等，2013）。

在图 14.4 中，不同正极材料本身的老化机理有所不同，考虑到正负极在整个衰减过程中的平衡，电池的老化机理也有可能变化。例如，对于使用稳定的磷酸铁锂材料（LFP）为正极的电池，老化机理主要是由于有效锂在负极的损失。而 NMC 为正极的电池，老化机理主要是正极方面，尤其是 NMC 与电解液的界面（Martha 等，2009）。

另一个因使用不同的正极材料而造成巨大差异的例子是过渡金属离子的溶解。这种衰减不仅降低了正极活性材料的量，溶解后的金属离子在负极还原会破坏负极的 SEI 膜，因此被认为是有害的。这种衰减对所有种类的电池都有不同程度的影响，对于 LMO 和 LFP 的影响最严重，会大大加速这两种电池的搁置老化（Vetter 等，2005；Koltypin 等，2007）。另外，这种过渡金属的溶解对于在某些电位下会发生相变的材料（如 LMO、NMC 和 NCA）或者易于发生阳离子反位缺陷的材料（如 NCA 和 NMC）的老化机理影响比较严重。

尽管目前的讨论主要是针对现有的锂离子电池中常用的材料，但是对于未来出现的新电解液或电极也是非常重要的，新材料的老化机理可能如图 14.4 所示或者略有不同，也可能出现全新的老化机理。

在考虑电池工作参数对老化动力学的加速影响之前，我们首先要提及所有化学电源中都会起作用的加速老化因素（如杂质问题）。比如电解液中的微量水分影响非常严重，水会和包含 $LiPF_6$ 的电解液发生如下反应：

$$LiPF_6 + H_2O \longrightarrow 2HF + LiF + POF_3 \tag{14.3}$$

该反应不仅造成电解液的损失和电解质浓度的降低，产生的副产物（本例中为HF）还会加速过渡金属离子溶解，破坏负极 SEI 的形成，而且，水分在负极的还原会导致电池内部的压力增大，总之，水分含量高的电池电化学性能差，尤其是容量衰减更快（Li 和 Lucht，2007）。因此，只有考虑到水分（或者其他有一定量的不纯杂质）情况下，不同电池或者化学材料的对比才是有意义的（Aurbach 等，2007；Chen 和 Dahn，2004）。

14.3.1 温度对电池老化的影响

根据美国能源部的自由汽车合作研究和车辆技术项目，车用电池的使用温度是-30～52℃，甚至-46～66℃，如此宽的温度范围将严重缩短电池的寿命。由于很难绘制出清晰的老化过程示意图，因此理解电池的老化机理会有些困难，尤其是考虑所有不同的化学成分的时候，情况会更加复杂，但是高温对所有电极和电解液的加速作用是相似的。无论是处于循环还是贮存状态，高温下的老化机理都包括以下几个方面：①贮存条件下负极的自放电；②因 SEI 膜的溶解重构以及组成改变而引起的锂的损失；③正极表面膜的形成；④电解液氧化；⑤正极过渡金属的溶解。考虑到以上过程都涉及化学反应热力学，因此阻抗增加和容量降低都会表现出阿伦尼乌斯行为（Fleckenstein 等，2011；Bloom 等，2001；Ramadass 等，2003）。

在低温情况下，电极的弹性减少，尤其是正极，在长期循环过程中电极会破裂。当电池在-20℃快速充电时，锂枝晶会导致不可逆的损失（也会引起安全问题）（Arora 等，1998；Vetter 等，2005）。

由于需要同时考虑外部热源（图 14.5，环境温度或长时间暴晒）和内部热量的产生（和散失）（Bandhauer 等，2011），温度对老化的演变过程的影响是复杂的过程。内部热量的产生、材料的活性（界面动力学）、浓度（物质传输）和产生内阻的原因在老化过程中都是重要的因素。值得重视的是，内部热源不仅与材料本身的传输特性有关（电导率、扩散系数等），同时和工作条件尤其是充放电倍率密切相关（Bandhauer 等，2011）。

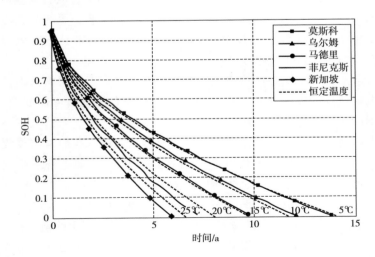

图 14.5　在不同城市不同环境中车用电池的循环和老化时间-SOH 模拟图

虚线显示恒定环境室温下的老化

14.3.2　SOC 和 SOC 的变化对电池老化的影响

根据已有报道，电池的荷电态（SOC）会对电池老化（无论循环还是贮存条件下）产生较大的影响（Arora 等，1998），对于车用电池的循环和充电条件苛刻的情况下，这种影响应该不可忽视。例如混合动力车用电池中，较低的荷电态下的循环比高荷电态下对电池的影响小，而且纯电动车电池的深循环过程中，搁置有利于延长电池的寿命（Lunz 等，2012）。

高荷电态会降低电极（包括黏结剂）和电解液的稳定性，电解液会在电极与电解液界面分解，导致锂的消耗和电极颗粒表面的钝化层增长，最终导致容量损失和阻抗增加。高荷电态下，黏结剂的分解会导致电极质量的下降；低荷电态下，集流体腐蚀会占主导地位（Arora 等，1998）。

循环过程中设定的充放电电压范围是为了保证电池内部组分的稳定性，延长电池的寿命，防止由于单体/电池包中热量或者电化学的不均匀而产生过充，但是一旦电压范围过宽，老化过程会加速，尤其是正极的稳定性会下降。有报道称数十毫伏的过充将导致正极寿命的严重受损（Arora 等，1998；Vetter 等，2005；Manthiram 等，2006）。材料的结构和化学稳定性都会导致正极的衰减，几乎所有的正极材料在特定的电压范围内都会由于非活性相的产生而出现相转变，有时还会伴随着过渡金属离子的溶解。同时，电极材料的不稳定性所导致的氧的析出会造成电解液的氧化（Manthiram 等，2006）。在负极，过充会导致溶剂的共嵌入和气体的析出，进而引起负极颗粒的破碎（Arora 等，1998）。

荷电态绝对值的大小会影响电池的寿命，荷电态的变化范围（SOC 或 DOD）也会影响电池的寿命，比如，混合动力车用电池中荷电态的变化较小（45%～55%）寿命很长。大多数的化学电源中，荷电态变化范围越窄电池寿命会越长（Bloom 等，2001）。

14.3.3　充放电倍率对电池老化的影响

高充放电倍率会增加电池内部阻抗，降低电池容量。大电流产生的热量会重构或者破坏电极的表面层（Vetter 等，2005；Bloom 等，2001；Ramadass 等，2003）。随着充放电倍率的增大，电极（尤其是正极）内部的化学转移不会随着电流的中断而骤然消失，这会产生浓度梯度、不利的副反应以及电极形貌的变化，严重时会出现电极的破裂，最终影响电池的内阻和容量。尤其是低温下的快速充电还会产生锂枝晶，由于大电流的极化而产生的电压升高继续加速电池老化。

14.4　电池设计和电池装配

除了材料和电池内部的化学物质这两个影响因素，其他因素如电池设计、电池尺寸、电池均一性以及电池配组也会影响电池的老化和整个体系的可靠性。研究电池的使用条件（如温度、电流密度和荷电态）对电池老化影响的文献较多，而研究电池设计对老化影响的文献相对较少（Fleckenstein 等，2011；Gerschler 等，2009）。循环过程中热和熵变导致电池升温，实际上电池内部温度分布并不均匀，会有温度梯度，电池内部中心区域温度较高，表面由于散热迅速而温度较低（Fleckenstein 等，2011）。电池中心部位电阻低、电流密度大，因而热量产生更多，热电偶的测试结果也证实了电池中心温度较高（Fleckenstein 等，2011）。电池的荷电态会由于温度梯度和充放电荷电量的不平衡而发生变化。如前所述，高温、电流密度和荷电态都是加速老化的影响因素，导致电池内部中心区域的快速老化和整个电池内部健康状态的不均匀。总之，电池会比假设内部所有区域均匀变化的情况下衰减更快（Fleckenstein 等，2011），电池的寿命也往往由衰减最快的那部分决定。

图 14.6 为卷绕式电池循环过程中温度、电流密度和荷电态的模拟图。这种分布不仅与电池化学、材料性质和使用条件有关，还与电池设计和电池尺寸有关。电动车中不同电池老化机理也不一样，如不同工艺的电池（圆柱形、软包、方形电池）、卷绕尺寸、卷绕电芯的数量等不同的类型和设计会影响老化机理。

图 14.6　循环过程中卷绕式 LiFePO₄/石墨电池的模拟温度分布（上）、电流密度分布（中）和荷电态（SOC）分布（下）（Fleckenstein 等，2011）

能量密度是另一个影响电池老化的非常重要的因素。EV 对续驶里程的要求需要电池能量密度不断提升，通常能量密度的增大会伴随电池寿命的缩短。在电池内部材料不变的情况下，增大能量密度通常通过增加电极厚度来实现，增加电极厚度的同时会减少电极孔隙率和非活性组分（黏结剂和导电碳，Zheng 等，2012；Lu 等，2011），在这种又厚又密的电极内部，离子传输通道会受到严重阻碍，导致电池电化学性能的降低和寿命的缩短。文献表明，电极厚度比电极（活性物质）压实密度对电池衰减的影响更大（Choi 等，2013）。

两个因素加速了高能量密度电极的老化：①高内阻。尤其是锂离子在液相里的传输（如曲折度和扩散路径长度）导致浓度梯度的增大和电极电位的变化，最终会引起循环过程中更多的副反应，包括电解液氧化和固相里的不可逆相变。（Manthiram 等，2006；Choi 和 Lim，2002）②电极片的机械破裂。厚电极中由于锂离子电池脱出和嵌入体积变化而产生的应力累积更难释放，这种应力的累积在厚电极中会导致电极开裂或者断裂，产生孤立颗粒，最终导致容量损失和内阻增大。

电池装配问题很少在科学文献里面提及，在其他公开报道的资源里面可以参考的有效资源也比较少。在电池组内部，大量的部件也会老化，最终缩短电池的寿命，包括电池壳、密封圈、垫片、阀、气孔、绝缘部件等。当讨论到这些部件对电池寿命的影响，真正的老化过程应该被区分：是在长期贮存或使用过程中随着时间而产生的真正的老化，还是由不恰当的电池设计或者劣质材料引起的所谓老化。后者通常会出现电池的过快衰减，这样的电池通常称为"缺陷电池"。例如，电池装配中的气阀厚度通常只有 $200\mu m$，它会随着时间延长而被腐蚀或者由于振动增加压力而破损，由于制造环节的公差问题气阀会提早打开。再者，装配过程中的颗粒夹杂（可能导致内部短路）和颗粒破碎也会导致生产出缺陷电池。

长期的老化效应包括：①由于热效应和导致电解液随时间损失的化学反应而引起的密封圈脆化；②焊缝的腐蚀，尤其是 Al-Cu 在正极末端的接触面上的腐蚀，由于 Al 层极化而引起的铝塑膜中腐蚀；③由于热收缩（绝缘层可能发生的）而引起的漏电流和绝缘膜材料的电化学性能下降。

14.5　电池包的老化

锂离子电池的典型工作电压范围是 $2.7\sim4.2V$，根据具体采用的正负极材料略有不同（Goodenough 和 Kim，2010），为了满足车用实际电压（通常在 $200\sim400V$）和容量的要求，电池会串联和并联形成模块或电池包（Wu 等，2013），电池的增多并非不影响寿命和老化。一旦发生单电池失效，通常并不需要替换整个电池模块或电池包。更换一只失效电池不是很好的措施，由于新电池引入到老化电池包而引起的不均匀会加速电池的失效。

预测寿命和理解电池模块或电池包的老化过程是一个极其困难的任务，需要掌握的不仅仅是关于电池老化的知识（Wu 等，2013），单体的不一致是区分电池系统老化与单电池老化的重要方面（Wu 等，2013；Bandhauer 等，2011；Dubarry 和 Liaw，2009；Dubarry 等，2009；Paul 等，2013；Lu 等，2013；Offer 等，2012；Verbrugge，1995）。

由于电池系统的容量是由整个一系列电池中容量最小的电池所决定的，因此，对电池系统的寿命预测通常会有戏剧性的结果。例如，电池寿命终止的评判标准是根据剩余容量（剩余容量＝80％初始容量），而实际电池包的寿命要比预测寿命短（Paul 等，2013；Lu 等，2013）。换句话说，无论电池管理系统（BMS）多么有效，多个电池组成电池系统的寿命还是比单电池的寿命短。

14.5.1 初始电池的不均匀

电池系统内部不均匀或一致性差的最简单来源是生产线上误差允许范围内单体之间的差异，这些误差涉及容量、内阻、质量、体积等范围。由不均匀的混料或涂布等造成的活性物质的量上的偏差是最普遍存在的问题（Dubarry 和 Liaw，2009；Dubarry 等，2009）。

14.5.2 搁置老化过程中的单体电池不均匀

除了电池初始状态的差别，无论是搁置老化还是循环老化都会加大容量和内阻的差异（图 14.7；Paul 等，2013；Lu 等，2013）。这种容量和内阻的差异的增大可以表现为电池包内热和电梯度差异（Paul 等，2013；Lu 等，2013），尽管可以通过优化电池包的几何结构、有效的水冷系统、低的内阻连接件等方式在某种程度上降低这种梯度差异，但是并不能从根本上消除。在电池未使用的情况下，自放电速率的不同最能体现电池的不均匀（Lu 等，2013）。正如前面的讨论，搁置老化与温度和荷电态密切相关，我们可以预测这种电池差异的增长率会随着单体初始容量（不同荷电态）不同而明显提升，此外，尤其是阳光暴晒的情况下，车用电池包内部某一处绝热部位的存在也会导致温度梯度的形成。

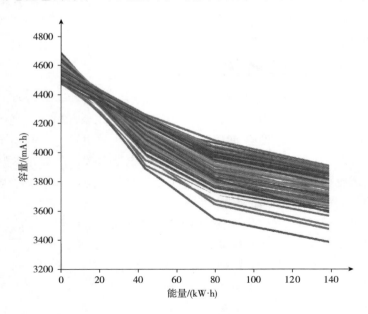

图 14.7 961sp 电池模块循环寿命测试过程中单体电池容量的变化曲线

每条线代表一个单体电池；Paul 等，2013

14.5.3 循环老化过程中的不均匀

循环老化过程中，由于电和热的引入会使情况变得更复杂（Wu 等，2013；Dubarry 和 Liaw，2009；Dubarry 等，2009；Paul 等，2013；Lu 等，2013；Verbrugge，1995）。温度梯度的存在会使温度较高的电池充放电速度更快，此外，内部阻抗和外部（对应于其他电池）电阻的影响也会造成温度梯度的存在（Wu 等，2013；Bandhauer 等，2011；Dubarry 和 Liaw，2009；Dubarry 等，2009；Paul 等，2013；Lu 等，2013；Offer 等，2012；Verbrugge，1995）。

尽管不同电池有所不同，电池内部热量的产生很大程度上取决于电流和荷电态，充放电过程结束时热量的产生会急剧增长（Bandhauer 等，2011），单体电池荷电态之间的差异会导致电池系统内部产生温度不均匀。

在科学文献里，即使连接件产生的热量和电池内部产生的热量几乎在同一个数量级上，但外部损失通常被忽视。由于连接电阻，电池包里面单体电池的负载与电池位置密切相关，电池包靠近出线端的电池负载更大，那些远离出线端的电池受更高的连接电阻影响，输出电流较小（Wu 等，2013）。对于电极-集流体的差连接（Taheri 等，2011）和大电池包，负载均衡性大，最终导致电池包内产生不均匀的热量，温度高的电池容量和功率衰退加速（Wu 等，2013；Taheri 等，2011）。在我们关注的车用领域，混合动力车用电池需要快速的充放电循环，这种电池和电池之间的差异是非常有害的。

14.6 测试

对纯电动、混合动力及插电式混合动力车的设计，用锂离子电芯进行验证，是确定电池适用性和电力机车运行要求的重要方法。评价性能、寿命和安全因素的技术必须不仅对单个电芯还要对模块和电池包进行综合测评。

在测试中不仅要考虑各种电池特性参数（应力参数）和预期使用限制，也要考虑不同特定测试条件之间的可比性，以及所得数据之间的可比性。理想情况下，应该确保每个独立组成（电芯、模块或电池包）和每个特定测试都是有效的。因此，在相同实验条件下定期测试容量和内阻的中间态检查是有帮助的。

验证的主要目的是获取时间、温度和荷电态（此处暂不考虑安全因素）对锂离子电芯性能和寿命行为的一般性影响。因此，对于车用电池有多种测试标准可用。这些车用电池的测试标准通常是由汽车协会组织，如 VDA、EUCAR、SAE 和 US-CAR 等，与检测机构和标准化组织（EN 62660-1，2011；FreedomCar，US Department of Energy，2010；ISO，12405-1，2011；ISO，12405-2，2012；SAE J2288，200）联合制订的。此外，还有生产商、供应商和用户的特性测试手册。

除了由单循环实验（完整充放电循环）构成的寿命验证之外，还要在不同温度下，以不同电流脉冲按照一定时间间隔充至各种荷电态，对电芯和模块进行脉冲功率实验（见图 14.8）、阻抗和容量检查。此外，能够模拟用户行为的定义

（合成）负载曲线（见图 14.9）以及为评价搁置老化而在不同温度和充电态下进行的存储实验都是验证程序的组成部分。测试在电池规格书限定的预期使用限制内进行，直至达到寿命终止的标准。特性参数包括最高和最低电压、脉冲和持续电流、运行和安全截止温度以及由车辆用途决定的指定荷电态范围值。通常，车用锂离子电池的寿命终止标准定义为其初始容量的 80%。因此，测试的目标应该是至少达到 20% 的容量损失。

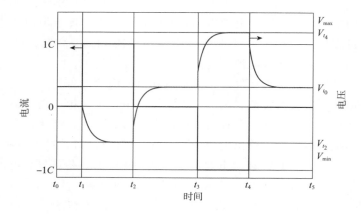

图 14.8　电流激发-电压响应曲线

作为不同温度和荷电态范围进行的脉冲功率特性测试的例子

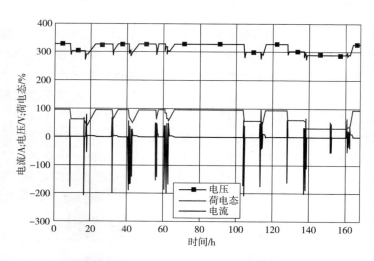

图 14.9　插电式混合动力汽车（PHEV）电量消耗模式驾驶曲线

为了研究各组件间的相互作用和电力机车内部功能，除对单个电芯进行测试外，必须对电池模块和整个电池系统进行验证。此外，不同的测试位点和集成的层次也是需要考虑的。除实验室电芯和模块测试外，还要在测功机上和真实世界中进行传动系统和整车的测试。因此，从整个电力机车相互作用（见 14.7 现场数据部分）的角度考虑，可以研究以用户为导向的驾驶曲线。

电池测试耗时耗财，特别是占据测试通道几个月的寿命测试。对于车用电池的老化项目来说，根据对寿命的预期，需要近 10 年。因此，加速试验对于寿命验证来说尤为重要。加速因素包括高温和高荷电态以及通过减少休息时间来缩短负载曲线。加速老化实验必须谨慎进行，以避免引发其他的老化机制。

运用统计方法进行实验设计，是一种既兼顾老化的复杂性又节约测试成本的方法。关于应力参数相互作用的分析，可以基于统计实验方法设计测试方案，通过建立测试矩阵，将不同负载参数及其相互作用全部包含在内。这种方法的目的在于，在保留对单个因素影响效果及各因素相互作用（Ronniger，2013）的评价能力的前提下，做尽可能少的实验以降低费用和时间成本。

通过定义压力测试、衰减过程测试及关联电芯内部各衰减过程间因果关系等方法，应该可以形成可靠的电池老化和寿命模型。根据这一模型可获取确定参数，设计新的明确界定的加速测试方法以用于快速电池质量测试，使电动车电池寿命验证成为可能。

除加速实验外，鉴于各负载参数之间存在相互作用，验证工作在结果解读和如何解释单个压力因素影响等方面也存在挑战。各主要影响变量之间的从属关系可以用因果图来展示。图 14.10 展示了影响寿命的各参数的组合及其相互作用的复杂关系。即便只研究一个单独（压力）参数，也会存在与该参数相关的一些效应；例如，较高的电流意味着电芯内温度会通过自加热而上升，由此又会影响内阻。

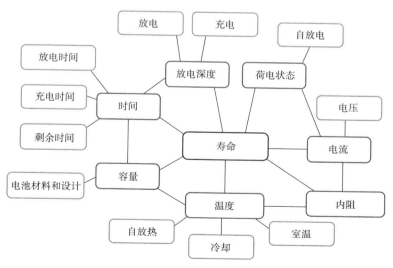

图 14.10　影响锂离子电池寿命的重要压力参数及其相互关系图

对于汽车工业来讲，理解造成锂离子电池老化和失效的根本原因是一个非常迫切的需求，特别是要考虑到用户满意度、售后保修以及商誉成本。因此，对锂离子电芯和电池包的验证不可或缺。

14.7 现场数据

电气化车辆及其电池的真实世界行为对于汽车研发的多个领域都具有相当的重要性。道路车辆可以为电池老化研究提供大量有用信息。收集现场数据可以提供在真实世界使用状况和用户特定使用条件下电池系统状态及其老化行为的重要信息。

收集的信息可以是车辆参数，如里程数和油耗；或者是电池参数，如电量和能量、放电深度、容量、内阻、荷电状态和健康状态温度（扩散）、最高/最低电压。数据可作为单变量的时间序列、直方图、事件数量（如超电压限制）来存储，也可以集合形式存储（如 0℃ 以下的总充电时间）。车辆和电池系统相关的数据可通过不同方式提交，例如通过特定传输频道的无线电或者在汽车保养服务时读取。在电池老化方面，现场数据可用于电动车操作模式分析（如电量耗尽和电量平衡）、研究与日历和循环寿命相互依赖性、环境条件影响（如温度、日晒和湿度）、充电策略影响和驾驶行为（如野蛮程度）等。所采集的现场数据用来优化运行策略、考量功率容量和运行限制。对于电池温度和环境条件的分析帮助细化冷却要求。此外，现场数据可进一步用于发展实验室测试程序，加强负载曲线（Neubauer 和 Wood，2013；Peterson 等，2010）。使用现场数据可对寿命模型进行调整和修正，进而提高可预见性（Liaw 和 Dubarry，2007）。由此，高压存储和电动车自身的质量保证、预后保修和商誉成本都可以得到支撑。

收集和分析现场数据的挑战在于数据量庞大，并且对于电池具有特殊性，如容量和内阻，几乎没有恒定的测量条件。而且不同应力和环境参数之间的相互作用也很难解析成若干单独的效应。正因如此，通过现场、测功机和实验室等不同实验方法所获取的数据的可转换性和可比性是一大挑战（见图 14.11）。但是，采

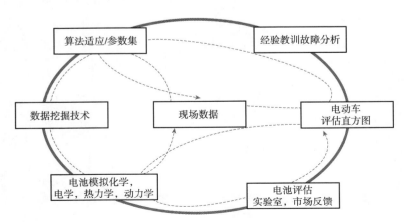

图 14.11 不同研发部门之间现场数据分析的相互关联

用这些不同数据来源并且分析相互作用可以在更深的层次上理解车辆电池的老化，获取关于（附加）老化效应的更详细信息，最终对影响老化的重要因素得到更好的理解。

14.8 建模与仿真

原则上，有两种电池老化的建模方法：① 基本的基于物理学的，衰减机理和过程的第一性原理模型；② 现象学的，主要通过重现和外推老化实验中的容量衰减和阻抗增加建立老化效应的描述性模型。

14.8.1 现象学模型

如前所述，锂离子电池的老化取决于很多运行和环境条件。大多数现象学的老化模型试图用一些变量的数学函数来描述容量衰减和阻抗增加的老化效应，

$$a = f(t, T, \text{SOC}, \text{DOD}, I, Q, E, \cdots) = 1 - \text{SOH} \tag{14.4}$$

主要的输入变量包括时间（t）、温度（T）、荷电态（SOC）、放电深度（DOD）、电流（I）、电量（Q）、能量（E）及类似的变量。如上所示，老化是一个直接与健康状态（SOH）相关的标量值。

通常，电池总的老化可以划分为两部分的贡献：搁置老化和循环老化。

$$a_{\text{cal}} = f(t, T, \text{SOC}) \tag{14.5}$$

搁置老化描述未经使用的情况下发生的衰减效应，与电流和能量无关，只与时间、温度荷电态有关。

$$a_{\text{cyc}} = f(T, \text{SOC}, \text{DOD}, I, Q, E) \tag{14.6}$$

循环老化包括多种不同的老化机制，包含许多输入变量，且对于每种不同用途的负载曲线具有差异性，也因此对老化建模具有最大的挑战。为兼顾搁置老化和循环老化两部分对老化的贡献，需假设二者具有可加和性。

$$a = a_{\text{cal}} + a_{\text{cyc}} = 1 - \text{SOH} \tag{14.7}$$

如果采用根据统计学设计的实验进行老化测试（参见 14.6 部分），老化模型应通过线性或非线性回归分析得出，这样才能重现有统计意义的一阶和二阶效应。典型的一阶效应老化模型是不同荷电态下的搁置老化（Bloom 等，2001）。相应的，二阶效应则是在电芯不同的电势和不同温度下的搁置时间。不同平均荷电态下的放电深度可以作为一个循环寿命的例子（Takei 等，2001）。

除了数据驱动的回归分析，物理学模型也可用于老化建模。有结果显示搁置老化遵循阿伦尼乌斯行为，即决定性老化过程具有随温度呈指数变化的活化能（Liaw 等，2003）。根据经验，在 10K 的低温下可以预期寿命翻倍。Ploehn 等（2004）发现，如果 SEI 层是决定性衰减机制，老化则会以时间的平方根的速度进行。综合这两个依赖关系可得日历寿命测试的相对容量遵循带时间平方根的阿伦尼乌斯方程（图 14.12）。

$$rC(t, T, \theta) = 1 - A \exp\left(-\frac{E_A}{R T_K}\right) \sqrt{t} \tag{14.8}$$

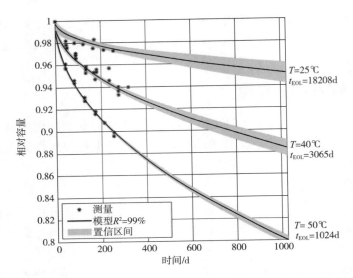

图 14.12　10A·h NMC/石墨软包电池在 50%荷电态下测得的日历寿命

（相对容量衰减对温度呈阿伦尼乌斯依赖性，对时间呈平方根依赖性。各温度下到达寿命终止的时间由模型公式外推算得）

对于循环寿命，也有类似的依赖关系发表（如 Wang 等，2011）。以上的方程描述了恒定条件下的老化，如果在电池寿命期间条件改变那么老化将如何进行则是一个问题，如环境温度或使用曲线的改变。答案需要由路径依赖性研究给出（如 Gering 等，2011）。

讨论的所有模型不仅用于测试数据的拟合，也可用于将老化外推至限定的寿命终止标准，以估算观测条件下预期的电池寿命。如图 14.13 所示，对于每个模型还需计算置信区间，以包含各种不确定性和电芯-电芯之间的差异。

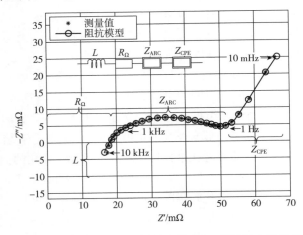

图 14.13　10mHz～10kHz 频率范围内测量的石墨/LFP 锂离子电池的 Nyquist 阻抗谱图

模型由电感 L、欧姆电阻 R_Ω、弧度原件 Z_{ARC} 和常相位原件 Z_{CPE} 组成

　　如前一节所讨论的，当分析现实世界负载曲线或驾驶循环的现场数据时，老化建模采取追溯法。

14.8.2　基于物理学的模型

　　已有若干基于物理学的模型用于电池老化的研究。这些模型涵盖从电池包到电芯的不同层次，细化到对每个单独衰减机理的研究，随着对系统的描述越来越具体，可预期相应的计算费用会增加（Ramadesigan 等，2012）。在原子层次上，已有人用动态蒙特卡洛方法研究存在活化能势垒情况下锂离子扩散或模拟 SEI 生长过程（Van der Ven 和 Ceder，2000；Methekar 等，2011）。也有人采用分子动力学方法模拟与 SEI 相关的老化过程（Leung 和 Budzien，2010），通常是将计算成本更昂贵的密度泛函方法用于研究锂脱/嵌过程中电极材料的热力学稳定性和电解液组分在电极表面的反应活性（Qi 等，2010；Tasaki 等，2003）。

　　在电芯层次上，伪二维（P2D）模型是目前为止使用最为广泛的研究性能和老化的方法。P2D 模型最早由 Newman 研究组开发（Doyle 等，1993），是基于浓度溶液理论并采用多孔电解质理论描述由互穿的活性物质和电解液构成的复合电极。在固体和液体介质中扩散是明确的，而锂插入和脱出的反应速率则用 Butler-Volmer 动力学方程描述。由于这种仿真方法的灵活性，人们又开发了几种类似的模型（Ramadesigan 等，2012），用以包含更多关于内部作用和变量的细节性描述；具体改进的实例包括：电极体积改变引发电解液流动导致液相对流所产生的荷电和中性物质的输运、活性相尺寸和形状分布的差异。

　　目前，在车用高功率/高能量电池老化的可靠仿真方面取得的最长足的进步是通过热-电化学效应耦合模型引入温度（Srinivasan 和 Wang，2003；Gu 和 Wang，2000；Smith 和 Wang，2006）。更重要的是，通过引入明确包含诸如阴阳极 SEI 生长、Li 析出、Mn^{2+} 溶解等单个衰减机制的子模型，热-电化学 P2D 模型最近已在老化仿真方向得到进一步扩展（Lin 等，2013）。

　　这一领域未来的发展方向是引入电芯内部温度非均匀性、三维热模型以及电池模块和电池组建模。尽管文献中已报道了一些例子，目前计算成本问题极大地限制了在老化研究中扩展这些仿真方法的可能性。

14.8.3　关于老化建模与仿真的总结

　　总之，必须指出现象学模型的有效性是受到测量范围制约的，超出测试范围的预测是无效的。电池测试成本高，且对每个测试的电池类型和批次具有特异性，通常是不可互换的。但是现象学模型准确、以用途为导向、减少了数学计算，因此适用于寿命计算和车载电池管理系统（BMS）算法。模型参数易于通过数据拟合获取。

　　从另一方面讲，第一性模型计算成本高。它们允许预测和互换，因此适用于电池的设计和提高。它们的精确性严重依赖于收集到可靠模型数据的可能性。用于决定模型参数的材料层次的测试非常耗时耗财。

14.9 诊断方法

锂离子电池对外界环境是密封的，没有直接的途径获知内部发生了什么。通过外部测试所能测量的是内阻上升和容量衰减的老化效应。两次测量间的容量损失和阻抗上升的增量是电芯内所有组分中发生的全部老化过程的累积。

诊断方法的首要目标是揭示对总性能损失的各种不同贡献。如果出现能量衰减，就要区分是负极活性物质损失、正极活性物质损失还是可循环锂的损失。如果出现内阻增加，可能的极化贡献有：电子电导和离子迁移的欧姆电阻增加、界面电阻、扩散电阻以及传荷电阻。除此之外，诊断方法的第二个目标是在老化情况下揭示活性电极物质以相行为的形式表现出的自身结构改变，如石墨的成阶现象和正极材料的相转变。

14.9.1 极化和内阻

对极化效应和内阻的分析是基于监控电芯对于电流激励的电压响应。如果是阶梯或脉冲电流作为激励信号，在时域上，先是由欧姆电阻导致的即时电压响应，后面跟随的是界面传荷过程和扩散过程的指数行为的暂态电压响应，二者具有各自特定的时间常数。

电流脉冲的电压响应时间常数和电流干扰的电压驰豫时间常数都与反应动力学特定相关，因此也可以作为老化过程的标志。

从技术角度讲，通常要测量两个特征值。一是交流阻抗（R_{AC}），在频域测量的电阻，以频率为 1kHz 的正弦电流激励，阻值几乎与纯欧姆电阻相等。二是直流电阻（R_{DC}），在时域测量的电阻，测定特定脉宽的电流脉冲下的电压差值，如 15s 内累积的欧姆、传荷和扩散极化效应。所测量的电池电阻只在当前工作点有效。所有的极化效应都对荷电态、电流、温度和滞后等电池状态变量有着各自单独的依赖性。由于这些敏感性的原因，只有在整个电池寿命过程中以相同的实验条件进行电阻测试才能获取和解释老化效应。

电压响应的暂态行为可以用来拟合阻抗模型，多数情况下根据数据采用电阻-电容等效电路。最终，用电池寿命过程中模型拟合参数的演变来讨论导致电池中内阻升高和功率衰减的各种不同贡献（Bloom 等，2002）。

为了更进一步研究电芯中发生的电化学和物理过程，可以运用电化学阻抗谱（EIS）。此方法的运作是在频域施加以对数频率扫描的正弦信号作为系统激励。为了限制电流，通常情况下以恒流模式测试电池，具体电流值由输入信号控制。用频率分析仪读出电压和电流的大小和相位并计算出阻抗谱图，也叫复频内阻。模型拟合和参数识别是 EIS 的组成部分。其目标是把不同的物理和电化学过程的模型指认为阻抗谱图中不同的部分（Macdonald，2005）。如上面所讨论的，寿命过程中模型参数的演变可以用来讨论电池的老化行为（Tröltzsch 等，2006）。

另外一种方法是采用去卷积技术（Tuncer 和 Macdonald，2006）将阻抗谱变形为弛豫时间分布（DRT）。由此避免了阻抗谱图的拟合，可以对极化过程进行直接的解读。DRT 有助于解析各电极过程以及它们在各自特定的时间常数范围内对总极化效应的贡献（Schmidt 等，2011）。

14.9.2 容量和电压曲线

受其特定活性物质影响，每种电池技术在整个荷电态范围内具有特性电压曲线。电压行为随充电容量变化呈现出斜坡、平台、陡峭过渡区或拐点等特征。电压曲线可以通过在高低电压限定的范围内采用持续小电流充放电得到，也可用小的荷电态增量伴随充足的电压弛豫时间，两种情况都可以有效地减少极化效应。下面将讨论采用信号处理方法放大曲线特征。

容量增量分析（ICA），又称微分容量曲线，是电量对电压的导数 dQ/dV，单位 A·h/V（Bloom 等，2002；图 14.14）。曲线中呈现特征的峰谷，峰的位置、高度和形状以及峰峰之间的电位改变包含着有价值的信息。反过来，电压增量分析（IVA）是电压对电量的导数 dV/dQ，单位是 V/(A·h)。这里峰峰之间的电量包含了相关的信息（Safari 和 Delacourt，2011）。

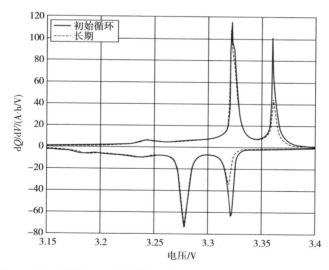

图 14.14　石墨/LFP 电芯采用 $C/10$ 电流充放电的容量增量分析

上部是充电曲线；下部是放电曲线。实线是寿命刚开始的新鲜单体电池；虚线是老化过的单体电池。峰显示出典型的石墨成阶现象。高电压下峰高下降表明可循环锂的损失是唯一的老化机制

ICA 和 IVA 以变化更为明显的电压曲线揭示了活性电极材料的相行为，如石墨的成阶现象或正极材料的相转变。如两次测量发生峰位移、降低或变形等特征的变化说明发生了衰减过程和相改变。追踪这些改变使得我们可以解析负极活性材料损失、正极活性材料损失、可循环锂损失等因素各自对总容量衰减的贡献

（Dubarry 和 Liaw，2009；Dubarry 等，2009）。如果要实现原位监测老化效应的目标（即在一个独立的循环中），而不是几个循环或更长时间的累积结果，则必须很好地控制电池状况并保证很高的测量精度。例如，通过这种方法，库仑效率的测量可以与 SEI 生长这一锂离子电池中主要的老化机制直接关联（Smith 等，2011）。

我们介绍的所有诊断方法都适用于实验室环境，电池状况和环境条件都能得到良好的控制。这些通常要求特定的测试方案、昂贵的测量和信号处理设备以及运算成本很高的算法，这在大容量车辆上通常是无法实现的。因此，车载诊断系统只能对电池老化进行部分分析。诊断方法则更适合于售后服务中的检查。在电池管理系统中能够实现的是容量和内阻的测试方案和预估算法，用以得出汽车电池的健康状态（Li 等，2014）。

14.10　延长电池寿命

实现慢性能衰减和长电池寿命需要两个主要的前提条件。一方面，长寿命要求选择和合成出能够相互匹配的稳定材料、均衡配组的电极、好的电芯设计以及很高的产品质量。另一方面，长使用寿命要求对衰减的根本原因和过程认识、对有害状态（如低温充电、高温高压下搁置）的认识，相应地要有合理的运行限制定义。

在保持寿命和防止（快速）衰减的方法中，电池管理是最为重要的。电池管理系统具有数据采集和状态评估的功能，其首要任务是对每个电芯进行电池状态（电流、荷电态、温度、电压）的完全监控并且保证遵守运行限制。除了监控功能之外，电池管理系统还要能采取行动，如控温、限制功率以及最终干扰电流。这样可以减少应力确保电芯在舒适区间运行。而且，电池管理系统要通过平衡和冷却电芯来照顾模块中各电芯的均匀性。为了及早发现有害状态和修改运行限制，需要给电池管理系统提供更高的智能性和更好的诊断方法。

延长电池系统寿命的渠道和方法有很多。从材料层面上讲，大量研究精力投入在诸如电解质添加剂、通过电极包覆以减少衰减并稳定电极结构等辅助材料的开发方面。在系统层面上讲，首要的方法是电池包量度规划和尺寸加大。置入更多的电芯或具有更高容量的电芯可以使总容量提升，导致放电深度降低、电流降低，自加热由此缓解，最终使整个系统在更低的平均荷电态下运行。第二个方法是定义更为严格或保守的运行限制（如严格禁止低温充电）。第三个方法是控制电池系统，使平均电压、荷电态和温度得以降低并将极值状态下搁置的时间最小化。

14.11　结论

刚生产的电池在其特定用途方面具有最高的效用。随着时间的推移和电池使用，它们逐渐失去效用，最显著的就是功率容量衰减和可用能量损失。这些老化的结果被归因于内阻增加和容量损失。究其根源，这些老化效应可以追溯到电池系统各个层次上（电芯中的活性和非活性物质、电芯和电池包中的各组成部分）的各种不同的老化机制。

本章介绍了目前对锂离子电池老化的理解。为进一步增加汽车电池老化方面的知识，需要开发和实施更为复杂的分析方法，需要设计和开展更多的测试，需要开发和验证老化模型，还需要收集和分析现场数据。

为了在电动道路和越野车上安全应用锂离子电池，可以使用电池管理系统。通过进一步开发和优化管理策略和诊断方法有望延长电池寿命，由此也能提高电动车的经济性。

锂离子电池还是一项年轻的技术。对于锂离子车用电池，我们已经达到了生产质量、收集了电池老化相关的知识，开发了运行电池系统的算法，随着进一步的提高和优化，势将取得电动化的胜利。

参考文献

[1] Andrea D. 2010. Battery Management Systems for Large Lithium Ion Battery Packs. London：Artech House.

[2] Arora P，White R E，Doyle M. 1998. Capacity fade mechanisms and side reactions in lithium-ion batteries. J Electrochem Soc，145：3647-3667.

[3] Aurbach D，Markovsky B，Salnitra G，et al. 2007. Review on the electrode–electrolyte solution interactions，related to catode materials for Li-ion batteries. J Power Sources，165：491-499.

[4] Bandhauer T M，Garimella S，Fuller T A. 2011. A critical review of thermal issues in lithium-ion batteries. J Electrochem Soc，158：R1-R25.

[5] Bloom I，Cole B W，Sohn J J，et al. 2001. An accelerated calendar and cycle life study of Li-ion cells. J Power Sources，101：238-247.

[6] Bloom I，Jones S A，Polzin E G，et al. 2002. Mechanisms of impedance rise in highpower，lithium-ion cells. J Power Sources，111：152-159.

[7] Chen Z，Dahn J R. 2004. Methods to obtain excellent capacity retention in LiCoO$_2$ cycled to 4.5 V. Electrochim Acta，49：1079-1090.

[8] Choi S S，Lim H S. 2002. Factors that affect cycle-life and possible degradation mechanisms of a Li-ion cell based on LiCoO$_2$. J Power Sources，111：130-136.

[9] Choi J，Son B，Ryou M-H，et al. 2013. Effect of LiCoO$_2$ cathode density and thickness on electrochemical performance of lithium-ion batteries. J Electrochem Sci Technol，4：27-33.

[10] Doyle M，Fuller T F，Newman J. 1993. Modeling of galvanostatic charge and discharge of the lithium/polymer/insertion cell. J Electrochem Soc，140：1526-1533.

[11] Dubarry M，Liaw B Y. 2009. Identify capacity fading mechanism in a commercial LiFePO$_4$ cell. J Power Sources，194：541-549.

[12] Dubarry M，Vuillaume N，Liaw B Y. 2009. From single cell model to battery pack simulation for Li-ion batteries. J Power Sources，186：500-507.

[13] EN 62660-1，2011. Secondary Lithium-Ion Cells for the Propulsion of Electric Road Vehicles—Part 1：Performance Testing. Berlin：Beuth Verlag GmbH.

[14] Fleckenstein M，Bohlen O，Roscher MA，et al. 2011. Current density and state of charge inhomogeneities in Li-ion battery cells with LiFePO$_4$ as cathode material due to temperature gradients. J Power Sources，196：4769-4778.

[15] FreedomCar，US Department of Energy，2010. Battery Test Manual for Plug-In Hybrid ElectricVehicles，INL/EXT-07-12536. http：//www. uscar. org/commands/files _ download. php? files _ id=168 . 2013-12-15.

[16] Gering K L，Sazhin S V，Jamison D K，et al. 2011. Investigation of path dependence in commercial lithium-ion cells chosen for plug-in hybrid vehicle duty cycle protocols. J Power Sources，196：3395-3403.

[17] Gerschler J B，Kirchhoff F N，Witzenhausen H，et al. 2009. Spatially resolved model for lithium-ion batteries for identifying and analyzing influences of nhomogeneous stress inside the cell. In：IEEE Vehicle Power and Propulsion Conference 1-3：261-269.

[18] Goodenough J B，Kim Y. 2010. Challenges for rechargeable Li batteries. Chem Mater，22：587-603.

[19] Gu W B，Wang C Y. 2000. Computational fluid dynamics modeling of a lithium/thionyl chloride battery with electrolyte flow. J Electrochem Soc，147：427-434.

[20] ISO 12405-1，2011. Electrically Propelled Road Vehicles—Test Specification for Lithium-Ion Traction Battery Packs and Systems—Part 1：High-Power Applications. Berlin：Beuth Verlag GmbH .

[21] ISO 12405-2，2012. Electrically Propelled Road Vehicles—Test Specification for Lithium-Ion Traction Battery Packs and Systems—Part 2：High-Energy Applications. Berlin：Beuth Verlag GmbH.

[22] Koltypin M，Aurbach D，Nazar L，et al. 2007. On the stability of LiFePO$_4$ olivine cathodes under various conditions (electrolyte solutions，temperatures). Electrochem Solid State Lett，10：A40-A44.

[23] Leung K，Budzien J L. 2010. Ab initio molecular dynamics simulations of the initial stages of solid-electrolyte interphase formation on lithium ion battery graphitic anodes. Phys Chem Chem Phys，12：6583-6586.

[24] Li W，Lucht B L. 2007. Inhibition of the detrimental effects of water impurities in lithium-ion batteries. Electrochem Solid State Lett，10：A115-A117.

[25] Li J，Klee Barillas J，Guenther C，et al. 2014. Sequential Monte Carlo filter for state estimation of LiFePO$_4$ batteries based on an online updated model. J Power Sources，247：156-162.

[26] Liaw B Y，Dubarry M. 2007. From driving cycle analysis to understanding battery performance in real-life electric hybrid vehicle operation. J Power Sources，174：76-88.

[27] Liaw B Y，Roth E P，Jungst R G，et al. 2003. Correlation of Arrhenius behaviors in power and capacity fades with cell impedance and heat generation in cylindrical lithium-ion cells. J Power Sources，119-121：874-886.

[28] Lin X，Park J，Liu L，et al. 2013. A comprehensive capacity fade model and analysis for Li-ion batteries. J Electrochem Soc，160：A1701-A1710.

[29] Lu W，Jansen A，Dees D，et al. 2011. High-energy electrode investigation for plug-in hybrid electric vehicles. J Power Sources，196：1537-1540.

[30] Lu L，Han X Li J，et al. 2013. A review on the key issues for lithium-ion battery management in electric vehicles. J Power Sources，226：272-288.

[31] Lunz B，Yan Z，Gerschler JB，et al. 2012. Influence of plug-in hybrid electric vehicle charging strategies on charging and battery degradation costs. Energy Policy，46：511-519.

[32] Lux S F，Lucas I T，Pollak E，et al. 2012. The mechanism of HF formation in LiPF$_6$ based organic carbonate electrolytes. Electrochem Commun，14：47-50.

[33] Macdonald J R. 2005. Impedance spectroscopy：models，data fitting，and analysis. Solid State Ionics，

176：1961-1969.

[34] Manthiram A，Choi J，Choi W. 2006. Factors limiting the electrochemical performance of oxide cathodes. Solid State Ionics，177：2629-2634.

[35] Marom R，Amalraj SF，Leifer N，et al. 2011. A review of advanced and practical lithium battery materials. J Mater Chem，21：9938-9954.

[36] Martha S K，Markevich E，Burgel V，et al. 2009. A short review on surface chemical aspects of Li batteries：a key for a good performance. J Power Sources，189：288-296.

[37] Methekar R N，Northrop P W C，Chen K J，et al. 2011. Kinetic monte carlo simulation of surface heterogeneity in graphite anodes for lithium-ion batteries：passive layer formation. J Electrochem Soc，158：A363-A370.

[38] Neubauer J S，Wood E. 2013. Accounting for the variation of driver aggression in the simulation of conventional and advanced vehicles. In：SAE International 2013 World Congress & Exhibition，Warrendale，PA. No. 2013-01-1453.

[39] Offer G J，Yufit V，Howey D A，et al. 2012. Module design and fault diagnosis in electric vehicle batteries. J Power Sources，206：383-392.

[40] Park J，Lu W，Sastry A M. 2011. Numerical simulation of stress evolution in lithium manganese dioxide particles due to coupled phase transition and intercalation. J Electrochem Soc，158：A201-A206.

[41] Paul S，Diegelmann C，Kabza H，et al. 2013. Analysis of ageing inhomogeneities in lithium-ion battery systems. J Power Sources，239：642-650.

[42] Peterson S B，Apt J，Whitacre J F. 2010. Lithium-ion battery cell degradation resulting from realistic vehicle and vehicle-to-grid utilization. J Power Sources，195：2385-2392.

[43] Ploehn H J，Ramadass P，White R E. 2004. Solvent diffusion model for aging of lithium-ion battery cells. J Electrochem Soc，151：A456-A462.

[44] Qi Y，Guo H，Hector J L G，et al. 2010. Threefold increase in the Young's modulus of graphite negative electrode during lithium intercalation. J Electrochem Soc，157：A558-A566.

[45] Ramadass P，Haran B，White R，et al. 2003. Mathematical modeling of the capacity fade of Li-ion cells. J Power Sources，123：230-240.

[46] Ramadesigan V，Northrop P W C，De S，et al. 2012. Modeling and simulation of lithium-ion batteries from a system engineering perspective. J Electrochem Soc，159：R31-R45.

[47] Ronniger C，2013. Taschenbuch der statistischen Qualitäts- und Zuverlässigkeitsmethoden. CRGRAPH，Munich. SAE J2288，2008. Life Cycle Testing of Electric Vehicle Battery Modules. Available from：http：//standards. sae. org/j2288 _ 200806/2013-12-15.

[48] Safari M，Delacourt C. 2011. Aging of a commercial graphite/LiFePO$_4$ cell. J Electrochem Soc，158：A1123-A1135.

[49] Sarre G，Blanchard P，Broussely M. 2004. Aging of lithium-ion batteries. J Power Sources，127：65-71.

[50] Schmidt J P，Chrobak T，Ender M，et al. 2011. Studies on LiFePO$_4$ as cathode material using impedance spectroscopy. J Power Sources，196：5342-5348.

[51] Smith K，Wang C Y. 2006. Power and thermal characterization of a lithium-ion battery pack for hybrid-electric vehicles. J Power Sources，160：662-673.

[52] Smith A J，Burns J C，Zhao X，et al. 2011. A high precision coulometry study of the SEI growth in Li/graphite cells. J Electrochem Soc，158：A447-A452.

[53] Srinivasan V，Wang C Y. 2003. Analysis of electrochemical and thermal behavior of Li-ion cells. J Elec-

trochem Soc，150：A98-A106.

[54] Striebel K，Guerfi A，Shim J，et al. 2003. LiFePO$_4$/gel/ natural graphite cells for the BATT program. J Power Sources，119：951-954.

[55] Taheri P，Hsieh S，Bahrami M. 2011. Investigating electrical contact resistance losses in lithium-ion battery assemblies for hybrid and electric vehicles. J Power Sources，196：6525-6533.

[56] Takei K，Kumai K，Kobayashi Y，et al. 2001. Cycle life estimation of lithium secondary battery by extrapolation method and accelerated aging test. J Power Sources，97-98：697-701.

[57] Tasaki K，Kanda K，Nakamura S，et al. 2003. Decomposition of LiPF$_6$ and stability of PF$_5$ in Li-ion battery electrolytes-density functional theory and molecular dynamics studies. J Electrochem Soc，150：A1628-A1636.

[58] Tröltzsch U，Kanoun O，Tränkler H-R. 2006. Characterizing aging effects of lithium ion batteries by impedance spectroscopy. Electrochim Acta，51：1664-1672.

[59] Tuncer E，Macdonald J R. 2006. Comparison of methods for estimating continuous distributions of relaxation times. J Appl Phys，99：074106.

[60] Van der Ven A，Ceder G. 2000. Lithium diffusion in layered Li$_x$CoO$_2$. Electrochem Solid State Lett，3：301-304.

[61] Verbrugge M W. 1995. Three-dimensional temperature and current distribution in a battery module. AICHE J，41：1550-1562.

[62] Vetter J，Novák P，Wagner M R，et al. 2005. Ageing mechanisms in lithium-ion batteries. J Power Sources，147：269-281.

[63] Wang J，Liu P，Hicks-Garner J，et al. 2011. Cycle-life model for graphite-LiFePO$_4$ cells. J Power Sources，196：3942-3948.

[64] Wohlfahrt-Mehrens M，Vogler C，Garche J. 2004. Aging mechanisms of lithium cathode materials. J Power Sources，127：58-64.

[65] Wu B，Yufit V，Marinescu M，et al. 2013. Coupled thermal-electrochemical modeling of uneven heat generation in lithium-ion battery packs. J Power Sources，243：544-554.

[66] Zhang J，Lee J. 2011. A review on prognostics and health monitoring of Li-ion battery. J Power Sources，196：6007-6014.

[67] Zheng H，Li J，Song X，et al. 2012. A comprehensive understanding of electrode thickness effects on the electrochemical performances of Li-ion battery cathodes. Electrochim Acta，71：258-265.

15 电动汽车电池的梯次利用

V. V. Viswanathan，M. C. Kintner-Meyer

15.1　引言

固定用能量存储受制于电网的规模和分布的水平。随着可再生能源的广泛应用，能量储存能够调节可再生能源在不同时间范围内的波动。能量存储的其他应用包括调峰、错时、填谷、VAR 控制、频率调节、旋转备用以及其他辅助应用（Rastler，2010）。这均需要定制的能量存储，为不同能量（E/P）比率提供服务。尽管对于固定应用而言，能量储存的必要性是显而易见的，但在不同的发展阶段，添加能量存储设备，还是会受其经济价值的限制。这迫使能量存储制造商开发一套能够解决无数与固定应用相关的存储系统。当电动汽车（EV）电池使用寿命终止后，在固定储能应用领域，为该电池创建一个再利用的市场。

气候变化与温室气体（如二氧化碳和甲烷）排放有关。内燃机工作效率低，因此对气候变化影响显著。混合动力电动汽车（HEV）近年来发展迅速，是因为它们能够为汽车提供加速和吸收制动能量，从而使发动机在其最大效率下运行，使燃料消耗低至每英里 0.02gal（1gal＝4.546L）。插电式混合动力电动汽车（PHEVs）以纯电动方式通常一次可以行使 1h 左右，没电后可以在充电站进行充电。PHEVs 的优点是，不仅可以使内燃机在较高效率下工作，而且即使电池完全放完电，也可以使汽车行驶更远的距离。EV 运营完全以蓄电池为动力，且具有较高的投资费用。较高的价格，可能会影响电池驱动汽车的市场化应用。对于这些电池的再利用，已经有了一个新的商业模式（Narula 等，2011）。2008 年12 月举行的 PHEV 市场介绍研究研讨会上（Cleary 等，2010），明确了 75 项政策来促进 PHEV 市场的应用。

同样的研究表明，以下这些政策为加速 PHEV 的应用提供了最大的机遇：

① 国家销售税豁免；

② 反馈程序；

③ 年度运营成本津贴；

④ 扩展现有的充电式混合动力电动汽车税收抵免；

⑤ 联邦政府支持的电池保修；

⑥ 充电基础设施融资优惠；

⑦ 政府燃油效率规定；

⑧ 补贴来降低初始车辆价格；

⑨ 增加联邦汽油税。

图 15.1 给出了各种激励机制对 PHEV 预销售方面的研究结果，该成果发表于 2010 年（Cleary 等，2010）。由图可知，前三项激励措施对促进 PHEVs 市场应用的效果最明显。但一些预测可能过于乐观，因为未考虑供应限制的问题，以及一些预测模型已经做了很大的更新（Lin，2014）。通常 EV 电池在电动汽车中的使用寿命结束时，仍有 80% 的初始容量。

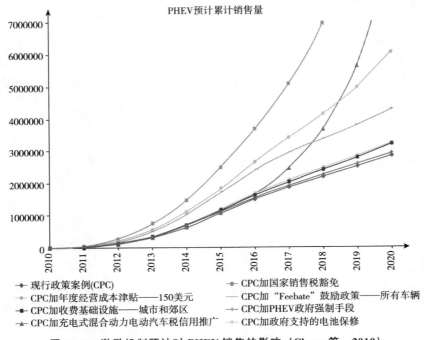

图 15.1 激励机制预计对 PHEV 销售的影响（Cleary 等，2010）

据日产美国高级研发副总裁、日产 Leaf 车主 Carla Bailo 讲，日产预测，Leaf 电池在正常使用 5 年后，一般均会保持其初始容量的 80%；使用 10 年后，容量衰减到 70%。假设在有效的激励措施下，EV 电池的预计销量将和 PHEV 销量类似，从几年前到现在，将有数以百万计的电池从电动汽车卸下。这一点，再加上为处理多个电网应用而需要电池存储，预计将为 EV 电池提供一个良好的再利用机会。

本章安排如下：

15.2 节介绍了交通工具电池二次使用需解决的问题：①EV 的部署；②支持电网应用所需的直接存储需要；③尚未确定的存储占空比地址；④受材料限制的高存储成本，二次使用弥补了该缺陷。

15.3 节介绍了为什么交通工具电池的二次使用有利于 EV 和电网的部署：①交通工具对电池良好驱动循环的明确要求可以促进电池的发展；②汽车电池的不同能量（E/P）比率适合多个电网应用；③这些电池的二次使用，可以确定在电网应用中的可行性；④汽车电池使用寿命终止后，由于存储的剩余价值，可以提高租赁条款。

15.4 节给出了在这个领域正在实施相关措施：①电池的类型；②通用 Volt；③日产❶ Leaf；④宝马；⑤美国橡树岭国家实验室；⑥美国太平洋西北国家实验室；⑦伯克利交通可持续发展研究中心；⑧国家再生能源实验室。

15.5 节列出了不同负载循环下的性能要求：①能量储存标准活性；②频率调节负载循环；③其他负载循环，如调峰、微型智能电网。

15.6 节强调了可靠性和保修相关问题以及缓解措施：①电池再利用的设计局限性和缺点；②老化相关问题的减缓；③所遇问题及解决方案；④美国能源部电力办公室赞助标准活动强调了相关安全问题；⑤与电池管理系统（BMS）相关的保修问题仍需要解决；⑥电网相关应用的控制体系。

15.7 节展望包括：①在安大略省、夏威夷、纽约和长岛增加的光伏（PV）应用需要更多的存储。②阿拉斯加电力成本很高，为了时移需要存储电能。③规模优势可以降低电池的成本。另外，大的需求可以抵消材料成本的压力，电池的二次使用可以控制成本。④二次使用延缓了电池的回收和提取价值。相同规格的电池可以允许使用标准化的控制和促进即插即用。⑤EV 电池的标准化。⑥特斯拉开放专利，导致更低的进入门槛。如果供应过多，材料成本过低，使用电池可能需要再利用。

15.8 节提供了额外的信息资料。

15.2 正被解决的问题

在交通领域，电池储能系统的部署领先于固定应用领域。电池和 BMS 已经部署到了 HEV、PHEV 和 EV。HEV 在 1997 年部署（Jong 等，2009），而 PHEV 和 EV 也于 2010 年开始部署（Cleary 等，2010）。一些汽车电池在接近寿命终止时，将会被回收和处理。每千瓦时电汽车行驶多少千米，对电池有严格的要求，导致电池在其寿命终止时仍保留很大一部分容量。对于固定应用，电池剩余的能量和功率仍然可以通过其组合继续使用。这将发挥电池的最大潜力，同时确保无论是在汽车上还是在固定应用中性能不降低。

2012 年，全球电动汽车市场是 155 万辆，其中 94% 是 HEV，PHEV 和 EV 的市场份额分别为 3.6% 和 2.3%（Schreffler，2013；Trigg 和 Telleen，2013）。这些市场份额，是根据 2012 年 PHEV 和 BEV 的全球销售数据计算的，而 HEV

---

❶ 原文为三菱。——译者注

的全球销售数据被认为与日本 HEV 销量一样。分析师预测，在不久的将来，大部分的电池将使用锂离子电池。

2013 年 10 月～2014 年 10 月（EDTA，2014），美国累积 EV 销量达 270000 辆，1 年之内销量已经翻倍；2011～2013 年（Shahan，2014），每年的销量为 95100 辆，增加了 5.5 倍。HEV 销量已经从 2013 年前 8 个月的 350530 辆，下降到 2014 年同期的 327418 辆。然而，这也表示很多电池最终可能会被二次使用。

在不同的应用领域，通常动力电池在不同的放电深度（DOD）下被使用。HEV 电池工作范围在 10%～50% 电荷状态（SOC），而 PHEV 电池和 EV 电池工作范围是 15%～85% SOC。HEV 电池替换的标准通常是当其提供的功率能力受限，而 PHEV 和 EV 电池替换的标准则是其提供的所需功率或能量不满足要求时。

EV 部署的一个障碍是电池系统的高成本，约是 1000 美元/(kW·h)。美国桑迪亚国家实验室（Eyer 和 Corey，2010）和电力研究院（Rastler，2010）发表了一份固定能量存储的应用列表，他们包含许多共同点。简单地说，应用可以分为功率型和能量型。如图 15.2 所示，电池为各种存储应用的性价比很高。西北太平洋国家实验室（PNNL）的独立研究证实，尽管在某些领域，为频率调节/平衡的能量存储具有竞争力，但能量密集型应用的存储性价比不高。同时，固定能量储存的各种应用仍在发展中（Viswanathan 等，2012，2014a，2014b；EPRI，2014）。因为要在电网相关应用中达成共识需要一些时间，EV 电池在其寿命终止时，为不同电网应用提供可能。

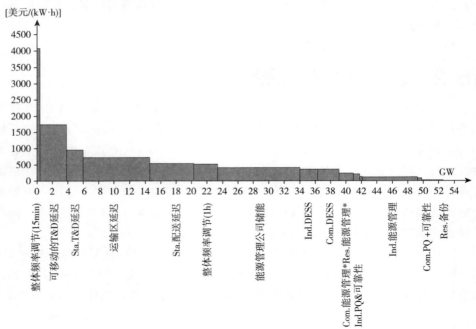

图 15.2　目标能量储存对不同应用可行的价格水平（Rastler，2010）

在近期的能源储存北美会议上，几位发言人（Baerman 等，2014；Butler 等，2014；Peterman 等，2014；Rive 和 Detwiler，2014）表明光伏发电系统需要分布式的能源存储资源。例如在夏威夷，电力成本是 0.40 美元/(kW·h)（Rive 和 Detwiler，2014），因此，对光伏的发展有一个巨大的推动。每一个会议的演讲者都认为，目前储能相当于 10 年前的光伏，而光伏相当于 10 年前的风能（Rive 和 Detwiler，2014）。光伏系统成本迅速下降，从 1998 年的 5000 美元/kW 迅速降为 2011 年的 1200 美元/kW（Feldman 等，2012）。预计储能成本将显示类似的趋势。1995～2005 年，美国风能成本已经从 2000 美元/kW 降至 1200 美元/kW，随后风能成本略有增加（Lantz 等，2012）。预计在未来 10 年，因需求增加，光伏成本或稳定或略有增加，而在随后的未来 20 年，预计能源存储系统（ESS）成本达到最低，其次是与需求相关的价格上升。在 10 年的窗口期内，电池的再利用可以降低成本，在后期由于需求的增加，电池成本预计将增加，从而确保了 EV 电池再利用的市场。

15.3　电池再利用的优点

并网储能有多样化的应用与无数的负载循环。各种应用的好处尚未完全确定，因为当收入来源于能量储存时，监管政策将处于变化的状态。一方面，这使得储能开发商陷入了困境，因为对于设计和分级存储来讲没有明确的方向；另一方面，交通行业有一个更简单和明确的责任周期，从而促进电池的设计和开发。当这些电池接近其循环寿命时，减小其可用功率和能量是有意义的，并在其他领域继续使用。

电池通常的能量（E/P）比率范围是 0.5～3，P 是额定持续的功率。基于电池设计，峰值功率定义为 3～10s 的功率，涵盖范围是 2～10 倍的额定功率。换句话说，一旦动力电池在电动汽车上达到其使用寿命时，这些电池具有的多功能性使其可以被无缝地部署到固定应用领域。虽然监管、用例和其他问题正在被相关方处理，但使用来自于汽车上电池的稳定流，以此初步测试固定应用领域下的各种占空比将是有益的。这将进一步促进固定应用领域能源存储设计的发展，以及利用交通运输电池使用的经验。基于全生命周期使用理念，电池的再利用延长了电池的使用周期，进而减少了碳排放。

全球 HEV 市场从 2001 年的 35000 辆左右，增加到了 2013 年的 170 万辆（Jong 等，2009），复合年增长率（CAGR）高达 38%。2009～2013 年的 CAGR 为 7%，由此可见增速明显放缓。到 2020 年，PHEV 在美国和全球的销量分别为 35 万辆（Jong 等，2009）和 300 万辆（Navigant Research，2013）。

正如前面讨论的，能源独立和减缓气候变化的途径包括交通行业的电气化。公交车最初选择电气化，电动汽车也正取得一些进展。根据美国市场研究机构 Navigant Research 的最新报告，电动汽车电池市场预计将从 2012 年的 20 亿美元增加到 2022 年的 430 亿美元（Jaffe，2014）。消费电池价格已经从 2008 年的

1200 美元/(kW·h)，下降到 2013 年的 250 美元/(kW·h)，这主要是由制备技术的提高所致。较低的价格还没有转移到更大的 EV 市场，主要是涉及电池的管理问题，尤其是热管理。图 15.3 显示了大型锂离子电池价格下降的趋势，以及与消费性锂离子电池价格的比较，而表 15.1 显示了电芯和电池在 Tesla、Volt、日产 Leaf 和丰田插电式 Prius 的价格 ［美元/(kW·h)］。尽管基于消费领域的经验可知，价格会下降，但一些因素也会让价格保持较高的水平。对原材料需求的增加就是主要因素：全球锂矿在数量上是有限的。

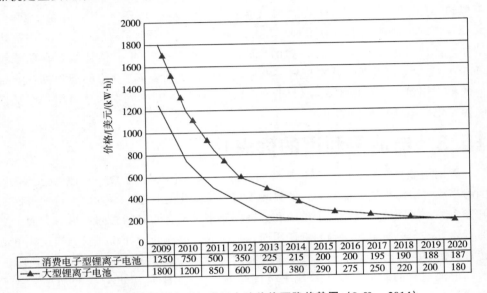

	2009	2010	2011	2012	2013	2014	2015	2016	2017	2018	2019	2020
── 消费电子型锂离子电池	1250	750	500	350	225	215	200	200	195	190	188	187
──▲── 大型锂离子电池	1800	1200	850	600	500	380	290	275	250	220	200	180

图 15.3　消费型和大型锂离子电池价格下降趋势图（Jaffe，2014）

表 15.1　电动汽车电池和电池组的价格

汽车型号	电芯型号	能量/ kW·h	电芯价格 ／［美元/(kW·h)］	电池组价格 ／［美元/(kW·h)］
Tesla	NCA 18650	65	385	615
Volt	LMO LG Chem	16	600	1063
日产 Leaf	LMO AESC	25	440	640
丰田插电式 Prius	NCA Panasonic	4.4	795	1818

目前，锂电池原料来自储量丰富的碳酸锂。然而，随着锂需求的增加，需要通过采矿来获得材料，但采矿成本是碳酸锂的 2～3 倍。因此，锂离子电池系统的价格仍将随着需求的增加而保持较高的水平。这允许使用 EV 电池提供电网的相关服务，同时开发更具成本效益的替代技术。只要电动车电池在超出其使用寿命后仍然可以使用，电动汽车的剩余价值就会增加，从而为首次买家提高了租赁条款，进而促进 EV 的部署（Garthwaite，2012）。

15.4 正在实施的措施

一旦电池在电动汽车上达到其寿命，这些电池仍有 80％的初始容量。因此，在固定储能领域部署这些电池，是一种获得这些电池最大利用率的方法。本节描述了在这一领域的一些方法。

15.4.1 橡树岭国家实验室

区域调控、输电和配电（T&D）升级延迟和电源的性能，被认为是这些废旧电池最丰厚的收入来源。财务分析涉及翻新电池的成本、电池二次使用的运输费用，以及运行和维护成本。这决定了旧电池的能源密集型应用（上网与储能），与独立应用相比较在经济上是不可行的，除非峰、谷电价相差较大以及 T&D 递延费用低。在确保占空比彼此不冲突的前提下，也做了混合应用情况下的分析。对于商业客户，通过调峰可以避免高峰用电费，而住宅用户可以避免分时电价。间接地，效益也产生于 T&D 延期条款。翻新电池的成本也进行了详细的分析。

15.4.2 太平洋西北国家实验室

Viswanathan 和 Kintner-Meyer 为监管服务（上和下）进行了 PHEV 电池的使用优化研究，被认为是最高价值电网辅助服务（Viswanathan 和 Kintner-Meyer，2011）。开发了一个简化的模型，来评估电池的健康状况（SOH）。该模型假设电动汽车中各种组合电池的使用寿命是 18 年。假设车辆工作 300d，用电量为 200 W·h/mile，每年行驶 12000mile 的距离，优化也随电池大小的不同而变化，以提供不同的放电深度。总共考虑了三只电池，以及为 9～27 美元/（MW·h）范围内的各种控制倍率，确定了一个最佳使用配置文件。在第一次使用的后期，通过选择目标的 SOH，来确定车辆的放电深度。对于第二次使用，剩余年份决定了需要的循环次数，以此为控制设置放电深度（DOD）。从 DOD 以及每半周期的能量，可以计算出相应的功率。表 15.2 给出了在不同倍率下，电池的最佳配置文件，这些电池在电动车里的输出倍率分别是其 SOH 的 65％（低倍率）、75％（中倍率）和 85％（高倍率）。净收入只是现在净收益和电池成本之间的差值。成本也包括在车辆运营和监管服务使用中的电费。显然，对于低倍率控制，电池需要充分使用，而对于高倍率控制，依据 SOH，在 3～5 年时间间隔内，需要从车辆里取出第一只和第二只电池。

表 15.2 不同 SOH 目标和倍率下，可获得最大收益的电池配置文件

SOH 目标	控制服务倍率/[美元/（MW·h）]							
	0		9.2		27.5		57	
	$Y_1/Y_2/Y_3$	总收益/美元	$Y_1/Y_2/Y_3$	总收益/美元	$Y_1/Y_2/Y_3$	总收益/美元	$Y_1/Y_2/Y_3$	总收益/美元
低	15/0/0	11000	10/5/0	9800	6/3/6	460	6/3/6	18619
中	9/6/0	16000	8/7/0	11700	4/4/7	400	3/3/9	22500
高	3/12/0	20300	3/6/6	14350	4/4/7	600	8/1/6	34300

注：Viswanathan 和 Kintner-Meyer，2011。

美国先进电池联盟提出，到 2020 年锂离子电池成本目标达到 150 美元/(kW·h)，而波士顿咨询集团估计成本是 440 美元/(kW·h)。从而认为，实际使用的电池价格将是其估值的 50%，或在 75～220 美元/(kW·h) 范围内。即使锂离子电池的转售价值不高，通过较低的成本进行能量存储将是非常有前途的。经空气冷却后，通用汽车（GM）和 ABB 公司从雪佛兰伏特汽车上取出了 5 只电池组并进行了测试，在实验室里验证其可行性（Garthwaite，2012）。杜克能源计划使用这些电池来调节风强以及其他价值流。研究人员正在研究另外一种方法，即使用这些电池作为社区能量的储存，非用电高峰期或夜间产生的过剩风能不仅可以给电池充电，还可以调峰，通过这种方法给 EV 充电还不需要 T&D 的升级。

在一个国家评估研究中，人们发现对于存储来讲，上网交易作为一个独立的应用并不划算（Kintner-Meyer 等，2013）。这与早期 ORNL 的研究一致。

15.4.3　加州大学伯克利分校交通可持续发展研究中心

2011 年 3 月 7 日在"再生"研讨会上，电力研究院（EPRI）的 Haresh Kamath 给出了 PHEV 电池二次使用的潜力（Kamath，2011）。综合考虑电池的资产净值，添加电源转换系统（PCS）和电厂成本的平衡（BOP），PHEV 电池的使用成本可能高于一个新的电池。对于使用过的电池和新电池，赋予 PCS 和 BOP 的成本是相同的。即使在这种情况下，使用这些电池也是有意义的，因为最终用户简单促进了电池的一部分剩余价值，从而有益于公用事业客户。关键是来源于不同电网使用净收益的净现值（NPV）应该大于 PHEV 电池使用寿命的剩余价值。如果不是，最终用户可以简单地出售这些电池的剩余价值。然而，在我们看来，剩余价值仅是与电池可以提供的电网服务（或任何其他服务）密切相关。拥有高剩余价值的优点是每月租赁成本减少，如图 15.4 所示（Williams，2010）。剩余价值是收入机会，以及在 PHEV 电池使用寿命终止时，预期的新电池成本的复合函数。

在最近的一次交流中，作者告诉我们，图 15.4 已经被"后续工作所取代"（Williams，2012；Williams 和 Lipman，2011），预计"在不同的环境下表现的明显但更加温和的减少"。在随后的工作中，各种参数如单位功率调节系统成本、电池资本成本、能量比、平衡系统成本以及使用寿命终止时的剩余能量对电池租赁支付的影响均需要考虑。

加州大学伯克利分校在其 TSRC 的一个项目，是检查 PHEV 电池再次利用的可行性（Lipman 和 Williams，2011；Williams，2010，2011；Williams 和 Lipman，2011）。这是与国家可再生能源实验室（NREL）再利用项目的合作。其他项目的合作者有：加州可持续能源中心（CSE），加州大学戴维斯分校，加州能源委员会，圣地亚哥天然气 & 电力公司，塞莫拉能源公司，以及美国航空环境公司。

这个项目的任务 1 是确定二次应用。任务 2 是从使用过的 PHEV 电池组中获得以下电池：①来源于 A123 系统的磷酸亚铁锂电池；②来源于美国德纳公司的锰酸锂电池；③来源于美国奥钛纳米技术有限公司的钛酸锂电池。任务 3 是考

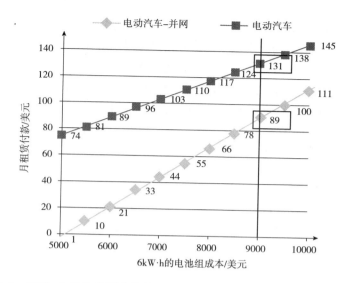

图 15.4　6kW·h 电池的剩余价值对每月租赁支付的影响（Williams，2010）

虑电池的降解和再利用的成本后，确定其受益机会。

表 15.3 给出了三种不同电池系统的再利用成本和额外的成本（Williams，2011）。值得注意的是，从该研究开始，这些数据可能已经变化了。例如，每个类型电池的能量已经显著增大。

表 15.3　再利用和杂项费用

组件	基础	PHV 6kW/3 kW·h /[美元/(kW·h)]	Volt 16kW/8 kW·h /[美元/(kW·h)]	Leaf 32kW/16 kW·h /[美元/(kW·h)]
电池（模块＋BMS）	再利用成本	744	1150	1780
功率调节控制	通货膨胀调整后，2002 年为 442 美元/kW	3310	8830	17300
附件、设施、航运、总受器	在奇诺 117 美元/(kW·h) 的负载均衡、套利和传输延迟装置	442	1170	2290
10 年运行和保养	奇诺装置用 NPV 是每年 18 美元/kW	828	2210	4330
安装、住宅电路	EVSE 型安装成本	800	200	4300
	总成本	6120	15400	30300

注：Williams，2011。

对于 32kW/16kW·h 电池成本，以及能量比值（E/P）为 0.5 的电池，再利用和零星费用的成本是 2000 美元/(kW·h) 或 1000 美元/kW。对于各种电网应用，提供了 10 年收益的承诺（Williams，2011，2012；Williams 和 Lipman，2011）。本研究的每项结果，对于电动汽车电池使用寿命终止时的健康状况不是很敏感。

文献（Lipman 和 Williams，2011）提出了电池再利用的细节。测试的 23 组模块的固定设备成本估计为 120 万美元。再利用的各个步骤如下：

① 从经销商处收集使用过的 EV 模块，并运输到翻新工厂；

② 损坏模块的视觉检查；

③ 从标签或条码上确定制造商评级和年份；

④ 测量电压和电阻来确认失败的模块；

⑤ 将模块加载到测试设备上；

⑥ C/3 倍率 100% DOD 下循环 4 次，确定能量模块的容量；

⑦ 通过在 2/3 开路电压（OCV）下放电 30s，确定 50% 荷电状态（SOC）下的功率容量；

⑧ 从设备上断开连接模块；

⑨ 根据容量、功率和年代对模块进行排序；

⑩ 组装成电池组；

⑪ 运输到能量储存系统（ESS）进行组装/集成。

基于电池的荷电状态和优点，当研究人员用一个适当的混合应用时，他们发现一些组合应用的潜在优势。

例如，将需要 44000 只雪佛兰 Volt 电池提供 732MW/a 的监管要求［这是 2006~2008 年加州独立系统运营商（CAISO）向上/向下监管的平均要求］。这有足够的容量调节能力来满足这些需求。表 15.4 为伏特电池提供了各种混合应用的潜在优势（Williams 和 Lipman，2011）。因此，对于 Volt 其净收益或剩余价值是 3200 美元，这意味着 NPV 购买 1510 美元的时候，使用的贴现率为 10%。这意味着减少了 20% 的月租赁付款，即每月从 122 美元下降到 95 美元。对于 PHV 和 Leaf 电池，也获得了类似的租赁付款减少。

表 15.4　多项应用的潜在收入来源　　　　　　单位：美元

使用案例（Eyer 和 Corey，2010）	合计 （重复计算）	合计（最大的 90%， 其余的 50%）	合计（10% 的 整合费）
能量转换；输配电升级延迟，供应备用容量	13400	11400	10300
使用规则能量管理＋需求充电管理	2540	2050	1850
输配电升级延迟（10 年）＋服务 电能质量＋供电可靠性	32700	20800	18700
存储服务于小型空调负载＝电压支撑＋供应 备用容量＋负荷跟踪＋传输 阻塞成本＋供电可靠性＋使用功率 质量＋可再生能量时移	32400	20700	18600

注：Williams 和 Lipman，2011，表 4.3。

考虑到电池资本成本和使用组合应用的效益，据估计，PHV 电池、Volt 电池和 Leaf 电池的净效益分别为 850 美元、3230 美元和 6450 美元（Williams，2012）。

值得注意的是，最近太平洋西北国家实验室（PNNL）完成了一项 120kW/（500kW·h）锂电池储能系统的示范项目，该项目集成了风能和太阳能光伏，此项目位于一所变电站里并提供多个服务（Beaston 等，2014）。自动调度是为了从不同应用场合处获得效益的最大化，这些应用场合包括调峰、错时、进度管理、避免弃风、光伏平滑以及光伏固定。

15.4.4 国家可再生能源实验室

由美国能源部（DOE's）的车辆技术项目资助的 NREL 课题组，进行了技术经济分析（Neubauer 等，2012）。这项工作建立在桑迪亚国家实验室详细分析的基础上，在固定应用场合，使用 EV 电池的可行性（Cready 等，2003）。使用过的电池转售价格与其"健康状况"成正比，折扣适用于反映其用法以及新电池的估计成本。健康状况的计算是通过在第二次寿命期间，用电池能量利用率的现值除以相同应用下新电池的能量利用率。为了估算再利用成本，模块收益率被定义与电芯故障率相关，提高在一个模块中电芯的数量，故障率假设为 0.01%、0.1% 和 1%。如图 15.5 和图 15.6 所示，再利用成本和购买价格的计算，是假设不同的收益率售价均为 132 美元/(kW·h)（Neubauer 等，2012）。

很明显，结果对电芯故障率具有高度的敏感性。在非常低的故障率下，对模块大小没有限制，然而在 1% 的故障率下，模块大小限于 2kW·h 以内，目的是将回购成本降到最低。

由于转售价格与新电池价格成正比，假如电池价格大幅下跌，对于 1% 的电芯故障率，38 美元/(kW·h) 电池的转售价格需要使用电池的所有者支付买方 10~40 美元/(kW·h) 的再使用费。显然，在 EV 运行期间拥有一个好的 SOH

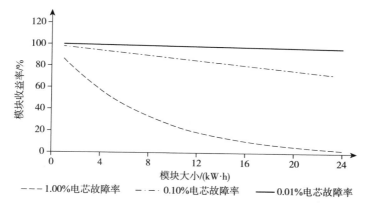

图 15.5 不同大小模块的模块收益率与 74kW·h 的电芯故障率之间的关系曲线

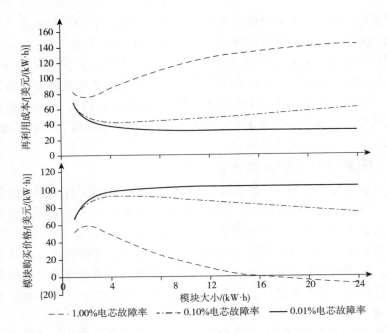

图 15.6 对于出售 132 美元/(kW·h) 的价格，其再利用成本和模块采购价格曲线

（Neubauer 等，2012，图 4）

检测装置，将有助于识别具有健康电芯的模块。从另外一个角度考虑，如果整个电池组是健康的，这将使再使用成本进一步下降。基于此分析，表 15.5 显示了最终用户的成本基础（Neubauer 等，2012）。

表 15.5 最终用户的成本基础

项目	低	估算	高
重新定位电池的销售价格/[美元/(kW·h)]	38	132	147
功率调节，控制，界面/(美元/kW)	100	319	319
附件，设施，运输/[美元/(kW·h)]	117	117	482
安装和启动/[美元/(kW·h)]	52	52	90
年度保险费，财产税（资本成本的百分数）/%	1.0	1.5	2.0
每 5 年安装更换电池/[美元/(kW·h)]	4	10	17

注：Neubauer 等，2012，表 8。

假设一个 15 年的二次使用项目生命周期，以及在此时间范围内二次使用电池的购买是需要的，则项目的投资回收期将从 7 年增加到 15 年以上，相应的电池能量比值（E/P）也会从 0.5 增加到 4.5。提供的服务包括电能质量和可靠性，以及为南加州爱迪生利率结构使用的需求费用和时间。

15.4.5 汽车制造商和合作者

通用和 ABB 公司已经测试了 5 只使用过的电池组，这些电池组均来自于雪佛兰伏特电动汽车且经过了空气冷却，目的是在实验室里验证可行性后为社区能源储存做准备（Garthwaite，2012；Hampton，2013）。为了本次验证实验，这些电池的能量将被人为地减少到其最初能量的 85%～90%。

根据测试结果，通用公司与 ABB 公司签署了一项谅解备忘录，目的是为 50 个家庭提供电力，使用 5 只电池模块作为一个重复单元。杜克能源计划是使用这些电池来调节风强以及其他价值流。研究的另一个建议是，使用这些电池为社区储能。这些二次利用的电池可以在低峰值时间进行充电，然后被用于电动汽车充电，从而减少昂贵 T&D 设备升级的必要性。通用汽车也在考虑，在城市地区，使用这些电池作为快速的充电电源。

2012 年 1 月，日产北美公司、ABB 公司、4R Energy 株式会社以及日本住友公司共同宣布，计划使用日产 Leaf 电池建立一个规模化的存储系统样机。计划是建造一个 50kW·h 的样机为 15 个家庭供电。Indy 电力系统使用了不同类型的铅酸电池，构建了一个 50kW、15kW·h 的储能系统来为 Melink 公司调峰，该公司是一家 HVAC 设备供应商（Hampton，2013）。

由美国加州 Electricore 公司、圣迭戈天然气和电力（SDG&E）、新加坡 CSE 公司、宝马公司以及 Ricardo 公司倡导的一项合作框架是使 EV 电池组标准化，在 EV 寿命终止时，这将大大简化电池组在固定存储领域的重新部署（CSE，2014）。

Hart 等（2014）为电池在传统和电力可靠性技术协会（CERTS）微电网领域的再使用建立了模型。研究结果发现，不管是在独立模式还是并网模式下，由于老化而引起某个阻抗的增加，对并排连接其他电池的性能没有影响。

Heymans 等（2014）发现小型储能系统在住宅使用领域调峰是一个重大的机遇。分布式存储也增加了电网的灵活性，这导致了住宅用户采购和安装需要政府鼓励。

Lih 等（2012）使用了一种简单的方法来评估汽车电池第一次使用寿命结束时的剩余价值。产品的剩余容量和日历寿命乘以一个参数，本研究中该参数设置为 0.9。提升电池的成本通过另一个方程表示，其中包括升级后电池性能的改进以及相应的升级成本，设定为剩余价值的 20%。目前还不清楚通过升级如何提高电池的性能，因为其化学组成不能被改变。为了评估利润，计算了每个阶段的租赁收入。第一阶段，新产品价格与剩余价值之差，增加了 15% 的剩余价值。第二阶段，租赁收入设定为升级价值与残值之差。电池的总初始成本减去总租赁收入，以确定电池组使用寿命内的利润。对于这种情况，电池在汽车里使用 3 年，然后在固定应用领域继续使用 12 年。在电池 15 年的使用寿命中，可以获得 34% 的利润。但目前尚不清楚为什么在总成本里没有考虑升级电池组的成本。

15.5 各种电网存储应用的性能需求

与固定能量储存相关的各种应用，好多文献均进行了总结。每一项应用，对于指定的电池均具有其特有的占空比即工作循环。太平洋西北国家实验室与桑迪亚国家实验室合作，在 DOE-OE 项目资助下为 ESS 公司在各种集中式和分布式应用（如调频和调峰）领域开发预先设定的标准（Viswanathan 等，2012，2014a，b）。一部分工作是为各种应用开发具有代表性的占空比，这些应用包括调频、调峰、可再生能源监管以及孤岛微型电网。图 15.7 显示了一个代表性的调频占空比，它是基于每 4s 发送一次信号的相位跳动调制（PJM）（Viswanathan 等，2012，2014a）。随着这些占空比为各种应用得到发展，HEV、PHEV 以及 EV 电池与各种固定存储使用的匹配性可以做到很好。这项工作总结了汽车电池再利用的机遇以及相应的优势和局限性。

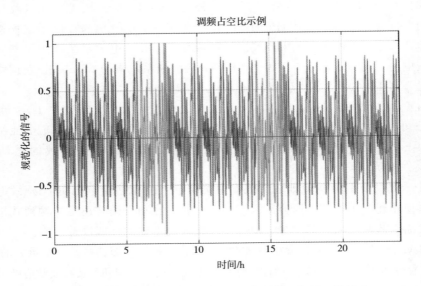

图 15.7 PJM 调频占空比（Viswanathan 等，2012，2014a）

从短期来看，调频是一种可以产生税收的应用。联邦能源监管委员会（FERC）于 2011 年 10 月通过了 755 号法令，以实行绩效薪酬。因此，更快的响应系统将得到更多的补偿。存储的响应速度比传统的发电机更快，且磨损更低。CAISO 和 PJM 是在美国仅有的奖励调频快速响应系统的两个区域电力市场（Chu 等，2012）。

15.6 问题与解决措施

虽然再次使用的优点是显而易见的，但为了 EV 电池二次使用的商业化，需要克服一些困难。

15.6.1　设计局限性和电池再利用的缺点

电池系统不会以一个线性倍率失效，即从 100％的健康状况失效到 0％。当电池从汽车中取出后，它们仍剩余 80％的功率输出能力和/或能量。通常情况下，以驱动汽车的能力为指标，当电池的健康状况为 0％时，在额定连续功率下其能量约为初始容量的 80％。因为电池管理系统（BMS）认为这种情况是一种完全放电状态，因此需要开发一个单独的 BMS 来适当重置 SOH。例如，固定应用电池的 SOH 可以定义为：当电池达到初始能量的 60％时，其 SOH 设置为 0。假设 SOH 的下降是线性的，即从初始能量的 100％下降到能量的 60％，从汽车上取下的电池可以被认为是从 50％的 SOH 开始的。寿命估计最好是从日历寿命以及与放电深度（DOD）相关的循环寿命两方面考虑。作为近似处理，汽车寿命终止时其电池的SOH 可以重置到 100％，相应的剩余能量设置为固定使用的初始容量。寿命终止时的循环次数，可以通过对早期获得的循环寿命曲线推断进行估算。

相应的，当电池二次使用时达到能量的最低要求，就对应于供应商确定的循环寿命。剩下的时间将被设置为电池二次使用的日历寿命。当数据缺失时，需要开发一种算法来估计剩余寿命，直到能量下降到初始值的 60％。识别性能的急剧下降，需要为电池系统提供一个顶部空间系统，以避免意外的发生。文献（Viswanathan和 Kintner-Meyer，2011）对这种方法进行了总结以及详细的论述。

同样期望的是，当电池从汽车上被取出后，为了估计其剩余寿命，它们往往被赋予一个新的 BMS。除了 SOC 和 SOH，与老化有关的安全问题也需要考虑。旧锂离子电池更容易热失控，因为它们面临各种不利因素，如固体电解质界面层分解、更高的阻抗以及与放热反应相关的隔膜延迟熔化（Underwriters laboratories）。理解旧电池的安全性很关键，这将使他们安全有效地使用。

使用过的电池应用部署成为一个问题，因为其在应用领域与汽车里使用的占空比区别很大。其中一个例子是一只 HEV 电池用于时移，或者 EV 电池用于调频。虽然对于一个单独应用可以直接避免这种情况，但具有多种占空比的混合能量存储应用对电池系统性能的需求更高。例如，如果存储用于提供控制、负荷跟踪和时移，这些占空比的叠加可能导致旧 HEV 和 EV 电池在一个占空比里面临挑战。PHEV 电池的使用，可以为多用途应用提供所需的平衡需求。针对具体的应用，EV 电池可能是首选，因为它可以为 HEV 电池提供能源，大约是电池 6 倍的能量。

15.6.2　与老化有关的缓解措施

与老化相关的一些问题，可能会对交通工具电池在固定能量存储空间产生负方面的影响。通过确保电池在使用期间不进行明显的滥用，来解决安全相关问题。这可以通过在工作温度范围内严格控制温度的精度，当电池阻抗很高时限制其充放电的功率大小，以确保不发生热失控。后者可以在不同老化条件下，通过电池性能表征来确保其安全性。表征方法包括用加速量热法来确定热失控的出现（Ottaway 和 Mores，2001），在不同额定功率下温度升高的测定（Williford 等，2009），以及通过第一性原理进行总放热量的估算（Viswanathan 等，2010；Williford 等，2009）。过大的存储系统具有一定程度的灵活性，这将是规避与老化有关的容量损失的另一种方法。然而由于其更高的资本成本，这很可能不是一个可行的解决办法。另一个替代方法是，在电池二次使用期间，随着老化时间的延长降低存储输出功率，这就意味着随着时间的延长电池性能的降低。对于投资到输配电上的资本可以在几年里分摊的话，这个方案将是具有吸引力的，这样每年需要更少的存储性能。

　　HEV 电池的能量约是 2kW·h，PHEV 电池的能量约是 8～16kW·h，EV 电池的能量超过 16kW·h，这些电池的脉冲功率要求大于 25kW。PHEV 和 EV 的连续额定功率大约是 15kW 运行 1～3h。因此，可以与最终用户混合和匹配各种类型的运输电池。例如一个涉及频率调节和错时的例子，可想而知，HEV 电池可以用于前者，而 PHEV/EV 电池可以用于为后者。HEV 电池也可以用于能量密集型应用，如时移的补充能量需求，这是在过度需求的峰值或供给的条件下，通过有选择地提供/吸收所需的额外能量而实现的。

　　这些电池放电深度不同，其循环寿命也会有所不同。对于 10～15 年的寿命，循环次数需要在 3500～4500 次范围内（Amjad 等，2010）。对于任何一类电池，循环寿命均取决于对应的放电深度。如图 15.8 所示，锂离子电池在 50％ 的 DOD

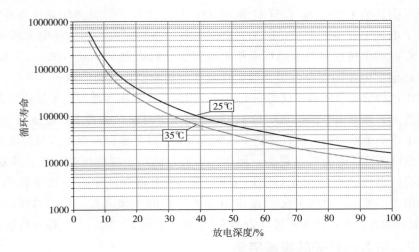

图 15.8　Altairnano 电池在不同放电深度和温度下的循环寿命❶
（Lipman 和 Williams，2011）

---

❶　纵坐标的数据有误，应为现有数据的 1/10。——译者注

下，可以经受 4000 次的充放电循环；而镍氢电池在 70％ 的 DOD 下，其循环次数与锂离子电池持平。这只是一个例子，因为在不同 DOD 下的循环寿命，显著依赖于特定的锂离子电池。当锂离子电池保持在高 SOC、高内部温度，以及在一个较高的放电深度下运行时，其性能将变差。图 15.8 给出了一个 DOD 和温度对于 Altairnano 电池循环寿命影响的示例（Lipman 和 Williams，2011）。每种锂离子电池都有自己的循环和日历寿命、能量、功率、安全性以及成本特性。不能一概而论。

因此，根据所考虑的混合应用程度，基于所需的性能，采用不同电池化学配方将是首选。

运输电池的 BMS 是通过库仑数来估计电池的 SOC，同时定期检查这些估计的准确性。健康状况的测定是通过定期检查充满电后的容量，以及在一个固定的 SOC（50％）下，以一个确定的充放电电流进行电压效率的测量。另一种方式是通过恒电流放电（或充电）几秒钟来测量电压下降（或增加），以此确定内阻。对于 HEV 电池，50％ SOC 的电压效率和/或 50％ SOC 下的内阻，为电池的 SOH 提供了一种指示。对于 PHEV 和 EV，也可以采用这种方法，定期容量检查为电池的 SOH 提供了一个附加的标准。随着 BMS 系统越来越复杂，电池的 SOH 可以更准确地估计。这包括环境温度和日历寿命对电池 SOH 的影响，因此考虑汽车电池在其寿命内性能的退化，纯粹是由于温度和时间的退化影响。

另一个问题是如何无缝追踪各种电池的逻辑性。根据通用公司的 Pablo Valenci，用相同的系统来跟踪和更新/转售汽车零部件如水泵，刚开始可以部署使用过的电池（Garthwaite，2012）。

15.6.3 困难和应对的解决方案

具体来说，在加州大学洛杉矶分校为期一天的研讨会上，研究人员为 EV 电池的二次使用确认了四个困难以及一些解决方案。这个研讨会的参与者包括汽车制造商、公用事业、存储开发人员、商界领袖和政府官员（Elkind 等，2014）。

困难 1：经济的不确定性使剩余价值导致较低的购买或租赁成本

① 能量存储应用的不确定性；

② 廉价能源存储的竞争；

③ 电池组的昂贵再利用；

④ 上述所有问题造成的融资风险。

应对的解决方案如下：

① 通过示范项目减少不确定性；

② 提高这些示范项目的质量达到特定的目标；

③ 消除监管障碍，来允许这样的试点项目进入具体的电网市场；

④ 提供联邦和国家退税，以及为再生示范项目融资；

⑤ 减轻故障电池的责任。

困难 2：艰难的监管环境

① 实用程序法规非常复杂；

② 使用过的电池属于危险废物，运输时有额外的规定；

③ 一些存储激励导致使用的资产不合格；

④ 在客户方面，州和地方当局以引发安全问题为由，阻止或减慢项目的进程。

应对的解决方案如下：

① 2018～2028 年的时间框架内，在联邦和国家水平上颁布"明确和一致的规定"；

② 国家政策制定机构努力确定影响使用的关键监管需求；

③ 联邦和国家计划应该确保使用的电池有资格获得激励；

④ 电网运营商应该修改规则允许再生电池参与。

困难 3：二次使用电池不确定的责任图

汽车制造商自认电池可能会阻碍其在电网中的使用，因为来源于未知占空比的潜在损害。

应对的解决方案如下：

① 为了电池的再次使用，翻新汽车零部件，如发动机和变速器，需要有责任地保护 OEMs。

② 为"再生"电池开发技术性能标准。西北太平洋国家实验室/桑迪亚联合美国能源部电力办公室-提议的用于能量存储系统的性能协议模型，可以在这里采用。

③ 这些标准可以作为责任保护依据。

④ 保险公司可以为"再生"市场提供责任保险。

困难 4：很难估计电池寿命

① 缺乏车辆电池性能数据；

② 二次使用的未知占空比。

应对的解决方案如下：

① 使电池性能和 SOH 数据在汽车里可以获得；

② 使大学和国家实验室对于电池二次使用方面获得的数据可用

③ 建立数据收集和分发的基金；

④ 分享公用基础设施需求和能量数据的数据库，允许对这些电池创建用例。

加州公用事业委员会为能量储存的广泛采用确定了 9 个困难（Malashenko 等，2012）。有些是与电网相关的，如存储和电网之间定义良好的互联过程。另外一些是与缺乏运营经验以及较低存储激励政策的透明度相关。在这些确定的困难中，最关键的问题是管理还不够清晰，不清楚用例/应用工作循环。对于这一点，我们将增加一个统一的标准来评估电网应用的存储系统。为多个应用提供潜在的使用存储会增加额外的复杂性，因为某些应用可能会与其他的应用在兼容性方面产生冲突。能量存储采购目标，如 AB 2514 号法令将有利于更高的存储需求。

15.6.4 安全、保证和控制架构

美国能源部电力传输与能源可靠性办公室，已经为安全能量储存制定了一个战略计划。作为这种努力的一部分，太平洋西北国家实验室已经发表了两篇文献，文献对影响能量储存安全的问题进行了概述（Conover，2014a），同时对与能量存储系统有关的安全法规和标准进行了总结（Conover，2014b）。

使用过的电池的 SOH，在再次使用期间，在很大程度上决定了其剩余价值和提供所需服务的能力。对于固定应用不确定性的占空比，为了保证相关电池的使用和性能，预计条款和条件会进一步复杂化。

对于一个能量存储系统的控制架构预计是多层的。BMS 驻留在直流面，能量管理系统驻留在交流面，而存储控制系统要么驻留在现场或在一个与电网接口的远程位置。所有这些控制层均需要互相兼容，清晰地理解哪一层具有终极控制和覆盖能力。

15.7 市场和未来趋势

2012 年，全球 EV 市场是 155 万辆，其中 94％是 HEV，PHEV 和 EV 的市场份额分别为 3.6％和 2.3％（Schreffler，2013；Trigg 和 Telleen，2013）。这些百分数的计算来源于 2012 年全球 PHEV 和 BEV 的销售数据，而全球 HEV 的销售数据被认为是与日本 HEV 的销售数据一样。预计在不久的将来，大部分电池将是锂离子电池。

正如我们讨论的美国年度 EV 销量，2013 年 PHEV 和 BEV 的总销量为 95000 辆（Shahan，2014）。假设 10％的复合年增长率，这意味着到 2023 年，电动汽车的年度销量为 180 万辆。假设 HEV 的销量保持不变，预计将增加 300000 辆的年度 HEV 销量。如电池在汽车上的预期寿命为 8 年，在未来 10 年内，电池的安装与拆除数量预计以相同的速度增长。2010 年 1 月，橡树岭国家实验室、森泰克、西北太平洋国家实验室/密歇根大学交通研究所以及美国能源部出具的报告，到 2015 年 PHEV 的渗透预计将达到 100 万辆，在 2015 年的相应销量为 425000 辆，对应于所有新车销量的 2.5％（Cleary 等，2010）。

在需求响应应用中，有可能使用这些电池，在用电高峰期可以将电池从充电切换为放电状态，同样在用电低谷期，可以将电池从放电切换为充电状态。这些电池也可以用来提供监管服务，这又会对电池寿命产生影响。作为监管和金融收入来源越来越清晰，越来越多的交通工具电池将用于这些目的，从而影响他们在汽车里的寿命。这将使这些电池的更新速度加快，同时在不同用例情况下，为如何使这些电池实际应用提供一些宝贵的经验。

预计一部分电池会以整体形式全部用于新的装置，并且其电池管理系统也就

启用，另一部分电池会集中分配，与其他组成部分一起用于电网，后者将有利于大规模电网存储。大规模电网存储的传输阻塞与规范问题必须解决，这就迫使由统一的中央电池管理系统来实现，由其控制整个存储系统的每个模块并且合理安排能量分配到模块中去。

固定能量存储市场仍处于萌芽阶段，同时对未来 10 年的需求显著落后于交通行业。在此期间，有很多不确定性规则影响能源存储系统的经济价值，在固定存储领域再利用运输电池是一个可行的选择。

汽车电池目前用于具有双向电网的电力交换，电力电子已经置于适当的位置为电池进行充电和放电。在这种情况下，置入 PCS 的整个电池可用于固定应用领域。在电池对电网没有供电的情况下，可能需要一个单独的逆变器为电网传输电能❶。

HEV 电池可用于功率密集型应用。在分布式系统中，来源于汽车的电池可以与 BMS（或者必要时添加一个逆变器）一起使用。为实现双向电流，这些电池也可以与现成电力转换系统配合使用。PHEV 电池应用的合适充放电时间是 30～60min，应用超过一个多小时的时间则需要一只 EV 电池。

除了以上这些应用，混合使用的用例也是可以的。例如，电池系统可用于调频、可再生能源固化和调峰，需要的持续时间从几秒到几小时。对于这样的应用，电池的各种配置可能是合适的。例如，一只 PHEV 或 EV 电池与一只 HEV 电池平行配置，可以用来维持短时间内的高功率，通过 PHEV 或 EV 电池提供大部分的能量。这可能需要复杂的 BMS，如果后者的 SOC 在 50％以上，可以确保高能量对 HEV 电池不充电。一种更简单和更优雅的解决方案是，使用满足所需能量电池的混合应用，并根据其在所需的持续时间内提供或接受电能的能力，投标电力市场。用于时移或套利的额定功率可以根据其提供持续电能的能力提供，而调频的评级可以基于其几秒内提供峰值功率的能力提供。高能量电池的比功率（kW/kg）或比能量（kW/L），将低于为高功率应用设计的电池。能量密集型电池预计在一个较低的倍率下工作，其峰值功率在 3～5C，其中 C 是能量单位（kW·h）。然而，由于其较高的能量，其绝对功率堪比动力电池，可以提供的峰值功率约是 15C。考虑用于调节的峰值功率很少发生，高能电池可以高效用于混合使用领域，包括能量型和功率型应用。

15.8 附加信息来源

关于这一主题，美国能源部汽车技术办公室有一些非常有趣的信息，同时正在对几个项目进行研究。

汽车工程师协会发表了几篇与 EV 电池相关的文献。《电源技术》和《能源

---

❶ 2013 年 9 月 11 日，与 PNNL 的 Richard M. Pratt 的电话交流。

与环境科学》杂志，有几篇关于运输和固定存储方面的论文。此外，美国、德国、中国、印度和澳大利亚的能量储存协会，有与电网储能应用相关的非常有用的信息。由西北太平洋国家实验室-桑迪亚实验室、中国电力科学研究院、国际电工委员会等倡导的能量存储性能和安全相关的标准，在同类事物具可类比的基础上，均是查阅所需信息指标来评估存储技术的非常重要的资源。

参考文献

[1] Amjad S，Neelakrishnan S，Rudramoorthy R. 2010. Review of design considerations and technological challenges for successful development and deployment of plug-in hybrid electric vehicles. Renew Sust Energ Rev, 14：1104-1110.

[2] Baerman D，Nelson M，Wan F，et al. 2014. Energy storage procurement and market development in California—the utility perspective. In：Energy Storage North America，October 2，2014，San Jose.

[3] Beaston V，Zhang Y，Viswanathan V V. 2014. Modular and dispatchable battery storage unit，stage gate 4 report—September 2014. Powin Energy and Pacific Northwest National Laboratory.

[4] Butler J，Carver C，Warren K，et al. 2014. Energy storage procurement and market devel-opment in Ontario，Canada. In：Energy Storage North America，October 1，2014，San Jose.

[5] Chu A，Duren A，Kessen J，et al. 2012. New California ISO Frequency Regulation Rules Favorable to Grid Energy Storage. http://info.a123systems.com/blog/bid/133226/New-California-SO-Frequency-Regulation-Rules-Favorable-to-Grid-Energy-Storage 2013-11-06.

[6] Cleary T，Sikes K，Gross T，et al. 2010. Plug-in hybrid electric vehicle market introduction study：final report. Report # ORNL/TM-2009/019，Oak Ridge National Laboratory.

[7] Conover D R. 2014a. Overview of Development and Deployment of Codes，Standards and Regulations Affecting Energy Storage System Safety in the United States. PNNL-23578.

[8] Conover D R. 2014b. Inventory of Safety-Related Codes and Standards for Energy Storage Systems. PNNL-23618.

[9] Cready E，Lippert J，Pihl J，et al. 2003. Technical and Economic Feasibility of Applying Used EV Batteries in Stationary Applications. Sandia National Laboratories.

[10] CSE，2014. Plug-in Electric Vehicle Battery Pack Standardization Study. Center for Sustainable Energy，San Diego，CA. https://energycenter.org/programs/battery-pack-standardization 2014-10-06.

[11] EDTA，2014. Promoting Electric Drive Technologies and Infrastructure. Electric Drive Transportation Association，Washington，DC. http://electricdrive.org/index.php? ht=d%2Fsp%2Fi%2F20952%2Fpid%2F20952 2014-10-17.

[12] Elkind E N，Hecht S，Horowitz C，et al. 2014. Reuse and Repower：How to Save Money and Clean the Grid with Second-Life Electric Vehicle Batteries. UCLA School of Law's Emmett Institute on Climate Change and the Environment and UC Berkeley School of Law's Center for Law，Energy & the Environment 2014-10-15.

[13] EPRI，2014. EPRI Energy Storage Integration Council (ESIC). In：EPRI Energy Storage Integration Council (ESIC) 2014-11-24.

[14] Eyer J，Corey G. 2010. Energy Storage for the Electricity Grid：Benefits and Market Potential Assessment Guide. A Study for the DOE Energy Storage Systems Program. Sandia National Laboratories，Albuquerque，NM.

[15] Feldman D，Barbose G，Margolis R，et al. 2012. Photovoltaic (PV) Pricing Trends：Historical，Re-

cent, and Near-Term Projections. National Renewable Energy Laboratory, Lawrence Berkeley National Laboratory, US Department of Energy, Office of Scientific and Technical Information, Oak Ridge, TN.

[16] Garthwaite J. 2012. Second Life for Old Electric-Car Batteries: Guardians of the Electric Grid (online). National Geographic, Washington, DC. http://news.national-geographic.com/news/energy/2012/11/121116-second-life-for-used-electric-car-batteries/2014-10-06.

[17] Hampton K. 2013. Second life batteries (online). Energy Storage J Powered by IPVEA International Photovoltaic Equipment Association, Orlando, FL. http://www.energystoragejournal.com/second-life/ 2015-02-28.

[18] Hart P J, Kollmeyer P J, Juang L W, et al. 2014. Modeling of second-life batteries for use in a CERTS microgrid. In: Power and Energy Conference at Illinois: 1-8. doi: 10.1109/PECI.2014.6804554. IEEE.

[19] Heymans C, Walker S B, Young S B, et al. 2014. Economic analysis of second use electric vehicle batteries for residential energy storage and load-levelling. Energy Policy, 71: 22-30.

[20] Jaffe S. 2014. The lithium ion battery market. In: ARPA-E Robust Affordable Next Generation EV Storage (RANGE) Kickoff Meeting, January 28, 2014, Cape Canaveral, Florida.

[21] Jong R D, Ahman M, Jacobs R, et al. 2009. Hybrid Electric Vehicles: An Overview of Current Technology and Its Application in Developing and Transitional Countries. United Nations Environment Programme (UNEP), Nairobi, Kenya.

[22] Kamath H. 2011. Expectations for lithium ion batteries in post-vehicle second-life applica-tions. In: TSRC Plug-In Vehicle Battery "Second Life" Workshop, March 7, 2011.

[23] Kintner-Meyer M, Balducci P, Colella W, et al. 2013. National Assessment of Energy Storage for Grid Balancing and Arbitrage, vol 1. Pacific Northwest National Laboratory. PNNL-21388, Phase Ⅱ.

[24] Lantz E, Wiser R, Hand M, et al. 2012. IEA Wind Task 26: The Past and Future Cost of Wind Energy. Work Package 2. National Renewable Energy Laboratory, Golden, CO.

[25] Lih W-C, Yen J-H, Shieh F-H, et al. 2012. Second use of retired lithium-ion battery packs from electric vehicles: technological challenges, cost analysis and optimal business model. In: 2012 International Symposium on Computer, Consumer and Control. IEEE Computer Society.

[26] Lin Z. 2014. RE: Email sent to Vilayanur Viswanathan of PNNL by Z. Lin of Oak Ridge National Laboratory on November 11, 2014. Type to Viswanathan, V.

[27] Lipman T, Williams B. 2011. Plug-In Vehicle Battery Second Life Workshop. CA Energy Commission PIER Program and UC Davis PHEV Center, Transportation Sustainability Research Center, University of California, Berkeley.

[28] Malashenko E, Lee R, Villarreal C, et al. 2012. CPUC Energy Storage Proceeding R. 10-12-007. Energy Storage Framework Staff Proposal. California Public Utility Commission, San Francisco, CA.

[29] Narula C K, Martinez R, Onar O, et al. 2011. Economic Analysis of Deploying Used Batteries in Power Systems. Oak Ridge National Laboratory, Oak Ridge, TN.

[30] Navigant Research, 2013. Global forecasts for light duty hybrid, plug-in hybrid, and battery electric vehicles: 2013-2020.

[31] Neubauer J S, Pesaran A, Williams B, et al. 2012. A Techno-Economic Analysis of PEV Battery Second Use: Repurposed-Battery Selling Price and Commercial and Industrial End-User Value. SAE International. http://dx.doi.org/10.4271/2012-01-0349. Warrendale, PA, USA.

[32] Ottaway M, Mores S. 2001. The thermodynamics of battery safety. In: Power Sources Symposium, April 2001, Manchester, England.

［33］Peterman C，Sanders H，Rechtschaffen C. 2014. Energy storage procurement in California：the vision，the plan，the results. In：Energy Storage North America，October 1，2014，San Jose.

［34］Rastler D. 2010. Electric Energy Storage Technology Options—A Primer on Applications，Costs & Benefits，An EPRI Executive Summary. Electric Power Research Institute，Palo Alto，CA.

［35］Rive P，Detwiler P K. 2014. Keynote interview：energy storage as the driver of a more resil-ient，more efficient grid. In：Energy Storage North America，October 2，2014，San Jose.

［36］Schreffler R. 2013. Japanese Auto Makers Rule Global Hybrid，EV Markets. WardsAuto，Michigan. http：// wardsauto. com/vehicles-amp-technology/japanese-auto-makers-rule-global-ev-markets 2014-10-17.

［37］Shahan Z. 2014. Electrified Car Sales 2011-2013 （online）. EVObsession. http：//evobsession. com/e-lectric-car-sales-increased-228-88-2013 2014-10-17.

［38］Trigg T，Telleen P. 2013. Global EV Outlook 2014-10-17.

［39］Underwriter Laboratories，"Aging Effects on Lithium-ion Batteries" Sustainable Energy IssueII：1-28.

［40］Viswanathan V V，Kintner-Meyer M. 2011. Second use of transportation batteries：maximiz-ing the value of batteries for transportation and grid services. IEEE Trans Veh echno，60：2963-2970.

［41］Viswanathan V，Choi D，Wang D，et al. 2010. Effect of entropy of lithium intercalation in cathodes and anodes on Li-ion bat-tery thermal management. J Power Sources，195：3720-3729.

［42］Viswanathan V V，Bray K，Conover D，et al. 2012. Protocol for Uniformly Measuring and Expressing the Performance of Energy Storage Systems. NNL-22010，October 2012. Prepared for the US Department of En-ergy，Office of Electrical Delivery and Energy Reliability.

［43］Viswanathan V V，Bray K，Conover D，et al. 2014a. Protocol for Uniformly Measuring and Express-ing the Performance of Energy Storage Systems. PNNL-22010 Rev 1，June 2014. Prepared for the US Department of Energy，Office of Electrical Delivery and Energy Reliability.

［44］Viswanathan V V，Crawford A J，Conover D. 2014b. Determination of Duty Cycle for Energy Storage Systems Integrated with Microgrids. PNNL 22010 Rev 1，June 2014. Prepared for the US Department of Energy，Office of Electrical Delivery and Energy Reliability.

［45］Williams B. 2011. Plug-in-vehicle battery second life：integrating grid energy-storage value. In：UC Da-vis/PIER/PG&E PEV Research Symposium.

［46］Williams B. 2012. Second life for plug-in vehicle batteries：effect of grid energy storage value on battery lease payments. Transp Res Rec J Transp Res Board，2287：64-71.

［47］Williams B，Lipman T. 2011. Analysis of the Combined Vehicle and Post-Vehicle-Use Value of Lithium-Ion Plug-In-Vehicle Propulsion Batteries. Transportation Sustainability Center，University of California，Berkeley.

［48］Williams B. 2010. Overcoming plug-in-hybrid cost hurdles with battery energy-storage value in California：a four project overview. In：NAATBatt Annual Meeting &Conference. NAATBatt，Louisville，KY.

［49］Williford R E，Viswanathan V V，Zhang J-G. 2009. Effects of entropy changes in anodes and cathodes on the thermal behavior of lithium ion batteries. J Power Sources，189：101-107.

16 电池设计与寿命预测的计算机模拟

A. Salvadori，D. Grazioli

16.1 引言

研发新一代具有高容量和长寿命的电池，是人类面临的能源存储规划的战略挑战。锂离子电池的储能密度是目前可充电电池技术中最高的（Scrosati 和 Garche，2010）。然而，目前的商业化现状是，还没有这样一个技术水平来满足电动汽车和智能电网这两个主要应用领域的要求，但锂离子电池在这两个应用领域中具有很大的潜在应用价值。

只有朝着研究新材料的方向才可以获得重大进展；2007 年，欧洲战略能源技术（SET）计划也指出了这一点，随后 2011 年 SET 计划的材料路线图以及他们最近实施的计划中（2013）均给出了类似的建议。与试图调整单个电极材料相比，纳米材料、复合材料以及组织结构的优化，可以为所需特性提供一个最佳的方式（法）。锂金属合金材料是一类具有前景的材料，例如硅（Li-Si）和锡（Li-Sn）材料，由于其比容量大，这在很大程度上超过了传统的基于石墨类负极材料。人们早已了解这些材料的潜在价值，但因严重的机械问题，直到最近才解决了其活性物质脱落、粉化问题。

锂离子电池是基于经典的嵌入反应，即反应过程中，锂离子嵌入或脱出电极。发生在锂离子电池的反应过程，可以概述如下：在充电期间，电子（离子穿过隔膜迁移）由正极流向负极。氧化/还原反应在活性材料粒子或电解质界面上发生，在一个原子层厚度上进行。氧化过程发生时，锂离子产生，而进行还原反应时，这些锂离子遇到电子又重新还原为中性的金属锂。锂离子嵌入到活性颗粒中，会导致相分离和非线性力学效应。电子从电极流过，是通过导电粒子提供的导电网络实现的。电解液中 X 阴离子不能进入电极，但是通过电迁移和扩散过程，他们可以在电解液中自由移动，对流可以忽略，使 X 阴离子不能嵌入到导电粒子中。电解液/隔膜中的离子，是通过（二元）盐在有机电解质中的离解提供，这应该是完整的。

较大的体积变化与这一过程相关。它们产生非弹性效应（Sethuraman 等，2010a，2012）、相分离（Wang 等，2013；McDowell 等，2013）、微裂纹和颗粒断裂（Kalnaus 等，2011）、爆裂或粉碎、完整性能缺失以及与集流体电接触的减弱，最终导致电极仅在几次循环后就失效。

理论和计算模型能够预测、调整和改进新材料的性能。多尺度的材料模型和发生在充电/放电过程中的多物理过程，对电池设计和寿命预测发挥了最有价值的作用。这是对电池设计和寿命预测所进行计算机模拟的目的，也是本章的重点。

一个化学电源包括几个组成部分（Newman 和 Thomas-Alyea，2004），图16.1 是一只锂离子电池的结构示意图。这些电池必须包括两个电极、一个隔膜以及电解质溶液。物质必须通过电解液从一个电极流向另一个电极，目的是将反应物输送至电极界面处。电解质溶液中的传质，需要移动离子种类的运动描述。在没有对流的情况下，物质的运动由扩散控制，在浓度梯度的驱动下，以及在电场作用下通过电迁移为任何带电粒子提供迁移的驱动力。电池的行为本质上是多尺度和多物理现象，涉及扩散、迁移、嵌入以及随之而来的发生在电极化合物特征长度尺度上的力学效应，这比电池尺寸小三个数量级。直接解决电极中所有粒子在所有尺度上的建模，在计算方面讲是不可行的。

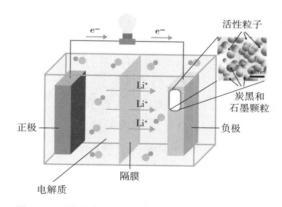

图 16.1　具有多孔电极的锂离子电池结构示意图

添加剂用于在两个电极中创建导电网络，进而提高电子导电率。添加剂包括大的（石墨）和小的（炭黑）导电粒子，通过聚合物黏结剂（如 PVDF）将其与具有储锂能力的活性粒子黏合到一起。分离扫描电极显微镜图像可以在 Wu 等（2014a）的实例中发现

相反，纳米效应是通过本构模型来合并到微尺度问题中，本构模型来自于先进的均匀化方法。这种严格的多尺度方法设计了一类新的计算机模拟，并与大量的电池建模文献进行对比，16.2 节给出了对比总结。

这样一个文献综述分析了几个出版物，但绝不是关于电池建模大量文献的详尽列举。它突显了科学界在建模和模拟锂离子电池方面的努力。尽管在过去的几十年里已经取得了更大进展，但对一只电池的复杂结构进行建模仍然代表一个开放的挑战。所涉及现象的本质包括机械、电气、电化学和热（即使不是在本章中

讨论），以及它们之间的相互作用导致复杂的数学框架和大量的未知变量（如位移、电势、浓度、温度）。这些变量还往往通过非线性关系耦合，因此需要一个迭代算法，而且还增加了计算成本。Allu 等（2014）给出了一个三维验证研究与计算框架相互关联的实例。

在最近的贡献中（Salvadori 等，2014，2015），根据锂离子电池的特点，用具有一个复杂的多粒子代表性等效体积单元（RVE）的多尺度方案，对计算均匀化（CH）技术进行了修改，这些修改均基于以下假设：①假设电池有一个单一的二元电解质，即二元电解质的溶液，命名为 LiX，加溶剂，表述为聚合物，其中离子物种的浓度随电池中的位置不同而不同；②复合电极材料中的活性粒子被理想化为网络固体（Larche 和 Cahn，1973），同时假设晶格材料不溶于电解液；③固相中的离子浓度可以忽略；④较小的位移和应力。

系统包括 n 个不同物种，n 个质量平衡方程的设定包含 $n+1$ 个未知数，也就是说，n 个质量浓度加上 1 个电势。额外的关系足以解决方程的设定，以及在电池建模中最常见的选择（Newman 和 Thomas-Alyea，2004，286 页）是电中性条件。在一些研究中，电场中采用了电中性条件而非高斯定律。

然而，需要重点指出的是，电中性不是一个基本定律，而是一个近似的解决方案（Dickinson 等，2011）。Salvadori 等（2014，2015）提出的方法，不是强迫电中性条件来满足方程，他们对基本平衡定律的影响也进行了研究。其中，典型的力平衡，影响主要是因为劳伦兹相互作用体积力，相对于由于受约束的肿胀机械效应而言，是微不足道的（尽管它们不消失）。相反，电中性对麦克斯韦定律没有影响，至少根据当前数值和实验证据，大部分条件不能被忽视。事实上，众所周知，以电中性为基本方程将会导致电场的悖论，是不符合麦克斯韦定律的（Dickinson 等，2011；Danilov 和 Notten，2008）。

电池的建模文献（Newman 和 Thomas-Alyea，2004；Bard 和 Faulkner，2000；Huggins，2010），一般认为电磁场和它们的交互作用是静态的。这个假设意味着电和磁现象之间的消失干扰效应。因此，就稳定电流情况下而言，麦克斯韦方程组的设定由其静电同行来取代（Landau 等，1984）。

Salvadori 等（2014，2015）提出的方法是，通过磁准静态场（EQS）公式明确考虑电磁学（Larsson，2007）。电容、电感的影响都包括在内，使 EQS 方程式不同于静态方法，因为麦克斯韦校正保存在安培定律里，即磁化场的影响仍需考虑。

正如 Larsson（2007）所强调的，静电学是一种特殊情况下的一般麦克斯韦方程，但 EQS 不是，它是一种近似。文献 Larsson（2007）讨论了使麦克斯韦方程准静态解变的精确的条件，并且 Salvadori 等（2015）已经对此在电池模型中进行了验证。

Danilov 等（2015）遵循 Gurtin 等（2010）和 Kovetz（1989）的方法，对非

平衡态热力学的一般原理进行了严谨的分析。电化学势的定义是指离子移动到一个材料的区域所做的功，在机械方面功的贡献，包含质量传输和电磁相互作用两个方面。所有的过程都是等温的。Coleman-Noll 强调了熵不等式是对材料本构关系的限制而不是对热力学过程的直接限制，满足通常电化学势扩散和迁移的 Fickian 描述，De Groot 、Mazur（1984）和 DeHoff（2006）对此进行了详细地定义和描述。理想情况下，无限稀释的溶液以及接近饱和的溶液已经成功实施了。

在热力学方面，如浓度、位移和电势，从平衡和控制方程，已经得到了一个弱形式模型。上述所描述的模型已应用于全固态电池，Danilov 等（2011）提出了类似的分析方法，在电池运行过程中，表现了固态电解质的主要特点，实际上，Li^+ 通过离子化反应产生或消耗。后者作为速度控制步骤，在电池进入稳定运行阶段，在所有 Li^+ 积累的点位 $\bar{x}$ 上，产生了与氧成键的锂，反之亦然。这导致在质量平衡方程中通常处于离子缺失状态的离子大量供应。这种行为，在进行分析的过程中得到了很好的印证。目前，正在对一个完整的多孔电极电池进行模拟。

离散后，并采用后向欧拉差分方法，16.4 节给出了两个数值模拟研究案例。前者涉及离子在锂离子电池电解质中迁移的一维应用，灵感来自 Danilov 和 Notten（2008）。该框架被进一步应用于二维问题，探讨一个多相隔膜的显微结构行为。边界条件来源于电池的一个多尺度理论公式（Salvadori 等，2014，2015）。从结果中观察到几何形状的强烈影响，特别是在液体电解质和隔膜之间的界面上。这最后的数字证据加强了多尺度方法的概念框架，具体到这一章的多尺度方法，即锂离子电池的电化学和力学性能，强烈依赖于微观和纳米尺度现象之间的相互作用，特别是电极之中更是如此。

16.2 文献综述

过去几年中，全球进行的研究活动，呼吁关注锂离子电池的性能与用于电极和电解质的材料之间的关联。在常见运行期间，准确描述突出现象以及材料的响应请求和老化机理（Barré 等，2013），是发展下一代电池的关键。

16.2.1 复合材料

为了解决电极材料颗粒的机械失效问题，需要对电极形貌进行优化，同时纳米结构的设计能够缓冲较大的体积变化，进而确保长循环寿命和高比容量（Scrosati 和 Garche，2010）。

为此，开发了复合电极，其中固体基质被电解质包围，而活性材料颗粒则被聚合物黏合剂黏合到导电粒子的网络结构上。活性材料允许锂离子通过电解质的嵌入。导电材料提高和加速了电子从活性颗粒到集流体的迁移。

自从（Doyle 等，1993）对锂聚合物嵌入电池建模的开创性工作开始，基于多孔电极理论，人们已经对锂离子电池运行进行了大量的基础研究。使用叠加的方法，多孔电极理论解释电池中的不同相。这种技术并不需要电极和隔膜表面形貌的详细信息，其微观结构仅占孔体积的一部分。在体积平均意义上计算场变量（Marcicki 等，2014）。

16.2.2　核心功能

如果在负极和正极之间进行电连接，电流在它们之间流过，进而允许电极/电解质电化学反应发生。电流从正极和负极两个电极中流过，锂原子则嵌入到活性颗粒内部。锂是以一个中性的状态嵌入到活性物质体内，它会形成一种间隙扩散流（Larche 和 Cahn，1973）。随着内部锂浓度的增加，宿主材料开始膨胀和经受应力，可能足以引起非弹性效应的塑性流动，正如 Sethuraman 等（2010b）所示，最终将导致失效。

碎片、解体、压裂以及随之而来的电极材料与集流体接触的损失，进而会导致随着电化学循环的进行所产生的严重容量损失，最终使电极材料不适合进一步循环。因此，电极材料的应力产生，是锂离子电池容量衰减和最终性能失效的主要原因之一（Mukhopadhyay 和 Sheldon，2014）。

最近的几个出版物，已经对电池微观结构的力学效应进行了实验观察和建模。它们中的大多数文献，关注于对单一颗粒（Liu 等，2012a；Zhao 等，2011；Cheng 和 Verbrugge，2009，2010；Huang 等，2013）、纳米线（Liu 等，2011，2012b；Deshpande 等，2010；Ryu 等，2011）或薄膜（Bhandakkar 和 Gao，2010；Sethuraman 等，2010a；Bucci 等，2014；Nadimpalli 等，2014）的分析。

尽管对复合电极应力的评价仍然是一个公开挑战，一些研究人员（Sethuraman 等，2010a～c）最近已经开始采用光学应力传感器，对薄膜电极材料在电化学循环过程中产生的应力进行跟踪。

16.2.3　电解质

电解质是一种导电介质，以离子的形式进行的电荷传递和物质传递过程，是保证电流产生的必要条件，电解质可以是液体或固体。一般的离子导体包括电解质溶液和固体电解质（Newman 和 Thomas-Alyea，2004）。二元离子化合物是由两种元素组成的一种盐：一种是阳离子，带正电荷；另一种是阴离子，带负电荷。只含有一种溶剂和一种盐的电解质称为二元电解质，但离子种类的数量可以超过两种（Newman 和 Thomas-Alyea，2004）。

物质必须通过电解质溶液从一个电极表面，将反应物传送到另一个电极的表面上。液相传质通常包含三种方式，即由浓度梯度引起的扩散传质过程；存在电场作用而引起的电迁移传质过程；由密度差、温度差、搅拌、循环等导致溶液各部分之间的相对流动而引起的对流传质过程（Newman 和 Thomas-Alyea，2004）。即使后者的贡献对于一些电化学系统可能是相关的（Bauer 等，2011，

2012），但在锂离子电池模型中，很多研究人员都很自然地忽略了这一影响（Golmon 等，2009，2012，2014；Danilov 和 Notten，2008；Purkayastha 和 McMeeking，2012；Garcia 等，2005）。

在许多情况下，离子迁移被描述为假设电解质为一个理想的无限稀溶液。在这一假设下，不同物种之间的能量相互作用被忽略，因此，一个物种的通量是与其本身的化学势梯度成比例的（Danilov 和 Notten，2008）。

电中性是（Newman 和 Thomas-Alyea，2004；Danilov 和 Notten，2008）另一种在电化学文献中广泛使用的假设。因为如果存在一个巨大的电场，就需要将正、负电荷分离；这是一个可以接受的假设，在电解质溶液内部，正负电荷不能分离。因此，对于离电极/电解质界面足够远的物质点，该假设是有效的。

然而，电中性不是一个基本定律，而是一个近似的解决方案，如果随意采用可能会导致矛盾。为此，Dickinson 等（2011）研究表明，电中性不以任何方式限制电场满足麦克斯韦方程。Danilov 和 Notten（2008）采用数值模拟方法，研究了一个电中性假设电解质模型，结果表明，尽管具有较好的数值优势以及对离子浓度分布的良好估计，这个假设仍导致了一个不合理的电场。

尽管对于隔膜进行一维的数学描述，一般是可以接受的；但由于电池的几何形状，这样的几何描述反映在现实中，也只是一个平均的意义。电解槽的多孔隔板实际上是一种多相结构，它包括一个互连的网络，以及不规则的孔和通道（Wu 等，2014a）。

多尺度方法已经被用来评估在充电/放电循环过程中应力引起的隔膜微结构变化（Xiao 等，2010）。

16.2.4 嵌入活性材料

为了避免在每个多孔电极内不均匀多孔电流密度而带来复杂性，通常在文献中（Marcicki 等，2014；Cheng 和 Verbrugge，2009，2010；Zhang 等，2007；Christensen 和 Newman，2006）分析限定在单一活性粒子范围内，而没有对周围的材料和现象进行建模，电解质和界面反应也没有直接考虑，但电化学相互作用被给定流通量所取代。

锂是以中性的形式嵌入到活性材料内部的。活性粒子通常被视为一个二元体系：主体材料填充锂和自由间隙晶格材料（Christensen 和 Newman，2006）。扩散方程没有电迁移的贡献［很多研究人员（Cheng 和 Verbrugge，2009，2010；Zhang 等，2007；Garcia 等，2005）经常认为中性粒子在导电介质中移动（Marcicki 等，2014；Garcia 等，2005）］。

由于固体中原子的扩散比变形要慢得多，瞬间建立了力学平衡，因此力学静态平衡问题被及时解决。Yang（2005）对应力-扩散耦合问题有一个详尽的文献综述。

16.2.5　弹性材料响应

对质量扩散-引发的应力问题进行建模的最简单方法是类比于热弹性力学。Cheng 和 Verbrugge（2009，2010）认为，力学的任何影响对客体离子的分布是没有影响的，扩散方程独立求解，根据小应变线性弹性理论估计应力分布。根据 Li（1978）提出的公式，Zhang 等（2007）提出了一个更完整的模型，该模型认为应力和浓度分布是完全耦合的本构关系。

Purkayastha、McMeeking（2012）和 Aifantis、Dempsey（2005）提出的模型，已经包含了由于粒子经受膨胀之间的相互作用而引起的弹性应力。

16.2.6　非线性材料响应

实验观察表明，活性材料在嵌锂过程中会经历相变和较大的形变（Huang 等，2010；Sethuraman 等，2010b；Liu 等，2012b；Nadimpalli 等，2014）。因此，塑性变形和裂缝的出现，使材料不会具有较好的弹性特性。

很多研究人员（Zhao 等，2011；Bucci 等，2014；Bower 和 Guduru，2012；Christensen 和 Newman，2006；Aifantis 和 Dempsey，2005；Cui 等，2013；Suo 等，2013）已经开发出了更精细的模型，以此来解释非线性响应。此后许多报告的数值分析结果，都与一维的模型问题相关，把关注点限定在球形颗粒或薄膜。

晶体和非晶硅均会经历相变（Liu 等，2011，2012a；Wang 等，2013）。晶体硅电极与锂在室温下反应形成非晶相的锂硅合金，其反应界面的厚度可以达到原子级［厚度约 1nm（Chon 等，2011）］。

一系列的证据表明，对于纳米结构的电极，反应前锋的速率不受锂穿过占位相的扩散限制，而是受界面前锂的反应速率控制。在恒压下反应前沿的位移随时间的变化是线性的（Liu 等，2011），这表明锂化的速率是受短－距离过程的控制，如断裂和形成原子键。

因为锂硅合金是电子导体，锂离子和电子复合成锂原子到达硅电极。锂原子然后通过锂硅合金扩散，并与反应前锋的晶体硅反应，形成新的锂化硅。这个反应导致锂硅合金的生长，是以牺牲晶体硅和金属锂为代价。

电解液中的锂离子迁移相对是比较快的，因此通过锂化硅以及锂与反应前锋的硅反应进行的锂扩散，可能限制反应前锋的速率（Zhao 等，2012）。

Huang 等（2013）和 Zhao 等（2012）研究了应力的分布，证明了在一个球形颗粒中固定一个先验规则的塑性应变，先验规则是两相分离前沿遵循从颗粒外边界向中心的移动。

Drozdov（2014a，2014b）已经选择了不同的方法。锂化过程被认为是把客体原子分解为可移动和固定的，遵循 Krom 等（1999）、DiLeo 和 Anand（2013）以及 Anand（2012）提出的方法，来研究金属中的氢扩散。这种方法的主要优点是，捕获速率远超过扩散的速度，突显的中间相的自然出现，没有任何先验假设。

Anand（2012）最近的一项研究——有限元热力学基本方程，可以被阐述为具有较大弹-塑性形变的双组分扩散。

一个经典的卡恩-希利亚德理论被用来解释由扩散引起的相分离。将相界面建作为一个扩散界面模型：浓度场采取不同的值，每一相在界面附件均具有平滑变化值，这使问题得到了一个规范化处理。

对于模型的一个完整综述以及锂离子电池电极应力产生的实验测量，读者可以参考 Mukhopadhyay 和 Sheldon（2014）的文献。

影响锂离子电池的应力分析也在更大尺度上进行。例如，Zhang 等（2012）研究了层片结构（多层电极板包括活性板以及集流体）中的扩散应力；Wierzbicki 及其同事研究了电池受到外部施加的机械应力时的结构响应（Sahraei 等，2012，2014；Wierzbicki 和 Sahraei，2013）。

16.2.7　界面反应

电极/电解液界面控制了电池的整体行为。从一个简单的角度来看，这样的界面可以被看作是电荷转移机制变化的位置：在电解质中，电荷由离子携带并通过浓度和电势梯度驱动（当对流对离子运动的贡献可以忽略不计时）；在电极中，电荷由电子携带并只由电势梯度驱动。

当锂穿过界面发生化学反应，会影响离子还原为一个锂中性状态。之后，驱动其运动的因素就不一样了，因为电动势的变化不会影响中性物质的迁移。此外，这些界面遵守质量和电荷转移守恒（由于法拉第定律），即锂离子穿过这些界面的数量与从电解质流经到电极的电荷数量有关（反之亦然）。

自电池第一次组装后，电化学反应就在电极/电解液界面区域发生。位于电极和电解质溶液之间的界面附近的电荷，形成紧密的电场而发展为一个原子尺度的区域（称为 Stern 层），而在电解质溶液一侧，形成了电荷更加分散的区域（称为 Gouy-Chapman 层）（Hamann 等，2007）。这些区域一起［根据文献（Newman 和 Thomas-Alyea，2004）报道，数量级在 $10\sim20nm$］被定义为所谓的双电层。

关于双电层的一个详尽讨论，可以参阅 Newman 和 Thomas-Alyea（2004）以及 Bard 和 Faulkner（2000）的文献。Biesheuvel 等（2009）总结了相关文献的最新研究进展以及一个原电池稳态行为的数学模型，包括双电层的描述。

在锂离子电池建模的文献中，除少数特例外（如 Bazant 等，2005；Marcicki 等，2014），对双电层的具体描述通常被忽视，局部电中性假设在电解质和在电极/电解质界面上静电势的不连续性是允许的（参见其他文献：Danilov 和 Notten，2008；Bauer 等，2011，2012；Purkayastha 和 McMeeking，2012；Renganathan 等，2010）。

双电层假设为无限窄的，允许电解质溶液中一个电荷层，以及在电极表面上大小相等、符号相反的另外一层电荷分布。

一个半经验方程，在 Butler 和 Volmer 之后命名，是用来关联本地嵌入电流与工作电极电位差之间的关系，这个想法在电解质溶液中立即超越了理想的窄双电层范围（Bucci 等，2014；Bower 和 Guduru，2012；Purkayastha 和 McMeeking，2012；Garcia 等，2005；Dao 等，2012）。Streeter 和 Compton（2008）批判性地讨论了电中性和极小双电层近似，显示只有当电极中的（活性）粒子比双电层大得多时才是合适的。

16.2.8　SEI 膜

电极/电解液界面受所谓的固体电解质界面膜（SEI 膜）的影响。在液态锂离子电池首次充放电过程中，电极材料与电解液在固液相界面上发生反应，形成一层覆盖于电极材料表面的钝化层，该钝化层就是 SEI 膜，它是由电解液分解产物组成（Nie 等，2013）。关于 SEI 膜的组成、形成机理和作用仍在研究中，因为 SEI 膜的影响可以是有益的（它可以防止失控的 Li 嵌入电极），也可以是有害的（过厚的 SEI 膜可能导致过量 Li^+ 的消耗以及活性电极面积的减小）。这些研究包括在锂离子电池模型中，以反应为基础的 SEI 膜生长，详细的研究结果可以参见 Xie 等（2014）和 Pinson、Bazant（2013）的文献。

16.2.9　完整的电池模型

Doyle 等（1993）提出了一个完整电池的恒流充放电过程简化模型，该模型就锂负极到复合正极的一维传输过程展开讨论。在这个模型中不包含机械应力的作用。

Marcicki 等（2014）、Renganathan 等（2010）和 Dao 等（2012）研究了具有两个多孔电极的完整电池。用多孔电极理论来模拟整体电池，但构成嵌入电极的活性材料颗粒被假定为球形，因此允许使用一维过程来描述。

Purkayastha 和 McMeeking（2012）以及 Garcia 等（2005）提出了半电池的二维模型，该模型对半电池中的所有相均进行了详细说明。Garcia 等（2005）也描绘了在充放电循环过程中，通过活性颗粒的应力水平，可能取决于其相对于隔膜的位置。

16.2.10　多尺度电池模型

现在已经证实，电池的行为本质上是多尺度的。均匀化理论是强大的工具，可以使我们能够理解和预测复合材料的行为。根据宏观尺度分离理论（Geers 等，2010），这些方法允许我们通过平均的微观行为来计算复合材料的有效性能，其中包括纳米尺寸效应。然后这些有效的计算结果直接使用于宏观尺度，通常默认是一个代表性连续复合材料。

多尺度方法已经被用于锂离子电池的研究：Golmon 等（2009，2012）在中等尺度上用 Mori-Tanaka 方法；Ferguson 和 Bazant（2012）则用 Hashin-Strickman 和 Wiener 界限方法。

CH 方案，也称为 FE2，是基于两个嵌套边值问题的解决方案（Suquet，

1987；Miehe 等，1999；Feyel 和 Chaboche，2000；Geers 等，2010）。有效行为的倍增，通常是通过宏观均匀性的 Hill-Mandel 原理实现的，这可以确保两个尺度之间的能量一致性（Hill，1963）。

　　CH 机械方案建立得已经很完善，Geers 等（2010）对该方案进行了详细的评述。最近的出版物显示，这项技术已被推广到更一般的问题，如多物理场发挥作用的地方。Ozdemir 等（2008a，2008b）最近将这种方法扩展应用到热机的耦合；Wu 等（2013，2014b）等已经设置了一个热－化学－机械耦合的多尺度模型，来处理由于化学反应导致的混凝土破坏；Zäh 和 Miehe（2013）已经开发出用于耗散电动机械耦合材料处理的 CH 框架。

　　在两种尺度的热传导形式中（Ozdemir 等，2008a，2008b），微尺度上假设是稳态质量传质。在微观尺度上，快速扩散反应或 RVE 小到可以忽略的情况下，稳态的质量和电荷传输是合理的。稳态意味着在微尺度上浓度和电位的瞬时变化，受来自宏观问题边界条件的决定，这就是时间依赖性。经过简单估算，可以得出，在微尺度条件下适用的稳态物质和电荷转移的假设并不能用来解释电池问题。因此在目前的工作中，将进行宏观和微尺度之间的并行时间建模。据我们所知，这种方法尚未用于锂离子电池研究。

　　具有非稳态微观结构的 CH 方案，并不是一个新鲜事物。Larsson 等（2010），在瞬态热问题的情况下，采用了一个方案来预测非稳态微结构复合材料的热响应。Pham 等（2013）将 CH 技术用于超材料受到动态激励的研究。

16.3　多尺度建模方法的要点

　　在任何电池模型中，质量平衡方程控制中性和离子化锂（分别指 Li 和 Li^+），以及平衡离子（X^-）。麦克斯韦方程是描述电场和磁场的相互作用。EQS 模型（Larsson，2007）在这里假设作为完整的麦克斯韦方程组的一个近似值。对于 EQS 模型的近似，要求电磁波在材料中移动的速度，必须小于特征时间尺度和特征空间尺度的比值，对于电池体系（参见 Salvadori 等，2015），这样的条件通常是可以满足的。如果电和磁之间的干扰现象仅限于电容效应（即无电感），麦克斯韦方程的时变双曲可以用抛物线方程取代，该方程可以用一个更简单的方法来求解。

　　一个耦合产生于通过电解法拉第定律的质量守恒和麦克斯韦方程之间，是离子电荷载体。

　　假设小的位移和应变，虚拟能量 W_{int} 的内部消耗中的共轭对，是柯西应力 σ 和无穷小应变张量 ε。虚拟能量原理会导致通常的力平衡和应力张量 σ 的对称性。力平衡适用于连续介质，例如，宏观的、平均的，通过离子、电子或中性粒子流来对晶格本身进行描述。洛伦兹力是运动电荷和晶格之间的唯一相互作用。如果电荷密度消失，对于中性的锂嵌入到活性颗粒或基于电中性假设的观点，那么在所有的流动和应力之间就根本没有耦合。

本构耦合产生于扩散和晶格的应力状态之间，这是由于晶格自身传达质量通量的倾向造成的，换言之，溶胀作用是由物质浓度、变形晶格诱导产生的。

对复合电极和多孔隔膜在两种尺度上进行建模，而在一个宏观尺度上对金属电极、集流体以及所有其他均匀部分的建模是合适的（见图 16.1）。

宏观尺度建模基于多孔材料的理论，考虑到孔隙填充电解质〔锂离子电池电解液的当前技术（Huggins，2010）可能是固体、液体或凝胶（Tang 等，2012）〕以及多孔固体材料，RVE 包含所有固相和孔隙填充电解质。

在宏观尺度上，锂嵌入到颗粒中是通过嵌锂量描述，其数量是通过底层的微观结构和改进决定的。

在微观尺度上，对所有的基本机理均进行了详细建模。尺度转换扩展到：①微尺度边值问题的定义；②提供切线算子和（双）宏观领域的更新值，例如，平均应力场、离子质量通量、电子电流密度、电解质中的离子浓度，以及电极中原有的锂和由嵌体提供的中性锂。

一阶理论被用于描述机械和电化学均化过程，其根据是尺度分离的原理，通过包括位移 $\vec{u}$，化学势 μ_{Li}、μ_{Li^+}、μ_{X^-}，固相电势 ϕ_s 和电解质电势 ϕ_e 在内的独立变量来阐述的。

由于这种方法的新颖性，一阶尺度转换条件和质量守恒（Ozdemir 等，2008a，2008b）必须伴随着零阶尺度的规模转换（Salvadori 等，2014，2015），进而使微尺度问题得以解决。

后者独特的定义值，经过电和在任何微小位置的化学势假设，通过 Butler-Volmer 方程，可以确定锂与活性物质和电解质之间的电荷交换。

不同类型的微观边界条件可能起因于规模化的过渡条件。周期性边界条件将被应用于微脉动位移场 $\vec{u}$，而沿界面消失的波动和 RVE 边界已经被设置为电化学电位（Salvadori 等，2014，2015）。

均质化的宏观量来自于微观问题的解决和更新。这样做，一般认为，虚拟能量 W 的内部消耗，将以规模化转换的形式得以存储。Hill-Mandel（Hill，1965）之后，在机械的背景下，这样的条件被命名了。在目前的工作中，这种情况将被扩展，以便使机械力、电荷和质量通量的虚拟能量内部消耗以规模化转换的形式得以存储。

关于两种尺度的详细描述可以参考 Salvadori 等（2014）的文献。

热力学第一定律涉及的净内部能量（材料区域）时间变化，与在同一位置上不同过程的能量消耗相关，即机械的外部能量、传热能量、传质能量以及由于电磁相互作用导致的能量。

这种平衡对电解质和固体材料均得以保持，主要的不同点是载流子传输电荷和机械的描述。在电解质中，电荷与质量一起被传递。法拉第电解定律与迁移和扩散过程有关。

固体材料需要一个单独的描述。在活性颗粒中，质量传递是通过中性的锂，即在电解质界面处，锂嵌入前发生的氧化或还原。在导电材料中不存在传质。假设都是导电材料，因此，由于电磁相互作用的能量，只与电子流有关。习惯上，总应变 ε 包含三个方面的总贡献：卸载后弹性可恢复的一部分 ε^{el}；由于嵌锂，基体材料溶胀贡献 ε^s；以及一个变形，通常是塑性性质的 ε^p。

这里假定界面为仅仅是零厚度的不连续点，所有热力学相互作用均发生在电极和电解质界面处，对于界面没有任何热力学限制。

从熵不平衡（来自 Clausis-Duhem 不等式）的局部形式移动，以及通过应用 Coleman-Noll 过程，产生了本构关系（Salvadori 等，2014；Danilov 等，2015）的热力学限制。

这些本构说明相对于在本技术领域的最新文献而言，并没有创新的内容。最近关于储能材料本构行为的研究，已经取得了令人瞩目的进步，为了问题的简化处理，在这里有意识地采取了一些假设。

对于电解质溶液，认为是已经稀释过的。在理想状况，无限稀释条件下，溶质之间的化学相互作用被忽略。质量流量，通常是根据被称为菲克扩散的方法所定义。

而这种理想化假设，最近已经报道（Danilov 和 Notten，2008；Danilov 等，2014）与实验数据一致，至少在过电位方面，电极附近的浓度往往过高，进而可以忽视其扮演的饱和作用。为了克服这个问题，用于稀溶液解释饱和的模型也已实施（Danilov 等，2014）。在这个新颖的方法中，即使在高浓度的情况下，离子和负电荷仍视为无相互作用，不限定为正规溶液。饱和度是通过改变流动性来影响质量流量中电的贡献，从而在给定的电位梯度下，产生一个较小的质量流量，或在一个给定的流量下（Danilov 等，2014），产生一个较大的电位梯度。

由于隔膜的完整性对电池的性能和安全至关重要，基于黏弹性材料模型，最近已经对聚合物隔膜的应力进行了分析（Xiao 等，2010；Wu 等，2014a）。符合热动力学描述且能规范这一问题的变量，是浓度 c_α、位移 $\vec{u}$ 和电势 ϕ。

通常问题的初始条件是电解质溶液中离子的浓度 $c_{Li^+}(\vec{x}, t=0)$ 和 $c_{X^-}(\vec{x}, t=0)$。遵守热力学平衡，电解质占据的体积是恒定的；此外，初始浓度相等，遵循电中性条件。

电势和位移的初始条件，需要一个边界值问题（$t=0$）的解决方案。理想的电中性观点是，在初始时刻高斯定律和动量平衡关系，提供必要的和足够的方程为电势 ϕ 和位移 $\vec{u}$ 求解。齐次边界条件适用于当前和以往用在通常的位移和作用力的给定的边界条件。在遵循热力学限制条件下，通常的欧姆定律已被用在活性颗粒中的电子流的设定方面。

线性菲克扩散定律证明了饱和限制仍然是锂电极中锂扩散的极限。高倍率条件下，这对于实际的电池或超级电容器是期望的结果，电极中局部锂的浓度通常是比较高的。正则溶液模型（DeHoff，2006；Anand，2012）描述移动客体原子与空嵌位（在基体介质中）之间的相互作用。

在所制定的规定方面，相对于电解质，扩散和应力演化是热动力学耦合。具有各向同性的标准 $J2$ 流动理论，被用来解释塑性材料的反应。活性颗粒中控制问题的可变因素是：中性锂浓度 c_{Li}，位移 $\vec{u}$ 和电势 ϕ。

初始条件，通常为中性锂的浓度 $c_{Li}(\vec{x}, t=0)$。为符合平衡态热力学，活性颗粒的体积是恒定的。电势和位移初始条件，解决了在 $t=0$ 的边界值问题以及电流（基于初始时间时的热力学平衡）的齐次边界条件，通常为位移和应力给出边界条件。

相对于活性材料，对导电粒子的建模通常更加简单，因为它们不受锂脱嵌和迁移的影响。所有其他关于活性材料的评论和说明，也可以直接应用于导电材料。

16.4 仿真

作为微分模型，通过直接利用麦斯威尔方程而非电中性原理，这里简要讨论其与通常模型的区别，它必须在一个完整的多尺度实施前进行验证。为了这个目的，一维问题已经被解决了，如解决液体电解质中离子迁移的问题，或当固体电解质存在时，解决一整个 1D 电池的问题，就像 Danilov 等（2011）所做的。对于空间的考虑，相关建模不在此详述，感兴趣的读者可以参考文献 Salvadori 等（2015）和 Danilov 等（2014）。

16.4.1 流体电解质中离子迁移的一维模型

Danilov 和 Notten（2008）对这个案例进行了研究。LiPF$_6$ 电解液在温度为25℃，经受 1C 倍率的恒流充电，电流 $I_{1C}=0.72A$，其对应的存储容量为720mA·h。为使初始和边界条件符合 $t=0$ 时的热力学平衡，电流 $I(t)$ 与时间（单位为 s）的关系表达式如下：

$$I(t)=(1-\mathrm{e}^{-t})I_{1C} \tag{16.1}$$

根据 Danilov 和 Notten（2008）考虑边界和初始条件。初始条件通常是指电解质溶液中的 $c_{Li^+}(\vec{x}, t=0)$ 和 $c_{X^-}(\vec{x}, t=0)$ 离子的浓度。为了符合热力学平衡，它们是常数；此外，初始浓度相等，也符合电中性条件。因此，正的常数 c_{bulk} 将被定义为：

$$c_{bulk}=c_{Li^+}(\vec{x}, t=0)=c_{X^-}(\vec{x}, t=0)=1500\mathrm{mol/m^3} \tag{16.2}$$

不考虑副反应，通量 $h_{BV}|_{(x=0)}(t)$ 以及在电极/隔膜界面（净面积 $A=2\times10^{-2}\mathrm{m^2}$）处锂离子的通量 $h_{BV}|_{(x=l)}(t)$，与流经电池的给定电流 $I(t)$ 有关。考虑了界面处所有点的平均等离子流，允许一个一维的描述。边界条件如下：

$$h_{BV}|_{(x=0)}(t)=h_{BV}|_{(x=l)}(t)=-\frac{I(t)}{FA} \tag{16.3a}$$

$$\vec{h}_{X^-} \cdot \vec{n}\,|_{(x=0)}(t) = \vec{h}_{X^-} \cdot \vec{n}\,|_{(x=l)}(t) = 0 \tag{16.3b}$$

后者指出，在电极界面处的阴离子 $\vec{h}_{X^-}$ 通量是空的。当 $t \gg 0$ 时，由式（16.1）可知，"稳态"的质量流量为：

$$h_{1C} = -\frac{I_{1C}}{FA}$$

扩散系数分别为 $D_{Li^+} = 2 \times 10^{-11}\,m^2/s$，$D_{PF_6^-} = 3 \times 10^{-11}\,m^2/s$。隔膜的厚度为 $280\mu m$。除了相对介电常数，所有数据均来自于 Danilov 和 Notten（2008）的文献，这里假定 $\varepsilon_r = 2.25$。德拜长度估计为 $r_D = 4.20512 \times 10^{-11}\,m$。

针对不同时间步长和元素的数量，已经进行了几个模拟。本文的报告结果是指 128 个相等的有限元素，以及一个恒定的 1min 的时间步长。在初始时间 $t = 0$ 时，离子浓度根据式（16.2）可以计算出来。对于电流或质量流处于热力学平衡的体系，电势必须是均匀的：

$$\phi(\vec{x},\,0) = 0 \qquad (\vec{x} \in V) \tag{16.4}$$

经过足够长的时间之后，将会接近稳态配置。

$$c_\infty(x) = c_{bulk} - \frac{h_{1C}}{2D_{Li^+}}\left(x - \frac{l}{2}\right) \tag{16.5}$$

根据 Danilov 和 Notten（2008）所提供的解决方案，以及通过数值逼近（图 16.2），可以使稳定的渐近行为恢复得很好。

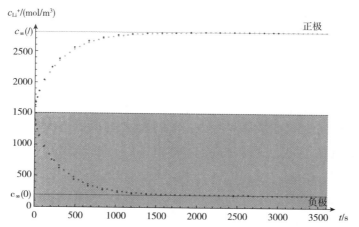

图 16.2 负极（灰色背景上的红点）和正极的离子浓度分布图以及负极 $[c_\infty(0)]$ 和正极 $[c_\infty(l)]$ 的稳态解

两者都是近似解。蓝点是参考 Danilov 和 Notten（2008）提供的解决方案

图 16.3 描述了电势 $\phi(x)$ 和电场 $\vec{E}(x)$ 随时间的发展变化。值得注意的是，对于现有的模型，电势是一个未知量，然而在这个模型中它对原有的模型进行了修整，使其遵守多孔电极理论。

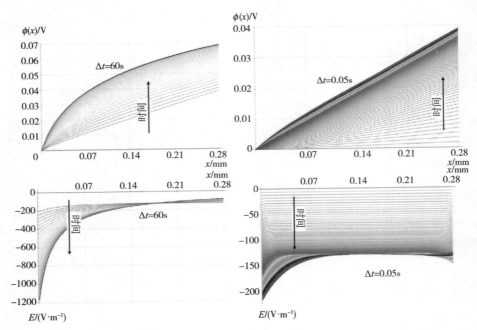

图 16.3　电势 $\phi(x)$ 和电场 $\vec{E}(x)$ 随时间变化的参数

　　左边的图是一个时间阶跃 $\Delta t=60\mathrm{s}$，而右边的分析属于一个时间的离散化 $\Delta t=0.05\mathrm{s}$ 到 $t_f=60\mathrm{s}$。由法拉第常数可知，电荷与浓度的不平衡相关。因为法拉第常数和介电常数的比值是 $\dfrac{F}{\varepsilon}\approx 1.1\times 10^{17}\varepsilon_r\ \mathrm{V\cdot m/mol}$，以高斯定律的观点，在电池中会观察到偏离电中性后会产生一个不可忽略的电场

　　电极界面附近的通量，取决于边界条件式（16.3a）和式（16.3b）。越靠近电极的区域，达到稳定状态就越快。Danilov 和 Notten（2008）指出，在充电过程的开始，$\mathrm{Li^+}$ 电流主要是通过电迁移而被输送的，然而在稳态条件下，扩散和电迁移具有等同的贡献。阴离子的质量通量非常迅速达到其峰值，因此正确地捕捉它需要一个很小的时间步长。一旦接近稳态，$\mathrm{PF_6^-}$ 的通量趋于消失，且对整体离子电导率没有提供贡献。Danilov 等（2014）已经提供了 $\vec{h}_{\mathrm{Li^+}}(x,t)$ 和 $\vec{h}_{\mathrm{PF_6^-}}(x,t)$ 的三维图。

　　电极中的稳态浓度为 $2800\mathrm{mol/m^3}$。文献（Valoen 和 Reimers，2005）中得出，在电解质溶剂中，$\mathrm{LiPF_6}$ 的饱和极限为 $4000\sim 5000\mathrm{mol/m^3}$。数值模拟所产生的浓度，与一个远未饱和的溶液并不对应，因此，由于物质的混合，通常和广泛使用的化学亥姆霍兹自由能密度的一个简化形式并不适用。Danilov 等（2014）研究了饱和度的影响。其对浓度的影响完全可以忽略不计。

　　这种影响必须归因于电中性。相反，饱和度的确影响电势，且在所有倍率条件下，这种影响会随着时间而变大。图 16.4 描述了这种差别的演化。

$$[\phi(x,t)-\phi_{\mathrm{nosat}}(x,t)]\phi^{-1}{}_{\mathrm{nosat}}(x,t)$$

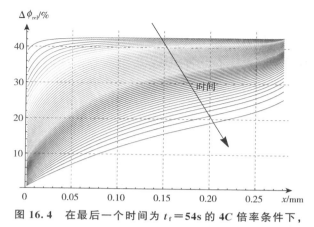

图 16.4 在最后一个时间为 $t_f = 54s$ 的 4C 倍率条件下，

$[\phi(x,t) - \phi_{nosat}(x,t)]\phi_{nosat}^{-1}(x,t)$ 比值随时间演变的过程以及随时间演变的趋势

在所有倍率条件下，饱和度可以增加正极附近约 40％ 的电位，且在小倍率时这种影响显得尤为重要，即使在这样的情况下，浓度无法接近其在分析结束时 t_f 的饱和极限，可能和高倍率时一样。

依据克劳修斯普朗克不等式，内部熵产生（缩写为 i.e.p.）不能是负数。遵循科尔曼和诺尔的理性热力学方法，对于没有非弹性力学效应的等温过程，它可以写成下面的表达式

$$\text{i.e.p.} (x, t) = -\frac{1}{T}\sum_\alpha \vec{h}_\alpha \cdot \nabla[\vec{\mu}] \geqslant 0 \qquad (16.6)$$

菲克定律替换成式（16.6）后，总的 i.e.p. 可以表示成浓度和电势的函数。图 16.5 比较了饱和与非饱和条件下的总 i.e.p. 大小。因饱和导致内部熵产生的增量，是非饱和电解质 i.e.p. 条件下的 40％。充放电倍率越大，内部熵产生的速率越快。

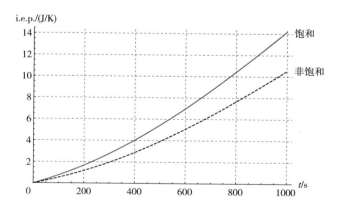

图 16.5 在 1C 倍率和 $t_f = 1000s$ 条件下，饱和（连续曲线）

与非饱和（虚线）时总的内部熵产生 [式（16.6）]

本文为了节省篇幅，建议读者参阅 Danilov 等（2015）的文献，以加深在放电/充电循环过程中对该模拟方法的理解。

16.4.2 固体电解质中离子迁移的二维模型

由于电池的几何形状，通常采用一维的数学模型来描述隔膜，它本质反映出整体行为。这样的一个几何描述，仅在一个平均意义和一定条件下具有现实意义。电解池的多孔隔膜实际上是一个多相结构，它包括相互连通的网络结构、不规则的孔和通道网络（Thorat 等，2009）。一维模型既不能捕捉底层的微观结构，也不能详述发生在这样一个规模上的过程。例如，它们不能在隔膜中模拟故障，因为它们是引发损伤的微观结构事件，并最终导致宏观短路。多尺度方法可能有助于这一目标的实现，因为完整的孔隙网络建模和模拟计算是不可行的。

CH 技术已经被用来描述电池（Salvadori 等，2014，2015）和隔膜（Xiao 等，2010）。他们通常涉及两个空间尺度，即宏观和微观。宏观的整体行为被描述为平均的意义，因此，一维数学模型仍然可以使用。在微观层面上，所有不同的材料和过程均被清楚地识别，因此二维或三维模型是必需的。Salvadori 等（2014，2015）提出的构想，足以适用于这两种尺度。

遵循 FE^2 方案这一条典型的分析论证路径，任何宏观的有关它的底层微观结构，均可以通过 RVE 捕获。关于二维 RVE 的数值结果，认为是 16.4.1 节中一维隔膜的微观对应，将会在本节中展示。

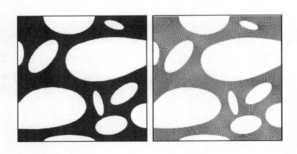

图 16.6 微观 RVE（5μm 边缘）及在数值分析中采用的约 4600 种元素的网格
研究认为是两相，即电解质（灰色）和聚合物隔膜

如图 16.6 所示，RVE，其边缘 5μm 长。已经考虑了 2 相：一种液体电解质（深灰色）和聚合物多孔膜（浅灰色）。温度和电解液的材料参数来自于 16.4.1 节。因为聚合物膜对离子迁移没有贡献，边界条件仅指电解质。此外，下列条件适用于电解质/聚合物界面上，用 Γ_{int} 表示：

$$\vec{h}_{X-} \cdot \vec{n} \mid \Gamma_{int}(t) = \vec{h}_{Li^+} \cdot \vec{n} \mid \Gamma_{int}(t) = 0 \tag{16.7}$$

边界条件适用于，通过电解质 $\partial\Omega_{RVE} \bigcap \partial\Omega_e$ 沿 RVE 占据的边缘。他们来自于尺度转换的条件，通常采用多尺度分析（Salvadori 等，2015）。在这个例子中使用的宏观尺度，只不过是 16.4.1 节中的一维的例子。因为宏观和微观演化的时间同步（详见 Salvadori 等，2015），任何通用的即时 t 在两个尺度上是一致的。

牛顿-拉夫逊迭代方案已在一个有限元分析的用户脚本中得到实施。结果参考图 16.6 所示的网格。均匀的电势和恒定的浓度相当于 c_{bulk} 在 $t=0$ 时的条件。几个时间步长后边界条件变为稳定，同样，RVE 字段的值在进化，直到接近自己的稳态条件。图 16.7 给出了在时间 $t=3600s$ 达到稳定状态下的浓度和电势分布。

图 16.7　电解质溶液中稳态（$t=3600s$）条件下，微尺度离子浓度 c_{Li^+} 和电势 ϕ 的分布

读者可能会注意到，正如预期的那样，孔的几何形状对结果影响巨大。电解液和隔膜之间的界面浓度分布取决于宏观和局部的微观结构，用来预见任何特殊的对称性或电解液/隔膜界面状况几乎是不可能的。这种现象在电极中将变得更加明显，在性粒子界面上，其 Butler-Volmer 条件的影响可能是显著的。这样的证据与最近的文献一致，文献（Wang 等，2014）中已经给出了边界条件对锂化概况以及随之而来的相分离过程的作用。

16.5　结论

本章涉及理论和计算模型。基于高级建模的数值模拟，是实现以下几点性能的关键工具：低成本、高安全、绿色电化学、绿色电解质、具备优越性能的结构材料，以及在恶劣工作条件下具有长的循环寿命。研究基础如多尺度和多物理过程的建模，超级计算机以及先进的表征技术是探索发生在锂离子电池中复杂现象的重要工具，在其整个生命周期内，可用于设计先进材料以及预测和测试他们的功能和性能。

计算模型有可能使电池在材料选择和结构设计方面获得突破。模型可预测充放电循环后的容量衰减和电池寿命，并且可以预见材料老化对电池的影响。新型电池架构，可以在生产之前验证。要达到这一目标，源于不同的方法和实现策略，多尺度和多重物理量建模是必要的，在前几页我们已经进行了大量的文献综述，现在看来是完全正确的。

基于这个迷人而前沿的科学课题，从宏观观测和数据来重现现实的显微结构，预计几乎每天都将发生新的进展。

致谢

已经与布朗大学 A. Bower 教授和他的团队以及 R. McMeeking 教授共享了观点和评论。第一作者感谢玛丽居里欧盟奖学金（IEF）"LiSF——储能材料力学：在充电/放电循环过程中，锂离子电池电极的肿胀和压裂"，以及 M. Geers、P. Notten 和 D. Danilov 三位教授的合作。

参考文献

[1] Aifantis K E, Dempsey J P. 2005. Stable crack growth in nanostructured Li-batteries. J Power Sources, 143: 203-211.

[2] Allu S, Kalnaus S, Elwasif W, et al. 2014. A new open computational framework for highly-resolved coupled three-dimensional multiphysics simulations of Li-ion cells. J Power Sources, 246: 876-886.

[3] Anand L. 2012. A Cahn-Hilliard-type theory for species diffusion coupled with large elastic-plastic deformations. J Mech Phys Solids, 60 (12): 1983-2002.

[4] Bard A J, Faulkner L R. 2000. Electrochemical Methods: Fundamentals and Applications, second ed. New York: Wiley.

[5] Barré A, Deguilhem B, Grolleau S, et al. 2013. A review on lithium-ion battery aging mechanisms and estimations. J Power Sources, 241: 680-689.

[6] Bauer G, Gravemeier V, Wall W A. 2011. A 3D finite element approach for the coupled numerical simulation of electrochemical systems and fluid flow. Int J Numer Methods Eng, 86: 1339-1359.

[7] Bauer G, Gravemeier V, Wall W A. 2012. A stabilized finite element method for the numer-ical simulation of multi-ion transport in electrochemical systems. Comput. Methods ApplMech Eng, 223-224: 199-210.

[8] Bazant M Z, Chu K T, Bayly B J. 2005. Current-voltage relations for electrochemical thin films. SIAM J Appl Math, 65: 1463-1484.

[9] Bhandakkar T K, Gao H. 2010. Cohesive modeling of crack nucleation under diffusion in-duced stresses in a thin strip: implications on the critical size for flaw tolerant battery electrodes. Int J Solids Struct, 47: 1424-1434.

[10] Biesheuvel P M, van Soestbergenb M, Bazant M Z. 2009. Imposed currents in galvanic cells. Electrochim Acta, 54: 4857-4871.

[11] Bower A F, Guduru P M. 2012. A simple finite element model of diffusion, finite deforma-tion, plasticity and fracture in lithium ion insertion electrode materials. Model Simul Mater Sci Eng, 20: 045004.

[12] Bucci G, Nadimpalli S P V, Sethuraman V A, et al. 2014. Measurement and modeling of the mechanical and electrochemical response of amorphous Si thin film electrodes during cyclic lithiation. J Mech Phys Solids, 62: 276-294.

[13] Cheng Y T, Verbrugge M W. 2009. Evolution of stress within a spherical insertion electrode particle under potentiostatic and galvanostatic operation. J Power Sources, 190: 453-460.

[14] Cheng Y T，Verbrugge M W. 2010. Diffusion-induced stress，interfacial charge transfer，and criteria for avoiding crack initiation of electrode particles. J Electrochem Soc，4：508-516.

[15] Chon M J，Sethuraman V A，McCormick A，et al. 2011. Real-time measurement of stress and damage evolution during initial lithiation of crystalline silicon. Phys Rev Lett，107：045503.

[16] Christensen J，Newman J. 2006. Stress generation and fracture in lithium insertion materials. J Solid State Electrochem，10：293-319.

[17] Cui Z，Gao F，Qu J. 2013. Interface-reaction controlled diffusion in binary solids with appli-cations to lithiation of silicon in lithium ion batteries. J Mech Phys Solids，61：293-310.

[18] Danilov D，Notten P H L. 2008. Mathematical modeling of ionic transport in the electrolyte of Li-ion batteries. Electrochim Acta，53：5569-5578.

[19] Danilov D，Niessen R A H，Notten PHL. 2011. Modeling all-solid-state Li-ion batteries. J Electrochem Soc，158（3）：A21-A222.

[20] Danilov D，Geers M G D，Grazioli D，et al. 2014. A novel approach in modeling ionic transport in the electrolyte of（Li-ion）batteries. Quaderni del Seminario Matematico di Brescia，23.

[21] Danilov D，Geers M G D，Grazioli D，et al. 2015. On the role of saturation in modeling ionic transport in the electrolyte of（Li-ion）batteries. Quaderni del Seminario Matematico di Brescia，9.

[22] Dao T S，Vyasarayani C P，McPhee J. 2012. Simplification and order reduction of lithium-ion battery model based on porous-electrode theory. J Power Sources，198：329-337.

[23] De Groot S R，Mazur P. 1984. Non-Equilibrium Thermodynamics. Dover.

[24] DeHoff R. 2006. Thermodynamic in Material Science. London：CRC Press/Taylor and Franci.

[25] Deshpande R，Cheng Y T，Verbrugge M W. 2010. Modeling diffusion-induced stress in nanowire elec-trode structures. J Power Sources，195：5081-5088.

[26] Di Leo C，Anand L. 2013. Hydrogen in metals：a coupled theory for species diffusion and large elastic-plastic deformations. Int J Plast，43：42-69.

[27] Dickinson E J F，Limon-Petersen J G，Compton R G. 2011. The electroneutrality approxi-mation in e-lectrochemistry. J Solid State Electrochem，15：1335-1345.

[28] Doyle M，Fuller T F，Newman J. 1993. Modeling of galvanostatic charge and discharge of the lithium/polymer/insertion cell. J Electrochem Soc，140：1526-1533.

[29] Drozdov A. 2014a. Viscoplastic response of electrode particles in Li-ion batteries driven by insertion of lithium. Int J Solids Struct，51：690-705.

[30] Drozdov A D. 2014b. A model for the mechanical response of electrode particles induced by lithium diffu-sion in Li-ion batteries. Acta Mech，225：2987-3005.

[31] Ferguson T R，Bazant M Z. 2012. Nonequilibrium thermodynamics of porous electrodes. J Electrochem Soc，159（12）：A1967-A1985.

[32] Feyel F，Chaboche J L. 2000. FE2 multiscale approach for modelling the elastoviscoplastic behaviour of long fibre SiC/Ti composite materials. Comput Methods Appl Mech Eng，183：309-330.

[33] Garcia R E，Chiang Y M，Carter W C，et al. 2005. Microstructural modeling and design of rechargeable lithi-um-ion batteries. J Electrochem Soc，152：255-263.

[34] Geers M G D，Kouznetsova V G，Brekelmans W A M. 2010. Multi-scale computational ho-mogeniza-tion：trends and challenges. J Comput Appl Math，234：2175-2182.

[35] Golmon S，Maute K，Dunn M L. 2009. Numerical modeling of electrochemical-mechanical interactions in lithium polymer batteries. Comput Struct，87：1567-1579.

[36] Golmon S，Maute K，Dunn M L. 2012. Multiscale design optimization of lithium ion batter-ies using

ad-joint sensitivity analysis. Int J Numer Methods Eng，92：475-494.

[37] Golmon S，Maute K，Dunn M L. 2014. A design optimization methodology for Li^+ batteries. J Power Sources，253：239-250.

[38] Gurtin M E，Fried E，Anand L. 2010. The Mechanics and Thermodynamics of Continua. Cambridge：Cambridge University Press.

[39] Hamann C H，Hamnett A，Vielstich W. 2007. Electrochemistry. Wiley，Weinheim. Hill R，1963. Elastic properties of reinforced solids：some theoretical principles. J Mech Phys Solids，11：357-372.

[40] Hill R. 1965. Continuum micromechanics of elastoplastic polycrystals. J Mech Phys Solids，13：89-101.

[41] Huang J Y，Zhong L，Wang C M，et al. 2010. In situ observa-tion of the electrochemical lithiation of a single SnO_2 nanowire electrode. Science，330：1515-1520.

[42] Huang S，Fan F，Li J，et al. 2013. Stress generation during lithiation of high-capacity electrode particles in lithium ion batteries. Acta Mater，61：4354-4364.

[43] Huggins R A. 2010. Advanced Batteries：Materials Science Aspects. New York：Springer.

[44] Kalnaus S，Rhodes K，Daniel C. 2011. A study of Li-ion intercalation induced fracture of silicon particles used as anode material in Li-ion battery. J Power Sources，196：8116-8124.

[45] Kovetz A. 1989. The Principles of Electromagnetic Theory. Cambridge：Cambridge University Press.

[46] Krom A H M，Koers R W J，Bakker A，1999. Hydrogen transport near a blunting crack tip. J. Mech. Phys. Solids,47：971-992.

[47] Landau L D，Pitaevskii L P，Lifshitz E M. 1984. Electrodynamics of continuous media，second ed. In：Course of Theoretical Physics，vol 8. Elsevier，Burlington，MA，USA.

[48] Larche F，Cahn J W. 1973. A linear theory of thermochemical equilibrium under stress. Acta Metall，21：1051-1063.

[49] Larsson J. 2007. Electromagnetics from a quasistatic perspective. Am J Phys，75（3）：230-239.

[50] Larsson F，Runesson K，Su F. 2010. Variationally consistent computational homogenization of transient heat flow. Int J Numer Methods Eng，81：1659-1686.

[51] Li J C M. 1978. Physical chemistry of some microstructural phenomena. Metall Trans，9A：1353-1380.

[52] Liu X H，Zheng H，Zhong L，et al. 2011. Anisotropic swelling and fracture of silicon nanowires during lithiation. Nano Lett，11：3312-3318.

[53] Liu X H，Zhong L，Huang S，et al. 2012a. Size-dependent frac-ture of silicon nanoparticles during lith-iation. ACS Nano，6：1522-1531.

[54] Liu X H，Wang J W，Huang S，et al. 2012b. In situ atomic-scale imaging of electrochemical lithiation in silicon. Nat Nanotechnol，7：749-756.

[55] Marcicki J，Conlisk A T，Rizzoni G. 2014. A lithium-ion battery model including electrical double layer effects. J Power Sources，125：157-169.

[56] McDowell M T，Lee S W，Harris J T，et al. 2013. In situ tem of two-phase lithiation of amorphous silicon nanospheres. Nano Lett，13（2）：758-764.

[57] Miehe C，Schroder J，Schotte J. 1999. Computational homogenization analysis in finite plas-tici-ty. Simulation of texture development in polycrystalline materials. Comput Methods Appl Mech Eng，171：387-418.

[58] Mukhopadhyay A，Sheldon B V. 2014. Deformation and stress in electrode materials for Li-ion batter-ies. Prog Mater Sci，63：58-116.

[59] Nadimpalli S P V，Sethuraman V A，Bucci G，et al. 2014. On plastic deformation and fracture in Si films during electrochemical lithiation/delithiation cycling. J Electrochem Soc，160：A1885-A1893.

[60] Newman J，Thomas-Alyea K E. 2004. Electrochemical Systems. John Wiley and Sons B V，Hoboken，NJ，USA.

[61] Nie M，Chalasani D，Abraham D P，et al. 2013. Lithium ion battery graphite solid electrolyte interphase revealed by microscopy and spectroscopy. J Phys Chem，117：1257-1267.

[62] Ozdemir I，Brekelmans W A M，Geers M G D. 2008a. Fe2 computational homogeniza-tion for the thermomechanical analysis of heterogeneous solids. Comput Methods Appl Mech Eng，198：602-613.

[63] Ozdemir I，Brekelmans W A M，Geers M G D. 2008b. Computational homogenization for heat conduction in heterogeneous solids. Int J Numer Methods Eng，73：185-204.

[64] Pham K，Kouznetsova V G，Geers M G D. 2013. Transient computational homogeniza-tion for heterogeneous materials under dynamic excitation. J Mech Phys Solids，61：2125-2146.

[65] Pinson M B，Bazant M Z. 2013. Theory of SEI formation in rechargeable batteries：capacity fade，accelerated aging and lifetime prediction. J Electrochem Soc，160：A243-A250.

[66] Purkayastha R T，McMeeking R M. 2012. An integrated 2-D model of a lithium ion battery：the effect of material parameters and morphology on storage particle stress. Comput Mech，50：209-227.

[67] Renganathan S，Sikha G，Santhanagopalan S，et al. 2010. Theoretical analysis of stresses in a lithium ion cell. J Electrochem Soc，157：155-163.

[68] Ryu I，Choi J W，Cui Y，et al. 2011. Size-dependent fracture of Si nanowire battery anodes. J Mech Phys Solids，59：1717-1730.

[69] Sahraei E，Hill R，Wierzbicki T. 2012. Calibration and finite element simulation of pouch lithium-ion batteries for mechanical integrity. J Power Sources，201：307-321.

[70] Sahraei E，Meier J，Wierzbicki T. 2014. Characterizing and modeling mechanical properties and onset of short circuit for three types of lithium-ion pouch cells. J Power Sources，247：503-516.

[71] Salvadori A，Bosco E，Grazioli D. 2014. A computational homogenization approach for Li-ion battery cells. Part 1—formulation. J Mech Phys Solids，65：114-137.

[72] Salvadori A，Grazioli D，Geers M G D. 2015. Governing equations for a two-scale anal-ysis of Li-ion battery cells. Int J Solid Struct，59：90-109. http：//dx. doi. org/10. 1016/j. ijsolstr. 2015. 01. 014.

[73] Scrosati B，Garche J. 2010. Lithium batteries：status，prospects and future. J Power Sources，195：2419-2430.

[74] Sethuraman V A，Chon M J，Shimshak M，et al. 2010a. In situ mea-surements of stress evolution in silicon thin films during electrochemical lithiation and delithiation. J Power Sources，195：5062-5066.

[75] Sethuraman V A，Srinivasan V，Bower A F，et al. 2010b. In situ measurements of stress-potential coupling in lithiated silicon. J Electrochem Soc，157：1253-1261.

[76] Sethuraman V A，Chon M J，Shimshak M，et al. 2010c. In situ measurement of biaxial modulus of Si anode for Li-ion batteries. Electrochem Commun，12：1614-1617.

[77] Sethuraman V A，Van Winkle N，Abraham D P，et al. 2012. Real-time stress measurements in lithium-ion battery negative electrodes. J Power Sources，206：334-342.

[78] Streeter I，Compton R G. 2008. Numerical simulation of potential step chronoamperometry at low concentrations of supporting electrolyte. J Phys Chem，112：13716-13728.

[79] Suo Z，Brassart L，Zhao K. 2013. Cyclic plasticity and shakedown in high-capacity elec-trodes of lithium-ion batteries. Int J Solids Struct，50：1120-1129.

[80] Suquet P. 1987. Elements of homogenization for inelastic solid mechanics. In：Sanchez-Palencia E，Zaoui A. Homogenization Techniques for Composite Media. Lecture.

[81] Notes in Physics，vol 272. Berlin/Heidelberg：Springer 193-198.

［82］ Tang C，Hackenberg K，Fu Q，et al. 2012. High ion conducting polymer nanocomposite electrolytes u-sing hybrid nanofillers. Nano Lett，12：1152-1156.

［83］ Thorat I V，Stephenson D E，Zacharias N A，et al. 2009. Quantifying tortuosity in porous Li-ion bat-tery materials. J Power Sources，188：592-600.

［84］ Valoen L R，Reimers J N. 2005. Transport properties of $LiPF_6$-based Li-ion battery electro-lytes. J Electrochem Soc，152（5）：A882-A891.

［85］ Wang J W，He Y，Fan F，et al. 2013. Two-phase electrochemical lithiation in amorphous silicon. Nano Lett，13（2）：709-715.

［86］ Wang J，Chen-Wiegart Y，Wang J. 2014. In operando tracking phase transformation evolu-tion of lithi-um iron phosphate with hard X-ray microscopy. Nat Commun，5：4570.

［87］ Wierzbicki T，Sahraei E. 2013. Homogenized mechanical properties for the jellyroll of cylin-drical lithi-um-ion cells. J Power Sources，241：467-476.

［88］ Wu T，Temizer I，Wriggers P. 2013. Computational thermal homogenization of concrete. Cem Concr Compos，35：59-70.

［89］ Wu W，Xiao X，Huang X，et al. 2014a. A multiphysics model for the in situ stress analysis of the sep-arator in a lihium-ion battery cell. Comput Mater Sci，83：127-136.

［90］ Wu T，Temizer I，Wriggers P. 2014b. Multiscale hydro-thermo-chemo-mechanical coupling：application to alkali-silica reaction. Comput Mater Sci，84：381-395.

［91］ Xiao X，Wu W，Huang X. 2010. A multiscale approach for the stress analysis of polymeric separators in a Li-ion battery. J Power Sources，195：7649-7660.

［92］ Xie Y，Li J，Yuan C. 2014. Multiphysics modeling of lithium ion battery capacity fading process with solid-electrolyte interphase growth by elementary reaction kinetics. J Power Sources，248：172-179.

［93］ Yang F. 2005. Interaction between diffusion and chemical stresses. Mater Sci Eng A，409：153-159.

［94］ Zäh D，Miehe C. 2013. Computational homogenization in dissipative electro-mechanics of functional ma-terials. Comput Methods Appl Mech Eng，267：487-510.

［95］ Zhang X，Shyy W，Sastry A M. 2007. Numerical simulation of intercalation-induced stress in Li-ion battery electrode particles. J Electrochem Soc，154：A910-A916.

［96］ Zhang J，Lu B，Song Y，et al. 2012. Diffusion induced stress in layered Li-ion battery elec-trode plates. J Power Sources，209：220-227.

［97］ Zhao K，Pharr M，Cai S，et al. 2011. Large plastic deformation in high-capacity lithium-ion batteries caused by charge and discharge. J Am Ceram Soc，94（S1）：S226-S235.

［98］ Zhao K ，Pharr M，Wan Q，et al. 2012. Concurrent reaction and plasticity during initial lithiation of crystalline silicon in lithium-ion batteries. J Electrochem Soc，159：A238-A243.

第4篇 基础设施和标准

B. Lunz，D. U. Sauer

17 电动道路车辆电池充电系统和基础设施

17.1 引言

与传统汽车相比，蓄电池组所含的能量要比油箱所含的能量少很多，电动汽车几乎每天都需要充电。因此，合适的充电设施对于电动汽车的市场推广非常重要。什么是合适的基础设施呢？答案的范围很广，有多个角度。重点关注如下方面：

① 充电设施的位置：私人场所或公共场所。

② 充电设施的硬件：单向充电器或双向充电器。

③ 充电设施的功率：快速充电或慢速充电。

④ 充电设施的插头：没有数据线的单相插头❶或带数据线的 AC/DC 插头❷。

由于该问题的复杂性，17.2 节中首先分析汽车的流动性，以获得对于充电设施的一般性要求。该节将基于汽车的流动统计数据，对汽车典型行驶里程、停车时间、停车位置进行分析。17.3 节将按照上述角度对充电设施分类并阐述其特点。17.4 节将讨论不同种类充电方案的优缺点，讨论聚焦于快速充电方式和慢速充电方式，有线充电方式和无线充电方式。17.5 节总结重要的安全问题。17.6 节讨论市场力量与未来趋势，研究了充电设施经济与电动汽车的市场发展的相互依赖关系，总结了正在开发的重要标准，并就电动汽车充电基础设施的发展道路进行了展望。

---

❶ 无握手信号的单向充电插头。——译者注
❷ 有握手信号的双向插头。——译者注

17.2 汽车的流动行为和充电设施

统计评估有助于定义汽车用户的需求和行为特征（Hackbarth 等，2011）。本节给出的结论针对普通用户，从大众市场角度为汽车及其充电设施的设计概念提供依据。虽然汽车流动行为的分析数据集中在德国，但类似国家的汽车流动情况基本是相似的，如大部分欧洲国家、美国、加拿大（见图 17.1）。

17.2.1 驾驶行为

首先分析典型的驾驶行为。汽车每年平均行驶距离约为 13150km（BMVBS，2002），每天约 36km；若考虑汽车闲置时间，每天的平均行驶距离为 46km（BMVBS，2002）。图 17.1 所示是驾驶里程达到一定长度的出行比例和驾驶一天的里程总数（VMT）达到一定长度的出行比例。其中，VMT 出行比例较小，因为长途旅行次数少而短途旅行次数多影响了 VMT 出行分布比例。

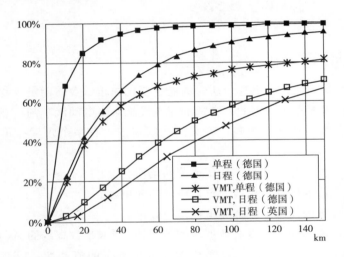

图 17.1 驾驶行为统计图 （依据 BMVBS，2002；Santini，2006；Duoba 等，2007 计算）

单程（两停靠站之间行驶距离）出行比例和日程（一天的总行驶距离）比例有差异。该差异可使驾驶者依据电能储备状态判断是否停靠站充电（适用于单程）或每天行驶后夜晚充电（适用于日程）。95％的单程小于 42km，95％的日程小于 150km。VMT 比例可用于预计是否能使用一定续航里程的纯电动汽车替代传统汽车。如行程大于电池续航范围则使用传统汽车，只在夜晚充电时，大约 50％的纯电动（VMT）出行可以使用续驶里程超过 80km 的纯电动汽车，如果可以停靠站充电，73％的 VMT 出行可以使用续驶里程超过 80km 的纯电动汽车。

图 17.2 是基于插电式混合电动汽车续驶里程的纯电动驾驶或称电消耗（CD）模式的出行比例图。数值是依据图 17.1 行驶里程的分布得到。所有短于

纯电动续航里程的行程用纯电动驱动。长行程首先用纯电动，直到达到纯电动续航里程后，剩下的里程用内燃机驱动即采用电量保持（CS）模式。

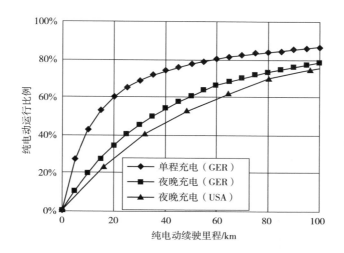

图 17.2 插电式混合电动汽车纯电动运行比例（CD-模式比例）

（依据 BMVBS，2002；Santini，2006；Duoba 等，2007 计算）

我们可得如下结论：约 50% 的出行可使用续航里程不低于 35km 的插电式混合电动汽车纯电动驾驶来替代燃油车；纯电动汽车的续航里程要达到 80km 才可替代燃油车（图 17.1）。

对于混合电动汽车和纯电动汽车的充电操作，总结如下：

① PHEV-50（纯电动续航里程 50km 的混合电动汽车）夜晚充电，就足以满足 70% 的日程出行和 60% 的 VMT 出行需求。

② PHEV-50 停靠站快速充电，纯电动出行比例增加 17%。

③ EV-150（续航里程 150km 的纯电动汽车）夜晚充电可满足 95% 的日程出行需求。

④ EV-150 停靠站快速充电，满足 99% 的出行需求。

上述观点是针对普通汽车用户推出的。对于特殊情况，如有明确驾驶习惯的定期客运服务，电池规格和充电操作结论明显不同。电池大小可根据特殊需求定制，充电的频次更容易预测。

鉴于混合电动汽车夜晚在家充电就可以满足所有出行需求，因为在电池放完电的情况下内燃机仍可以驱动汽车。所以该研究聚焦于基础充电设施的不同分布情况下纯电动驱动出行比例。图 17.3 说明了 PHEV-50 纯电动驱动的可能性：

① 如果仅仅夜里充电，每年纯电动（VMT）出行覆盖率是 60%。

② 如果在工作场所可额外充电，纯电动（VMT）出行覆盖率约 66%。

③ 在购物场所所有额外的充电，VMT 出行覆盖率增加到 68%。

④ 在休闲区可额外充电，VMT 出行覆盖率增加到 72%。

⑤ 全覆盖的充电设施将使纯电动驱动覆盖率增加到 77%。

当充电设施充电功率高于 3.7kW 时，对提高纯电动驱动里程覆盖率效果甚微（图 17.3 虚线）。这个结论对纯电动车辆同样有效（Kley 等，2010）。

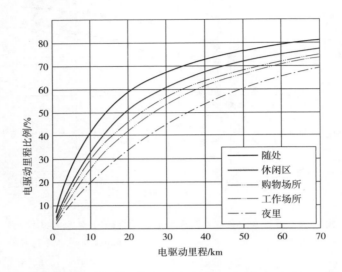

图 17.3 基于电池航程和充电基础设施分布情况的混合电动汽车纯电动出行比例图
[充电功率 3.7kW（虚线 22kW）；基于 BMVBS，2008 计算]

17.2.2 停靠时间

对再充电技术需求进行分析，图 17.4 说明了相应的停靠时间分布比例（Lunz 等，2010a，2010b）。很显然，短暂停靠很多，如 40% 的停靠时间低于 60min，这是引入快速充电技术的一个依据。为了详细说明这一点，分析了行程驾驶距离和停靠时间长度间的相关性。如图 17.5 所示，停靠时间和行程距离具有很强的依赖关系：停靠时间短意味着行驶距离短。

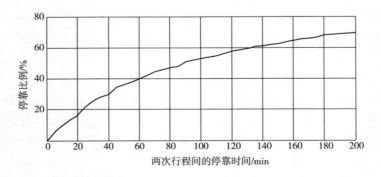

图 17.4 停靠时间所占比例图（BMVBS，2002）

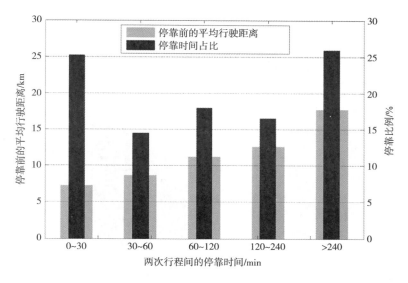

**图 17.5　对应停靠时间的平均驾驶距离和相应停靠时间的次数
占所有停靠次数的比例**（BMVBS，2002）

　　典型的中型电动汽车的百公里能耗为 18kW·h，可依据它来计算在指定充电
功率下的充电时间，以保证下次出行时电池组的电能充足。为此，电池必须在停
靠时间内充足下次行程所耗的电能。图 17.6 是固定的充电功率范围内满足出行
数量占比。很明显，使用 3.7kW 的标准充电功率足以满足 85% 的情形。而三相
16A（11kW）充电功率能满足其他约 10% 的情形。以此判断：在极少数情况下
才需要快速充电，由于快速充电电池的复杂设计需要额外成本，所以由少量快速
充电操作或附加的燃料替代快速充电站是必要的。

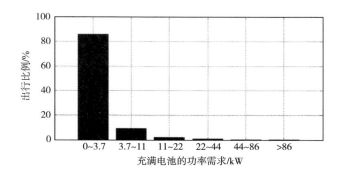

图 17.6　固定的充电功率范围内出行数量占比（完全充电的汽车电池）（BMVBS，2002）

　　图 17.1 表明 EV-150 晚上再充电就可以满足每年 95% 的出行需求，因此没
必要每次停靠后都将电池充满电。考虑到这一情况，EV-150 电动汽车用 3.7kW

的标准充电功率晚上充电几乎能满足所有情况。从技术角度来说，在行程结束后不完全充电对电池有积极意义，因为对于所有体系的锂离子电池来说，高的荷电状态会加速电池的老化，参见 Käbitz 等（2013）的研究。

17.2.3 停车位置

关于充电基础设施的另一个重要方面是汽车夜间停车的典型位置（图 17.7）。在德国，约 60％ 的车停在车库里，30％ 的车停在房子前面。

根据 Wietschel 等（2013）的研究结果，在农村地区和中小型城市，电动车受到汽车用户的特别关注。这些用户（在德国，约 30％ 的私家车用户）通勤需要驾驶固定长距离，在这种情况下，使用电动车辆非常经济。在农村地区和小城市，许多汽车用户把车停在车库或

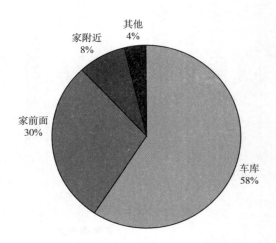

图 17.7　汽车夜间停车的典型位置比例图

直接停在房子前面，因此不需要昂贵的充电设施投资。在推销电动车时应关注这些容易获得充电地点的 90％ 的家庭。剩余的 10％ 的车辆需要一个复杂的公共充电基础设施，尤其是在大城市。

17.3　电池充电系统和基础设施分类

电动车辆充电设施可以根据不同角度分类，如充电设施的位置、所用的充电器硬件和所用的充电插头类型。

17.3.1　基础设施位置

电动汽车充电设施的需求很大程度上依赖于基础设施所在地。可以区分为三种不同的情况（Lunz 等，2010a）。

17.3.1.1　私人场所

如 17.2 节中说明：电动汽车通常在家里夜间充电。在大多数情况下，夜间充电足够将续驶里程长的电动汽车电池完全充满。充电功率可以限制在最经济的方案 3.7kW。只需将其安装在被保护的区域就可以保护基础设施不被破坏或滥用。

17.3.1.2　半公开场所

半公开的充电基础设施安装在一个特定区域，但大多数用户都可以使用。如停车场，包括公司停车场和购物中心停车场。图 17.3 表明在工作地安装充电设

施是增加电动汽车续驶里程最有前途的方法。由于绝对收益仍很小，基础设施必须采用经济性的方法来部署。如公司可以通过对每个司机的用电收费来减少基础设施成本，另外，基础设施的部署可调动使用电动汽车积极性。

另外，图 17.3 表明在购物中心充电的可能性非常小，因此在这些地方部署基础设施是一种吸引客户的营销措施。而娱乐场所充电基础设施的影响要高得多，但这些场所分布范围广，因此这些位置安装基础设施的成本很高。

17.3.1.3 公共场所

公共场所的快速充电基础设施，可以是高速公路上、电池交换站和在街道停车充电点。因需要安装认证和计费系统，且测量设备必须校准，这种类型的充电设施是最昂贵的。此外，必须安装防护措施以免遭到破坏。依据充电设施位置，不得不建立一个新的电网接入点。

7.3.2 充电器硬件

充电器基本上可以分为车载充电器、非车载充电器和无线充电器（见图 17.8）。这些充电系统可以由单相或三相电压供电，电能可以单向或双向传输。因非车载充电器的充电功率更高，所以这些系统通常由三相电压供电。

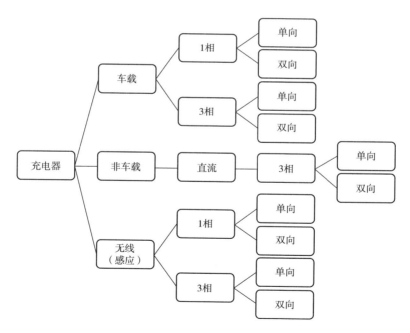

图 17.8 充电器配置图

单向充电器的能量只能从电网传输给电池。双向充电器的能量还能从电池反馈回电网。充电器最简单的配置是单相电压、单向充电，最复杂的配置是三相电压、双向、无线。用不同的充电器，电网服务交付程度不同。这种情况下的交付电网服务被称为电动汽车入网服务（V2G）。

小型充电器的功率不超过 11kW，是车载充电器最合适的选择。这种充电器的优点是：针对专用电池组，可采用标准电源插座充电。它的一个缺点是：必须严格遵守汽车标准。此外，它们占用空间和增加汽车重量。当驱动变频器用于再充电时能够减少额外的重量（Haghbin 等，2013）。

对于大充电功率，直流充电站是个不错的选择。充电功率通过直流电传输给车辆电池。充电器的功率电子器件都装在车外（非车载），以此来降低对汽车重量和空间的需求。使用非车载充电器的用户不能在标准电源插座上充电，这一点用户很难接受，尤其是对纯电动汽车用户。

无线（感应）充电系统是不用连接电缆就可以传输电能的装置。其固定部分包含产生高频磁场的功率电子器件。安装在电动汽车上的接收器，其由接收线圈和可产生给电池充电的直流电的功率电子系统组成。鉴于功率电子部件安装部位不同，无线充电系统是介于车载和非车载充电器之间的混合充电器。感应功率传输（IPT）的工作原理（见图 17.9）类似于一个有大气隙变压器，因此磁力耦合差和漏磁通高（Yilmaz 和 Krein，2013）。

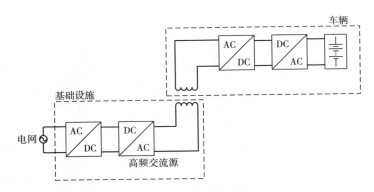

图 17.9　感应充电系统（Yilmaz 和 Krein，2013）

17.3.3　充电速率

充电基础设施，也可以依据 IEC 61851-1（NPE，2013a，2013b）定义中不同充电速率和充电模式分类。不同充电模式之间主要是充电功率和安全级别不同。

17.3.3.1　模式 1

在充电模式 1 中采用没有进一步安全装置的标准电源插座。因此家用充电设施必须能确保充电过程安全。

17.3.3.2　模式 2

充电模式 2，在电动汽车和标准电源插座的连接电缆中配备了一个有线控制和保护装置（IC-CPD），其包含一个过剩电流保护器（RCD）和一个通信模块。即使家用充电器在没有 RCD 和由 PWM❶信号设置汽车充电功率的通信模块的情况下，用户也可避免触电。此外，还可以监控地线（漏电流）。

17.3.3.3 模式 3

模式 3，需要一个长期固定的充电墙盒（电动汽车供电设备，EVSE）。墙盒与汽车间，按照 IEC 61851-1 要求通过 PWM 通信，或者按照 ISO/IEC 15118 要求通过 PLC 通信❷，相应的电子装置设置充电功率，充电墙盒由一个通信模块、一个 RCD、一个断路器和一个专用充电插座组成。

17.3.3.4 模式 4

模式 4，是用外部装置进行直流充电。充电操作由车辆控制，外部充电器与车辆通信来设置正确的充电电压和电流。充电模式 4 中，车辆与固定充电器间的连接电缆被永久固定到充电点。连接器引脚的额定电流不低于 100A，充电操作过程必须锁定连接。表 17.1 列出了不同充电模式及其特点。

表 17.1 IEC 61851-1 中的充电模式列表

充电模式	最大电流	最大充电功率	再充电至 20kW·h[①]所需时间
模式 1	16A AC，1 相	3.7kW	5h
模式 2	32A AC，3 相	22kW	1h
模式 3	63A AC，3 相	44kW	0.5h
模式 4	400A DC	约 200kW	6min[②]

① 可以满足约 100～150km 公里的续驶里程需求。

② 恒流充电阶段可充电至 80%SOC 左右。

17.3.4 插头类型

IEC 62196 中依据不同维度、额定电流/电压定义了不同的插头类型。尽管有国际标准，但世界不同地区所使用的插头类型并不相同（见图 17.10）。

IEC 62196-2 中，交流充电插头分三种类型：

① 类型 1，单相耦合器，主要在美国、日本应用，其采用 SAE J1772/2009 标准。插头的最大功率是 7.4kW/230V AC（Rarbach，2013）。

② 类型 2，IEC 62196-2 中的单相和三相耦合器（由德国曼奈柯公司斯发明，因此也称曼奈柯斯插头），其采用 VDE-AR-E 2623-2-2 标准，在三相交流 400V 时，最大功率 43.5kW。类型 2 插头的最大直流充电电流高达 80A。

③ 类型 3，插头由法国和意大利公司组成的电动车联盟开发。其是带有

---

❶ 脉冲宽度调制，Pulse Width Modulation。

❷ 电力线通信。

项目	类型1/美国	类型2/欧洲	GB/中国
交流电 （AC）	 SAE J1772/IEC 62196-2	 IEC 62196-2	 GB Part 2
直流电 （DC）	 IEC 62196-3	 IEC 62196-3	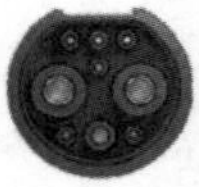 GB Part 3/IEC 62196-3
交流、直流 混合系统	 SAE J1772/IEC 62196-3	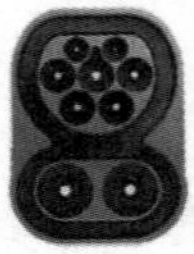 IEC 62196-3	

图 17.10　插头类型

面板的单相或三相耦合器。按照欧盟委员会的规定，类型 2 插头采用欧洲电动汽车充电器标准，其主要用于轻型电动车（如电动摩托车）（Anthony，2013）。

在 IEC 62196-3 定义的直流充电中，CHAdeMO[1] 和 combo[2] 是两种最重要的插头。CHAdeMO 插头的最大功率是 62.5kW/500V/125A DC。它采用日本的 quasi 标准，许多日本汽车装备这种插座（如日产 Leaf、三菱 i-MiEV）。

combo 插头具有两个直流接触器，由类型 1 和类型 2 插头合并而成。欧洲汽车制造商（宝马、戴姆勒、福特、通用和大众）同意未来的汽车使用 combo 插头。这被称作联合充电系统（CCS），它允许高达 200A 的直流电（菲尼克斯电器，2013）通过。

17.4　电池充电系统和基础设施解决方案的优缺点

关于充电解决方案的优缺点论述聚焦于快速充电和慢速充电，有线充电和无线充电。

17.4.1　快速充电与标准充电的 SWOT 分析

下面的章节中，对快速充电技术进行 SWOT（态势）分析，分析该充电方法的优势、劣势、机遇和挑战（Lunz 等，2010b）。优势和劣势涉及技术问题，也称内部因素；而机遇和挑战聚焦于用户和通用条件，称为外部因素。表 17.2 是快速充电技术的 SWOT 分析表。

---

[1] CHAdeMO：标准倡导的快速充电器商标名称。
[2] cornbo：标准直流快充。

表 17.2　快速充电技术的 SWOT 分析表

	优劣	劣势
内部因素	① 非车载充电器 ② 每辆车的电网交付服务功率容量高	① 因高平均充电电压和温升导致电池寿命降低 ② 需要主动冷却措施 ③ 需要采用高功率电池 ④ 需要强大的电网输入 ⑤ 鸡生蛋和蛋生鸡问题：车辆使用之前需要基础设施，反之亦然
	机遇	挑战
外部因素	① 完全放电之后，车较容易启动 ② 可快速充电电动车的特性类似于汽车 ③ 需要开发具有更高充电速率的高能量电池 ④ 城市公交和车队（出租车）电气化	① 需要建设昂贵的基础设施 ② 可快速充电的电池系统更昂贵 ③ 对普通汽车用户一年中只有几天需要快速充电 ④ 适合快速充电的汽车少 ⑤ 插头和电缆操作困难 ⑥ 目前发展低成本、高比能、低功率的电动汽车电池系统，不适合快速充电 ⑦ 插电式混合电动车也不需要快速充电

显而易见，快速充电技术具有很少的优势。一辆车的快速充电大功率连接就提高了电网的输出功率。由于有较高的额定功率，所以只能保证短时间的输送。由于快速充电器的功率电子器件通常装在充电站，可以减少的重量有限，非车载充电器不必遵守严格的汽车标准。

鉴于内部因素的缺点，必须探讨快速充电对电池系统的影响。因为电池快速充电时的热损耗大导致温度升高，会影响电池寿命（Vetter 等，2005）。由于电池的充电电流大，与标准充电方法相比，电池的平均充电电压高。需要一个更复杂的冷却系统避免因温度上升而引起电池老化。用标准方法充电，采用空气冷却系统就可以，而对于快速充电方法，必须采用水或制冷剂冷却。这不仅增加了电池系统重量还增加了成本。通常在纯电动车中采用高比能电池就可以满足整车运行的功率需求。高功率电池需要很高的充电功率，这意味着电池系统设计将由充电设施决定。高功率电池储存同样的能量需要更多的材料，其能量密度低，所以电池成本高。

快速充电站需要电网提供更大的功率，并不是所有的电网都能满足功率需求，这导致对电网基础架构的额外投资。如有三个 200kW 充电器的快速充电站点，就需要在中压电网上安装额外的变压器。此外，存在鸡生蛋问题：先建立快速充电基础设施再推出可快速充电的汽车，还是先推出可快速充电的汽车再建立快速充电基础设施。

谈到影响快速充电技术推广的外部因素，首先要提及用户的认可度，它是一个机遇。驾驶者已经习惯使用没有驾驶限制的内燃机（ICE）车辆，而快速充电站可为司机提供类似的感觉，因此在电动汽车推广初期，快速充电会受欢迎。

开发高能量密度和高充电功率的电池可能是快速充电电技术的另一个驱动力。这解决了只能用过度设计电池包来达到快速充电的问题。但不幸的是，高能量密度和高功率是相互矛盾的。

上述所有讨论都是针对标准电动车辆的。但是在其他应用领域，快速充电将会是有前景的选择。在今天的城市公共交通领域，例如出租和物流的车队领域，快速充电具有吸引力。对照前文所述的驾驶行为，这些车每天的行驶距离更长，行程时间更易控制，这种情况下，巴士上电池的能量不必满足一天行程。如巴士每天三次快速充电，仅需安装原来电池的 1/4 就可以。

但是，我们必须探讨快速充电基础设施的高成本。成本主要集中在电网入口、功率器件、充电站连接器。目前还不清楚的是：如果快速充电电站的需求量少，什么样的公司或企业可以建立充电站。与常规电动汽车相比，具备快速充电能力的汽车更贵，可能会造成少数汽车制造商为汽车配备快速充电技术，因此快速充电站运营商的商业模式更加令人怀疑。

让用户选择快速充电的另一个挑战是他们一年可能只在度假或者假期旅行时使用一次或几次快速充电功能，因此要建立一年中只用几天的能满足高峰负荷的基础设施，这个基础设施将非常昂贵，不清楚谁会为此买单。

从用户的角度来看，快速充电插头很难使用。能够输出大约 100kW 的连接器，器插头和电缆中电导体直径大，通常很重，且操作复杂。快速充电技术的另一个威胁是低成本、高能量密度电池的开发，使用该电池，电动车的续航里程更长，其会促使废弃快速充电站。

插电式混合动力汽车并不需要快速充电电站。即使在电池完全放电后，其内燃机还是会保证驾驶者的行程需求。快速充电只适用于纯电动驱动部分，收益很小，并不能抵消快速充电带来的高成本和操作复杂性。

17.4.2 与有线充电相比，无线充电的 SWOT 分析（无线感应充电与传导式充电）

无线充电系统分为三种：

① 近距离传感器的充电系统　该系统的工作方式类似于大多数电动牙刷。初级转换器（通用 EV1 上是一个叶片）产生高频磁场，安装在电动车上的次级转换器（在通用 EV1 上是一个充电槽）是充电端口。电缆连接叶片和固定功率的电子设备，用户用手将叶片插入到汽车充电槽。该充电系统的另一种类型是：初级线圈安装在墙上，次级线圈安装在车牌照下面，充电时，汽车车牌和固定初级线圈的墙对应放置。这种充电系统的主要优势是没有电流接触，因此没有接触损耗，同时由于初级线圈和二次线圈是完全电绝缘的，所以安全性很高。

② 长距离稳态感应充电系统　该系统的电气原理与上面类似。车载接收线

圈放置在汽车底板上。初级线圈嵌入停车场地板。充电时，车载接收器必须在安装初级线圈地板的正上方。自动定位或可调系统可以协助提高对准精度。如这些系统可用于公交车站乘客上下车时对电池充电。

③ 行驶时感应充电（无线充电公路）　行驶时感应充电是最先进的系统。与上面相同次级线圈安装在车上，街道上安装的初级线圈，其可能是集成到路面上的长线环、分段线环或间隔线环（Yilmaz Krein，2013），集成到人行道上。采用这个系统，电动汽车在行驶中可以对电池充电，这样可以减小电池组容量。

用 SWOT 方法（表 17.3）分析了感应充电相对于传导充电的优缺点。感应充电的主要技术优势是在安全领域。由于无线能量传输没有电子触点，所以即使磨损也能触摸。另一个优点是不受环境影响，或者说易破坏的传感器可以安装在固体下面。利用磁场能量转移原理，所有操作条件都保证电隔离，降低了电气危害。

表 17.3　感应充电的 SWOT 方法分析

	优劣	劣势
内部因素	不受环境影响 没有电接触损耗 高安全性 固有电隔离	与传导式充电相比效率低 充电系统更复杂 充电系统车载部分的重量和尺寸 高效率需要小气隙，高定位精度
	机遇	挑战
外部因素	用户友好性高 高频充电减小了电池尺寸 行驶过程可充电 降低了快速充电需求 高频充电减小公共交通中电池规格	高成本 不同型号车辆的基础设施的兼容性 自动传导充电系统的开发

在效率和设计复杂性方面存在技术劣势。与传导式充电相比，大气隙功率传输效率低。事实上，可以利用谐振拓扑来提高效率（Yilmaz 和 Krein，2013）；这也增加了技术的复杂性。在基础设施上需要一个额外的高频转换器，在车上需要一个额外的整流器（见图 17.11），通常感应充电系统很复杂。

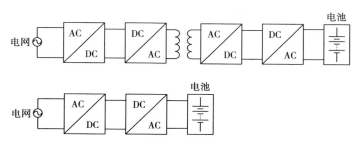

图 17.11　感应充电（上）和传导式充电系统（下）对比

由于复杂程度的增加，充电系统的车载部件尺寸和重量较大。初级和次级线圈的定位精度是一个技术挑战，这可通过自动定位系统解决，但是这也增加了它的复杂性。

高的复杂性可以直接解释感应充电的劣势。系统昂贵，不同汽车制造商之间的兼容性可能比插头系统的兼容性更难以实现。另一个感应充电的威胁是自动传导充电系统的开发和推出，这个系统综合了传导式充电的高效率和感应充电的用户友好特性。

对用户友好和完全自动化是感应充电最大的优势。系统可以对电池更频繁地充电，电池规格和成本可以减少。如果在行驶中可以感应充电，电池规格会进一步减少，可以不需要快速充电站。在一些示范项目中，公共汽车已经在公交车站使用感应充电进行频繁充电。这使纯电动公交系统使用更加合理尺寸的电池。当然，可以在公交车站使用自动传导充电，也可用于示范项目。

17.4.2.1 充电的安全注意事项

在电动汽车充电过程，安全是一个重要方面（Hackbarth 等，2011）。当前的车载充电器标准规定：在充电过程中，车辆底盘应该接地。因此，应该在车辆底盘和地面之间设置一个固态、低阻抗的连接件。一个集成的接地故障断路器（GFI）可以防止人员受伤。GFI 时刻监控电路中的电流，感测电流的任何损耗。如果通过电路的电流与回路电流有少许不同，GFI 将迅速切断电路电源。在车辆底盘和人体存在错误接触时，GFI 将在足够短的时间内中断电力，以防止致命的电击事故发生。因此应在充电前测试车辆底盘地线的完整性。

另一个重要的议题是汽车电气系统的电隔离问题。在汽车行驶过程中，车辆底盘不可能接地。电池组、牵引逆变器和电动机作为一个隔离地（IT）系统。一个绝缘故障发生时，IT 系统仍可以操作，即在显示第一故障预警信号后，允许司机将车移到安全的地方。只有在第二个绝缘故障发生后，电流有损失，系统才会关闭。

在充电操作中，电池组、充电器（没有电隔离）和电网连接不再形成 IT 系统，而是形成 TN（中性接地点）系统（见图 17.12）。第一次绝缘故障时电流泄漏，如果不立即断电，会导致危险。此外，根据充电器的拓扑结构和控制，相对于地的电池电位 V_E 可能随充电器的开关而波动，导致漏电流通过地面容量 C_E（见图 17.13）。这些泄漏电流造成不必要的损耗，可能触发外部 GFI。如果充电器添加电气隔离，充电时将恢复 IT 系统状态。其代价是体积、质量和成本增加。除此之外，因为变压器需要电气隔离，充电器的效率会下降。显然，车辆运行时，一个故障的容忍是必要的。但是，汽车充电时，通常是停在安全的地方，比如车库。绝缘故障断电不会对操作者造成严重后果，因此没有电隔离的充电也是一个可行的解决方案。

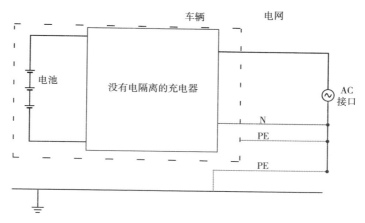

图 17.12 在正常充电条件下的 TN 系统

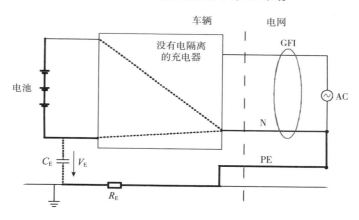

图 17.13 电位波动造成的故障电流流向大地

17.5 市场力量与未来趋势

本节研究了充电基础设施经济和电动汽车市场推广的相互依存关系。总结了正在开发的重要标准，并对电动汽车充电基础设施的发展路径进行了展望。

17.5.1 充电基础设施经济和用户接受度

基础设施部署和成本对用户接受电动汽车有重要影响。公共充电基础设施的建立和用户对电动汽车接受度的相互依存关系是复杂的，在文献中得不到一般性结论。在一些示范项目中发现用户想要一个集中的公共充电基础设施，但当建设后，却很少使用（Wietschel 等，2013）。在东京，CHAdeMO 快速充电站的一个示范项目显示：在可以快速充电时，会更频繁地使用电动汽车（Takafumi，2010）。因为如果知道在 20min 之内可将没电的电池充满电，司机能行驶更远的距离。但是实际上不管行驶距离多远，司机们都很少使用快速充电器。

这些例子表明：不考虑基础设施成本时，公共需要快速充电基础设施和电动汽车。Wietschel 等（2013）调查了充电基础设施成本对电动汽车总体成本效益的影响。如果公共充电基础设施的成本由车主补偿，电动汽车只有在很少的情况下有竞争力。大功率充电也面临同样情况，因为它们并没有为合适的用户增加电动里程。如果更高的成本必须由车主承担，高充电功率甚至可能降低电动汽车的推广速度。如果无额外费用的半公开的充电基础设施（停车场等）运行，则可以推动电动汽车的推广。因为所需的充电基础设施成本高，到 2020 年，街道停车处充电点也会很少。估计 3.7kW 的公共充电点成本为 1.700 欧元，每年维护和计量成本为 725 欧元（Wietschel 等，2013）。如果将维护成本平摊给每一辆电动汽车，约是电力成本的 2 倍。如果不需个人承担电力费用，那么计量校准花费会更少。

17.5.2　标准和法规

标准和法规是产品开发的重要基础。特别是新定义的标准或正在开发的标准，在开发充电基础设施过程中必须仔细研究。在国际电工委员会（IEC）中，"电动道路车辆和电动工业卡车" 69 届技术委员会（TC）负责充电系统标准化。除了更新现行标准，正在开发以下新的标准：

① 充电器电磁兼容性需求（IEC 61851-21）；

② 车辆与充电站之间的直流充电和通信（IEC 61851-23/24）；

③ 轻电动汽车（LEV）的交流和直流充电、置换电池和通信要求（IEC 61851-3）；

④ 电动车充电的无线功率转换系统（IEC 61980）；

⑤ 车辆与电网的通信接口（ISO/IEC 15118）。

17.5.3　充电基础设施的发展路径

电动车辆的集成将分阶段发展（Lunz 等，2010a）。首先描述充电设施的发展路径：

① 家庭充电　在电动汽车的推广初期，家用中等充电功率（最大 3.7kW）是最合适的情况。对于街道停车处，充电设施只安装在几个地点，由公共资金资助的示范项目特别开发。

② 工作地充电　如果不集成计费系统，公司可以安装相对低成本充电设施。17.2.1 节指出，在所有充电场所中，工作地的充电基础设施位置具有最高潜力。这种情况下，功率不高于 3.7kW 是最经济的解决方案。

③ 购物中心和停车场充电　这些地方提供充电基础设施，将吸引一部分电动汽车消费者。但只有周边距离超过 20～30km 特定客户从这些额外的充电设施中真正受益。例如，杂货铺有来自附近的客户。

④ 街上停车处的充电设施　这部分的充电设施将是最后建立的。由于基础

设施成本高，因低能量输出导致运营利润低。然而，一些公司已经提出并展示了添加现有的路灯充电点的低成本概念（Ubitricity，2013）。

⑤ 高速公路沿线的快速充电站（特斯拉公司的特斯拉汽车计划，2014）这种基础设施将允许电动车长途驾驶。这个系统要求具有快速充电功能的汽车（充电时间少于10min），这些基础设施用商业模式运作。上文已讨论过如假期开始或者结束时这些基础设施的峰值负载设计问题。

根据电动汽车的市场份额，一方面，为了避免配电网过载，充电管理成为必要；另一方面，汽车电池电力通过提供调度功率或参与能源交易整合到电力市场可为车主提供额外利润，这被称为车辆到电网联网V2G（Kempton和Tomić，2005a，b）。要成功整合电动汽车和电网可依照如下几个步骤：

① 电动汽车的市场渗透率低时，以中等功率（低于3.7kW）不受控制的家庭充电为主。如在德国，电动汽车达到100万辆时，如果车辆相对均匀分布，不期望在充电期间存在电网限制（VDE，2010）。在这个阶段，在电网功率不足的区域，电动汽车积累已经能引起电网问题。

② 在频率低于额定电网频率时，降低充电功率有助于电网的频率调节（VDE，2010）。最简单的实现方式是按照静态电源频率曲线减小充电功率，电网操作者和电动车辆没必要为此相互通信，通过静态特性无功率输出也可达到目的。

③ 为了避免电网超载，可通过合理的计费管理控制一个配电网段上不同车辆的充电时间。装备附带时移可变价格曲线的智能电表是间接控制电动车辆的充电行为的一种方法。此外，车辆充电管理通过低计费时间最大限度地减少充电成本。

④ 在控制功率市场，汇总电动汽车充电频率可控制电力。通过启动或中断充电过程可以提供正极或负极的控制功率。操作过程中没有额外的充放电发生，电池寿命几乎不受影响。汇总充电频率的先决条件是建立车辆和聚合器之间的通信网络。

⑤ 必须使用双向充电器，充满电电池才能回馈电网，提高电力输出。双向功率流可以进行能源转换，提供额外的电网服务。考虑到电池寿命老化，使用双向充电器时必须依据电池的应用技术。

电动汽车的另外应用可能提高光伏（PV）能源自耗电的储存。由于电力价格远高于光伏发电的上网价，在家里，通过合理的电动汽车充电管理，将充电时间调整到光伏能源的发电峰值期，尽可能多地直接使用光伏发电是可行的。

17.6 更多的信息来源

本节阐述了充电系统和基础设施的不同特点。由于话题复杂，只能给出少量细节。更多的信息可以从下面得到：

Yilmaz 和 Krein（2013）：作者详细总结了电池充电器拓扑结构、充电功率分级和基础设施。特别讨论了不同充电概念中的功率器件的布局。

IEC 61851："电动汽车传导充电系统"标准定义了电动汽车的不同充电模式和流程。

IEC 62196："电动汽车传导充电——插头、插座、汽车连接器和汽车充电接口"标准包含不同的充电连接器系统的定义。

NPE（2013a，2013b）：这份德国国家电动汽车交通讨论报告为电动汽车充电基础设施提供了实施指导方针，内容覆盖了不同的充电模式、充电设施规格和充电设施及相关各方的必要条件。

Schroeder 和 Traber（2012）：该文从投资者的角度详细分析了德国快速充电设施经济性。

Wietschel 等（2013）：弗劳恩霍夫协会的系统和创新研究所的研究分析了电动汽车的市场前景场景。也对充电基础设施方面进行了研究。

参考文献

［1］ Anthony P C. 2013 Agreement on standardized charging plug. http：//www. din. de/cmd？level＝tpl-artikel＆languageid＝en＆bcrumblevel＝1＆cmstextid＝198030. 2013-08-30.

［2］ BMVBS, 2002. Mobilität in Deutschland 2002. http：//www. mobilitaet-in-deutschland. de.

［3］ BMVBS, 2008. Mobilität in Deutschland 2008. http：//www. mobilitaet-in-deutschland. de.

［4］ CHAdeMO, 2013. Technological details. http：//www. chademo. com/wp/technology/details/.

［5］ Duoba M, Carlson R, Wu J. 2007. Test procedures and benchmarking：blended-type and EV-capable plug-in hybrid electric vehicles. In：Proceedings of the 23rd Electrical Vehicle Symposium（EVS-23）.

［6］ Hackbarth A, Lunz B, Madlener R, et al. 2011. Plug-in hybrid electric vehicles for CO_2-free mobility and active storage systems for the grid（Part 1）. In EON Energy Research Center Series vol 2, Issue 3. Aachen：RWTH Aachen University.

［7］ Haghbin S, Lundmark S, Alakula M, et al. 2013. Grid-connected integrated battery chargers in vehicle applications：review and new solution. Industrial Electronics IEEE ransactions on, 60（2）：459-473.

［8］ IEC, Electric vehicle conductive charging system No. 61851.

［9］ IEC, Plugs, socket-outlets, vehicle connectors and vehicle inlets—conductive charging of electric vehicles No. 62196.

［10］ Käbitz S, Gerschler J B, Ecker M, et al. 2013. Cycle and calendar life study of graphite ｜ $LiNi_{1/3}Mn_{1/3}Co_{1/3}O_2$ Li-ionhigh energy system. Part a：full cell characterization. J Power Sources, 239（1）：572-583.

［11］ Kempton W, Tomi J. 2005a. Vehicle-to-grid power fundamentals：calculating capacity and net revenue. J Power Sources, 144（1）：268-279.

［12］ Kempton W, Tomi J. 2005b. Vehicle-to-grid power implementation：from stabilizing the grid to supporting large-scale renewable energy. J Power Sources, 144（1）：280-294.

［13］ Kley F, Dallinger D, Wietschel M. 2010. Assessment of future EV charging infrastructure.

［14］ Lunz B, Pollok T, Schnettler A, et al. 2009. Evaluation of Battery charging concepts for electric vehicles and plug-in hybrid electric vehicles. In：9th International Advanced Automotive Battery and EC

Capacitor Conference，Long Beach，CA，USA，AABC：1-8.

[15] Lunz B，De Doncker R W，Sauer D U. 2010a. Analyse von Ladeinfrastrukturkonzepten für Elektromobilität. In VDE Kongress 2010. Leipzig：VDE Verlag GmbH.

[16] Lunz B，De Doncker R W，Sauer D U. 2010b. Comparison of standard-and fast-charging of plug-in hybrid electric and pure electric vehicles. In：International Advanced Mobility Forum 2010，Geneva，Switzerland，Geneva Palexpo：1-7.

[17] Nationale Plattform Elektromobilität，2013a. AG 3-Ladeinfrastruktur und Netzintegration，2012. Ladeinfrastruktur bedarfsgerecht aufbauen.

[18] NPE，2013b. Arbeitsgruppe 4 "Normung，Standardisierung und Zertifizierung" der Nationalen Plattform Elektromobilität，2013，Technischer Leitfaden Ladeinfrastruktur.

[19] PHOENIX CONTACT，2013. Combined AC/DC charging system type 2. http：//www. phoenixcontact-emobility. com/en/products/e-connectivity/combined-acdccharging-system-type-2. 2013-10-30.

[20] Rarbach B. 2013. IEC hat weltweiten Ladestecker-Standard mit drei Systemen definiert. http：//www. mennekes. de/index. php? id＝46&tx_ttnews [tt_news] ＝549& cHash＝a1e58e0f4199cc11-233cc55acac971cb&type＝123. 2013-10-30.

[21] Santini D J. 2006. Fuel consumption，operational attributes and potential markets for plug-in hybrid technologies. Climate Policy Initiative Meeting.

[22] Schroeder A，Traber T. 2012. The economics of fast charging infrastructure for electric vehicles. Energy Policy，43：136-144.

[23] Takafumi A. 2010. Characteristics of CHAdeMO Quick Charging System. China：Shenzen. Tesla (2014). Supercharger -the fastest charging station on the plane. http：//www. teslamotors. com /supercharger. 2014-04-09.

[24] Ubitricity，2013. Recharging at light poles：efficient charging infrastructure for EVs. https：//ubitricity. com/en/. 2013-11-27.

[25] VDE，2010. Elektrofahrzeuge—Bedeutung，Stand der Technik，Handlungsbedarf.

[26] Vetter J，Novák P，Wagner M R，et al. 2005. Ageing mechanisms in lithium-ion batteries. J Power Sources，147 (1-2)：269-281.

[27] Wietschel M，Plötz P，Kühn A，et al. 2013. Markthochlaufszenarien für Elektrofahrzeuge. Karlsruhe：Fraunhofer ISI.

[28] Yilmaz M，Krein P T. 2013. Review of battery charger topologies，charging power levels，and infrastructure for plug-in electric and hybrid vehicles. Power Electronics IEEE Transactions on，28 (5)：2151-2169.

附：缩略语与符号

AC/DC 交流/直流

BMVBS 德国联邦交通建设与城市规划部

CCS 联合充电系统

CD 电消耗模式

CE 地面容量

Combo 标准直流快充

CHAdeMO 标准倡导的快速充电器商标

EV-150 续航里程 150km 的纯电动汽车

EVSE 电动汽车供电设备

GFI 接地故障断路器

IC-CPD 有线控制和保护装置

ICE 内燃机

IPT 感应功率传输

IT 隔离地系统

IEC 国际电工委员会

LEVs 轻电动汽车

PV 光伏

PHEV-50 纯电动续航里程 50km 的混合动力汽车

PLC 电力线通信

RCD 过剩电流保护器

PWM 脉冲宽度调制

SWOT 态势分析

TN 中性接地点

TC 技术委员会

V2G 电动汽车入网服务

VMT 汽车行驶里程

CS 电量保持模式

18 电动汽车电池及其相关测试标准

E. Cabrera Castillo

18.1 引言

标准是被对其感兴趣的公司或组织采纳的某一特定的技术、产品、服务或有价值的商业惯例的共识文件。标准起源于完成一个过程或产品所必须建立的基本原则。通常，它不由政府组织授权，而是由认为建立该标准有用的组织自愿编制和开发。当一个标准出版、发行并受到广泛关注时，就会出现这样的情况：若指定的过程或产品没有经过该标准评估，就可能被认为低效、质量差或在某些情况下不安全。因此，标准是开发优秀产品的最佳实践纲要。一个标准一旦获得高度认可，被政府或监管机构要求，那么采用它将是强制性的。在中国，由于监管特色，存在一些强制性的标准。

标准带来两大好处：① 它们提供了一个不同组织、制造商或客户进行产品对比的基础参考框架；② 它们形成了产品兼容性或互换性的基础。执行公开标准的团体就能宣称：他们的产品符合标准，与竞争对手相比，在同等条件下质量相同或更好。从而给用户挑选这个产品或那个产品的理由。

该情况也适用于电动汽车（EV）电池。随着工业的发展，为了满足行业需求，许多公司都设定研发先进电池系统的目标，如功率和能量密度、可靠性和安全性的具体水平。为了在竞争中脱颖而出，电池制造商、系统集成商和汽车装配商不断改善他们的产品性能，而标准是提供基本参比法则的一种方式。

18.2 节列出了一些电动汽车行业用电池的测试标准及其常参考的其他通用电池标准。本节作为一个简单介绍，并不包含单独列表的参考书目。18.3 节概括了不同的测试规程，并提到了一些细节。18.4 节提出了电池测试和标准化的未来趋势议案。18.5 介绍了更多的信息来源。

18.2 电动汽车电池标准

18.2.1 标准的范围

电动汽车标准有以下不同的范围：①能量系统自身；②电池组在电动汽车系统中应用；③电动汽车和电网间接口；④基础设施。按这种分类中，①类标准以单独部件如电化学电池、模组、电池包或整个电池系统为中心，测量其物理特性；②类标准将系统作为整体考虑，包括支撑控制电子系统、冷却系统及其与车辆其他部分的集成系统；③类标准涉及电动汽车与充电站、电网、无线充电器或双向电力供电设备之间的通信和网络接口；④类标准从能源效益观点、电子停车场、能量传输和管理以及防火规范方面描述充电系统。本节，我们专注于前两个范围。

18.2.2 标准的应用

标准的一个重要特点是明确其测试所适用的能源系统的规模，如电池单体、电池小组合（模组）、电池大组合（电池包）或整个电池系统（可能包括控制和故障保护装置）。在描述实验时，为避免复杂性，将使用术语"电池"，其可指当中的任意规模，当然标准本身有很多信息来指定具体试验过程的适用规模。

电池系统的用途分两大类：高功率应用和高能量应用。在第一类应用中，电池在充放期间承受大电流短时脉冲，其并不需要长时间保持该状态；如在混合动力电动汽车（HEV）、燃料电池汽车、轻型电动车（LEV）及其他电动助力车辆和具有启停功能的汽车应用领域的电池。在这些示例中，蓄电池与另一个能源联合使用，用来启动、加速、或巡航过程中用来辅助，或刹车时用来吸收可回复能量。在第二类应用中，蓄电池能量高，主要用法是低功率连续工作模式，其相应的应用领域是纯电动汽车（BEV）电池，该应用中蓄电池是唯一的动力源。

因此，在实际应用中，HEV 有特定的测试而 BEV 有其他的测试；当然前者强调大电流的放电能力和充电接受能力；后者用小电流，但考虑更高的连续使用寿命和搁置寿命预期。

18.2.3 电动汽车的适用标准

这些在标题中写有电动汽车应用领域的标准是显而易见的。其中，有些标准是通用的，有些是聚焦于一个特定应用领域，如高能量、高功率、纯电动汽车、混合电动汽车和轻型汽车；其他标准为某种特定测试而编制，如性能、安全和寿命。

由于各种应用和测试，标准很难用单一方法分类；通常一个标准能适合几个分类方法，所以在不同的文件中出现测试重叠和交叉引用是常见的。

虽然，文中我们大多使用术语"标准"，但是其中一些文件被称作"手册"或"推荐操作"，其意味着它们并没有被完全规定和确定，但却是最佳的实践结果，并已在该文件的用户中获得一定共识。

18.2.3.1 性能测试

① DOE/ID-10479（1996），《USABC 电动汽车电池试验程序手册》，美国先进电池联盟（USABC）。

② DOE/ID-10597（1997），《PNGV 电池试验手册》，美国能源部新一代汽

车合作计划（PNGV）。

③ DOE/ID-11069（2003），《FreedomCAR 混合动力汽车辅助功率用电池试验手册》，美国能源部 FreedomCAR 项目。

④ DOE/ID-11070（2003），《FreedomCAR 42V 电池试验手册》，美国能源部 FreedomCAR 项目。

⑤ IEC 62660-1（2010），《电动道路车辆动力用二次锂离子电池——部分 1：性能试验》，国际电工委员会。

⑥ IEC 61982（2012），《电动道路车辆动力用二次电池（除锂电池外）——性能和耐久性试验》，国际电工委员会。

⑦ INL/EXT-07-12536 修订版 2（2010），《插电式混合电动汽车电池试验手册》，美国能源部爱达荷国家实验室。

⑧ INL/EXT-08-15136 修订版 1（2012），《电池日历寿命评估手册》，美国能源部爱达荷国家实验室。

⑨ INL/EXT-12-26503（草案），《汽车启/停用 12V 电池试验手册》，美国能源部爱达荷国家实验室。

⑩ INL/EXT-12-27620（2013），《混合电动汽车助力用低能储能系统电池试验手册》，美国能源部爱达荷国家实验室。

⑪ INL/EXT-12-27920 修订版 1（2012），《电池寿命验证试验手册》，美国能源部爱达荷国家实验室。

⑫ ISO 12405-1（2011），《电动道路车辆牵引用锂离子电池包和系统试验规范——部分 1：高功率应用》，国际标准化组织。

⑬ ISO 12405-2（2012），《电动道路车辆牵引用锂离子电池包和系统试验规范——部分 2：高能量应用》，国际标准化组织。

⑭ SAE J1798（草案），《电动汽车用电池模组的倍率性能操作建议》，SAE 国际。

⑮ SAE J2288（2008），《电动汽车用电池模组循环寿命试验》，SAE 国际。

18.2.3.2 安全测试

① BATSO 01（2011），《轻型电动车（LEV）能源系统评价手册——锂二次电池》，电池安全组织。

② IEC 62660-2（2010），《电动道路车辆用锂离子二次电池——部分 2：可靠性和滥用试验》，国际电工委员会。

③ ISO 12405-3（草案），《电动道路车辆牵引用锂离子电池包和系统的试验规范——部分 3：安全性能要求》，国际标准化组织。

④ ISO 16750-2（2012），《道路车辆用电气电子设备的环境条件和试验——部分 2：电力负荷》，国际标准化组织。

⑤ ISO 6469-1（2009），《电动道路车辆安全规范——部分 1：车载可充电储

能系统（RESS）》，国际标准化组织。

⑥ ISO 6469-3（2011），《电动道路车辆安全规范——部分3：防触电保护》，国际标准化组织。

⑦ FMVSS 305（2008），《电动车辆实验室试验细则：漏液和电击防护》，美国运输部。

⑧ QC/T 743-2006（2006），《电动汽车用锂离子电池》，中华人民共和国国家发展改革委员会。

⑨ SAE J1766（2005），《纯电动和混合电动汽车电池系统完全碰撞试验操作建议》，SAE国际。

⑩ SAE J2380（2009），《电动汽车用电池振动实验》，SAE国际。

⑪ SAE J2464（2009），《纯电动和混合电动汽车可充电储能系统（RESS）安全与滥用试验》，SAE国际。

⑫ SAE J2929（2011），《纯电动和混合电动汽车动力用电池系统安全性标准——锂基蓄电池》，SAE国际。

⑬ SAND 2005-3123（2005），《FreedomCAR纯电动和混合电动汽车用电能存储系统滥用试验手册》，美国能源部桑迪亚国家实验室。

⑭ UL Subject 2271（2010），《轻型电动车（LEV）用电池》，美国保险商实验室。

⑮ UL 2580（2011），《电动汽车用电池》，美国保险商实验室。

⑯ E/ECE/324/修订版2/Add.99/修订版2 或 E/ECE/TRANS/505/修订版2/Add.99/修订版2（2013），《关于轮式车辆、装置及其上的零部件或可用于轮式车辆的零部件采用统一技术法令的协议，和在此基础上批准或认同的条件》，附录99：规则100号，《与电动机车的特殊需求相关车辆的认证统一规定》（UN-ECE R100），联合国欧洲经济委员会。

18.2.3.3 电池标准附注

虽然锂离子蓄电池是电动汽车储能电源的一个重要选项，但并不唯一。一些标准明确指出了这一点。如IEC 61982（2012）中注明："请注意，这个标准并不适用于汽车用锂离子电池，其在IEC 62660-1、IEC 62660-2、ISO 12405-1和ISO 12405-2中说明。"

这里列出了一些标准都是基于其他标准或明显受其影响。在一些情况下，可跟踪新手册的发展来确定以往试验规则的经验促进电子储能技术发展。如USABC手册（DOE/ID-10479，1996）最终被PNGV手册（DOE/ID-10597，1997）、Freedom CAR手册（DOE/ID-11069，2003）和INL手册（INL/EXT-07-12536，修订版2，2010）替代，它们都是由美国能源部（DOE）赞助的长期运行计划EV开发的。最近的标准提供一个最新的实验意见，但旧标准对于理解技术的原始问题和当时的技术目标是有价值的。

两个主要的密切相关的组织——国际标准化组织（ISO）和国际电工委员会（IEC），已经开发了覆盖多个主题（安全性功能、车辆通信、电池系统、充电站、充电插座和插头等）的电动汽车标准，标准之间互为参考和补充。值得说明的是：对于电池技术，ISO 的工作集中在车用电池包和系统，其体现了汽车工业的发展；而 IEC 的工作侧重于单个电池和模块，其代表了电池工业的成就。就这一点而言，标准 ISO 12405-1（2011）、ISO 12405-2（2012）和 ISO 12405-3（草稿）补充了锂离子化学体系的 IEC 62660-1（2010）和 IEC 62660-2（2010）电池标准，当然其他化学体系的 IEC 61982（2012）电池标准也同样相关。

18.2.4 非电动汽车用标准

通常电化学储能系统有许多标准，但并不是所有的都针对电动汽车应用编制。其中许多标准为便携式电子设备和家用电器起草，它们对"电池包"的解释是一个单体电池或有限的几个单体电池。

然而，这些标准经常被引用。单体电池被用于一个完整的电动汽车电池包前，可由这些程序测试。

通用标准如下：

① ANSI C18.2M，部分 2（2007），《便携式可充电电池和电池组标准——安全性标准》，美国国家标准协会。

② IEC 61960（2011），《含碱性或其他非酸性电解质的二次电池和电池组——便携式二次锂电池及其电池组》，国际电工委员会。

③ IEC 62133（2012），《含碱性或其他非酸性电解质的二次电池和电池组——便携式密封二次锂电池及其电池组安全性需求》，国际电工委员会。

④ IEC 62281（2004），《一次或二次锂电池和电池组在运输期间的安全性》，国际电工委员会。

⑤ IEEE Std 1625（2008），《IEEE 便携式计算机用多节蓄电池组标准》，电气和电子工程师学会。

⑥ IEEE Std 1725（2011），《IEEE 移动电话用蓄电池组标准》，电气和电子工程师学会。

⑦ JIS C8714（2007），《便携式电子设备用锂离子二次电池和电池组安全性试验》，日本标准协会。

⑧ UL 1642（2005），《锂电池》，美国保险商实验室。

⑨ UL 2054（2004），《家用和商用电池》，美国保险商实验室。

⑩ UL 2575（2011），《电动工具、驱动电动机、加热和照明用锂离子电池系统》，美国保险商实验室。

⑪ ST/SG/AC.10/11/修订版 5（2009），《危险物品运输建议——试验和标准手册》38.3 部分——"锂金属和锂离子电池"，简称"UN 38.3"，联合国。

在 UN38.3 和 IEC 62281 中，标题中使用的词语"运输"是指电池包装以及通过陆运、空运或海运从一个位置移动到另一个位置，是单体电池产品入库、电池产品组装和到终端消费者的运输。它并不专指在电动车中使用的电池。

18.3 电动汽车电池测试规程

通常电池测试被划分为性能测试和安全测试。

① 性能测试 它们测试电池在电动汽车正常工作条件下的电性能。其可进一步分为新制造的电池及其电池组全面性能的"入门"试验和寿命试验，它是按周、月或年周期性地测试电池主要性能参数（如容量），通过对比那些参数（如容量损失或剩余能量）了解电池如何衰减。

② 安全测试 它们通常是破坏性测试，提供因失效、内因或外因造成的电池响应特性。

本节提到了几种测试，细节参见 18.2 节中提到的标准。

18.3.1 电池性能测试

通过制定充放电电流或功率值的制度，对电池进行一系列充放电测试来测量电池的性能。评估测试结果是否达到预订目标或电池额定容量（A·h）和能量（W·h），最大电流（A）和功率（W）。

通常，性能测试是针对整个电池系统，即将被用于电动汽车的包括所有电子控制元件和故障保护装置的电池包，其电压和功率数值可能高于 300V 和 25kW。如果参与测试的各方对部分电池包、模组和单个电池方面的数据有兴趣，测试将会缩减到这一层级。按照这个尺度，测试通常不指定固定数值，如 400V 或 80A；其用参考量替代，如"最大电压""最低截止电压""最大充电电流""1C 电流""最大放电电流的 75％"等，可依据具体的测试电池进行调整。

常用的测试项目如下：

① 恒流放电或容量 该实验是将电池完全充电，然后直接用实际应用的标称倍率"C"恒流放电，当放电电压达到制造商指定的截止电压时停止放电。如果是高功率应用电池，其放电电流将是 1C（IEC 62660-1）或 10C（ISO 12405-1）。如果是低功率高能量应用电池，其放电电流将是 C/3（IEC 62660-1）或 1C 及 2C（ISO 12405-2）。"C"率是指电池的 1h 恒流放电时对应的电流值，如果电池 1h 放完电的容量是 10A·h，1C 等于 10A。该实验的目的是检测电池的容量（A·h）和相应的存储能量（W·h）是否与制造商给出的值相符。因该测试可确定电池的实际容量和对比电池在进一步测试中是否存在容量衰减，所以通常是在其他测试项前的第一个测试项目。该测试在 25～30℃ 的恒定环境温度下实施；但为了评估电动汽车在不同气候条件下的有效容量，也可在 −20～40℃ 范围内测试。

② 脉冲功率特性或内阻 本实验依据是让电池承受大脉冲电流，先放电再充电，目的是要模仿电动汽车电池承受的部分电流工况，包括加速（放电）和制

动（回馈式充电）的影响，测量电池的动态功率性能，包括脉冲充放电时响应的电压阶跃。该测试已被称为"混合脉冲功率特性"（HPPC）测试（INL/EXT-07-12536 修订版 2，DOE/ID-11069）。脉冲放电电流值通常用标准电流值的百分数表示；但脉冲充电电流值通常低于标称电流值，如 75%（如在模拟制动部分能量不能完全回收）。高功率应用领域的脉冲时间可能持续 0.1～20s（ISO 12405-1），高能量应用领域脉冲时间要达到 120s（ISO 12405-2），通常充电脉冲时间较短。该实验的脉冲电流大小和持续时间会有变化。

脉冲功率试验可观察到因脉冲电流变化 ΔI 引起的电压变化 ΔV，因此它们的比值：

$$R = \frac{\Delta V}{\Delta I} \tag{18.1}$$

给出电池系统在充电和放电过程中的欧姆电阻 R。如图 18.1 和图 18.2 脉冲电流引起的相应电压阶跃曲线所示。电流和电压的乘积：

$$P = \Delta V \Delta I \tag{18.2}$$

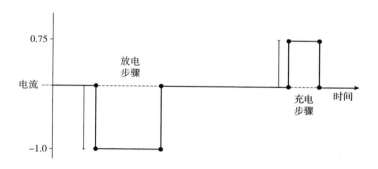

图 18.1　单电流脉冲曲线（设标称电流值为 1.0）

来源：自制

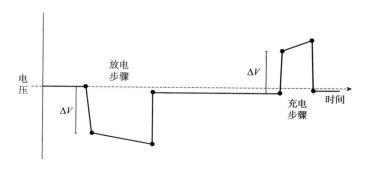

图 18.2　电流脉冲测试时电池电压的响应示例

来源：自制

也给出瞬时充放电功率 P。用电压电流计算出的功率和电阻值，提供的放电，静置和充电过程中的响应时间常数，将进一步用于电动汽车电池包的电路模型中。因为电流和电压的转变快，做这个试验时，测量点应选择适当的采集频率，如在关键时间段间隔 50ms 或更快。

正如许多试验，可在不同充电状态、温度条件下测试电池的脉冲特性，观察这些因素对电池系统的影响。至少一个手册（INL/EXT-07-12536 修改版 2）提到充电状态（SOC）每升高 10% 做一个 HPPC 测试，如图 18.3 所示。

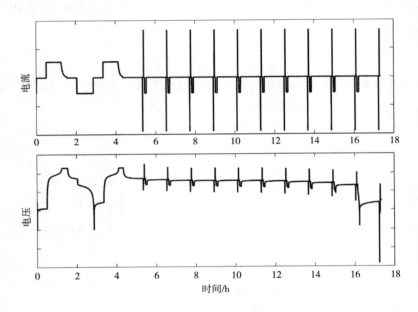

图 18.3 锂离子电池的电池特性测试，包括最初的充放电测试步骤来测量完全放电容量；随后是脉冲测试。电池承受双脉冲放充电，随后放掉标称容量的 10%，如此反复实验，直至电池放完电

来源：自制

③ 循环驾驶或变功率放电制度 该测试中，依据指定的循环驾驶工况，电池用变功率或电流放电曲线。循环驾驶工况及时提供了电动汽车的速度信息（其本身表示当汽车加速、减速、匀速和停止的工作模式），但通常它不能说明对电池的功率需求，因为这取决于车辆的具体质量及其传动系统的配置（电机、逆变器、整流器及其他组件）。最常见的循环驾驶工况是那些城市驾驶环境中的客运车辆，如美国环境保护署的联邦试验程序（FTP-75）、联合国欧洲经济委员会的新欧洲工况（NEDC）和日本环境部门的 JC08。FTP-75 是依据城市工况驱动力测试表 86.115-78 节和 40C. F. R. 86（1996）附录I中的描述而制定，见图 18.4。在 UNECE R101（2013）中描述了 NEDC，见图 18.5。本来这些曲线是用来测量汽车的燃油排放及

其经济性的，但它们也能用来评估电动汽车的能耗和续驶里程。

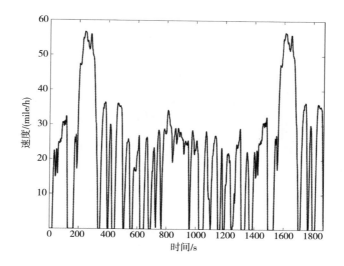

图 18.4　美国 FTP-75 循环驾驶
来源：自制

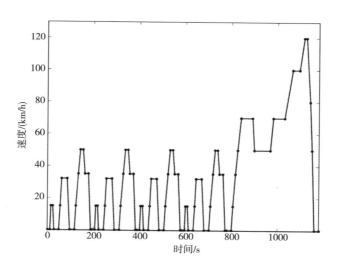

图 18.5　欧洲 NEDC 循环驾驶
来源：自制

　　只有整车才适用于循环驾驶测试，如果可以，可计算出具体车辆的能量消耗模型。为了测试电动汽车电池，循环驾驶必须转成变功率或变电流的放电制度。

　　一些制度如联邦城市工况（FUDS）和电动汽车电池标准（DST）制度发展成电动汽车的典型功耗。FUDS 是由指定的电动汽车经 FTP-75 循环驾驶测试获

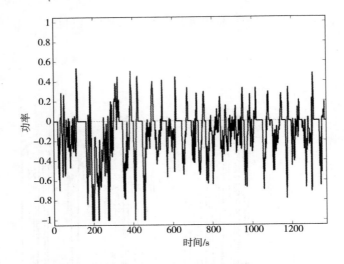

图 18.6　基于 FTP-75 循环驾驶的 FUDS 动态放电制度示例（设最大功率为 1.0）

来源：自制

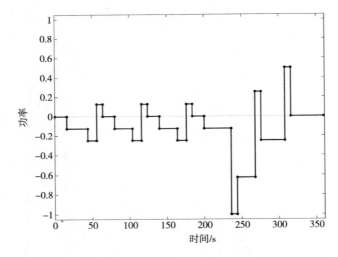

图 18.7　基于 FUDS 循环简化版的 DST 动态放电制度示例（设最大功率为 1.0）

来源：自制

得的功率需求，DST 是采用相同平均放电功率（USABC，1996 年）的 FUDS 简化版。两个测试制度中的最大功率是指用 W/kg 或 A/kg 的功率被设定为标准值 1。这些变功率制度都有表示放电（车辆加速）和充电（制动和能源回收）的正负功率轨迹。虽然有能量回收，但这些都是纯放电曲线（图 18.6 和图 18.7），也就是说与实验开始时相比，循环测试末期蓄电池的电量较少；具体地说，假设峰值设定为 1，曲线的平均持续放电值就为 0.125。完整的测试是无间歇的重复循环测试直至电池放完电，这可通过定义电压降至最小截止值，或不能维持放电步骤，或交叉一些其他限制。在这种情况下，所需的循环次数取决于电池的初始SOC 状态和其具体的动态功率特性。

④ 自放电、空载或存储测试 在测试中，在一定的环境温度下，将电池充电至指定的 SOC 状态，搁置一段时间，测量试验前后的恒电流放电容量，观察剩余电量及其相应的电量损失。根据待测的电池系统，电池仅被用于辅助控制能源（空载条件）或完全断路（存储条件）。初始的 SOC 状态可设定在 50%～100%范围内，储存周期可设为 1d、7d、30d，甚至 90d（QC/T 7432006），温度设为 25℃（IEC 61982，QC/T 743—2006）或 45℃（IEC 62660-1，ISO 12405）。电荷损耗可能表示正常的自放电或者是永久性的容量损失。

⑤ 启动功率 在该测试中，在低的 SOC 状态下，如 20%或符合公认标准的最低水平，将电池用大电流短时间脉冲放电几次。测试电池的启动或启动另一个能源系统的能力，因此其主要适用于混合电动汽车的电池而不是纯电动汽车。脉冲时间长度可以 2～5s，间歇时间为 10s。大多数测试是低温，低于 0℃，因为在低温下电化学电池的充电和放电性能降低（Bandhauer 等，2011），所以设定最苛刻的使用情况。然而，至少一个标准（ISO 12405-1）中提到在 50℃测试启动功率。

⑥ 充电和能量效率 该测试的目的是测量放电容量（输出能量）和充电容量（输入能量）的比例。其可以通过用恒定电流完全充放电的方式进行，或可通过使用脉冲电流制度，即充电量为零，就是用 1～20s 短脉冲进行部分放、充电替代完全的充放循环（100%～0%SOC，反之）。在测试中，见图 18.8，放电和充电曲线下的面积应该相同，如 10A 放电 10s 和 5A 充电 20s 组成零电量循环。测试可以在 100%SOC 时进行，但标准中还提到过其他 SOC 状态，如 65%、50%和 35%（ISO 12405-1），或每次降低 10%SOC（ISO 12405-2）。当充电电流设为 1C、2C 或更高倍率而放电电流保持在标准的低倍率时，可用这种方法测量电池的快速充电效率。

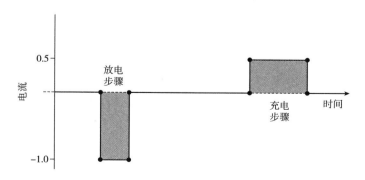

图 18.8　用于测试能量效率、充电量为零的电流曲线示意图

来源：自制

⑦ 热测试 许多测试文件提到热测试，其是模拟不同气候条件下电动汽车运行状态，基本上包括在 $-30\sim65℃$ 范围内的指定环境温度条件下的所有性能测试。

在这些测试中需要恒温室，其体积可将电池完全放入，其加热和冷却能力可达到测试所要求的恒定温度值。为了使电池的每一部分都达到稳定的设定温度值，测试前要依据电池的大小、质量和热性能，将其储存在恒温室一定的时间，可以是 1h 或 1d。然而在实际测试中电池可能会发热，测试的起始条件必须包含这种情况下的温度恒定。在某些情况下，当测试中包含电池不充电不放电的搁置步骤时，为了使电池的温度再次稳定在所设定温度，搁置时间必须足够长。

18.3.2 电池的寿命测试

① 加速老化 在测试中，确定导致电池老化的一个或多个参数；然后不断加强这些参数以便加速电池的老化和衰减。为了避免电池突然失效，必须小心调整导致电池寿命衰降的参数。如高温导致电池老化，但如果温度过高会导致其热失控，因此过高温度可评估电池的安全性而不是寿命。USABC 手册（1996）定义的"生命周期基准测试"包含降至 80% 峰值的一系列连续 DST 循环，直至电池放完电时；再充满电，然后重复 DST 制度——所有过程无热和安全限制。在间隔周期，如每周或一定数量的 DST 循环后，停止试验，实施对比测试来评估该电池的剩余寿命。该对比测试可以是 18.4.1 节中描述的任意短期性能测试，如 HPPC 测试，计算电池的充电和能量容量、欧姆电阻、峰值功率等。对比测试后，继续重复 DST 测试直到电池寿命终止。电池寿命终止通常被定义为电池的剩余容量只有最初额定容量的 80%。

② 日历寿命 一个简单的加速老化测试是将电池存储在 $35\sim60℃$ 高温环境里，如几周或几个月。在指定的时间间隔前后做对比测试，观察自放电、容量损失、内阻增加以及其他表示寿命缩短的参数。

③ 实际使用循环寿命 与上述加速老化试验不同，该实验中的老化过程尽力模拟电池的实际使用情况；需要更长的测试时间；但它也对快速加速老化过程提供了验证。USABC 手册（1996）用缩小到峰值功率 80% 的 FUDS 循环长期连续测试电池，电池放完电后立即充电。这个测试（每天放电一次）每周连续进行 5d，休息 2d；重复这个测试制度直至电池寿命终止。在测试期间，为了模拟电池实际使用的地理位置和温度变化，温度控制在 $-8\sim38℃$，在测试期间温度应均匀分布，大多数为 $10\sim30℃$ 范围。如果电池在寒冷或炎热地区的电动汽车上使用，要依据实际情况调整范围，如前者 $-8\sim20℃$，后者 $10\sim38℃$。与加速老化测试相同，也应有一个周期性的暂停来实施对比试验，评估电池在 25℃ 时包括剩余能量和脉冲功率的衰降状态。

18.3.3 电池安全性测试

电池的安全性是一个备受争议的概念，因为电池事故可能由不同的原因引起，既有内因（电池自身缺陷）也有外因（外部产生伤害）。重点是安全测试设计，既可以逼真地模拟电池系统可能遇到的情况，同时也模拟电池在超出极限时的情况来指出电池什么时候会变的不安全或被永久损坏。

电池安全性有三类测试。

① 可靠性试验　这些测试模拟正常工作条件下，电池能达到性能没有出现问题，如振动和外部温度变化。

② 常规安全试验　这些测试模拟异常工作条件下，如实际可能发生的过充电、过放电、过电压，电池可以无高危险性的存在。

③ 滥用试验　这些是破坏性试验，如直接暴露于火、针刺、挤压。其在正常操作条件下不会发生，但仍然得到电池系统的极限和危险征兆。

按照物理特性，安全测试通常分为电、机械和热测试，本节中我们将使用这种分类。表 18.1～表 18.3 中给出了安全性测试总结。

表 18.1　出现在选定标准中的电气滥用测试

标准	非常规 过充电	外部短路	强制 过放电	局部 内短路
BATSO 01	是	是		
FreedomCAR SAND 2005-3123	是	是	是	是
IEC 62133	是	是	是	
IEC 62281	是	是	是	
IEC 62660-2	是	是	是	
IEEE 1625—2008	是	是	是	
IEEE 1725—2011	是	是	是	
ISO 12405-1	是	是	是	
ISO 12405-2	是	是	是	
JIS C8714	是	是	是	是
NEMA C18.2M，部分 2	是	是	是	
QC/T 743—2006	是	是	是	
SAE J2464 NOV2009	是	是	是	
SAE J2929 FEB2011	是	是	是	
UL 1642	是	是	是	
UL 2054	是	是	是	
UL 2575	是	是	是	
UL Subject 2271	是	是	是	
UL Subject 2580	是	是	是	是
UN 38.3	是	是	是	

注：来源：自制。

表 18.2　出现在选定标准中的机械滥用测试

标准	控制挤压	跌落	低气压	机械碰撞	机械冲击	针刺	振动
BATSO 01	是	是	是		是		是
FreedomCAR STAND 2005-3123	是	是			是	是	是
IEC 62133	是	是	是		是		是
IEC 62281		是	是	是	是		是
IEC 62660-2	是				是		是
IEEE 1625—2008	是		是	是	是		是
IEEE 1725—2011	是		是	是	是		是
ISO12405-1							
ISO 12405-2					是		是
JIS C8714	是	是	是		是		是
NEMA C18.2M，部分2	是	是	是	是	是		是
QC/T 743—2006	是					是	
SAE J2464 NOV2009	是	是			是	是	
SAE J2929 FEB2001	是	是			是		是
UL 1642	是		是	是	是		是
UL 2054	是			是	是		是
UL 2575	是		是		是		是
UL Subject 2271	是	是	是	是	是	是	是
UL Subject 2580	是	是	是	是	是	是	是
UN 38.3		是	是		是		是

表 18.3　出现在选定标准中的热滥用测试

标准	防火性能	加热，热稳定性	循环热冲击
BATSO 01			是
FreedomCAR SAND 2005-3123	是	是	是
IEC 62133		是	是
IEC 62281			是
IEC 62660-2		是	是
IEEE 1625—2008		是	是
IEEE 1725—2011		是	是
ISO 12405-1 ISO 12405-2			是

续表

标准	防火性能	加热，热稳定性	循环热冲击
JIS C8714		是	是
NEMA C18.2M，部分 2		是	是
QC/T 743—2006 SAE J2464 NOV2009	是	是	是
SAE J2929 FEB2011	是	是	是
UL 1642		是	是
UL 2054		是	是
UL 2575		是	是
UL Subject 2271		是	是
UL Subject 2580		是	是
UN 38.3			是

注：来源：自制。

18.3.3.1 电气安全测试

电气测试是那些由电池系统的电子终端触发的安全问题测试，测试基本上是指如下内容：

① 非正常充电、过充电或过电压 在这些测试中，电池不按生产商规定的正常充电程序充电，包括与标称值相比充更多的电量（A·h）或更高的电压。一些文献中建议用两倍的额定电压。

② 外部硬或软短路 在测试中，将电池终端连接小电阻来制造短路。与电池内阻相比，如果外部电阻阻值较小则称"硬"短路；大多数情况下是 $5m\Omega$ 或更小，或至少 1/10 的电池的内阻（SAND 2005-3123）。"软"短路是用一个与被测电池内阻大小相似的约 $10m\Omega$ 以上（SAE J2464）外部电阻进行测试。因为短路产生的电流相当高，为了观察电池自身的失效，避免实验中连线失效，电阻的额定功率及其连接导线应能承受长的时间（如 10min）的电流冲击。

③ 强制放电、过放或反极 在这些测试中，将电池超过生产商给出的限制放电，这可能会导致电池电极终端电压下降和极性反向。

18.3.3.2 机械安全性测试

机械测试是那些在电池上施加外力的测试。

① 受控挤压 在测试中，用安装特定形状的压头的压机挤压电池，直至其变形至某一程度或测量压力值达到特定数值。分析人士以为上述两种方法都不是

最佳的：当我们关注被挤压的电池在测试中的变形量时，它是很难被测量的，而且变形量与电池的形状及挤压方向有关；而当我们关注挤压设备的压力值时，显得又与被测电池无关。折中的测试方法是同时综合这两种方案，即当电池变形量和测量的挤压力都达到规定值时测试终止。

在 SAE J2464（2009）中，建议电池变形至 15％时，保持该压力一段时间，直至电池变形 50％，而压力不应高于电池质量 1000 倍。相关标准 SAE J2929（2011）提到另一种方法，挤压至压力达到 100kN。同样，在 IEC 62660-2（2010）中，挤压至 15％变形或压力达到电池质量的 1000 倍。

对于单体电池测试，压头大小应该与电池相匹配。图 18.9 是径向挤压圆柱形锂离子电池（18650）的压头示例。挤压模块和整个电池包的标准，如 SAE J2464 和 SAND 2005-3123 中，建议使用表面有压纹的压头。如图 18.10 所示，压头的大小足以对被测件的结构造成严重变形。

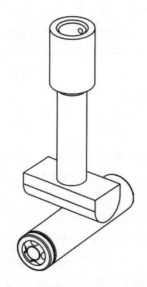

图 18.9　挤压圆柱形锂离子电池
（18650）的压头示例
来源：自制

图 18.10　挤压电池包的有表面
压纹压头示例

② 跌落或机械冲击　在测试中，电池从一定高度（如 2m）跌落或在水平方向上通过施加可产生等效速度和减速的冲击力（SAE J2464）。在一些标准中，是将电池跌落在硬性圆棒顶部（SAND 2005-3123）；或将圆棒放至电池顶部，然后将重物跌落在它们上面（UN 38.3）。

③ 低气压或高海拔模拟　在测试中，将电池放置在气压不高于 11.6kPa 的容器中（UN 38.3），是模拟飞机在不低于海拔高度 10000m 的空中运输电池的

场景。

④ 机械冲击　在测试中，将电池固定在设备上，该设备能够短时快速移动和加速测试部件。不同标准建议不同的值，其取决于被测件的大小或条件：$500m/s^2$，在 6ms 内（ISO 12405），电池包是 $25g$（$245m/s^2$），15ms（SAE J2464）；单体电池是 $150g$，6ms（UN 38.3）；或适用于模块的低频率冲击 $25g$，30ms（SAND 2005-3123）。冲击图形与半正弦波类似，即加速递增，达到一个峰值后递减。

⑤ 针刺或棒刺　在测试中，用直径大小不同（SAE J2464 和 SAND 2005-3123 提出：单体电池用 3mm，电池包和模块用 20mm）的尖针，以一定速度，如 8cm/s 刺穿电池，钉子将破坏结构层，促使它们接触引起电池短路。因为该测试中有许多控制参数，如直径、速度、钉子的材料、电池的位置等，Shieh 和 Wu（2013）指出改变这些参数中的任何一个都可能带来不同的结果，因此，关于该测试能否真正有效地评估电池系统的安全性，分析人士意见不一。

⑥ 振动　在测试中，将电池固定在振动台或能够随频率变化产生正弦振动（正和负方向）的设备上。振动频率从 10Hz 增至 200Hz（SAND 2005-3123 和 UN 38.3），同时减小峰值加速度。理想情况下，在每个坐标方向（X，Y，Z）重复测试，并且做三个方向的组合振动（随机振动）。

18.3.3.3　热安全性测试

热安全性测试是让电池系统承受温度极端变化下的测试。

① 耐火性　在测试中，将电池暴露在非常高的温度下来模拟电池暴露在火中。两个标准（SAND 2005-3123 和 SAE J2464）建议用专用辐射加热器或非接触式的加热炉，在 90s 内，将电池的温度从室温加热到 890℃，然后维持该温度 10min。在 SAE J2929 中，电池应被火焰吞没，放置燃烧直至火焰熄灭。

② 外部加热或热稳定性　在测试中，将电池放置在恒温控制箱中分步骤加热。每步加热后，电池被搁置一段时间来恒定温度，然后进行下一步，以 5℃/min 或更高速度加热。逐步持续加热直至达到导致电池热失控的温度。在一些标准中，单体电池的最终温度是 130℃（IEC 62660-2，IEC 62133，UL 1642、UL 2054，JIS C8714），而其他标准提出 85℃（QC/T 423—2006）或超过原材料极限温度 200～300℃（SAND 2005-3123，SAE J2464）。在该测试中，建议使用绝热量热计来控制加热步骤并且补偿系统中的所有热损失。

③ 热冲击　该测试中，将电池放置在热环境中稳定一段时间，再移动到冷环境中稳定一段时间，然后再移动到热环境中，反复循环一定次数。热环境温度可在 70～80℃，冷环境温度约－40℃。为了造成温度冲击，从热环境移动到冷环境的速率应足够快。该实验可用能够快速制热、制冷的一个温控箱或两个功能相反的温控箱来实现。

18.4 电池测试的未来趋势

18.4.1 提高测试过程与真实寿命状态的关联性

电池测试的通病是他们与电池的实际使用状态几乎没有相关性，特别是当前执行的安全性测试。许多标准中出现的针刺测试，仅验证了电池被指定材料、直径和速度的尖钉机械刺破的情形，但并没有给出更多的迹象来证明其对于电动汽车电池包是否带来真正的危险。因此为了使制造商和用户满意，定义一个合适的测试是至关重要的，因为它们的电池系统已经按照实际使用场景测试了。SAE国际已经成立了一个委员会来推动标准化工作（Tinnemeyer，2013），在ISO和IEC也存在类似的委员会。

18.4.2 新一代内短路测试

已提出的其他的内短路测试方法有：

① 插入镍金属小颗粒；

② 钝凹痕测试；

③ 在电池制造过程中插入异物。

18.4.2.1 插入镍金属小颗粒

该测试叫作强制内短路，在日本 JIS C 8714：2007 标准中有解释，被 IEEE Std 1625—2008 提到，被国际标准 IEC 62133 修订版 2.0 2012 采用并进一步细化。

测试过程包括部分拆解圆柱或棱柱形锂离子电池，在电极涂层的一些位置放置金属镍小（长宽 1mm）颗粒，随后重新放回电极，用挤压机慢慢挤压电池芯，发现初始电压有 50mV 的压降时，判定内短路发生，停止挤压。

与针刺测试不同，该方法不破坏电池，但比较复杂，因为需要仔细控制带电的电芯，放置镍颗粒时保持其原有结构。

Santhanagopalan 等（2009）有相似的实验操作来校验当发生类似内短路时的热模型。

18.4.2.2 钝凹痕测试

该测试最初叫作钝钉挤压，现在叫作由凹痕引起的内部短路，由美国保险商实验室（UL）在与美国国家航空和航天局（NASA）合作的前期实验（Wu 和 Chapin，2009；Wu 等，2013；UL，2013）基础上开发。

测试过程是用钝头钉慢速挤压锂离子电池直至电池发生内短路。其目的是让电池壳体仅有一点变形并不像尖钉完全刺穿的情况，如图 18.11 所示。当电池电压降 100mV 时就判定短路发生。事实上电池或多或少结构完整，旨在模拟外壳没有破坏时的内部短路的真实场景。

Maleki 和 Howard（2009）做了一个类似测试，并由橡树岭国家实验室

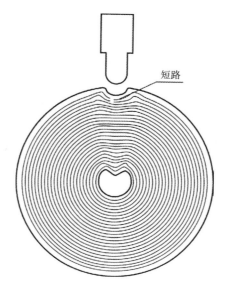

图 18.11 圆柱形 18650 锂离子电池在钝凹痕测试时的横截面示意图

（外部可能破裂，内部可能变形）

来源：自制

（ORNL）使用两个铜球作为压痕装置（Caideng，2011）进一步开发。现在 UL 也正与他们合作，共同创建一个通用的测试方法，其可能会包含在有些标准的未来版本中，如锂离子电池通用标准 UL 1642、电动汽车标准 UL 2580、轻型电动车标准 UL 2271（Wu 等，2013；UL，2013）。

18.4.2.3 在电池制造过程中插入异物

该方法是在电池制造过程中，在需要的位置添加特制材料，然后通过外部条件主动引发短路。下面描述了一些方法。

Orendorff 等（2011）提到在电池制造时，将低熔点的金属箔铋-锡-铟合金或镓插入电池。为了与电极电隔离，首先将尺寸非常小（200μm 厚，1mm^2）的金属箔放置在一个塑料垫片上，因此它不影响电池正常特性。在放置金属箔的隔膜上开一个小洞。将制成的全电池，可能是扣式 2032 或圆柱形 18650，像正常电池一样做充放电循环来验证该电池的特性与无金属箔的正常电池类似。如将电池放置在温控室，当温度升高至 70℃铋－锡－铟合金熔化，或 40℃镓熔化，金属将变为液态，造成电极间接触，引发内短路。

Barnett 等（2013）提到一个类似的方法，在被测试扣式电池的阴极插入一个镍或铁颗粒。当电池充放电时金属氧化，金属离子移动沉积到阳极，形成一个金属枝晶连接阴阳两极，引起内短路。

国家可再生能源实验室（NREL）与 NASA 和陶氏化工也开展了植入内短路装置（Darcy 等，2010；Keyser 等，2011；Pesaran 等，2013a）的研究工作，内短路装置主要由相变材料组成，当温度达到 40～60℃时该材料将从绝缘体变为导电体，引起电极或集流体的接触。在锂离子电池制造过程中放入这个装置，研究人员曾报道：成功地促成 2.4A·h 的 18650 型电池和 8A·h 的软包装电池的短路测试。

这些程序在正确轨道上，因为他们可以定制内部短路的位置，观察其对电池的整体影响。该实验对包括大电池包中的单体电池的研制很有吸引力，如电动汽车电池包，可引发其短路，进而研究热失控传播的可能性和克服它而采用的安全机制。

这些测试步骤表明复制内短路现象的前景，但它们仍是一个开放的研究课题。目前没有明确它们是否可以成为全行业标准的一部分，这取决于电池制造商的开放程度及其与第三方测试和认证机构的密切合作程度。

18.4.3 物理测试的补充手段电池仿真模拟

按照标准，电池的物理测试可能非常昂贵，尤其是需要一定数量的测试时。

全球范围不同的团队设立了不同层次的电池仿真模拟研究项目来描述其正常和不正常操作（Kim 等，2007，2011；Ramadesigan 等，2012；Dapp 和 Müser，2013）。仿真模拟的重要性可通过美国能源部 DOE 的资助力度证明。2010 年，为了辅助研究和设计更好的电池（Kim 等，2010；Pesaran 等，2011，2013a，b），美国能源部设立了开发计算机模型和工具的"电驱动汽车用电池的计算机辅助工程"（CAEBAT）项目。

项目声称采用从材料原子间相互作用及二到三维的电极表征，到更高规模的先进仿真，可在较短的测试时间内设计出更好的电池系统，降低测试和制造成本。

18.5 更多的信息来源

一般来说，与新能源、电源应用，发电和存储相关的科技期刊发布电池系统的进展。发表文章的作者会引用标准中的测试程序，或者描述一个可能成为未来标准基础的新方法。其中一些期刊包括：

① Elsevier 出版的电源期刊，电化学学报，危险材料杂志；

② 电化学学会（ECS）出版的电化学学会期刊和 ECS 杂志；

③ 电气和电子工程师协会（IEEE）出版的 IEEE 能量转换杂志。

已经创办了几个会议，学术界和工业界成员可以在那里交流电动汽车领域的研究结论和成果。最近，这些联合会已经讨论了电动汽车电池的测试标准及其监管问题，其中一些会议是：

① 电化学学会发起，每年两届的"ECS 会议"；

② 知识基金会每年举办的"下一代电池""锂电池电源"和"电池安全"会议；

③ 世界电动车协会（WEVA）每隔 12～18 个月组织的"电动车大会（EVS）"；

④ 先进汽车电池组织的每年两次的"先进汽车电池会议（AABC）"；

⑤ 国际电池技术交流会 LLC 举办的"国际电池技术交流展览会"；

⑥ Avicenne 能源组织的"电池"会议。

因业务性质需要，从事电池（以及其他技术）测试和认证服务的公司要密切关注反映其客户群测试需求的新标准的制定，因此在其网站、幻灯片和准备好的刊物中有宝贵的信息。其中一些公司是：

① TÜV 南德意志集团，www. tuev-sued. com；

② 德国莱茵 TÜV 集团，www. tuv. com；

③ 监督总公司（SGS），www. sgs. com；

④ 保险商实验室（UL），www. ul. com；

⑤ 天祥，www. intertek. com；

⑥ 挪威船级社（DNV），www. dnv. com；

⑦ 毅博，www. exponent. com。

发布电池测试标准的组织有数据库，可用来浏览更多的信息，特别是可对比类似标准及其与其他行业的关系。这些组织不断检查、修订、提供、创建和撤回标准。关注他们的网站和出版物是跟踪该领域最新进展的通常做法。这些组织包括：

① 国际机构：

a. 国际标准化组织（ISO），www. iso. org；

b. 国际电工委员会（IEC），www. iec. ch。

② 国立性组织：

a. 在德国标准化学会（DIN），www. din. de；

b. 德国 DIN 和 VDE 的电气工程电子信息技术委员会（DKE），www. dke. de；

c. 美国国家标准学会（ANSI），www. ansi. org；

d. 英国标准协会（BSI），www. bsigroup. com。

③ 总部设在某一国家某一个国家，但有国际影响力的专业组织：

a. 电气电子信息技术协会（VDE），www. vde. com；

b. 美国汽车工程师协会（SAE），www. sae. org；

c. 电气和电子工程师学会（IEEE），www. ieee. org；

d. 国家电气制造商协会（NEMA），www. nema. org。

国家实验室、地方研究所和大学团队也对电池技术进行研究，可能提出新的测试方法来更新当前标准中的方法。类似的一些组织包括：

① 阿贡国家实验室（ANL），www. anl. gov；

② 爱达荷国家实验室（INL），www. inl. gov；

③ 美国国家可再生能源实验室（NREL），www. nrel. gov；

④ 橡树岭国家实验室（ORNL），www. ornl. gov；

⑤ 美国桑迪亚国家实验室（SNL），www. snl. org；

⑥ 巴登-符腾堡州太阳能和氢能研究中心（ZSW），www. zsw-bw. de；

⑦ 弗劳恩霍夫化学技术研究所（ICT），www. ict. fraunhofer. de；

⑧ 魁北克水电公司研究院（IREQ），www. hydroquebec. com/ireq；

⑨ 西班牙 Ikerlan-IK4 研究所，www. ikerlan. es；

⑩ 比利时 VITO 研究所，www. vito. be。

这些年，美国能源部（www. doe. gov）自身或雇佣承包商已经编制许多与电池和电动汽车测试信息相关的文件。科技信息办公室（OSTI，www. osti. gov）通过他的赛特连接系统（www. osti. gov/scitech）公开提供其中一些文件。

参考文献

[1] 40 C. F. R. 86，1996. United States Code of Federal Regulations，Title 40：Protection of Environment，Part 86：Control of Emissions from New and In-Use Highway Vehicles and Engines.

[2] Bandhauer T M，Garimella S，Fuller T F. 2011. A critical review of thermal issues in lithium-ion batteries. J Power Sources，158：R1-R25.

[3] Barnett B，Ofer D，Sriramulu S. et al. 2013. Lithium-ion batteries，safety. In：Brodd R J. Batteries for Sustainability. New York：Springer：285-318.

[4] Cai W，Wang H，Maleki H，et al. 2011. Experimental simulation of internal short circuit in Li-ion and Li-ion-polymer cells. J Power Sources，196：7779-7783.

[5] Dapp W B，Müser M H. 2013. Redox reactions with empirical potentials：atomistic batterydischarge simulations. J Chem. Phys，139：064106.

[6] Darcy E，Keyser M，Long D，et al. 2010. On-demand internal short circuit device. In：2010 NASA Aerospace Battery Workshop，Huntsville，Alabama，United States.

[7] Keyser M，Long D，Jung Y S，et al. 2011. Development of a novel test method for on-demand internal short circuit in a Li-ioncell. In：Advance Automotive Battery Conference 2011，Pasadena，California，United States.

[8] Kim G-H，Pesaran A，Spotnitz R. 2007. A three-dimensional thermal abuse model forlithium-ion cells. J Power Sources，170：476-489.

[9] Kim G-H，Smith K，Pesaran A，et al. 2010. Computer-aided engineering of automotive batteries. In：10th Advanced Automotive Battery Conference，Orlando，Florida，United States.

[10] Kim G-H，Smith K，Lee K-J，et al. 2011. Multi-domainmodelling of lithium-ion batteries encompassing multi-physics in varied length scales. J Electrochem Soc，158：A955-A969.

[11] Maleki H，Howard J N. 2009. Internal short circuit in Li-ion cells. J Power Sources，191：568-574.

[12] Orendorff C J，Roth E P，Nagasubramanian G. 2011. Experimental triggers for internal short circuits in lithium-ion cells. J Power Sources，196：6554-6558.

[13] Pesaran A，Kim G-H，Smith K，et al. 2011. Computer-aidedengineering for electric drive vehicle batteries (CAEBAT). In：2011 U S DOE Hydrogen Program and Vehicle Technologies Program Annual Merit Review & Peer Evaluation Meeting，Arlington，Virginia，United States.

[14] Pesaran A，Ban C，Brooker A，et al. 2013a. NREL energy storage projects—FY2012 annualreport，

National Renewable Energy Laboratory.

[15] Pesaran A，Han T，Hartridge S，et al. 2013b. Progress of computer-aided engineering of electric drive vehicle batteries (CAEBAT) . In：2013 U S DOE Vehicle Technologies Office Annual Merit Review & Peer Evaluation Meeting，Arlington，Virginia，United States.

[16] Ramadesigan V，Northrop P W C，De S，et al. 2012. Modeling and simulation of lithium-ion batteries from a systems engineering perspective. J Electrochem Soc，159：R31-R45.

[17] Santhanagopalan S，Ramadass P，Zhang Z. 2009. Analysis of internal short-circuit in a lithium ion cell. J Power Sources，194：550-557.

[18] Shieh D T，Wu S W. 2013. An easy test method to differentiate material system safety level. In：Battery Safety 2013，San Diego，California，United States.

[19] Tinnemeyer J. 2013. SAE International Battery Steering Committee update on standardization activities：Li-ion global safety standardization. In：Batteries 2013，Nice，France.

[20] UL，2013. Indentation induced ISC test. Sustain Energ J，（Ⅱ）：9-14.

[21] UNECE R101，2013. E/ECE/324/Rev. 2/Add. 100/Rev. 3-E/ECE/TRANS/505/Rev. 2/Add. 100/Rev. 3. Agreement concerning the adoption of uniform technical prescriptions for wheeled vehicles，equipment and parts which can be fitted and/or be used on wheeled vehicles and the conditions for reciprocal recognition of approvals granted on the basis of these prescriptions. Addendum 100：Regulation No 101. Uniform provisions concerning the approval of passenger cars powered by an internal combustion engine only，or powered by a hybrid electric power train with regard to the measurement of the emission of carbon dioxide and fuel consumption and/or the measurement of electric energy consumption and electric range，and of categories M1 and N1 vehicles powered by an electric power train only with regard to the measurement of electric energy consumption and electric range.

[22] Wu A，Chapin J T. 2009. Blunt nail crush internal short circuit lithium-ion cell test method. In：2009 NASA Aerospace Battery Workshop，Huntsville，Alabama，United States.

[23] Wu A，Tabaddor M，Wang C，et al. 2013. Simulation of Internal Short Circuits inLithium-Ion Cells. Underwriters Laboratories Inc.

19 电动汽车许可规定：与可充电储能系统相关的法律法规

T. Goldbach

19.1 引言

在日内瓦，联合国（UN）的被动安全专家组（简称 GRSP）同意组建一个对建立针对充电储能系统的法律要求感兴趣的专家团体组织（RESS）。

因此，协调车辆规定的世界论坛（WP. 29）同意延长现有的针对电气安全的非正式组织（ELSA）的授权通过一组感兴趣的专家来负责一些新工作，而不是在 GRSP 下建立一个新的非正式组织。

根据 1998 年的协议电气安全非正式组织（ELSA）负责开发电动汽车（EV）安全要求。尽管与会者一致同意，RESS 的组成和系统相关法律要求是 1958 年协议中设备型号核准流程的一部分，在 ELSA 的第八次会议决定由一个单独的子工作组来开始这个项目。

该团体第一步考虑到了 M 和 N 型车辆对 RESS 的需求。第二步该团体可能考虑到 L 型号车辆的 RESS 的需求。

19.2 法律要求的目标

法律要求的目标是保证可充电储能系统（REESS）的安全。REESS 为安装在 M 和 N 型车辆中的电力推进在正常操作和撞击过程中提供电能。

在 1958 年协议的基础上为了使这个目标并切实可行，现存的法规应该针对 REESS 功能、机械、化学和电气安全的需求进行修改。

应该获得部件和系统［如欧洲经济委员会（ECE）R 28］认证的方法。也要考虑到现有的法规和标准（如 IEC、ISO）。

19.3 RESS 组织的会议来制定 M 和 N 型电动车要求

RESS 组织的会议见表 19.1。

表 19.1　RESS 组织的会议

会议	日期	地点
RESS 01	2010 年 11 月 2 日	运输部，波恩，德国
RESS 02	2011 年 1 月 11～12 日	法国汽车制造商委员会（CCFA），巴黎，法国
RESS 03	2011 年 4 月 12～14 日	布罗斯，瑞典
RESS 04	2011 年 7 月 5～7 日	通用汽车/德国欧宝子公司，美因茨，德国
RESS 05	2011 年 10 月 18～20 日	科梅里奥，马德里，西班牙
RESS 06	2012 年 1 月 10～12 日	欧洲汽车制造协会（ACEA），布鲁塞尔，比利时

19.4　非正式小组的工作

19.4.1　基本信息

该非正式组织由德国运输部主持并由世界汽车工业协会（OICA）作为秘书处进行支持。

该非正式组织从一张"空白纸"开始。在确定需求后，组织会决定在法规中的哪些地方通过何种方式来体现这些需求。

采取该方法主要是因为其优势集中于必要的需求，而不是被现有立法中存在的任何交界面所限制。

19.4.2　该非正式组织在波恩的第一次会议

在该非正式组织的第一次会议中，基于德国的提议敲定了职权范围（ToR）。该商定的职权范围（ToR）（GRSP-48-01 rev.1）可以在联合国日内瓦办事处的网站上找到。

该非正式组织讨论了被提议的议题。因此下列议题同意被考虑：

（1）第一优先的要求

① 振动；

② 热冲击循环；

③ 湿度/水分接触；

④ 机械冲击；

⑤ 耐火性；

⑥ 外部短路；

⑦ 过充电保护；

⑧ 过放电保护；

⑨ 阻止直接接触；

⑩ 排放；

⑪ 过电流充电；

⑫ 短路（内部）。

（2）其他要求

① 浸泡实验（由可充电储能系统在水下完成）；

② 灰尘；

③ 标记；

④ 电磁兼容性。

此外，每个主题的结构应该类似于：

a. 基本原理；

b. 要求；

c. 条件；

d. 验收标准；

e. 验证。

19.4.3 该非正式组织在巴黎的第二次会议

在第二次会议开始时组织成员一致认为，应将获取电动车所需可充电储能系统作为目标，该系统应被批准为电动车的零部件或随整车生产。此外，该定义的需求不应受限于电池中诸如锂离子的特殊化学性质。

根据第一次会议中商定的结构，专家们提出了需要在文件中不同部分添加的内容。这些提议为第二次会议提供了一个工作纲领。

该工作纲领的一个重要内容是纳入 UN 38.3 中现在可能存在的需求。

UN 38.3 保留在联合国手册"测试和标准"的第三部分，定义了锂离子电池的需求，并已经完成验证。不符合标准的锂离子电池，将不允许被运输。

根据会议期间的讨论，一致通过了应该由不同组专家们最终决定的下列主题：

① 振动；

② 热冲击和循环；

③ 结露（温度变化）：仍在讨论该要求是否是必需的；

④ 机械的影响

a. 机械冲击；

b. 机械完整性；

⑤ 阻燃性；

⑥ 外部短路；

⑦ 过放电保护；

⑧ 过充电保护；

⑨ 过温保护；

⑩ 防止直接接触；

⑪ 排放。

此外，专家一致认为下列两个主题不再被考虑，因为它们已经被其他的主题包括：

① 过电流充电和放电；

② 短路（内部）。

19.4.4 该非正式组织在布罗斯（瑞典）的第三次会议

由不同组的专家阐述的提案成为第三次会议新工作文件的基础。这个文件在会件过程中被讨论。

该次会议的结果是进一步完善针对第一优先的不同主题的需求。专家们也一致认为，"结露"不应再加以考虑。

此外，下面的两个主题加入到了可能的"附加要求"名单：

① 警示；

② 在高温和低温条件下可充电储能系统的存储。

此外，对不同的专家/专家小组的研究项目清单进行整编。

19.4.5 该非正式组织在美因茨卡斯特尔（德国）的第四次会议

该组织的第四次会议的工作文件也是基于第三次会议得出的。会议期间，对要求进行了讨论和改进。添加了以下两个附件：

附件一：绝缘电阻的测量；

附件二：耐火砖的维度和技术数据。

在可能添加的要求列表中，该组织同意"警示"和"在高温和低温条件下可充电储能系统的存储"不再是必须考虑的内容。

第四次会议结束后，这些要求已经通过一定的方式进行了详细的阐述，是时候讨论如何在现有法律框架的基础上将其进行一体化。由于该想法是在联合国日内瓦会议期间为了针对电动汽车安全要求（EVS）制定"全球技术法规"（GTR）而提出的，因而具有重要意义。一旦这项工作全面启动，它有权利在 1958 年协议的制约下停止可充电储能系统的工作。因此，该组织的专家决定修订 UNR100 协议。相较于通过一项需要日内瓦（GRSP 和 WP.29）相关部门同意的新法规，修订一份现存的法规将不会花太多时间。

19.4.6 该非正式组织在马德里的第五次会议

在第五次会议期间，该组织的专家讨论了修改 R100 规定的第一个提议。在这次提议中，这些要求被分为两个部分。第一部分（第 5 章）包含现有车辆的电气安全方面的需求。这一部分就是电动汽车所谓的"使用中"的要求。第二部分（第 6 章）包含可充电储能系统及其相关安全性的新要求。这些要求被认为可充电储能系统能在 R100 法规的基础上得到通过。已经执行的必要测试在附录 8-8I 中进行了描述。

在马德里的这次会议中一致同意将"可充电储能系统"的缩写由 RESS 改为

REESS。由于在 R92 法规中 RESS 缩写已经被使用了，所以更改缩写是十分必要的。还有的地方将该缩写表示更换摩托车、轻便摩托车和三轮汽车的排气消音系统。

此外，为了 2011 年 12 月的 GRSG 会议，一致同意应该将显示 R100 法规修订状态的非正式文件寄往日内瓦。

19.4.7 该非正式组织在布鲁塞尔的第六次会议

第六次会议开始，主席告知与会人员，为 GRSP 第 50 次会议制定的基于非正式文件 6 的报告已经被接收。另外，GRSP 明确表达了对 2012 年 5 月第 51 次会议的工作文档的期待。

为了给 GRSP 的第 51 次会议制定工作文件，RESS 的专家们将科技引入到 R100 法规修订案。修订的主要依据是第五次会议期间讨论的结果。

在第六次会议结束时专家一致同意，专家团体的秘书应该完成最终的文件，作为 R100 法规的 02 系列。

19.4.8 电池安全标准的执行

在 2012 年 5 月 GRSP 的第 51 次会议上 RESS 讨论的最终文件成为官方文件 ECE/TRANS/WP.29/GRSP/2012/10。在 GRSP 会议开始前，RESS 的专家意识到对最终文件进行一些改进是非常必要的。因此，该组织的主席寄给日内瓦一份非正式文件（GRSP-51-02）来修订最终的文件。此外，一份包含 R100 规定完整 02 系列的文件作为非正式文件（GRSP-51-11）寄到了日内瓦。

基于上述文件，GRSP 的第 51 会议接受了 R100 规定修正案的提议，并为了使它们在 2012 年 11 月会议上通过将其寄往 WP.29。

在 11 月的会议上，联合国在日内瓦工作小组 29 接受了 R100 规定的修订案。

考虑到更改规定已经被 WP.29 同意，该规定的 02 系列作出如下计划：

可选择的：2013 年 7 月 15 日；

强制的：2016 年 7 月 15 日。

19.5 法律规定的内容

下列主要段落和附录被增加到 R100 法规中：

段落 6.2"振动"和附录 8A：该测试的目的是为了核实 REESS 在振动试验下的安全性能，这种振动在电动车行驶过程中时有发生。

段落 6.3"热冲击和循环"和附录 8B：该测试的目的是为了验证 REESS 在突然改变温度条件下的电阻。REESS 将会经历指定数量的温度循环，从室温开始随后伴随高温和低温的循环。这些模拟的快速温度变化，REESS 在其服役过程中极有可能经历。

段落 6.4.1"机械振动"和附录 8C：该测试的目的是为了验证 REESS 在汽

车撞击中可能发生的负载惯性下的安全性能。

段落 6.4.2 "机械完整性" 和附录 8D：该测试的目的是为了验证 REESS 在汽车撞击情况下负载接触时的安全性能。

段落 6.5 "耐火性" 和附录 8E：该测试的目的是为了验证 REESS 暴露在汽车外着火环境中的抵抗性，例如燃料从电动车（电动车自身或者邻近的电动车）中溢出。这种情况下应该保证足够的时间内将司机和乘客疏散。

段落 6.6 "外部短路保护" 和附录 8F：该测试的目的是为了验证短路保护性能。该功能一旦实施，应该中止或者限制短路电流来阻止 REESS 因短路电流造成更严峻的相关事故。

段落 6.7 "过充电保护" 和附录 8G：该测试的目的是为了验证过充电保护的性能。

段落 6.8 "过放电保护" 和附录 8H：该测试的目的是为了验证过放电保护的性能。该功能一旦实施，应该中断或者限制放电电流来阻止 REESS 因厂家规定的很低的充电状态（SOC）而造成更严重的事故。

段落 6.9 "过温保护" 和附录 8I：该测试的目的是为了验证 REESS 在抵抗内部操作过程中过热时的防护性能，以及在未失灵的情况下制冷系统出现故障的因素。在这种情况下，由于内部过高的温度，没有其他措施可以阻止 REESS 转变到非常危险的情况，所以该项安全操作是非常必要的。

段落 6.10 "排放"。

19.6　展望

在 RESS 的第七次会议期间，专家们开始实施关于 "使用中" 的要求以及用于 L 型号电动车的电池安全规范。

目的是为了结束 GRSP 于 2014 年 5 月会议关于 R100 法规修订的工作。

一旦针对 L 型电动车的这些要求被 GRSP 通过，RESS 非正式组织将会被暂停。

附：缩略语与符号

1958 年协议　由参加国（缔约方）的法律框架达成一致的针对汽车及零部件型式批准的一套共同的技术规定和协议。

1998 年协议　包含多元规定的法律框架，称为全球技术法规（GTR）。GTR 是没有按行政程序的形式批准。因此，各国有或没有型号核准系统都是该协定的签署国（如欧盟，美国）。

ACEA　欧盟汽车制造商协会

CCFA　法国汽车制造商委员会

ECE　欧盟经济委员会

ELSA　电气安全的非正式组织

GRSP　被动安全专家组

RESS　对可再充能量存储系统的感兴趣的专家团体（为了表明该缩写表示非正式工作团体，只写一个 E）

REESS　可充电储能系统

L 类车辆　助动车、摩托车、机动三轮车和脚踏四轮车

M 类车辆　设计含有最少四个轮子和容纳乘客的结构的机动汽车

N 类车辆　设计含有最少四个轮子和容纳货物的结构的机动汽车

WP.29　协调车辆规定的世界论坛

EVS　电动汽车安全

IEC　国际电工委员会

ISO　国际标准化组织

OICA　世界汽车工业协会

TOR　职权范围

GTR　全球技术法规

SOC　充电状态

法律要求

20 锂电池的回收再利用

B. Scrosati，J. Garche，Y. K. Sun

20.1 引言

目前，人们对全球变暖和大城市空气污染问题的关注越来越多，使得可持续车辆即混合电动汽车和/或纯电动汽车（HEV，BEV）备受全世界青睐（Tarascon and Armand，2001）。预测在 2035 年，混合电动汽车和/或电池电动汽车将会在汽车市场占有 35% 的份额，相应的，CO_2 的排放量将会有希望大幅度降低。

为了能顺利实现上述重大目标，对于电动引擎来说，需要有一个高能效来源，因此该能源需要有较高的能量密度、长的循环寿命和高倍率容量，锂离子电池是一个理想的候选者。准确来说，目前许多公司正在从事以锂电池为电源的电动汽车的研究，如表 20.1 所示。

表 20.1　生产锂电池电源 BEV 的汽车公司列表

汽车制造商	型号	电池制造商	包装公司	质量/kg
日产汽车公司	聆风	汽车能源公司	日产汽车公司	294
法国雷诺公司	Kankoo	汽车能源公司	法国雷诺公司	260
德国宝马汽车公司	i3	三星电子	德国宝马汽车公司	230
戴姆勒股份公司	Smart	Li-Tec	Deutsche Accum	170
三菱集团	i-MiEV	日本锂能源公司	日本锂能源公司	175
菲亚特汽车公司	500	三星电子	Bosh	270
特斯拉汽车公司	S	三星电子	特斯拉汽车公司	540

锂离子电池是现在许多家用电子产品市场的电源选择，如移动电话、笔记本。由于锂离子电池的生产，不久之后，锂离子电池将会以每年数十亿的数量被生产出来，特别是在亚洲国家。对于家用电子产品，例如移动电源，一块电池就足以使其工作，然而汽车驱动电池组需要许多电池组装在一起（Scrosati和 Garche，2010），安全电池管理系统（BMS）所包含的内容如图 20.1 所示。

碳酸锂（Li_2CO_3）（锂在自然界的主要来源）的全球储存量还是相当大的。

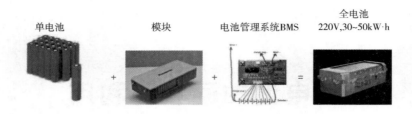

单电池　　　　　模块　　　　电池管理系统BMS　　全电池
220V,30~50kW·h

图 20.1　BEV 电源系统的电池包装过程

来源于以色列特拉维夫 Bar IIan 大学 Doron Aurbach 教授

碳酸锂每年的生产量大约有 16 万吨，而每千瓦·时电池需要约 0.5kg 的 Li_2CO_3，可以估算出其储存量可用 80～100 年。然而，全球几乎 70% 的锂矿集中在南美的阿根廷、玻利维亚和智利（ABC）撒拉族（Scrosati，2011），因此意外事件的发生也许会限制碳酸锂的供应，这样对于原材料的获取会造成一定内在风险，以至于在电池价格和电动汽车的成本造成结果性影响（Fletcher，2011）。

　　此外，还有考虑到锂也是除了电池以外其他应用，如制药、陶瓷和眼镜可选择的材料。实际上，被原始设备制造商（OEM）所消耗的锂的比例仅限于一小部分，只占锂产量的 1/4。然而在 BEV（预计 2020 年为 100 万辆）大范围推广的前提下，满足市场要求的锂的需求量将会大大增加。在过去 10 年中锂的价格一直在不断增加，刚开始时，碳酸锂的价格是 5500～6000 美元/t，这主要是取决于 BEV 的应用需求。相应地，如果 BEV 需求增加，碳酸锂的价格预计会大幅增加。为了避免出现这种风险，许多电池材料生产商与南美 ABC 国家成为合伙企业，一起进行投资来确保锂的供应量，并因此控制锂的价格波动幅度。

　　上述注意事项说明了电池耗尽其循环寿命时回收锂汽车电池的必要性，还有对它们进行二次利用重新回归汽车制造商的最终目标。这个想法是由日本 Sumit-omo 公司提出的，该想法由图 20.2 的通用方案进行了详细说明。

图 20.2　EV 电池的一般操作循环过程

20.2 电池的回收利用

回收利用的主要目的是将电池组件分开，并且避免环境污染。然而，该过程被一系列问题所影响，实行过程比较具有挑战性。预测100万辆正在行驶的EV汽车上有约10万吨耗尽的电池，它们并不能被直接处理。

目前主要的问题是耗尽的电池回收率问题，收集的耗尽电池只是所有电池的一部分，可收集范围非常有限，甚至是移动电子设备中使用的锂电池。尽管这些设备中电池的循环圈数非常高，但是由于一系列原因收集率仍然很低。第一，在城市中并没有很多的收集点。原则上，出售锂电池相关设备的商店应该设有一些关于耗尽电池的回收点。然而，很少有商店设立这样的回收点，顾客由于懒惰或健忘，常常把含有电池的旧电话放在抽屉中。这个问题对于回收点来说非常严重，回收耗尽电池的数量通常与车间的生产量不匹配。很显然，考虑到目前数量非常有限的电动汽车行驶在路上，上述情况在汽车电池中涉及得更多。

另一个严重的问题是锂电池的高反应活性导致的内部安全风险问题，特别是对于到达回收工厂仍带有残余电荷或是已被损坏的电池。事实上，如果电池过热或过度充电，此时电荷会大量堆积而发生短路，电池将会进入热失控的状态，最终导致火灾甚至爆炸，如图20.3所示。此外，金属锂也可以在负极石墨上通过过充和/或异常沉积得到，这种锂的高反应活性将会大大增加爆炸的风险。

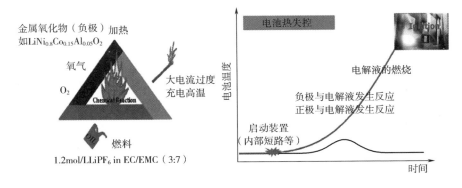

图20.3 锂离子电池火灾事故的原理示意图
来源于日本Kyoto大学Jun-ichi Yamachi教授

这些爆炸所释放的能量足以使金属容器熔化，以至于造成严重的安全隐患。实际上，电池起火事件在大型锂电池储存地点确实发生过，如图20.4和图20.5（Green，2014）所示。

图 20.4 迪拜机场波音 747-400 的锂电池过热导致的火灾事故现场

图 20.5 英国某回收工厂（包含几吨锂电池）的火灾事故现场

另一个严重的问题是，锂电池市场在不断变化的过程中会伴随着许多新化学反应及新物质的出现，如表 20.2 所示。除了可充电锂离子电池以外，最初使用的氧化锰或亚硫酰氯和硫酰氯作为正极的锂电池仍存在于电池市场中，它们也可能会进入工厂。最终，电池电解液可能发生改变，由多种液体有机电解液向聚合物膜转变。显然，由于这些新化学物质不包含可重复利用的成分，所以如此的多样化导致很难开发出一种普遍有效的回收过程，并且对它的经济效益也会有所影响。

表 20.2 锂电池正负极的化学组成

负极		
石墨，C	C-10％Si	锂钛氧化物 $Li_4Ti_5O_{12}$，LTO
正极		
锂钴氧化物，LCO	锂镍钴铝氧化物	锂镍锰钴氧化物
	$LiNi_{0.8}Co_{0.15}Al_{0.05}O_2$，NCA	$LiNi_{0.32}Mn_{0.33}Co_{0.33}O_2$，NCM
锂锰氧化物	LMO＋NCA	磷酸铁锂
$LiMn_2O_4$，LMO		$LiFePO_4$，LFP
锂镍锰氧化物		
$LiNi_{0.5}Mn_{1.5}O_4$，LMNO		

锂电池的元素组成部分如表 20.3 所示。我们看到，在经济上最令人关注的金属钴和镍的总额降低了很多，只占到很少的一部分，假如锂是仅有的回收材料，这将会导致产生一个负净值。因此，尽管锂是百分百可回收利用，但是当前经济利益并不能为汽车行业的目标做任何有价值的事。因此，对于经济利益和遵守环境法律来说，锂电池回收利用是目前唯一的方法。

表 20.3 锂电池的元素组成（百分数）

元素	组成/%	元素	组成/%
Co	1	Al	17
Ni	3	C（石墨）	19
Li	5	Fe	21
Cu	7	其他	16
Mn	11		

事实上，欧盟委员会已经强制执行一个电池和蓄电池指令，并强加给国家成员下列目标：

① 到 2016 年 9 月废弃便携电池的收集率达到 45%；

② 一个要确保高比例回收废电池的回收效率，包括 65% 的铅酸电池、75% 的镉镍电池和 50% 的其他废电池，后者可能是指锂电池。

考虑到当前电池回收利用具有比较低的经济价值，这些目标可能只有在提供津贴的时候才会实现，而提供津贴，通常是在每一个制造的电池上面增加税收，并且事实上就是这样的。在这个计划下，欧洲（如瑞士的 Batrec，比利时的 Umicore，法国的 SNAM 和 Recupyl）电池回收工厂现在正在运作并执行此项任务。美国（如 Toxco）和日本（如 Sony 和 Sumitomo Metal）的一些工厂是在不同的计划方案推动下进行运作。目前，电动汽车类型的锂离子电池生产量仍旧很少，所以电池回收只针对便携式电池。然而，在未来几年，电动汽车电池的回收将会占有相当重要的价值，如此一来，就增加了获得小规模电池回收技术原型的相关任务。

20.3 回收技术

根据图 20.6 所示的流程图，当前的一些产业技术设计基于湿法冶金工艺。其他产业技术是根据火法冶金工艺进行电池回收。下面就火法冶金工艺举一个相关例子，图 20.7 展示了比利时 Umicore 公司电池回收的一个流程示意图。

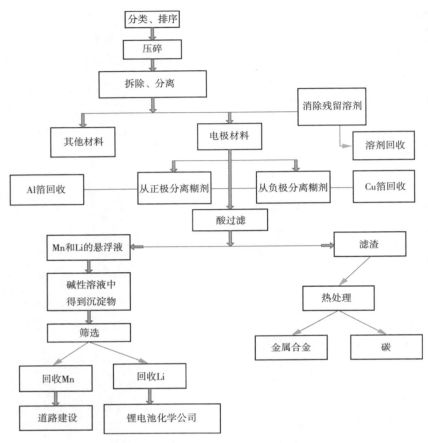

图 20.6　典型的锂电池回收流程示意图

图 **20.7**　优美科（Umicore）电池回收流程示意图

来源于 http://www.batteryrecycling.umicore.com/UBR/process

20.3.1 排序、分类

由于缺乏专门的收集点，锂电池与其他不同种类的物质混合在一起进入工厂。然后，该过程必须首先涉及电池的分类排序问题，依据是它们的化学组成以避免产生交叉污染。这一步骤中所有的回收电池放到输送带上，当然最常见的仍是手动式的，也就是说由人工对电池类型进行选择并且将它们放入各自指定的容器，如20.8所示。显然，这个步骤大大有利于降低整个流程的成本，但是自动程序一般是利用X射线或照相机进行筛选工作。图20.9描述了在瑞典的一家公司应用这一类型进行开发精拣技术（Refind Technologies）的过程，商品名为Optisort（www.refind.se）。

图 20.8　人工进行电池分类过程图

图 20.9　采用照相方法进行自动分类的过程

来源于 Refind Technologies

20.3.2 拆除和分离

通过燃烧法将筛选后锂电池中的可燃部分与锂电池分开，如塑料和绝缘体，在燃烧生成的气体进入大气之前需要让其进入洗涤塔进行一定时间的洗涤。之后将裸电池切成小块，加热到金属液化的温度，这一步需要采取特殊的安全防护措施。通常在电池进行切块分解、压碎、移除锂和其他电池组件之前，先使用液氮冷冻这些电池。

将正极与负极分开，去除粘在正负极上的物质重新获得铝箔和铜箔。该步骤同样也包括去除残留电解液（电解液最终通过蒸馏再次回收）和电池容器。

20.3.3　酸浸

该步骤的内容是使用酸溶液（通常是硫酸）再加入过氧化氢（作还原剂）来处理电极，目的在于沉淀出灰尘、铁屑和纸质残渣，最终将金属转换成水泥浆。操作温度大约是 80℃，金属过滤的顺序为：Al＞Li＞Co＞Cu。过滤过程中由于腐蚀性气体氯气或二氧化硫的排放，很显然对环境存在着潜在的危险。因此，需要特殊装备来处理这些气体，而这些装备对整个回收成本会产生额外的附加影响。

20.3.4　过滤

这个步骤中，大约 100％的锂和 95％的锰以混合物的形式已经重新获得。锰以氢氧化物的形式从前者中沉淀下来，之后加入一种碱性溶液过滤出沉淀物。

20.3.5　热处理

这个步骤是对酸处理过程中遗留的固体残渣中的碳和有机物进行处理。这个过程通常是在电弧、高温火炉中进行的，偶尔会添加二次加热处理以完成该过程。渣钢合金可以直接用于冶金应用。

20.4　早期工作

关于锂电池的回收可以追溯到 2000 年初，钴的二次利用带来的经济利益激发了人们对于锂的回收，当时钴是作为正极的主要成分。尽管对于锂电池的回收过程仅限于学术上的研究，但是获得的结果却具有一定的重要性，甚至是在增加工业价值上都展现出相当大的作用。举一个相关的例子，我们引用了 1999 年罗马大学实验室中锂电池的回收过程（Contestabile 等，2001）。引用其论文中的一句话："如果我们预测到整个世界锂电池的市场演变过程，知道他们的平均寿命是有限的，我们就很容易明白在未来几年中，如何正确处理废旧的锂电池也许会变成非常棘手的问题"。见图 20.10。

事实上，需要指出的是早期预想的想法已经在现代工厂中被大规模实现，尽管存在着很明显的差异（与图 20.6 相比），例如在实验室中进行热处理过程比较困难，然而，同时也存在其他好处，通过简易、低成本的过程构思一系列简单的、低成本的步骤。本文详细地描述了有关步骤，有助于激发现代工厂经营的动力。

与当前情况类似的是，热处理过程需要一个初始破碎的步骤，手工操作打开

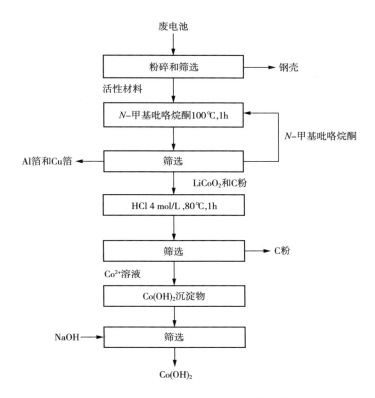

图 20.10 2000 年初提及的锂回收过程的流程图

Contestabile 等，2001

电池，切断钢壳并且拆除内部零件。与热处理有关的危险事情也比较清楚，因此为了降低反应活性将破碎的部分浸入到液氮中（与 20.3.2 节相比）。该操作过程包含了一个净化步骤，使得通过电解液热分解而产生的有毒气体受到限制，不能释放到空气中。

下一个步骤是针对不同组件的分离，即正极物质与金属壳体分离，直接利用两个组件的重量不同，巧妙地使用机械排除法对组件进行分离。使用 N-甲基吡咯烷酮（NMP）在 100℃ 下对电极材料处理 1h，完成电极材料选择性分离这一过程。溶剂的选择是根据 PVDF 来决定的，应该能易溶于 NMP（即在溶剂中的溶解度大约为 200g/kg）中，黏结剂用来将负极石墨和正极锂钴氧化物电极材料分别粘接在 Cu 和 Al 集流体上。接下来的过滤步骤是分离然后恢复基底原样。由于石墨和锂钴氧化物粉末的粒度比较小，所以分离比较困难，故而将溶液倒出去之后用水反复洗涤粉末即可。重新获得的 NMP 循环利用，由于其对 PVDF 高溶解度使其能够在下一个循环中再次使用。

钴酸锂的定量溶解过程是：将 4mol/L HCl 溶液与分离后的残留粉末按 10∶1 的比例混合在一起，在 80℃ 下加热 1h。等离子体发射光谱分析得到钴与锂的比例为 7.23/1.30。副产品也就是碳粉末沉淀在底部，通过溶液倾注将副产品分离并回收利用。

溶解在盐酸中的钴在加入 4mol/L NaOH 溶液后，最终会以 $Co(OH)_2$ 的形式再次回收利用。由于 $Co(OH)_2$ 的溶解度比较低，沉淀物 $Co(OH)_2$ 刚开始时 pH 为 6，最终完全沉积后 pH 为 8。另一种办法，沉淀物还可以通过加入弱碱如 NH_4OH 沉积出来，然而形成稳定的含钴混合物，导致氢氧化物部分溶解，进而阻碍沉积物的二次利用。在一定规模的工厂中，这一步骤可以使用一个适当的 pH 值传感器控制 pH 值。针对一些进行电池回收利用的化工企业，$Co(OH)_2$ 沉积物可以很容易地从溶液中通过过滤、干燥后获得。

20.5 最近研究

欧洲在 2013 年 10 月份推出了一个名为 CoLaBATS 的项目，包含 10 家合作企业和学术合作伙伴，目的在于开发新的工业流程，该流程具有从旧电池中提取出钴、镍、镧系元素和锂的能力。与当前的回收路径相比，该项目对回收金属的效率和纯度都有很正面的影响。特别是，相比于湿法/高温冶金过程，CoLaBATS 项目中提出的最主要的方法是减少垃圾填满场、危险金属消耗和对环境的影响的能力。

图 20.11 离子液体（即在室温下有机盐溶液，有一系列重要的性质，如高电导率、高热稳定性、低蒸汽压、低毒性、对环境影响低）

上述所提及的工艺是采用功能离子化液体（TSILs）将锂离子和镍氢电池中的关键金属作为目标，用超声波超声将其放大，超声波有助于破坏电池电极材料结构使金属得到有效的回收。离子液体，即室温下有机盐溶液（见图 20.11）有许多优点，包括无挥发、热稳定性高、成本低、对环境影响低、毒性低和可重复使用（在最小的处理过程中）（Armand 等，2009；Gebresi-lassie Eshetu 等，2014）。

由于有机盐溶液具有良好的性能，特别是在液体状态和高热稳定性，因此，相比其他回收过程，功能化离子液体的使用可以允许在很低的温度下进行反应，并且它们的操作成本更低，在电镀过程中已经证明了其实际效果。

图 20.12 为 CoLaBATS 项目的流程示意图。该项目的目的是针对废电池的回收发展新的商业过程。重点是要创造适合工业应用的湿法冶金回收过程（并且

也要考虑其他组件包括电池壳体材料的性能）。具体目标是从废锂离子电池中回收钴，从废镍氢电池中回收钴、镍、铈、镧等稀土金属，纯度大于95%。

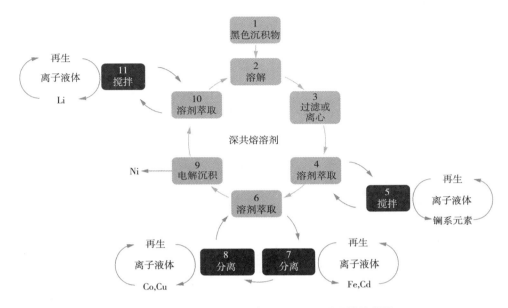

图20.12　基于离子液体的 CoLaBATS 项目的流程图

20.6　政府法规

多年以来，电池回收已经是一项由人们的环保意识和废物委任立法权共同促进的一项任务。随着公众对环境保护意识的提高，对自然资源进行持续管理日益受到人们的重视。公众对危害性的金属和物质也越来越关注，同样也是对所有类型电池的一种关注。欧洲（不是世界范围内）法规指出，所有的电池均作为危险物，在报废前需要完成以下处理过程，电池处理的优先顺序如下：

① 采用清洁产品和工艺过程，减少废物的来源。

② 从任何可能产生废物的地方回收贵重物品。

③ 对不可回收的垃圾进行处理以保证安全性和无害化。

这些规定需要对各种类型电池的收集和回收利用投入大量的精力，尽管有些电池可能含有低含量的重金属。为了应对这些指令，一些回收厂是设立在欧洲、美国和日本（ICBR，2014）来进行操作。最初，上述任务主要局限于锌-锰电池，即常见的"干"电池，包括AA或AAA型圆柱电池，这些圆柱电池主要存在于低价值的电子市场。对于这些干电池，已经规定要求他们在"无汞"的前提下进行生产，这是在欧洲和美国制造商中出现过的实例。市场全球化的出现有助于国家之间的交流，结果显然是当回收这些电池时，会得到一个相当大数量的汞，而这些国家的环保意识并没有欧洲和美国那么强烈。有趣的是，大部分工厂仍旧是针对消费者的电池进行处理，如干电池、可充电 NiCd 和 NiMH 电池，很少人关注锂电池的收集和回收利用。相反，全世界的传统汽车电池全部正在进行回收，如铅酸电池的启动、照明和点火装置。

锂电池的出现强烈地影响着我们的日常生活，但是锂电池的低回收率是相当令人惊讶的。由于其有利的特点，锂离子电池是消费者在电子市场主要的选择来源，正因为这样，锂离子电池具有每年数十亿美元的销售额。锂一次电池主要用于相机、手表等类似的消费市场，而锂离子二次电池市场销售的移动设备越来越复杂，如移动电话和笔记本电脑。

上述提及的市场的巨大扩张（假定今天在全球范围内生产数十亿部手机）将会延迟高数量锂离子电池电动汽车的上市时间。我们需要增加处理废电池的回收工厂的数量，尽管电池是可再充电的，但在某些时候也不可避免地会终结其循环寿命。虽然在过去的几年中，在欧洲、美国和日本已经颁布了一些协议，并设立了工厂，但仍需要做大量的项目来保证锂离子电池的回收和有效的回收利用。我们希望，这次审查能够对将来这一重要目标的实现提供一定的推动力。

支持信息

感谢韩国政府贸易部、工业部和能源部对韩国能源技术评价（KETEP）的人力资源发展项目（No. 20124010203310）的资助。

参考文献

[1] Armand M，Endres F，MacFarlane D R，et al. 2009. Ionic-liquid materials for the electrochemical challenges of the future. Nat Mater，8：621.

[2] http：//www. batteryrecycling. umicore. com/UBR/process.

[3] www. colabats. eu.

[4] Contestabile M，Panero S，Scrosati B，2001. A laboratory-scale lithium-ion battery recycling process. J Power Sources，92：65.

[5] http：//epp. eurostat. ec. europa. eu/portal/page/portal/waste/key _ waste _ streams/batteries.

[6] Fletcher S. 2011. Bottled Lightening：Superbatteries，Electric Cars and the New Lithium Economy. New York：Hill and Wang. ISBN：978-0-8090-3053-8.

[7] Gebresilassie Eshetu G，Armand M，Scrosati B，et al. 2014. Energy storage materials synthesized from ionic liquids. Angew Chem Int Ed，53：13342.

[8] Green M. 2014. In：19th International Congress for Battery Recycling，ICBR 2014，Hamburg，Germany，September 24-26.

[9] See papers presented at 19th International Congress for Battery Recycling，ICBR 2014，Hamburg，Germany，September 24-26，2014.

［10］ Scrosati B. 2011. Technology：charging towards the superbattery. Nature，473：448.

［11］ Scrosati B，Garche J. 2010. Lithium batteries：status，prospects and future. J Power Sources，195：2419.

［12］ Tarascon J M，Armand M. 2001. Issues and challenges facing rechargeable lithium batteries. Nature，414：359.

［13］ Xu J，Thomas H R，Francis R W，et al. 2008. A review of processes and technologies for the recycling of lithium-ion secondary batteries. J Power Sources，177：512.

索　引